ECKART GOTTSCHALK

Allgemeine Lehren des IPR in kollisionsrechtlichen Staatsverträgen

Schriften zum Internationalen Recht

Band 127

Allgemeine Lehren des IPR in kollisionsrechtlichen Staatsverträgen

Von

Eckart Gottschalk

Duncker & Humblot · Berlin

Gefördert mit Hilfe von Forschungsmitteln
des Landes Niedersachsen

Die Deutsche Bibliothek – CIP-Einheitsaufnahme

Gottschalk, Eckart:
Allgemeine Lehren des IPR in kollisionsrechtlichen Staatsverträgen / Eckart Gottschalk. – Berlin : Duncker und Humblot, 2002
(Schriften zum Internationalen Recht ; Bd. 127)
Zugl.: Göttingen, Univ., Diss., 2000
ISBN 3-428-10681-4

Fremddatenübernahme und Druck:
Berliner Buchdruckerei Union GmbH, Berlin
Printed in Germany

ISSN 0720-7646
ISBN 3-428-10681-4

Gedruckt auf alterungsbeständigem (säurefreiem) Papier
entsprechend ISO 9706 ♾

Vorwort

Die vorliegende Abhandlung wurde im Wintersemester 2000/2001 von der Juristischen Fakultät der Georg-August-Universität Göttingen als Dissertation angenommen. Die Arbeit entstand während meiner Zeit als wissenschaftlicher Mitarbeiter am Institut für Arbeitsrecht der Universität Göttingen bei Herrn Prof. Dr. Abbo Junker von 1998–2000. Herr Prof. Dr. Junker gab die Anregung zu dem gewählten Thema. Er hat die Arbeit vorbildlich betreut, mir wertvolle Hinweise gegeben und das Erstgutachten angesichts des Umfangs der Arbeit außergewöhnlich zügig erstellt. Hierfür und für die wissenschaftlich bereichernde wie auch menschlich angenehme Zusammenarbeit danke ich ihm sehr herzlich. Er hat meine Begeisterung für das Internationale Privatrecht und das wissenschaftliche Arbeiten geweckt sowie mir während der schönen Zeit an seinem Lehrstuhl die Promotion ermöglicht. Gleichzeitig gewährte er mir stets den nötigen Forschungsfreiraum. Mein Dank gilt auch Frau Prof. Dr. Christiane Wendehorst für das rasche Erstellen des Zweitgutachtens.

In besonderem Maße danke ich meiner Freundin Sylvia Rahlf dafür, daß sie mir in allen Abschnitten meiner Arbeit durch Gespräche und Ermutigungen entscheidend zur Seite gestanden hat. Ihre unermüdliche Unterstützung hat zum Fertigstellen der Arbeit beigetragen. Ferner gebührt großer Dank meinen Eltern, die mich während meines Studiums und der Promotion stets motiviert und in allen Vorhaben und Plänen in jeder Hinsicht unterstützt haben. Darüber hinaus danke ich meinem Vater für die mühselige Arbeit des Korrekturlesens.

Der Studienstiftung des deutschen Volkes danke ich herzlich für die ideelle und finanzielle Förderung während der Studiums- und Promotionszeit. Die Drucklegung dieser Arbeit wurde durch Forschungsmittel des Landes Niedersachsen unterstützt.

Berkeley, im Juni 2001 *Eckart Gottschalk*

Inhaltsverzeichnis

Zweites Kapitel

Rück- und Weiterverweisung (Renvoi) 43

Abkürzungsverzeichnis

ABGB	Allgemeines Bürgerliches Gesetzbuch (Österreich)
AJP / PJA	Aktuelle Juristische Praxis
All E. R.	All England Law Reports (seit 1936)
Am. J. Comp. L	The American Journal of Comparative Law
Annuaire Européen	Annuaire Euopéen, Counseil de l'Europe
App. Cas.	Law Reports, Appeal Cases (1875 – 1890)
AußStrG	(Österreichisches) Außerstreitgesetz (Gesetz über das gerichtliche Verfahren in Rechtsangelegenheiten außer Streitsachen vom 9. 8. 1854)
BerGesVR	Berichte der Deutschen Gesellschaft für Völkerrecht
BG	Schweizerisches Bundesgericht
BGE	Entscheidungen des schweizerischen Bundesgerichts
Botschaft	Botschaft zum Bundesgesetz über das internationale Privatrecht (Schweizerisches IPR-Gesetz) vom 10. 11. 1982
Brüssel II-VO	Verordnung (EG) Nr. 1347 / 2000 des Rates vom 29. 5. 2000 über die Zuständigkeit und die Anerkennung und Vollstreckung von Entscheidungen in Ehesachen und in Verfahren betreffend die elterliche Verantwortung für die gemeinsamen Kinder der Ehegatten
Cal.2d	California Reporter, Second Series
Cal. L. Rev.	California Law Review
Cass.	Corte Suprema di Cassazione (Italien)
Cass. civ.	Cour de Cassation
Cass. req.	Cour de Cassation, Chambre des Requêtes
C.c.	Code civil (Frankreich)
Ch.	Law Reports, Chancery Division (seit 1891) Chapter
Ch. D.	Law Reports, Chancery Division (1875 – 1890)
CH-IPRG	Schweizerisches Bundesgesetz über das internationale Privatrecht vom 18. 12. 1987
Clunet	Journal du Droit International, begründet von Edouard Clunet
Curt	Curteis' Ecclesiastical Reports (1834 – 44)
DEuFamR	Deutsches und Europäisches Familienrecht
disp. prel.	Disposizioni preliminari (Einführungsartikel zum ital. Codice civile)
D. S. Jur.	Recueil Dalloz Sirey, Jurisprudence
EheschlAbk	Haager Abkommen zur Regelung des Geltungsbereichs der Gesetze auf dem Gebiete der Eheschließung vom 12. 6. 1902
E. R.	The English Reports

ESÜ	Luxemburger Europäisches Übereinkommen über die Anerkennung und Vollstreckung von Entscheidungen über das Sorgerecht für Kinder und die Wiederherstellung des Sorgerechts vom 20. 5. 1980
EuR	Europarecht
EVÜ	Römisches EWG-Übereinkommen über das auf vertragliche Schuldverhältnisse anzuwendende Recht vom 19. 6. 1980
Fam. Law	Family Law
FJR	Tijdschrift voor Familie- en Jeugdrecht
F. L. R.	Family Law Reports
GFlAbk	Genfer UN-Abkommen über die Rechtsstellung der Flüchtlinge vom 28. 7. 1951
Harv. L. Rev.	Harvard Law Review
Hastings L. J.	Hastings Law Journal
HEheschlÜ	Haager Übereinkommen über die Eheschließung und die Anerkennung der Gültigkeit von Ehen vom 14. 3. 1978
HEntfÜ	Haager Übereinkommen über die zivilrechtlichen Aspekte internationaler Kindesentführung vom 25. 10. 1980
HErbÜ	Haager Übereinkommen über das auf die Rechtsnachfolge von Todes wegen anwendbare Recht vom 1. 8. 1989
HEÜ	Haager Übereinkommen über das auf Ehegüterstände anzuwendende Recht vom 14. 3. 1978
HöfeO	Höfeordnung
HPS	Het Personeel Statuut
HPÜ	Haager Übereinkommen über das auf die Produktenhaftpflicht anzuwendende Recht vom 2. 10. 1973
HStVÜ	Haager Übereinkommen über das auf Straßenverkehrsunfälle anzuwendende Recht vom 4. 5. 1971
HTestÜ	Haager Übereinkommen über das auf die Form letztwilliger Verfügungen anzuwendende Recht vom 5. 10. 1961
HtÜ	Haager Übereinkommen über das auf trusts anzuwendende Recht und über ihre Anerkennung vom 1. 7. 1985
HUntA	Haager Übereinkommen über das auf Unterhaltsverpflichtungen gegenüber Kindern anzuwendende Recht vom 24. 10. 1956
HUntÜ	Haager Übereinkommen über das auf Unterhaltspflichten anzuwendende Recht vom 2. 10. 1973
HZAÜ	Haager Übereinkommen über den Schutz von Kindern und die Zusammenarbeit auf dem Gebiet der internationalen Adoption vom 29. 5. 1993
ICJ Rep.	International Court of Justice Reports
Int. Comp. L. Q.	The International and Comparative Law Quarterly
Int. Enc. Comp. L.	International Encyclopedia of Comparative Law
IPRG	siehe CH-IPRG, ital. IPRG, Ö-IPRG
ital. IPRG	Gesetz Nr. 218 vom 31. 5. 1995 zur Reform des italienischen internationalen Privatrechts

JN	Jurisdiktionsnorm (Österreich)
K. B.	Law Reports, King's Bench
KSÜ	Haager Übereinkommen über die Zuständigkeit, das anzuwendende Recht, die Anerkennung, Vollstreckung und Zusammenarbeit auf dem Gebiet der elterlichen Verantwortung und der Maßnahmen zum Schutz von Kindern vom 19. 10. 1996
L. J. Ch.	Law Journal Reports, New Series, Chancery Division (1831 – 1949)
L. Q. R.	Law Quarterly Review
Moore P. C.	Moore's Privy Council cases (1836 – 62)
MSA	Haager Übereinkommen über die Zuständigkeit der Behörden und das anzuwendende Recht auf dem Gebiet des Schutzes von Minderjährigen vom 5. 10. 1961
NAG	Bundesgesetz betreffend die zivilrechtlichen Verhältnisse der Niedergelassenen und Aufenthalter (Schweiz)
Ned. Jur.	Nederlandse Jurisprudentie
NiemZ	Niemeyers Zeitschrift für internationales Recht
NILR	Netherlands International Law Review
NIPR	Nederlands Internationaal Privaatrecht
NTIR	Nederlands Tijdschrift voor Internationaal Recht (= Netherlands International Law Review)
OGH	Oberster Gerichtshof (Österreich)
Ö-IPRG	Österreichisches internationales Privatrechtsgesetz vom 15. 6. 1978
ÖJBl.	Juristische Blätter (Österreich)
ÖJZ	Österreichische Juristenzeitung
P.	Law Reports, Probate Division (seit 1891)
P.2d	Pacific Reporter, Second Series
P. D.	Law Reports, Probate, Divorce and Admiralty Divison (1875 – 1890)
Q. B.	Law Reports, Queen's Bench (1891 – 1900, seit 1952)
Rb.	Rechtbank
Rec. de Cours	Recueil des Cours de l'Académie de Droit International
Restatement 2d	American Law Institute's Restatement of the Conflict of Laws Second (1971)
Rev. crit.	Revue critique de droit international privé
Rev. dr. int. pr.	Revue de droit international privé et de droit penal international
Riv. dir. int. priv. proc.	Rivista di diritto internazionale privato e processuale
SAG	Schweizerische Aktiengesellschaft
SchwJbIntR	Schweizerisches Jahrbuch für Internationales Recht
S.Ct.	Supreme Court (Reports)
sec.	section
SZ	Entscheidungen des österreichischen Obersten Gerichtshofes in Zivil- und Justizverwaltungssachen
Trav. com. fr.	Travaux du comité français de droit international privé

Trib. gr. Inst.	Tribunal de grande instance
UCCJA	Uniform Child Custody Jurisdiction Act
U.S.	United States Supreme Court Reports
U.S.C.A.	United States Code Annotated
VormundschAbk	Haager Abkommen zur Regelung der Vormundschaft über Minderjährige vom 12. 6. 1902
W. L. R.	Weekly Law Reports
WPNR	Weekblad for Privaatrecht, Notariaat en Registratie
ZIR	Zeitschrift für internationales Recht
ZVR	Zeitschrift für Verkehrsrecht (Österreich)
ZVW	Zeitschrift für Vormundschaftswesen (Schweiz)

Im übrigen wird verwiesen auf: *Kirchner,* Hildebert; Abkürzungsverzeichnis der Rechtssprache, 4. Auflage, Berlin / New York 1993.

§ 1 Einleitung

Seit dem Ende des Zweiten Weltkriegs hat die Bedeutung des Internationalen Privatrechts enorm zugenommen. Durch die Internationalisierung der Lebensverhältnisse stellt sich häufiger als man denkt die Frage, welchen Staates Privatrecht anzuwenden ist. Eine Antwort darauf liefern in vielen Rechtsgebieten eher staatsvertragliche als nationale Kollisionsnormen. Manche meinen daher, unsere kollisionsrechtliche Welt sei „halb erstickt in den Schlingpflanzen des wuchernden Rechts der Staatsverträge zum IPR“[1]. Andere sprechen davon, daß sich das Konventionsrecht in den letzten Jahrzehnten zu einem Sorgenkind des IPR entwickelt habe[2]. Tatsächlich hat die Zahl der Staatsverträge und Vertragsentwürfe dramatisch zugenommen; sie sind wie „Pilze aus der Erde“ gewachsen[3]. Zwar zeichnet sich nach dem Inkrafttreten des Amsterdamer Vertrages zum 1. 5. 1999 ein Wandel ab: Auf lange Sicht werden an die Stelle der Staatsverträge Rechtssetzungsakte des sekundären Gemeinschaftsrechts treten[4]. Noch sind aber die Staatsverträge geltendes Recht. Ein deutscher Richter muß *de lege lata* in Fällen mit Auslandsberührung das Internationale Privatrecht von Amts wegen anwenden: „Die Kollisionsnormen des Einführungsgesetzes zum Bürgerlichen Gesetzbuch sind Gesetz und beanspruchen damit allgemeine Verbindlichkeit“[5]. Entsprechendes gilt auch für staatsvertragliche Kollisionsnormen, wenn sie unmittelbar anwendbares innerstaatliches Recht geworden sind.

Lange Zeit konzentrierte sich im staatsvertraglichen IPR die Diskussion vor allem auf Anwendungskonflikte und die Übernahme internationaler Übereinkommen in unsere nationale IPR-Kodifikation. Heute ist der Gebrauch staatsvertraglicher Kollisionsnormen wieder in den Mittelpunkt des Interesses gerückt. Fast alle allgemeinen Probleme des IPR begegnen uns in kollisionsrechtlichen Staatsverträgen. Thema dieser Abhandlung sind vier Grundbegriffe der allgemeinen Lehren: Rück- und Weiterverweisung (Renvoi), Verweisung bei Rechtsspaltung, Verhältnis von Einzel- und Gesamtstatut und ordre public. Gerade für die Handhabung des ordre public lassen sich anschauliche Anwendungsfälle in kollisionsrechtlichen Staatsverträgen finden wie zum Beispiel im Haager Minderjährigenschutzabkommen von 1961: Häufig mußten sich deutsche Gerichte mit dem Stichentscheid des

---

1 *von Bar,* IPR I, Rdn. 136.

2 *Meyer-Sparenberg,* S. 15.

3 *Kegel,* IPR^7, Vorwort, S. V.

4 *Jayme,* IPRax 2000, S. 165 f., 167, 169; *Jayme/Kohler,* IPRax 1999, S. 401.

5 BGH vom 7. 4. 1993 – XII ZR 266/91, NJW 1993, S. 2305, 2306 = IPRspr. 1993 Nr. 103, S. 237; rechtsvergleichend *de Boer,* Rec. des Cours 257 (1997), S. 223 – 448.

Vaters nach türkischem Familienrecht beschäftigen. Danach kann der Vater den Aufenthalt des Kindes bestimmen, wenn sich die Eltern nicht auf einen Aufenthaltsort einigen können.

Eine Untersuchung von allgemeinen Lehren des IPR in kollisionsrechtlichen Staatsverträgen kann sich nicht allein auf eine Auswahl von Staatsverträgen beschränken, die in der Bundesrepublik Deutschland in Kraft getreten sind. Vielmehr kann es sein, daß ein deutscher Richter dort, wo seine Kollisionsnormen eine Gesamtverweisung aussprechen, auf einen Staatsvertrag trifft, der in der betreffenden ausländischen Rechtsordnung zur Anwendung kommt. Aus diesem Grunde werden in diese Abhandlung auch kollisionsrechtliche Staatsverträge mit einbezogen, denen die Bundesrepublik nicht beigetreten ist.

Beleuchtet werden die allgemeinen Probleme des IPR in kollisionsrechtlichen Staatsverträgen vor dem Hintergrund der deutschen und ausländischen Lösungen zu dieser Thematik. Vergleichend herangezogen werden das französische, italienische, englische, österreichische und schweizerische Kollisionsrecht. Zwischen den allgemeinen Lehren in Staatsverträgen und in den autonomen Kollisionsrechten bestehen unterschiedliche Verbindungen: Zum einen kann sich die Frage stellen, ob auf die allgemeinen Lehren des autonomen Kollisionsrechts zur Lückenschließung in kollisionsrechtlichen Staatsverträgen zurückgegriffen werden kann. Zum anderen lassen sich die Vorzüge oder Nachteile einer staatsvertraglichen Regelung noch besser beurteilen, wenn man die entsprechenden Normen im autonomen IPR gewissermaßen im Hinterkopf hat. Schließlich lassen sich ausgehend von den staatsvertraglichen und ausländischen Regelungen an bestimmten Stellen Reformüberlegungen für das deutsche IPR anstellen.

Der Gang der Untersuchung ist damit vorgezeichnet: Nach einem Überblick über die wichtigsten Internationalen Organisationen zur Vereinheitlichung des Kollisionsrechts wird behandelt, wie staatsvertraglich vereinbartes Kollisionsrecht Quelle unseres IPR wird. Das zweite Kapitel behandelt Rück- und Weiterverweisung (Renvoi) in kollisionsrechtlichen Staatsverträgen. Ausgangspunkt bildet dabei die Haltung verschiedener nationaler Rechtsordnungen zum Renvoi. In diesem Kapitel werden schwerpunktmäßig die Grundzüge der untersuchten Konventionen erörtert. Die darauf folgenden drei Kapitel beschäftigen sich mit der Verweisung bei Rechtsspaltung, dem Verhältnis von Einzel- und Gesamtstatut und dem ordre public.

Erstes Kapitel

Grundlagen des einheitlichen Kollisionsrechts

Die Rechtsvereinheitlichung auf dem Gebiet des Kollisionsrechts wird durch eine Vielzahl Internationaler Organisationen vorangetrieben. Häufig sind es dieselben Organisationen, die auch die Vereinheitlichung des Sachrechts fördern. Thema von § 2 sind die maßgeblichen Internationalen Organisationen.

§ 3 hat das staatsvertraglich vereinbarte Kollisionsrecht als Quelle des deutschen IPR zum Gegenstand. Fragen ergeben sich hier bei der formellen Ausgestaltung von Staatsverträgen, zum Verhältnis von staatsvertraglichen und nationalen Kollisionsnormen und wie Anwendungskonflikte zwischen kollisionsrechtlichen Staatsvertägen zu bewältigen sind.

§ 2 Internationale Organisationen für die Vereinheitlichung des Kollisionsrechts

Bei den Internationalen Organisationen[1] ist zwischen nichtstaatlichen (privatrechtlichen) und solchen Organisationen zu unterscheiden, deren Gründung auf einen Akt des internationalen öffentlichen Rechts zurückgeht[2].

I. Öffentlich-rechtliche Organisationen

Von den Internationalen öffentlich-rechtlichen Organisationen für die Vereinheitlichung des Kollisionsrechts hat die Haager Konferenz für Internationales Privatrecht die größte Bedeutung erlangt.

---

1 Eine nähere Darstellung gehört ins Völkerrecht. Zu den meisten Organisationen ist bereits umfangreiche Fachliteratur vorhanden (zu einzelnen Organisationen: *Kropholler,* Einheitsrecht, §§ 4–6, S. 43–92; *Seidl-Hohenveldern/Loibl,* Organisationen, Rdn. 2101–4001).

2 *von Bar,* IPR I, Rdn. 51.

1. Haager Konferenz für Internationales Privatrecht

Auf Anregung des niederländischen Staatsrates *Asser* entschloß sich die niederländische Regierung im Jahre 1893, zu einer Staatenkonferenz nach Den Haag einzuladen[3]. Als primäres Ziel bezeichneten die Niederlande „le besoin de règles précises et uniformes pour la solution des conflits de lois"[4]. Dieser Einladung folgten die wichtigsten kontinentaleuropäischen Staaten, unter ihnen auch das Deutsche Reich[5]. Eine erste Blütezeit erlebte die Haager Konferenz auf ihren vier Tagungen vor dem Ersten Weltkrieg in den Jahren 1893, 1894, 1900 und 1904; an der vierten Session war sogar Japan als erster außereuropäischer Staat beteiligt[6]. Auf diesen Konferenzen wurden in rascher Folge fünf Abkommen zum Internationalen Familienrecht sowie zwei zivilprozeßrechtliche Abkommen ausgearbeitet, die alle in kurzer Zeit in Deutschland in Kraft traten[7]. Dagegen blieben die beiden in der Zwischenkriegszeit abgehaltenen Sessionen der Jahre 1925[8] und 1928[9] ohne Erfolg; die dort erarbeiteten Entwürfe traten nie in Kraft. Heute hat die Bedeutung der frühen Haager Abkommen abgenommen; die Gründe für den Niedergang dieser Konventionen sind vielschichtig[10]: Teilweise wurden die Abkommen gekündigt, teilweise durch neuere Konventionen abgelöst; im Verhältnis zu den Feindstaaten setzte jedenfalls der Zweite Weltkrieg die einzelnen Abkommen außer Kraft[11].

---

3 *Kropholler,* IPR, § 9 I, S. 55; *ders.,* Einheitsrecht, § 4 III, S. 59; mit weiteren Einzelheiten *Steenhoff,* Rev. crit. 83 (1994), S. 297, 306 ff. Die niederländische Regierung stand dabei auch unter dem Eindruck der erfolgreichen Konferenz von Montevideo im Jahre 1889; dort wurden am 12. 2. 1889 drei Verträge über das Internationale Bürgerliche Recht, das Internationale Handelsrecht und über das Internationale Prozeßrecht geschlossen. Vertragsstaaten sind Argentinien, Bolivien, Paraguay, Peru, Uruguay und Kolumbien. Zur Vorgeschichte der Haager Konferenz: Actes I (1893), S. 5–7 (Memorandum); *Gutzwilller,* SchwJbIntR 2 (1945), S. 48, 53 ff.; *Schack,* RabelsZ 57 (1993), S. 224, 226 f.

4 Actes I (1893), S. 5 (Memorandum).

5 Die 13 Teilnehmerstaaten sind aufgelistet in Actes I (1893), S. 19–21; Actes et documents XVII / 1 (1995), Second Part, S. 64.

6 *Arnold,* JZ 1971, S. 19.

7 Dabei handelt es sich um die Übereinkommen vom 12. 6. 1902 über die Eheschließung (RGBl. 1904, S. 221), die Ehescheidung (RGBl. 1904, S. 231), die Vormundschaft über Minderjährige (RGBl. 1904, S. 240), um die Übereinkommen vom 17. 7. 1905 über die Ehewirkungen (RGBl. 1912, S. 453), über die Entmündigung (RGBl. 1912, S. 463) und um die beiden Zivilprozeßübereinkommen vom 14. 11. 1896 (RGBl. 1899, S. 285 und vom 17. 7. 1905 (RGBl. 1909, S. 410).

8 Dazu *Volkmar,* JW 1926, S. 307 ff.

9 Dazu *Volkmar,* JW 1928, S. 689 ff.

10 Zu den Gründen: *von Bar,* IPR I, Rdn. 183 f.

11 So ein großer Teil der Literatur: *Bülow,* ZZP 64 (1951), S. 323, 324; *Staudinger / von Bar*[12], Vorb. 84 zu Art. 13 EGBGB; *Müller-Freienfels,* FS Ficker, S. 289, 303 Fn. 68. Selbst wenn man der sogenannten Differenzierungstheorie folgt, wonach reine Rechtsanwednungsverträge nach einer kriegsbedingten Suspension weiterlaufen (*Soergel / Kegel,* Vor Art. 3 Rdn. 55), muß man heute zur Kenntnis nehmen, daß die Staatenpraxis, wie sie in den förmlichen Wiederanwendungsvereinbarungen zum Ausdruck kommt, von einem Außerkrafttreten

Nach dem Zweiten Weltkrieg nahm die Haager Konferenz ihre Reorganisation in Angriff; ihre gegenwärtige Organisationsform hat die Konferenz durch eine auf der 7. Tagung im Jahre 1951 beschlossene Satzung erhalten[12]. Die 19. Tagung fand im Juni 2001 statt[13]. Heute gehören der Konferenz 52 Staaten an[14]; sie besitzt damit einen globalen Charakter[15]. Mitgliedstaaten sind neben den Vereinigten Staaten[16], Kanada und dem Vereinigten Königreich[17] auch einige lateinamerikanische Länder[18]. Seit 1980 dürfen bei Vorhaben der Konferenz auch Nichtmitgliedsstaaten an den Sitzungen der Arbeitsgruppen teilnehmen[19]. Da die Europäische Union (EU) seit dem Inkrafttreten des Vertrages von Amsterdam[20] zunehmend die Vergemeinschaftung des Internationalen Privatrechts vorantreibt, ist inzwischen vorgeschlagen worden, ob die EU nicht selbst Mitglied der Haager Konferenz werden soll[21]. Die EU-Kommission besitzt bereits einen Beobachterstatus in Den Haag.

Hauptorgan der Haager Konferenz ist nach Art. 3 der Satzung die *niederländische Staatskommission*[22]; sie prüft alle Vorschläge, mit denen sich die Konferenz befassen soll und setzt die Tagungsordnung für die Sitzungen fest. Die laufenden Arbeiten verrichtet ein international besetztes *Ständiges Büro,* das auch die Verbindungen zu den einzelnen Mitgliedstaaten aufrechterhält[23]. Über jede Konferenz

---

der jeweiligen Verträge ausgeht. Weitere Nachweise zum Streitstand bei MünchKomm-*Sonnenberger,* Einl. IPR Rdn 283. Zum Ersten Weltkrieg hat die deutsche Praxis (RG vom 26. 10. 1914 – Rep. I 83 / 14, RGZ 85, 374 [376] = JW 1915, S. 143) angenommen, der Krieg habe die Geltung der Verträge auch zu Feindstaaten nicht berührt. Der Versailler Friedensvertrag stand auf dem gegenteiligen Standpunkt, da er in Art. 282 (abgedruckt in: RGBl. 1919 II, S. 1089) die Verträge aufzählte die zwischen den Feindstaaten wieder in Kraft gesetzt wurden. Die Haager eherechtlichen Konventionen sind in Art. 282 nicht erwähnt.

12 BGBl. 1959 II, S. 981; BGBl. 1983 II, S. 732. Siehe auch unter: http://www.hcch.net / e / conventions / text01e.html, Stand: 3. 7. 2001 (französischer und englischer Wortlaut). Die Haager Konferenz weist alle Merkmale einer Internationalen Organisation auf; dazu *Seidl-Hohenveldern / Loibl,* Organisationen, Rdn. 0105 ff.

13 6.–22. Juni 2001. Siehe die Pressemitteilung http://www.hcch.net / e / events / events.html, Stand: 5. 7. 2001.

14 Siehe homepage der Haager Konferenz für Internationales Privatrecht http:// www.hcch.net / e / members / members.html, Stand: 28. 6. 2001.

15 *Jessurun d'Oliveira,* Rev. crit. 55 (1966), S. 347, 384; *Kropholler,* IPR, § 9 I, S. 57.

16 *Pfund,* Rec. des Cours 249 (1994 V), S. 9, 51 ff.

17 Dazu *van Hoogstraten,* Int. Comp. L. Q. 12 (1963 – 1), S. 148 – 167.

18 Dazu *Boggiano,* Rec. des Cours 233 (1992 II), S. 99 – 266.

19 Actes et documents XIV / 1 (1982), S. 63 (Schlußakte).

20 Siehe unten 1. Kapitel, § 2 I. 3.

21 *Boele-Woelki,* Liber amicorum Siehr, S. 61, 75 f.

22 Errichtet wurde die Kommission bereits durch das Königliche Dekret vom 20. 2. 1897 als ständiges Beratergremium der Konferenz. Dazu *Kropholler,* Einheitsrecht, § 4 III, S. 61; *Staudinger / Sturm / Sturm,* Einl. zum IPR Rdn. 275.

23 *Staudinger / Sturm / Sturm,* Einl. zum IPR Rdn. 275.

gibt das Büro seit 1923 *Actes et documents*[24] heraus, in denen zu jedem Übereinkommen Berichte und Materialien zu finden sind. In der Zeit zwischen den Tagungen bereiten Spezialkommissionen durch die Ausarbeitung von Konventionsentwürfen die nächste Session vor[25]. Diese Entwürfe bedürfen der Unterzeichnung und Ratifikation durch die Teilnehmerstaaten; jedes Übereinkommen trägt das Datum der ersten Unterzeichnung. In Kraft tritt eine Konvention, wenn sie die im Abkommen vereinbarte Zahl von Ratifikationen erreicht hat und eine bestimmte Frist verstrichen ist. Heute ist das meistens der erste Tag des dritten Kalendermonats nach Hinterlegung der dritten Ratifikationsurkunde beim Ministerium für Auswärtige Angelegenheiten des Königreichs der Niederlande. Über den aktuellen Stand der Zeichnungen und Ratifikationen informiert das Internet[26]. Das letzte Kind der Haager Konferenz ist das Haager Übereinkommen zum Schutz Erwachsener[27]; die Niederlande haben die Konvention als erster Staat am 13. 1. 2000 gezeichnet.

2. *Weitere Einheitsbestrebungen*

Neben der Haager Konferenz haben sich im globalen und regionalen Rahmen weitere Internationale Organisationen der Vereinheitlichung des IPR angenommen. Während der Völkerbund sich kaum mit der Vereinheitlichung des Privatrechts beschäftigt hat, sind die *Vereinten Nationen* (United Nations, UNO)[28] in diesem Bereich mit größerer Energie tätig geworden. Vereinheitlichte Kollisionsnormen hat die UNO für das Personalstatut von Flüchtlingen und Staatenlosen entworfen[29]. Auf die UN-Kommission für Internationales Handelsrecht (UNCITRAL)[30] geht

---

24 Bis zu den „Actes et documents" aus dem Jahre 1961 sind die „Actes" und „Documents" getrennt herausgeben worden. In den *„Actes"* waren alle Materialien und Diskussionsbeiträge einer Tagung enthalten, in den *„Documents"* alle vorbereitenden Dokumente. Dagegen werden nun alle Unterlagen zu einer erarbeitenden Konvention in jeweils einem Band zusammengefaßt veröffentlicht (*Kropholler,* Einheitsrecht, § 4 III, S. 62 Fn. 66).

25 *Kropholler,* Einheitsrecht, § 4 III, S. 62; *Staudinger/Sturm/Sturm,* Einl. zum IPR Rdn. 275.

26 http://www.hcch.net/e/status/statmtrx.html (Stand der Zeichnung und Ratifikation), Stand: 5. 7. 2001.

27 Text unter: http://www.hcch.net/e/conventions/text35e.htmlhttp://www.hcch.net/e/conventions/text35e.html, Stand: 5. 7. 2001; RabelsZ 64 (2000), S. 752–764.

28 Text und Stand der Verträge unter: http://untreaty.un.org/, Stand: 15. 7. 2001.

29 Genfer Abkommen vom 28. 7. 1951 über die Rechtsstellung der Flüchtlinge und New Yorker Übereinkommen vom 28. 9. 1954 über die Rechtsstellung der Staatenlosen.

30 Zur Entstehung und Aufgabe der UNCITRAL: *Herber,* AWD/RIW 1974, S. 577 ff. Aufgabe der United Nations Commision for International Trade Law (UNCITRAL) ist die Harmonisierung des Internationalen Handelsrechts und damit vor allem die Vereinheitlichung von Sachrecht. Texte verfügbar unter: http://www.uncitral.org/en-index.htm, Stand: 15. 7. 2001.

das *Modellgesetz über die internationale Handelsgerichtsschiedsbarkeit von 1985*[31] zurück, das der IPR-Norm des § 1051 ZPO als Muster gedient hat.

Auch der *Europarat* mit Sitz in Straßburg hat Abkommen kollisionsrechtlichen Inhalts geschaffen[32]. Hervorzuheben sind das Europäische Übereinkommen vom 7. 6. 1968 betreffend Auskünfte über ausländisches Recht und das Europäische Sorgerechtsübereinkommen von 1980. Eine Vereinheitlichung wichtiger Anknüpfungsbegriffe im IPR hat der Europarat in einer Empfehlung zur Harmonisierung der Rechtsbegriffe „Wohnsitz“ und „Aufenthalt“ angestrebt[33]; allerdings ist dieser Versuch einer Harmonisierung gescheitert. Zur Zeit arbeitet der Europarat an einem Europäischen Übereinkommen über den Umgang mit Kindern[34].

Die *Internationale Zivilstandskommission* (CIEC)[35] will das Personenstands- und Staatsangehörigkeitsrecht harmonisieren und die Technik des Standesamtswesens verbessern[36]. In einer Reihe von Abkommen hat die CIEC aber den personenstandsrechtlichen Bereich verlassen und auf eine Vereinheitlichung des IPR hingewirkt[37]. Zu nennen sind beispielsweise die von der Bundesrepublik ratifizierte Konvention Nr. 7 zur Erleichterung der Eheschließung im Ausland von 1964[38] oder die in Österreich geltende Konvention Nr. 12 über die Legitimation durch nachfolgende Ehe von 1970[39]. Die Internationale Zivilstandskommission hat damit teilweise die frühere Funktion der Haager Konferenz übernommen, als sich diese noch auf Kontinentaleuropa beschränkte[40]. Über die Arbeit der CIEC berichtet zum Beispiel laufend die *StAZ*.

---

31 Das Modellgesetz hat die Bundesrepublik Deutschland zum 1. 1. 1998 durch das Schiedsverfahrensgesetz (BGBl. 1997 I, S. 3224) als innerstaatliches Recht für nationale und internationale Schiedsverfahren übernommen (*Baumbach/Lauterbach/Hartmann/Albers*, Einf. § 1025 ZPO Rdn. 2).

32 Der Europarat ist eine Internationale Organisation auf völkerrechtlicher Grundlage (*Carstens*, in: *Strupp/Schlochauer* I, S. 494 f.); inzwischen gehören ihm 41 Mitglieder an. Siehe zum fünfzigjährigen Bestehen des Europarats: Frankfurter Allgemeine Zeitung vom 5. 5. 1999, S. 11. Über den Europarat informiert das Internet unter: http://www.europarat.de/europarat/uebersi.html, Stand. 15. 7. 2001.

33 Empfehlung 72 (1) vom 18. 1. 1972; Text in: Annuaire Européen 20 (1972), S. 320–325; Rev. crit. 62 (1973), S. 847–849; deutsche Übersetzung in: *Loewe*, ÖJZ 29 (1974), S. 144–151.

34 Frankfurter Allgemeine Zeitung vom 13. 7. 2001, S. 9.

35 Text und Stand der Konventionen unter: http://perso.wanadoo.fr/ciec-sg/ListeConventions.htm, Stand: 15. 7. 2001.

36 *Staudinger/Sturm/Sturm*, Einl. zum IPR Rdn. 285. Die CIEC ist eine von westeuropäischen Staaten getragene internationale Vereinigung nationaler Regierungskommissionen (*Simitis*, RabelsZ 33 (1969), S. 30, 31); gegenwärtig gehören ihr 11 westeuropäische Staaten und die Türkei an.

37 *von Bar*, IPR I, Rdn. 200; MünchKomm-*Sonnenberger*, Einl. IPR Rdn. 269.

38 BGBl. 1969 II, S. 451.

39 Text in: *Jayme/Hausmann*, IPR Texte, Nr. 52, S. 103.

40 *Kropholler*, Einheitsrecht, § 5 I 4, S. 77.

3. Europäische Union

In der Europäischen Union liegt der Schwerpunkt der Tätigkeit in der Vereinheitlichung des Sachrechts[41]. Vereinheitlichte Kollisionsnormen gewinnen aber für die weitere Integration zunehmend an Bedeutung[42], da über nationale IPR-Normen nachteilige Auswirkungen auf das Marktgeschehen drohen und Wettbewerbsstörungen erzeugt werden können[43]. *Richtlinien* enthalten daher häufig kollisionsrechtliche Vorgaben zur Angleichung innerstaatlicher Vorschriften; aus diesem Bereich stammen die meisten Kollisionsnormen im Verbraucherschutzrecht[44] wie zum Beispiel § 12 AGBG a. F. oder § 8 TzWrG a. F., die der deutsche Gesetzgeber erst kürzlich in Art. 29 a EGBGB zusammengefaßt hat[45].

Als Quellen für gemeinschaftsrechtliches IPR[46] kommen aber auch *Verordnungen* und *Staatsverträge* in Betracht; über das geltende Gemeinschaftsrecht informiert das Internet[47]. Der Vertrag von Amsterdam vom 2. 10. 1997[48] weist in Artt. 61 lit. c), 65 EGV erstmals dem Rat die Aufgabe zu, das Internationale Privat- und Verfahrensrecht der Mitgliedsstaaten zu vereinheitlichen[49]. Bereits am 4. 5. 1999 – drei Tage nach dem Inkrafttreten des Amsterdamer Vertrages – hat die Kommission die ersten Vorschläge vorgelegt[50]. Inzwischen sind die ersten Rechtsverordnungen verkündet worden[51]. Die Verordnung (EG) Nr. 1347 / 2000 des Rates

---

41 *Staudinger / Sturm / Sturm,* Einl. zum IPR Rdn. 288.

42 *Kreuzer,* in: Gemeinsames Privatrecht in der Europäischen Gemeinschaft, S. 373, 410 f.

43 *Roth,* RabelsZ 55 (1991), S. 623, 638; *Roth,* IPRax 1994, S. 165, 174; *Staudinger / Sturm / Sturm,* Einl. zum IPR Rdn. 288.

44 *Junker,* IPR Rdn. 57. Umfassend zu den kollisonsrechtlichen Wirkungen von Richtlinien *Brödermann / Iversen,* Europäisches Gemeinschaftsrecht und IPR, Rdn. 536.

45 Die Vorschrift ist am 30. 6. 2000 in Kraft getreten (*Wagner,* IPRax 2000, S. 249). Zur Neuregelung siehe *Staudinger,* IPRax 1999, S. 414 ff.; *Wagner,* IPRax. 2000, S. 249 ff.

46 Vgl. *Brödermann / Iversen,* Europäisches Gemeinschaftsrecht und IPR, Rdn. 74 f.

47 http://europa.eu.int / eur-lex / de / index.html, Stand: 15. 7. 2001.

48 Vertrag von Amsterdam zur Änderung des Vertrages über die Europäische Union, der Verträge zur Gründung der Europäischen Gemeinschaften sowie einiger zusammenhängender Rechtsakte vom 2. 10. 1997 (BGBl. 1998 II, S. 387); in Kraft getreten am 1. 5. 1999 (BGBl. 1999 II, S. 296).

49 *Jayme / Kohler,* IPRax 1997, S. 385, 386; *dies.,* IPRax 1999, S. 401 f.; *dies.,* IPRax 2000, S. 454 f. kritisch zu dieser Kompetenz *Kohler,* Rev. crit. 88 (1999), S. 1 ff.

50 Vorschlag für eine Verordnung des Rates über die Zuständigkeit und die Anerkennung und Vollstreckung von Entscheidungen in Ehesachen und in Verfahren betreffend die elterliche Verantwortung für die gemeinsamen Kinder der Ehegatten vom 4. 5. 1999 – COM (1999) 220 endgültig, ABl. EG 1999 Nr. C 247 E, S. 1 (31. 8. 1999) (Text verfügbar unter: http:// europa.eu.int / prelex / apcnet.cfm?CL=de, Stand: 15. 7. 2001).

Vorschlag für eine Richtlinie des Rates über die Zustellung gerichtlicher Schriftstücke in Zivil- und Handelssachen in den Mitgliedstaaten vom 4. 5. 1999 – COM (1999) 219 endgültig, ABl. EG 1999 Nr. C 247 E, S. 11 (31. 8. 1999) (Text verfügbar unter: http://europa.eu.int / prelex / apcnet.cfm?CL=de, Stand: 15. 7. 2001).

51 Siehe *Jayme / Kohler,* IPRax 2000, S. 454, 457 – 458.

vom 29. 5. 2000 über die *Zuständigkeit und die Anerkennung und Vollstreckung von Entscheidungen in Ehesachen und in Verfahren betreffend die elterliche Verantwortung für die gemeinsamen Kinder der Ehegatten* („Brüssel II-VO") ist am 1. 3. 2001 in Kraft getreten[52]. Diese Verordnung geht auf das am 28. 5. 1998 in Brüssel geschlossene Übereinkommen über die gerichtliche Zuständigkeit und die Anerkennung und Vollstreckung von Entscheidungen in Ehesachen (EheEuG-VÜ)[53] zurück[54]. Seit dem 31. 5. 2001 gilt in den Mitgliedsstaaten ferner die Verordnung (EG) Nr. 1348/2000 vom 29. 5. 2000 über die *Zustellung gerichtlicher und außergerichtlicher Schriftstücke in Zivil- oder Handelssachen*[55]; darüber hinaus soll am 31. 5. 2002 die Verordnung (EG) Nr. 1346/2000 vom 29. 5. 2000 über *Insolvenzverfahren* in Kraft treten[56].

Bald werden in vielen Bereichen des Kollisionsrechts Rechtsakte des sekundären Gemeinschaftsrechts zu finden sein (siehe Aktionsplan des Rates und der Kommission vom 3. 12. 1998)[57]. Das Maßnahmenprogramm des Rates der EU vom 24. 11. 2000 zur Umsetzung des Grundsatzes der gegenseitigen Anerkennung gerichtlicher Entscheidungen in Zivil- und Handelssachen sieht weitere Schritte vor[58]. So ist unter anderem vorgesehen, die Brüssel II-VO auf außerehelich entstandene Familienstände auszuweiten; flankierend dazu sollen die entsprechenden Kollisionsnormen vereinheitlicht werden. Außerdem ist geplant, die in der „Brüssel II-VO vorgesehenen Mechanismen" für das eheliche Güterrecht und die Folgen der Trennung für das Vermögen eines nicht verheirateten Paares zu übernehmen; in gleicher Weise ist eine Verordnung für Testamente und Erbrechtsachen in der „pipeline". Abschließend sollen auch die Kollisionsnormen in diesen beiden Bereichen (Güterrecht und Erbrecht) harmonisiert werden.

---

52 ABl. EG 2000 Nr. L 160, S. 19–29 (30. 6. 2000); siehe dazu *Kegel/Schurig,* Nachtrag IPR, S. 6 ff.; *Kohler,* NJW 2001, S. 10 ff.; *Puszkajler,* IPRax 2001, S. 81 ff.; *Wagner,* IPRax 2001, S. 73 ff.

Eine Verordnung (EG) des Rates über die gegenseitige Vollstreckung von Entscheidungen über das Umgangsrecht soll die Brüssel II-VO ergänzen, ABl. EG 2000 Nr. C 234, S. 7–11 (15. 8. 2000).

53 ABl. EG 1998 Nr. C 221, S. 1–17 (16. 7. 1998); siehe zum Übereinkommen den Bericht von *Borrás* in: ABl. EG 1998 Nr. C 221, S. 27–64 (16. 7. 1998).

54 Das Übereinkommen ist aber nicht auf Grundlage von Art. 293 EGV, sondern von Artt. 31 lit. c, 29 EUV (Ex-Artt. K. 3 lit. c, K. 1 EUV) erarbeitet worden, *Jayme/Kohler,* IPRax 1998, S. 417, 419.

55 ABl. EG 2000 Nr. L 160, S. 37–43 (30. 6. 2000); *Heß,* NJW 2001, S. 15–23.

56 ABl. EG 2000 Nr. L 160, S. 1–13 (30. 6. 2000).

57 Aktionsplan des Rates und der Kommission zur bestmöglichen Umsetzung der Bestimmungen des Amsterdamer Vertrages über den Aufbau eines Raumes der Freiheit, der Sicherheit und des Rechts vom 3. 12. 1998 in: ABl. EG 1999 Nr. C 19, S. 1–15 (23. 1. 1999) = IPRax 1999, S. 288–290; siehe dazu *Boele-Woelki,* Liber amicorum Siehr, S. 61, 66–77.

58 Nr. 13648/00 JUSTICV 130 abgedruckt in: ABl. EG 2001 Nr. C 12, S. 1–9 (15. 1. 2001) = IPRax 2001, S. 163–169.

Nach wie vor können die Mitgliedsstaaten gemäß Art. 293 EGV[59] die Vorschriften über die Anerkennung von Gesellschaften und die Anerkennung und Vollstreckung von gerichtlichen Entscheidungen durch völkerrechtliche Verträge einheitlich regeln. Während auf dieser Grundlage der Versuch scheiterte, das Internationale Gesellschaftsrecht auf europäischer Ebene einheitlich zu regeln[60], war das Europäische Gerichtsstands- und Vollstreckungsübereinkommen von 1968 (EuGVÜ) außergewöhnlich erfolgreich („Brüssel I")[61]. Allerdings wird die Verordnung (EG) Nr. 44/2001 vom 22. 12. 2000[62] das EuGVÜ in revidierter Fassung am 1. 3. 2002 ersetzen (Brüssel I-VO).

Ohne sich auf eine Vorschrift des EG-Vertrages (damals noch EWG-V) direkt stützen zu können, haben am 19. 6. 1980 die damaligen Mitgliedsstaaten der EWG das Übereinkommen über das auf vertragliche Schuldverhältnisse anzuwendende Recht (EVÜ) vereinbart. Das EVÜ ist bisher der bedeutendste Erfolg der EU-Staaten auf dem Gebiet der Kollisionsrechtsvereinheitlichung. Inzwischen wird eine Reform des Übereinkommens diskutiert[63]; die EVÜ-Nachfolgeregelung wird wahrscheinlich im Rahmen einer Verordnung erfolgen[64]. Der ursprüngliche Plan, auch außervertragliche Schuldverhältnisse in das EVÜ mit einzubeziehen, ist damals als zu umfassend aufgegeben worden[65]; den großen Bereich des Nichtvermögensrechts und des Deliktsrechts regeln auf staatsvertraglicher Ebene nach wie vor primär die Haager Übereinkommen. Die Bemühungen zu einem Übereinkommen über das IPR der außervertraglichen Schuldverhältnisse sind in neuerer Zeit wieder

---

59 Zum Zweck und kollisionsrechtlichen Inhalt von Art. 293 EGV (ex-Art. 220 EGV) *Pirrung,* in: Europäisches Gemeinschaftsrecht und IPR, S. 21, 35 f.

60 Das Übereinkommen über die gegenseitige Anerkennung von Gesellschaften und juristischen Personen vom 29. 2. 1968 ist auf Grund des Widerstands der Niederlande nicht in Kraft getreten (*von Bar,* IPR I, Rdn. 196; MünchKomm-*Sonnenberger,* Einl. zum IPR Rdn. 264). Der im Abkommen gefundende Kompromiß zwischen der Sitz- und Gründungstheorie gilt auch aus deutscher Sicht als nicht geglückt (MünchKomm-*Ebenroth*^{2}, Nach Art. 10 EGBGB Rdn. 14, 17).

61 Es ist umstritten, ob es sich bei Übereinkommen nach Art. 293 EGV (ex-Art. 220 EGV) um Gemeinschaftsrecht (*von Caemmerer,* FS Hallstein, S. 63, 93) oder einfaches Völkerrecht (*Martiny* in: Europäisches Gemeinschaftsrecht und IPR, S. 211, 225; *Schwartz,* FS Grewe, S. 551, 578, 591 f.) handelt.

62 ABl. EG 2001 Nr. L 12, S. 1-23 (16. 1. 2001).

63 Siehe die Vorschläge der Europäischen Gruppe für Internationales Privatrecht, französischer Text in: IPRax 2001, S. 64-65; vgl. ferner *Jayme/Kohler,* IPRax 2000, S. 454, 463; *Junker,* IPRax 2000, S. 65 ff.

64 Vgl. Mitteilung der Kommission an den Rat und das Europäische Parlament vom 30. 11. 2000 COM (2000) 782 endgültig in: Anzeiger der Fortschritte bei der Schaffung eines „Raumes der Freiheit, der Sicherheit und des Rechts" in der Europäischen Union, S. 17 (Text verfügbar unter: http://europa.eu.int/prelex/apcnet.cfm?CL=de, Stand: 15. 7. 2001); *Jayme/Kohler,* IPRax 2000, S. 454, 463.

65 Siehe dazu den Vorentwurf eines Übereinkommens über das auf vertragliche und außervertragliche Schuldverhältnisse anzuwendende Recht von 1972, Text in: RabelsZ 38 (1974), S. 211–219; zu den deliktsrechtlichen Abschnitten *von Overbeck/Volken,* RabelsZ 38 (1974), S. 56 ff.

aufgenommen worden (Rom II-Übereinkommen)[66]. Inzwischen hat sich aber auch die Kommission dieser Materie angenommen[67]; mit einem Verordnungsvorschlag ist zu rechnen[68]. Im Europäischen Kollisionsrecht bricht die „Abendstunde der Staatsverträge“ an[69]; die Übereinkommen werden durch Rechtsakte sekundären Gemeinschaftsrechts ersetzt. Dabei werden auch die betreffenden Haager Konventionen verdrängt, wenn die „neuen“ Verordnungen universell als *loi uniforme* ausgestaltet sind (vgl. Art. 37 Brüssel II-VO).

II. Nichtstaatliche Organisationen

Nichtstaatliche Organisationen erbringen einen Beitrag zur Rechtsvereinheitlichung auf dem Gebiet des IPR vor allem durch rechtsvergleichende Vorarbeiten und Entwürfe[70]. Zu den wichtigsten und ältesten Organisationen auf diesem Gebiet gehören die im Jahre 1873 gegründete International Law Association und das im selben Jahr errichtete Institut de Droit International.

Das *Institut de Droit International* ist eine private wissenschaftliche Gesellschaft[71]. Die kollisionsrechtlichen Resolutionen des Instituts haben eine starke Wirkung auf die ersten Haager Konventionen ausgeübt[72]; hervorzuheben ist auch der Entwurf des Instituts zum IPR der Aktiengesellschaften[73] und zum Renvoi-Problem[74]. Im zweijährigen Rhythmus ihrer Tagungen veröffentlicht das Institut Berichte (*Annuaire*), in denen ein Überblick über das behandelte Tätigkeitsfeld gegeben wird. Die 69. Session fand 1999 in Berlin statt[75].

Ursprüngliches Ziel der *International Law Association* (ILA)[76] war die Ausarbeitung eines „Code of International Law“ als Voraussetzung für ein System der

---

66 Der Entwurf eines EU-Übereinkommens über das auf außervertragliche Schuldverhältnisse anwendbare Recht ist in französischer Sprache abgedruckt in: IPRax 1999, S. 286–288 mit Bericht von *Jayme,* IPRax 1999, S. 298. Kritisch zu den Chancen eines generellen Inkrafttretens: *Freitag/Leible,* ZVglRWiss 99 (2000), S. 101, 141 f.

67 Siehe Aktionsplan Nr. 40 lit. b), ABl. EG 1999 Nr. C 19, S. 1, 10 (23. 1. 1999) = IPRax 1999, S. 288, 289.

68 Vgl. Mitteilung der Kommission an den Rat und das Europäische Parlament vom 30. 11. 2000 COM (2000) 782 endgültig in: Anzeiger der Fortschritte bei der Schaffung eines „Raumes der Freiheit, der Sicherheit und des Rechts“ in der Europäischen Union, S. 17 (Text verfügbar unter: http://europa.eu.int / prelex / apcnet.cfm?CL=de, Stand: 15. 7. 2001).

69 *Jayme/Kohler,* IPRax 1999, S. 401.

70 *Kropholler,* Einheitsrecht, § 6, S. 85.

71 Zu weiteren Einzelheiten *Wengler,* Justitia et Pace, S. 7 ff.

72 *Kropholler,* Einheitsrecht, § 6 II, S. 88; *Makarov,* Justitia et Pace, S. 63 ff.

73 Text in: RabelsZ 31 (1967), S. 549–551.

74 Text in: RabelsZ 64 (2000), S. 354–357.

75 Siehe dazu den Bericht von *Rigaux,* RabelsZ 64 (2000), S. 350–352.

76 Der Mitgliederkreis der ILA ist universal und nicht auf Juristen beschränkt (*Kropholler,* Einheitsrecht, § 6 II, S. 87).

internationalen Schiedsgerichtsbarkeit[77]. Im Internationalen Privatrecht hat die ILA über ihr „Conflict of Laws Committee“ Vorentwürfe zu einigen Haager Konventionen geliefert[78]; einen Überblick über die bearbeiteten Themen geben die im zweijährigen Rhythmus veröffentlichten Berichte (*Reports*)[79]. In neuerer Zeit hat sich die ILA mit Rechtsproblemen der neuen Weltwirtschaftsordnung beschäftigt[80].

§ 3 Staatsvertraglich vereinbartes Kollisionsrecht als Quelle des IPR

Das Internationale Privatrecht ist kein internationales, sondern nationales, innerstaatliches Recht[81]. Im Unterschied zum allgemeinen Völkerrecht und Europarecht handelt es sich beim staatsvertraglich vereinheitlichten Kollisionsrecht um eine nationale Rechtsquelle[82]. Kollisionsnormen in völkerrechtlichen Übereinkommen sind in den Vertragsstaaten nicht unmittelbar anwendbar; sie bedürfen vielmehr der Transformation in das staatliche Recht. Völkerrechtliche Staatsverträge können verschieden ausgestaltet werden[83].

I. Typen von Staatsverträgen

Nach der Zahl der Vertragspartner ist zwischen bilateralen (zweiseitigen) und multilateralen (mehrseitigen) Verträgen[84] zu unterscheiden[85].

---

77 *Stödter,* in: Strupp / Schlochauer II, S. 37.

78 So zum Beispiel zu dem Übereinkommen über das auf internationale Käufe beweglicher Sachen anwendbare Recht vom 15. 6. 1955 (*Kropholler,* Einheitsrecht, § 6 II, S. 88).

79 Siehe auch im Internet unter: http://www.ila-hq.org /, Stand: 15. 7. 2001.

80 Dazu *Petersmann,* ZVglRWiss 82 (1983), S. 265 ff.

81 BVerfG vom 4. 5. 1971 – 1 BvR 636 / 68, BVerfGE 31, 58 (73) = NJW 1971, S. 1509, 1511 = IPRspr. 1971 Nr. 39, S. 101, 110; *von Bar,* IPR I, Rdn. 131; *Ferid,* IPR, Rdn. 2 – 2; *Kegel / Schurig,* IPR, § 1 IV 1, S. 8; *Melchio*r, Grundlagen des IPR, § 23, S. 34 f.; *Soergel / Kegel,* Vor Art. 3 EGBGB Rdn. 3; *Schurig,* Kollisionsnorm, S. 122, 124.

82 *von Bar,* IPR I, Rdn. 176.

83 Grundlegend zu den formalen Gestaltungsmöglichkeiten *Kropholler,* Einheitsrecht, § 7 II, S. 98 – 104.

84 Im amtlichen Sprachgebrauch der Bundesrepublik Deutschland werden in neuerer Zeit bilaterale Verträge als „Abkommen“ und multilaterale Verträge als „Übereinkommen“ bezeichnet. Ferner wird zwischen „Vertrag“ für die von Staatsoberhäuptern geschlossenen Vereinbarungen und „Abkommen“ bzw. „Übereinkommen“ für die von den Regierungen geschlossenen unterschieden; als Oberbegriff wird der Begriff „internationale Vereinbarungen“ verwendet (*Kropholler,* IPR, § 9 IV 1, S. 63).

85 Siehe *Kegel / Schurig,* IPR, § 1 IV 1 a), S. 10; *Kropholler,* Einheitsrecht, § 7 II 1, S. 98 f.; *Meyer-Sparenberg,* S. 21 f.

1. Multilaterale Staatsverträge

Innerhalb der multilateralen Verträge wird zwischen *geschlossenen, halb offenen* und *offenen* Übereinkommen unterschieden. Die *offenen* Übereinkommen stehen allen Staaten zum Beitritt offen. Den *geschlossenen* können hingegen nur bestimmte Staaten beitreten, zum Beispiel die Mitglieder einer supra- oder internationalen Organisation oder die Teilnehmer einer Konferenz. Beispiel für ein geschlossenes Übereinkommen ist das Europäische Übereinkommen über die gerichtliche Zuständigkeit und die Vollstreckung gerichtlicher Entscheidungen in Zivil- und Handelssachen (EuGVÜ); das EuGVÜ gilt nur innerhalb der Mitgliedsstaaten der Europäischen Union[86]. *Halboffene* Übereinkommen sind in verschiedenen Ausgestaltungen denkbar. Zum einen besteht die Möglichkeit, daß alle bisherigen Vertragsstaaten den Beitritt neuer Staaten genehmigen müssen[87]. Die Möglichkeit der Ablehnung durch einen Staat kommt damit einem Vetorecht für diesen Staat gleich. Zum anderen kann das Übereinkommen auch so ausgestaltet sein, daß der Beitritt nur den genehmigenden Staaten gegenüber wirksam oder umgekehrt nur gegenüber den ausdrücklich widersprechenden Staaten unwirksam ist[88].

2. Bilaterale Staatsverträge

Bilaterale Abkommen, insbesondere Freundschafts-, Konsular-, Handels- und Niederlassungsverträge enthalten selten Kollisionsnormen, sondern meistens verfahrensrechtliche Regelungen über die Anerkennung und Vollstreckung ausländischer Entscheidungen[89]. Die Vereinheitlichung des Kollisionsrechts ist nämlich wegen des räumlich beschränkten Geltungsbereichs bilateraler Staatsverträge wenig erfolgversprechend[90]. Insgesamt sind zweiseitige Abkommen für die Kollisionsrechtsvereinheitlichung von geringerer Bedeutung als multilaterale Staatsverträge[91].

---

86 *Basedow,* NJW 1996, S. 1921, 1922.

87 *Kropholler,* Einheitsrecht, § 7 II 2, S. 100; *ders.,* IPR, § 9 IV 2, S. 64.

88 *Kropholler,* IPR, § 9 IV 2, S. 64.

89 *Meyer-Sparenberg,* S. 21; MünchKomm-*Sonnenberger,* Einl. IPR Rdn. 274; *Staudinger/Sturm/Sturm,* Einl. zum IPR Rdn. 404 f.

90 *Meyer-Sparenberg,* S. 21; *Kropholler,* Einheitsrecht, § 7 II 1, S. 98.

91 *von Bar,* IPR I, Rdn. 201. Vereinzelt finden sich aber kollisionsrechtliche Vorschriften in bilateralen Abkommen, so zum Beispiel im deutsch-iranischen Niederlassungsabkommen vom 17. 2. 1929 (RGBl 1930 II, S. 1006), dem deutsch-österreichischen Vormundschaftsabkommen vom 5. 2. 1927 (RGBl. 1927 II, S. 511) oder den Konsularverträgen mit der Türkei vom 28. 5. 1929 (RGBl. 1930 II, S. 748).

II. Verhältnis der kollisionsrechtlichen Staatsverträge zum nationalen Kollisionsrecht

Im deutschen Verfassungsrecht fehlt eine generelle Vorschrift über den Anwendungsvorrang völkerrechtlicher Abkommen vor dem autonomen Recht[92]. Das Verhältnis des Rechts völkerrechtlicher Vereinbarungen zum einfachen Gesetzesrecht unterliegt deshalb grundsätzlich den allgemeinen Regeln[93]: *Lex posterior derogat legi priori* sowie *lex specialis derogat legi generali*. Danach verdrängt eine spätere Konvention das bisherige autonome Kollisionsrecht; ferner gehen auch ältere kollisionsrechtliche Staatsverträge als *leges speciales* dem neuen Gesetzesrecht vor. Denn im Zweifel möchte sich der nationale Gesetzgeber nicht über bestehende völkerrechtlichen Verpflichtungen hinwegsetzen[94]. Den Vorrang von Staatsverträgen hat der Gesetzgeber durch die Einführung des Art. 3 II 1 EGBGB im Rahmen der IPR-Reform von 1986 bestätigt. Die zahlreichen älteren kollisionsrechtlichen Staatsverträge vor allem auf dem Gebiet des Internationalen Familien- und Erbrechts sind weiter anzuwenden; die Vorschrift besitzt in diesem Sinne jedenfalls klarstellende Funktion[95].

---

92 Anders Art. 55 der Verfassung der 5. Republik in Frankreich (zitiert nach *von Bar,* IPR I, Rdn. 177 Fn. 229): Les traités ou accords régulièrement ratifiés ou approuvés ont, dès leur publication, une autorité supérieure à celle des lois, sous réserve, pour chaque accord ou traité, de son application par l'autre partie.

In den Niederlanden wird der Vorrang eines internationalen Vertrages ebenfalls von der gesetzlichen Regelung aus den Artt. 93, 94 des Grundgesetzes abgeleitet (zitiert nach *Boele-Woelki,* IPRax 1990, S. 337, 339 Fn. 15):

Art. 93: Bestimmungen von Verträgen und Beschlüssen völkerrechtlicher Organisationen, die ihren Inhalt nach allgemeinverbindlich sein können, haben Verbindlichkeit nach ihrer Veröffentlichung.

Art. 94: Innerhalb des Königreiches geltende gesetzliche Vorschriften werden nicht angewendet, wenn die Anwendung mit allgemeinverbindlichen Bestimmungen von Verträgen und Beschlüssen völkerrechtlicher Organisationen nicht vereinbar ist.

93 *von Bar,* IPR I, Rdn.177; MünchKomm-*Sonnenberger,* Art. 3 EGBGB Rdn. 13; *Staudinger/Hausmann,* Art. 3 EGBGB Rdn. 14.

94 Mit diesen Grundsätzen hatte schon das Reichsgericht den Vorrang kollisionsrechtlicher Staatsverträge vor den Normen des EGBGB begründet: Eine spätere Änderung des Rechts nationalen Ursprungs beziehe sich nur auf die bisherigen Normen gleichen Ursprunges, die Normen staatsvertraglichen Ursprunges blieben im Zweifel unberührt, RG vom 24. 6. 1909 – Rep. IV 657/08, RGZ 71, 293 (296) = JW 1909, S. 449, ebenso BGH vom 11. 1. 1984 – IV b ZR 41/82, BGHZ 89, 325 (336) = NJW 1984, S. 1302, 1304 = IPRspr. 1984 Nr. 58, S. 130, 135.

95 *Ferid,* IPR, Rdn. 1–9,1; MünchKomm-*Sonnenberger,* Art. 3 EGBGB Rdn. 13; *Staudinger/Hausmann,* Art. 3 EGBGB Rdn. 15.

Inwiefern Art. 3 II 1 EGBGB zudem eine teilweise konstitutive Bedeutung zukommt, ist umstritten. Ein Teil der Literatur lehnt eine solche Wirkung des Art. 3 II 1 EGBGB ab (*von Hoffmann,* IPR, § 1 Rdn. 75; MünchKomm-*Sonnenberger,* Art. 3 EGBGB Rdn. 13). Vorzugswürdig ist die von einem anderen Teil der Literatur vertretene Auffassung, die von einer teilweisen konstitutiven Wirkung ausgeht (*Erman/Hohloch,* Art. 3 EGBGB Rdn. 6; *Meyer-Sparenberg,* S. 68; *Palandt/Heldrich,* Art. 3 EGBGB Rdn. 7; *Staudinger/Hausmann,* Art. 3

1. Voraussetzung für den Vorrang

Eine staatsvertragliche Kollisionsnorm muß nach Art. 3 II 1 EGBGB „unmittelbar anwendbares innerstaatliches" Recht geworden sein, um eine autonome Kollisionsnorm verdrängen zu können. Erforderlich ist dafür eine Transformation der staatsvertraglichen Kollisionsnorm in das nationale Recht.

a) Transformation in das nationale Recht

Nach Art. 59 II 1 GG bedürfen Verträge, welche die politischen Beziehungen des Bundes regeln oder sich auf Gegenstände der Bundesgesetzgebung beziehen, eines Zustimmungsgesetzes. Dieses Gesetz hat in der Regel zwei Funktionen[96]: Zum einen ermächtigt es die zuständigen Bundesorgane zur Ratifikation[97]. Zum anderen verleiht das Gesetz den im Vertrag getroffenen Regelungen innerstaatliche Wirkung[98], wenn es sich auf einen Gegenstand bezieht, der in die Gesetzgebungskompetenz des Bundes fällt[99]. Innerstaatlich haben damit die in solchen völkerrechtlichen Verträgen enthaltenen IPR-Normen den Rang eines einfachen Bundesgesetzes[100].

Abweichend von dieser Praxis ist das EG-Schuldvertragsübereinkommen (EVÜ)[101] in die nationale Kodifikation eingeführt worden. Das EVÜ ist zwar durch das „Gesetz zu dem Übereinkommen vom 19. Juni 1980 über das auf vertragliche Ansprüche anzuwendende Recht" ratifiziert worden[102]; gemäß Art. 1 II des Zustimmungsgesetzes finden die Artt. 1–21 des Übereinkommens aber keine unmittelbare innerstaatliche Anwendung. Das EVÜ wurde vielmehr nicht als Vertrag, sondern in Gestalt der Artt. 27–37 EGBGB von dem deutschen Gesetzgeber

---

EGBGB Rdn. 16). Denn bereits nach dem ausdrücklichen Wortlaut der gesetzlichen Regelung kommt den Staatsverträgen nicht nur „im Zweifel" Vorrang zu.

96 Dazu *Schweitzer,* Staatsrecht III, Rdn. 162–188; *Stern,* Staatsrecht I, § 14 IV 4 d), S. 504.

97 *von Münch/Rojahn,* Art. 59 GG Rdn. 29; *Schweitzer,* Staatsrecht III, Rdn. 153.

98 BVerfG vom 30. 7. 1952–1 BvF 1/52, BVerfGE 1, 396 (411) = NJW 1952, S. 1209; BVerfG vom 21. 3. 1957–1 BvR 65/54, BVerfGE 6, 290 (294) = NJW 1957, S. 745; *Maunz* in: *Maunz/Dürig,* Art. 59 GG Rdn. 22, 25; *Stern,* Staatsrecht, § 14 IV 4 d), S. 505. Unmittelbar innerstaatlich anwendbar sind aber nur solche Vorschriften des Vertrages, die ihrem Charakter nach unmittelbar anwendungsfähig (*self-executing*) sind (*Rudolf,* Völkerrecht und deutsches Recht, S. 173 ff.; *Brödermann/Iversen,* Europäisches Gemeinschaftsrecht und IPR, Rdn. 574 Fn. 97; a. A. *Geiger,* Grundgesetz und Völkerrecht, § 32 II 3 a), S. 174 f.).

99 Für das Internationale Privatrecht ergibt sich die Gesetzgebungskompetenz des Bundes aus Art. 74 Nr. 1 GG, weil das Kollisionsrecht zum Privatrecht gehört (vgl. *Dölle,* IPR, § 1 III, S. 3; *Neuhaus,* Grundbegriffe des IPR, § 1 III 1, S. 5).

100 *Jayme,* BerGesVR 16 (1975) S. 7, 25; *Staudinger/Hausmann,* Art. 3 EGBGB Rdn. 13.

101 BGBl. 1986 II, S. 810.

102 BGBl. 1986 II, S. 809.

übernommen[103]. Mit dieser Methode der Inkorporation[104] eines Staatsvertrages möchte der Gesetzgeber die „Überschaubarkeit des Internationalen Privatrechts wahren und einer zukünftigen Rechtszersplitterung entgegenwirken“[105]. Allerdings kommt das EVÜ mittelbar zum Tragen, weil Art. 36 EGBGB eine einheitliche europäische Auslegung der dem EVÜ entnommenen Vorschriften vorschreibt[106].

Eine besondere Form der Inkorporation hat die Bundesrepublik schließlich für das Haager Unterhaltsübereinkommen von 1973 und das Haager Testamentsformabkommen von 1961 gewählt[107]. Der deutsche Gesetzgeber hat beide Staatsverträge inhaltlich in Artt. 6 S. 1, 18 und 26 I–III EGBGB übernommen. Die beiden Haager Konventionen sind aber neben diesen Vorschriften selbst innerstaatlich unmittelbar geltendes Recht geblieben[108]. Da die staatsvertraglichen Regelungen *lois uniformes* darstellen, führt die Inkorporation in das EGBGB innerhalb des Geltungsbereiches der Staatsverträge faktisch zu einer Verdoppelung des Regelwerks[109]. Einem deutschen Gericht stellt sich damit die Frage, ob es die Regelungen im EGBGB oder die staatsvertraglichen Vorschriften anwenden soll. Auf dieses Problem ist bei der Reichweite des Vorrangs kollisionsrechtlicher Staatsverträge zurückzukommen[110].

b) Anwendungsbereich des Übereinkommens

Der Vorrang eines kollisionsrechtlichen Staatsvertrages vor dem autonomen Recht setzt weiter voraus, daß die zu entscheidende Rechtsfrage in den Regelungsbereich des Staatsvertrages fällt. Dazu muß der Staatsvertrag zeitlich, sachlich, räumlich und persönlich anwendbar sein. Diese Voraussetzungen ergeben sich häufig nicht aus der kollisionsrechtlichen Bestimmung selbst, sondern aus anderen Vorschriften des Staatsvertrages[111].

---

103 Hierzu *von Hoffmann,* IPRax 1984, S. 10, 13; *Nolte,* IPRax 1985, S. 71, 76.

104 *Ferid,* IPR, Rdn. 6–17,3 f.; *W. Lorenz,* IPRax 1987, S. 269; *Palandt/Heldrich,* Art. 3 EGBGB Rdn. 8; Vorb. v. Art. 27 EGBGB Rdn. 1; *Staudinger/Hausmann,* Art. 3 EGBGB Rdn. 20; *Meyer-Sparenberg,* S. 39 f. spricht von „spezieller Transformation“.

105 BGBl. 1986 II, S. 809.

106 Zur einheitlichen europäischen Auslegung nach dem EVÜ *Junker,* RabelsZ 55 (1991), S. 674 ff. *Kegel/Schurig* (IPR, § 1 IV 1 a), S. 13) bemerken treffend: „Das zur Tür hinausgeworfene Abkommen kehrt durch das Fenster des Art. 36 EGBGB zurück.“

107 BT-Drucks. 10/504 S. 75 (Begründung des Regierungsentwurfs) und BT-Drucks. 10/5632, S. 44 (Bericht des Rechtausschusses).

108 *Jayme,* IPRax 1986, S. 265, 266.

109 *Meyer-Sparenberg,* S. 41; *Siehr,* BerGesVR 27 (1986), S. 45, 95 ff.; *Staudinger/Hausmann,* Art. 3 EGBGB Rdn. 21.

110 Siehe 1. Kapitel, § 3 II. 2.

111 *Staudinger/Hausmann,* Art. 3 EGBGB Rdn. 23.

c) Verfassungsmäßigkeit

Da staatsvertraglichen Kollisionsnormen der Rang einfachen Bundesrechts zukommt, unterliegen sie ebenso wie nationale Kollisionsnormen[112] bei ihrer innerstaatlichen Anwendung unmittelbar der Nachprüfung auf ihre Verfassungsmäßigkeit[113]. Halten sie dieser Überprüfung nicht stand, so sind sie nicht anwendbar[114]. Der Bundesgerichtshof hat Art. 2 I des Haager Ehewirkungsabkommens, der die vermögensrechtlichen Ehewirkungen an die Staatsangehörigkeit des Mannes anknüpfte, wegen Verstoß gegen Art. 3 II GG für verfassungswidrig erklärt und deshalb nicht angewandt[115].

2. Reichweite des Vorrangs kollisionsrechtlicher Staatsverträge

Kollisionsrechtliche Staatsverträge gehen in ihrem Regelungsbereich nach Art. 3 II 1 EGBGB autonomen Kollisionsnormen vor. Dieser Vorrang erfaßt nicht nur die speziellen autonomen Kollisionsnormen, sondern auch die Vorschriften des Allgemeinen Teils (Art. 3 – 6 EGBGB)[116]. Enthält ein Staatsvertrag keine Regelung über den Renvoi, kann nicht ohne weiteres auf Art. 4 I EGBGB zurückgegriffen werden; vielmehr ist für den jeweiligen Staatsvertrag zu prüfen, ob Rück- und Weiterverweisung zugelassen sind[117].

---

112 BVerfG vom 4. 5. 1971 – 1 BvR 636/68, BVerfGE 31, 58 (73) = NJW 1971, S. 1509, 1511 = IPRspr. 1971 Nr. 39, S. 101, 110; siehe ferner BVerfG vom 22. 2. 1983 – 1 BvL 17/81, BVerfGE 63, 181 (195) = NJW 1983, S. 1968, 1970 = IPRspr. 1983 Nr. 56, S. 134, 139 f.

113 BGH vom 17. 9. 1986 – IV b ZR 52/85, NJW 1987, S. 583 = IPRax 1987, S. 114 f. = IPRspr. 1986 Nr. 58, S. 133, 134 f.; *von Bar/Ipsen,* NJW 1985, S. 2849, 2855 f.; *Palandt/Heldrich,* Art. 3 EGBGB Rdn. 7; *Rauscher,* NJW 1987, S. 531.

114 *Erman/Hohloch,* Art. 3 EGBGB Rdn. 8; *Meyer-Sparenberg,* S. 60; MünchKomm-*Sonnenberger,* Einl. IPR Rdn. 300; *Staudinger/Hausmann,* Art. 3 EGBGB Rdn. 28. Für eine nachsichtige Behandlung von Grundrechtsverstößen in Staatsverträgen (*Jayme,* BerGesVR 16 (1975) S. 7, 29 f., 34 ff., 40 f.; *ders.,* IPRax 1983, S. 130 *„favor conventionis"*) besteht kein Anlaß (*von Bar/Ipsen,* NJW 1985, S. 2849, 2855 f.; *Heldrich,* IPRax 1984, S. 143, 146; *Kropholler,* IPR, § 5 III, S. 35).

115 BGH vom 17. 9. 1986 – IV b ZR 52/85, NJW 1987, S. 583 f. = IPRax 1987, S. 114 f. = IPRspr. 1986 Nr. 58, S. 133, 134 f.; BGH vom 8. 4. 1987 – IV b ZR 37/86, NJW 1988, S. 638, 640 = IPRax 1988, S. 100 f. = IPRspr. 1987 Nr. 47 b, S. 126; ebenso schon *Heldrich,* IPRax 1984, S. 143, 146; *Henrich,* IPRax 1987, S. 93; *Lichtenberger,* DNotZ 1983, S. 394, 396 f. Die Auffassung in der Literatur (*Soergel/Kegel,* Vor Art. 3 Rdn. 27; *Soergel/Kegel*[11], Anh. nach Art. 16 Rdn. 7), daß der Staatsvertrag völkerrechtlich weiter wirksam und staatsrechtlich das Zustimmungsgesetz nicht sofort nichtig sei, ist abzulehnen. Sie vermischt die nach Art. 27 WVK weiter bestehende völkerrechtliche Verbindlichkeit (*Seidl-Hohenveldern,* JZ 1975, S. 80, 81) mit der innerstaatlichen Geltung.

116 *Meyer-Sparenberg,* S. 72; *Staudinger/Hausmann,* Art. 3 EGBGB Rdn. 29.

117 Bei Mehrstaatern ist Art. 5 I EGBGB nicht automatisch als Hilfsnorm anwendbar; allerdings kann der Vereinheitlichungszweck des Staatsvertrages eine alternative Anknüpfung erfordern (*Staudinger/Blumenwitz,* Art. 5 EGBGB Rdn. 437 für das Haager Testamentsabkommen von 1961).

Inwiefern sich der in Art. 3 II 1 EGBGB angeordnete Vorrang staatsvertraglicher Kollisionsnormen auch gegenüber den in das EGBGB inkorporierten Kollisionsnormen durchsetzt, ist umstritten. Während diese Frage der Gesetzgeber für das EVÜ eindeutig beantwortet hat, ist sie für die Anwendung der Artt. 18, 26 I-III EGBGB im Verhältnis zu ihren korrespondierenden staatsvertraglichen Kollisionsnormen offen geblieben. Für eine Heranziehung der autonomen Kollisionsnormen soll ihre einfache Handhabung in der Praxis sprechen. Zudem habe der Gesetzgeber keine bedeutungslosen Vorschriften in das EGBGB inkorporieren wollen[118]. Dagegen wird eingewandt, daß Staatsverträge anders auszulegen und anzuwenden seien als autonome Vorschriften[119]. Die Anwendung der autonomen Regelungen in der Praxis könnte zu Ergebnissen führen, die mit der völkerrechtlichen Verpflichtung der Bundesrepublik nicht mehr vereinbar seien[120]. Deshalb gingen allein die Staatsverträge vor[121]. Die unmittelbare Anwendung der Abkommen ist nach Art. 3 II 1 EGBGB formal sicherlich korrekt. In der Anwendung der autonomen Kollisionsnormen wird aber regelmäßig keine revisionsbegründende Rechtsverletzung liegen[122]. Denn auch die Auffassung, die einen Vorrang des autonomen Rechts fordert, leugnet den staatsvertraglichen Ursprung dieser Vorschriften nicht. Die staatsvertragliche Herkunft der Artt. 18, 26 I-III EGBGB wird bei der Auslegung beachtet[123]. Vieles spricht für das Vorgehen eines Teils der Praxis, die Vorschriften des autonomen Kollisionsrechts und die der Haager Übereinkommen nebeneinander zu zitieren[124]; dadurch wird der staatsvertragliche Ursprung der nationalen Vorschriften deutlich.

---

118 *von Bar,* IPR I, Rdn. 203; *Kartzke,* NJW 1988, S. 104, 105; *Lüderitz,* IPR, Rdn. 47; *Palandt/Heldrich,* Art. 3 EGBGB Rdn. 8; *Pirrung,* IPR, S. 110. Allein Art. 18 EGBGB zitiert OLG Hamm vom 27. 7. 1995 – 4 UF 221/95, NJW-RR 1996, S. 773, 774 = FamRZ 1996, S. 178 f. = IPRspr. 1995 Nr. 175, S. 361.

119 *Kropholler,* IPR, § 9 V 1, S. 65; *ders.*, Einheitsrecht, § 17, S. 235 ff., § 19, 258 ff. Für die Haager Übereinkommen ist allein die französische und englische Originalfassung maßgeblich.

120 *Staudinger/Hausmann,* Art. 3 EGBGB Rdn. 33.

121 *Basedow,* NJW 1986, S. 2971, 2975; *Jayme,* IPRax 1986, S. 265, 266; *Mansel,* StAZ 1986, S. 315, 316; *Meyer-Sparenberg,* S. 72 ff.; MünchKomm-*Sonnenberger,* Art. 3 EGBGB Rdn. 14; *Siehr,* IPRax 1987, S. 4, 6; *ders.*, BerGesVR 27 (1986), S. 45, 93 f., 97; *Staudinger/Hausmann,* Art. 3 EGBGB Rdn. 33. Aus der Rechtsprechung zitieren allein das Unterhaltsabkommen: OLG Celle vom 4. 12. 1990 – 18 UF 111/89, FamRZ 1991, S. 598 f. = IPRspr. 1990 Nr. 116, S. 214, 215; OLG Koblenz vom 2. 4. 1992 – 11 UF 1081/91, FamRZ 1992, S. 1442 = IPRspr. 1992 Nr. 116, S. 267; KG vom 5. 2. 1993 – 3 UF 4458/92, NJW-RR 1994, S. 138 = FamRZ 1993, S. 976, 977 = IPRax 1994; S. 455 f. = IPRspr. 1993 Nr. 156, S. 346, 347; allein das Testamentsformabkommen: zitiert: BGH vom 28. 9. 1994 – IV ZR 95/93, NJW 1995, S. 58 = IPRax 1996, S. 39 = IPRspr. 1994 Nr. 125, S. 272, 274.

122 *Kropholler,* IPR, § 47 I 4, S. 345, nicht eindeutig für das Haager Testamentsformabkommen § 51 IV 3 S. 396; MünchKomm-*Sonnenberger,* Art. 3 EGBGB Rdn. 14.

123 Siehe *Lüderitz,* IPR, Rdn. 47; *Palandt/Heldrich,* Art. 3 EGBGB Rdn. 8; *Pirrung,* IPR, S. 110.

124 Nebeneinander zitieren Art. 18 EGBGB und das Unterhaltsabkommen: OLG Karlsruhe vom 2. 10. 1991 – 2 A UF 35/91, NJW-RR 1992, S. 1094 = FamRZ 1992, S. 316 = IPRspr.

III. Anwendungskonflikte zwischen kollisionsrechtlichen Staatsverträgen

Konventionskonflikte entstehen, wenn ein Staat auf einem Rechtsgebiet mehrere Staatsverträge abgeschlossen und in innerstaatliches Recht umgesetzt hat[125]. Sie sind das Ergebnis der massenhaften Verabschiedung (*furor codificandi*[126]) international-privatrechtlicher Konventionen[127].

1. Regelung in den Konventionen

Ausgangspunkt für die Lösung von Konflikten zwischen kollisionsrechtlichen Staatsverträgen sind zunächst die Regelungen, die diese selbst enthalten[128]. Die Vorschriften des EVÜ von 1980 sollen zum Beispiel gemäß Art. 21 nicht die Anwendung anderer internationaler Übereinkommen berühren, denen ein Vertragsstaat angehört oder angehören wird. Auch das Haager Kindesentführungsübereinkommen von 1980 (Art. 34 S. 2) und das Europäische Sorgerechtsabkommen von 1980 (Art. 19) sind nach ihrem Wortlaut grundsätzlich nebeneinander anwendbar. Das Haager Kindesentführungsübereinkommen erklärt aber in Art. 34 S. 1 seinen ausdrücklichen Vorrang vor dem Haager Minderjährigenschutzabkommen von 1961. Die meisten Verträge enthalten entsprechende Vorschriften.

2. Die Regeln der Wiener Vertragsrechtskonvention von 1969

Soweit keine Bestimmung über die Regelung von Konventionskonflikten in den konkurrierenden Staatsverträgen besteht[129], sind die allgemeinen völkerrechtlichen Grundsätze anwendbar. Diese Grundsätze sind in der Wiener Vertragsrechtskon-

---

1991 Nr. 108, S. 202; OLG Hamm vom 28. 12. 1994 – 8 UF 334/94, NJW-RR 1995, S. 520 = FamRZ 1995, S. 886 = IPRspr. 1994 Nr. 98, S. 204, 205; OLG Nürnberg vom 3. 7. 1995 – 10 WF 1477/95, FamRZ 1996, S. 353 = IPRspr. 1995 Nr. 173, S. 357; OLG Stuttgart vom 26. 2. 1997 – 17 UF 26/97, FamRZ 1997, S. 882 = IPRspr. Nr. 71, S. 133, 135. Nebeneinander zitiert Art. 26 EGBGB und das Testamentsformabkommen: OLG Zweibrücken vom 28. 10. 1991 – 3 W 34/91, NJW-RR 1992, S. 587 = FamRZ 1992, S. 608 f. = IPRspr. 1991 Nr. 149, S. 289, 290.

125 *von Bar,* IPR I, Rdn. 207; *Staudinger/Hausmann* Art. 3 EGBGB Rdn. 37. Bereits im Jahre 1977 zählte *Volken* allein 87 Abkommen des Europarats; 15 CIEC Abkommen und 35 Haager Abkommen. Diese Zahlen schließen allerdings das Verfahrensrecht und die im Entwurfsstadium steckengebliebenen Übereinkommen ein (S. 1).

126 *Majoros,* ZRP 1973, S. 65, 67.

127 *Majoros,* RabelsZ 46 (1982), S. 84, 87.

128 *Majoros,* RabelsZ 46 (1982), S. 84, 89; MünchKomm-*Sonnenberger,* Einl. IPR Rdn. 278; *Volken,* S. 252 ff.

129 Vgl. Art. 30 II Wiener Vertragsrechtkonvention.

vention (WVK) vom 23. 5. 1969[130] kodifiziert. Danach ist zu unterscheiden, ob die Parteien des früheren Vertrages ganz oder teilweise mit den Parteien des späteren Vertrages identisch sind oder nicht (Art. 30 III und IV WVK). Wenn sich die Vertragsstaaten decken, hat in ihrem Verhältnis zueinander das jüngere Abkommen Vorrang (*lex posterior derogat legi priori*); das ältere Übereinkommen darf aber nicht dem jüngeren als *lex specialis* vorgehen[131]. Gegenüber einer Partei nur eines der beiden Verträge findet nur dieser Vertrag Anwendung.

---

130 BGBl. 1985 II, S. 926.

131 Vgl. *Böhmer,* IPRax 1986, S. 362, 363.
Abzulehnen ist die Ansicht (*Majoros,* RabelsZ 46 (1982), S. 84, 93 f.), die bei einer Konventionskollision die materiellrechtlich wirksamere Norm zur Anwendung bringen will (Prinzip der maximalen Wirksamkeit). Hinter einer solchen Regel stehen allein sachrechtliche Erwägungen für den Einzelfall, aus denen sich keine allgemeinen Rückschlüsse zur Lösung der staatsvertraglichen Kollisionen ziehen lassen (MünchKomm-*Sonnenberger,* Einl. IPR Rdn. 279).

Zweites Kapitel

Rück- und Weiterverweisung (Renvoi)

Zu Beginn des 20. Jahrhunderts waren Rück- und Weiterverweisung (Renvoi) im deutschen und französischen Recht als kollisionsrechtliches Instrument anerkannt[1]. Englische Gerichte beachteten die Anerkennung des Renvoi auf dem Kontinent, indem sie bei einer Verweisung ihrer Kollisionsnormen auf fremdes Recht dasjenige Recht anwandten, das der ausländische Richter angewandt hätte (*foreign court theory*)[2]. Im folgenden soll von der Bedeutung des Renvoi in kollisionsrechtlichen Staatsverträgen die Rede sein (§§ 5, 6). Dafür sind zunächst Grundfragen der Rück- und Weiterverweisung nachzugehen (§ 4); seinen Abschluß findet das Kapitel in einer zusammenfassenden Würdigung (§ 7).

§ 4 Grundfragen der Rück- und Weiterverweisung

Die Grundfragen der Rück- und Weiterverweisung behandeln den Begriff des Renvoi, die deutsche Haltung und die Haltung anderer europäischer Rechtsordnungen zur Rück- und Weiterverweisung.

I. Begriff

Von einer Rück- oder Weiterverweisung (Renvoi)[3] spricht man, wenn das zur Anwendung berufene fremde Recht die Gesamtverweisung durch das inländische Internationale Privatrecht nicht annimmt, sondern ihrerseits ein anderes Recht für maßgebend erklärt[4]. Eine Rückverweisung (*renvoi au premier degré*) liegt vor, wenn das nach einer inländischen Kollisionsnorm maßgebende fremde Recht sei-

1 OAG Lübeck vom 21. 3. 1861, SeuffA 14 (1861) Nr. 107, S. 163 – 165 (Weiterverweisung) und Cass. civ. vom 24. 6. 1878, Clunet 6 (1879), S. 285 (Rückverweisung).

2 *Collier v. Rivaz* (1841) 2 Curt 855 = 163 E. R. 608 (Prerogative Court of Canterbury); *Bremer v. Freemann* (1857) 10 Moore P. C. 306 = 14 E. R. 508 (Privy Council); *In the Goods of Lacroix* (1877) 2 P. D. 94; *Re Johonson* (1903) 1 Ch. 821.

3 Statt Rück- oder Weiterverweisung wird auch für den Oberbegriff *Renvoi* von „Rückverweisung im weiteren Sinne" gesprochen (*Kropholler,* IPR, § 24, S. 148).

4 *von Hoffmann,* IPR, § 6 Rdn. 73; *Neuhaus,* Grundbegriffe des IPR, § 35, S. 268.

nerseits wieder auf das Ausgangsrecht zurückverweist[5]. Dagegen wird bei der Weiterverweisung (*renvoi au second degré*) das Recht eines dritten Staates für maßgeblich erklärt[6]. Das Recht des dritten Staates hat mehrere Möglichkeiten[7]: Es kann die Verweisung annehmen oder seinerseits auf das Recht des zweiten Staates zurückverweisen. Denkbar ist aber auch eine Rückverweisung auf das Ausgangsrecht oder eine Weiterverweisung auf das Recht eines vierten Staates. Sprechen die Normen des vierten Staates ihrerseits eine Gesamtverweisung aus, kann sich eine drei-, vier-, x-fache Weiterverweisung ergeben[8].

II. Deutsches Internationales Privatrecht

Das Problem der Rück- und Weiterverweisung hat über Jahrzehnte wie kaum eine andere Frage des Internationalen Privatrechts die deutsche Rechtsprechung und Lehre beschäftigt[9]. Seit der gesetzlichen Regelung in Art. 4 I EGBGB[10] hat in der Bundesrepublik die Diskussion um die Frage nachgelassen, ob Rück- und Weiterverweisung grundsätzlich zu beachten sind[11]. Die Auseinandersetzung hat sich vielmehr auf die Untersuchung verlagert, in welchen Fällen deutsche Kollisionsnormen Sachnormverweisungen aussprechen[12] und inwiefern „versteckte Kollisionsnormen" zu beachten sind[13].

---

5 *Junker*, IPR, Rdn. 190; *Kegel/Schurig*, IPR, § 10 I, S. 336.

6 *Kegel/Schurig*, IPR, § 10 I, S. 336; *Kropholler*, IPR, § 24, S. 148.

7 Dazu *Junker*, IPR, Rdn. 202–205; *Kegel/Schurig*, IPR, § 10 IV 1, S. 347–349.

8 *Kegel/Schurig*, IPR, § 10 IV 1, S. 348.

9 RG vom 15. 2. 1906 – Rep. IV 392/05, RGZ 62, 404 (404); BGH vom 2. 5. 1966 – III ZR 92/64, BGHZ 45, 351 (356) = NJW 1966, S. 2270, 2271 f. = IPRspr. 1966 Nr. 3, S. 3, 7; *Lewald*, FS Fritsche, S. 165 ff.; *Melchior*, Grundlagen des IPR, § 139, S. 207 ff.; *Neuhaus*, Grundbegriffe des IPR, § 36, S. 274 ff.; *Raape/Sturm*, IPR, § 11 II, S. 165 f.

10 Vor der Reform des IPR von 1986 regelte das EGBGB in Art. 27 a. F. die Rückverweisung für Geschäftsfähigkeit, Heirat, Ehegüterrecht, Scheidung und Erbfolge. Diese Bestimmung wurde von der Rechtsprechung und Wissenschaft schon bald auf andere Kollisionsnormen und die Weiterverweisung ausgeweitet. Dazu *Kegel/Schurig*, IPR, § 10 III 2, § 10 IV 2, S. 342 m. w. N.; *Staudinger/Hausmann*, Art. 4 EGBGB Rdn. 30, 33 ff.

11 Zum Diskussionsstand vor der Reform MünchKomm-*Sonnenberger*, Art. 4 EGBGB Rdn. 16–19; neuerdings möchte *Mäsch* den Renvoi als überflüssige Rechtsfigur „in toto" abschaffen (RabelsZ 61 [1997], S. 293, 312).

12 *Kartzke*, IPRax 1988, S. 8–13; *Kühne*, FS Ferid 1988, S. 251–267; *Palandt/Heldrich*, Art. 4 EGBGB Rdn. 7 f.; *Rauscher*, NJW 1988, S. 2151–2154.

13 *von Bar*, IPR I, Rdn. 544; *Beitzke*, NJW 1960, S. 248 f.; *Jayme*, ZfRV 11 (1970), S. 253, 262 ff.; *Kegel/Schurig*, IPR, § 10 VI, S. 356 f.; *Lüderitz*, IPR, Rdn. 165 f.; MünchKomm-*Sonnenberger*, Art. 4 EGBGB Rdn. 41 ff.

1. Grundsatz der Gesamtverweisung

Nach Art. 4 I 1 EGBGB erfaßt die Verweisung auf das Recht eines anderen Staates dessen Kollisionsnormen, „sofern dies nicht dem Sinn der Verweisung widerspricht". Der deutsche Gesetzgeber hat sich damit für die *Gesamtverweisung*[14] und für die grundsätzliche Beachtung eines Renvoi entschieden. Drei Möglichkeiten sind denkbar, wenn das deutsche Internationale Privatrecht (Art. 4 I EGBGB) das IPR eines fremden Staates beruft. Der fremde Staat kann die Verweisung annehmen, dann wenden wir sein Sachrecht an; der fremde Staat kann aber auch durch seine Kollisionsnormen auf unser eigenes Recht zurückweisen (Rückverweisung); dann brechen wir die Verweisung ab und lassen unser eigenes materielles Recht zur Anwendung kommen (Art. 4 I 2 EGBGB)[15]. Schließlich kann der zweite Staat das Recht eines dritten berufen und eine Weiterverweisung aussprechen. Nicht geregelt ist in Art. 4 I 1 EGBGB, ob die Weiterverweisung ihrerseits als Gesamt- oder Sachnormverweisung zu verstehen ist; der Gesetzgeber hat diese Frage offengelassen[16]. Überwiegend wird bei mehrfacher Weiterverweisung der Entscheidungseinklang mit dem Staat gesucht, auf den die deutschen Kollisionsnormen verweisen. Ein deutsches Gericht soll ebenso entscheiden wie ein Gericht des erstmals weiterverweisenden (zweiten) Staates[17]. In der zusammenfassenden Würdigung (§ 7) ist auf die Frage zurückzukommen, ob diesem Standpunkt zu folgen ist.

---

14 Die Gesamtverweisung wird auch als IPR-Verweisung (*Kegel/Schurig,* IPR, § 10 II S. 338) oder Kollisionsnormverweisung (MünchKomm-*Sonnenberger,* Art. 4 EGBGB Rdn. 3) bezeichnet. Andere wiederum sprechen von bedingter Verweisung, da die Verweisung des deutschen IPR unter dem Vorbehalt stehe, daß die berufene Rechtsordnung nach ihren eigenen Kollisionsregeln angewendet werden will (*von Hoffmann,* IPR, § 4 Rdn. 18).

15 Vor der Reform des IPR von 1986 war umstritten, wie mit einer ausländischen Gesamtrückverweisung verfahren werden sollte. Die Lehre vom *double renvoi* befolgte die Gesamtverweisung des ausländischen IPR und überließ diesem die Entscheidung darüber, ob es die Verweisung abbrach (*Kegel*[7], IPR, § 10 III 3, S. 288). Nach der von englischen Gerichten entwickelten *foreign-court*-Theorie sollte sich das eigene Gericht auf denselben Standpunkt stellen wie die Gerichte des Landes, auf dessen Recht die deutschen Kollisionsnormen verwiesen (dazu *Staudinger/Hausmann,* Art. 4 EGBGB Rdn. 11).

16 BT-Drucks. 10/504, S. 38 (Begründung des Regierungsentwurfs). *Michaels* meint, daß die Weiterverweisung von Art. 4 I 1 Hs. 1 EGBGB geregelt wird (RabelsZ 61 [1997], S. 685, 697).

17 *Junker,* IPR, Rdn. 205; *Kegel/Schurig,* IPR, § 10 IV 3, S. 350; *Lüderitz,* IPR, Rdn. 163; *Michaels,* RabelsZ 61 (1997), S. 685, 701; *Soergel/Kegel,* Art. 4 EGBGB Rdn. 19; *Staudinger/Hausmann,* Art. 4 EGBGB Rdn. 54. Eine starke Gegenauffassung sieht die Weiterverweisung auf das Recht des dritten Staates als Sachnormverweisung an: *Ferid,* IPR, Rdn. 3–104; *Kropholler,* IPR, § 24 II 5, S. 158 f. (außer wenn das dritte Recht auf das deutsche Recht zurückverweist); *Neuhaus,* Grundbegriffe des IPR, § 35 III, S. 272 („Faustregel"); *Staudinger/Dörner,* Art. 25 EGBGB Rdn. 641 (im Erbrecht).

Die Rechtsprechung zur Weiterverweisung ist uneinheitlich.

Einige Entscheidungen brechen die Verweisungskette bei der Weiterverweisung des zweiten Staates ab und wenden die Sachnormen des dritten Staates an: RG vom 30. 11. 1906 – Rep. II 174/06, RGZ 64, 389 (394 f.); OLG Frankfurt vom 16. 9. 1966–6 W 197/66, FamRZ 1967, S. 481, 482 = IPRspr. 1966/67 Nr. 79, S. 261, 264; LG Essen vom

2. *Sachnormverweisung*

Eine Einschränkung erfährt der Grundsatz der Gesamtverweisung, wenn unmittelbar auf ausländisches Sachrecht verwiesen wird[18], denn Verweisungen auf Sachvorschriften beziehen sich gemäß Art. 3 I 2 EGBGB „auf Rechtsnormen der maßgeblichen Rechtsordnung unter Ausschluß des Internationalen Privatrechts". Beispiele sind die Verweisungen in Artt. 12 und 18 I EGBGB.

Bei einer Rechtswahl außerhalb des Internationalen Schuldvertragsrechts schließt Art. 4 II EGBGB den Grundsatz der Gesamtverweisung aus: „Soweit die Parteien das Recht eines Staates wählen können, können sie nur auf die Sachvorschriften verweisen". Art. 4 II EGBGB kommt vor allem für die Rechtswahl im Internationalen Personen- und Familienrecht zur Anwendung[19]. Für das Internationale Schuldvertragsrecht folgt der Ausschluß des Renvoi aus Art. 35 I EGBGB[20].

Der IPR-Gesetzgeber hat das Prinzip der Gesamtverweisung mit der Einschränkung versehen, daß die Befolgung eines Renvoi nicht dem „Sinn der Verweisung widersprechen darf" (Art. 4 I 1 Hs. 2 EGBGB)[21]. Ein möglicher Renvoi soll nicht anderweitige Wertungen des deutschen Rechts und zwar sowohl materiellrechtlicher als auch kollisionsrechtlicher Art durchkreuzen[22]. Bei welchen Verweisungen das der Fall ist, ist im einzelnen umstritten. In dieser Frage setzt sich die Diskussion zu Art. 27 EGBGB a. F. nach der Reform von 1986 fort. Überwiegend wird für zwei Anknüpfungsarten aus dem Sinn der Verweisung eine Sachnormverweisung vertreten.

Die Gesetzesmaterialien weisen ausdrücklich auf die *alternativen* Anknüpfungen hin: Zweck dieser Mehrfachanknüpfung sei es, ein bestimmtes materielles Er-

---

20. 5. 1977 – 1 S 211 / 70, IPRspr. 1977 Nr. 88, S. 240, 242; AG Kaufbeuren vom 31. 1. 1984 – XVI 14 / 83, IPRax 1984, S. 221 (Bericht *Jayme*) = IPRspr. 1984 Nr. 109, S. 260, 261.

Andere Entscheidungen prüfen das IPR des dritten Staates und kommen zu dem Ergebnis, dieser nehme die Verweisung an: RG vom 8. 11. 1917 – Rep. IV 253 / 17, RGZ 91, 139 (141) = JW 1918, S. 173; OLG Köln vom 24. 2. 1992 – 2 Wx 41 / 91, NJW-RR 1992, 1480 = FamRZ 1992, S. 860 = IPRax 1994, S. 376 f. = IPRspr. 1992, Nr. 158, S. 338, 339; LG Frankfurt vom 9. 7. 1975 – 2 / 8 O 293 / 72, IPRspr. 1975 Nr. 53, S. 118, 119 f.; AG Eggenfelden vom 5. 11. 1981 – F 82 / 79, IPRax 1982, S. 78 (Bericht *Jayme*) = IPRspr. 1981 Nr. 177, S. 407, 409.

Eine Entscheidung bricht die Verweisung beim dritten Staat ab, weil der zweite Staat eine Sachnormverweisung ausspricht: OLG Köln vom 4. 2. 1980 – 12 U 121 / 79, NJW 1980, S. 2646, 2647 f. = IPRspr. 1980 Nr. 33, S. 90, 94 f.

18 *Staudinger / Hausmann,* Art. 4 EGBGB Rdn. 81.

19 *Junker,* IPR, Rdn. 195.

20 Der Ausschluß des Renvoi gilt unabhängig davon, ob das maßgebende Recht auf die Rechtswahl der Parteien (Art. 27 I EGBGB) oder auf die objektive Anknüpfung des Schuldvertrages nach Artt. 28, 29 II, 30 II EGBGB beruht (*Junker,* IPR, Rdn. 195; *Soergel / Kegel,* Art. 4 EGBGB Rdn. 23).

21 Diese Möglichkeit, den Grundsatz der Gesamtverweisung einzuschränken, geht auf eine Anregung von *H. Stoll* (IPRax 1984, S. 1, 2) zurück.

22 *Junker,* IPR, Rdn. 196; *Staudinger / Hausmann,* Art. 4 EGBGB Rdn. 85.

gebnis zu fördern. Dieser Zweck könnte durch das Spiel von Rück- und Weiterverweisung verfehlt werden, wenn alle in Betracht kommenden Rechte auf eine einzige Rechtsordnung zurück- bzw. weiterverwiesen[23]. Teilweise wird im Schrifttum bei Alternativanknüpfungen jegliche Rück- oder Weiterverweisung ausgeschlossen, und nur die jeweiligen Sachvorschriften werden angewendet[24]. Überzeugender ist es, einen Renvoi nur *in favorem* zu beachten, also einen Renvoi durch das fremde Kollisionsrecht nur zu befolgen, wenn das durch die Alternativanknüpfung gewünschte Ergebnis nicht schon auf Grund des fremden materiellen Rechts erreicht werden konnte[25]. Eine solche Handhabung des Renvoi deckt sich mit einer erst vor kurzem gefaßten Resolution des Institut de Droit International und scheint daher international konsensfähig zu sein[26].

In Fällen der *akzessorischen* Anknüpfungen ist eine Sachnormverweisung anzunehmen, wenn mit der Akzessorität die einheitliche materiellrechtliche Beurteilung eines Lebenssachverhaltes bezweckt wird[27]. Ist für die Hauptanknüpfung die Rück- und Weiterverweisung ausgeschlossen, gilt das auch für die akzessorisch angeknüpften Fragen.

III. Europäische Internationale Privatrechte

Die Haltung von anderen Ländern zur Rück- und Weiterverweisung ist in verschiedener Hinsicht für diese Arbeit maßgeblich. Zunächst zeigt eine solche Übersicht die Bandbreite der verschiedenen möglichen Lösungen zum Problem des Renvoi. Daneben verdeutlicht sie, im Verhältnis zu welchen Staaten aus deutscher Sicht internationaler Entscheidungseinklang erzielt wird. Schließlich lassen sich Rück- und Weiterverweisung in Staatsverträgen nur sinnvoll untersuchen, wenn die Position der nationalen Rechtsordnungen zum Renvoi bekannt ist.

Die Darstellung beschränkt sich auf ausgewählte Rechtsordnungen[28]; am Anfang wird jeweils kurz der Kodifikationsstand des betreffenden Internationalen Privatrechts erläutert.

---

23 BT-Drucks. 10/5632, S. 39 (Bericht des Rechtsausschusses).

24 *von Hoffmann,* IPR, § 6 Rdn. 113; *Kühne,* FS Ferid 1988, S. 251, 258; *Rauscher,* NJW 1988, S. 2151, 2153.

25 *Kartzke,* IPRax 1988, S. 8, 9; *Keller/Siehr,* IPR, § 36 III 5 e), S. 477 mit Verweis auf Art. 19 I des portugiesischen Código Civil; *Kropholler,* IPR, § 24 II 3 c), S. 155; *von Overbeck,* Rec. des Cours 176 (1982 III), S. 9, 127, 148 f.

26 Siehe Art. 3 lit. a) in der Abschlußresolution der 4. Kommission in: RabelsZ 64 (2000), S. 353, 356.

27 *Ebenroth/Eyles,* IPRax 1989, S. 1, 12; *Junker,* IPR, Rdn. 197; *Kropholler,* IPR, § 24 II 3 d), S. 156; MünchKomm-*Sonnenberger,* Art. 4 EGBGB Rdn. 27; *Staudinger/Hausmann,* Art. 4 EGBGB Rdn. 91.

28 Siehe auch die Länderberichte bei *von Overbeck,* Rec. des Cours 176 (1982 III), S. 9, 133–146; *Reichart,* S. 44–62 und *Staudinger/Hausmann,* Anh. zu Art. 4 EGBGB.

1. Romanische Rechte

Von den romanischen Rechten wird die Stellung des Renvoi in Frankreich und Italien behandelt[29].

a) Rück- und Weiterverweisung in Frankreich

Eine zusammenhängende Regelung des französischen IPR ist im Code civil (C.c.) nicht enthalten[30]. Das französische Kollisionsrecht hat nur wenige positivrechtliche Grundlagen[31]; Ausgangspunkt für das Internationale Personen- und Familienrecht ist Art. 3 III C.c.[32]. Diese Vorschrift unterwirft den Personenstand sowie die Rechts- und Geschäftsfähigkeit französischer Staatsangehöriger dem französischen Recht. Eine ausdrückliche Normierung des Renvoi fehlt bis heute; der dritte Entwurf zu einem IPR-Gesetz von 1967[33] sah zwar grundsätzlich die Zulassung von Rück- und Weiterverweisung vor[34]; dieser Entwurf ist aber nie Gesetz geworden.

aa) Entwicklung in der Rechtsprechung und Lehre

„Zu den vielen Verdiensten der französischen Praxis" für die Weiterentwicklung des Internationalen Privatrechts gehört die endgültige Entdeckung des Renvoi[35]. Die Beachtlichkeit einer Rückverweisung für das auf die Erbfolge in beweglichen Nachlaß anwendbare Recht hat die *Cour de cassation* im berühmten Fall *Forgo* in den siebziger und achtziger Jahren des vorigen Jahrhunderts anerkannt[36]. Später

---

29 Zum Romanischen Rechtskreis *Zweigert/Kötz,* Rechtsvergleichung, §§ 6–9, S. 73–130.

30 *Audit,* DIP, Nr. 28; *Ferid/Sonnenberger,* Zivilrecht I/1, Rdn. 1 B 212.

31 *Audit,* DIP, Nr. 29; *de Meo,* ZfRV 28 (1987), S. 12, 16; siehe *Makarov,* Quellen des IPR Band I, Systematisches Register, S. 1–39.

32 Art. 3 III C.c.: „Les lois concernant l'état et la capacité des personnes régissent les Français, même résident en pays étrangers".

33 Text in: Rev. crit. 59 (1970), S. 841–849. Zu den Vorentwürfen: *Batiffol,* ZfRV 6 (1965), S. 11–18; *Ferid,* Zivilrecht[1] I, Rdn. 1 B 34 Fn. 15.

34 Art. 2284 I C.c.des Entwurfs: „La loi étrangère s'applique compte tenu de ses règles de conflit de lois chaque fois que celles-ci conduisent à l'application, soit de la loi interne française, soit de la loi interne d'un autre Etat étranger dont les règles de conflit de lois admettent la désignation" (Text in: Rev. crit. 59 [1970], S. 841).

35 *Staudinger/Hausmann,* Anh. zu Art. 4 EGBGB Rdn. 153.

36 Cass. civ. vom 24. 6. 1878, Clunet 6 (1879), S. 285: „Attendue que, suivant le droits bavarois, les meubles corporels ou incorporels sont régis par la loi de leur situation combinée, en matière de succession, avec la loi du domicile de fait ou résidence habituelle du défunt; qu'il suit de là que, même en admettant ... que Forgo ait conservé la nationalité bavaroise, la dévolution héréditaire des biens meubles qu'il possédait en France où il s'était fixé doit être régie par la loi française ...". Es handelt sich um das zweite von insgesamt drei Urteilen;

hat die Rechtsprechung die Rückverweisung auf weitere Rechtsgebiete ausgedehnt; so hat sie eine Rückverweisung im Bereich der Scheidung[37] und der nichtehelichen Kindschaft[38] befolgt.

Schon früh hat sich die Rechtsprechung zur Weiterverweisung bekannt[39]; endgültig befolgt hat die *Cour de cassation* die Weiterverweisung in einem Scheidungsstreit zwischen zwei bolivianischen Eheleuten, in dem sie die Weiterverweisung des bolivianischen Rechts auf das spanische Recht berücksichtigte[40]. Im Internationalen Gesellschaftsrecht hat die *Cour d'appel* von Paris die Weiterverweisung durch das Sitzstatut auf eine andere Rechtsordnung befolgt[41].

Für das Ehegüterrecht hatte die Rechtsprechung Rück- und Weiterverweisung auch schon vor der Geltung des Haager Ehegüterechtsübereinkommens von 1978[42] ausgeschlossen, weil sich ein Renvoi nicht mit dem kollisionsrechtlichen Autonomieprinzip vereinbaren ließ[43]. Nach französischer Auffassung wurde der Güterstand durch ausdrückliche oder stillschweigende Rechtswahl (*autonomie*) bestimmt. Wenn die Eheleute keine Vereinbarung getroffen hatten, wurde den Eheleuten die Rechtswahl des ersten ehelichen Wohnsitzrechts unterstellt (*présomption de droit*)[44].

Cass. civ. vom 5. 5. 1875, Clunet 2 (1875), S. 357; Cass. req. vom 22. 2. 1882, Clunet 10 (1883), S. 64. Ausführlicher Bericht in deutscher Sprache bei *Staudinger/Hausmann,* Art. 4 EGBGB Rdn. 25 f.

37 Cass. req. vom 10. 5. 1939 (Birchall c. Birchall), Clunet 67–72 (1940–1945), S. 107 note *Tenger.*

38 Cass. civ. vom 8. 12. 1953 (Sommer c. Dame Mayer), Rev. crit. 44 (1955), S. 133 note *Motulski.*

39 Cass. civ. vom 7. 3. 1938 (Marchi della costa c. de Bagneux), Clunet 65 (1938), S. 784 = Rev. crit. 33 (1938), S. 472 note *Batiffol.* Die grundsätzliche Anerkennung der Weiterverweisung wird aus einer Formulierung in *Marchi della costa c. de Bagneux* abgeleitet; im Fall selber war aber eine Rückverweisung zu beurteilen.

40 Cass. civ. vom 15. 5. 1963 (Patiño c. Dame Patiño), Clunet 90 (1963), S. 1016 note *Malaurie* = Rev. crit. 53 (1964), S. 532 note *Lagarde.*

41 Cour d'appel de Paris vom 19. 3. 1966 (Bakalian et Hadjithomas c. Banque Ottomane), Clunet 93 (1966), S. 117 note *Goldman* = Rev. crit. 56 (1967), S. 85 note *Lagarde.*

42 Das Haager Übereinkommen über das auf Ehegüterstände anwendbare Recht vom 14. 3. 1978 ist am 1. 9. 1992 für Frankreich, Luxemburg und die Niederlande in Kraft getreten (*Jayme/Hausmann,* IPR-Texte, nach Nr. 32/2, S. 85 Fn. 2).

Loi No. 97–987 du 28. 10. 1997. Loi applicable aux régimes matrimoniaux. Dieses Gesetz hat den Code civil dem Haager Übereinkommen angepaßt (Text in: Rev. crit. 87 [1998], S. 131 f.).

43 Cass. civ. vom 27. 1. 1969 (Dame Lardans c. Culletit autres), Clunet 96 (1969), S. 644 note *Ponsard* = Rev. crit. 58 (1969), S. 710 note *Derruppé;* Cass. civ. vom 1. 2. 1972 (Dame Goutherz c. Goutherz), Clunet 99 (1972), S. 594 note *Ph. Kahn* = Rev. crit . 61 (1972), S. 644 note *Wiederkehr.*

44 Cass. civ. vom 9. 10. 1991 (M. Diermeier c. Mme M. Rio autres), Rev. crit. 81 (1992), S. 479 note *Chaussade-Klein,* IPRax 1992, S. 406, 407; Cass. civ. vom 13. 12. 1994 (Epoux Bezzai-Dalle c. M. Massert ès qualités), Rev. crit. 84 (1995), S. 319 note *Revillard.* Siehe aber neuerdings Cass. civ. vom 5. 11. 1996 (Consorts Boureghda c. Mme L. Boureghda),

Nach einem Teil der älteren französischen Lehre verwiesen die französischen Kollisionsnormen allein auf die Sachvorschriften des fremden Rechts[45]. Die neuere Literatur berücksichtigt hingegen überwiegend Rück- und Weiterverweisungen[46]; sie kommt mit unterschiedlichen Begründungen[47] zu dem Ergebnis, daß die Beachtung des Renvoi die Regel und sein Ausschluß die Ausnahme sei[48]: Ein Renvoi ist nicht zu beachten, wenn wie im Vertrags- und Ehegüterrecht an den Parteiwillen angeknüpft wird (*rattachament par la volonté*)[49]. Bei alternativen Anknüpfungen (*rattachaments alternatifs*) wird ein Renvoi nur befolgt, wenn er den Bestand eines Rechtsverhältnisses fördert[50]. Abgelehnt wird die Lehre vom *double renvoi*[51]. Das Spiel der Hin- und Herverweisungen wird abgebrochen, wenn eine ausländische Kollisionsnorm auf das französische Recht zurückverweist.

bb) Neuere IPR-Reformgesetze

Die jüngere Entwicklung im französischen IPR läßt eine gewisse Abkehr vom Renvoi erkennen[52]. Die 1972 in den Code civil eingefügten Art. 311 – 14 bis 311 – 18 haben das Internationale Kindschaftsrecht grundlegend reformiert; zum Problem des Renvoi enthalten diese Vorschriften keine Aussage. Abgelehnt hat die französische Rechtsprechung den Renvoi für Art. 311 – 14 C.c., der die Abstammung (*filiation*) regelt[53]. Danach gilt für die Feststellung der ehelichen wie nicht-

---

Rev. crit. 87 (1998), S. 596 note *Bourdelois:* Unmittelbare Anknüpfung an den *premier domicile matrimonial.*

45 Aus der Literatur: *Francescakis,* La théorie du renvoi, Nr. 271 ff. (mit Ausnahmen); *Pillet,* Rev. dr. int. pr. 9 (1913), S. 1 – 14; neuerdings *Foyer,* Trav. com. fr. 1980/81, S. 105 – 122 (Zusammenfassung in: Rev. crit. 70 [1981], S. 210 – 212).

46 *Audit,* DIP, Nr. 221 ff.; *Batiffol/Lagarde,* DIP I, Nr. 305 ff.; *Derruppé,* Trav. com. fr. 1964 – 1966, S. 181 ff.; *Loussouarn/Bourel,* DIP, Nr. 202 ff.

47 Übersicht bei *Audit,* DIP, Nr. 213 – 216 und *Loussouarn/Bourel,* DIP, Nr. 206 – 210.

48 *Loussouarn/Bourel,* DIP, Nr. 203: „... l' admission du renvoi est le principe et son exclusion l'exception". Zu den Ausnahmen: *Audit,* DIP, Nr. 221 – 225; *Lousouran/Bourel,* DIP, Nr. 218 – 221 – 1.

49 *Batiffol/Lagarde,* DIP I, Nr. 311; *Loussouarn/Bourel,* DIP, Nr. 218.

50 *Loussouarn/Bourel,* DIP, Nr. 221 – 1.

51 *Batiffol/Lagarde,* DIP I, Nr. 309; *Loussouarn/Bourel,* DIP, Nr. 214.

52 *Audit,* DIP, Nr. 225: „Pendant près d'un siècle, on pouvait opposer en France une jurisprudence favorable au renvoi à une doctrine hostile. Paradoxalement, alors que la doctrine trouvait des raisons de justifer le renvoi, quelque décisions ont pu faire penser à son déclin".

53 Cour d'appel de Paris vom 11. 5. 1976 (Annick D... c. Katia de D...), Clunet 104 (1977), S. 656 note *Foyer* = Rev. crit. 66 (1977), S. 109 note *Fadlallah;* Cour d'appel de Lyon vom 31. 10. 1979 (A.H. c. dame T.), Clunet 108 (1981), S. 55 note *Foyer* = Rev. crit. 69 (1980), S. 558 note *Ancel;* Cour d'appel de Paris vom 8. 3. 1983 (Mlle M... c. H...), Clunet 110 (1983), S. 582 note *Derruppé* = Rev. crit. 73 (1984), S. 290 note *Foyer;* Cour d'appel de Paris vom 15. 6. 1991 (Mme X...), D. S. Jur. 1990, S. 540 note *Coester-Waltjen,* IPRax 1992, S. 125. In der Literatur ist die Ansicht gespalten: Pro Renvoi: *Ance/Lequette,* Grands arrêts, Nr. 70 II 6 ff., S. 563 ff. (Anmerkung zu Cass. civ. vom 3. 3. 1987 [Leppert c.

ehelichen Abstammung in erster Linie das Heimatrecht der Mutter im Zeitpunkt der Geburt des Kindes. Ist die Mutter nicht bekannt, kommt das Heimatrecht des Kindes zur Anwendung. Von Art. 311 – 16 C.c.[54] (*légitimation*) und Art. 311 – 17 C.c.[55] (*reconnaissance*) wird ebenfalls angenommen, daß sie nur als Sachnormverweisungen ihren Sinn erfüllen könnten[56]. Unterhaltsansprüche knüpft Art. 311–18 C.c. grundsätzlich an das Recht des gewöhnlichen Aufenthalts (*résidence habituelle*) des Unterhaltsberechtigten an; auch diese Vorschrift wird als Sachnormverweisung verstanden, da sie dem Haager Unterhaltsabkommen von 1956 nachgebildet ist[57].

Im Bereich des Scheidungsrechts bestand durch die Neufassung des Art. 310 III C.c. die Erwartung, daß Rück- und Weiterverweisung erheblich eingeschränkt würden[58]. Nach dieser Vorschrift ist französisches Recht auf die Scheidung anwendbar, wenn die französischen Gerichte international zuständig sind und sich kein ausländisches Recht für anwendbar erklärt. Die *Cour de cassation* hat diese Vorschrift aber dahin ausgelegt, daß der französische Richter im Rahmen seiner Prüfung, ob sich ein fremdes Recht für zuständig erklärt, Rück- und Weiterverweisungen dieses Rechts zu beachten hat[59].

b) Rück- und Weiterverweisung in Italien

In Italien ist am 1. 9. 1995 ein neues IPR-Gesetz (ital. IPRG) in Kraft getreten; dieses Reformgesetz enthält eine umfassende Regelung des Internationalen Privat- und Verfahrensrechts[60]. Der italienischen Tradition folgend verwendet das Gesetz

Mme Grauschopf et autres], Rev. crit. 77 [1988] S. 695 note *Simon-Depitre*); *Batiffol/Lagarde,* DIP II, Nr. 461 f.; contra Renvoi *Audit,* DIP, Nr. 705.

54 Für die Legitimation durch nachfolgende Eheschließung sind alternativ das Ehewirkungsstatut, das Heimatrecht eines der Ehegatten und das Heimatrecht des Kindes berufen; für die Legitimation durch Gerichtsbeschluß kann der Antragssteller zwischen seinem Heimatrecht und dem Heimatrecht des Kindes wählen.

55 Die freiwillige Anerkennung eines nichtehelichen Kindes durch Vater oder Mutter untersteht entweder dem Heimatrecht des Annerkennden oder dem Heimatrecht des Kindes.

56 *Ancel/Lequette,* Grands arrêts, Nr. 51 II 13, S. 418 (Anmerkung zu Cass. civ. vom 1. 2. 1972 [Dame Goutherz c. Goutherz], Clunet 99 [1972], S. 594 note *Ph. Kahn* = Rev. crit. 61 [1972], S. 644 note *Wiederkehr*); *Ferid/Sonnenberger,* Zivilrecht I/1, Rdn. 1 B 266; *wohl auch Audit,* DIP, Nr. 706; differenzierend: *Loussouarn/Bourel,* DIP, Nr. 349.

57 *Staudinger/Hausmann,* Anh. zu Art. 4 EGBGB Rdn. 163.

58 *Loussouarn/Bourel,* DIP, Nr. 204: „Les nouvelles dispositions de l'article 310 du Code Civil ont pour effet de condamner le renvoi, du moins sous sa forme classique".

59 Cass. civ. vom 13. 10. 1992 (Camera c. dame Camera), Rev. crit. 82 (1993), S. 41 note *Lagarde.*

60 Deutsche Übersetzung des IPRG in: RabelsZ 61 (1997), S. 344 – 362; *Riering,* IPR-Gesetze in Europa, Nr. 3 b I, S. 43 ff. Eine kurze Einführung in die Reform gibt *de Meo,* ZfRV 37 (1996), S. 46 – 48.

im Internationalen Personen-, Familien- und Erbrecht in erster Linie die Anknüpfung an die Staatsangehörigkeit.

aa) Die Rechtslage bis zur Reform 1995

Die Beachtlichkeit von Rück- und Weiterverweisung wurde in Art. 30 disp. prel.[61] des Codice civile von 1942 noch ausdrücklich verneint[62]. Aus italienischer Sicht war es damit unbeachtlich, ob die Kollisionsnormen des fremden Rechts auf das italienische Recht zurück- oder auf ein drittes Recht weiterverwiesen. Dieser Ausschluß des Renvoi wurde vor allem bedeutsam, wenn eine an die Staatsangehörigkeit anknüpfende italienische Kollisionsnorm auf ein fremdes Recht verwies, dessen Kollisionsnormen auf den gewöhnlichen Aufenthalt oder auf die Belegenheit eines Vermögensgegenstandes abstellen. So sind in einem Erbstreit alle Instanzen bis zum *Corte di cassazione* durchlaufen worden, um dem Testament einer gebürtigen Italienerin und naturalisierten Amerikanerin gegenüber den italienischen Noterbrechtsvorschriften zur Durchsetzung zu verhelfen[63]. Dieser Aufwand war nötig, obwohl die Erblasserin ihren letzten Wohnsitz in Italien gehabt hatte und ein amerikanischer Richter deshalb vermutlich selbst unter Verzicht einer Rückverweisung italienisches Recht angewandt hätte[64]. Da Art. 30 disp. prel. einen Renvoi kategorisch ausschloß, konnten die italienischen Gerichte keinen Entscheidungseinklang mit den betreffenden fremden Kollisionsnormen erzielen.

bb) Die Normierung in Art. 13 ital. IPRG

Die Aufnahme der Rückverweisung (*rinvio indietro*) und Weiterverweisung (*rinvio altrove accettato*) in Art. 13 ital. IPRG bedeutet gegenüber Art. 30 disp. rep. eine „Kehrtwendung“[65]. Sie wird als die wichtigste Neuerung des Reformgesetzes bezeichnet[66]. Der Art. 13 I ital. IPRG bestimmt folgendes[67]:

---

61 *Disposizioni preliminari* (Einführungsbestimmungen).

62 Art. 30 disp. prel. in der deutschen Übersetzung von *Riering,* IPR-Gesetze in Europa, Nr. 3 a I, S. 35: „Wenn nach den vorstehenden Artikeln ausländisches Recht anzuwenden ist, so sind die Bestimmungen eben dieses ausländischen Rechts ohne Rücksicht darauf anzuwenden, ob dieses ausländische Recht auf ein anderes Recht verweist.“

63 Cass. vom 3. 4. 1970 n. 894 (Mastroianni c. Sgueglia), Riv. dir. int. priv. proc. 7 (1971), S. 617; siehe dazu *Vitta,* DIP I, VII B) 3, S. 347 f.

64 *Staudinger/Graue*[12] Art. 27 EGBGB a. F. Rdn. 292.

65 *Kindler,* RabelsZ 61 (1997), S. 227, 252 f. Die Vorschrift über den *rinvio* wurde erst am 7. 3. 1995 kurz vor der endgültigen Abtimmung über das ital. IPRG in die zuständige Expertenkommision eingebracht. Zu den Gründen für diese Kehrtwendung: *Kapellmann,* ZfRV 38 (1997), S. 177, 179 ff.; zu dem Reformentwurf, der den *rinvio* noch ausschloß *Ebenroth/Kleiser,* RIW 1993, S. 353, 355 f.

66 *Pocar,* IPRax 1997, S. 145, 150.

67 Deutsche Übersetzung in: *Riering,* IPR-Gesetze in Europa, Nr. 3 b I, S. 49.

Art. 13 [Renvoi]. (1) Wenn in den folgenden Artikeln ausländisches Recht für anwendbar erklärt ist, wird eine Verweisung des ausländischen internationalen Privatrechts auf das Recht eines anderen Staates berücksichtigt:

a) wenn das Recht jenes Staates die Verweisung annimmt;

b) wenn es sich um eine Verweisung auf das italienische Recht handelt.

Die Rückverweisung auf das italienische Recht ist nach Art. 13 I lit. b) ital. IPRG unproblematisch; die Regelung entspricht insoweit Art. 4 I 2 EGBGB. Die Weiterverweisung wird dagegen nach dem Wortlaut von Art. 13 I lit. a) ital. IPRG nur berücksichtigt, wenn der Drittstaat die Verweisung annimmt. Nimmt das Internationale Privatrecht des Drittstaates die Verweisung nicht an und verweist seinerseits auf das Recht des weiterverweisenden Staates zurück, wird vorgeschlagen dessen Recht anzuwenden[68]. Verweisen die Kollisionsnormen des Drittstaates auf das Recht eines weiteren Staates gehen die Meinungen auseinander. Manche wollen die Weiterverweisung nicht mehr befolgen: Der italienische Richter soll die Weiterverweisung unbeachtet lassen und sich auf die Sachnormen des Rechts stützen, auf welches die italienischen Kollisionsnormen verweisen[69]. Internationaler Entscheidungseinklang wird dann gegebenenfalls mit dem Drittstaat, aber in keinem Fall mit dem Zweitstaat erzielt[70]. Eine andere Stimme berücksichtigt eine Weiterverweisung dritten oder vierten Grades, bis irgendein Staat die Verweisung annimmt[71].

Die grundsätzliche Beachtlichkeit eines Renvoi wird in Art. 13 II-IV ital. IPRG eingeschränkt. So ist gemäß Art. 13 II lit. a) ital. IPRG der Renvoi bei einer Rechtswahl nicht zu beachten (Art. 13 II i.V.m. Artt. 30 I 2, 46 II und III, 56 II ital. IPRG)[72]; Rück- und Weiterverweisung kommen gemäß Art. 13 II lit. b) und lit. c) ital. IPRG ebenfalls nicht zum Tragen für kollisionsrechtliche Bestimmungen, welche die Form von Rechtsgeschäften sowie die außervertraglichen Schuldverhältnisse betreffen[73]. Im Internationalen Kindschaftsrecht wird eine Rück- und Weiterverweisung nach Art. 13 III ital. IPRG nur beachtet, wenn sie zur Anwendbarkeit eines Rechts führt, das die Begründung des Kindschaftsverhältnisses begünstigt (*favor filiationis*). Soweit die Bestimmungen des ital. IPRG ein internationales

---

68 *Boschiero,* ZfRV 37 (1996), S. 143, 147. Die Lösung, die in diesem Fall die Weiterverweisung nicht beachtet und das materielle Recht des Staates anwendet, auf das die *lex fori* verweist, konnte sich wohl nicht durchsetzen (vgl. *Jayme/Geckler,* IPRax 1996, S. 370, 371; *Kapellmann,* ZfRV 38 [1997], S. 177, 178).

69 *Maglio/Thorn,* ZVglRWiss 96 (1997), S. 347, 349; *Pocar,* IPRax 1997, S. 145, 150 (mit Kritk); siehe zum Streitstand auch *Jayme/Geckler,* IPRax 1996, S. 370, 371; *Kapellmann,* ZfRV 38 (1997), S. 177, 178.

70 *Maglio/Thorn,* ZVglRWiss 96 (1997), S. 347, 349.

71 *Boschiero,* ZfRV 37 (1996), S. 143, 146.

72 *Pesce,* RIW 1995, S. 977, 980.

73 Sachnormverweisungen enthalten damit unter anderem die kollisionsrechtlichen Vorschriften für die Geschäftsführung ohne Auftrag und die ungerechtfertigte Bereicherung in Art. 61, die unerlaubten Handlungen in Art. 62 und die Produkthaftung in Art. 63 IPRG.

Übereinkommen ausdrücklich *in ogni caso* (in jedem Fall)[74] für anwendbar erklären, ist aus italienischer Sicht gemäß Art. 13 IV ital. IPRG die Renvoi-Regelung des betreffenden Übereinkommens zu befolgen; Art. 13 IV ital. IPRG unterstreicht damit die staatsvertragsfreundliche Einstellung (Art. 2 ital. IPRG) des neuen italienischen IPR-Gesetzes.

2. England

Das englische Recht knüpft Fragen des *personal law* nicht an die Staatsangehörigkeit, sondern an den Wohnsitz (*domicile*) an[75]. Der englische Domizilbegriff weicht dabei von dem deutschen Wohnsitzbegriff ab[76]; *domicile* bedeutet nicht die Zugehörigkeit zu einem bestimmten Ort, sondern zu einem bestimmten Rechtsgebiet[77]. Dabei differenziert das englische Recht zwischen dem *domicile of origin*[78] und dem *domicile of choice*[79]. Der Konflikt zwischen dem Staatsangehörigkeits- und Domizilprinzip ist der klassische Auslöser für den Renvoi.

a) Die foreign-court-Theorie in der englischen Rechtsprechung

Die englische Rechtsprechung folgt der *foreign court theory*[80]. Diese Theorie weist den englischen Richter an, genau die Rechtsordnung anzuwenden, die vom Richter des Staates der berufenen Rechtsordnung angewandt würde, wenn ihm der Fall unterbreitet worden wäre[81]. Sie hat ihre Einführung in die englische Praxis durch Fälle bekommen, die sich überwiegend mit der formellen und materiellen Gültigkeit von letztwilligen Verfügungen zu beschäftigen hatten[82]. Häufig ging es

---

74 Artt. 42 I, 45, 57, 59 I IPRG. Die staatsvertraglichen Kollisionsnormen sollen sich damit auch auf konventionsexterne Sachverhalte erstrecken. Die Reichweite dieser Formulierung ist im einzelnen in der italienischen Literatur umstritten (*Kindler,* RabelsZ 61 [1997], S. 227, 234, 235 f.).

75 *Cheshire/North,* PIL, S. 134 f.; *Dicey/Morris,* Conflict of Laws I, Rule 4, Rdn. 6–002.

76 *Staudinger/Hausmann,* Anh. zu Art. 4 EGBGB Rdn. 5; *Henrich,* RabelsZ 25 (1960), S. 456, 459 ff.

77 *Dicey/Morris,* Conflict of Laws I, Rule 4, Rdn. 6–007.

78 *Dicey/Morris,* Conflict of Laws I, Rule 9, Rdn. 6R-025.

79 *Dicey/Morris,* Conflict of Laws I, Rule 10, Rdn. 6R-033.

80 Statt von *foreign court theory* wird oft von *doctrine of double renvoi* (*Rabel,* Conflict of Laws I, S. 76) oder *total renvoi* (*Dicey/Morris,* Conflict of Laws I, Rule 1, Rdn. 4–008) gesprochen. Mit dieser Terminologie wird der Unterschied zum *single renvoi* deutlich gemacht, mit dem das Abbrechen des Renvoi bezeichnet wird (*Cheshire/North,* PIL, S. 53, 54; *Dicey/Morris,* Conflict of Laws I, Rule 1, Rdn. 4–007).

81 *Cheshire/North,* PIL, S. 55; *Dicey/Morris,* Conflict of Laws I, Rule 1, Rdn. 4–008.

82 *Collier v. Rivaz* (1841) 2 Curt 855 = 163 E. R. 608 (Prerogative Court of Canterbury) (Formgültigkeit von vier Codicils); *Bremer v. Freemann* (1857) 10 Moore P. C. 306 = 14 E.

um die Erbfolge von britischen Untertanen, die vor ihrem Tod jahrzehntelang in kontinentaleuropäischen Ländern gelebt und nachweislich dort einen *domicile of choice* begründet hatten. Die Kollisionsnormen des Domizillandes knüpften nun häufig selbst nicht an das *domicile,* sondern an die Staatsangehörigkeit an. Die englischen Gerichte mußten entscheiden, ob die Anknüpfung an das Recht des Domizils nur die dortigen Sachnormen oder auch die rück- und weiterverweisenden Kollisionsnormen erfaßt. Im Fall *Collier v. Rivaz* hat sich ein englisches Gericht erstmals mit dieser Thematik befassen müssen[83]. Das Gericht mußte die Formgültigkeit von vier Testamentsnachträgen (*codicils*) beurteilen, die von einem in Belgien wohnhaften Briten handschriftlich ohne Rücksicht auf die belgischen Formvorschriften allein nach englischem Recht formgültig errichtet worden waren[84]. Der englische Richter Sir Herbert *Jenner* erklärte, er werde so zu entscheiden suchen, wie es an seiner Stelle ein Richter des Wohnsitzlandes tun würde[85]. Ein belgischer Richter hätte die Formgültigkeit nach dem Heimatrecht des englischen Erblassers beurteilt; im Ergebnis konnte der Richter die Formwirksamkeit der *codicils* annehmen. Allerdings prüfte das Gericht nicht die Möglichkeit, ob ein belgisches Gericht seinerseits den Renvoi der englischen Kollisionsnormen angenommen hätte[86].

Eine folgerichtige Anwendung der *foreign court theory* findet sich in *Re Annesley*[87]: In diesem Fall ging es um die Gültigkeit eines Testaments einer britischen Erblasserin mit letztem *domicile* in Frankreich. Der englische Richter berücksichtigte dabei die Verweisung des englischen IPR auf das Recht des letzten *domicile* im Sinne der *foreign court theory* und kam zu folgendem Ergebnis: Ein französisches Gericht wäre zunächst unter Anknüpfung an die Staatsangehörigkeit der Erblasserin zur Anwendung englischen Rechts einschließlich seiner Kollisionsnormen gekommen. Seit der Entscheidung der *Cour de cassation* im Fall *Forgo*[88] konnte der Richter aber davon ausgehen, daß ein französisches Gericht die Verweisung englischer Kollisionsnormen auf das französische Wohnsitzrecht als Rückverweisung annehmen würde, auch wenn die Erblasserin aus französischer Sicht keine

R. 508 (Privy Council) (Materielle Gültigkeit eines Testaments); *In the Goods of Lacroix* (1877) 2 P. D. 94 (Formgültigkeit von zwei Testamenten); *Re Johonson* (1903) 1 Ch. 821 (Renvoi bei teilweiser gesetzlicher Erbfolge).

83 *Collier v. Rivaz* (1841) 2 Curt 855 = 163 E. R. 608 (Prerogative Court of Canterbury).

84 Nicht bestritten wurde die Gültigkeit des Testaments und der nach belgischem Recht abgefassten *codicils.*

85 Der englische Richter Sir *Herbert Jenner* bemerkte: ... „the court sitting here to determine it, must consider itself sitting in Belgium under the peculiar circumstances of this case" (zitiert nach *Dicey/Morris,* Conflict of Laws I, Rule 1, Rdn. 4–009).

86 Darauf weisen hin: *Dicey/Morris,* Conflict of Laws I, Rule 1, Rdn. 4–009; *Wolff,* PIL, S. 200.

87 *Re Annesley* (1926) Ch. 692 = RabelsZ 2 (1928), S. 253; *Dicey/Morris,* Conflict of Laws I, Rule 1, Rdn. 4–014.

88 Cass. civ. vom 5. 5. 1875, Clunet 2 (1875), S. 357; Cass civ. vom 24. 6. 1878, Clunet 6 (1879), S. 285; Cass. req. vom 22. 2. 1882, Clunet 10 (1883), S. 64.

behördliche Erlaubnis erhalten hätte, um einen Wohnsitz in Frankreich zu erwerben. Der englische Richter wandte auf den Nachlaß dieser britischen Erblasserin französisches Erbrecht an. Im Ergebnis war danach das Testament ungültig.

Die *foreign court theory* kommt zu unterschiedlichen Ergebnissen, wenn das fremde Recht auf das englische zurückverweist, je nachdem, ob die berufene Rechtsordnung den Renvoi annimmt oder nicht. Fremdes materielles Recht wendet ein englisches Gericht an, wenn die fremde Rechtsordnung den Renvoi annimmt und die Verweisungskette abbricht[89]. Materielles englisches Recht wird hingegen angewandt, wenn das berufene Recht die Rückverweisung ablehnt[90]. Bei einer Weiterverweisung ist die Position der erstberufenen Rechtsordnung entscheidend, wenn die zweite Rechtsordnung ihrerseits zurück- oder weiterverweist.

Die englische Rechtsprechung hat die *foreign court theory* nicht allgemein auf alle Fälle angewendet, sondern in vielen Rechtsgebieten die englischen Kollisionsnormen als Sachnormverweisungen verstanden[91]. So hat sie diese Theorie zum Beispiel im Internationalen Vertragsrecht schon vor der Geltung des Art. 15 EVÜ abgelehnt[92]. Anwendung hat die *foreign court theory* demgegenüber vor allem im Internationalen Erbrecht für Fragen der Intestaterbfolge und der formellen und materiellen Gültigkeit von Testamenten gefunden[93]. Im Internationalen Familienrecht hat die englische Rechtsprechung die *foreign court theory* für die Formgültigkeit einer Eheschließung[94] und die Legitimation eines unehelich geborenen Kindes befolgt[95].

---

89 Im Verhältnis zu Deutschland: *Re Askew* (1930) 2 Ch. 259; dazu *Edler,* RabelsZ 5 (1931), S. 64 ff.; im Verhältnis zu Frankreich: *Re Annesley* (1926) Ch. 692 = RabelsZ 2 (1928), S. 253; dazu *Bentwich,* RabelsZ 4 (1930), S. 433 ff.

90 Im Verhältnis zu Italien: *Re Ross* (1930) 1 Ch. 377; dazu *Bentwich* RabelsZ 4 (1930), S. 433, 434 ff.; *Re O'Keefe* (1940) Ch. 124; im Verhältnis zu Spanien *Re Duke of Wellington* (1947) Ch. 506; dazu *Neuhaus,* RabelsZ 15 (1949/1950), S. 161 ff.

91 *Cheshire/North,* PIL, S. 64 f.

92 *Re United Railways of the Havana and Regla Warehouse Ltd.* (1960) Ch. 52, 97; *Cheshire/North,* PIL, S. 65. Art. 15 EVÜ wurde durch den Contracts (Applicable Law) Act von 1990 übernommen.

93 In Fragen der Formgültigkeit von Testamenten findet die *foreign court theory* nur Anwendung auf Testamente, die vor dem Wills Act von 1963 errichtet worden sind. Der Wills Act beruht auf den Haager Übereinkommen über das auf die Testamentsform anzuwendende Recht vom 5. 10. 1961. Eine Erweiterung der Formgültigkeit von Testamenten hat die Ratifikation des Washingtoner Übereinkommens über internationale Testamente von 1973 durch Großbritannien gebracht (Administration of Justice Act 1982).

94 *Taczanowska v. Taczanowski* (1957) P. 301; *Hooper v. Hooper* (1959) 1 W. L. R 1021.

95 *Re Askew* (1930) 2 Ch. 259.

b) Kritik der englischen Lehre

In der englischen Lehre wird die *foreign court theory* der Rechtsprechung überwiegend abgelehnt[96]. Die Theorie führe zu einem vollständigen Zurücktreten englischer Rechtsauffassungen[97]. Der englische Richter müsse nämlich nicht nur genaue Kenntnis des ausländischen IPR haben, sondern auch wissen, welche Entscheidung ein ausländischer Richter in dem konkreten Fall treffen würde[98]. So entstünden bei einer Rückverweisung des ausländischen Rechts Schwierigkeiten, das für „British nationals" maßgebliche Regionalrecht zu bestimmen. Da kein einheitliches britisches Recht existiere, würde der englische Richter nur im Einklang mit einem ausländischen Kollegen entscheiden, wenn er dessen Haltung zu diesem Problem effektiv ermitteln könne[99]. Die Ergebnisse der *foreign court theory* seien in der Praxis nicht vorhersehbar[100]; kritisiert wird die theoretische Möglichkeit einer unendlichen Hin- und Her-Verweisung, die bestünde, wenn ausländische Gerichte ebenfalls der *foreign court theory* folgten (*circulus inextricabilis*)[101].

Englische Kollisionsnormen werden von der Mehrheit der Literatur daher als Sachnormverweisungen verstanden[102]. Von diesem Grundsatz werden aber Ausnahmen zugelassen: Fremde Kollisionsnormen sollen unter anderem bei der Beurteilung von Rechten an im Ausland gelegenen Grundstücken zu befolgen sein; bei beweglichen Sachen soll die *foreign court theory* anwendbar sein, soweit englische Kollisionsnormen auf die *lex rei sitae* zum Zeitpunkt des behaupteten Erwerbs bzw. Verlustes verweisen[103]. Bei gewissen familienrechtlichen Fragen wie bei der Formgültigkeit einer Eheschließung wird vorgeschlagen, fremde Kollisionsregeln zu berücksichtigen[104]. Ein großer Teil der Rechtsprechung englischer Gerichte wird von diesen Ausnahmen erfaßt; der Streit zur *foreign court theory* betrifft vor allem das Verhältnis von Regel und Ausnahme[105].

---

96 *Cheshire/North,* PIL, S. 56 ff.; *Dicey/Morris,* Conflict of Laws I, Rule 1, Rdn. 4–018 und 4–032; für eine Einschränkung der *foreign court theory: Grayson,* PIL, S. 77.

97 *Cheshire/North,* PIL, S. 57.

98 *Cheshire/North,* PIL, S. 58; *Dicey/Morris,* Conflict of Laws I, Rule 1, Rdn. 4–028.

99 *Dicey/Morris,* Conflict of Laws I, Rule 1, Rdn. 4–030. Dazu *Re Johnson* (1903) 1 Ch. 821, 826: „...according to the law of Baden, the legal succcession to the property of the deceased of which she has not disposed by will is governed solely by the law of the country of which the testatrix was a subject at the time of her death." und *Re O'Keefe* (1940) Ch. 124, 129: „Italian lawyers cannot say what is the meaning of the law of nationality when there is more than one system of law of nationality".

100 *Dicey/Morris,* Conflict of Laws I, Rule 1, Rdn. 4–028.

101 *Dicey/Morris,* Conflict of Laws I, Rule 1, Rdn. 4–031.

102 *Cheshire/North,* PIL, S. 64 f.; *Dicey/Morris,* Conflict of Laws I, Rule 1, Rdn. 4–032.

103 *Cheshire/North,* PIL, S. 66; *Dicey/Morris,* Conflict of Laws I, Rule 1, Rdn. 4–022 f.

104 *Cheshire/North,* PIL, S. 66; *Dicey/Morris,* Conflict of Laws I, Rule 1, Rdn. 4–024.

105 So auch *Reichart,* S. 61.

3. Österreich und Schweiz

In Österreich ist am 1. 1. 1979 das Bundesgesetz über das Internationale Privatrecht (Ö-IPRG) vom 15. 6. 1978 in Kraft getreten[106]; es enthält in vierundfünfzig Paragraphen eine umfassende Kodifikation des Internationalen Privatrechts und ersetzt eine lückenhafte Regelung, die teilweise im Allgemeinen Bürgerlichen Gesetzbuch (ABGB) von 1811 (§§ 4, 34–37, 300) und in Sondergesetzen verstreut war[107]. Die Kollisionsnormen des IPR-Gesetzes gehen vom Grundsatz der „stärksten Beziehung" (§ 1 Ö-IPRG) aus. Im Internationalen Personen-, Familien- und Erbrecht knüpft das Ö-IPRG ähnlich wie das EGBGB an die Staatsangehörigkeit an[108].

In der Schweiz ist am 1. 1. 1989 das Bundesgesetz über das Internationale Privatrecht (CH-IPRG) vom 18. 12. 1987 in Kraft getreten[109]; mit zweihundert Artikeln ist es das längste IPR-Gesetz, das in neuerer Zeit erlassen wurde. Das schweizerische IPRG folgt im Internationalen Personen-, Familien- und Erbrecht grundsätzlich dem Wohnsitzprinzip. Diese Regelanknüpfung wird durch Rechtswahlmöglichkeiten und die Anknüpfung an die Staatsangehörigkeit bei Auslandsschweizern aufgelockert[110].

a) Rück- und Weiterverweisung in Österreich

Die Rück- und Weiterverweisung werden in § 5 I Ö-IPRG grundsätzlich anerkannt. Davon macht das Gesetz einige Ausnahmen, indem es auf die Formvorschriften (§§ 8, 16 II) oder auf die Sachnormen der berufenen Rechtsordnung verweist (§ 45 a. F., § 46)[111]; eine Rechtswahl der Parteien bezieht sich im Zweifel ebenfalls nicht auf die Kollisionsnormen der gewählten Rechtsordnung (§ 11 I)[112]. Ist die Verweisung des österreichischen Rechts eine Gesamtverweisung, so überläßt § 5 I Ö-IPRG die weitere Beurteilung prinzipiell dem berufenen Recht.

---

106 Öst. BGBl. 1978 III, S. 1729; abgedruckt in: RabelsZ 43 (1979), S. 375–385; *Riering,* IPR-Gesetze in Europa, Nr. 4 A, S. 82–92.

107 Zur alten Rechtslage: *Staudinger/Graue*[12], Art. 27 EGBGB a. F. Rdn. 309.

108 *Schwimann,* Grundriß des IPR, S. 57; *Schwind,* IPR, Rdn. 177, 353.

109 Text abgedruckt in: IPRax 1988, S. 376–388; *Riering,* IPR-Gesetze in Europa, Nr. 8 CH, S. 210–262. Es ersetzt das Bundesgesetz vom 25. 6. 1891 über die zivilrechtlichen Verhältnisse der Niedergelassenen und Aufenthalter (NAG) (zur alten Rechtslage *Staudinger/Graue*[12], Art. 27 EGBGB a. F. Rdn. 317–320).

110 *von Overbeck,* IPRax 1988, S. 329, 331; *Staudinger/Hausmann,* Anh. zu Art. 4 EGBGB Rdn. 268.

111 *Duchek/Schwind,* IPR, § 5 IPRG, S. 19 Fn. 2; *Mänhardt/Posch,* IPR, Rdn. 2/15; *Rummel/Schwimann,* § 5 IPRG Rdn. 1; *Schwimann,* Grundriß des IPR, S. 39.

112 Eine Rechtswahl ist zum Beispiel zulässig im Internationalen Ehegüterrecht (§ 19 Ö-IPRG).

Spricht das fremde Kollisionsrecht eine Sachnormverweisung aus, ist das jeweils berufene Sachrecht anzuwenden, gleichgültig ob es das österreichische (Rückverweisung) oder ein anderes (Weiterverweisung) ist[113]; spricht das berufene IPR hingegen eine Gesamtverweisung aus, ist zu unterscheiden: Eine Gesamtrückverweisung auf das österreichische IPR bricht das Ö-IPRG in § 5 II Hs. 1 ab. Die Rückverweisung führt endgültig zur Anwendung österreichischer Sachnormen, die ausdrücklich als „Rechtsnormen mit Ausnahme der Verweisungsnormen“ umschrieben werden. Die Normierung in § 5 II Hs. 1 Ö-IPRG verzichtet damit auf internationalen Entscheidungseinklang; ein *double renvoi* wird nicht anerkannt[114]. Der in Art. 3 Ö-IPRG festgeschriebene Grundsatz der unverfälschten Anwendung fremden Rechts wird insoweit nicht beachtet[115].

Im Fall einer Weiterverweisung sind nach § 5 II Hs. 2 Ö-IPRG „die Sachnormen der Rechtsordnung maßgeblich, die ihrerseits nicht mehr verweist bzw. auf die erstmals zurückverwiesen wird“[116]. Bei einer Gesamtweiterverweisung auf das IPR eines dritten Staates kommt es im Grundsatz darauf an, ob das IPR des dritten Staates die Verweisung annimmt, seinerseits eine Sachnorm- oder eine Gesamtverweisung ausspricht. Die Weiterverweisung wird aber abgebrochen, wenn eines der zur Anwendung berufenen Rechte auf ein früher benanntes zurückverweist. Ausschlaggebend ist damit die erste Sachnorm- oder Rückverweisung[117].

b) Rück- und Weiterverweisung in der Schweiz

Die Verweisungen des schweizerischen IPR-Gesetzes sind grundsätzlich Sachnormverweisungen; das ergibt sich aus Art. 14 I CH-IPRG[118]. Diese Vorschrift sieht die Beachtung einer Rückverweisung durch ausländisches Kollisionsrecht auf schweizerisches Recht oder eine Weiterverweisung auf einen Drittstaat nur für die Fälle vor, in denen eine Spezialnorm des IPR-Gesetzes die Beachtung vorschreibt[119]. Das ist der Fall in Art. 37 I (Namensrecht) und Art. 91 I (Nachlaß einer Person mit Wohnsitz im Ausland)[120]. Im Interesse des *favor negotii* beachten Rück- und Weiterverweisung ausdrücklich Art. 119 III 1 CH-IPRG (Form von

---

113 *Rummel/Schwimann,* § 5 IPRG Rdn. 5; *Schwimann,* Grundriß des IPR, S. 40.

114 Öst. OGH vom 14. 5. 1992 – 6 Ob 638/91, IPRax 1993, S. 188; *Schwind,* IPRax 1994, S. 196.

115 *Schwimann,* Grundriß des IPR, S. 38; *Schwind,* RabelsZ 54 (1990), S. 251, 265.

116 Der Entwurf von *Schwind* in ZfRV 12 (1971), S. 164 – 174 hatte außer der Rückverweisung nur die erste Weiterverweisung gelten lassen wollen. *Schwind* steht der Regelung in § 5 II Hs. 2 IPRG kritisch gegenüber (IPR, Rdn. 150; StAZ, 1979, S. 109, 113); zustimmend aber *Beitzke,* RabelsZ 43 (1979), S. 245, 251.

117 *Mänhardt/Posch,* IPR, Rdn. 2/17; *Rummel/Schwimann,* § 5 IPRG Rdn. 8.

118 Siehe zur Begründung Botschaft, Ziff. 214.2, S. 47.

119 *Honsell/Mächler-Erne,* Art. 14 IPRG Rdn. 9; IPRG-*Heini,* Art. 14 IPRG Rdn. 2, 3.

120 *Schnyder,* IPRG, § 5 II 2 a), S. 30; *Schwander,* IPR I, Rdn. 335.

Grundstücksverträgen) und Art. 124 III CH-IPRG (Formvorschriften zugunsten einer Vertragspartei)[121].

Von Bedeutung ist die Anerkennung des Renvoi in Art. 91 I CH-IPRG: Für Personen mit letztem Wohnsitz im Ausland wird im Interesse des internationalen Entscheidungseinklanges das Recht berufen, auf welches das Kollisionsrecht des Wohnsitzstaates verweist[122]. Umstritten ist, wie diese Verweisung auf das Wohnsitzrecht auszulegen ist: Wenn das ausländische Kollisionsrecht auf das schweizerische Heimatrecht des Erblassers zurückweist, wollen einige diese Verweisung generell als Sachnormverweisung betrachten und die Rückverweisung auch bei einer Gesamtverweisung abbrechen[123]. Verstirbt ein Schweizer mit letztem Wohnsitz in der Bundesrepublik, verweist danach *aus Sicht des schweizerischen IPR* das gemäß Art. 91 I berufene deutsche Recht auf das schweizerische Heimatrecht zurück. Diese Gesamtrückverweisung (Artt. 25, 4 I EGBGB) wird abgebrochen, anwendbar wäre dann schweizerisches Recht[124]. Andere verstehen Art. 91 I CH-IPRG im Sinne der *foreign court theory*[125]. Der Schweizer Richter habe den Fall so zu entscheiden, wie das Gericht am letzten Wohnsitz des Erblassers entscheiden würde. Aus *Sicht des deutschen IPR* verweisen Artt. 25 I, 4 I EGBGB auf das schweizerische Heimatrecht; die Gesamtrückverweisung des Art. 91 I CH-IPRG auf das deutsche Wohnsitzrecht behandelt aber Art. 4 I 2 EGBGB als Sachnormverweisung. Deutsches materielles Recht käme zur Anwendung.

Überzeugender ist die Auslegung des Art. 91 I IPRG im Sinne der *foreign court theory*. Nur diese Lösung fördert eine einheitliche Rechtsanwendung und bewirkt Entscheidungsharmonie in deutsch-schweizerischen Fällen. Allerdings ist der Anwendungsbereich von Art. 91 I CH-IPRG klein. Die Vorschrift ist maßgebend, wenn die schweizerischen Gerichte subsidiär nach Art. 88 CH-IPRG für den in der Schweiz belegenen Nachlaß eines Ausländers zuständig sind[126]. Darüber hinaus ist aus schweizerischer Sicht eine Anwendung dieser Vorschrift denkbar, wenn eine erbrechtliche Frage vorfrageweise zu klären ist[127], wie beispielsweise, wer für den

---

121 *Schwander,* IPR I, Rdn. 335.

122 Botschaft, Ziff. 263.2, S. 124.

123 *Honsell/Schnyder,* Art. 91 IPRG Rdn. 6; *Schnyder,* IPRG, § 5 II 2 a), S. 30 (zu Art. 14 IPRG); zustimmend *S. Lorenz,* DNotZ 1993, S. 148, 152; siehe auch *von Overbeck,* in: Lausanner Kolloquium, S. 35, 38, der dieser Lösung kritisch gegenübersteht. *Von Overbeck* sieht für diesen Fall in Art. 91 I CH-IPRG eine Bestimmung *sui generis,* welche sich nur an den schweizerischen Richter wende und ihn verpflichte die „normale“ Lösung des Wohnsitzstaates zu beachten (IPRax 1988, S. 329, 332).

124 *von Overbeck* kommt zu diesem Ergebnis über die „normale deutsche Lösung“: Anknüpfung an die schweizerische Staatsangehörigkeit in Art. 25 EGBGB (IPRax 1988, S. 329, 332 f.).

125 *Honsell/Mächler-Erne,* Art. 14 IPRG Rdn. 14; IPRG-*Heini,* Art. 14 IPRG Rdn. 12; Art. 91 IPRG Rdn. 3, 8; *Reichart,* S. 163; *Schwander,* IPR I, Rdn. 349; *Siehr,* FS Piotet, S. 531, 547 f.

126 Botschaft, Ziff. 263.2, S. 124; IPRG-*Heini,* Art. 91 IPRG Rdn. 3; *Ferid/Firsching/Lichtenberger-S. Lorenz,* Band V, Schweiz Grdz. C III 1 b), Rdn. 14.

verstorbenen Erblasser Vertragspartei geworden ist. Insoweit kann die Vorschrift auch für schweizerische Erblasser mit Wohnsitz im Ausland zur Anwendung kommen. Es sei denn über Art. 91 II CH-IPRG findet für den Auslandsschweizer schweizerisches Recht Anwendung, weil eine Heimatzuständigkeit der schweizerischen Gerichte nach Art. 87 CH-IPRG besteht[128].

Eine Rückverweisung des ausländischen Kollisionsrechts auf das schweizerische Recht ist gemäß Art. 14 II CH-IPRG ferner in Fragen des Personen- und Familienstandes zu befolgen. Art. 14 II CH-IPRG gilt zum Beispiel für die Anknüpfung der Ehescheidung (Art. 61 II CH-IPRG) sowie die Entstehung des Kindschaftsverhältnisses (Art. 68 CH-IPRG)[129].

4. Fazit

Die unterschiedlichen Positionen der dargestellten Rechtsordnungen zum Problem des Renvoi spiegeln die Spannbreite der verschiedenen Lösungsmöglichkeiten wider. Eine einheitliche Haltung zum Renvoi-Problem besteht nicht; dieses Ergebnis bleibt für die folgende Untersuchung von Rück- und Weiterverweisung in kollisonsrechtlichen Staatsverträgen festzuhalten. Alle untersuchten Rechtsordnungen berücksichtigen aber zumindest in Teilbereichen ihres Kollisionsrechts die Haltung des fremden Internationalen Privatrechts. Hauptargument für die Befolgung von Rück- und Weiterverweisung ist in aller Regel der internationale Entscheidungseinklang. Ausgeschlossen ist der Renvoi übereinstimmend in allen Rechtsordnungen für die Parteiautonomie und damit für den Bereich der subjektiven Anknüpfung. Das schon vorhergesagte *requiem pour le renvoi*[130] wird noch lange nicht erklingen. So hat jüngst Italien mit seinem IPR-Gesetz von 1995 eine Kehrtwendung vollzogen und sich für eine flexiblere Handhabung des Renvoi-Problems entschieden.

---

127 IPRG-*Heini,* Art. 91 IPRG Rdn. 6 ff.; *Ferid/Firsching/Lichtenberger-S. Lorenz,* Band V, Schweiz Grdz. C III 1 b), Rdn. 14; *von Overbeck,* IPRax 1988, S. 329, 332.

128 Nach Art. 87 I CH-IPRG besteht eine Heimatzuständigkeit der schweizerischen Gerichte, soweit sich die ausländischen Behörden nicht mit dem Nachlaß des Auslandsschweizers befassen; nach Absatz 2 ist die Zuständigkeit gegeben, wenn der Auslandsschweizer zugunsten der schweizerischen Zuständigkeit oder dem schweizerischen Recht optiert hat.

Bei Art. 91 II CH-IPRG handelt es sich um eine einseitige Kollisionsnorm, die weder eine ausdrückliche noch eine versteckte Rückverweisung für den Fall ausspricht, daß eine ausländische Rechtsordnung auf das schweizerische Recht verweist (*Bucher,* in: Lausanner Kolloquium, S. 115, 142; *S. Lorenz,* DNotZ 1993, S. 148, 151).

129 IPRG-*Heini,* Art. 14 IPRG Rdn. 23; *Staudinger/Hausmann,* Anh. zu Art. 4. EGBGB Rdn. 276.

130 *Foyer,* Trav. com. fr. 1980/81, S. 105–122 (Zusammenfassung in: Rev. crit. 70 [1981], S. 210–212).

§ 5 Kollisionsrechtliche Staatsverträge mit deutscher Beteiligung

Staatsvertragliche Kollisionsnormen haben gemäß Art. 3 II 1 EGBGB Vorrang vor dem autonomen Internationalen Privatrecht, wenn sie unmittelbar anwendbares innerstaatliches Recht geworden sind. Im Geltungsbereich der von Deutschland transformierten Staatsverträge ist die Regelung des Renvoi in Art. 4 I EGBGB nicht anwendbar[131]. Dem jeweiligen Staatsvertrag ist selbst zu entnehmen, ob er Sach- oder Kollisionsnormverweisungen ausspricht[132].

I. Rück- und Weiterverweisung bis zum Ersten Weltkrieg

Von den fünf kollisionsrechtlichen Abkommen der Haager Konferenz von 1902 und 1905 sind das Haager Eheschließungs- und das Vormundschaftsabkommen vom 12. 6. 1902 in der Bundesrepublik Deutschland noch in Kraft.

1. Haager Eheschließungsabkommen von 1902

Auf dem Gebiet des Internationalen Eheschließungsrechts bestehen kaum von der Bundesrepublik ratifizierte Staatsverträge, welche gemäß Art. 3 II 1 EGBGB dem autonomen Kollisionsrecht vorgehen[133]. Nachdem Luxemburg das Haager Eheschließungsabkommen vom 12. 6. 1902 (EheschlAbk) mit Wirkung zum 1. 6. 1989 gekündigt hat, gilt es heute aus deutscher Sicht nur noch im Verhältnis zu Italien[134]; das Abkommen ist damit für die Bundesrepublik zu einem bilateralen Abkommen geworden[135]. In der Literatur ist die Kündigung des Übereinkommens empfohlen worden[136].

---

131 MünchKomm-*Sonnenberger,* Art. 4 EGBGB Rdn. 65; *Staudinger/Hausmann,* Art. 4 EGBGB Rdn. 112.

132 *Meyer-Sparenberg,* S. 137; *Staudinger/Hausmann,* Art. 4 EGBGB Rdn. 112.

133 Die Bundesrepublik hat nicht das Haager Übereinkommen über die Schließung und Anerkennung der Gültigkeit von Ehen vom 14. 3. 1978 ratifiziert, welches das Haager Eheschließungsabkommen vom 12. 6. 1902 ablösen soll.

134 *Junker,* IPR, Rdn. 492; *Palandt/Heldrich,* Anh. zu Art. 13 EGBGB Rdn. 2; *Staudinger/von Bar/Mankowski,* Art. 13 EGBGB Rdn. 4. *Kegel/Schurig* (IPR, § 20 IV 5 a), S. 709) folgen der Differenzierungstheorie und sehen Rumänien noch als Vertragsstaat des Übereinkommens an.

135 Überblick zum zeitlichen Geltungsbereich des Abkommens: *von Bar,* RabelsZ 57 (1993), S. 66, 67 f., 121 – 123; *Böhmer/Siehr-Böhmer* II, 6.2 Rdn. 7 – 10; *Staudinger/von Bar*[12],Vorbem. zu Art. 13 EGBGB Rdn. 83 f.

136 *von Bar,* RabelsZ 57 (1993), S. 63, 105; *Soergel/Kegel*[11], Art. 13 EGBGB Rdn. 124.

a) Grundzüge

Sachlich vereinheitlicht die Konvention das Internationale Privatrecht der Vertragsstaaten, soweit es die persönlichen (Art. 1 – 3 EheschlAbk) und formellen Voraussetzungen (Art. 5 EheschlAbk) der Eheschließung betrifft; der Regelungsbereich des Abkommens ist mit Art. 13 I EGBGB und Artt. 13 III, 11 I EGBGB weitgehend identisch.

Persönlich gilt das Abkommen nur für Eheschließungen in einem Vertragsstaat, bei denen wenigstens ein Verlobter Angehöriger eines Vertragsstaates ist[137]. Dem Wortlaut des Art. 8 I EheschlAbk nach fällt die Heirat eines Angehörigen eines Vertagsstaates in seinem Heimatstaat mit einem Angehörigen eines Nichtvertragsstaates in den Anwendungsbereich des Abkommens[138] (*Beispiel:* Ein Deutscher heiratet eine Dänin in Deutschland.). Dafür könnte auch der Wortlaut des Art. 8 II EheschlAbk sprechen, der die Vertragsstaaten ausdrücklich von der Verpflichtung freistellt, das Recht eines Nichtvertragsstaates anzuwenden. Diese Vorschrift hätte keinen Sinn, wenn die Kollisionsnormen des Abkommens, nicht das Recht eines Nichtvertragsstaates berufen könnten[139]. Eine solche Auslegung des Art. 8 I EheschlAbk würde aber dazu führen, daß sämtliche Eheschließungen von Deutschen mit Ausländern in der Bundesrepublik von dem Haager Eheschließungsabkommen erfaßt würden. Das Abkommen würde damit eine große Bedeutung erlangen, obwohl es nur noch in Deutschland und Italien in Kraft ist. Vorzuziehen ist eine restriktive Auslegung des Art. 8 I EheschlAbk. Das Abkommen ist persönlich nur dann anwendbar, wenn wenigstens ein Verlobter einem fremden Vertragsstaat angehört, der andere einem Nichtvertragsstaat[140] (*Beispiel:* Heirat eines Italieners mit einer Engländerin in Deutschland). Die Vorschrift des Art. 8 II EheschlAbk stellt klar, daß das Abkommen mit reziproken Kollisionsnormen arbeitet und auf dem Gegenseitigkeitsprinzip beruht[141]. Das Eheschließungsabkommen ist wie die anderen Haager Vorkriegsabkommen nicht als *loi uniforme* ausgestaltet[142].

---

137 MünchKomm-*Coester,* Art. 13 EGBGB Anh. Rdn. 2; *Staudinger/von Bar/Mankowski,* Art. 13 EGBGB Rdn. 12.

138 KG vom 21. 12. 1936 – 13 U 4371/35, JW 1937, S. 2039 (Abkommen wegen Art. 8 I auch anwendbar, wenn ein Verlobter dem *eigenen* Staat angehört; aber im konkreten Fall unanwendbar, weil Ehe in keinem Vertragsstaat geschlossen.); AG Memmingen vom 21. 6. 1983 – UR III 10/83, IPRax 1983, S. 300 (Bericht *Jayme*); *Erman/Hohloch,* Art. 13 EGBGB Rdn. 64; *Palandt/Heldrich,* Anh. zu Art. 13 EGBGB Rdn. 3 (Abkommen wegen Art. 8 I auch anwendbar, wenn ein Verlobter dem *eigenen* Vertragsstaat angehört, aber wegen Art. 8 II unanwendbar, wenn wegen des anderen Verlobten das Recht eines Nichtvertragsstaates anzuwenden wäre).

139 Siehe *Staudinger/von Bar/Mankowski,* Art. 13 EGBGB Rdn. 13.

140 RG vom 15. 2. 1912 – Rep. IV 302/11, RGZ 78, 234 (237 f.) = JW 1912, S. 397; BayObLG vom 18. 1. 1918 – Reg III Kr 81/18, JW 1918, S. 375; *Böhmer/Siehr-Böhmer* II, 6.2 Rdn. 15; *Müller-Freienfels,* FS Ficker, S. 289, 303, 308 ff.; *Soergel/Schurig,* Art. 13 EGBGB Rdn. 142; *Staudinger/von Bar/Mankowski,* Art. 13 EGBGB Rdn. 13; *Staudinger/Gamillscheg*[10/11], Art. 13 EGBGB Rdn. 971 f.

b) Kollisionsnorm, Art. 1 EheschlAbk

Rück- und Weiterverweisung erwähnt das Haager Eheschließungsabkommen ausdrücklich in Art. 1 EheschlAbk[143]:

> *Art. 1.* [Recht zur Eingehung der Ehe]. Das Recht zur Eingehung der Ehe bestimmt sich in Ansehung eines jeden Verlobten nach dem Gesetz des Staates, dem er angehört (Gesetz des Heimatstaates), soweit nicht eine Vorschrift dieses Gesetzes ausdrücklich auf ein anderes Gesetz verweist.

Die Anerkennung des Renvoi im zweiten Halbsatz des Art. 1 EheschlAbk ist mit Rücksichtnahme auf die Schweiz erfolgt, deren Art. 7 f. NAG[144] auf das Recht des Eheschließungsortes verwies[145]; die Schweiz hat das Abkommen zum 1. 6. 1974 gekündigt[146].

Das Reichsgericht verstand die Formulierung „eine Vorschrift dieses Gesetzes" in Art. 1 Hs. 2 EheschlAbk wörtlich: Das Gericht berücksichtigte den Renvoi nur, wenn er sich ausdrücklich aus einer Gesetzesvorschrift ergab[147]. Zur Begründung dieser engen Auslegung stützte sich das Reichsgericht auf eine Denkschrift, die für das Ratifizierungsverfahren im Reichstag ausgearbeitet worden war[148]. Eine Gelegenheit, diese Auffassung zu überprüfen, hat sich nicht mehr ergeben. Heute ist die Auslegung des Art. 1 EheschlAbk durch das Reichsgericht als zu eng anzusehen. Der französische Originalausdruck „la loi" kann sowohl Gesetz als auch Rechtsordnung bedeuten[149]. Eine von der Rechtsprechung entwickelte Kollisionsregel, die im Heimatstaat des Verlobten ständig angewandt wird, muß als „Vorschrift" im Sinne des Art. 1 Hs. 2 EheschlAbk genügen[150]. Bei der Prüfung der Eheschließung würde man ansonsten zu unterschiedlichen Ergebnissen kommen, je nach dem ob zum Beispiel eine Engländerin in Deutschland einen Italiener (Anwendung des EheschlAbk) oder einen Deutschen (Anwendung des Art. 13 I EGBGB) heiraten will.

---

141 *von Bar,* RabelsZ 57 (1993), S. 63, 82; *Staudinger/von Bar/Mankowski,* Art. 13 EGBGB Rdn. 13.

142 *von Bar,* IPR I, Rdn. 191, 205; für die eherechtlichen Konvention der Haager Konferenzen: *von Bar,* RabelsZ 57 (1993), S. 63, 82.

143 Text in: *Jayme/Hausmann,* IPR-Texte, Nr. 30, S. 79.

144 Text in: *Schönenberger,* ZGB[35], Anh. I, S. 291.

145 *Graue,* RabelsZ 57 (1993), S. 26, 30; *Meili/Mamelok,* § 20, S. 92 ff.; *Staudinger/von Bar/Mankowski,* Art. 13 EGBGB Rdn. 5; *Staudinger/von Bar*[12], Vorbem. zu Art. 13 EGBGB Rdn. 85.

146 BGBl. 1973 II, S. 1028.

147 RG vom 15. 12. 1930 – Rep. VIII 419/30, JW 1931, S. 1340 f. = IPRspr. 1931, Nr. 58, S. 118 ff.; RG vom 15. 2. 1912 – Rep. IV 302/11, RGZ 78, 234 (237 f.) = JW 1912, S. 397.

148 RG vom 15. 12. 1930 – Rep. VIII 419/30, JW 1931, S. 1340 f. = IPRspr. 1931, Nr. 58, S. 118, 120.

149 *Böhmer/Siehr-Böhmer* II, 6.2. Rdn. 31; *Graue,* RabelsZ 57 (1993), S. 26, 30.

150 *Böhmer/Siehr-Böhmer* II, 6.2. Rdn. 31.

Heute könnte die Gestaltung des Renvoi in Art. 1 Hs. 2 EheschlAbk gegenstandslos sein, weil Italien hinsichtlich der Ehevoraussetzungen ebenfalls auf das Staatsangehörigkeitsprinzip abstellt[151]; nach Art. 1 EheschlAbk bestimmen sich ja für beide Verlobte die Voraussetzungen zur Eheschließung nach ihrem jeweiligen Heimatrecht. Da sich der Anwendungsbereich des Haager Eheschließungsabkommens von 1902 auch auf Inlandseheschließungen von Angehörigen eines anderen Vertragsstaates mit Angehörigen von Nichtvertragsstaaten bezieht, kann die Anerkennung des Renvoi im Haager Eheschließungsabkommen doch zum Tragen kommen: So wird auf das deutsche Recht über Art. 1 EheschlAbk zurückverwiesen, wenn eine Engländerin, die ihr *domicile of choice* in der Bundesrepublik begründet hat, einen Italiener in Deutschland heiraten möchte. Das englische Recht verweist für die Ehevoraussetzungen (*capacity to marry*) auf das Recht des *antenuptial domicile* zurück[152].

2. Haager Vormundschaftsabkommen von 1902

Das Haager Vormundschaftsabkommen (VormundschAbk) vom 12. 6. 1902 gilt heute für die Bundesrepublik Deutschland nur noch gegenüber Belgien. Im Verhältnis der Bundesrepublik zu den Staaten, die das Haager Minderjährigenschutzabkommen (MSA) vom 5. 10. 1962 in Kraft gesetzt haben, ist das Vormundshaftsabkommen nach Art. 18 I MSA verdrängt worden.

Sachlich ist das Abkommen auf alle Arten von bestellten Vormundschaften anwendbar. Nicht erfaßt wird die gesetzliche Vormundschaft von Eltern über ihre Kinder[153]; auf Pflegschaften ist das Abkommen nur als vorläufige Maßregel nach Art. 7 VormundschAbk anwendbar[154]. Auch fehlt eine Regelung über die internationale Zuständigkeit. Allerdings herrschte bei den Beratungen Einigkeit, internationale Zuständigkeit und anwendbares Recht nicht zu trennen[155]. Ist also nach dem Abkommen das Recht eines Staates anwendbar, sind seine Behörden international zuständig.

---

151 So *Staudinger/von Bar/Mankowski,* Art. 13 EGBGB Rdn. 5; *Staudinger/von Bar*[12], Vorbem. zu Art. 13 EGBGB Rdn. 85; *Staudinger/Hausmann,* Art. 4 EGBGB Rdn. 116.

152 *Regina v. Brentwood Superintendent Registar of Marriages* (1968) 2 Q. B. 956, 968; *Padoleccchia v. Padolecchia* (1968) 1 P. 314, 336; *Dicey/Morris,* Conflict of Laws II, Rule 68, Rdn. 17R-054; *Cheshire/North,* PIL, S. 721 f., 724. Zur *intended matrimonial home doctrine: Cheshire/North,* PIL, S. 722 f.

153 OLG München vom 29. 8. 1938 – 8 WX 293/38, IPRspr. 1935 – 1945 Nr. 315a, S. 668, 671; OLG Düsseldorf vom 4. 12. 1981 – 5 UF 67/81, FamRZ 1982, S. 534, 535 = IPRspr. 1981 Nr. 208, S. 508, 510; *Kegel/Schurig,* IPR, § 20 XIV 4, S. 848; *Knöpfel,* FamRZ 1959, 483 f.; *Raape,* IPR, § 73 IV 1, S. 410; *Staudinger/Kropholler,* Vorbem. zu Art. 24 EGBGB Rdn. 16.

154 *Kegel/Schurig,* IPR, § 20 XIV 4, S. 848; *Staudinger/Kropholler,* Vorbem. zu Art. 24 EGBGB Rdn. 17.

155 Actes III (1900), S. 103 (Annex zu Protokoll Nr. 3).

Persönlich gilt das Abkommen nur für Minderjährige, die Angehörige eines Vertragsstaates sind und ihren gewöhnlichen Aufenthalt in einem dieser Staaten haben (Art. 9 I). Die Artt. 7, 8 VormundschAbk sind aber auch für Minderjährige anwendbar, deren gewöhnlicher Aufenthalt in einem anderen Staat liegt (Art. 9 II VormundschAbk)[156].

In Übereinstimmung mit Art. 24 I EGBGB bestimmt sich nach Art. 1 VormundschAbk die Vormundschaft über einen Minderjährigen in erster Linie nach den Gesetzen des Staates, dem er angehört. Im Gegensatz zum Haager Eheschließungsabkommen werden Rück- und Weiterverweisung nicht erwähnt[157]. Daraus läßt sich folgern, daß Rück- und Weiterverweisung ausgeschlossen sind; die Verweisung auf das Heimatrecht des Minderjährigen bezieht sich nur auf die sachlichen Vorschriften dieses Rechts.

Falls eine Vormundschaft nach dem Heimatrecht des Minderjährigen nicht angeordnet werden kann und auch der diplomatische oder konsularische Vertreter des Heimatstaates die Fürsorge nicht übernimmt (Art. 2 VormundschAbk), ist gemäß Art. 3 VormundschAbk ersatzweise das Recht des Aufenthaltsstaates für die Anordnung und Führung der Vormundschaft anwendbar[158]. Die Verweisung auf das Aufenthaltsrecht schließt ebenfalls den Renvoi aus. In der Praxis der Vertragsstaaten gewann der subsidiäre Art. 3 VormundschAbk bald an Bedeutung[159]. Die Grundregel der Konvention die Vormundschaft nach dem Heimatrecht des Minderjährigen einzurichten und durch die Behörden des Heimatstaates führen und überwachen zu lassen, erwies sich als zu umständlich. Deshalb ist das Minderjährigenschutzabkommen – das Nachfolgeabkommen – auch zur primären Zuständigkeit der Aufenthaltsbehörden und der *lex habitationis* übergangen.

3. Zusammenfassung

Im Haager Eheschließungsabkommen von 1902 spiegelt sich die große Bedeutung des Renvoi zu Beginn dieses Jahrhunderts wider. Dennoch sieht nur das Eheschließungsabkommen eine ausdrückliche Bestimmung über den Renvoi vor. Die Normierung in Art. 1 EheschlAbk ist dazu noch mehrdeutig; die Rechtsprechung

---

156 MünchKomm-*Klinkhardt,* Art. 24 EGBGB Anh. Rdn. 2; *Palandt/Heldrich,* Anh. zu Art. 24 EGBGB Rdn. 56; *Soergel/Kegel,* Art. 24 EGBGB Rdn. 71.

157 *Graue,* RabelsZ 57 (1993), S. 26, 32; MünchKomm-*Klinkhardt,* Art. 24 EGBGB Anh. Rdn. 4; *Soergel/Kegel,* Art. 24 EGBGB Rdn. 64; *Staudinger/Kropholler,* Vorbem. zu Art. 24 EGBGB Rdn. 14.

158 Die Voraussetzungen für den Beginn und die Beendigung der Vormundschaft bestimmen sich im Fall des Art. 3 aber nach wie vor nach dem Heimatrecht des Minderjährigen (Art. 5 VormundschAbk).

159 Actes et documents IX/4 (1961), S. 65, 66 (Protokoll Nr. 2); Actes et documents IX/4 (1961), S. 74 (Protokoll Nr. 3); siehe auch *Kropholler,* MSA, § 1 I 1, S. 13.

des Reichsgerichts hat zu einer engen Auslegung dieser Vorschrift geführt. Das Vormundschaftsabkommen von 1902 enthält keine Aussage zur Rück- und Weiterverweisung[160]. Eine Regelung des Renvoi wurde nicht für zweckmäßig gehalten. Das Problem der Rück- und Weiterverweisung stellte sich aber auch nur in Ausnahmefällen, da die meisten der damaligen Vertragsstaaten der Haager Konferenz ohnehin dem Staatsangehörigkeitsprinzip folgten[161].

II. Rück- und Weiterverweisung zwischen den beiden Weltkriegen

Der Erste Weltkrieg setzte den Bestrebungen um eine Vereinheitlichung des Kollisionsrechts in Den Haag ein Ende[162]. In der Zwischenkriegszeit verlagerte sich der Schwerpunkt der rechtsvereinheitlichenden Tätigkeit von Den Haag nach Genf.

1. Genfer Wechsel- und Scheckrechtsabkommen von 1930/31

Ein großer Erfolg waren die Genfer Abkommen über Bestimmungen auf dem Gebiet des internationalen Wechselprivatrechts vom 7. 6. 1930[163] und des Internationalen Scheckprivatrechts vom 19. 3. 1931[164]. Beide Konventionen erkennen den Renvoi für die passive Wechsel- und Scheckfähigkeit an.

a) Passive Wechsel- und Scheckfähigkeit

Rück- und Weiterverweisung sind jeweils in Art. 2 I 2 ausdrücklich geregelt[165]:

> *Art. 2 I.* Die Fähigkeit einer Person, eine Wechselverbindlichkeit (Scheckverbindlichkeit) einzugehen, bestimmt sich nach dem Recht des Landes, dem sie angehört. Erklärt dieses Recht das Recht eines anderen Landes für maßgebend, so ist das letztere Recht anzuwenden.

---

160 Die anderen drei Abkommen der Haager Konferenz aus dieser Epoche erwähnen Rück- und Weiterverweisung ebenfalls nicht (Haager Ehescheidungsabkommen vom 12. 6. 1902 [RGBl. 1904, S. 231]; Haager Ehewirkungsabkommen vom 17. 7. 1905 [RGBl. 1912, S. 453]; Haager Entmündigungsabkommen vom 17. 7. 1905 [RGBl. 1912, S. 463]).

161 *Sauveplanne,* Int. Enc. Comp. L. III (1990), Ch. 6 sec. 20, S. 12.

162 *von Bar,* IPR I, Rdn. 183 f.; *Graue,* RabelsZ 57 (1993), S. 26, 34.

163 Abdruck des französischen und englischen Wortlautes sowie der deutschen Übersetzung in: RGBl. 1933 II, S. 444.

164 Abdruck des französischen und englischen Wortlautes sowie der deutschen Übersetzung in: RGBl. 1933 II, S. 594.

165 RGBl. 1933 II, S. 451 und RGBl. 1933 II, S. 601. Innerstaatlich Art. 91 I WG und Art. 60 I ScheckG.

Im Übereinstimmung mit Art. 7 I EGBGB wird damit eine Rück- und Weiterverweisung durch das Heimatrecht des Erklärenden für beachtlich erklärt[166]. Abweichend vom autonomen Recht handelt es sich aber bei dem zweitverwiesenen Recht immer um Sachnormen: Erklärt das Heimatrecht der Anknüpfungsperson das Recht eines Drittstaates für anwendbar, ist gemäß Art. 2 I 2 dessen Recht anzuwenden. Eine Weiterverweisung ist damit stets als Sachnormweiterverweisung zu verstehen[167].

In der Anknüpfung an die Staatsangehörigkeit und der Berücksichtigung von Rück- und Weiterverweisung wird der große Einfluß französischer und deutscher Juristen auf den Wortlaut der Vorschriften deutlich[168]. Zweck dieser Regelung war es, die Akzeptanz der Abkommen zu erhöhen[169]. Gewonnen werden sollten auch die Staaten, die das Staatsangehörigkeitsprinzip ablehnen. Das Deutsche Reich ist beiden Abkommen beigetreten und hat diese Regelungen in das Wechsel- und Scheckgesetz von 1933 (Art. 91 I WG und Art. 60 I ScheckG) aufgenommen. Das Abkommen wurde auch von Staaten ratifiziert, die ansonsten dem Renvoi eher ablehnend gegenüberstehen oder dem Wohnsitzprinzip (Norwegen, Dänemark, Griechenland) folgen. Inzwischen gelten die Vorschriften des einheitlichen Wechsel- und Scheckrechts in den meisten EU-Mitgliedsstaaten[170]. Allerdings dürfte in der Anerkennung des Renvoi ein wichtiger Grund liegen, warum kein Staat aus dem anglo-amerikanischen Rechtskreis dem Abkommen beigetreten ist[171].

b) Form und Wirkungen der Wechsel- und Scheckerklärungen

Da die Kollisionsnormen des Wechsel- und Scheckgesetzes als *loi uniforme* gegenüber Nichtvertragsstaaten Anwendung finden[172], hat die wohl noch überwiegende Auffassung Rück- und Weiterverweisung auch dann beachtet, wenn sich die Form und die Wirkungen einer Wechsel- bzw. Scheckerklärung nach fremdem

---

166 *von Bar,* FS W. Lorenz, S. 273, 276; *Baumbach/Hefermehl,* Art. 91 WG Rdn. 3; *Baumbach/Hefermehl,* Art. 60 ScheckG Rdn. 1 mit Verweis auf Art. 91 WG; *Chemaly,* Rec. des Cours 209 (1988 II), S. 347, 379; MünchKomm-*Martiny,* Art. 37 EGBGB Rdn. 26; *Soergel/von Hoffmann,* Art. 37 EGBGB Rdn. 14, 25; Art. 37 EGBGB Rdn. 29; *Staudinger/Hausmann,* Art. 4 EGBGB Rdn. 118.

167 *von Bar,* FS W. Lorenz, S. 273, 276; *Baumbach/Hefermehl,* Art. 91 WG Rdn. 3; *Chemaly,* Rec. des Cours 209 (1988 II), S. 347, 379 f.; *Stranz,* Art. 91 WG Anm. 3.

168 *Staudinger/Hausmann,* Art. 4 EGBGB Rdn. 118.

169 *Eschelbach,* S. 166 ff.; *Hupka,* S. 237 f.; *Kropholler,* Einheitsrecht, § 22 III 1, S. 335 Fn. 22; *Soergel/von Hoffmann,* Art. 37 EGBGB Rdn. 14 Fn. 32.

170 *Staudinger/Reinhart*[12], Art. 37 EGBGB Rdn. 25.

171 *Graue,* RabelsZ 57 (1993), S. 26, 34; *Staudinger/Hausmann,* Art. 4 EGBGB Rdn. 118.

172 BGH vom 28. 6. 1956 – II ZR 12/55, BGHZ 21, 155 (157) = NJW 1956, S. 1597 = IPRspr. 1956–57 Nr. 48, S. 166, 168; OLG München vom 27. 3. 1974 – 7 U 1406/73, IPRspr. 1974 Nr. 26, S. 76, 77; *Baumbach/Hefermehl,* vor Art. 91 WG Rdn. 1; *Staudinger/Hausmann,* Art. 4 EGBGB Rdn. 119.

Recht richteten und das fremde Recht auf deutsches Recht zurückverwies[173]. Diese Berücksichtigung des Renvoi stößt auf Bedenken.

Art. 93 I WG unterstellt die Wirkungen der Verpflichtungserklärung des Annehmers eines gezogenen Wechsels und die des Ausstellers eines eigenen Wechsels dem Recht des Zahlungsortes. Die Wirkungen sonstiger Wechselerklärungen richten sich gemäß Art. 93 II WG nach dem Recht des Ortes, an dem sie unterschrieben wurden (Unterschriftsort); das Recht des Unterschriftsortes bestimmt nach Art. 92 I und II WG auch das Formstatut. Zu den Wirkungen einer Wechselerklärung gehört alles, was die Haftung des Wechselschuldners betrifft, zum Beispiel Art und Umfang der rechtlichen Verpflichtung, Zulässigkeit von Einwendungen und Einreden oder die Notwendigkeit von Rechtserhaltungsmaßnahmen[174]. Die Anknüpfung an den tatsächlichen Unterschriftsort bzw. an den Zahlungsort erleichtern dem Unterzeichner und dem Rechtsverkehr, die maßgebliche Rechtsordnung zu finden: In der Regel haben die Beteiligten nicht die Zeit, eventuelle Rück- oder Weiterverweisungen zu untersuchen. Gerade im Internationalen Wechselrecht ist eine überschaubare Rechtslage für die Leichtigkeit und Sicherheit des Wechselverkehrs von unschätzbarem Wert[175]. Der Ausschluß von Rück- und Weiterverweisung dient damit vor allem der Verkehrssicherheit und der Urkundenpublizität[176]; hingegen würde die Berücksichtigung eines Renvoi den Verkehrsschutz unnötigerweise beeinträchtigen und zudem die Wertungskonformität mit Art. 15 EVÜ (Art. 35 EGBGB) gefährden[177]. Eine Gesamtverweisung spricht das Genfer Wertpapier- und Scheckkollisionsrecht ausdrücklich nur für die passive Wechsel- und Scheckfähigkeit aus; insofern liegt der Umkehrschluß nahe, den Renvoi für andere Fälle auszuschließen.

Noch stärker kommen diese Erwägungen bei einem reinen Zahlungspapier wie dem Scheck zum Tragen. Dem Recht des Unterschriftsortes unterliegt gemäß Art. 62 I 1 ScheckG nicht nur das Formstatut, sondern es beurteilt gemäß Art. 63 ScheckG auch die Frage, welche Wirkungen einer Scheckerklärung zukommen. So entscheidet das Recht des Unterschriftsortes darüber, inwiefern der Aussteller gegen einen an ihn gerichteten Rückgriffsanspruch Einwendungen aus dem Grundge-

---

173 Für das Wechselrecht: OLG Koblenz vom 10. 12. 1976 – 2 U 151/75, IPRspr. 1976 Nr. 20, S. 77, 80 f.; LG Mainz vom 13. 12. 1973 – 1 HO 188/74, IPRspr. 1974 Nr. 27, S. 80, 83 f., 85 f. (Vorinstanz); *Müller-Freienfels,* FS Zepos II; S. 491, 505 ff. Für das Scheckrecht: BGH vom 26. 9. 1989 – IX ZR 178/88, BGHZ 108, 353 (357 f.) = NJW 1990, S. 242 f. = IPRax 1991, S. 338 f. = IPRspr. 1989 Nr. 59, S. 117, 119; OLG Düsseldorf vom 12. 1. 1976 – 6 U 188/74, IPRspr. 1976 Nr. 19, S. 72, 73; *Eschelbach,* S. 163 – 183.

174 *Baumbach/Hefermehl,* Art. 93 WG Rdn. 1; BGH vom 29. 10. 1962 – II ZR 28/62, NJW 1963, S. 252, 253 = IPRspr. 1962/63 Nr. 44, S. 112, 116 (Protest); BGH vom 5. 10. 1993 – XI ZR 200/92, NJW 1994, S. 187 = IPRax 1994, S. 452, 453 = IPRspr. 1993 Nr. 43, S. 111 (insoweit nicht abgedruckt) (Bereicherungseinrede).

175 *von Bar,* FS W. Lorenz, S. 273, 290 f.; *Morawitz,* S. 141.

176 *von Bar,* FS W. Lorenz, S. 273, 290 f.

177 MünchKomm-*Martiny,* Art. 37 EGBGB Rdn. 26; *Soergel/von Hoffmann,* Art. 37 EGBGB Rdn. 25.

schäft entgegenhalten kann[178] und in welcher Höhe Zinsen geschuldet sind[179]. Die Anknüpfung an den Zahlungsort erlangt zum Beispiel Bedeutung für die Vorlegungsfrist[180] (Art. 65 Nr. 2 ScheckG) und für die Frage, ob ein Scheck gekreuzt oder mit dem Vermerk „nur zur Verrechnung" versehen werden kann (Art. 65 Nr. 5 ScheckG). Das Recht des Zahlungsortes befindet auch über ein Widerrufsrecht des Scheckausstellers und darüber, ob ihm die Möglichkeit zusteht, der Einlösung des Schecks zu widersprechen (Art. 65 Nr. 7 ScheckG)[181]. Bei diesen lokalen Anknüpfungen entspricht der Ausschluß des Renvoi eher dem Verkehrsinteresse, als Rück- und Weiterverweisungen zu beachten. Anders als zum Beispiel im Internationalen Familien- und Erbrecht sind hier keine nationalen Ordnungsinteressen erkennbar, welche die Befolgung eines Renvoi anzeigen.

2. *Zusammenfassung*

Rück- und Weiterverweisung beschränken sich im Genfer Wertpapier- und Scheckkollisionsrecht auf die ausdrücklich geregelten Fälle. In beiden Übereinkommen ist der Renvoi für den Bereich der passiven Wechsel- und Scheckfähigkeit anerkannt: Das fremde Recht ist „in seiner Totalität" anzuwenden, einschließlich seiner rück- und weiterverweisenden Kollisionsnormen[182]. Allerdings ist die Weiterverweisung als Sachnormweiterverweisung begrenzt. Die grundsätzliche Anerkennung des Renvoi hat den Erfolg beider Abkommen nicht verhindert. Die Erwartung auf eine weltumspannende Vereinheitlichung des Kollisionsrechts erfüllte sich aber nicht, da beide Konventionen im anglo-amerikanischen Rechtskreis keine Wertschätzung gefunden haben.

Art. 1 II lit. c) EVÜ (Art. 37 Nr. 1 EGBGB) schließt die Anwendung der Vorschriften des Übereinkommens auf Verpflichtungen von Wechseln, Schecks, Eigenwechseln und anderen handelbaren Wertpapieren aus, sofern die Verpflichtungen aus diesen anderen Wertpapieren und deren Handelbarkeit entstehen.

178 LG München II vom 18. 9. 1985 – 5 O 2895/83, IPRax 1987, S. 175, 176 = IPRspr. 1985 Nr. 42A, S. 112, 113.

179 LG München II vom 18. 9. 1985 – 5 O 2895/83, IPRax 1987, S. 175, 176 = IPRspr. 1985 Nr. 42A, S. 112, 113; LG Hamburg vom 9. 4. 1980 – 5 O 373/79, IPRspr. 1980 Nr. 43, S. 136, 137.

180 OLG Düsseldorf vom 17. 2. 1982 – 6 U 148/81, WM 1982, S. 622, 623 = IPRspr. 1982 Nr. 32, S. 78 f.

181 *von Bar,* FS W. Lorenz, S. 273, 291; *Baumbach/Hefermehl,* Art. 65 ScheckG Rdn. 1.

182 *Graue,* RabelsZ 57 (1993), S. 26, 34.

III. Rück- und Weiterverweisung seit dem Zweiten Weltkrieg

Nach dem Zweiten Weltkrieg wurden die Bestrebungen wieder aufgenommen, das Kollisionsrecht zu vereinheitlichen. Erstes Ergebnis dieser Bemühungen waren das Genfer Flüchtlingsabkommen von 1951 und das New Yorker Staatenlosenabkommen von 1954.

1. Genfer Flüchtlingsabkommen von 1951

Das Genfer Abkommen über die Rechtsstellung der Flüchtlinge vom 28. 7. 1951 möchte Flüchtlingen in ihrem (neuen) Aufenthaltsland „in möglichst großem Umfange die Ausübung der Menschenrechte und Grundfreiheiten sichern“[183]. Niemals soll auf einen Menschen mehr das Recht des Staates anwendbar sein, in dem dieser politischer Verfolgung aussgesetzt war und aus dem er geflohen ist[184]. Die Konvention ist für die Bundesrepublik Deutschland am 24. 12. 1953 in Kraft getreten[185]. Ursprünglich war das Abkommen auf Flüchtlinge beschränkt, die infolge von Ereignissen vor dem 1. 1. 1951 Flüchtlinge geworden waren[186]. Da der durch den Zweiten Weltkrieg verursachte Flüchtlingsstrom in der Nachkriegszeit nicht der einzige geblieben war, kamen viele der Vertragsstaaten im Jahre 1967 überein, dieses Abkommen auf alle Flüchtlinge unabhängig von dem Stichtag des 1. 1. 1951 anzuwenden[187].

In Art. 12 I erklärt das Genfer Flüchtlingsabkommen (GFlAbk) in erster Linie das Wohnsitzrecht (*lex domicilii*), hilfsweise das schlichte Aufenthaltsrecht (*lex habitationis simplicis*) des Flüchtlings zum Personalstatut:

> *Art. 12.* [Personalstatut]. (1) Das Personalstatut jedes Flüchtlings bestimmt sich nach dem Recht des Landes seines Wohnsitzes oder, in Ermangelung eines Wohnsitzes, nach dem Recht seines Aufenthaltslandes.

Mit dem Erwerb des Flüchtlingsstatus ist nach deutschem Internationalem Privatrecht mit dem Übergang vom Staatsangehörigkeits- zum Domizilprinzip in der Regel ein Statutenwechsel verbunden[188]. Eine von einem Flüchtling vorher erworbene Rechtsstellung[189] (Art. 12 II 1 GFlAbk) bleibt im Rahmen des *ordre pub-*

---

183 Präambel der Genfer Flüchtlingskonvention vom 28. 7. 1951 (BGBl. 1953 II, S. 559).

184 *Lass,* S. 108 f. Fn. 32 unter Hinweis auf die Beratungen zum Abkommen.

185 BGBl. 1953 II, S. 559; völkerrechtlich bindend seit 22. 4. 1954 (BGBl. 1954 II, S. 619).

186 Art. 1 A Nr. 2 der Genfer Flüchtlingskonvention (Text in: *Jayme/Hausmann,* IPR-Texte, Nr. 10, S. 56 f.).

187 Protokoll über die Rechtsstellung der Flüchtlinge vom 31. 1. 1967 (BGBl. 1969 II, S. 1293).

188 OLG Celle vom 11. 8. 1997 – 3465 I 212/97, FamRZ 1998, S. 757 f.

189 Hinsichtlich des Familiennamens: BayObLG vom 28. 1. 1968 – BReg. 2 Z 98/67, BayObLGZ 1968, 7 (13 f.) = IPRspr. 1968/69 Nr. 77, S. 153, 158; hinsichtlich der Wirk-

lic[190] (Art. 12 II 2 GFlAbk) bestehen. Dieser „Bestandsschutz“ gilt ebenfalls für die in der Zeit vor Inkrafttreten der Flüchtlingskonvention erworbenen Rechte; die Konvention wirkt nicht zurück[191].

a) Gleichsetzung von Wohnsitz mit gewöhnlichem Aufenthalt

Anders als zum Beispiel Art. 1 III des Haager Testamentsformabkommens von 1961 gibt das Genfer Abkommen keinen Hinweis darauf, wie der Wohnsitzbegriff als Anknüpfungsmoment zu interpretieren ist. Vielmehr wurde bei den Beratungen zur Konvention geäußert, jeder Vertragsstaat könne den Begriff des Wohnsitzes nach seinem eigenen Landesrecht ausfüllen[192]. In der deutschen Diskussion um diesen Begriff ist umstritten, ob in Art. 12 I GFlAbk der Wohnsitzbegriff des BGB oder ein eigenständiger kollisionsrechtlicher Begriff maßgeblich ist, der dem gewöhnlichen Aufenthalt entspricht.

Im Interesse einer einheitlichen Anwendung der Konvention liegt es nahe, für den „Wohnsitz“ nicht einen nationalen Wohnsitzbegriff, sondern den internationalen Begriff des gewöhnlichen Aufenthalts zu verwenden[193]. Unter Wohnsitz versteht man nämlich überall etwas anderes[194]; insbesondere waren die Bestrebungen des Ministerkomitees des Europarats, den Wohnsitzbegriff zu vereinheitlichen, nicht erfolgreich[195]. Für eine Auslegung des Wohnsitzbegriffes im Sinne von „gewöhnlicher Aufenthalt“ spricht auch, daß der Begriff sich störungsfrei in das Sy-

---

samkeit einer Imanehe OVG RhPf vom 5. 7. 1993 – 13 A 10564/92, IPRspr. 1993 Nr. 54, S. 130, 131 ff.

190 OLG Hamm vom 26. 11. 1982 – 15 W 24/81, OLGZ 1983, 46 (56 f.) = IPRspr. 1982 Nr. 7, S. 22, 27.

191 BayObLG vom 16. 6. 1971 – BReg. 2 Z 34/68, BayObLGZ 1971, 204 (211) = IPRspr. 1971 Nr. 7, S. 24, 29; BayObLG vom 11. 1. 1990 – BReg. 3 Z 127/89, NJW-RR 1990, S. 770, 771 = FamRZ 1990, S. 797, 798 = IPRspr. 1990 Nr. 137, S. 262, 263; MünchKomm-*Sonnenberger,* Art. 5 EGBGB Anh. II Rdn. 79; *Palandt/Heldrich* Anh. zu Art. 5 EGBGB Rdn. 29; *Soergel/Kegel,* Anh. zu Art. 5 EGBGB Rdn. 72; a. A. wohl *Raape/Sturm,* IPR, § 10 A I 3 d), S. 152.

192 *Lass,* S. 119; *Palandt/Heldrich,* Anh. zu Art. 5 EGBGB Rdn. 27; *Robinson,* S. 102; *Soergel/Kegel,* Anh. zu Art. 5 EGBGB Rdn. 61.

193 BT-Drucks. 7/4170, S. 35 (Denkschrift); BT-Drucks. 10/504, S. 41 (Begründung des Regierungsentwurfs); OLG Celle vom 26. 1. 1987 – 21 UF 124/86, FamRZ 1987, S. 837 f. = IPRspr. 1987 Nr. 57, S. 156, 157; *von Bar,* IPR I, Rdn. 186; *von Hoffmann,* IPR, § 5 Rdn. 33; *Kropholler,* IPR, § 37 II 2, S. 246; *Lass,* S. 124; *Palandt/Heldrich,* Anh. zu Art. 5 EGBGB Rdn. 27; *Mezger,* JZ 1954, S. 663, 664; MünchKomm-*Sonnenberger,* Art. 5 EGBGB Anh. II Rdn. 80; Art. 5 EGBGB Anh. I Rdn. 8; Einl. IPR, Rdn. 661; grundsätzlich auch *Staudinger/Blumenwitz,* Anh. zu Art. 5 EGBGB Rdn. 50 i. V. m. Art. 5 EGBGB Rdn. 489 f.

194 *Raape/Sturm,* IPR, § 10 A I 3 d), S. 151.

195 Empfehlung 72 (1) vom 18. 1. 1972; Text in: Annuaire Européen 20 (1972), S. 320–325; Rev. crit. 62 (1973), S. 847–849; deutsche Übersetzung in: *Loewe,* ÖJZ 29 (1974), S. 144–151.

stem staatsvertraglicher Kollisionsnormen einfügen läßt. Anknüpfungseinklang würde zum Beispiel mit Art. 4 I des Haager Unterhaltsübereinkommens von 1973 oder Art. 1 des Haager Minderjährigenschutzabkommens von 1961 erzielt. Ferner ist es für einen Flüchtling häufig nicht ohne weiteres möglich, im Zufluchtsstaat einen Wohnsitz zu begründen. Einige Staaten verlangen für die Begründung eines Wohnsitzes einen rechtmäßigen Aufenthalt, andere stellen hohe Anforderungen an einen Domizilwechsel[196]. Schon allein deshalb ist es wenig sinnvoll, einen nationalen Wohnrechtsbegriff als Anknüpfungsmoment heranzuziehen. Zwar entfernt sich eine Interpretation als „gewöhnlicher Aufenthalt" weit vom Wortlaut des Art. 12 I GFlAbk[197], vor dem geschilderten Hintergrund ist sie aber überzeugend.

b) Rück- und Weiterverweisung

Ob bei Art. 12 I GFlAbk Rück- und Weiterverweisung zu beachten sind, hängt davon ab, welche Bedeutung man dieser Regelung beimißt.

Allgemein wird in Art. 12 I GFlAbk eine allgemeine Verweisungsregel gesehen, die in erster Linie das Anknüpfungsmerkmal „Staatsangehörigkeit" in einer nationalen Kollisionsnorm durch das Merkmal „Wohnsitz bzw. Aufenthalt" ersetzt[198]. Darüber hinaus schließe die Vorschrift alle Anknüpfungsmerkmale aus, die zum Recht des Fluchtstaates führen könnten, zum Beispiel den letzten gemeinsamen gewöhnlichen Aufenthalt der Ehegatten in Art. 14 I Nr. 2 EGBGB[199]. Ist Art. 12 I GFlAbk allein eine solche *Hilfsnorm,* dürfte sich die Frage nach dem Renvoi eigentlich gar nicht stellen. Trotzdem hat die Renvoi-Problematik in der Diskussion hohe Wellen geschlagen.

---

196 Siehe beispielsweise zum Domizilwechsel bei Flüchtlingen *Cheshire/North,* PIL, S. 146: „There is a presumption against a change of domicil, but what is dictated by necessity in the first instance may afterwards become a matter of choice ...".

197 So *Kegel*[7], IPR, § 13 III 2 a), S. 344; *Raape/Sturm,* IPR, § 10 A I 3 d), S. 151 f.; *Soergel/Kegel,* Anh. zu Art. 5 EGBGB Rdn. 61, die den Wohnsitzbegriff nach deutschem materiellen Recht bestimmen wollen. Aus der Rechtsprechung: BayObLG vom 22. 2. 1963 – BReg. 1 Z 148/62, MDR 1963, S. 683 = IPRspr. 1962–63, S. 454 f.; OLG Hamm vom 20. 2. 1985–5 UF 437/81, StAZ 1986, S. 134 f. = IPRspr. 1985 Nr. 72A, S. 199, 200.

198 OLG Hamm vom 20. 2. 1985–5 UF 437/81, StAZ 1986, S. 134, 135 = IPRspr. 1985 Nr. 72, S. 199, 201; OLG Hamm vom 29. 7. 1991–15 W 147/91, NJW-RR 1992, S. 391, 392 f. = FamRZ 1992, S. 551, 553 = IPRspr. 1991 Nr. 74, S. 133, 135; OLG Karlsruhe vom 7. 6. 1990–18 WF 35/90, NJW-RR 1991, S. 966 = FamRZ 1991, S. 83, 84 = IPRspr. 1990 Nr. 85, S. 167, 168; *Palandt/Heldrich,* Anh. zu Art. 5 EGBGB Rdn. 27; MünchKomm-*Sonnenberger,* Art. 5 EGBGB Anh. II Rdn. 75 f.; *Raape/Sturm,* IPR, § 10 A I 3 d), S. 153; *Staudinger/von Bar*[12], Vorbem. zu Art. 13 EGBGB Rdn. 199; *Staudinger/Blumenwitz,* Anh. zu Art. 5 EGBGB Rdn. 51; letztlich auch *Soergel/Kegel,* Anh. zu Art. 5 EGBGB Rdn. 71 (Heranziehung des nationalen IPR).

199 MünchKomm-*Sonnenberger,* Art. 5 EGBGB Anh. II Rdn. 75, 76; *Palandt/Heldrich,* Anh. zu Art. 5 EGBGB Rdn. 27.

Unstreitig wird ein Renvoi durch das Kollisionsrecht des Wohnsitzstaates jedenfalls dann nicht beachtet, wenn das berufene IPR eines Nichtvertragsstaates an die Staatsangehörigkeit des Flüchtlings anknüpft und auf das Recht des Vertreibungsstaates weiterverweist[200]. In einem solchen Fall würde die Berücksichtigung von Rück- und Weiterverweisung den Zweck der Konvention vereiteln, das Recht des Fluchtlandes aus politischen und humanitären Gründen auszuschalten. Inwiefern ein Renvoi aber in anderen Konstellationen zu beachten ist, wird unterschiedlich beantwortet.

Einige wollen Rück- und Weiterverweisung durch das Kollisonsrecht des *Wohnsitzstaates* berücksichtigen[201]. Art. 12 I GFlAbk bezwecke keinen Eingriff in das kollisionsrechtliche System der Konventionsstaaten[202]. Die Vorschrift ersetze allein die Anknüpfungsmerkmale, welche auf das Recht des Fluchtstaates verweisen. Ansonsten müsse der Flüchtling kollisionsrechtlich so behandelt werden, wie ein Inländer im Land seines neuen Lebensmittelpunktes. Insofern bleibe auch der Charakter der deutschen Kollisionsnormen als Gesamtverweisung (Art. 4 I EGBGB) bestehen. Ein möglicher Renvoi des ausländischen Kollisionsrechts sei zu beachten, anders verhalte es sich nur, wenn die einzelnen Kollisionsnormen eine Sachnormverweisung aussprechen (z. B. Art. 18 EGBGB)[203].

Andere lehnen den Renvoi ab[204]. Das Parteiinteresse des Flüchtlings gebiete es, ihn allein nach dem materiellen Recht des Wohnsitzstaates zu behandeln[205]. Eine Ausnahme hiervon soll aber gelten, soweit das IPR des Wohnsitzstaates bestimmte Rechtsfragen abweichend vom deutschen IPR nicht dem Personalstatut, sondern einem anders angeknüpften Sonderstatut unterstellt[206]. Danach verweist Art. 25 I EGBGB i. V. m. Art. 12 I GFlAbk grundsätzlich auf die Sachnormen des gewöhn-

---

200 OLG Hamm vom 29. 7. 1991 – 15 W 147/91, NJW-RR 1992, S. 391, 392 f. = FamRZ 1992, S. 551, 553 = IPRspr. 1991 Nr. 74, S. 133, 135; OLG Hamm vom 15. 1. 1992 – 15 W 295/90 = StAZ 1993, S. 77, 79 = IPRspr. 1992 Nr. 144, S. 309, 311; MünchKomm-*Sonnenberger,* Art. 5 EGBGB Anh. II Rdn. 84; *Raape/Sturm,* IPR, § 10 A I 3 d) S. 153; *Soergel/Kegel,* Anh. zu Art. 5 EGBGB Rdn. 74; *Staudinger/von Bar*[12], Vorbem. zu Art. 13 EGBGB Rdn. 199; *Staudinger/Blumenwitz,* Anh. zu Art. 5 EGBGB Rdn. 51; *Staudinger/Hausmann,* Art. 4 EGBGB Rdn. 122.

201 MünchKomm-*Sonnenberger,* Art. 5 EGBGB Anh. II Rdn. 83; *Raape/Sturm,* IPR, § 10 A I 3 d), S. 153; *Staudinger/von Bar*[12], Vorbem. zu Art. 13 EGBGB Rdn. 199; *Staudinger/Blumenwitz,* Anh. zu Art. 5 EGBGB Rdn. 51.

202 MünchKomm-*Sonnenberger,* Art. 5 EGBGB Anh. II Rdn. 83; *Staudinger/Blumenwitz,* Anh. zu Art. 5 EGBGB Rdn. 51.

203 *Staudinger/Blumenwitz,* Anh. zu Art. 5 EGBGB Rdn. 51.

204 *Erman/Hohloch,* Art. 5 EGBGB Rdn. 87; *Graue,* RabelsZ 57 (1993), S. 26, 42; *Palandt/Heldrich,* Anh. zu Art. 5 EGBGB Rdn. 28; *Soergel/Kegel,* Anh. zu Art. 5 EGBGB Rdn. 74; *Staudinger/Hausmann,* Art. 4 EGBGB Rdn. 122.

205 *Soergel/Kegel,* Anh. zu Art. 5 EGBGB Rdn. 74; *Staudinger/Hausmann,* Art. 4 EGBGB Rdn. 122.

206 *Erman/Hohloch,* Art. 5 EGBGB Rdn. 87; *Palandt/Heldrich,* Anh. zu Art. 5 EGBGB Rdn. 28.

lichen Aufenthalts. Beurteilt aber das Aufenthaltsrecht Grundstücke nicht nach dem Personalstatut, sondern nach der *lex rei sitae,* kommt der Renvoi zum Tragen. *Beispiel:* Hinterläßt ein iranischer Flüchtling mit letztem Wohnsitz in London ein in Frankreich belegenes Grundstück, gilt danach für die Erbfolge in das betreffende Grundstück französisches Recht. Aus englischer Sicht richtet sich die Vererbung von *immovables* nicht nach dem Personalstatut, sondern nach der *lex rei sitae*[207].

Sinn und Zweck des Art. 12 I GFlAbk sprechen dafür, einen Renvoi nicht zu berücksichtigen. Allerdings liegt die Begründung für diese Auffassung in der dogmatischen Struktur dieser Vorschrift. Art. 12 I GFlAbk ist nicht als bloße Hilfs- oder Ergänzungsnorm einzustufen, sondern als Kollisionsnorm[208]: Bei Sachverhalten mit alleinigem Auslandsbezug zum Verfolgerstaat führt Art. 12 I GFlAbk für das Personalstatut[209] unmittelbar zum Wohnsitzrecht, ohne daß ein Rückgriff auf die allgemeinen Kollisionsnormen weiter erforderlich ist. *Beispiel:* Die Erbfolge eines iranischen Flüchtlings mit Wohnsitz in der Bundesrepublik Deutschland beurteilt sich gemäß Art. 12 I GFlAbk nach deutschem Recht; der autonome Art. 25 I EGBGB kommt nicht zu Anwendung. Ist Art. 12 I GFlAbk eine Kollisionsnorm, liegt der Ausschluß von Rück- und Weiterverweisung auf der Hand. Ziel des Flüchtlingsabkommens ist es, wie bei Angehörigen des Wohnsitzstaates unmittelbar zur Geltung des Wohnsitzrechts zu gelangen; das nationale Kollisionsrecht ist insoweit ausgeschlossen. Darüber hinaus wäre bei der Berücksichtigung eines Renvoi durch das nationale Kollisionsrecht die rechtliche Gleichbehandlung des Flüchtlings in den Vertragsstaaten der Konvention gefährdet. Wie bereits dargelegt können die nationalen Kollisionsrechte ganz unterschiedliche Positionen zum Renvoi einnehmen.

Anders liegt der Fall nur, wenn über den Bezug zum Fluchtstaat ein weiterer Auslandsbezug zu einem Drittstaat vorliegt. Dann gebietet Art. 12 I GFlAbk grundsätzlich nicht, starr am Wohnsitzrecht festzuhalten. Die anzustrebende Integration des Flüchtlings in den Wohnsitzstaat verlangt eher, den Flüchtling in gleicher Weise wie die Angehörigen des Wohnsitzstaates dem nationalen Kollisionsrecht zu unterwerfen[210]; dabei ist der Grundsatz der Gesamtverweisung der deut-

---

207 *Duncan v. Lawson* (1889) 41 Ch. D. 394; *Cheshire/North,* PIL, S. 999 f.

208 So grundlegend *Lass,* S. 103 ff. Die Ansicht, Art. 12 I GFlAbk als Hilfsnorm einzustufen, gewährleistet vor allem dann keinen Schutz vor dem Verfolgerstaat, wenn die fragliche nationale Kollisionsnorm eine unwandelbare Anknüpung (*Beispiel:* Ehegüterrecht, Art. 15 I EGBGB) vorsieht. Waren die beteiligten Personen in diesem Zeitpunkt noch keine Flüchtlinge, bleibt es bei der Anknüpfung an das Heimatrecht (siehe MünchKomm-*Siehr,* Art. 15 EGBGB Rdn. 64 f.).

209 Der Begriff „Personalstatut" bezieht sich zunächst gegenständlich auf den personen-, familien-, und erbrechtlichen Bereich. Das Parteiinteresse des Flüchtlings kann es auch erfordern, für andere Rechtsbereiche auf das Wohnsitzrecht zurückzugreifen (*Kegel/Schurig,* IPR, § 13 II 7 b), S. 404; *Lass,* S. 118; siehe auch MünchKomm-*Sonnenberger,* Art. 5 EGBGB Anh. II Rdn. 74).

210 *Lass,* S. 114 mit Lösungen für unterschiedliche Konstellationen S. 125 ff.

schen Kollisionsnormen zu beachten (Art. 4 I EGBGB). Taucht in einem solchen Fall etwa das Heimatrecht als Anknüpfungsmerkmal in einer Kollisionsnorm auf, ist dieses durch den *Wohnsitz* zu ersetzen. *Beispiel*[211]: Eine Französin heiratet in Deutschland einen bosnischen Flüchtling. Wird kurz nach der Heirat ein Kind geboren, kann nach Art. 19 I 2 EGBGB die Abstammung des Kindes im Verhältnis zu jedem Elternteil auch nach dem Recht des Staates bestimmt werden, dem dieser Elternteil angehört. Art. 12 I GFlAbk will hier dem Kind sicher nicht die Chance nehmen, seine Abstammung sowohl nach „deutschem" als auch nach französichem Recht alternativ zu bestimmen. Der Flüchtlingtsstatus des Vaters führt nicht etwa dazu, Art. 19 I 2 EGBGB nicht anzuwenden.

2. New Yorker Staatenlosenabkommen von 1954

Das New Yorker Übereinkommen über die Rechtsstellung der Staatenlosen vom 28. 9. 1954 ist für die Bundesrepublik Deutschland am 24. 1. 1977 in Kraft getreten[212]. Bei Staatenlosen geht die Anknüpfung an das Heimatrecht ins Leere; die Staatsangehörigkeit muß durch ein anderes Anknüpfungsmoment ersetzt werden. Das New Yorker Staatenlosenabkommen knüpft das Personalstatut von Staatenlosen in seinem Art. 12 I an das Recht des Wohnsitzes (*lex domicilii*) bzw. das des schlichten Aufenthalts (*lex habitationis simplicis*) an[213]; der Wohnsitzbegriff der Konvention ist dabei entsprechend dem Genfer Flüchtlingsabkommen als gewöhnlicher Aufenthalt auszulegen. In seinem Anwendungsbereich verdrängt das Abkommen Art. 5 II EGBGB[214]. Ist der Staatenlose zugleich Flüchtling im Sinne der Genfer Flüchtlingskonvention, tritt das New Yorker Staatenlosenabkommen grundsätzlich zurück (*lex specialis derogat legi generali*)[215]. Sollte das Staatenlosenabkommen in einem bestimmten Punkt günstiger für den staatenlosen Flüchtling sein, spricht freilich nichts dagegen, dessen Vorschrift anzuwenden[216].

Inwiefern Rück- und Weiterverweisung zu beachten sind, wird wie beim Genfer Flüchtlingsabkommen unterschiedlich beurteilt. Zum Teil wird ein Renvoi durch das von Art. 12 I berufene Recht nicht beachtet[217]. Diese Meinung vermag nicht

---

211 Nach *Lass,* S. 126.

212 BGBl. 1976 II, S. 473; BGBl. 1977 II, S. 235.

213 Nach Art. 12 II des Abkommens bleiben die vorher nach dem alten Personalstatut erworbenen Rechte bestehen.

214 *von Hoffmann,* IPR, § 5 Rdn. 27; *Soergel/Kegel,* Art. 5 EGBGB Rdn. 18.

215 *Lass,* S. 19 f.; *Soergel/Kegel,* Art. 5 EGBGB Rdn. 23 mit Hinweis auf die Präambel Abs. 4 des New Yorker Staatenlosenabkommens; siehe auch *Erman/Hohloch,* Art. 5 EGBGB Rdn. 62.

216 *Lass,* S. 20.

217 *Palandt/Heldrich,* Anh. zu Art. 5 EGBGB Rdn. 1, 28; *Staudinger/Blumenwitz,* Art. 5 EGBGB Rdn. 494 (obwohl zum Genfer Flüchtingsabkommen unter Anh. zu Art. 5 EGBGB Rdn. 51 eine andere Auffassung vertreten wird); *Staudinger/Hausmann,* Art. 4 EGBGB

zu überzeugen. Ziel des Abkommens ist, anstatt einer ausfallenden Staatsangehörigkeit den *Wohnsitz* als Anknüpfungsmerkmal treten zu lassen[218]. Das Staatenlosenabkommen verfolgt dabei nicht wie die Flüchtlingskonvention einen darüber hinausgehenden Zweck[219]. Hat Art. 12 I des Abkommens nur die Aufgabe, die Staatsangehörigkeit zu ersetzen, so wird man in gleichem Maße wie bei Art. 5 II EGBGB einen Renvoi des durch unsere Kollisionsnorm berufenen *Wohnsitz*rechts (Art. 4 I EGBGB) berücksichtigen müssen[220].

3. Haager Unterhaltsabkommen von 1956 und 1973

Unterhaltspflichten unterliegen als Anknüpfungsgegenstand im Internationalen Privatrecht zwei Haager Übereinkommen.

a) Haager Unterhaltsabkommen von 1956

Das Haager Übereinkommen über das auf Unterhaltsverpflichtungen (HUntA) gegenüber Kindern anzuwendende Recht vom 24. 10. 1956 ist für die Bundesrepublik am 1. 1. 1962 in Kraft getreten[221]. Inzwischen hat das Abkommen weitgehend an Bedeutung verloren: Das umfassendere Haager Unterhaltsübereinkommen von 1973 (HUntÜ) ersetzt zwischen den Staaten, die Vertragsparteien sind, das Abkommen von 1956 (Art. 18 I HUntÜ). Aus deutscher Sicht gilt das Abkommen heute nur noch im Verhältnis zu Belgien, Liechtenstein und Österreich. Räumlich kommt es jedenfalls dann zur Anwendung, wenn das berechtigte Kind seinen gewöhnlichen Aufenthalt in einem dieser drei Staaten hat[222]. Im übrigen ist das Haager Unterhaltsabkommen nicht als *loi uniforme* ausgestaltet worden; gemäß Art. 6 HUntA findet das Abkommen nur auf die Fälle Anwendung, „in denen das in Artikel 1 bezeichnete Recht das Recht eines Vertragsstaates ist".

Das Unterhaltsabkommen beschränkt sich sachlich darauf, das Kollisionsrecht auf dem Gebiet der Unterhaltspflicht gegenüber unverheirateten Kindern unter 21 Jahren zu vereinheitlichen (Artt. 1, 5 II 1 HUntA). Dazu gehört: „Ob, in welchem Ausmaß und von wem ein Kind Unterhalt verlangen" (Art. 1 I HUntA) und „wer

Rdn. 123. Siehe auch KG vom 30. 4. 1985 – 1 W 5219/84, IPRax 1986, S. 41 = IPRspr.1985 Nr. 115, S. 294, 295.

218 MünchKomm-*Sonnenberger,* Art. 5 EGBGB Anh. I Rdn. 5; *Soergel/Kegel,* Art. 5 EGBGB Rdn. 32.

219 MünchKomm-*Sonnenberger,* Art. 5 EGBGB Anh. I Rdn. 5; *Soergel/Kegel,* Art. 5 EGBGB Rdn. 32.

220 MünchKomm-*Sonnenberger,* Art. 5 EGBGB Anh. I Rdn. 11; siehe auch *Raape/Sturm,* IPR, § 9 A VI, S. 132; *Soergel/Kegel,* Art. 5 EGBGB Rdn. 32.

221 BGBl. 1961 II, S. 1012; BGBl. 1962 II, S. 16.

222 MünchKomm-*Siehr,* Art. 18 EGBGB Anh. I Rdn. 385; *Johannsen/Henrich/Henrich,* Art. 18 EGBGB Rdn. 7; *Staudinger/von Bar/Mankowski,* Anh. II zu Art. 18 EGBGB Rdn. 8.

die Unterhaltsklage erheben kann und welche Klagefristen gelten" (Art. 1 III HUntA). Keine Anwendung findet das Übereinkommen auf die unterhaltsrechtlichen Beziehungen zwischen Verwandten in der Seitenlinie (Art. 5 I HUntA).

Persönlich ist das HUntA gegenüber Kindern unter 21 Jahren anzuwenden, die ihren gewöhnlichen Aufenthalt in einem Vertragsstaat haben; das Kind braucht keinem Vertragsstaat anzugehören.

aa) Fakultativklausel, Art. 2 HUntA

Weist ein Sachverhalt besonders enge Beziehungen zur *lex fori* auf, haben die Vertragsstaaten gemäß Art. 2 HuntA die Befugnis (*faculté*)[223], statt des Aufenthaltsrechts (Art. 1 I HUntA)[224] ihr eigenes Recht für anwendbar zu erklären. Das inländische Recht ist maßgebend, wenn kumulativ drei Voraussetzungen erfüllt sind: a) ein Verfahren im Inland, b) inländische Staatsangehörigkeit von Berechtigten und Verpflichteten und c) inländischer gewöhnlicher Aufenthalt des Verpflichteten.

Belgien, Liechtenstein und Österreich haben wie die Bundesrepublik Deutschland von diesem Vorbehalt Gebrauch gemacht[225]. Verlangt beispielsweise in einem deutschen Verfahren ein deutsches Kind mit gewöhnlichem Aufenthalt in Belgien Unterhalt von einem Deutschen mit gewöhnlichem Aufenthalt in der Bundesrepublik Deutschland, kommt deutsches Recht über Art. 2 HUntA zur Anwendung.

bb) Grundsatzanknüpfung, Art. 1 I HUntA

Grundsätzlich ist aber gemäß Art. 1 I HUntA das Recht am gewöhnlichen Aufenthalt des Kindes für die Unterhaltspflichten ihm gegenüber maßgebend. Die primäre Anknüpfung an den gewöhnlichen Aufenthalt bildet einen Wendepunkt in der Geschichte der Haager Konferenz; vorher hatte die Konferenz in familienrechtlichen Abkommen immer die Staatsangehörigkeit als Grundsatzanknüpfung gewählt[226]. Ob mit der Verweisung auf das Aufenthaltsrecht (*la loi de la résidence*

Zum Verhältnis zwischen HUntÜ und HUntA umfassend MünchKomm-*Siehr,* Art. 18 EGBGB Anh. I Rdn. 382 – 390. Die Konkurrenz zwischen beiden Konventionen hat praktisch nur geringe Bedeutung, da beide Übereinkommen in ihren wesentlichen Bestimmugnen identisch sind.

223 Art. 2 HUntA ist keine Vorbehalts-, sondern eine Fakultativklausel: Actes VIII (1957), S. 312 (Bericht *von Winter*); *Droz,* Rev. crit. 58 (1969) S. 410 Fn. 1; *Staudinger/von Bar/Mankowski,* Anh. II zu Art. 18 EGBGB Rdn. 42. Dafür spricht, daß die Vertragsstaaten die Modifikation des Abkommens durch einen internen Akt herbeiführen können; es bedarf keiner formellen Erklärung bei Zeichnung, Ratifikation oder Beitritt. A. A. MünchKomm-*Siehr,* Art. 18 EGBGB Anh. II Rdn. 37.

224 Zur Anknüpfung nach Art. 1 I HUntA gleich, 2. Kapitel, § 5 III. 3. a) bb).

225 Siehe *Jayme/Hausmann,* IPR-Texte, Nr. 40, S. 93 Fn. 4.
Für die Bundesrepublik Deutschland: Art. 1 a ZustimmungsG vom 18. 7. 1961 (BGBl. 1961 II, S. 1012) i. d. F des ErgänzungsG vom 2. 6. 1972 (BGBl. 1972 II, S. 589).

habituelle) Rück- und Weiterverweisung ausgeschlossen sind, ist dem Wortlaut nicht zu entnehmen. Im französischen Originaltext findet sich noch nicht der Ausdruck *la loi interne,* der in späteren Haager Übereinkommen auf den Ausschluß des Renvoi hinweist. Die Kommission hatte eine klarstellende Formulierung nicht für nötig befunden[227]:

> „Une proposition tendant à insérer le mot interne après loi fut rejetée; la Commision a pensé qu'il allait de soi que dans la présente Convention les mots loi de la résidence habituelle de l'enfant indiquaient les dispositions internes des cette loi et non pas le droit international privé.“

Nach allgemeiner Ansicht sind nur die Sachnormen der betreffenden Rechtsordnung gemeint[228]. Ein Renvoi eines ausländischen Unterhaltsstatuts ist deshalb nicht zu beachten. Klagt ein französisches Kind mit gewöhnlichem Aufenthalt in Belgien gegen seinen Vater in Deutschland auf Unterhalt, so verweist Art. 1 I HUntA auf das belgische Sachrecht (Artt. 203–211 Code civil[229]). Das belgische IPR bleibt also unberücksichtigt; im übrigen würden die belgischen Gerichte auf diesen Fall ebenfalls das Unterhaltsabkommen anwenden.

Für den Ausschluß eines Renvoi spricht desweiteren folgende Überlegung: Die Konvention findet nach Art. 6 HUntA nur auf Fälle Anwendung, in denen die in Artikel 1 bezeichnete Rechtsordnung zum Recht eines Vertragsstaates führt. Das Ideal des internationalen Entscheidungseinklanges, das im autonomen Kollisionsrecht für die Beachtung eines Renvoi spricht, ist unter den Vertragsstaaten durch die Vereinheitlichung der Kollisionsnormen schon erreicht. Die einheitlichen Kollisionsnormen sollen die autonomen IPR-Normen gerade ersetzen[230].

cc) Subsidiäre Anknüpfung, Art. 3 HUntA

Versagt das Recht des Staates, in dem das Kind seinen gewöhnlichen Aufenthalt hat, im konkreten Fall („en l'espèce“)[231] jeden Anspruch auf Unterhalt, findet nach

226 Zur Entwicklung des Staatsangehörigkeitsprinzips in den Haager Übereinkommen *Fischer,* RabelsZ 57 (1993), S. 1 ff.

227 Actes VIII (1957), S. 310 (Bericht *von Winter*).

228 BT-Drucks. 3/2585, S. 8 (Denkschrift); BGH vom 9. 4. 1986 – IV b ZR 27/85, NJW 1986, S. 2371 = IPRax 1987, S. 176 f. = IPRspr. 1986 Nr. 94, S. 215, 216; OLG Stuttgart vom 7. 12. 1989 – 16 U 5/89, IPRspr. 1989 Nr. 143, S. 314 f.; vgl. öst. OGH vom 31. 5. 1995 – 7 Ob 513/95, ÖJZ 50 (1995), S. 866; öst. OGH vom 29. 8. 1995 – 1 Ob 597/95, ZfRV 37 (1996), S. 80, 81; MünchKomm-*Siehr,* Art. 18 EGBGB Anh. II Rdn. 23; *Scheucher,* ZfRV 4 (1963), S. 82, 90; *Soergel/Kegel,* Art. 18 EGBGB Rdn. 105; *Staudinger/Kropholler*[12], Vorbem. Art. 18 EGBGB Rdn. 65; dahingestellt LG Regensburg vom 14. 11. 1977 – 2 T 270/77, NJW 1978, S. 1117 f. = IPRspr. 1977 Nr. 167, S. 496 f.

229 *Bergmann/Ferid/Henrich-Rieck,* Belgien III B 1, S. 27 f.

230 *Staudinger/Kropholler*[12], Vorbem. zu Art. 18 EGBGB Rdn. 65; *Kropholler,* IPR, § 24 III 1, S. 161.

231 Actes VIII (1957), S. 312 (Bericht *von Winter*).

Art. 3 HUntA das innerstaatliche Kollisionsrecht der angerufenen Behörde Anwendung. Die Vorschrift kommt damit nicht schon dann zum Tragen, wenn das vom innerstaatlichen IPR berufene Unterhaltsrecht „günstiger" für das Kind ist[232]. Da Art. 3 HUntA das autonome IPR der Vertragsstaaten subsidiär neben der Konvention für anwendbar erklärt, sind Rück- und Weiterverweisung zu beachten[233]. Indes verweist im deutschen Kollisionsrecht Art. 18 EGBGB ausdrücklich auf die *Sachvorschriften* der berufenen Rechtsordnung. Rück- und Weiterverweisung sind zumindest aus deutscher Sicht auch insoweit ausgeschlossen (Art. 3 I 2 EGBGB). Anders verhält es sich aber zum Beispiel im österreichischen Internationalen Privatrecht. Dort verweisen die §§ 24, 25 II Ö-IPRG für den Unterhaltsanspruch des Kindes auf sein Personalstatut[234]. Nach § 9 Ö-IPRG ist das Personalstatut des Kindes das Recht des Staates, dem es angehört. Rück- und Weiterverweisung sind dabei nach § 5 Ö-IPRG zu berücksichtigen[235].

b) Haager Unterhaltsabkommen von 1973

Das Haager Übereinkommen über das auf die Unterhaltspflicht anzuwendende Recht vom 2. 10. 1973 (HUntÜ) ist für die Bundesrepublik Deutschland am 1. 4. 1987 in Kraft getreten[236]. Der räumliche Geltungsbereich des Übereinkommens ist im wesentlichen auf kontinentaleuropäische Staaten begrenzt; darüber hinaus gilt es nur in Japan. Nach Art. 1 HUntÜ ist das Übereinkommen auf alle Unterhaltspflichten anzuwenden, die sich aus Beziehungen der Familie, Verwandtschaft, Ehe oder Schwägerschaft ergeben. Vom sachlichen Anwendungsbereich geht es damit weit über das Abkommen von 1956 hinaus. Darüber hinaus erklären Art. 3 HUntÜ die Konvention ausdrücklich zu einer *loi uniforme;* das Übereinkommen ist auch dann anzuwenden, wenn die Vorschriften des Übereinkommens auf einen Nichtvertragsstaat verweisen[237].

---

232 So aber noch der Vorentwurf, siehe Documents VIII (1957), S. 129 (Bericht zum Vorentwurf *von Winter*). Dieses Günstigkeitsprinzip wurde aber kritisiert, weil es im Einzelfall sehr schwierig sein kann festzustellen, welches Recht günstiger ist (Actes VIII [1957], S. 312, Bericht *von Winter*).

233 *Graue,* RabelsZ 57 (1993), S. 26, 46; *Staudinger/Hausmann,* Art. 4 EGBGB Rdn. 125; *Staudinger/Kropholler*[12], Vorbem. zu Art. 18 EGBGB Rdn. 173; siehe zu Art. 21 EGBGB a. F.: IPG 1972 Nr. 22 (Heidelberg vom 3. 3. 1972 – 426/71), S. 195 ff.; a. A. *Bischoff,* Clunet 91 (1964), S. 759, 775 – 777.

234 *Rummel/Schwimann,* § 24 IPRG Rdn. 2; *Rummel/Schwimann,* § 25 IPRG Rdn. 6; *Schwind,* IPR, Rdn. 283.

235 *Rummel/Schwimann,* § 24 IPRG Rdn. 1.

236 BGBl. 1986 II, S. 825; BGBl. 1987 II, S. 225.

237 Actes et documents XII/4 (1975), S. 440 Nr. 135 = BT-Drucks. 10/258, S. 59 Nr. 135 (Bericht *Verwilghen*); BGH vom 27. 1. 1993 – XII ZR 206/91, NJW-RR 1993, S. 898 = FamRZ 1993, S. 789 f. = IPRspr. 1993 Nr. 74, S. 173; MünchKomm-*Siehr,* Art. 18 EGBGB Anh. I Rdn. 80; OLG Hamm vom 17. 1. 1995 – 15 UF 885/94, FamRZ 1995, S. 1439 = IPRspr. 1995 Nr. 80, S. 147.

aa) Vorbehaltsklausel, Art. 15 HUntÜ

Nach Artt. 15, 24 I HUntÜ kann sich jeder Vertragsstaat vorbehalten, in einem inländischen Verfahren sein innerstaatliches Recht anzuwenden, wenn sowohl der Berechtigte als auch der Verpflichtete Staatsangehörige dieses Vertragsstaates sind und der Verpflichtete dort seinen gewöhnlichen Aufenthalt hat. Diese Voraussetzungen müssen kumulativ vorliegen[238]. Der Vorbehalt in Artt. 15, 24 HUntÜ ist ebenso wie die Fakultativklausel in Art. 2 HUntA als Konzession an das Staatsangehörigkeitsprinzip zu verstehen[239]. Diejenigen Staaten, die dem Staatsangehörigkeitsprinzip folgen, können von der Vorbehaltsklausel zugunsten des Heimatrechts Gebrauch machen. Mit Ausnahme Frankreichs und Japans haben die Bundesrepublik und alle Vertragsstaaten von diesem Vorbehalt bei der Ratifizierung des Unterhaltsübereinkommens Gebrauch gemacht[240].

bb) Grundsatzanknüpfung, Art. 4 HUntÜ

Gemäß Art. 4 I und II HUntÜ richten sich alle Unterhaltspflichten außer jenen auf Scheidungs-, gerichtlichen Trennungsunterhalt oder Eheaufhebungsunterhalt nach dem am gewöhnlichen Aufenthaltsort des Berechtigten geltenden innerstaatlichen Recht (*loi interne*). Die Verweisung auf das innerstaatliche Recht in Art. 4 I und II HUntÜ schließt Rück- und Weiterverweisung aus[241]; die eindeutige Formulierung beseitigt damit die durch das Abkommen von 1956 nicht restlos ausgeräumten Zweifel[242].

cc) Subsidiäre Anknüpfungen, Artt. 5, 6 HUntÜ

Art. 5 HUntÜ sieht eine Hilfsanknüpfung an das gemeinsame Heimatrecht der Beteiligten vor, wenn der Unterhaltsberechtigte nach dem in Art. 4 HUntÜ vorgesehenen Aufenthaltsrecht keinen Unterhalt erhalten kann[243]. Keinen Unterhalt zu

238 Actes et documents, XII/4 (1975), S. 461 Nr. 186 = BT-Drucks. 10/258, S. 70 Nr. 186 (Bericht *Verwilghen*); OLG Stuttgart vom 1. 12. 1987, FamRZ 1988, S. 758, 759 = IPRspr. 1987 Nr. 76, S. 196, 197; MünchKomm-*Siehr,* Art. 18 EGBGB Anh. I Rdn. 358.

239 *Fischer,* RabelsZ 57 (1993), S. 1, 21; *Martiny,* Rec. des Cours 247 (1994 III), S. 131, 184.

240 *Jayme/Hausmann,* IPR-Texte, Nr. 41, S. 98 Fn. 6.

241 OLG Nürnberg vom 21. 10. 1996 – 7 UF 2887/96, FamRZ 1997, S. 1355 = IPRspr. 1996 Nr. 82, S. 176, 177; OLG Hamm vom 17. 1. 1995 – 15 UF 885/94, FamRZ 1995, S. 1439 = IPRspr. 1995 Nr. 80, S. 147; *Göppinger/Wax/Linke,* UnterhaltsR, Rdn. 3019; *Kegel/Schurig,* IPR, § 20 VIII 1 a), S. 765 f.; *Martiny,* Rec. des Cours 247 (1994 III), S. 131, 231; *Staudinger/von Bar/Mankowski,* Anh. I zu Art. 18 EGBGB Rdn. 17.

242 *Graue,* RabelsZ 57 (1993), S. 26, 46; *Staudinger/Hausmann,* Art. 4 EGBGB Rdn. 131; *Staudinger/Kropholler*[12], Vorbem. zu Art. 18 EGBGB Rdn. 65 und Rdn. 250.

243 Actes et documents XII/4 (1975), S. 443 Nr. 143 = BT-Drucks. 10/258, S. 61 Nr. 143 (Bericht *Verwilghen*); *Siehr,* FS Ferid 1988, S. 433, 437, 438.

erhalten, bedeutet, daß das Aufenthaltsrecht überhaupt keinen Unterhaltsanspruch zuspricht. So sieht das türkische Recht (Artt. 151 III, 153 II, 190 türkisches ZGB)[244] einen Unterhaltsanspruch des Ehemanns gegen die Ehefrau nur bei Bedürftigkeit und mangelnder Leistungsfähigkeit des Ehemanns vor[245]. Besteht dagegen ein Anspruch auf Unterhalt und kann dieser aus tatsächlichen Gründen (*Beispiel:* Zahlungsunfähigkeit des Schuldners) nicht durchgesetzt werden, ist für Art. 5 HUntÜ kein Platz.

Im Unterschied zu Artt. 4, 6, 7 und 15 HUntÜ verweist der Wortlaut des Art. 5 HUntÜ nicht ausdrücklich auf das innerstaatliche Recht (*loi interne*); trotzdem wird Art. 5 HUntÜ als Sachnormverweisung verstanden[246]. Art. 5 und 6 HUntÜ sollen die Hilfsanknüpfung in Art. 3 des HUntA von 1956 an die „innerstaatlichen Kollisionsnormen der angerufenen Behörde" ersetzen; die Verweisung auf das Internationale Privatrecht wurde als nicht ratsam empfunden. Eine Verdoppelung der Kollisionsrechte sollte im HUntÜ ausgeschlossen werden[247].

Steht dem Unterhaltsberechtigten nach den in Artt. 4 und 5 HUntÜ vorgesehen Rechten kein Unterhalt zu, ist subsidiär gemäß Art. 6 HUntÜ das „innerstaatliche Recht der angerufenen Behörde" anzuwenden. Der Ausschluß von Rück- und Weiterverweisung ist eindeutig. Art. 6 HUntÜ kommt in zwei Varianten als Ersatzanknüpfung zum Tragen[248]: Haben die Beteiligten kein gemeinsames Heimatrecht kommt Art. 6 HUntÜ ins Spiel, wenn dem Untershaltsberechtigen nach seinem Aufenthaltsrecht kein Unterhalt zusteht. Haben die Beteiligten ein gemeinsames Heimatrecht, greift Art. 6 HUntÜ nur ein, wenn sowohl das Aufenthaltsrecht als auch das gemeinsame Heimatrecht keinen Anspruch auf Unterhalt gewähren. Darauf, ob der nach dem Aufenthalts- oder Heimatrecht gewährte Unterhaltsanspruch nach Ausgestaltung und Höhe im Vergleich zum deutschen Recht Einschränkungen unterliegt, kommt es nicht an[249].

---

244 Text des türkischen ZGB in: *Bergmann/Ferid/Henrich-Rieck/von Bonhorst,* Türkei III B 1, S. 30, 34.

245 Siehe dazu OLG Karlsruhe vom 7. 6. 1990 – 2 UF 76/90, FamRZ 1990, S. 1351, 1352 = IPRspr. 1990 Nr. 104, S. 200, 201; *Ötzan,* FamRZ 1997, S. 1330; *Rumpf,* RabelsZ 47 (1983), S. 348, 353, 357; *ders.,* IPRax 1983, S. 114, 115 Fn. 33; umfassend *Hahlen,* S. 32 ff., 36 ff.

246 Actes et documents XII/4 (1975), S. 454 Nr. 168 = BT-Drucks. 10/258, S. 66 Nr. 168 (Bericht *Verwilghen*).

247 Actes et documents XII/4 (1975), S. 443 Nr. 142 = BT-Drucks. 10/258, S. 61 Nr. 142 (Bericht *Verwilghen*).

248 Actes et documents XII/4 (1975), S. 443 Nr. 143 = BT-Drucks. 10/258, S. 61 Nr. 143 (Bericht *Verwilghen*); MünchKomm-*Siehr,* Art. 18 EGBGB Anh. I Rdn. 140; *Staudinger/von Bar/Mankowski,* Anh. I zu Art. 18 EGBGB Rdn. 199 f.

249 Siehe OLG Karlsruhe vom 7. 6. 1990 – 2 UF 76/90, FamRZ 1990, S. 1351, 1352 = IPRspr. 1990 Nr. 104, S. 200, 201; MünchKomm-*Siehr,* Art. 18 EGBGB Anh. I Rdn. 139 mit Verweis auf Rdn. 117.

dd) Nachehelicher Unterhalt, Art. 8 HUntÜ

Die Unterhaltspflicht zwischen geschiedenen Eheleuten unterliegt nach Art. 8 I HUntÜ dem auf die Ehescheidung angewandten Recht[250]. Die Formulierung „innerstaatliches Recht" wird in Art. 8 I HUntÜ nicht benutzt; ein auf das Unterhaltsrecht beschränkter Renvoi könnte daher im Rahmen der Konvention zu beachten sein. Jedoch ergibt sich der Ausschluß des Renvoi aus Art. 4 des Vorentwurfs[251] und dem Bericht zum Übereinkommen[252]. In Art. 8 I HUntÜ ist das innerstaatliche Unterhaltsrecht der Rechtsordnung gemeint, deren innerstaatliches Scheidungsrecht tatsächlich im Scheidungsverfahren angewendet wurde. Die Vorschrift beruft allein die Sachnormen des Scheidungsstatuts[253].

Mittelbar kann aus deutscher Sicht der Renvoi über das Scheidungsstatut (Art. 17 I EGBGB) in Art. 8 I HUntÜ zum Tragen kommen. So hat in einem Verbundverfahren vor einem deutschen Scheidungsgericht das Gericht der Entscheidung über den nachehelichen Unterhalt dasselbe Recht zugrunde zu legen wie für den Ausspruch der Scheidung[254]. Eine Rückverweisung kann sich beispielsweise im Rechtsverkehr mit Staaten ergeben, die dem Domizilprinzip folgen.

Beispiel[255]*:* Ein aus dem US-Bundesstaat Georgia stammendes Ehepaar hat sein *domicile* in der Bundesrepublik Deutschland. Die Ehefrau beantragt bei dem zuständigen deutschen Familiengericht die Scheidung und verlangt nachehelichen Unterhalt; beide Ehegatten beteiligen sich am Verfahren.

Die Anknüpfung des Scheidungsstatuts führt gemäß Art. 17 I 1 EGBGB zum Recht, das für die allgemeinen Ehewirkungen (Art. 14 EGBGB) im Zeitpunkt der Rechtshängigkeit des Scheidungsantrages gilt. Maßgebend ist also primär das gemeinsame Heimatrecht der Eheleute (Art. 14 I Nr. 1 EGBGB). Im Beispielsfall wird damit wegen der amerikanischen Staatsangehörigkeit der beiden Ehegatten zunächst auf US-amerikanisches Recht verwiesen; es handelt sich dabei um eine Gesamtverweisung (Art. 4 I EGBGB). Die Vereinigten Staaten sind ein Mehr-

---

250 Zur Frage, ob Art. 8 HUntÜ einer Rechtswahl entgegen steht: *Boele-Woelki,* IPRax 1998, S. 492 ff.

251 Siehe Actes et documents XII/4 (1975), S. 88 (Spezialkommission-Vorentwurf); Article 4 (Obligationes alimentaires entre ex-époux et entre époux séparés de corps): La loi interne en vertu de laquelle le divorce ou la séparation de est prononcé regit les obligationes entre les parties.

252 Actes et documents XII/4 (1975), S. 449 Nr. 156 = BT-Drucks. 10/258, S. 64 Nr. 156, (Bericht *Verwilghen*).

253 BGH vom 6. 11. 1991 – XII ZR 240/90, NJW 1992, S. 438 f. = IPRspr. 1991 Nr. 6, S. 14, 15; OLG Saarbrücken vom 14. 8. 1996 – 9 UF 38/95, IPRspr. 1996 Nr. 81, S. 174; MünchKomm-*Siehr,* Art. 18 EGBGB Anh. I Rdn. 165.

254 *Kropholler,* IPR, § 47 II 4, S. 347; *Palandt/Heldrich,* Art. 18 EGBGB Rdn. 3; *Staudinger/von Bar/Mankowski,* Anh. I zu Art. 18 EGBGB Rdn. 235.

255 Nach OLG Bamberg vom 2. 8. 1979 – 2 UF 260/78, FamRZ 1979, S. 930, 931 = IPRspr. 1979 Nr. 71, S. 241, 244.

rechtsstaat; die Verweisung auf das Staatsangehörigkeitsrecht ist durch eine Unteranknüpfung weiter zu konkretisieren. Da die USA kein geschriebenes interlokales Kollisionsrecht bereitstellen, ist nach Art. 4 III 2 EGBGB das Teilrecht anzuwenden, mit welchem der Sachverhalt am engsten verbunden ist. Im Bereich des Personen-, Familien- und Erbrechts ist nach überwiegender Auffassung entsprechend Art. 5 I 1 EGBGB auf das Recht am gewöhnlichen bzw. letzten gewöhnlichen Aufenthalt in den USA zurückzugreifen[256]. Das deutsche IPR verweist damit vorliegend auf das Recht des Staates Georgia. Da ein Gericht des Staates Georgia, das die *jurisdiction* für die Ehescheidung besitzt, das eigene Recht für die Scheidungsvoraussetzungen (*substantive law*) heranzieht[257], haben aus Sicht dieses US-Bundesstaates auch die deutschen Gerichte ihr eigenes Recht anzuwenden, wenn sie die *jurisdiction* für den zu entscheidenden Fall haben (versteckte Rückverweisung)[258]. Nach sec. 19–5–2 des *Code of Georgia* hängt die *jurisdiction* davon ab, daß der Antragsteller zum Zeitpunkt des Scheidungsantrages mindestens sechs Monate *bona fident resident* in diesem Staat gewesen ist[259]. Die Probleme, die für die Anerkennung eines Scheidungsurteils entstehen können, wenn ein Gesetz eines US-Bundesstaates einen vorübergehenden Aufenthalt als Grundlage für seine *jurisdiction* genügen läßt, nach der Ansicht anderer Staaten aber kein *domicile* begründet wurde, sind hier nicht weiter zu untersuchen[260]: Zum einen haben beide Ehegatten – nicht nur die Antragstellerin – ihr *domicile* in der Bundesrepublik und sind dort *bona fident resident.* Zum anderen beteiligen sich beide Parteien am Verfahren. Es handelt sich um eine *divorce inter-partes;* der beklagte Ehegatte (Antragsgegner) hätte die Möglichkeit, die fehlende *jurisdiction* des Gerichts rügen[261]. Die Annahme einer Rückverweisung stößt daher vorliegend auf keine größeren Bedenken[262]; deutsches Recht kommt für die Scheidung zur Anwendung. Der nacheheliche Unterhaltsanspruch der Frau unterliegt damit gemäß Art. 8 I HUntÜ ebenfalls deutschem Recht.

---

256 *Junker,* IPR, Rdn. 227; *Kegel/Schurig,* IPR, § 11 III, S. 366; *Palandt/Heldrich,* Art. 4 EGBGB Rdn. 14; Münch/Komm-*Sonnenberger,* Art. 4 EGBGB Rdn. 99; *Staudinger/Hausmann,* Art. 4 EGBGB Rdn. 328, 329; a. A. *von Hoffmann* (IPR § 6 Rdn. 121), der für die Unteranknüpfung auf die allgemeinen Grundsätze des US-amerikanischen Rechts abstellt und das *state citizenship* der Anknüpfungsperson heranzieht.

257 Vgl. *Williams v. North Carolina (I),* 317 U.S. 287, 316, 63 S.Ct. 207, 221 (1942); § 285 of Restatement 2d, Conflict of Laws (1971); *Scoles/Hay/Borchers/Symeonides,* Conflict of Laws, § 15.4, S. 609 f.; *Weintraub,* Commentary on the Conflict of Laws, § 5.2A, S. 237.

258 *Junker,* IPR, Rdn. 208; *Henrich,* Internationales Familienrecht, § 4 I 1 c), S. 98; *Kegel/Schurig,* IPR, § 10 VI, S. 357.

259 Sec. 19–5-2. Code of Georgia, Title 19 Domestic Relations, Ch. 5 (Official Code of Georgia Annotated, Volume 16, 1999 Edition).

260 Dazu *Scoles/Hay/Borchers/Symeonides,* Conflict of Laws, §§ 15.6–15.14, S. 612–625; *Weintraub,* Commentary on the Conflict of Laws, §§ 5.2B-5.2D, S. 238–248.

261 Vgl. *Sherrer v. Sherrer,* 334 U.S. 343, 68 S.Ct. 1087 (1948).

262 Vgl. *Bergmann/Ferid/Henrich-Henrich,* USA III A 4, S. 55 f.; *Bungert,* IPRax 1993, S. 10, 11.

c) Vorfrage

Im Rahmen beider Konventionen könnte der Renvoi schließlich Bedeutung erlangen, soweit Vorfragen nach autonomem IPR zu beantworten sind. Tatbestandliche Voraussetzung von Unterhaltsansprüchen sind regelmäßig verwandtschaftliche Beziehungen zwischen dem Berechtigten und dem Verpflichteten. Das Bestehen solcher Beziehungen zwischen den betroffenen Personen ist internationalprivatrechtlich eine Vorfrage. Nach welchem Recht die Vorfrage anzuknüpfen ist, wird lebhaft diskutiert; es bestehen drei Möglichkeiten: Die Vorfrage kann a) nach dem materiellen Recht des Unterhaltsstatuts, b) *unselbständig* nach dem IPR des Unterhaltsstatuts oder c) *selbständig* nach dem IPR der *lex fori* beurteilt werden.

Die Materialien zum Unterhaltsabkommen von 1956 geben keinen Hinweis darauf, wie die Vorfrage nach der Abstammung angeknüpft werden soll[263]. Allgemein wurde die nichteheliche Abstammung[264] des Kindes vom Vater, soweit sie Vorfrage eines Anspruchs auf Unterhalt ist, an das materielle Recht des Unterhaltsstatuts angeknüpft[265]. Diese Behandlung der Vorfrage folge aus Art. 1 I HUntA, wonach das Unterhaltsstatut bestimme, „von wem“ das Kind Unterhalt verlangen könne. Ansonsten sei die vom Abkommen erstrebte unterhaltsrechtliche Gleichbehandlung aller nichtehelichen Kinder gefährdet, die denselben gewöhnlichen Aufenthalt haben. Eine gesonderte Anknüpfung der Abstammung zerstöre die internationale Entscheidungsharmonie in den Vertragsstaaten[266]. Ob die Feststellung der Vaterschaft auch Statusfolgen habe, richte sich aber nach dem jeweiligen nationalen IPR (vgl. Art. 5 II 2 HUntA). Indes sollen alle anderen familienrechtlichen Vorfragen nicht unter das Abkommen fallen[267], sondern unselbständig nach dem IPR des

---

263 Siehe Actes VIII (1957), S. 124 ff. (Bericht *von Winter*); Documents VIII (1957), S. 124 ff. (Bericht zum Vorentwurf *von Winter*); dazu auch *Sturm,* JZ 1974, S. 201, 207.

264 Das am 1. 7. 1998 in Kraft getretende neue Kindschaftsrecht hat das nichteheliche Kind aus seinem Wortschatz gestrichen, in der Rechtswirklichkeit lebt es aber natürlich weiter und so auch der nichteheliche Vater (*Wieser,* NJW 1998, S. 2023).

265 BGH vom 28. 2. 1973 – IV ZR 34/71, BGHZ 60, 247 (251 f.) = NJW 1973, S. 948 f. = IPRspr. 1973 Nr. 82, S. 207, 209 f.; BGH vom 4. 2. 1976 – IV ZR 40/75, NJW 1976, S. 1028, 1029 = IPRspr. 1976 Nr. 88, S. 262, 265; BGH vom 15. 2. 1984 – IV b ZB 701/81, BGHZ 90, 129 (142 f.) = NJW 1984, S. 1299, 1301 = IPRax 1986, S. 35, 39 = IPRspr. 1984 Nr. 96, S. 225, 231 ff.; *Soergel/Kegel,* Art. 18 EGBGB Rdn. 106 f.; *Staudinger/Kropholler*[12], Vorbem. zu Art. 18 EGBGB Rdn. 70–73. In den anderen Vertragsstaaten des HUntA: Öst. OGH vom 6. 10. 1965 – 6 Ob 231/65, ZfRV 10 (1969), S. 299 f.; *Scheucher,* ZfRV 4 (1963), S. 82, 87 f.; *Schwimann,* ÖJBl. 103 (1980), S. 602; Cour d'appel de Paris vom 30. 5. 1972 (Siesky c. Office de la jeunesse de Sarrelouis), Rev. crit. 61 (72), S. 660; *Lagarde,* Rev. crit. 61 (1972), S. 662, 666; Hof Leeuwarden vom 26. 11. 1980, Ned. Jur. 1981 Nr. 279, S. 922 f. A. A. *Staudinger/von Bar/Mankowski,* Anh. II zu Art. 18 EGBGB Rdn. 25 (selbständige Anknüpfung); *Wienecke,* S. 123–139 (unselbständige Anknüpfung).

266 *Müller-Freienfels,* FS Ficker, S. 289, 328; *Scheucher,* ZfRV 4 (1963), S. 82, 87; *Staudinger/Kropholler*[12], Vorbem. zu Art. 18 EGBGB Rdn. 70.

267 *Soergel/Kegel,* Art. 18 EGBGB Rdn. 106; *Staudinger/Kropholler*[12]; Vorbem. zu Art. 18 EGBGB Rdn. 97.

Unterhaltsstatuts zu beurteilen sein (*Beispiel:* Adoption, Verwandtschaft), um internationale Entscheidungsgleichheit zu sichern[268].

Im Unterhaltsübereinkommen von 1973 ist ebenfalls die Behandlung familienrechtlicher Vorfragen offen gelassen worden[269]; zur Vorfragenproblematik ergibt sich ein diffuses Bild: Da Art. 10 Nr. 1 HUntÜ fast wörtlich Art. 1 I HUntA übernimmt, wird im Anschluß an das HUntA vertreten, die Vorfrage nach dem materiellen Recht des Unterhaltsstatuts zu behandeln[270]. Hingegen empfehlen einige eine unselbständige Anknüpfung statusrechtlicher Vorfragen nach dem IPR des Unterhaltsstatuts[271]. Umgekehrt wollen andere die Vorfrage selbständig nach dem IPR der *lex fori* anknüpfen[272]. Viele Autoren befürworten zu Gunsten des Berechtigten Mischlösungen, um eine unterhaltsbegründende Beziehung zustande zu bringen[273]: Die Vorfrage ist entweder nach dem materiellen Unterhaltsrecht oder im Wege selbständiger oder unselbständiger Vorfragenanknüpfung zu beurteilen.

Seit dem Gesetz zur Reform des Kindschaftsrechts vom 16. 12. 1997 hat die Diskussion, wie die Vorfrage anzuknüpfen ist, für beide Konventionen zumindest für die Feststellung der Vaterschaft stark an Bedeutung verloren: Regelanknüpfung ist nach Art. 19 I 1 EGBGB die Anknüpfung an das Recht des gewöhnlichen Aufenthalts des Kindes[274]. Hat das Kind seinen gewöhnlichen Aufenthalt in der Bundesrepublik Deutschland, unterscheiden sich alle Auffassungen nur in der Begründung, nicht aber im Ergebnis. Hat das Kind seinen gewöhnlichen Aufenthalt im

---

268 *Staudinger/Kropholler*[12], Vorbem. zu Art. 18 EGBGB Rdn. 97.

269 Actes et documents XII/4, S. 436 Nr. 126 (Bericht *Verwilghen*) = BT-Drucks. 10/258, S. 57 f. Nr. 126.

270 Vgl. AG Stuttgart vom 9. 3. 1995 – 15 C 5006/90, IPRspr. 1995 Nr. 83, S. 152; *Lüderitz,* IPR, Rdn. 402; *von Overbeck,* Rec. des Cours 233 (1992 III), S. 11, 67 Nr. 105; wohl auch *von Hoffmann,* IPR, § 8 Rdn. 83 – 84; der Sache nach ebenfalls LG Dortmund vom 31. 8. 1989 – 17 S 99/89, NJW-RR 1990, S. 12, 13; nur für die Vorfrage nach der Abstammung vom Vater *Kegel/Schurig,* IPR, § 20 VIII 1 a), S. 765; *Soergel/Kegel,* Art. 18 EGBGB Rdn. 87 f., 167 f.

271 *Palandt/Heldrich,* Art. 18 EGBGB Rdn. 14; *Strunk,* FamRZ 1991, S. 653, 654.

272 *von Bar,* IPR II, Rdn. 302; *Göppinger/Wax/Linke,* UnterhaltsR, Rdn. 3029; *Müller,* StAZ 1989, S. 301, 304 f.; *Staudinger/von Bar/Mankowski,* Anh. I zu Art. 18 EGBGB Rdn. 37 f.; vgl. OLG Düsseldorf vom 16. 2. 1993 – 1 UF 87/92, NJW-RR 1994, S. 965 f. = FamRZ 1994, S. 381, 382 = IPRspr. 1993 Nr. 105, S. 243 f.; OLG Bremen vom 6. 1. 1995 –5 UF 93/94, FamRZ 1995, S. 1291 f. = IPRspr. 1995 Nr. 79, S. 146 f.; außer der Vorfrage nach der Abstammung vom Vater *Kegel/Schurig,* IPR, § 20 VIII 1 a), S. 766; *Soergel/Kegel,* Art. 18 EGBGB Rdn. 86 ff., 167 f. und *Kropholler,* IPR, § 47 II 5 b), S. 349 f.

273 Siehe im einzelnen mit Unterschieden *Henrich,* Internationales Familienrecht, § 5 III 1, S. 139; § 5 III 2, S. 140 ff.; *Johannsen/Henrich/Henrich,* Art. 18 EGBGB Rdn. 18 ff.; *Lagarde,* FS von Overbeck, S. 511, 521, 527 f.; *Kegel/Schurig,* IPR, § 9 II 2 c), S. 332; MünchKomm-*Siehr,* Art. 18 EGBGB Anh. I Rdn. 242, 249, 253, 260a; *Rauscher,* StAZ 1987, S. 121, 124; *Sturm,* IPRax 1987, S. 1, 3.

274 BT-Drucks. 13/4899, S. 137 (Begründung des Regierungsentwurfs).

Art. 20 I 3 EGBGB i. d. F. des IPR-ReformG von 1986 ermöglichte ebenfalls schon die Anknüpfung an den gewöhnlichen Aufenthalt.

Ausland, muß das Recht des ausländischen Staates die Verweisung des deutschen IPR annehmen, um Einigkeit im Ergebnis zu erzielen.

Beispiel: Ein schweizerisches Kind nimmt einen deutschen Staatsangehörigen als seinen Vater vor dem Familiengericht in München auf Unterhalt in Anspruch; der gewöhnliche Aufenthalt des Kindes liegt in der Schweiz.

Nach Art. 4 I HUntÜ entscheidet das Sachrecht des gewöhnlichen Aufenthalts über die Frage, ob das Kind Unterhalt verlangen kann; schweizerisches Sachrecht kommt zur Anwendung (Artt. 276 ff. ZGB[275]). Dabei wirft der Unterhaltsanspruch die Vorfrage nach der Vaterschaft auf[276]. Wird diese Vorfrage nach Art. 19 I EGBGB selbständig angeknüpft, ist nach dem Grundsatz des Art. 4 I 1 EGBGB ein Renvoi zu beachten[277]. Art. 19 I 1 EGBGB verweist zunächst auf das Aufenthaltsrecht des Kindes, vorliegend auf das schweizerische Recht. Aus schweizerischer Sicht richtet sich die Vaterschaftsvorfrage im Rahmen des HUntÜ[278] nach dem materiellen Recht des Unterhaltsstatuts[279]; schweizerisches Sachrecht ist berufen, über die Abstammung des Kindes zu entscheiden (Artt. 255 ff. ZGB[280]). Unterstellt man die Vorfrage nach der Vaterschaft aus deutscher Sicht der Hauptfrage oder knüpft unselbständig an das schweizerische IPR an, kommt man ebenfalls über das Aufenthaltsrecht des Kindes (Art. 4 I HUntÜ) zur Anwendung des schweizerischen Sachrechts. Der Meinungsstreit ist damit unerheblich.

Nimmt aber das ausländische Aufenthaltsrecht des Kindes unsere Verweisung nicht an, ist das Vorfragenproblem zu entscheiden. Um für das Kind das begehrte Rechtsverhältnis begründen zu können, ist die Vorfrage nach der Abstammung alternativ anzuknüpfen: berufen ist das materielle Recht des Unterhaltsstatuts, das IPR des Unterhaltsstatuts oder das IPR der *lex fori*.

In bezug auf andere familienrechtliche Vorfragen wie die der Gültigkeit der Eheschließung oder Adoption hat die Diskussion um die Anknüpfung der Vorfrage größere Bedeutung. In diesen Fällen ist die Vorfrage selbständig anzuknüpfen. Vor deutschen Gerichten kann nur Unterhalt verlangen, wer auch aus Sicht des deutschen autonomen IPR in einer anspruchsbegründenden familienrechtlichen Bezie-

---

275 Text in: *Bergmann/Ferid/Henrich-Cieslar,* Schweiz III B 4, S. 74.

276 Zur Vorfrage im schweizerischen IPR *Schwander,* IPR I, Rdn. 447 ff.

277 *Palandt/Heldrich,* Art. 19 EGBGB Rdn. 2. Insoweit ergibt sich keine Veränderung zu Art. 20 I 3 EGBGB i. d. F. des IPR-ReformG von 1986. Zu Art. 20 I 3 EGBGB: *Soergel/Kegel,* Art. 20 EGBGB Rdn. 41; grundsätzlich beachten einen Renvoi: *von Bar,* IPR II, Rdn. 311 Fn. 1023 mit Verweis auf Rdn. 307; *Ferid,* IPR, Rdn. 8–292; *Staudinger/Kropholler,* Art. 20 EGBGB Rdn. 81 f.; MünchKomm-*Klinkhardt* (Art. 19 EGBGB n. F. Rdn. 18) versteht hingegen Art. 19 I S. 1 EGBGB als Sachnormverweisung.

278 Seit dem 1. 10. 1977 ist die Schweiz Vertragsstaat des HUntÜ.

279 IPRG-*Siehr,* Art. 83 IPRG Rdn. 28; siehe auch *Schwander,* IPR I, Rdn. 469 Fn. 22; BG vom 4. 5. 1976, BGE 102 II Nr. 21, S. 128, 131 ff. zur Anknüpfung der Vorfrage im HUntA. Eine isolierte Abstammungsklage richtet sich nach den Artt. 66 ff. CH-IPRG. Art. 68 I CH-IPRG knüpft die Abstammung des Kindes an das Recht seines gewöhnlichen Aufenthalts an.

280 Text in: *Bergmann/Ferid/Henrich-Cieslar,* Schweiz III B 4, S. 69.

hung zum Gläubiger steht. Grundsätzlich haben wir ein großes Interesse daran, das Bestehen eines Statusverhältnisses für alle Bereiche unserer Rechtsordnung einheitlich zu beantworten[281]. Es vermag nicht zu überzeugen, daß beispielsweise ein nach deutscher Ansicht wirksam adoptiertes Kind nur wegen seines gewöhnlichen Aufenthalts im Ausland, in dem die Adoption nicht anerkannt wird, keinen Anspruch auf Unterhalt gegen seine Adoptiveltern zugebilligt werden soll. Umgekehrt leuchtet es nicht ein, einer aus Sicht des deutschen Kollisionsrechts nicht wirksam verheirateten Frau nur deshalb einen Unterhaltsanspruch zuzubilligen, weil sie in ein Land verzogen ist, dem eine bloß kirchliche Trauung auf deutschem Boden ausreicht. Zwar hätte die im Unterhaltsprozeß getroffene Statusfeststellung keine über die Unterhaltsfrage hinausgehende Wirkung *inter omnes* (Art. 2 II HUntÜ)[282]. Das Rechtsinstitut der Ehe ist aber unteilbar; es ist nicht hinnehmbar, die Gültigkeit einer Ehe einmal als Vorfrage im Unterhaltsbereich zu bejahen, als Hauptfrage jedoch zu verneinen.

Zusammenfassend bleibt festzuhalten: Über die selbständige Anknüpfung der Statusvorfrage kehrt das autonome IPR in die Haager Unterhaltskonventionen zurück und damit auch der Renvoi.

4. Haager Testamentsformabkommen von 1961

Das Haager Übereinkommen über das auf die Form letztwilliger Verfügungen anzuwendende Recht vom 5. 10. 1961 (HTestÜ) „steht heute was seinen Anwendungsbereich angeht, an der Spitze der Haager Abkommen; es hat sich bewährt"[283]. Das Abkommen ist für die Bundesrepublik am 1. 1. 1966 in Kraft getreten; es ist als *loi uniforme* vereinbart (Art. 6 S. 1 HTestÜ) und ersetzt damit das autonome Kollisionsrecht auch im Verhältnis zu Nichtvertragsstaaten. Angesichts der großen sachenrechtlichen Unterschiede der einzelnen Staaten im Bereich der Form von letztwilligen Verfügungen[284] will das Übereinkommen die Formgültigkeit von Testamenten begünstigen (*favor testamenti*)[285]. Die Verwirklichung des Erblasserwillens soll nicht an den Formvorschriften eines nicht vorhergesehenen Formstatuts scheitern[286].

---

281 Allgemein *Junker,* IPR, Rdn. 242; *Kegel/Schurig,* IPR, § 9 II 1, S. 328; *Schurig,* FS Kegel 1987, S. 549, 578 ff.

282 Actes et document XII/4 (1975), S. 438 Nr. 131 = BT-Drucks. 10/258, S. 58 Nr. 131 (Bericht *Verwilghen*).

283 *Staudinger/Firsching*[12], Vorbem. zu Art. 24–26 EGBGB a. F. Rdn. 417.

284 Länderübersicht bei *von Bar,* IPR II, Rdn. 391.

285 Zur Geschichte des Übereinkommens *Ferid,* RabelsZ 27 (1962/63), S. 411, 417.

286 *von Bar,* IPR II, Rdn. 392; *Staudinger/Dörner,* Vorbem. zu Art. 25 f. EGBGB Rdn. 38; zu den Zielen des Übereinkommens *von Schack,* DNotZ 1966, S. 131, 132 f.

Vertragsstaaten des Haager Übereinkommens sind nicht nur kontinentaleuropäische und skandinavische Staaten, sondern mit Großbritannien, Irland, Südafrika und Australien auch Länder des Commonwealth[287]. Ein Grund für den großen Erfolg des Abkommens liegt in der Rücksichtnahme auf die kollisionsrechtlichen Anknüpfungen der anglo-amerikanischen und skandinavischen Rechtskreise[288].

a) Grundsatzanknüpfung

Insgesamt bietet das Haager Übereinkommen acht verschiedene Anknüpfungsalternativen an, um den Erblasser vor den Folgen eines Handelns unter *falschem* Recht zu bewahren. Verwiesen wird in Art. 1 I litt. a)-e) HTestÜ jeweils auf das innerstaatliche Recht des Errichtungsortes, der Staatsangehörigkeit, des Wohnsitzes, des gewöhnlichen Aufenthalts des Erblassers oder, soweit es sich um unbewegliches Vermögen des Erblassers handelt, des Belegenheitsrechts. Der Anknüpfungskatalog des Art. 1 I HTestÜ läßt sich noch erweitern, indem bei der Anknüpfung an die Staatsangehörigkeit, dem Wohnsitz und dem gewöhnlichen Aufenthalt in Art. 1 I b)-d) HTestÜ noch eine zeitliche Alternative besteht: Zeitpunkt der Errichtung oder der des Todes. Ist die letztwillige Verfügung nur nach einer Alternative formgültig, müssen alle Vertragsstaaten sie als formgültig ansehen (Art. 1 I HTestÜ)[289]. Rück- und Weiterverweisung bleiben durch Bezugnahme auf das innerstaatliche Recht (*loi interne*) jeweils außer Betracht[290].

b) Vorschriften der Vertragsstaaten

Das Übereinkommen ermöglicht den Vertragsstaaten in Art. 3 HTestÜ, letztwillige Verfügungen auch dann als formwirksam anzuerkennen, wenn sie in Anwendung einer anderen als der nach Art. 1 I HTestÜ vorgesehenen Rechtsordnung errichtet worden sind. Der deutsche Gesetzgeber hat von dieser Möglichkeit in Art. 26 I 1 Nr. 5 EGBGB Gebrauch gemacht[291]. Danach ist eine letztwillige Verfügung von Todes wegen auch dann formgültig, wenn diese den Formvorschriften des Rechts entspricht, das auf die Rechtsnachfolge von Todes wegen anzuwenden

287 Siehe Aufzählung bei *Jayme/Hausmann,* IPR-Texte, Nr. 60, S. 135 Fn. 6.

288 *Graue,* RabelsZ 57 (1993), S. 26, 48 f.

289 *Graue,* RabelsZ 57 (1993), S. 26, 48; *Kropholler,* IPR, § 51 IV 3, S. 396; *Staudinger/Dörner,* Vorbem. zu Art. 25 f. EGBGB Rdn. 39.

290 Actes et documents IX/3 (1961), S. 160 f. (Bericht *Batiffol*); BayObLG vom 6. 11. 1967 – BReg. 1 b Z 77, 78/67, BayObLGZ, 1967, 418 (426 f.) = IPRspr. 1966/67, Nr. 181, S. 589, 595; IPG 1979 Nr. 32 (Berlin vom 7. 9. 1979), S. 320, 322; *von Bar* IPR II, Rdn. 393; *Kropholler,* IPR, § 51 IV 3 S. 397; MünchKomm-*Birk,* Art. 26 EGBGB Rdn. 48; *Soergel/Schurig,* Art. 26 EGBGB Rdn. 50; *Staudinger/Dörner,* Vorbem. zu Art. 25 f. EGBGB Rdn. 51; *Staudinger/Hausmann,* Art. 4 EGBGB Rdn. 126.

291 BT-Drucks. 10/5632, S. 44 (Bericht des Rechtsausschusses).

ist (Erbstatut) oder im Zeitpunkt anzuwenden wäre (Errichtungsstatut). Wird das Erb- oder Errichtungsstatut über Artt. 25 I, 4 I EGBGB unter Berücksichtigung eines Renvoi des Heimatrechts des Erblassers bestimmt, können Rück- und Weiterverweisung auch mittelbar über Art. 3 HTestÜ im Anwendungsbereich des Haager Abkommens zum Tragen kommen[292]. Gemäß Art. 26 I 1 Nr. 5 EGBGB ist die letztwillige Verfügung dann formgültig, wenn sie im Falle einer Rückverweisung den Formvorschriften des deutschen Rechts[293] oder bei einer Weiterverweisung dem Recht des berufenen Drittstaates entspricht[294].

Zwar ist das Erbstatut praktisch in den Anknüpfungsmerkmalen des Art. 1 I litt. a)-e) HTestÜ enthalten[295], doch kommt Art. 26 I 1 Nr. 5 EGBGB in zwei Fällen selbständige Bedeutung zu: In Art. 1 I litt. a)-d) HTestÜ fehlt der *schlichte* Aufenthalt als Anknüpfungsmoment. Der schlichte Aufenthalt kann beispielsweise für einen Staatenlosen nach dem New Yorker Abkommen[296] in Verbindung mit Art. 25 I EGBGB das Erbstatut bestimmen, wenn der betreffende Erblasser keinen gewöhnlichen Aufenthalt innerhalb einer Rechtsordnung besitzt.

Die Anknüpfung der Form an das Recht des Erb- bzw. Errichtungsstatuts in Art. 26 I 1 Nr. 5 EGBGB kann weiter zum Tragen kommen, wenn das Heimatrecht des Erblassers für die Vererbung von Mobilien auf die *lex rei sitae* verweist und die letztwillige Verfügung nur die Formvorschriften des Belegenheitsrechts einhält[297]. *Beispiel:* Ein Urugayer mit gewöhnlichem Aufenthalt in seinem Heimatstaat, testiert gelegentlich eines Besuches in Deutschland über seinen beweglichen Nachlaß in den USA in Form eines Zweizeugen-Testaments. Der Nachlaß gelangt nach dem Erbfall in die Bundesrepublik Deutschland. Der im Testament Bedachte klagt gegen die gesetzlichen Erben auf Herausgabe vor einem deutschen Nachlaßgericht.

Die Form des Testaments genügt im Beispielsfall keinem der nach Art. 1 I litt. a)-d) HTestÜ maßgeblichen Rechte. Uruguayer können im Ausland entweder in öffentlicher Ortsform oder vor einem Konsularbeamten in der Form uruguayanischen Rechts letztwillig verfügen[298]; das deutsche Recht erkennt die Form des

---

292 *Ferid,* RabelsZ 27 (1962/63), S. 411, 422; MünchKomm-*Birk,* Art. 26 EGBGB Rdn. 64; *Staudinger/Dörner,* Vorbem. zu Art. 25 f. EGBGB Rdn. 81; Art. 26 EGBGB Rdn. 27; *Staudinger/Hausmann,* Art. 4 EGBGB Rdn. 127.

293 BayObLG vom 21. 2. 1975 – BReg. 1 Z 45/74, NJW 1975, S. 1075, 1076 = IPRspr. 1975 Nr. 115, S. 292, 294 f. (Renvoi durch das Recht des US-Bundesstaates New York).

294 *von Bar,* IPR II, Rdn. 395; *Junker,* IPR, Rdn. 589; *Kegel/Schurig,* IPR, § 21 III 2 a), S. 864; *Kropholler,* IPR, § 51 IV 3, S. 396; MünchKomm-*Birk,* Art. 26 EGBGB Rdn. 3 und 60; *Soergel/Schurig,* Art. 26 EGBGB Rdn. 13; *Staudinger/Dörner,* Art. 26 EGBGB Rdn. 27.

295 *Ferid,* RabelsZ 27 (1962/63), S. 411, 422; *Kegel/Schurig,* IPR, § 21 III 2 a), S. 864.

296 In der Regel verdrängt das New Yorker Abkommen von 1954 den Art. 5 II EGBGB.

297 *Ferid,* RabelsZ 27 (1962/63), S. 411, 422.

298 Art. 826 Código Civil von Uruguay aus dem Jahre 1868; *Staudinger/Dörner,* Anh. zu Art. 25 f. EGBGB Rdn. 635.

Zweizeugen-Testaments ebenfalls nicht an[299]. Für den *favor testamenti* bleibt allein Art. 26 I 1 Nr. 5 EGBGB übrig. Das über Artt. 25 I , 4 I EGBGB maßgebliche Kollisionsrecht von Uruguay enthält bei Mobilien eine Verweisung auf das Belegenheitsrecht im Zeitpunkt des Erbfalles[300]. Erbstatut ist damit das Recht des Bundesstaates der USA, in dem der Nachlaß im Zeitpunkt des Erbfalles belegen war. Über Art. 26 I Nr. 5 EGBGB kann daher das Recht des betreffenden US-Bundesstaates über die Formgültigkeit des Testaments entscheiden. Befand sich der bewegliche Nachlaß im Bundesstaat New York, ist die vom Erblasser gewählte Form des Testaments wirksam, denn im US-Bundesstaat New York ist das Zweizeugen-Testament die ordentliche Testamentsform (§ 3–2. 1 EPTL[301]). Die Formgültigkeit des Testaments wird allein durch die Weiterverweisung des urugayanischen Kollisionsrechts auf das Recht des US-Bundesstaat New York erreicht.

5. Haager Minderjährigenschutzabkommen von 1961

Das Haager Minderjährigenschutzabkommen vom 5. 10. 1960 (MSA) geht wie das Testamentsformabkommen auf die Neunte Haager Konferenz zurück. Es ist für die Bundesrepublik Deutschland am 17. 9. 1971 in Kraft getreten. Nach der Präambel ist es sein Ziel, „gemeinsame Bestimmungen über die Zuständigkeit der Behörden und über das anzuwendende Recht auf dem Gebiet von Minderjährigen festzulegen"[302]. Die Konvention stellt dabei im Gegensatz zu seinem Vorgänger, dem Haager Vormundschaftsabkommen von 1902, die internationale Behördenzuständigkeit in den Vordergrund[303].

Das Abkommen ist nur auf solche Personen anwendbar, die nach dem innerstatlichen Recht ihres Heimatstaates und dem ihres gewöhnlichen Aufenthalts als „minderjährig" anzusehen sind (Art. 12 MSA). Die Verweisung der Konvention ist

---

299 Siehe *Palandt/Edenhofer,* § 2231 BGB Rdn. 2–4.

300 Art. 2400 des Código Civil: „La ley del lugar de la situación de los bienes heridetarios al tiempo del falleciemento de la persona de cuya sucesión se trate, rige todo lo relativo a la sucesión legítima o testamentaria".

Übersetzung bei *Makarov,* Quellen des IPR, Band I, Uruguay S. 8: „Das Gesetz des Ortes, an welchem sich die Nachlaßgüter im Zeitpunkt des Todes der Person, um die es sich handelt, befinden, bestimmt alles, was sich auf die gesetzliche oder testamentarische Erbfolge bezieht.

Zur absoluten Nachlaßspaltung in Lateinamerika *Tiedemann,* S. 125–137. In Venezuela ist am 6. 2. 1999 ein neues Gesetz über das Internationale Privatrecht in Kraft getreten. Art. 34 des IPRG knüpft das Erbstatut an den Wohnsitz des Erblassers an (Text in: IPRax 1999, S. 196–200 mit Anm. *Hernández-Bréton,* IPRax 1999, S. 194 ff.).

301 EPTL = Estates, Powers and Trusts Law. Text in: *Ferid/Firsching/Lichtenberger-Firsching,* Band VII, USA Texte III Nr. 30 New York, S. 34; dazu *Ferid/Firsching/Lichtenberger-Firsching,* Band VII, USA Texte III Nr. 30 New York, S. 7.

302 Text in: *Staudinger/Kropholler,* Vorbem. zu Art. 19 EGBGB Rdn. 16.

303 *Ferid,* RabelsZ 27 (1962/63), S. 411, 428 f.; *von Steiger,* Rec. des Cours 112 (1964 II), S. 468, 513 f.

hier auf Sachnormen beschränkt[304]. Für Personen mit gewöhnlichem Aufenthalt in der Bundesrepublik ist das MSA nicht mehr anwendbar, wenn sie das 18. Lebensjahr (§ 2 BGB) vollendet haben. Da dem Abkommen bisher nur zehn kontinentaleuropäische Staaten beigetreten sind[305], von denen nur die Schweiz dem Wohnsitzprinzip folgt, deckt sich die Anknüpfung an das Heimatrecht in dieser Frage überwiegend mit den entsprechenden nationalen Kollisionsnormen. Für die Bundesrepublik Deutschland ist das Abkommen immer anwendbar, wenn der Minderjährige seinen gewöhnlichen Aufenthalt in einem Vertragsstaat hat (Art. 13 I MSA)[306].

a) Gleichlaufgrundsatz

Das Übereinkommen begründet für Schutzmaßnahmen die internationale Zuständigkeit der Behörden des Staates, in dem der Minderjährige seinen gewöhnlichen Aufenthalt hat (Art. 1 MSA). Schutzmaßnahmen in diesem Sinne sind alle Maßnahmen, die dem Wohl des Kindes persönlich dienen oder dem Schutz seines Vermögens zugute kommen[307]. Die nach Art. 1 MSA international zuständige Behörde hat die „nach ihrem innerstaalichen Recht vorgesehenen Maßnahmen zu treffen" (Art. 2 I MSA)[308]. In gleicher Weise gehen die Artt. 4 I, II, 8 I, 9 I MSA davon aus, daß die zuständigen Behörden ihr eigenes Recht anwenden[309]. Internationale Zuständigkeit und anwendbares Recht laufen im Abkommen parallel; es

---

304 BT-Drucks. 6/947, S. 16 (Denkschrift); *Graue*, RabelsZ 57 (1993), S. 26, 47; *Kropholler*, MSA, § 2 II 1, S. 44; *Oberloskamp*, MSA, Art. 12 Rdn. 5; *Staudinger/Kropholler*, Vorbem. zu Art. 19 EGBGB Rdn. 508.

305 Siehe die Aufzählung bei *Jayme/Hausmann*, IPR-Texte, Nr. 54, S. 108 Fn. 1.

306 Die Bundesrepublik Deutschland hat nicht wie Luxemburg, die Niederlande, Österreich und Spanien einen Vorbehalt nach Art. 13 III MSA erklärt. Danach kann die Anwendung des MSA beschränkt werden auf Minderjährige, die die Staatsangehörigkeit eines der Vertragsstaaten haben.

307 Siehe die Aufstellung bei *Junker*, IPR, Rdn. 553; *Kegel/Schurig*, IPR, § 20 X 5 a), S. 800; *Palandt/Heldrich*, Anh. zu Art. 24 EGBGB Rdn. 13.

308 Zu Art. 2 MSA: Actes et documents IX/4 (1961), S. 226 f. (Bericht *von Steiger*); BT-Drucks. 6/947, S. 12 (Denkschrift); MünchKomm-*Siehr*, Art. 19 EGBGB Anh. I Rdn. 127; *Soergel/Kegel*, Vor Art. 19 EGBGB Rdn. 26; *Staudinger/Kropholler*, Vorbem. zu Art. 19 EGBGB Rdn. 251; BGH vom 20. 12. 1972 – IV ZB 20/72, BGHZ 60, 68 (72) = NJW 1973, S. 417 f. = IPRspr. 1972 Nr. 59b, S. 153, 154; OLG Zweibrücken vom 27. 9. 1973, FamRZ 1974, S. 153, 155 = IPRspr. 1973 Nr. 67, S. 164, 166; OLG Karlsruhe vom 18. 7. 1975 – 4 W 16/75 und 4 W 28/75, NJW 1976, S. 485 f. = IPRspr. 1975 Nr. 67b, S. 160, 161; OLG München vom 28. 6. 1996 – 4 UF 183/95, FamRZ 1997, S. 106 f.= IPRspr. 1996 Nr. 99, S. 216, 217.

309 Zu Art. 4 MSA: MünchKomm-*Siehr*, Art. 19 EGBGB Anh. I. Rdn. 219; *Staudinger/Kropholler*, Vorbem. zu Art. 19 EGBGB Rdn. 377; OLG Celle, vom 19. 5. 1992 – 10 UF 35/92, NJW-RR 1992, S. 1288 f. = FamRZ 1993, S. 95, 96 = IPRspr. 1992 Nr. 131, S. 287, 289; OLG Düsseldorf vom 13. 4. 1993 – 1 UF 179/92, NJW-RR 1994, S. 268 = FamRZ 1993, 1108 f. = IPRspr. 1993 Nr. 93, S. 215 f.; OLG Stuttgart vom 30. 4. 1996 – 17 UF 447/95, FamRZ 1997, S. 51, 53 = IPRspr. 1996 Nr. 93, S. 201, 204.

herrscht ein sogenannter Gleichlauf[310]. Der ausdrückliche Verweis auf die *loi interne* („innerstaatliche Recht“) in der französischen Originalfassung von Artt. 2 I, 4 I MSA bedeutet den Ausschluß von Rück- und Weiterverweisung; das IPR des Aufenthaltsstaates ist nicht zu beachten.

b) Ex-lege-Gewaltverhältnisse

Die Aufenthaltszuständigkeit nach Art. 1 MSA steht unter dem Vorbehalt von Art. 3 MSA. Nach dieser Bestimmung ist in allen Vertragsstaaten ein Gewaltverhältnis anzuerkennen, das kraft Gesetzes nach dem *innerstaatlichen* Recht des Staates besteht, dem der Minderjährige angehört (*ex-lege-Gewaltverhältnis*).

aa) Renvoi im Verhältnis der Vertragsstaaten

Die überwiegende Auffassung folgt dem Wortlaut dieser Vorschrift und will das IPR des Heimatrechts nicht berücksichtigen. Rück- und Weiterverweisung sind danach unbeachtlich[311]. Im Verhältnis der Vertragsstaaten macht der Ausschluß von Rück- und Weiterverweisung Sinn; denn das Ideal des internationalen Entscheidungseinklanges ist unter den Vertragsstaaten durch die Vereinheitlichung des Kollisionsrechts bereits erzielt[312]. Wenn Art. 3 MSA aber auf das Recht eines Nichtvertragsstaates verweist, ist der Ausschluß des Renvoi nicht so einfach zu begründen.

Zu Art. 8 I MSA: Vgl. Actes et documents IX/4 (1961), S. 234 (Bericht *von Steiger*); *Baechler,* ZVW 30 (1975), S. 1, 8; *Ferid,* RabelsZ 27 (1962/63), S. 411, 440; MünchKomm-*Siehr,* Art. 19 EGBGB Anh. I Rdn. 314 f.; *Schwimann,* ÖJBl. 98 (1976), S. 233, 245.

Zu Art. 9 I MSA (regelmäßige Anwendung der *lex fori*): Actes et documents IX/4 (1961), S. 235 (Bericht *von Steiger*); *Junker,* IPR, Rdn. 556; *Kropholler,* IPR, § 48 I 4, S. 358; MünchKomm-*Siehr,* Art. 19 EGBGB Anh. I Rdn. 328; *Schwimann,* ÖJBl. 98 (1976), S. 233, 246; *Staudinger/Kropholler,* Vorbem. zu Art. 19 EGBGB Rdn. 473–475; a.A. *Kegel/Schurig* (IPR, § 20 X 5 a), S. 802) und *von Overbeck* (ZfRV 2 [1961], S. 140, 148), die Rückgriff auf das autonome IPR nehmen wollen.

310 *Ferid,* RabelsZ 27 (1962/63), S. 411, 429; *Junker,* IPR, Rdn. 554; *Staudinger/Kropholler,* Vorbem. zu Art. 19 EGBGB Rdn. 252; vgl. zur Begründung des Gleichlaufsprinzips: Actes et documents IX/4 (1961), S. 226 f. (Bericht *von Steiger*).

311 OLG Düsseldorf vom 26. 5. 1976–3 W 155/75, NJW 1976, S. 1596 = IPRspr. 1976 Nr. 65, S. 199, 203; *Allinger,* MSA, S. 104 f.; *Jayme,* JR 1973, S. 177, 181 f., 185; *Kropholler,* MSA, § 1 III 3, S. 24; *ders.,* NJW 1972, S. 371; MünchKomm-*Siehr,* Art. 19 EGBGB Anh. I Rdn. 166; *Palandt/Heldrich,* Anh. zu Art. 24 EGBGB Rdn. 22; *Schwimann,* ÖJBl. 98 (1976), S. 233, 237 f.

312 *Kropholler,* Vorbem. zu Art. 19 EGBGB Rdn. 301.

bb) Renvoi im Verhältnis zu Nichtvertragsstaaten

Folgendes *Beispiel* soll die Problematik verdeutlichen[313]: Eine ehemals deutsche Staatsbürgerin ist nach ihrer Heirat in Connecticut mit einem US-Amerikaner im August 1988 in den USA eingebürgert worden. Aus der Ehe ging im Oktober 1993 ein Kind hervor. Im Januar 1995 übesiedelte die Mutter mit dem Kind nach Deutschland; der Vater folgte kurze Zeit später nach. Im September 1998 verließ der Vater die Familie und kehrte nach Connecticut zurück; die Mutter des Kindes beantragt im Februar 2000 bei dem zuständigen deutschen Familiengericht die Scheidung der Ehe und die Übertragung der elterlichen Sorge[314]; das Kind besitzt die US-amerikanische Staatsangehörigkeit.

Die internationale Zuständigkeit des Familiengerichts für die Übertragung der elterlichen Sorge ist nach Art. 1 MSA gegeben[315], da das Kind seinen gewöhnlichen Aufenthalt in einem Vertragsstaat hat, und die Verteilung der elterlichen Sorge (§ 1671 n. F. BGB) zu den Schutzmaßnahmen im Sinne des Art. 1 MSA gehört[316]. Gemäß Art. 3 MSA ist jedoch ein gesetzliches Gewaltverhältnis, das nach dem innerstaatlichen Recht des Minderjährigen besteht, anzuerkennen.

Da das US-amerikanische Heimatrecht des Kindes keine einheitliche Rechtsordnung darstellt, ist die maßgebliche Unterrechtsordnung über Art. 14 MSA zu bestimmen[317]. Danach ist das Recht des US-Bundesstaates Connecticut als das Recht des letzten gewöhnlichen Aufenthalts des Kindes maßgeblich. In Connecticut haben die Eltern die *custody* über ihre Kinder[318]; die *custody* umfaßt sowohl die Personen- als auch die Vermögenssorge[319]. Mit der Ehescheidung wird eine Neuregelung der *custody* erforderlich. Wenn die Eltern keine Einigung erzielen können, erfolgt die Verteilung der elterlichen Sorge gemäß sec. 46b – 56 (4. Collateral Decisions) der General Statutes of Connecticut durch Gericht[320].

---

313 Vgl. IPG 1974 Nr. 27 (Heidelberg vom 30. 12. 1974 – 721 / 74), S. 276 – 286.

314 Zwar ist der zwingende Verbund von Ehescheidung und Sorgerechtsregelung mit der neuen Fassung des § 1671 BGB aufgehoben worden, dennoch ist auch nach der Reform bei Scheidung über einen Antrag nach § 1671 BGB n. F. im Verbund zu entscheiden (§ 623 II Nr. 1 ZPO n. F.), siehe *Jayme / Kohler,* IPRax 1998, S. 417, 420 Fn. 35.

315 Die Brüssel II-VO (siehe 1. Kapitel, § 2 I. 3.) gilt nicht für Verfahren die vor dem Inkrafttreten der Verordnung am 1. 3. 2001 eingeleitet worden sind (Art. 42 I). Im Beispielsfall ist nach dem 1. 3. 2001 das MSA nicht mehr anwendbar; die internationale Zuständigkeit deutscher Gerichte für die Entscheidung über die elterliche Sorge folgt dann aus Art. 3 I i. V. m. Art. 2 I lit. a) Str. 2 Brüssel II-VO (vgl. *Kegel / Schurig,* Nachtrag IPR, S. 7; vgl. *Puszkajler,* IPRax 2001, S. 81, 83).

316 Zur internationalen Zuständigkeit nach Art. 1 MSA siehe *Junker,* IPR, Rdn. 554 – 555; *Kegel / Schurig,* IPR, § 20 X 5 a), S. 799 f.

317 Zur Unteranknüpfung nach Art. 14 MSA *Kegel / Schurig,* IPR, § 20 X 5 a), S. 801 f.; § 11 III, S. 366; *Staudinger / Kropholler,* Vorbem. zu Art. 19 EGBGB Rdn. 536.

318 Allgemein: *Bergmann / Ferid / Henrich-Henrich,* USA III A 2, S. 47 f.; *Hüßtege,* UCC-JA, S. 36.

319 *Bergmann / Ferid / Henrich-Henrich,* USA III A 2, S. 48.

Was unter „anzuerkennen" in Art. 3 MSA zu verstehen ist, bereitet Schwierigkeiten; die Vorschrift sagt nichts über die Frage der Zuständigkeit aus. Zur Bewältigung dieses Problems werden drei Ansichten vertreten.

(1) Schrankentheorie

Nach der Schrankentheorie begrenzt ein nach dem Heimatrecht des Minderjährigen bestehendes gesetzliches Gewaltverhältnis die internationale Zuständigkeit der Gerichte des Aufenthaltsstaates gemäß Art. 1 MSA[321]. Da nach der Scheidung das bestehende Gewaltverhältnis nicht erlischt, würde durch die vom deutschen Familiengericht vorgenommene Übertragung der elterlichen Gewalt vorliegend in die nach dem Heimatrecht des Kindes noch bestehende *custody* des Vaters eingegriffen[322]. Das Familiengericht kann nach dieser Ansicht nur bei einer Gefährdung des Minderjährigen (Art. 8 I MSA) oder in Eilfällen (Art. 9 I MSA) tätig werden. Damit besteht hier keine internationale Zuständigkeit des Familiengerichts, die elterliche Sorge auf die Mutter zu übertragen.

(2) Anerkennungstheorie

Die Anerkennungstheorie sieht in einem gesetzlichen Gewaltverhältnis nach dem Heimatrecht des Minderjährigen keine Beschränkung der internationalen Zuständigkeit des Aufenthaltsstaates. Danach ist das ex-lege-Gewaltverhältnis zwar anzuerkennen; die Gerichte des Aufenthaltsstaates können aber alle nach dem Aufenthaltsrecht vorgesehenen Maßnahmen treffen[323]. Der Vorbehalt in Art. 3 MSA

---

320 Sec. 46b-56. (a) In any controversy before the superior court as to the custody or care of minor children, ..., the court may at any time make or modify any proper order regarding the education and support of the children and of care, custody and visitation if it has jurisdiction .... Subject to the provisions of sec. 46b-56a, the court may assign the custody of any child to the parents jointly, to either parent or to a third party, according to its best judgement uopn the facts of the case and subject to such conditions and limitations as it deems equitable (zitiert nach *Bermann/Ferid/Henrich-Albuquerque-Pinto/Rieck,* USA D Connecticut, S. 9 f.).

321 Diese Ansicht wird inzwischen nur noch vereinzelt vertreten: *Firsching,* Rpfleger 1971, S. 377, 384 f.; *Wuppermann,* FamRZ 1974, S. 414, 417 f.; siehe auch die Rechtsprechung vor dem Übergang zur Heimatrechtstheorie: BGH vom 20. 12. 1972 – IV ZB 20/72, BGHZ 60, 68 (73) = NJW 1973, S. 417, 418 = IPRspr. 1972, Nr. 59b, S. 153, 155; BayObLG vom 25. 3. 1974 – BReg. 1 Z 15/74, NJW 1974, S. 1052 = IPRspr. 1974 Nr. 82, S. 214, 215 f.; OLG Karlsruhe vom 18. 7. 1975 – 4 W 16/75 und 4 W 28/75, NJW 1976, S. 485, 486 = IPRspr. 1975 Nr. 67b, S. 160, 162.

322 Vgl. IPG Heidelberg 1974 Nr. 27 (Heidelberg vom 30. 12. 1974 – 721/74), S. 276, 281.

323 *Ferid,* IPR, Rdn. 8 – 230 ff.; *Kegel/Schurig,* IPR, § 20 X 5 a), S. 801; *Kropholler,* MSA, § 3 II 6, S. 77; MünchKomm-*Siehr,* Art. 19 EGBGB Anh. I Rdn. 110, 117 f.; *Oberloskamp,* MSA, Art. 1 Rdn. 170a; *Siehr,* IPRax 1982, S. 85, 88; *Staudinger/Kropholler,* Vorbem. vor Art. 19 EGBGB Rdn. 155, 162 – 219; *Wanner-Laufer,* S. 170; in Frankreich: *Loussouarn,* Clunet 88 (1961), S. 654, 686; in Österreich: *Hoyer,* ÖJBl. 103 (1981), S. 435, 436;

hindere die Aufenthaltsbehörden „eine Maßnahme darauf zu stützen, daß es nach dem Aufenthaltsrecht überhaupt an einem gesetzlichen Gewaltverhältnis fehle“[324]. Im Beispielsfall ist das Familiengericht nach dieser Ansicht international zuständig, der Mutter die alleinige Sorge übertragen – das bestehende gemeinsame Sorgerecht wird nicht ignoriert.

(3) Heimatrechtstheorie

Nach der Heimatrechtstheorie schließt ein nach dem Heimatrecht des Minderjährigen bestehendes Gewaltverhältnis die Aufenthaltszuständigkeit der Gerichte nach Art. 1 MSA nicht schlechthin aus. Die Gerichte können aber nur in dem Rahmen in das Gewaltverhältnis eingreifen, in dem das Heimatrecht des Minderjährigen es selbst zuläßt[325]; das Heimatrecht darf der Schutzmaßnahme nicht entgegenstehen. Hier läßt das Recht von Connecticut die Übertragung der elterliche Sorge nach der Scheidung auf einen Elternteil zu[326]; eine entsprechende Maßnahme des deutschen Familiengerichtes ist daher mit dem US-amerikanischen Heimatrecht des Kindes vereinbar. Art. 3 MSA steht damit der internationalen Zuständigkeit des Familiengerichts nicht entgegen, die elterliche Sorge auf die Mutter zu übertragen.

(4) Kritische Stellungnahme

Zumindest die Anerkennungs- und Heimatrechtstheorie kommen damit im Beispielsfall zur internationalen Zuständigkeit des Familiengerichts (Art. 1 MSA), die

---

in den Niederlanden: *Sumampouw,* NILR 26 (1979), S. 60, 68 f. Die Rechtsprechung hat die Annerkenungstheorie nur vereinzelt angewandt: OLG Hamburg vom 24. 7. 1972 – 2 W 47/72, FamRZ 1972, S. 514 f. = IPRspr. 1972 Nr. 70, S. 190, 191 f.; OLG Stuttgart vom 20. 9. 1984 – 17 UF 154/84 So, NJW 1985, S. 566 = IPRspr. 1984 Nr. 88, S. 208, 209 f.

324 So *Ferid,* IPR, 8 – 231; vgl. aber auch die Umschreibung bei *Kropholler,* Vorbem. zu Art. 19 EGBGB Rdn. 213.

325 BGH vom 11. 4. 1984 – IV b ZB 96/82, NJW 1984, S. 2761 = IPRax 1985, S. 40, 41 = IPRspr. 1984 Nr. 81, S. 190, 191; BGH vom 18. 6. 1997 – XII ZB 156/95, FamRZ 1997, S. 1070, 1071 = IPRspr. 1997 Nr. 99, S. 181, 184; BayObLG vom 22. 6. 1982 – BReg. 1 Z 52/82, FamRZ 1983, S. 92, 93 = IPRspr. 1982 Nr. 80, S. 194, 195; OLG Celle vom 5. 12. 1989 – 10 WF 272/89, FamRZ 1990, S. 656 f. = IPRax 1991, S. 258, 259 = IPRspr. 1989 Nr. 133, S. 297; AG Kerpen vom 13. 12. 1995 – 51 F 148/94, FamRZ 1997, S. 105 f. = IPRspr. 1996 Nr. 100A, S. 185 f.; ferner öst. OGH vom 30. 11. 1982 – 2 Ob 557/82, ÖJBl. 106 (1984), S. 153; öst. OGH vom 15. 11. 1990 – 7 Ob 596/90, IPRax 1992, S. 106, 107; öst. OGH vom 26. 9. 1990 – 2 Ob 598/90, IPRax 1993, S. 415, 416; *von Hoffmann,* IPR, § 8 Rdn. 101; *Hüßtege,* IPR, S. 80; *Jayme,* IPRax 1985, S. 23; *Lequette,* Rev crit. 78 (1989), S. 744, 745; *Palandt/Heldrich,* Anh. zu Art. 24 EGBGB Rdn. 25 („regelungsfähige Lücke“); *Schurig,* FamRZ 1975, S. 459, 461 ff.; *Schwimann,* Grundriß des IPR, S. 250 f.; *Wengler,* IPRax 1984, S. 177 Fn. 6; *Wienke,* S. 75 ff, 82.

326 Siehe sec. 46b – 56. (4. Collateral Decisions) General Statutes of Connecticut; allgemein: *Bergmann/Ferid/Henrich-Henrich,* USA III A 2, S. 48; *Hüßtege,* UCCJA, S. 36 ff.

elterliche Sorge auf die Mutter zu übertragen; anwendbar ist deutsches materielles Recht (Art. 2 I MSA)[327]. Hingegen würde die Schrankentheorie die internationale Zuständigkeit verneinen, da kein Fall von Artt. 8 I oder 9 I MSA gegeben ist.

Die Schrankentheorie ist abzulehnen; sie entspricht nicht dem Ziel der Konvention, primär die Aufenthaltsbehörden entscheiden zu lassen und macht das gesetzliche Gewaltverhältnis nach dem Heimatrecht des Minderjährigen unantastbar[328]. Nachdenklich stimmt allerdings, daß vorliegend alle drei Ansätze einem Gewaltverhältnis Beachtung schenken, das der Heimatstaat Connecticut nach seinem eigenen Recht nicht anerkennt: Da die Ehe in Deutschland geschieden wurde, kann ein Gericht des Staates Connecticut nur entscheiden, wenn es nach seinen innerstaalichen Vorschriften *jurisdiction* besitzt. Traditionell liegt die *jurisdiction* in Sorgerechtsangelegenheiten bei den Gerichten des Staates, in dem sich das *domicile* des Minderjährigen befindet; alternativ dazu sind auch die Gerichte des Staates zuständig, der die *personal jurisdiction* über beide Elternteile hat. Daneben können schließlich in dringenden Fällen die Gerichte des Staates zeitlich begrenzte Maßnahmen treffen, in dem der Minderjährige sich tatsächlich aufhält[329].

Wendet man diese Grundsätze auf den Beispielsfall an, so ist zunächst nach dem *domicile* des Kindes zu fragen. Ein minderjähriges Kind teilt das Domizil seiner Eltern (*domicile by operation of law*)[330]; leben die Eltern getrennt folgt das *domicile* des Kindes dem *domicile* des Elternteils, bei dem es seinen gewöhnlichen Aufenthalt hat[331]. Danach hat das Kind hier sein *domicile* bei der Mutter in Deutschland. Einem Gericht des US-Staates Connecticut fehlt es insoweit an *jurisdiction;* es kann nicht tätig werden. Die *jurisdiction* läßt sich auch nicht über den Uniform Child Custody Jurisdiction Act (UCCJA) begründen, der inzwischen von allen Bundesstaaten übernommen worden ist[332]. Connecticut ist nämlich nicht *home state* des

---

327 Umstritten ist innerhalb der Heimatrechtstheorie die Frage, ob die nach Art. 1 MSA zuständigen Aufenthaltsbehörden Eingriffe in ein Gewaltverhältnis gemäß Art. 2 I MSA nach ihrer lex fori vornehmen können oder ob diese wegen Art. 3 MSA nach dem Heimatrecht des Minderjährigen zu erfolgen haben. In Deutschland hat sich im wesentlichen die Auffassung durchgesetzt, die das Aufenthaltsrecht anwendet (vgl. *Staudinger/Kropholler,* Vorbem. zu Art. 19 EGBGB Rdn. 157 m. w. N.; andere Stimmen vernimmt man in Frankreich und in Österreich: *Legier* Clunet 113 [1986], S. 1018, 1021; *Schwimann,* ÖJBl. 98 [1976], S. 233, 245; zum Streitstand in Österreich auch *Mottl,* IPRax 1993, S. 417, 420 f.).

328 *Staudinger/Kropholler,* Vorbem. zu Art. 19 EGBGB Rdn. 198 f.

329 *Sampsell v. Superior Court,* 32 Cal.2d 763, 197 P.2d 739 (1948); § 79 of Restatement 2d, Conflict of Laws (1971); *Bergmann/Ferid/Henrich-Henrich,* USA III A 4, S. 58; *Scoles/Hay/Borchers/Symeonides,* Conflict of Laws, § 15.39, S. 658; siehe auch *Weintraub,* Commentary on the Conflict of Laws, § 5.3B, S. 269.

330 § 22 of Restatement 2d, Conflict of Laws (1971); *Scoles/Hay/Borchers/Symeonides,* Conflict of Laws, § 4.37, S. 269.

331 *Oxley v. Oxley,* 159 F.2d 10 (1946); *Scoles/Hay/Borchers/Symeonides,* Conflict of Laws, § 4.37, S. 269 f.; § 4.40, S. 273.

332 *Bergmann/Ferid/Henrich-Henrich,* USA C 2, S. 92 Fn. 31; *Leflar/McDougal/Felix,* Conflicts Law, § 243, S. 673.

Kindes i. S. v. § 3 (a) (1) i. V. m. § 23 UCCJA[333]. § 2 (5) UCCJA definiert *home state* als Staat, in welchem das Kind unmittelbar vor Einleitung des Verfahrens mit seinen Eltern oder einem Elternteil für sechs Monate fortlaufend lebte[334]. Aus der Sicht des Staates Connecticut besteht damit eine Zuständigkeit des deutschen Gerichts, nach seiner *lex fori* zu entscheiden. Das deutsche Kollisionsrecht sieht in dieser Sichtweise eine versteckte Rückverweisung auf das deutsche Sachrecht[335].

Die Nichtbeachtung der Rückverweisung führt im Beispielsfall zu einer „paradoxen Situation"[336]. Ein gesetzliches Gewaltverhältnis, das nach dem innerstaatlichen Heimatrecht des Minderjährigen besteht, wird in Art. 3 MSA anerkannt, obwohl der Heimatstaat Connecticut es selbst nach seinen Kollisionsnormen nicht befolgen würde. Entscheidungseinklang mit Connecticut wird nicht erreicht. Teilweise wird vorgeschlagen, in einem solchen Fall einen Renvoi im Rahmen des Art. 3 MSA zu berücksichtigen[337]. Für Vertragsstaaten, die wie die Bundesrepublik den Vorbehalt des Art. 13 III MSA nicht erklärt haben, wäre dann das ausländische Kollisionsrecht bei einer Verweisung auf das Recht eines Nichtvertragsstaates durch Art. 3 MSA zu prüfen. Allerdings würde die Befolgung von Rück- und Weiterverweisung die Rechtsanwendung des MSA beeinträchtigen, die das Abkommen gerade durch den Gleichlauf von Zuständigkeit und anwendbarem Recht erleichtern wollte[338]. Darüber hinaus wäre die Entscheidungsharmonie zwischen den Vertragsstaaten des Abkommens bedroht. Viele europäische Nachbarländer der Bundesrepublik, die Vertragsstaaten des MSA sind, nehmen ganz unterschiedliche Positionen zum Renvoi ein[339]. Letztlich könnte die schon „moderne" Anknüpfung an das Heimatrecht des Minderjährigen nicht zum Tragen kommen, wenn das ausländische Kollisionsrecht noch in unzeitgemäßer Weise auf das Recht des Vaters abstellt[340]. Trotz gewisser Bedenken ist daher ein Renvoi des Heimatrechts in

333 Text in: *Bergmann/Ferid/Henrich-Henrich,* USA C 2, S. 94, 104; zur *home state rule Hüßtege,* UCCJA, S. 92 f.

334 Text: *Bergmann/Ferid/Henrich-Henrich,* USA C 2, S. 93; vgl. auch die praktisch identische Definition des Parental Kidnapping Prevention Act (PKPA), 28 U.S.C.A. § 1783A (b) (4) siehe *Demelis,* Hastings L. J. 45 (1994), S. 1329, 1342.

335 Vgl. OLG Bamberg vom 2. 8. 1979 – 2 UF 260/78, FamRZ 1979, S. 930, 931 = IPRspr. 1979 Nr. 71, S. 240, 241; OLG Stuttgart vom 24. 5. 1984 – 17 UF 82/84, FamRZ 1986, S. 687 f. = IPRax 1987, S. 121, 122 = IPRspr. 1984 Nr. 57, S. 128, 129; *Junker,* IPR, Rdn. 208; *Kegel/Schurig,* IPR, § 10 VI, S. 356 f.

336 *Baechler,* ZVW 30 (1975), S. 1, 10; *Staudinger/Kropholler,* Vorbem. zu Art. 19 EGBGB Rdn. 301; siehe auch *Wanner-Laufer,* S. 105.

337 IPG 1974 Nr. 27 (Heidelberg vom 30. 12. 1974 – 721/74), S. 276, 284 und *Ferid,* IPR, Rdn. 8 – 239 unter Anwendung der Schrankentheorie im Rahmen des Art. 3 MSA.

338 Actes et documents IX/4 (1961), S. 223 (Bericht *von Steiger*); *Loussouarn,* Clunet 88 (1961), S. 654, 686, 688; *Staudinger/Kropholler,* Vorbem. zu Art. 19 EGBGB Rdn. 253 ff.

339 Siehe die Länderberichte im 2. Kapitel, § 4 III.

340 Zum Beispiel Art. 19 des EGBGB vom 18. 8. 1896; Art. 19 IV des irakischen ZGB (Text in: *Bergmann/Ferid/Henrich-Löschner,* Irak III B 1, S. 8); Art. 964 des iranischen ZGB (Text in: *Bergmann/Ferid/Henrich,* Iran III B 2, S. 17).

Art. 3 MSA nach dem eindeutigen Wortlaut dieser Vorschrift auch im Verhältnis zu Nichtvertragsstaaten nicht zu beachten; es besteht kein Anlaß, zwischen der Verweisung auf das Recht eines Vertragsstaates und eines Nichtvertragsstaates zu unterscheiden.

c) Vorfrage

Vorfragen wie die Gültigkeit der Ehe der Kindeseltern oder der Scheidung, die sich im Rahmen der Anwendung von Artt. 2 und 3 MSA ergeben können, sind grundsätzlich selbständig nach inländischen Kollisionsnormen anzuknüpfen. Rück- und Weiterverweisung sind zu beachten[341].

d) Reform des Minderjährigenschutzabkommens – Haager Kinderschutzübereinkommen von 1996

Die 18. Session der Haager Konferenz im Jahre 1996 hatte die Revision des MSA zum Gegenstand. Ergebnis dieser Reformbemühungen ist das Haager Übereinkommen vom 19. 10. 1996 über die Zuständigkeit, das anzuwendende Recht, die Anerkennung, Vollstreckung und Zusammenarbeit auf dem Gebiet der elterlichen Verantwortung und der Maßnahmen zum Schutz von Kindern (Haager Kinderschutzübereinkommen, KSÜ)[342]. Das Übereinkommen wurde bisher von Marokko, den Niederlanden, der Slowakei und Polen gezeichnet; Monaco und die Tschechische Republik haben es bereits ratifiziert[343]. Damit das Übereinkommen in Kraft treten kann, muß es von mindestens drei Staaten ratifiziert werden (Art. 61 I KSÜ). Die Neufassung des Minderjährigenschutzabkommens wird bald in Kraft treten.

aa) Gleichlaufgrundsatz

Das Kinderschutzübereinkommen geht wie das MSA vom Gleichlaufgrundsatz aus[344]: Bei Anordnung einer Schutzmaßnahme wenden die zuständigen Behörden ihr eigenes Recht an (Art. 15 I KSÜ); Rück- und Weiterverweisungen sind grundsätzlich ausgeschlossen. Zwar verweisen die Vorschriften der Konvention nicht auf die *loi interne,* gemäß Art. 21 I KSÜ bedeutet aber *Recht* „das in einem Staat geltende Recht mit Ausnahme des Kollisionsrechts". Eine Ausnahme vom Gleichlauf-

341 *Böhmer/Siehr-Siehr* II, 7.5 Art. 2 MSA Rdn. 20 ff. und II 7.5 Art. 3 MSA 14 ff.

342 Text in: RabelsZ 62 (1998), S. 502–518. Zur Vorgeschichte *Pirrung,* FS Rolland, S. 277–279.

343 Siehe den Status unter http://www.hcch.net/e/status/proshte.html), Stand: 5. 7. 2001.

344 Bericht *Lagarde,* S. 31 f. Nr. 86 (http://www.hcch.net/e/conventions/expl34e.html), Stand: 5. 7. 2001.

grundsatz sieht das KSÜ in Art. 15 II vor. Danach kann ausnahmsweise das Recht eines anderen Staates angewandt oder berücksichtigt werden, zu dem der Sachverhalt eine enge Verbindung hat, soweit es der Schutz der Person oder des Vermögens des Kindes erfordert[345]. Die Heranziehung „fremden" Rechts kann beispielsweise sinnvoll sein, wenn das Heimatrecht des Kindes geeignete Schutzmaßnahmen vorsieht, die das eigene Recht nicht kennt[346].

Die Konvention geht aber noch einen Schritt weiter als das Minderjährigenschutzabkommen: Es macht keine Ausnahme mehr vom Aufenthaltsprinzip zugunsten des Staatsangehörigkeitsprinzips[347], sondern beruft das Recht am gewöhnlichen Aufenthalt des Kindes, über die Zuweisung oder das Erlöschen der gesetzlichen elterlichen Verantwortung[348] zu entscheiden (Art. 16 I KSÜ)[349]. Zudem können die nach dem Übereinkommen zuständigen Behörden jederzeit die entstandene gesetzliche elterliche Verantwortung entziehen oder die Bedingung ihrer Ausübung ändern (Art. 18 KSÜ). Die oben skizzierten Schwierigkeiten in der Anwendung des Art. 3 MSA mit seiner Verweisung auf das Heimatrecht des Minderjährigen bestehen im KSÜ nicht mehr.

bb) Elterliche Verantwortung

Art. 16 KSÜ ist als selbständige Kollisionsnorm konzipiert[350]. Das Kinderschutzübereinkommen möchte das auf die elterliche Verantwortung kraft Gesetzes anzuwendende Recht nicht nur beim Treffen von Schutzmaßnahmen bestimmen (Art. 1 I lit. c) KSÜ). Sollte die Bundesrepublik Deutschland das KSÜ ratifizieren, würde Art. 21 EGBGB[351] endgültig verdrängt. Die zu Art. 3 MSA ergangene Ent-

---

345 Siehe dazu *Roth/Döring,* ÖJBl. 121 (1999), S. 758, 767; *Siehr,* RabelsZ 62 (1998), S. 464, 488; zum Vorentwurf *ders.,* FamRZ 1996, S. 1047, 1049 f. Zu Art. 15 II KSÜ siehe auch 4. Kapitel, § 13 II.

346 *Roth/Döring,* ÖJBl. 121 (1999), S. 758, 767.

347 *Siehr,* RabelsZ 62 (1998), S. 464, 487; zum Vorentwurf: *Sturm,* IPRax 1997, S. 10, 11.

348 Die elterliche Verantwortung kraft Gesetzes (la responsabilité parentale ex lege ou attribuée de plein droit; parental responsibility by operation of law) ersetzt den in Art. 3 MSA benutzten Begriff „gesetzliches Gewaltverhältnis" (*Siehr,* RabelsZ 62 [1998], S. 464, 489; zum Vorentwurf: *Sturm,* IPRax 1997, S. 10, 11).

349 *Siehr,* RabelsZ 62 (1998), S. 464, 487; zum Vorentwurf *ders.,* FamRZ 1996, S. 1047, 1049.

350 *Kropholler,* Liber Amicorum Siehr, S. 379, 386. Eingeschränkt wird Art. 16 KSÜ durch Artt. 17 und 18 des Übereinkommens: Zum einen bestimmt sich die Ausübung der elterlichen Verantwortung nach dem „neuen" Recht des Staates des gewöhnlichen Aufenthalts, wenn der gewöhnliche Aufenthalt des Kindes wechselt (Art. 17). Zum anderen können die Behörden des Staates, die nach dem Übereinkommen international zuständig sind, die Zuweisung der elterlichen Verantwortung entziehen oder die Bedingungen ihrer Ausübung ändern (Art. 18), Bericht *Lagarde,* S. 38–39 Nr. 109–110 (http://www.hcch.net/e/conventions/expl34e.html), Stand: 5. 7. 2001; *Silbermann,* Liber amicorum Siehr, S. 703, 721 f.

351 Art. 21 EGBGB knüpft ebenfalls an den gewöhnlichen Aufenthalt an (siehe dazu *Kropholler,* RabelsZ 59 [1995], S. 407, 418), wobei Rück- *und* Weiterverweisungen durch das

scheidung des BGH, die eine Anwendung des Art. 3 MSA als selbständige Kollisionsnorm ablehnt, dürfte sich im Hinblick auf Art. 16 KSÜ nicht wiederholen[352]. Vermieden würde damit in Zukunft das deutsche Phänomen, das je nachdem ob eine Schutzmaßnahme angeordnet werden soll, unterschiedliche Kollisionsnormen (Art. 3 MSA oder Art. 21 EGBGB) für die Frage nach einem gesetzlichen Gewaltverhältnis eingreifen[353]. Art. 16 I KSÜ kommt für die Anknüpfung der elterlichen Verantwortung kraft Gesetzes auch zur Anwendung, wenn das Kind seinen gewöhnlichen Aufenthalt in einem Nichtvertragsstaat hat (Art. 20 KSÜ). Dabei ist eine Weiterverweisung der Kollisionsnormen des betreffenden Nichtvertragsstaates auf das Recht eines anderen Nichtvertragsstaates zu beachten, wenn dieser Nichtvertragsstaat die Weiterverweisung annimmt (Art. 21 II 1 KSÜ[354]). *Beispiel*[355]: Hat ein griechisches Kind einer unverheirateten griechischen Mutter seinen gewöhnlichen Aufenthalt im Nichtvertragsstaat Italien, erwirbt der griechische Vater nicht automtisch nach italienischem Recht die elterliche Verantwortung (Artt. 317 bis II, 316 Codice civile[356]). Vielmehr verweist Art. 36 des ital. IPRG[357] auf das griechische Heimatrecht des Kindes. Das griechische Heimatrecht nimmt die Weiterverweisung des italienischen Rechts an. Gemäß Art. 20 Nr. 1 des griechischen ZGB richten sich die Rechtsbeziehungen zwischen Vater und nichtehelichem Kind in erster Linie nach dem Recht des Staates, dem sie zuletzt angehörten[358]. Im Beispielsfall ist damit Art. 1515 I 2 des griechischen ZGB für die elterliche Verantwortung maßgebend[359]. Nach dieser Vorschrift hat der Vater eines Kindes, das er anerkannt hat, die elterliche Sorge für sein Kind. Nimmt der zweite Nichtvertragsstaat – anders als im Beispielsfall – die Weiterverweisung nicht an, bleibt es bei dem Aufenthaltsrecht des Kindes nach Art. 21 II 2 KSÜ.

Recht am gewöhnlichen Aufenthalt des Kindes zu berücksichtigen sind (*von Hoffmann*, IPR, § 8 Rdn. 140).

352 BGH vom 2. 5. 1990 – XII ZB 63/89, BGHZ 111, 199 (205 f.) = NJW 1990, S. 3073, 3075 = IPRax 1991, S. 254, 256 = IPRspr. 1990 Nr. 143, S. 277, 281; siehe dazu *Kropholler*, RabelsZ 58 (1994), S. 1, 9 f.

353 *Siehr*, RabelsZ 62 (1998), S. 464, 489. In Frankreich und in Österreich wird Art. 3 MSA als selbständige Kollisionsnorm anerkannt (Frankreich: *Batiffol/Lagarde*, DIP II, Rdn. 478, 496; *Droz*, Clunet 100 [1973], S. 603, 612, 614 f.; *Pons*, Rev. crit. 79 [1990], S. 251, 274; Österreich: *Duchek/Schwind*, IPR, S. 148 Fn. 9; *Schwimann*, ÖJBl. 98 [1976], S. 233, 238; *Mottl*, IPRax 1993, S. 417, 419).

354 Diese Vorschrift geht auf einen Vorschlag der spanischen Delegation zurück, siehe Bericht *Lagarde*, S. 40 Nr. 116 mit Verweis auf Arbeitsdokument Nr. 82 (http://www.hcch.net/e/conventions/expl34e.html), Stand: 5. 7. 2001. Siehe auch *Kropholler*, FS Henrich, S. 393, 400, 401.

355 Siehe *Siehr*, RabelsZ 62 (1998), S. 464, 491.

356 Text in: *Bergmann/Ferid/Henrich-Rieck/Diurni*, Italien III B 2, S. 82.

357 Deutscher Text in: *Riering*, IPR-Gesetze in Europa, Nr. 3 b I, S. 61.

358 Deutscher Text in: *Riering*, IPR-Gesetze in Europa, Nr. 2 GR, S. 23.

359 Text in: *Bergmann/Ferid/Henrich-Rieck/Buchner-Baucevich*, Griechenland III B 1, S. 33 f.

e) Zusammenfassung

Im Haager Minderjährigenschutzabkommen vom 5. 10. 1961 kommen Rück- und Weiterverweisung nicht zum Tragen. Der Ausschluß des Renvoi stößt bei der Anknüpfung an das Heimatrecht des Minderjährigen (Art. 3 MSA) im Verhältnis zu Nichtvertragsstaaten auf Bedenken, weil die Entscheidungsharmonie mit diesem Staat gestört werden könnte. Das Haager Kindeschutzübereinkommen von 1996 schließt ebenfalls den Renvoi aus. Es macht aber keine Ausnahme mehr zugunsten des Staatsangehörigkeitsprinzips, sondern erklärt für die elterliche Verantwortung kraft Gesetzes das Recht am gewöhnichen Aufenthalt des Kindes für maßgeblich. Dabei läßt die Konvention die Weiterverweisung durch das Recht eines Nichtvertragsstaates auf das Recht eines anderen Nichtvertragsstaates zu, wenn dieser Staat die Verweisung annimmt (Art. 21 II 1 KSÜ).

6. Haager Übereinkommen über Kindesentführung von 1980

Durch Acte final der 14. Session vom 6. 10. 1980 wurde das Übereinkommen über die zivilrechtlichen Aspekte internationaler Kindesentführung verabschiedet (HEntfÜ)[360]. Das Übereinkommen gilt heute in über 60 Staaten, darunter Australien, Neuseeland, das Vereinigte Königreich und die Vereinigten Staaten von Amerika; für die Bundesrepublik ist es am 1. 12. 1990 in Kraft getreten[361]. Damit hat diese Konvention sehr viel mehr Anhänger gefunden als das Minderjährigenschutzabkommen. Inzwischen besitzt das Thema „Kindesentführung" im Zuge mehrerer deutsch-amerikanischer und deutsch-französischer Entführungsfälle eine hohe politische Brisanz; seit Oktober 2000 widmet sich ein Arbeitsstab im Justizministerium der „Beilegung internationaler Konflikte in Kindschaftssachen"[362].

a) Grundzüge

Das HEntfÜ verfolgt als Rechtshilfeübereinkommen zwei unterschiedliche Ziele: Zum einen regelt es die Rückgabe von unter Verletzung des Sorgerechts in einen Vertragsstaat entführten Kindern (Artt. 1 lit. a), 8 – 20 HEntfÜ), zum anderen will das Übereinkommen die Durchsetzung des in einem Vertragsstaat bestehenden Umgangsrechts sicherstellen (Artt. 1 lit. b), 21 HEntfÜ). In seinem Anwendungsbereich geht das Übereinkommen dem Minderjährigenschutzabkommen gemäß Art. 34 S. 1 HEntfÜ vor. Persönlich ist das Übereinkommen nicht mehr anzuwenden, wenn das Kind das 16. Lebensjahr vollendet hat (Art. 4 S. 2 HEntfÜ).

---

360 Allgemein zum Tagungsprogramm und Beratungsverlauf der 14. Haager Konferenz *Böhmer,* RabelsZ 46 (1982), S. 643 f.

361 BGBl. 1990 II, S. 206; BGBl. 1991 II, S. 329.

362 Siehe Frankfurter Allgemeine Zeitung vom 13. 7. 2001, S. 9.

b) Kollisionsnorm, Art. 3 I lit. a) HEntfÜ

Die für die Anwendung des Übereinkommens wichtige Frage, wem das Sorgerecht zusteht, beurteilt sich gemäß Art. 3 I lit. a) HEntfÜ nach dem „Recht" des Staates, in dem das Kind seinen gewöhnlichen Aufenthalt unmittelbar vor der Entführung hatte. Das Sorgerecht kann sich nach Art. 3 II HEntfÜ unmittelbar aus dem Gesetz, auf Grund einer gerichtlichen oder behördlichen Entscheidung oder auf Grund einer nach dem Recht des betreffenden Staates wirksamen Vereinbarung ergeben.

Im Gegensatz zum Haager Minderjährigenschutz- oder Testamentsformabkommen beschränkt das Übereinkommen die Verweisung nicht auf das innerstaatliche Recht (*loi interne*) des betreffenden Staates. „Recht" im Sinne des Art. 3 I lit. a) HEntfÜ bezieht sich vielmehr auf die gesamte Rechtsordnung, auch auf die Kollisionsnormen des betreffenden Staates (Gesamtverweisung)[363]. Diese Auslegung des Begriffs „Recht" wird durch die Materialien zum Übereinkommen gestützt. Die Delegierten der Spezialkommission haben sich ausdrücklich für eine Gesamtverweisung ausgesprochen[364]. Der Vorschlag der Delegation des Vereinigten Königreiches, eine Klarstellung im Text vorzunehmen[365], fand keine Mehrheit. Denn Praxis der Haager Konferenz ist es, eine Gesamtverweisung vorzusehen, sofern nicht ausdrücklich eine Verweisung auf das innerstaatliche Recht ausgesprochen wird[366].

Bei einer Entführung aus Deutschland ist das Kindschaftsstatut nach Art. 21 EGBGB zu bestimmen[367]; etwaige Rück- und Weiterverweisungen sind im Rahmen des Abkommens zu beachten. Soweit ersichtlich, sind bisher aber keine Ent-

---

363 LG Augsburg vom 26. 2. 1996 – 5 T 3660/95, FamRZ 1996, S. 1033 = IPRspr. 1996 Nr. 218, S. 519, 520; AG Bielefeld vom 9. 12. 1991 – 34 FH 1/91 FamRZ 1992, S. 467 = IPRspr. 1991 Nr. 130, S. 242 f.; Actes et documents XIV/3 (1982), S. 445 Nr. 66 = BT-Drucks. 11/5314, S. 48 Nr. 66 (Bericht *Pérez-Vera*); *Graue*, RabelsZ 57 (1993), S. 26, 56; *Hüßtege*, UCCJA, S. 208 f.; *ders.*, IPRax 1992, S. 369, 371; *Jayme*, IPRax 1992, S. 390, 391; *Jorzik*, S. 31; *Mansel*, NJW 1990, S. 2176, 2177; MünchKomm-*Siehr*, Art. 19 EGBGB Anh. II Rdn. 25; *Palandt/Heldrich*, Anh. zu Art. 24 EGBGB Rdn. 65; *Staudinger/Pirrung*, Vorbem. zu Art. 19 EGBGB Rdn. 639.

364 Nur eine Stimme hat in der *Spezialkommision* gegen die Einbeziehung des Renvoi in Art. 3 HEntfÜ gestimmt (Actes et documents XIV/3 [1982], S. 190 Nr. 62 [Bericht zum Vorentwurf *Pérez-Vera*]).

365 Actes et documents XIV/3 (1982), S. 256 (Arbeitsdokument Nr. 2).

366 Actes et documents XIV/3 (1982), S. 260 (Protokoll Nr. 2); *Sauveplanne*, Int. Enc. Comp. L. III (1990), Ch. 6 sec. 20, S. 13.

367 *Palandt/Heldrich* Anh. zu Art. 24 EGBGB Rdn. 65; a. A. MünchKomm-*Siehr*, Art. 19 EGBGB Anh. II Rdn. 25, der Art. 3 MSA als selbständige Kollisionsnorm ansieht (siehe auch *Staudinger/Kropholler*, Vorbem. zu Art. 19 EGBGB Rdn. 280).
Gerichtliche oder behördliche Entscheidungen über das Sorgerecht sind bei der Beurteilung der Widerrechtlichkeit aus der Sicht des nach Art. 3 I lit. b) HEntfÜ maßgeblichen Rechts unmittelbar bedeutsam. Einer förmlichen oder formlosen Anerkennung dieser Entscheidung bedarf es nicht (*Staudinger/Pirrung*, Vorbem. zu Art. 19 EGBGB Rdn. 640).

scheidungen zum Entführungsabkommen veröffentlicht worden, in denen Gerichte über Kollisionsnormen, die am gewöhnlichen Aufenthaltsort des Kindes gelten, zu einem Renvoi gekommen sind[368]. Die deutsche Praxis, aber auch die der Vertragsstaaten, begnügt sich erstaunlicherweise allein mit dem Hinweis auf das Sachrecht des Staates, ohne das IPR näher zu prüfen.[369] Diese Vorgehensweise wird in den meisten Fällen zum „richtigen“ Ergebnis führen, weil das Kind in dem betreffenden Staat regelmäßig seinen gewöhnlichen Aufenthalt vor der Entführung hatte[370].

Beispiel: Im Jahre 1991 mußte sich das *AG Saarbrücken* mit der Frage befassen, ob es dem Wohl eines 2-jährigen Kindes entspräche, die Rückgabe des Kindes an den im US-Bundesstaat Maryland lebenden Vater anzuordnen[371]. Die deutsche Mutter war mit dem Kind ohne Wissen des Vaters vom gemeinsamen Wohnsitz Maryland nach Deutschland gereist. Noch während des Verfahrens weigerte sie sich, mit dem Kind in die Vereinigten Staaten zurückzukehren.

Das *AG Saarbrücken* hat für die Frage, wem das Sorgerecht zustand und ob die Entführung widerrechtlich war, nach Art. 3 I lit. a) HEntfÜ ohne ausdrückliche Prüfung des Internationalen Privatrechts das Sachrecht von Maryland angewandt. Richtigerweise hätte das Kollisionsrecht des Staates geprüft werden müssen, in dem das Kind unmittelbar vor der Entführung seinen gewöhnlichen Aufenthalt hatte. Vorliegend verweist Art. 3 I lit. a) HEntfÜ zunächst auf den Mehrrechtsstaat USA; die maßgebliche Teilrechtsordnung ist durch Art. 3 I lit. a) HEntfÜ noch nicht eindeutig bestimmt. Nach Art. 31 lit. b) HEntfÜ bezieht sich in einem solchen Fall die Verweisung auf das Recht der Gebietseinheit, in dem das Kind im Zeitpunkt der Entführung unmittelbar seinen gewöhnlichen Aufenthalt hatte[372].

---

368 LG Augsburg vom 26. 2. 1996 – 5 T 3660/95, FamRZ 1996, S. 1033 = IPRspr. 1996 Nr. 218, S. 519, 520; AG Bielefeld vom 9. 12. 1991 – 34 FH 1/91 FamRZ 1992, S. 467 = IPRspr. 1991 Nr. 130, S. 242 f. In Österreich: öst. OGH 11. 7. 1990 – 1 Ob 614/90, ÖJBl. 113 (1991), S. 389 f.; öst. OGH vom 20. 5. 1992 – 1 Ob 532/92, ZfRV 34 (1993), Nr. 15 S. 34.

369 OLG Düsseldorf vom 14. 7. 1993 – 4 UF 66/93, FamRZ 1994, S. 181 f. = IPRspr. 1993 Nr. 96, S. 222, 223; OLG Düsseldorf vom 27. 7. 1993 – 5 UF 79/93, FamRZ 1994, S. 185 = IPRspr. 1993 Nr. 99, S. 227, 228; OLG Stuttgart vom 3. 1. 1996 – 17 UF 396/95, FamRZ 1996, S. 689 f. = IPRspr. 1996 Nr. 86, S. 185, 186; OLG Zweibrücken vom 1. 3. 1996 – 5 UF 169/95, FamRZ 1997, S. 108 f. = IPRspr. 1996 Nr. 91, S. 195, 196; OLG Frankfurt vom 25. 2. 1997 – 6 UF 30/97, FamRZ 1997, S. 1100 = IPRspr. 1997 Nr. 94, S. 173, 174; AG Saarbrücken vom 19. 7. 1991 – 40 F 177/91, IPRax 1992, S. 387 = IPRspr. 1991 Nr. 120, S. 223, 224; AG Hamburg-Altona vom 11. 9. 1991 – 351 F 128/91, IPRax 1992, S. 390 = IPRspr. 1991 Nr. 122, S. 226 f.; AG Mannheim vom 7. 3. 1997 – 3C F 40/97 So, FamRZ 1997, S. 1101 = IPRspr. 1997 Nr. 95, S. 176. In anderen Vertragsstaaten: Siehe *Staudinger/Pirrung,* Vorbem. zu Art. 19 EGBGB Rdn. 639 für die Praxis der englischen Gerichte; für Frankreich: Cass. civ. vom 16. 12. 1992 (X... c. Mme Y...), D. S. Jur. 1993, S. 570 note *Massip.*

370 *Staudinger/Pirrung,* Vorbem. zu Art. 19 EGBGB Rdn. 639.

371 AG Saarbrücken vom 19. 7. 1991 – 40 F 177/91, IPRax 1992, S. 387 ff. = IPRspr. 1991 Nr. 120, S. 223 ff.

372 MünchKomm-*Siehr,* Art. 19 EGBGB Anh. II Rdn. 96.

Das *AG Saarbrücken* hätte daher das IPR des US-Bundesstaates Maryland prüfen müssen.

Im Kollisionsrecht der Einzelstaaten ist in Sorgerechtsangelegenheiten Hauptanknüpfungspunkt traditionell die *jurisdiction*[373]. Die Gerichte Marylands wenden ihr eigenes Recht an, wenn sie *jurisdiction* haben. In Maryland ist der Uniform Child Custody Jurisdiction Act (UCCJA) in Kraft getreten[374]. Nach § 23[375] i. V. m. § 3 a (1) (ii)[376] UCCJA hat Maryland im vorliegenden Fall seine *jurisdiction*[377] behalten, da dieser US-Bundesstaat während der sechs Monate vor der Entführung der Heimatstaat des Kindes war. Das Kollisionsrecht des US-Bundesstaates Maryland erklärt somit keinen Renvoi auf das deutsche Recht; anwendbar sind die Sachnormen des US-Bundesstaates Maryland[378]. Die unterbliebene Prüfung des Kollisionsrechts durch das *AG Saarbrücken* hat sich letztlich nicht negativ ausgewirkt.

Nach dem Sachrecht von Maryland steht den Eltern gemeinsam das Sorgerecht zu[379]. Im Sinn des Übereinkommens umfaßt das „Sorgerecht" gemäß Art. 5 lit. a) HEntfÜ die Sorge für die Person des Kindes und insbesondere das Recht, den Aufenthalt zu bestimmen[380]. Da der Vater das Sorgerecht im Zeitpunkt des Verbringens des Kindes nach Deutschland auch tatsächlich ausgeübt hat (Art. 3 I lit. b) HEntfÜ), wurde das Kind durch die Mutter unter Verletzung des Mitsorgerechts des Vaters und damit widerrechtlich im Sinne des Art. 3 I HEntfÜ nach Deutschland verbracht. Das *AG Saarbrücken* lehnte im vorliegenden Fall trotzdem eine Rückführung des Kindes ab; es stützte seine Entscheidung auf Art. 13 I lit. b) HEntfÜ. Durch den plötzlichen Wechsel in der Bezugsperson des Kindes könnten

---

373 Vgl. *Sampsell v. Superior Court,* 32 Cal.2d 763, 197 P.2d 739 (1948); § 79 of Restatement 2d, Conflict of Laws (1971); *Bergmann/Ferid/Henrich-Henrich,* USA III A 4, S. 58; *Scoles/Hay/Borchers/Symeonides,* Conflict of Laws, § 15.39, S. 658; siehe auch *Weintraub,* Commentary on the Conflict of Laws, § 5.3B, S. 269.

374 Das Gesetz wurde von allen Bundesstaaten ratifiziert (*Bergmann/Ferid/Henrich-Henrich,* USA C 2, S. 92 Fn. 31).

375 § 23 UCCJA: The general policies of this Act extend to international area (Auszug, vollständiger Text in: *Bergmann/Ferid/Henrich-Henrich,* USA C 2, S. 104).

376 § 3 a (1) (ii) UCCJA: A court of this State which is competent to decide child custody matters has jurisdiction to make a child custody determination by inital or modification decree if this state had been the child's home state within 6 months before commencement of the proceeding and the child is absent from this State because of his removal or retention by a person claiming his custody or for other reasons, and a parent or person acting as a parent continues to live in his state (Text in: *Bergmann/Ferid/Henrich-Henrich,* USA C 2, S. 94).

377 Zur traditionellen Sichtweise der *jurisdiction* siehe 2. Kapitel, § 5 III. 5. b) bb) (4).

378 *Hüßtege,* IPRax 1992, S. 369, 371.

379 *Bergmann/Ferid/Henrich-Henrich,* USA III A 2 c), S. 47 f. (Siehe *Bergmann/Ferid/Henrich-Henrich,* USA III D Maryland, S. 142 mit Verweis auf die allgemeine Darstellung).

380 Actes et documents XIV/3 (1982), S. 451 f. Nr. 84 = BT-Drucks. 11/5314, S. 51 Nr. 84 (Bericht *Pérez-Vera*); MünchKomm-*Siehr,* Art. 19 EGBGB Anh. II Rdn. 33; *Young,* IPRax 1996, S. 221, 222; a. A. *Staudinger/Pirrung,* Vorbem. zu Art. 19 EGBGB Rdn. 649.

schwere seelische Schäden bei diesem Kind entstehen; zudem erscheine fraglich, ob der berufstätige Vater seine Erwerbstätigkeit für einen längeren Zeitraum aufgeben und sich allein der Erziehung des Kindes widmen könne[381].

7. Europäisches Sorgerechtsübereinkommen von 1980

Das Luxemburger Europäische Übereinkommen über die Anerkennung und Vollstreckung von Entscheidungen über das Sorgerecht für Kinder und die Wiederherstellung des Sorgerechtsverhältnisses vom 20. 5. 1980 (ESÜ) ist für die Bundesrepublik Deutschland am 1. 12. 1991 in Kraft getreten[382]. Das Übereinkommen regelt die Anerkennung und Vollstreckung von Sorgerechtsentscheidungen (Art. 7 ESÜ); es schließt damit die Lücke des Art. 7 S. 2 MSA, wonach sich die Vollstreckung von Schutzmaßnahmen nach dem jeweiligen innerstaatlichen Recht der Vertragsstaaten richtet. Das ESÜ kann aber auch im Fall des unzulässigen Verbringens zur Wiederherstellung des Sorgerechtsverhältnisses eingreifen (Artt. 8, 9). Anders als nach dem Kindesentführungsübereinkommen setzt das ESÜ für ein unzulässiges Verbringen zunächst die Verletzung einer Sorgerechts*entscheidung* voraus (Art. 1 lit. d), die auch nach dem Verbringen beantragt und erlangt sein darf (Artt. 1 lit. d) ii), 12)[383]. Indes hat die Konvention für die Rückführung entführter Kinder eher geringere Bedeutung[384]. Das Haager Kindesentführungsübereinkommen geht nach § 12 des deutschen Sorgerechtsübereinkommens-Ausführungsgesetzes vom 5. 4. 1990[385] dem ESÜ grundsätzlich vor, wenn die Rückgabe des Kindes nach beiden Staatsverträgen in Frage kommt.

Rück- und Weiterverweisung können zum Beispiel bei dem Kindesbegriff nach Art. 1 lit. a) ESÜ relevant werden:

Art. 1. Im Sinne dieses Übereinkommens bedeutet:

a) *Kind* eine Person, gleich welcher Staatsangehörigkeit, die das 16. Lebensjahr noch nicht vollendet hat und noch nicht berechtigt ist, nach dem Recht ihres gewöhnlichen Aufenthalts, dem Recht des Staates dem sie angehört, oder dem innerstaatlichen Recht des ersuchten Staates ihren eigenen Aufenthalt zu bestimmen, ...

---

381 AG Saarbrücken vom 19. 7. 1991 – 40 F 177/91, IPRax 1992, S. 387, 388 = IPRspr. 1991 Nr. 120, S. 223, 224 f. Kritisch zu dieser Begründung *Hüßtege,* IPRax 1992, S. 369, 372; ablehnend *Junker,* IPR, Rdn. 562.

382 BGBl. 1990 II, S. 236; BGBl. 1991 II, S. 392.

383 Zum unzulässigen Verbringen rechnet Art. 1 lit. d) i) ESÜ darüber hinaus das widerrechtliche Zurückhalten.

384 *Junker,* IPR, Rdn. 563; *Pirrung,* RabelsZ 57 (1993), S. 124, 140.

385 BGBl. 1990 I, S. 701. Zur Änderung des deutschen Sorgerechtsübereinkommens-Ausführungsgesetzes vom 13. 4. 1999 (BGBl. 1999 I, S. 702): *Staudinger,* IPRax 2000, S. 194, 200.

Der Kindesbegriff im ESÜ ist damit enger als im Haager Kindesentführungsabkommen, denn über das Nichterreichen der Altersgrenze hinaus darf das Kind weder nach dem Recht seines gewöhnlichen Aufenthalts, noch nach seinem Heimatrecht oder dem innerstaatlichen Recht des ersuchten Staates seinen eigenen Aufenthalt bestimmen[386]. Die Verweisungen in Art. 1 lit. a) ESÜ beziehen sich jeweils auf das „Recht" des Aufenthalts- oder Heimatstaates; eine Ausnahme bildet die ausdrückliche Verweisung auf das „innerstaatliche Recht" des um Rechtshilfe ersuchten Staates. Aus dem unterschiedlichen Wortlaut ergibt sich, daß sich jene Verweisungen als Gesamtverweisungen auch auf das IPR des betreffenden Staates beziehen[387]. Durch die Beachtung des Kollisionsrechts von Aufenthalts- und Heimatstaat kann im ersuchten Staat genauso entschieden werden wie im Heimat- oder Aufenthaltsstaat. Da mit der Anknüpfung an das Heimatrecht und den gewöhnlichen Aufenthalt bereits die normalen Anknüpfungsmomente verbraucht sind, genügt in Art. 1 lit. a) darüber hinaus eine Verweisung auf die Sachvorschriften des ersuchten Staates. Damit spricht auch der Sinn der einzelnen Verweisungen dafür, bei der Anknüpfung an das Heimatrecht und an den gewöhnlichen Aufenthalt das jeweilige IPR in die Prüfung mit einzubeziehen.

Über Art. 1 lit. a) ESÜ hinaus verweist die Konvention in drei weiteren Fällen auf das Recht des ersuchten Staates (Artt. 8 II, 10 I lit. a), 19 ESÜ). Diese drei Fälle sind ebenfalls als Sachnormverweisung zu verstehen: Ob für die Wiederherstellung des Sorgerechtsverhältnisses nach dem Recht des ersuchten Staates ein Gericht zuständig ist, stellt sich allein als eine Frage des Prozeßrechts dar (Art. 8 II ESÜ). Unter welchen Voraussetzungen der ordre public in Art. 10 I lit. a) ESÜ eingreift, kann ebenso nur das innerstaatliche Recht des ersuchten Staates befinden. Schließlich spricht Art. 19 ESÜ eine Sachnormverweisung aus; er ermöglicht unabhängig von den Vorschriften der Konvention die Anerkennung und Vollstrekkung einer Entscheidung nach dem autonomen Recht.

8. Europäisches Schuldvertragsübereinkommen von 1980

Das Römische EWG-Übereinkommen über das auf vertragliche Schuldverhältnisse anzuwendende Recht vom 19. 6. 1980 ist für die Bundesrepublik Deutschland am 1. 4. 1991 im Verhältnis zu Belgien, Dänemark, Frankreich, Italien, Luxemburg und dem Vereinigten Königreich in Kraft getreten[388]. Allerdings hat der

386 *Böhmer/Siehr-Siehr* II, 7.10 Rdn. 12; MünchKomm-*Siehr,* Art. 19 EGBGB Anh. III Rdn. 12.

387 *Böhmer/Siehr-Siehr* II, 7.10 Rdn. 12; *Hüßtege,* IPRax 1992, S. 369, 370; *Jorzik,* S. 95; MünchKomm-*Siehr,* Art. 19 EGBGB Anh. III Rdn. 12.

388 BGBl. 1991 II, S. 871. Heute gilt das EVÜ ferner für die Niederlande (1. 9. 1991, BGBl. 1992 II, S. 550), Irland (1. 1. 1992, BGBl. 1992 II, S. 550), Griechenland (12. 7. 1992, BGBl. 1992 II, S. 872), Portugal und Spanien (1. 9. 1995, BGBl. 1995 II, S. 908), Österreich (1. 12. 1998, BGBl. 1999 II, S. 7, zu den Problemen der österreichischen Ratifikation

Gesetzgeber in Art. 1 II des Zustimmungsgesetzes angeordnet, daß die staatsvertraglichen Vorschriften des EVÜ innerhalb der Bundesrepublik Deutschland keine unmittelbare Anwendung finden; mit den Art. 27–37 EGBGB wurde jedoch der größte Teil der Vorschriften des EVÜ in das nationale Recht überführt; die übrigen Vorschriften wurden wegen ihrer über das Vertragsrecht hinausgehenden Bedeutung an anderer Stelle in das EGBGB eingefügt.[389] Rück- und Weiterverweisung im Internationalen Schuldvertragsrecht schließt Art. 15 EVÜ stets aus[390]. In Art. 35 I EGBGB wurde die Formulierung „nach diesem Übereinkommen" durch „nach diesem Unterabschnitt" ersetzt. Heute bestehen aber keine Zweifel, Art. 35 I EGBGB auch für die außerhalb des Unterabschnittes „Internationales Schuldvertragsrecht" (Artt. 27–37 EGBGB) geregelten, jedoch gleichfalls auf dem EVÜ beruhenden Vorschriften (Artt. 11 II-IV, 12 I 1 EGBGB) anzuwenden[391]. Umstritten ist die Frage, inwiefern die Parteien im Rahmen des EVÜ die Befugnis haben, ein Kollisionsrecht zu wählen. Zutreffend dürfte die Ansicht sein, die eine Kollisionsnormverweisung der Parteien berücksichtigt, da die Schranke des Art. 4 II EGBGB innerhalb des EVÜ wegen Art. 3 II 1 EGBGB keine Wirkung entfalten kann[392].

§ 6 Kollisionsrechtliche Staatsverträge ohne deutsche Beteiligung

Die neueren kollisionsrechtlichen Staatsverträge sind auch dann anzuwenden, wenn das anzuwendende Recht nicht das Recht eines Vertragsstaates ist; die Übereinkommen sind als *lois uniformes* ausgestaltet worden. Konventionen, die bereits im Ausland gelten, denen die Bundesrepublik Deutschland aber noch nicht beigetreten ist, können eine für den deutschen Richter nach Art. 4 I EGBGB zu beachtende Rück- und Weiterverweisung aussprechen[393]. Im folgenden werden beispielhaft das Haager Übereinkommen über Straßenverkehrsunfälle von 1971, das Haager Übereinkommen über die Produkthaftpflicht von 1973, das Haager Ehegüter-

---

Rudisch, RabelsZ 63 [1999], S. 70, 72 ff.), Finnland (1. 4. 1999) und Schweden (1. 10. 1998, BGBl. 1999 II, S. 7). Zum Stand der Ratifikationen *Jayme/Kohler,* IPRax 1999, S. 401, 411.

389 BGBl. 1986 II, S. 810.

390 BT-Drucks. 10/503, S. 69, 70 (Bericht *Giuliano/Lagarde*).

391 MünchKomm-*Martiny,* Art. 35 EGBGB Rdn. 2; *Soergel/von Hoffmann,* Art. 35 EGBGB Rdn. 4.

392 So auch *Junker,* IPR, Rdn. 350; *Kropholler,* IPR, § 24 II 6, S. 159; MünchKomm-*Martiny,* Art. 35 EGBGB Rdn. 5; *Schröder,* IPRax 1987, S. 90, 92; *Soergel/von Hoffmann,* Art. 35 EGBGB Rdn. 7; kritisch zu Art. 4 II EGBGB *H Stoll,* IPRax 1984 1, 2 f.; a. A. *von Bar,* IPR I, Rdn. 541, 620; *ders.,* IPR II, Rdn. 424; *Kartzke,* IPRax 1988, S. 8; *W. Lorenz,* IPRax 1987, S. 269, 276.

393 *Dessauer,* ZVglRWiss 81 (1982), S. 215, 245; *Jayme,* FS Beitzke, S. 541, 543; *Junker,* IPR, Rdn. 209; *Neuhaus,* Grundbegriffe des IPR, § 36 V, S. 280 f.; *Staudinger/Hausmann,* Art. 4 EGBGB Rdn. 115, 134.

rechtsübereinkommen von 1978, das Haager Eheschließungsübereinkommen von 1978 und das Haager trust-Übereinkommen von 1985 hinsichtlich einer Rückverweisung auf das deutsche Recht untersucht. Das Haager Erbrechtsübereinkommen von 1989 wird hier zunächst ausgespart, da es noch nicht in Kraft getreten ist[394].

I. Haager Übereinkommen über Straßenverkehrsunfälle von 1971

Das Haager Übereinkommen über das auf Straßenverkehrsunfälle anzuwendende Recht (HStVÜ) wurde auf der 11. Session von 1968 ausgearbeitet. Die Konvention ist am 4. 5. 1971 von den ersten Staaten gezeichnet worden und am 3. 6. 1975 für Belgien, Frankreich und Österreich in Kraft getreten[395]. Inzwischen sind dem Übereinkommen alle wichtigen europäische Reiseländer außer der Bundesrepublik Deutschland beigetreten[396]; eine Ratifikation durch die Bundesrepublik wird von der überwiegenden Anzahl der deutschen Autoren zu Recht abgelehnt[397]. Das Anknüpfungssystem des Übereinkommens ist, wie gleich zu zeigen sein wird, zu kompliziert. Durch seine Beschränkung auf das außervertragliche Haftungsrecht schließt das Abkommen zudem eine akzessorische Anknüpfung aus[398].

1. Grundzüge

Das Übereinkommen regelt das auf die außervertragliche Haftung aus einem Straßenverkehrsunfall anzuwendende Recht; dazu zählt nicht nur die deliktische Verschuldenshaftung, sondern auch die Gefährdungshaftung[399] und zwar unabhängig von der Art des Verfahrens, in dem darüber befunden wird (Art. 1 I HStVÜ). Anzuwenden ist in erster Linie das innerstaatliche Recht des Unfallortes (Art. 3 HStVÜ). In manchen Fällen weicht das Abkommen von diesem Grundsatz ab, indem es nicht das Recht des Unfallortes, sondern das Recht am Registrierungsort oder gewöhnlichen Standort des Fahrzeugs zur Anwendung beruft.

Ist nur ein Fahrzeug an dem Unfall beteiligt und ist dieses Fahrzeug in einem anderen als dem Unfallstaat zugelassen, kommt für die Ersatzansprüche des Fahrzeugsführers, Halters, Eigentümers oder sonstigen Fahrzeugberechtigten gemäß

394 Zum Ratifikations- und Zeichnungsstand siehe *Jayme/Hausmann,* IPR-Texte, vor Nr. 60, S. 134 Fn. 2. Näheres zum Erbrechtsübereinkommen im 4. Kapitel, § 14 II.

395 *Jayme/Hausmann,* IPR-Texte, Nr. 100, S. 217 Fn. 4.

396 Übersicht der Vertragsstaaten in: *Jayme/Hausmann,* IPR-Texte, Nr. 100, S. 217 Fn. 4.

397 *Beitzke,* RabelsZ 33 (1969), S. 204, 214 f.; *Kropholler,* IPR, § 53 VI 1, S. 469; *W. Lorenz,* RabelsZ 57 (1993), S. 175, 188 ff.; *H. Stoll,* FS Kegel 1977, S. 113, 126 f. Eine Ratifikation befürwortet *Staudinger/von Hoffmann,* Art. 38 EGBGB Rdn. 310.

398 *Deutsch,* Internationales Verkehrsunfallrecht, in: Vorschläge und Gutachten 1983, S. 202, 214; *H. Stoll,* FS Kegel 1977, S. 113, 124.

399 *Beitzke,* RabelsZ 33 (1969), S. 204, 214; *Schwimann,* Grundriß des IPR, S. 155.

Art. 4 lit. a) 1. Fall HStVÜ das Recht des Zulassungsstaates zur Anwendung; für die Ansprüche eines Fahrgastes gilt das Recht des Zulassungsstaates nur dann, wenn er seinen gewöhnlichen Aufenthalt nicht im Unfallstaat hat (Art. 4 lit. a) 2. Fall HStVÜ). Bei Geschädigten, die sich im Zeitpunkt des Unfalles außerhalb des Fahrzeugs befanden, ist das Recht des Zulassungsstaates nach Art. 4 lit. a) 3. Fall HStVÜ maßgebend, wenn sie ihren gewöhnlichen Aufenthalt im Zulassungsstaat haben. Sind mehrere Fahrzeuge an dem Unfall beteiligt, so ist das innerstaatliche Recht des Zulassungsstaates nur berufen, wenn beide Fahrzeuge in demselben Staat zugelassen sind (Art. 4 lit. b) HStVÜ). Sind Personen an dem Unfall beteiligt, die sich am Unfallort außerhalb der Fahrzeuge befanden, gelten die vorgenannten Vorschriften nur dann, wenn alle diese Personen ihren gewöhnlichen Aufenthalt im Zulassungsstaat haben; das Recht des Zulassungsstaates gilt auch, wenn sie Verletzte des Unfalls sind (Art. 4 lit. c) HStVÜ)[400]. Für nicht zugelassene oder in mehreren Staaten zugelassene Fahrzeuge ersetzt der gewöhnliche Standort den Zulassungsstaat des Fahrzeugs als Anknüpfungsmerkmal (Art. 6 S. 1 HStVÜ). Der gewöhnliche Standort tritt auch an die Stelle des Registrierungsortes des Fahrzeugs, wenn zur Zeit des Unfalles weder Eigentümer noch Halter noch Lenker ihren gewöhnlichen Aufenthalt im Zulassungsstaat hatten (Art. 6 S. 2 HStVÜ)[401].

Alle diese Kollisionsnormen verweisen unmittelbar auf die Sachordnung der entsprechenden Rechtsordnung[402]. Rück- und Weiterverweisung scheiden insoweit aus. Die Vorschriften des Übereinkommens sind als *loi uniforme* ausgestaltet (Art. 11 S. 2 HStVÜ). So wandte der österreichische OGH auf einen Verkehrsunfall zwischen einem österreichischen und einem deutschen LKW in Deutschland die Vorschriften des Haager Übereinkommens an[403], obwohl dem HStVÜ nur die Republik Österreich nicht aber die Bundesrepublik Deutschland beigetreten ist[404].

2. *Rückverweisung*

Das Haager Übereinkommen über Straßenverkehrsunfälle kann nur dann durch eine Rückverweisung für deutsche Gerichte erheblich werden, wenn im Internationalen Deliktsrecht ein Renvoi zulässig ist[405]. Das Gesetz zum Internationalen Pri-

---

400 Ausführlich zum Anknüpfungssystem des Art. 4 HStVÜ: Actes et documents XI / III (1970), S. 206 – 210 (Bericht *Essén*).

401 Actes et documents XI / III (1970), S. 211 (Bericht *Essén*).

402 *De Nova,* FS Rheinstein I, S. 399, 405 Fn. 8; *Staudinger / von Hoffmann,* Art. 38 EGBGB Rdn. 309.

403 Öst. OGH vom 10. 5. 1983 – 4 Ob 35 / 83, ÖJBl. 106 (1984), S. 505 f.; siehe auch Cass. civ. vom 5. 1. 1999 (Avci c. Aydogan et Cie Zurich assurances), Rev. crit. 88 (1999), S. 297 note *P. L.*

404 Öst. BGBl. 1975 III, S. 1681.

405 Pro Renvoi: *Von Bar,* IPR II, Rdn. 691; *Palandt / Heinrichs,* Art. 40 EGBGB Rdn. 1; *Soergel / Lüderitz,* Art. 38 EGBGB Rdn. 119; *Lüderitz,* IPR, Rdn. 310; differenzierend:

vatrecht für außervertragliche Schuldverhältnisse und für Sachen vom 21. 5. 1999[406] sieht keinen ausdrücklichen Ausschluß von Rück- und Weiterverweisung im Internationalen Deliktsrecht vor; vielmehr stellt die Begründung des Regierungsentwurfs klar, daß die Neuregelung für ihren Geltungsbereich bewußt bei der Grundsatzregel des Art. 4 I 1 EGBGB bleibt[407]. Mit der überwiegenden Auffassung ist ein Renvoi daher zu bejahen, wenn das durch Art. 40 I 1 EGBGB berufene fremde Kollisionsrecht des Handlungsortes bei einem Platzdelikt zurück- oder weiterverweist. In einem solchen Fall eines einheitlichen Deliktsortes gibt es für den Geschädigten keine Optionsmöglichkeit zum Recht des Erfolgsortes nach Art. 40 I 2 EGBGB[408]. Straßenverkehrsunfälle sind regelmäßig Platzdelikte[409]. Befolgt man Rück- und Weiterverweisung, kann bei einem Verkehrsunfall eine Verweisung des Unfallortes auf deutsches Recht als Rückverweisung angenommen werden, wenn sie aus einem im Unfallstaat, aber nicht in Deutschland geltenden Staatsvertrag folgt[410]. Deutsche Gerichte haben dementsprechend die Verweisungen des damaligen jugoslawischen Unfallrechts[411] auf deutsches Recht durch Art. 4 HStVÜ berücksichtigt[412].

MünchKomm-*Kreuzer,* Art. 38 Rdn. 26 ff.; *Mansel,* ZVglRWiss 86 (1987), S. 1, 5, 19. Contra Renvoi: *von Hoffmann,* IPRax 1996, S. 1, 7; *ders.,* IPR, § 11 Rdn. 60–61; *Kropholler,* RabelsZ 33 (1969), S. 601, 645; *Nanz,* VersR 1981, S. 212, 217; *Staudinger/von Hoffmann,* Art. 38 EGBGB Rdn. 164.

406 BGBl. 1999 I, S. 1026. Das Gesetz ist am 1. 6. 1999 in Kraft getreten (abgedruckt in: IPRax 1999, S. 285 f.). Dazu *Junker,* RIW 2000, S. 241 ff.; *Pfeiffer,* NJW 1999, S. 3674, 3675 ff.; *Spickhoff,* NJW 1999, S. 2209 ff.; *Wagner,* IPRax 1999, S. 210 ff. Zum Regierungsentwurf vom 24. 8. 1998 (abgedruckt in: IPRax 1998, S. 513–514): *Wagner,* IPRax 1998, S. 429 ff.

407 BT-Drucks. 14/343, S. 8 (Begründung des Regierungsentwurfs). Im Referentenentwurf (RefE) vom 15. 5. 1984 sah Art. 42 II EGBGB noch den Ausschluß des Renvoi für außervertragliche Schuldverhältnisse vor (Text bei: *Spickhoff,* VersR 1985, S. 124); in dem folgenden Referentenentwuf vom 1. 10. 1993 findet sich kein Ausschluß des Renvoi (Text in: IPRax 1995, S. 132–133; zum RefE von 1993 *von Hoffmann,* IPRax 1996, S. 1 ff.).

408 Die Rechtsprechung hat für Platzdelikte auch schon vor der Neuregelung überwiegend einen Renvoi beachtet: BGH vom 9. 11. 1965 VI ZR 260/63, VersR 1966, S. 283, 284 = IPRspr. 1964/65 Nr. 53, S. 189; BGH vom 21. 1. 1971 – II ZR 147/68, VersR 1971, S. 412, 413 = IPRspr. 1971 Nr. 1, S. 1, 3; OLG Hamm vom 18. 4. 1978–9 U 9/77, IPRspr. 1978 Nr. 22, S. 36 f.; OLG München vom 10. 12. 1983–10 U 3675/82, VersR 1984, S. 745 = IPRspr. 1983 Nr. 29, S. 84, 85; OLG Köln vom 12. 7. 1990–14 U 4/90, IPRspr. 1991, Nr. 51, S. 88, 90; OLG Köln vom 27. 5. 1993–12 U 230/92, NJW-RR 1994, S. 95, 96 = VersR 1993, S. 977 = IPRspr. 1993 Nr. 39, S. 102, 104.

409 *von Hoffmann,* IPR, § 11 Rdn. 46; *Junker,* JZ 2000, S. 477, 482; *Staudinger/von Hoffmann,* Art. 38 EGBGB Rdn. 298.

410 *Jayme,* FS Beitzke, S. 541, 547 f.; *ders.,* IPRax 1981, S. 17; *Junker,* JZ 2000, S. 477, 482.

411 Jugoslawien ist Vertragsstaat des HStVÜ seit dem 16. 12. 1975. Nach dem Zerfall des ehemaligen Jugoslawien bleibt die Rechtskontinuität mit der Bundesrepublik Jugoslawien erhalten (Art. 12 des Verfassungsgesetzes zur Durchführung der Bundesrepublik Jugosslawien, *Bergmann/Ferid/Henrich-Ge-Korošec,* Jugoslawien I 1, S. 2). Das Übereinkommen gilt heute für Slowenien (seit 25. 6. 1991), Mazedonien (seit 17. 9. 1991), Kroatien (seit 8. 10. 1991) und Bosnien-Herzegowina (seit 6. 3. 1992).

a) Tatortregel

In dem vom *LG Nürnberg-Fürth* entschiedenen Fall handelte es sich um einen Verkehrsunfall zweier Kraftfahrzeuge im ehemaligen Jugoslawien, an dem ein deutscher Staatsbürger und ein in Deutschland tätiger jugoslawischer Gastarbeiter beteiligt waren. Beide PKW waren in Deutschland zugelassen[413]. Eine Auflockerung der Tatortregel[414] und die Anknüpfung an das gemeinsame deutsche Aufenthaltsrecht der Parteien schied wegen der jugoslawischen Staatsangehörigkeit eines Unfallbeteiligten nach der damaligen Rechtsprechung des Bundesgerichtshofes aus[415]. Der BGH vertrat zu diesem Zeitpunkt den Standpunkt, daß an den Tatort und nicht an den gemeinsamen Aufenthalt anzuknüpfen sei, wenn die Parteien (oder auch nur eine der Parteien) die Staatsangehörigkeit des Tatortlandes haben[416]. Als *lex loci delicti* war damit zunächst jugoslawisches Kollisionsrecht maßgebend[417]. Jugoslawien ist dem Haager Straßenverkehrsübereinkommen beigetreten[418]. Nach Art. 4 lit. a) 1. Fall HStVÜ gilt das innerstaatliche Recht des Zulassungsstaates für die Ersatzansprüche von Fahrzeugführer, Halter, Eigentümer oder sonstigen Fahrzeugberechtigten. Sind mehrere Fahrzeuge an dem Unfall beteiligt, so ist Art. 4 lit. a) 1. Fall HStVÜ nur anzuwenden, wenn beide Fahrzeuge in demselben Staat zugelassen sind (Art. 4 lit. b) HStVÜ). Das *LG Nürnberg-Fürth* kam daher zur Anwendung deutschen Sachrechts als dem Recht des gemeinsamen Zulassungsstaates der Unfallbeteiligten[419].

Der Bundesgerichtshof hat bei einem Verkehrsunfall jugoslawischer Gastarbeiter in Österreich auf der Rückreise von Belgrad nach Deutschland weder das österreichische Tatortrecht noch das jugoslawische Heimatrecht der Beteiligten angewandt, sondern das deutsche Recht[420]. Dieses Ergebnis war aber nicht die Folge

412 LG Schweinfurt vom 25. 10. 1979 – 2 O 153/77, IPRax 1981, S. 26, 27 = IPRspr. 1979 Nr. 23A, S. 94, 95; LG Nürnberg-Fürth vom 31. 1. 1980 – 2 O 1119/79, VersR 1980, S. 955 = IPRspr. 1980 Nr. 32, S. 88, 89 f.; siehe ferner OLG Köln vom 4. 2. 1980 – 12 U 121/79, NJW 1980, S. 2646, 2647 = IPRspr. 1980, Nr. 33, S. 90, 93 f.

413 LG Nürnberg-Fürth vom 31. 1. 1980 – 2 O 1119/79, VersR 1980, S. 955 = IPRspr. 1980 Nr. 32, S. 88 ff.

414 Grundlegend: *Binder,* RabelsZ 20 (1955), S. 401 ff., S. 484; *Kropholler,* RabelsZ 33 (1969), S. 601, 616 ff.; *Morris,* Harv. L. Rev. 64 (1950 – 51), S. 881, 883 ff.

415 LG Nürnberg-Fürth vom 31. 1. 1980 – 2 O 1119/79, VersR 1980, S. 955 = IPRspr. 1980 Nr. 32, S. 88, 89.

416 BGH vom 5. 10. 1976 – VI ZR 253/75, NJW 1977, S. 496, 497 = IPRspr. 1976 Nr. 17, S. 64, 68.

417 LG Nürnberg-Fürth vom 31. 1. 1980 – 2 O 1119/79, VersR 1980, S. 955 = IPRspr. 1980 Nr. 32, S. 88, 89.

418 Jugoslawien seit dem 16. 12. 1975.

419 LG Nürnberg-Fürth vom 31. 1. 1980– 2 O 1119/79, VersR 1980, S. 955 = IPRspr. 1980 Nr. 32, S. 88, 89.

420 BGH vom 13. 3. 1984 – VI ZR 23/82, BGHZ 90, 294 (300 ff.) = NJW 1984, S. 2032, 2033 = IPRax 1985, S. 104, 105 f. = IPRspr. 1984 Nr. 29, S. 77, 82.

einer Rückverweisung auf der Grundlage des in Österreich und in Jugoslawien in Kraft getretenen Haager Übereinkommens, sondern einer Aufwertung des gewöhnlichen Aufenthalts der Beteiligten durch den Bundesgerichtshof. Danach wird das gemeinsame Aufenthaltsrecht jedenfalls dann angewandt, wenn ein zusätzliches Kriterium ebenfalls zu diesem Recht verweist. In der erwähnten Entscheidung des Bundesgerichtshofes war ein solches Kriterium die familienähnliche Gemeinschaft zwischen Schädiger und Geschädigten, in der sie schon Jahre vor dem Unfall in Deutschland zusammen gelebt hatten[421]. Später hat der BGH bei einem Verkehrsunfall in Portugal zwischen einem spanischen Schädiger und einem deutschen Geschädigten mit gewöhnlichem Aufenthalt in Deutschland ebenfalls deutsches Recht als Deliktsstatut angewendet, da beide Fahrzeuge in der Bundesrepublik zugelassen und versichert waren[422]. Das *OLG Düsseldorf* hat sogar in einer neueren Entscheidung bei einem Verkehrsunfall zum ersten Mal allein an den gewöhnlichen Aufenthalt von Schädiger und Geschädigten angeknüpft, ohne daß ein weiteres gemeinsames Kriterium zu diesem Recht verwiesen hätte[423]. Diesen Standpunkt nimmt nunmehr auch der Gesetzgeber in Art. 40 II 1 EGBGB ein. Danach unterliegen Ansprüche aus unerlaubter Handlung dem gemeinsamen Aufenthaltsrecht, wenn der Ersatzpflichtige und der Verletzte zur Zeit des Haftungsereignisses ihren gewöhnlichen Aufenthalt in demselben Staat hatten. Die Anknüpfung an den gewöhnlichen Aufenthalt in Art. 40 II 1 EGBGB lockert aber nicht mehr die althergebrachte Tatortregel auf, sondern wird neben dem Tatortrecht in Art. 40 I EGBGB zur zweiten Grundanknüpfung im deutschen Internationalen Deliktsrecht erhoben[424].

Die Tendenz der Rechtsprechung, bei Straßenverkehrsunfällen nach alter Rechtslage die Tatortregel aufzulockern, schloß das ausländische Tatortrecht aus, über das anzuwendende Recht mitzuentscheiden. Soweit als Tatortrecht das Recht eines Vertragsstaates des Haager Übereinkommens beteiligt war, wurde damit eine Rückverweisung über das HStVÜ auf das deutsche Recht unmöglich. Man mag diesen Ausschluß des Renvoi bedauern, letztlich lag der Auflockerung der Tatortregel und Art. 4 HStVÜ aber derselbe Gedanke zu Grunde: Die Regelanknüpfung an den Tatort wurde verdrängt durch eine noch engere Beziehung der Beteiligten zu einem anderen Recht; die Rückverweisung auf das deutsche Recht mit Hilfe des Übereinkommens wurde damit überflüssig.

---

421 BGH vom 13. 3. 1984 – VI ZR 23/82, BGHZ 90, 294 (300 ff.) = NJW 1984, S. 2032, 2033 = IPRax 1985, S. 104, 105 = IPRspr. 1984 Nr. 29, S. 77, 81 f.

422 BGH vom 8. 1. 1985 – VI ZR 22/83, BGHZ 93, 214 (219 f.) = NJW 1985, S. 1285, 1286 = IPRax 1986, S. 108, 110 = IPRspr. 1985 Nr. 37, S. 95, 99.

423 OLG Düsseldorf vom 8. 7. 1996 – 1 U 152/92, IPRax 1997, S. 422 = IPRspr. 1996 Nr. 42, S. 97, 98; dazu auch *Deville,* IPRax 1997, S. 409 ff.; *Junker,* RIW 1998, S. 741, 747 f.

424 *Junker,* RIW 2000, S. 241, 246; *Spickhoff,* NJW 1999, S. 2209, 2213.

b) Gemeinsamer gewöhnlicher Aufenthalt

Nach neuer Rechtslage kann es durch die Grundanknüpfung an den gewöhnlichen Aufenthalt in Art. 40 II 1 EGBGB wieder zur Rückverweisung durch das Haager Straßenverkehrsübereinkommen kommen[425]. *Beispiel:* Zwei Franzosen mieten auf dem Flughafen Köln / Bonn einen in Deutschland zugelassenen Leihwagen und verunglücken bei regenasser Fahrbahn kurz vor Aachen; an dem Unfall ist kein weiteres Fahrzeug beteiligt. Für einen Schadensersatzanspruch des Beifahrers gegen den Fahrer verweist aus deutscher Sicht Art. 40 II 1 EGBGB auf das französische Recht als das Recht des gemeinsamen gewöhnlichen Aufenthalts von Schädiger und Geschädigtem. Die Verweisung des Art. 40 II 1 EGBGB ist eine Gesamtverweisung[426]. Berufen sind damit die Vorschriften des Haager Straßenverkehrsübereinkommens von 1971 als Bestandteil des französischen Kollisionsrechts. Nach Art. 4 lit. a) 2. Fall HStVÜ ist für die Ersatzansprüche des Beifahrers das deutsches Recht als das Recht des Zulassungsstaates anwendbar, da der geschädigte Fahrgast seinen gewöhnlichen Aufenthalt nicht im Unfallstaat hatte. Es kommt zu einer Rückverweisung auf das deutsche Recht (Art. 4 I 2 EGBGB). Dieses Ergebnis überrascht. Es läßt sich wohl nur damit erklären, daß das Fahrzeug in Deutschland versichert ist und deshalb der Schaden von der deutschen Versicherung in Anwendung des deutschen Rechts leichter reguliert werden kann. Allerdings würde der französische Beifahrer im Beispielsfall höchstwahrscheinlich zur Durchsetzung seiner Ansprüche kein deutsches Gericht anrufen[427], sondern „seinen“ Fahrer in Frankreich verklagen. Die vorstehenden Überlegungen stellen sich somit in der Praxis wahrscheinlich eher selten. Darüber hinaus wird die Grundanknüpfung an den gewöhnlichen Aufenthalt im Internationalen Deliktsrecht in Art. 40 II 1 EGBGB nicht häufig zu einer Rückverweisung auf das deutsche Recht führen, da die Anknüpfung an den gewöhnlichen Aufenthalt neben dem Tatort auch in anderen nationalen Kollisionsrechten anerkannt ist[428].

II. Haager Übereinkommen über die Produkthaftpflicht von 1973

Durch Acte final vom 21. 10. 1972 wurde auf der 12. Session der Haager Konferenz das Haager Übereinkommen über das auf die Produktenhaftung (HPÜ) anzuwendende Recht verabschiedet; es ist am 2. 10. 1973 in Kraft getreten. Vertragsstaaten sind bisher Finnland, Frankreich, Kroatien, Luxemburg, Mazedonien, die Niederlande, Norwegen, Slowenien und Spanien[429]. Die Bundesrepublik hat nicht

---

425 *Junker,* JZ 2000, S. 477, 481 f.

426 *Junker,* JZ 2000, S. 477, 481; *Palandt/Heldrich,* Art. 40 EGBGB Rdn. 1. In Art. 14 I Nr. 2 EGBGB ist die Gesamtverweisung für die Anknüpfung an den gewöhnlichen Aufenthalt ebenfalls anerkannt (*von Bar,* IPR II, Rdn. 208).

427 Deutsche Gerichte wären gemäß Art. 5 Nr. 3 EuGVÜ international zuständig.

428 Art. 133 I CH-IPRG; Art. 48 I 2 Ö-IPRG; siehe auch Art. 62 II ital. IPRG.

die Absicht, das Abkommen zu ratifizieren[430]. Inzwischen hat die Haager Konferenz ein „Remake" des Übereinkommens erwogen[431].

1. Grundzüge

In sachlicher Hinsicht findet das Übereinkommen Anwendung auf Personen-, Sach- und Vermögensschäden, die durch ein Produkt oder infolge einer fehlerhaften oder unterlassenen Produktbeschreibung entstehen (Art. 1 I i. V. m. Art. 2 HPÜ). Schäden am Produkt selbst und die daraus resultierenden Vermögensschäden werden vom sachlichen Wirkungsbereich nicht erfaßt[432]. Ebensowenig findet die Konvention Anwendung, wenn die in Anspruch genommene Person das Eigentum oder den Besitz der geschädigten Person übertragen hat (Art. 1 II HPÜ)[433]. In persönlicher Hinsicht gilt das HPÜ für die Haftung des End- und Teilherstellers, des Herstellers eines natürlichen Produktes des Lieferanten oder für die Haftung anderer Personen in der Herstellungs- und Vertriebskette (Art. 3 HPÜ).

Das anzuwendende Recht richtet sich ist in erster Linie nach dem Recht am gewöhnlichen Aufenthaltsort der geschädigten Person, wenn der Ort der Hauptniederlassung der in Anspruch genommen Person (Art. 5 lit. a) HPÜ) oder der Erwerbsort (Art. 5 lit. b) HPÜ) im Aufenthaltsstaat liegt[434]. Sofern die primäre Anknüpfung in Art. 5 HPÜ nicht zum Tragen kommt, ist das interne Recht des Erfolgsortes maßgebend, wenn er entweder mit dem gewöhnlichen Aufenthaltsort des Geschädigten (Art. 4 lit. a) HPÜ) oder dem Ort des Hauptgeschäftssitzes der in Anspruch genommen Person (Art. 4 lit. b) HPÜ) oder dem Erwerbsort (Art. 4 lit. c) HPÜ) zusammenfällt. Greifen weder Art. 5 noch Art. 4 HPÜ ein, ist das Recht am Ort des Hauptgeschäftssitzes der in Anspruch genommen Person einschlägig; der Geschädigte kann sich wahlweise auf das Recht am Verletzungsort berufen (Art. 6 HPÜ)[435].

---

429 *Jayme/Hausmann,* IPR-Texte, vor Nr. 100, S. 217 Fn. 1; französischer und englischer Originalwortlaut in RabelsZ 37 (1973), S. 594–605; deutsche Übersetzung in: *Staudinger/von Hofmann,* Art. 38 EGBGB Rdn. 472.

430 *Drobnig,* Produkthaftung, in: Vorschläge und Gutachten 1983, S. 298, 311.

431 *Jametti Greiner,* SAG 1989, S. 107, 108.

432 Actes et documents XII/III (1974), S. 256 (Bericht *Reese*); *W. Lorenz,* RabelsZ 37 (1973), S. 317, 326.

433 *W. Lorenz,* RabelsZ 37 (1973), S. 317, 328 ff.; *H. Stoll,* FS Kegel 1977, S. 113, 132 f.

434 MünchKomm-*Kreuzer,* Art. 38 EGBGB Rdn. 198; *Staudinger/von Hoffmann,* Art. 38 EGBGB Rdn. 475; *H. Stoll,* FS Kegel 1977, S. 113, 128; *Dutoit,* NTIR 20 (1973), S. 109, 118; *van Rooij/Polak,* Private International Law in the Netherlands, S. 142. *W. Lorenz* (RabelsZ 37 [1973], S. 317, 344 ff.) möchte nicht das Aufenthaltsrecht, sondern die *lex loci delicti* anwenden, wenn eine Konkurrenz zwischen Art. 5 lit. b) HPÜ und Art. 4 lit b) HPÜ besteht (*Beispiel:* Ein Spanier kauft in Spanien ein deutsches Auto und verunglückt wegen eines Fertigungsfehlers des Kraftfahrzeugs in Deutschland.).

435 *W. Lorenz,* RabelsZ 37 (1973), S. 317, 346 f.; *ders.,* RabelsZ 57 (1993) S. 175, 202 f.

Rück- und Weiterverweisung sind im Übereinkommen ausgeschlossen; die Vorschriften verweisen jeweils auf das innerstaatliche Recht (*loi interne*) und damit auf die Sachnormen der berufenen Rechtsordnung. Das HPÜ ist als *loi uniforme* ausgestaltet (Art. 11 HPÜ) und kommt auch gegenüber Nichtvertragsstaaten zur Anwendung. Aus deutscher Sicht kann es durchaus zu einer Rückverweisung kommen, wenn man einen Renvoi im Internationalen Deliktsrecht beachtet[436].

2. *Rückverweisung*

Um das Haager Produkthaftungsübereinkommen hinsichtlich einer Rückverweisung auf das deutsche Recht untersuchen zu können, ist zunächst das deutsche Internationale Produkthaftungsrecht als Ausgangspunkt für einen möglichen Renvoi näher zu beleuchten.

a) Deutsches Internationales Produkthaftungsrecht

Die deutschen Gerichte haben sich bisher nur selten mit internationalen Produkthaftungsfällen beschäftigen müssen. Die berichteten Entscheidungen gelangen häufig ohne weitere international-privatrechtliche Prüfung zur Anwendung deutschen materiellen Deliktsrechts[437]. In seiner bisher einzigen Entscheidung zur internationalen Produkthaftung vor der Kodifikation des Internationalen Deliktsrechts geht der Bundesgerichtshof von der Anwendung des Tatortrechts aus. Fallen Handlungs- und Erfolgsort auseinander, galt nach alter Rechtslage die uneingeschränkte Ubiquitätsregel und das Günstigkeitsprinzip[438]. Der Geschädigte konnte seine Ansprüche sowohl aus dem Recht des Handlungsortes, als auch aus dem Recht des Erfolgsortes herleiten, wobei als Handlungsort der Ort des Herstellersitzes und als Erfolgsort der Ort der Rechtsgutsverletzung angesehen wurde[439]. Mangels Optionserklärung des Geschädigten hatte das Gericht das maßgebende Recht *in favorem* des Geschädigten zu wählen. Diese Rechtsprechung des BGH hat zu-

---

436 *Graue,* RabelsZ 57 (1993), S. 26, 52 f.; *Staudinger/Hausmann,* Art. 4 EGBGB Rdn. 137.

437 OLG Celle vom 26. 10. 1978 – 7 U 64/78, BB 1979, S. 392 = IPRspr. 1978 Nr. 28, S. 42, 43; OLG Köln vom 11. 12. 1991 – 13 U 164/91, RIW 1993, S. 326 = IPRspr. 1992 Nr. 53, S. 109, 110. Ausführlicher zur internationalen Produkthaftung OLG Düsseldorf 28. 4. 1978 – 4 U 241/77, NJW 1980, S. 533 f. = IPRspr. 1978 Nr. 24, S. 38, 39; AG Neustadt/Weinstraße vom 23. 2. 1984 – 2 C 989/83, VersR 1984, S. 1180 = IPRspr. 1984 Nr. 133, S. 319 f. (zu Art. 5 Nr. 3 EuGVÜ).

438 BGH vom 17. 3. 1981 – VI ZR 286/78, NJW 1981, S. 1606 f. = IPRax 1982, S. 13, 14 = IPRspr. 1981 Nr. 25, S. 62, 63 f. (in BGHZ 80, 199 ff. insoweit nicht abgedruckt).

439 BGH vom 17. 3. 1981 – VI ZR 286/78, NJW 1981, S. 1606 f. = IPRax 1982, S. 13, 14 = IPRspr. 1981 Nr. 25, S. 62, 64 (in BGHZ 80, 199 ff. insoweit nicht abgedruckt).

letzt das *OLG München* in einer neueren Entscheidung aufgenommen und sich ihr angeschlossen[440].

Die Vorschläge in der deutschen Literatur bis zur Regelung des Internationalen Deliktsrecht sind bunt: Die Befürworter der Ubiquitätsregel und des Günstigkeitsprinzips im Bereich der Produkthaftung unterschieden zwischen Handlungs- und Erfolgsort[441]. Als Handlungsort sollte der Sitz des Herstellers[442] oder sowohl der Herstellungsort als auch der Ort des Inverkehrbringens[443] in Betracht kommen; als Erfolgsort galt der Ort der Rechtsgutsverletzung[444]. Ein großer Teil der Lehre lehnte die Ubiquitätsregel und das Günstigkeitsprinzip im Bereich der Produkthaftung ab; innerhalb dieser Gruppe zeichnete sich eine Bevorzugung des Absatz-, Markt-, Erwerbs- oder Vertriebsortes ab[445]; für Ansprüche des Dritten („bystander") hielt man das Recht des Erfolgs- oder Unfallortes für maßgebend[446].

Die Neuregelung des Internationalen Deliktsrechts hat bewußt auf eine besondere Kollisionsnorm für die Produkthaftung verzichtet[447]; einer Prüfbitte des Bundes-

---

440 OLG München vom 9. 8. 1995 – 7 U 7143/92, IPRax 1997, S. 38, 39 f. = IPRspr. 1995 Nr. 38, S. 66, 67.

441 So *Drobnig,* Produkthaftung, in: Vorschläge und Gutachten 1983, S. 298, 329 ff., 335, 337 (Sitz des Herstellers oder Erfolgsort oder gewöhnlicher Aufenthaltsort); *Erman/Hohloch,* Art. 40 EGBGB Rdn. 52; *Junker,* IPR, Rdn. 458; *Kropholler,* IPR, § 53 VI 3, S. 472; *W. Lorenz,* FS Wahl, S. 185, 201, 206 (Anwendung des für den Geschädigten günstigsten Rechts); MünchKomm-*Kreuzer,* Art. 38 EGBGB Rdn. 203; *Staudinger/von Hoffmann,* Art. 38 EGBG Rdn. 461 ff.

442 *Drobnig,* Produkthaftung, in: Vorschläge und Gutachten 1983, S. 298, 329 – 331, 335, 337; vgl. *W. Lorenz,* FS Wahl, S. 185, 203; *Maxl,* ÖJBl. 114 (1992), S. 156, 163, 166; *Staudinger/von Hoffmann,* Art. 38 EGBG Rdn. 461.

443 *Erman/Hohloch,* Art. 40 EGBGB Rdn. 52; *Kühne,* Cal. L. Rev. 60 (1972), S. 1, 27 ff., 32; MünchKomm-*Kreuzer,* Art. 38 EGBGB Rdn. 203.

444 *von Bar,* IPR II, Rdn. 666; *Erman/Hohloch,* Art. 40 EGBGB Rdn. 52; *Hilgenberg,* NJW 1963, S. 2198, 2199 f. (Ort der ersten schädigenden Einwirkung); *Junker,* IPR, Rdn. 458; MünchKomm-*Kreuzer,* Art. 38 EGBGB Rdn. 203; *Kühne,* Cal. L. Rev. 60 (1972), S. 1, 32; a. A. *Staudinger/von Hoffmann,* Art. 38 EGBGB Rdn. 463 – 468 Verbraucher/Benutzer: Erwerbsort; Dritte (*bystander*): Ort der Rechtsgutsverletzung.

445 So teilweise beschränkt auf Verbraucher/Benutzer: *Duintjer Tebbens,* S. 370 ff.; *Kropholler,* NJW 1980, S. 534; vgl. auch *Kullmann,* NJW 1999, S. 96, 102; *Palandt/Heldrich,* Art. 40 EGBGB Rdn. 10 (im Einzelfall Anknüpfung an den Marktort, gestützt auf Art. 41 II Nr. 1 EGBGB); *Posch,* ZfRV 38 (1997), S. 92, 94; *Sack,* FS Ulmer, S. 495 ff., 502 f.; *Siehr,* AWD/RIW 1972, S. 373, 385 f.; *H. Stoll,* FS Kegel 1977, S. 113, 130 f.; *Soergel/Lüderitz,* Art. 38 EGBGB Rdn. 62 m. w. N.; *Wandt,* Produkthaftung, Rdn. 1082, 1104 (bei Schädigung des ersten Endabnehmers); *von Bar,* IPR II, Rdn. 666 (neben Verletzungsort); *von Hein,* S. 388 ff., 396, 400 ff., 422 (bei Schädigung des ersten Erwerbers); siehe aber auch *Beitzke,* Rec. des Cours 115 (1965 II), S. 63, 118 (Anknüpfung an das auf den letzten Kaufvertrag anwendbare Recht).

Für die grundsätzliche Anknüpfung an den Erwerbsort auch Art. 135 I lit. b) CH-IPRG.

446 *Duintjer Tebbens,* S. 381 f.; *Soergel/Lüderitz,* Art. 38 EGBGB Rdn. 62; *Wandt,* Produkthaftung, Rdn. 1100, 1104 (oder gewöhnlicher Aufenthaltsort, wenn gleichzeitig Marktsstaat); siehe auch *von Hein,* S. 412 ff., 422; *H. Stoll,* FS Kegel 1977, S. 113, 129 (*lex loci delicti*).

rats ist die Bundesregierung nicht gefolgt[448]. Anwendbar sind daher die Regeln des neuen Internationalen Deliktsrechts (Art. 40–42 EGBGB): Haben die Parteien keine nachträgliche Rechtswahl (Art. 42 EGBGB) getroffen, sind die beiden Grundanknüpfungen in Art. 40 I, II EGBGB maßgebend. Liegt der gemeinsame gewöhnliche Aufenthalt von Ersatzpflichtigen und Verletzten in demselben Staat, ist das Recht dieses Staates gemäß Art. 40 II EGBGB anzuwenden. Ist das nicht der Fall, greift die Tatortregel ein (Art. 40 I EGBGB)[449].

Tatort ist gemäß Art. 40 I 1 EGBGB in erster Linie der Handlungsort. Nach der Begründung des Regierungsentwurfs kommen – ohne Anspruch auf Ausschließlichkeit – der Sitz des Herstellers sowie der Ort der Herstellung, des Inverkehrbringens oder des Erwerbs des Produkts durch den Geschädigten in Betracht[450]. Allerdings kann der Geschädigte gemäß Art. 40 I 2 EGBGB die Anwendung des Erfolgsortrechts verlangen[451], wobei man als Erfolgsort nicht nur den Ort der Rechtsgutsverletzung, sondern auch den Erwerbsort ansehen könnte. Dieses Bestimmungsrecht des Geschädigten unterliegt nach Art. 40 I 3 EGBGB zeitlich einer Ausübungsschranke: Es kann nur im ersten Rechtszug bis zum Ende des frühen ersten Termins (§ 275 ZPO) oder dem Ende des schriftlichen Vorverfahrens (§ 276 ZPO) ausgeübt werden.[452] Von der Ubiquitätsregel ist in diesen Vorschriften nicht mehr viel übrig geblieben; das Günstigkeitsprinzip alter Prägung ist sogar komplett entfallen[453]: Ein deutscher Richter hat nicht mehr von Amts wegen, das für den Geschädigten günstigere Recht zu ermitteln[454].

Die Grundanknüpfungen des Art. 40 I, II EGBGB stehen unter dem Vorbehalt einer wesentlich engeren Verbindung des Sachverhalts mit dem Recht eines anderen Staates (Art. 41 I EGBGB). Zu denken ist beispielsweise an die akzesso-

---

447 BT-Drucks. 14/343, S. 10 (Begründung des Regierungsentwurfs).

448 BT-Drucks. 14/343, S. 20 (Stellungnhme des Bundesrats); BT-Drucks. 14/343, S. 22 (Gegenäußerung der Bundesregierung).

449 Zu diesem Prüfungsschema *Junker,* RIW 2000, S. 241, 246.

450 BT-Drucks. 14/343, S. 10 (Begründung des Regierungsentwurfs). *Spickhoff* hat vorgeschlagen, daß der Geschädigte alternativ zwischen diesen verschiedenen Handlungsortrechten wählen könne. Nur wenn eine solche Wahlbefugnis nicht ausgeübt werde, habe das Gericht von Amts wegen alternativ zu prüfen, ob eines der Handlungsortsrechte den geltend gemachten Anspruch trage (IPRax 2000, S. 1, 4 f.).

451 Zu diesem Bestimmungsrecht *Freitag/Leible,* ZVglRWiss 99 (2000), S. 101, 115 ff.; *von Hein,* S. 257 f., 266; *ders.,* NJW 1999, S. 3174, 3175; *S. Lorenz,* NJW 1999, S. 2215, 2216 ff.; *Spickhoff,* IPRax 2000, S. 1, 5 ff.

452 Kritisch zu dieser „Ausübungsschranke" *Schurig,* Gedächnisschrift Lüderitz, S. 699, 704 f.

453 So auch *Pfeiffer,* NJW 1999, S. 3674, 3675. Allerdings besteht das Günstigkeitsprinzip in versubjektivierter Form fort: Kann sich der Verletzte fristgerecht über die Rechtslage ins Bild setzen, kann er für das günstigere Erfolgsortsrecht optieren (*Schurig,* Gedächnisschrift Lüderitz, S. 699, 706).

454 Siehe zur praktischen Handhabung des Günstigkeitsprinzips nach alter Rechtslage *von Bar,* IPR II, Rdn. 669.

rische Anknüpfung an das Statut eines bestehendes Vertrages (Art. 41 II Nr. 1 EGBGB)[455].

b) Praktische Anwendung in Deutschland

Über praktische Erfahrungen deutscher Gerichte in der Anwendung des Haager Übereinkommens durch eine Rückverweisung läßt sich anders als beim Übereinkommen über Straßenverkehrsunfälle nichts berichten. Folgendes Beispiel soll die Möglichkeit einer solchen Rückverweisung in internationalen Produkthaftungsfällen aufzeigen.

Ein Deutscher aus Köln erwirbt in einem dortigen Sportgeschäft ein Fahrrad eines niederländischen Herstellers. Durch einen Konstruktionsfehler des Fahrrads verunglückt er im Urlaub auf Sylt und erleidet schwere Verletzungen. Später macht er Schadensersatz gegen den Hersteller geltend.

Aus deutscher Sicht sind Deliktsansprüche aus Produkthaftung mangels Optionserklärung des Geschädigten zum Recht des Erfolgsortes (Art. 40 I 2 EGBGB) nach dem Recht des Handlungsortes (Art. 40 I 1 EGBGB) zu beurteilen. Die Bestimmung des Handlungsortes kann bei der Produkthaftung im einzelnen Schwierigkeiten bereiten. Sieht man als Handlungsort mit der Rechtssprechung den Sitz des Produzenten an, da an diesem Ort „der Herstellungs- und Vertriebsprozeß der ... Ware ausgeübt" wurde[456], sind die niederländischen Kollisionsregeln berufen, über das anzuwendende Recht zu entscheiden. Eine akzessorische Anknüpfung an das Statut eines bestehenden Vertrages nach Art. 41 II Nr. 1 EGBGB scheidet vorliegend aus. Zwischen Erwerber und Hersteller bestehen keine vertraglichen Beziehungen. In den Niederlanden sind Produkthaftungsansprüche wie in Deutschland deliktsrechtlich geprägt[457]; seit 1979 sind die Niederlande Vertragsstaat des Haager Produkthaftungsübereinkommen[458]. Nach Art. 5 lit. b) HPÜ ist in erster Linie das interne Recht am gewöhnlichen Aufenthaltsort der unmittelbar geschädigten Person anzuwenden, wenn der gewöhnliche Aufenthaltsort des Geschädigten mit dem Erwerbsort des fehlerhaften Produkts zusammenfällt[459]. Hier befindet sich der gewöhnliche Aufenthaltsort des Geschädigten und der Erwerbsort des de-

455 *Junker,* RIW 2000, S. 241, 246, 250; *Spickhoff,* NJW 1999, S. 2209, 2213.

456 OLG München vom 9. 8. 1995 – 7 U 7143/92, IPRax 1997, S. 38, 40 = IPRspr. 1995 Nr. 38, S. 66, 67.

457 *van Rooij/Polak,* Private International Law in the Netherlands, S. 142.

458 In Kraft getreten am 1. 9. 1979 (siehe *Strikwerda,* Nederlandse Internationaal Privaatrecht, Rdn. 188).

459 Die Anknüpfung an das Recht des gewöhnlichen Aufenthalts in Art. 5 lit. b) HPÜ geht im Beispielsfall der Anknüpfung an die *lex loci deliciti* nach Art. 4 HPÜ vor (*van Rooij/Polak,* Private International Law in the Netherlands, S. 142; *Strikwerda,* Nederlandse Internationaal Privaatrecht, Rdn. 188).

fekten Fahrrads in Deutschland. Art. 5 lit. b) HPÜ weist also auf das deutsche Recht zurück. Diese Rückverweisung nehmen wir an (Art. 4 I 2 EGBGB).

3. Praktische Anwendung in anderen Vertragsstaaten

Überraschend ist, daß selbst in den Staaten, die dem Übereinkommen beigetreten sind, fast keine Rechtsprechung zum Haager Produkthaftungsübereinkommen existiert. In einem Exkurs ist kurz von den Erfahrungen in den Niederlanden und in Frankreich die Rede, da dort von neueren Entscheidungen zu berichten ist.

In den Niederlanden sind erst wenige Gerichtsentscheidungen bekannt geworden[460], obwohl das Übereinkommen dort schon über 20 Jahre in Kraft ist. Die Entscheidung des *Rb. Alkmaar* hatte einen deutsch-niederländischen Produkthaftungsfall zum Gegenstand; sie betraf die Lieferung eines fehlerhaften Einbauteils für den Motor eines Fischerbootes an eine niederländische Motorenfabrik. Die Versicherung des Erwerbers machte einen Schadensersatzanspruch wegen des Sachschadens an einem Schiffsmotor gegen den deutschen Hersteller des Einbauteils geltend. Das Gericht wandte Art. 4 lit. c) HPÜ an und kam zur Anwendung niederländischen Sachrechts, da der Erfolgsort in den Niederlanden lag und das Produkt dort vom unmittelbar Geschädigten erworben wurde[461].

Auch in Frankreich wird erst kürzlich von einer Entscheidung der *Cour de cassation* berichtet[462]; Frankreich ist Vertragsstaat des Übereinkommens seit 1977. In dem Urteil beschäftigt sich die *Cour de cassation* mit dem Anwendungsbereich der Konvention.

Durch einen defekten Brutschrank kam es bei einem landwirtschaftlichen Unternehmen in Frankreich zu einem Brand. Das Unternehmen hatte den Brutschrank von der französischen Gesellschaft *Matavicole* gekauft und installieren lassen. Diese Firma hatte den Brutschrank wiederum von dem französischen Zwischenhändler *Sedmeo* erworben. Herstellerin des Brutschrankes war die niederländische Firma *Alke.* Die Firma *Matavicole* wurde zum Schadensersatz verurteilt und nahm Regreß bei *Sedmeo;* die Firma *Sedmeo* machte daraufhin gegen die niederländische Herstellerin *Alke* ein Rüchgriffsanspruch geltend. Die *Cour d'appel* gelangte über Art. 4 lit. c) HPÜ zum französischen Sachrecht als *lex loci delicti* und Recht des Landes, in dem die unmittelbar geschädigte Person, das landwirtschaftliche Unternehmen, das Produkt erworben hatte. Der französische Kassationshof hob dieses Urteil mit der Begründung auf, das Haager Produkthaftungsübereinkommen

---

460 Rb. Alkmaar vom 22. 12. 1988, NIPR 1989 Nr. 112, S. 134; Rb. Rotterdam vom 15. 10. 1993, NIPR 1995 Nr. 240, S. 208; Rb.'s-Gravenhage vom 4. 5. 1994, NIPR 1995 Nr. 523, S. 703.

461 Rb. Alkmaar vom 22. 12. 1988, NIPR 1989 Nr. 112, S. 134, 135.

462 Cass. civ. vom 16. 12. 1997 (Soc. Alke Gas Infrafood c. Soc. Matavicole), Rev. crit. 87 (1998), S. 300 note *Lagarde*.

sei nur auf die außervertragliche Produkthaftung anzuwenden[463]; der Rückgriffanspruch des Ersterwerbers *Sedmeo* gegen die Herstellerin *Alke* sei aber vertraglicher Natur (Art. 1 II HPÜ). Die *Cour d'appel* habe das anzuwendende Recht nach den Grundsätzen des autonomen französischen Kollisionsrecht zu ermitteln[464].

Die Entscheidung der *Cour de cassation* gibt einen Anhaltspunkt dafür, warum das Haager Übereinkommen in der Praxis der französischen Gerichte bisher keine große Bedeutung erlangt hat: Die Produkthaftung ist in Frankreich überwiegend vertraglich geprägt[465]. Dem Käufer einer Sache ist über die *action directe* der Durchgriff gegen die Vormänner seines Verkäufers gestattet; er kann gegen den Hersteller, Großhändler denselben auf Schadensersatz gerichtete Gewährleistungsanspruch[466] geltend machen wie gegen den Einzhelhändler[467]. Im entschiedenen Fall hätte daher nach französischem Verständnis das landwirtschaftliche Unternehmen auch direkt gegen die Herstellerin *Alke* über einen vertraglichen Schadensersatzanspruch vorgehen können, sofern die Firma *Matavicole* zum Beispiel zahlungsunfähig oder unerreichbar gewesen wäre. Damit führt die *action directe* aus französischer Sicht zu einer vertraglichen Qualifikation der betreffenden Schadensersatzansprüche und zum Ausschluß des Haager Übereinkommens[468]: Soweit die Vertragshaftung reicht, ist die Haftung aus Delikt in Frankreich regelmäßig ausgeschlossen (*non-cumul des responsibilités contractuelle et délictuelle*)[469]. Das Übereinkommen kann nur zum Tragen kommen, wenn Dritte (*bystanders*) durch ein fehlerhaftes Produkt zu Schaden kommen, da für Dritte die *action directe* nicht eingreift und deliktische Ersatzansprüche (Artt. 1382 ff. C.c.) einschlägig sein können[470]. Allerdings fällt das neue französiche Produkthaftungsgesetz vom

---

463 „La convention de La Haye du 2 octobre 1973 sur la loi applicable à la responsabilité du fait des produits ne s'applique qu'à la responsabilité extra-contractuelle" (Cass. civ. vom 16. 12. 1997 [Soc. Alke Gas Infrafood c. Soc. Matavicole], Rev. crit. 87 [1998], S. 300 note *Lagarde*).

464 Cass. civ. vom 16. 12. 1997 (Soc. Alke Gas Infrafood c. Soc. Matavicole), Rev. crit. 87 (1998), S. 300, 301 note *Lagarde*.

465 *Kadner*, ZEuP 1997, S. 847, 858; *W. Lorenz*, RabelsZ 57 (1993), S. 175, 199; *Zweigert/Kötz*, Rechtsvergleichung, § 42 V, S. 682.

466 Art. 1645 C.c: Si le vendeur connaissait les vices de la chose, il es tenu, outre la restitution du prix qu'il en a reçu, de tous les dommages et intérêts envers le l'acheteur.
Bei einem berufs- oder gewerbsmäßigen Verkäufer wird die Kenntnis des Sachmangels vermutet (*Zweigert/Kötz*, Rechtsvergleichung, § 42 V, S. 682; *Hübner/Constantinesco*, § 23 1 c), S. 172). Diese strenge Haftung kann der Verkäufer nicht ausschließen, Art. 1643 C.c.

467 *Ferid/Sonnenberger*, Zivilrecht II, Rdn. 2 G 651; *Wesch*, S. 211; *Zweigert/Kötz*, Rechtsvergleichung, § 42 V, S. 682.

468 Für die Ausklammerung der vertraglichen Haftung: *Audit*, DIP, Nr. 786; *W. Lorenz*, RabelsZ 37 (1973), S. 317, 328 f.

469 *Terré/Simler/Lequette*, Droit civil – Les obligations, Nr. 834 ff.; *Schmidt-Salzer*, Produkthaftung, Rdn. 55.

470 Vgl. Cass. civ. vom 17. 1. 1997 (Planet Wattohm c. CPAM du Morbihan), D. S. Jur. 1995, S. 350 f. note *Jourdain* = ZEuP 1997, S. 847, soweit man diese Entscheidung deliktsrechtlich interpretiet.

19. 5. 1998[471] in den sachlichen Anwendungsbereich des Übereinkommens[472]. Es findet nach Art. 1386 – 1 C.c. unabhängig davon Anwendung, ob zwischen Geschädigtem und Hersteller vertragliche Beziehungen bestanden oder nicht[473]. In Zukunft wird man daher in Frankreich dem Produkthaftungsübereinkommen größere Beachtung schenken müssen.

Darüber hinaus wird die Qualifikation der Produkthaftung nach der *lex fori* durch die *Cour de cassation* kritisiert[474]: Die *Cour* orientiere sich allein an französischen Rechtsvorstellungen und berücksichtige nicht den Grundsatz, staatsvertragliche Begriffe autonom auszulegen[475]. Außerdem schließe Art. 1 II HPÜ nicht die *responsabilité contractuelle* an sich aus. Das Übereinkommen finde nach dem Wortlaut dieser Vorschrift nur dann keine Anwendung, wenn der in Anspruch genommene Schädiger zugleich derjenige ist, welcher dem Geschädigten das Eigentum oder den Besitz am Produkt verschafft hat[476]. Sechs Monate vor der Entscheidung der *Cour de cassation* hatte die *Cour d'appel* Colmar den Anwendungsbereich der Konvention für die *action directe* des französischen *sous-acquéreur* gegen den deutschen Produzenten von mangelhaften Torf (Art. 3 Nr. 2 HPÜ) für eröffnet erklärt[477].

Vor diesem Hintergrund bleibt es abzuwarten, ob die *Cour de cassation* ihre Rechtsprechung zum sachlichen Anwendungsbereich des Haager Produkthaftungsübereinkommen aufrecht erhalten wird, wenn sie das nächste Mal über den *champ*

---

471 *Loi No. 98 – 389 du 19. 5. 1998 relative à la responsabilité du fait des produits défectueux.* Frankreich hat die EG-Produkthaftungsrichtlinie vom 25. Juli 1985 erst mit zehnjähriger Verspätung in das nationale Recht umgesetzt; nach Art. 19 der Produkthaftungsrichtlinie hatte die Umsetzung in das nationale Recht bis zum 30. 7. 1988 zu erfolgen. Zum neuen Produkthaftungsgesetz: *Leonhard,* ZVglWiss 98 (1999), S. 101, 112 ff.; aus rechtsvergleichender Sicht: *Posch,* ZfRV 39 (1998), S. 238 ff.; *Taylor,* Int. Comp. L. Q. 48 (1999), S. 419 ff.

472 Siehe *Lagarde,* Rev. crit. 87 (1998), S. 301, 303, verbunden mit dem Hinweis, daß seit dem Beschluß des Übereinkommens die Grenze zwichen vertraglicher und deliktischer Produkhaftung zunehmend verschwimme; ähnlich *Bauerreis,* Rev. crit. 88 (1999), S. 271, 276.

473 Art. 1386 – 1 C.c.: „Le producteur est responsable du dommage causé par un défaut de son produit, qu'il soit ou non lié par un contrat avec la victime".

474 *Bauerreis,* Rev. crit. 88 (1999), S. 271, 275 f.; *Lagarde,* Rev. crit. 87 (1998), S. 301, 303 f.

475 *Bauerreis,* Rev. crit. 88 (1999), S. 271, 275; *Lagarde,* Rev. crit. 87 (1998), S. 301, 303 f.; siehe auch *Watt,* Rev. crit. 82 (1993), S. 47, 53.

476 Art. 1 I des Haager Straßenverkehrsübereinkommens beschränkt den Anwendungsbereich des Übereinkommens ausdrücklich auf die außervertragliche Haftung.

477 Cour d'appel de Colmar vom 8. 7.1997 (M. J.-P. Jost c. G.m.b.H. Torfwerk Neuhaus et autres), Rev. crit. 88 (1999), S. 267, 270.

Die deutsche Torfwerk Neuhaus GmbH hatte mangelhaften Torf produziert, der an die belgische Gesellschaft Imex und von ihr an den französischen Händler Jost verkauft wurde; Jost verkaufte den Torf weiter an den französischen Gartenbaubetrieb von Adolph. Durch den mangelhaften Torf entstand beim Endabnehmer Adolph ein erheblicher Schaden. Jost wurde zum Schadensersatz verurteilt und nahm die Firma Torfhaus im Regreßweg in Anspruch. – Die Cour d'appel kam über Art. 4 HPÜ zur Anwendung französischen Rechts und damit zur *action directe* von Jost gegen die Torfwerk Neuhaus GmbH.

d'application de la Convention zu entscheiden hat. Zumal der Bericht zum Übereinkommen die Ausklammerung des Begriffs „vertraglich" in Art. 1 II HPÜ aus der Konvention ausdrücklich hervorhebt, weil die Qualifikation der Produkthaftung in den verschiedenen Rechtsordnungen ganz unterschiedlich sein könne[478]. Die „Väter" der Konvention wollten also die Produkthaftung an sich, unabhängig von der Qualifikation als vertraglich oder deliktisch erfassen.

III. Haager Ehegüterrechtsübereinkommen von 1978

Das Übereinkommen über das auf die Ehegüterstände anzuwendende Recht (HEÜ) vom 14. 3. 1978 wurde anläßlich der 13. Session der Haager Konferenz durch Acte final vom 23. 10. 1976 verabschiedet; es ist am 1. 9. 1992 für Frankreich, Luxemburg und die Niederlande in Kraft getreten[479]. Das Übereinkommen beschränkt sich auf die Regelung des ehelichen Güterstandes (Art. 1 HEÜ) und tritt damit an die Stelle des Ehewirkungsabkommens von 1905[480]. Die Konvention versteht sich als *loi uniforme* (Art. 2 HEÜ); die Regeln sind somit auch dann anwendbar, wenn auf das Recht eines Nichtvertragsstaates verwiesen wird.

1. Grundzüge

Die güterrechtlichen Wirkungen der Ehe bestimmen sich in erster Linie nach dem vor der Eheschließung von den Verlobten bestimmten innerstaatlichen Recht (Artt. 3 I HEÜ)[481]. Die Rechtswahl ist allerdings beschränkt auf die Rechtsordnungen der Staaten, denen ein Gatte angehört oder in denen ein Gatte seinen gewöhnlichen Aufenthalt hat; schließlich können die Verlobten auch das Recht des Staates wählen, in denen ein Gatte seinen gewöhnlichen Aufenthalt nach der Eheschließung begründen wird (Art. 3 II HEÜ)[482]. Eine fast inhaltsgleiche Regelung besteht in Art. 15 II EGBGB; die Neuregelung des Ehegüterrechts im deutschen IPR hat sich insoweit an dieser Vorschrift orientiert[483]. Das von den Verlobten gewählte Recht erfaßt grundsätzlich das gesamte Vermögen der Gatten (Art. 3 III HEÜ); für alle oder einzelne Grundstücke ist jedoch die Wahl der *lex rei sitae* möglich (Art. 3 IV HEÜ).

---

478 Actes et documents XII / III (1974), S. 257 (Bericht *Reese*).

479 *Jayme / Hausmann*, IPR-Texte, nach Nr. 32 / 2, S. 85 Fn. 2. Französischer und englischer Originalwortlaut in RabelsZ 41 (1977), S. 554 – 569; englischer Originalwortlaut bei *Reese*, Am. J. Comp. L. 25 (1977), S. 394 – 399. Eine deutsche Übersetzung ist soweit ersichtlich nicht vorhanden.

480 *Beitzke*, RabelsZ 41 (1977), S. 457, 458.

481 *Beitzke*, RabelsZ 41 (1977), S. 457, 461; *Droz*, Rev. crit. 81 (1992), S. 631, 643; *Graue*, RabelsZ, 57 (1993), S. 26, 54.

482 *Droz*, Rev. crit. 81 (1992), S. 631, 643 f.

483 BT-Drucks. 10 / 504. S. 58 (Begründung des Regierungsentwurfs).

Mangels Rechtswahl gilt grundsätzlich das innerstaatliche Recht des ersten gewöhnlichen gemeinsamen Aufenthalts nach der Eheschließung (Art. 4 I HEÜ). In Abweichung von diesem Grundsatz sieht die Konvention in einigen Ausnahmesituationen die Anwendung des innerstaatlichen Rechts der gemeinsamen Staatsangehörigkeit der Ehegatten vor[484]. So kommt die Anknüpfung an das innerstaatliche Recht des gewöhnlichen Aufenthaltsortes nicht zum Zuge, wenn die Gatten einem Vertragsstaat angehören, der einen Vorbehalt nach Art. 5 I HEÜ erklärt hat, wonach auf seine Staatsangehörigen das innerstaatliche Heimatrecht anzuwenden ist (Art. 4 II Nr. 1 HEÜ)[485]. Gleiches gilt für Verlobte, deren Heimatstaat Nichtvertragsstaat der Konvention ist und dessen Kollisionsnormen das Heimatrecht für anwendbar erklären. Voraussgesetzt, die Gatten begründen ihren ersten gemeinsamen gewöhnlichen Aufenthalt nach der Eheschließung in einem Vertragsstaat, der auch seine Angehörigen kraft des Vorbehaltes von Art. 5 I HEÜ seinem eigenen Recht unterwirft (Art. 4 II Nr. 2 a) HEÜ). Begründen die Gatten ihren ersten gemeinsamen gewöhnlichen Aufenthalt in einem Nichtvertragsstaat setzt sich die Anknüpfung an die gemeinsame Staatsangehörigkeit ebenfalls durch, wenn der betreffende Nichtvertragsstaat, die Anwendung des gemeinsamen Heimatrechts vorsieht (Art. 4 II Nr. 2 b) HEÜ). Nehmen die Gatten ihren ersten gewöhnlichen Aufenthalt während der Ehe nicht in demselben Staat, wird auch an das gemeinsame Heimatrecht angeknüpft (Art. 4 II Nr. 3 HEÜ).

Haben die Gatten kein gemeinsames Heimatrecht und halten sich auch noch in verschiedenen Staaten gewöhnlich auf, unterliegt der Güterstand dem innerstaatlichen Recht des Staates, mit dem er am engsten verbunden ist (Art. 4 III HEÜ). Das so ermittelte Ehegüterrechtsstatut ist grundsätzlich unwandelbar (Art. 7 I HEÜ); eine nachträgliche Rechtswahl ist aber wie eine anfängliche Rechtswahl eingeschränkt möglich (Art. 6 I-IV HEÜ).

Die Undurchsichtigkeit und der Schwierigkeitsgrad der vorgestellten Regelungen im Bereich der objektiven Anknüpfung erklärt, warum das Übereinkommen im deutschen Schrifttum auf Ablehnung gestoßen ist[486]. Sie ist das Ergebnis eines mühsam erzielten Kompromisses zwischen dem Staatsangehörigkeits- und dem Wohnsitzprinzip[487]. Mit einer Ratifikation durch die Bundesrepublik ist nicht mehr zu rechnen[488].

---

484 Siehe zu den Ausnahmen von der Anknüpfung an den gewöhlichen Aufenthaltsort: *Loussouarn,* Clunet 106 (1979), S. 1, 12–14.

485 Dieser Vorbehalt bleibt aber wirkungslos, wenn die Ehegatten bereits seit fünf Jahren in einem Staat, der dem Domizilprinzip folgt, ihren gewöhnlichen Aufenthalt haben und ihn auch dort behalten werden (Art. 5 II HEÜ).

486 *von Bar,* RabelsZ 57 (1993), S. 111 f.; *Graue,* RabelsZ 57 (1993), S. 27, 54; *Kegel/Schurig,* IPR, § 20 VI 6 b), S. 739; siehe auch *Boele-Woelki,* IPRax 1995, S. 264, 268.

487 Siehe Actes et documents XIII/2 (1978), S. 340 ff. Nr. 52 ff. (Bericht *von Overbeck*).

488 *von Bar,* RabelsZ 57 (1993), S. 111, 112.

2. *Rückverweisung*

In den Vertragsstaaten des Übereinkommens gibt es soweit ersichtlich noch keine einschlägige obergerichtliche Rechtsprechung[489]. Ein Grund dafür liegt darin, daß es für die vor dem 1. 9. 1992 geschlossenen Ehen intertemporal bei den autonomen Kollisionsregeln bleibt (Art. 21 HEÜ)[490]. Die Ehegatten können allerdings durch Rechtswahl im Rahmen des Art. 6 HEÜ das Güterrechtsstatut ändern[491]. Immerhin nimmt in Frankreich die *Cour de cassation* in einer neueren Entscheidung die Geltung von Art. 4 I HEÜ für die „Altfälle" fast schon vorweg, indem sie das Ehegüterrechtsstatut objektiv an den *premier domicile matrimonial* anknüpft[492]. In der Bundesrepublik gibt es noch keine praktischen Erfahrungen in der Anwendung des Übereinkommens. In der Zukunft kann es aber unter anderem in deutsch-französischen Rechtsfällen zu einer Rückverweisung kommen, die vom deutschen Richter zu beachten ist.

Beispiel: Im Januar 1995 heirateten zwei französische Staatsangehörige in München und leben seitdem in Deutschland. Welchem Recht unterliegen die güterrechtlichen Wirkungen der Ehe?

Eine Rechtswahl nach Art. 15 II EGBGB ist vorliegend von den Eheleuten nicht getroffen worden. Für die objektive Anknüpfung der güterrechtlichen Wirkungen der Ehe nimmt Art. 15 I EGBGB auf das Ehewirkungsstatut Bezug (Art. 14 EGBGB). Das Ehewirkungsstatut seinerseits wird über die *Kegel'sche* Anknüpfungsleiter des Art. 14 I EGBGB ermittelt; Art. 15 I EGBGB stellt dabei aber auf den Zeitpunkt der Eheschließung ab. Vorliegend kommt nach Art. 14 I Nr. 1 die Anknüpfung an das Recht der gemeinsamen Staatsangehörigkeit in Betracht. Beide Ehepartner besaßen im Zeitpunkt der Eheschließung die französische Staatsangehörigkeit; die güterrechtlichen Wirkungen der Eheleute unterliegen dem französischen Recht (Art. 15 I i. V. m. Art. 14 I Nr. 1 EGBGB). Eine Rück- oder Weiterverweisung ist nach Art. 4 I EGBGB zu beachten[493]. Frankreich ist Vertragsstaat des Haager Übereinkommens; es hat keinen Vorbehalt nach Art. 5 HEÜ eingelegt[494]. Die Konvention ist im Beispielsfall auch intertemporal anwendbar, da die

---

489 Siehe zum Beispiel die Rechtsprechungsnachweise bei *Strikwerda,* Nederlandse Internationaal Privaatrecht, Rdn. 148; vgl. auch *Vlas,* IPRax 1995, S. 194, 196.

490 Cour d'appel de Colmar vom 19. 1. 1993 (Metz), Rev. crit. 82 (1993), S. 281 note *Lagarde.*

491 Cour d'appel de Paris vom 3. 11. 1993 (Epoux Meder), Clunet 121 (1994), S. 148 note *Revillard* = Rev crit. 83 (1994), S. 88 note *Lagarde.*

492 Cass. civ. vom 5. 11. 1996 (Consorts Boureghda c. Mme L. Boureghda), Rev. crit. 87 (1998), S. 596; siehe auch *Bourdelois,* Rev. crit. 87 (1998), S. 597, 598.

493 Unstreitig: zum Beispiel OLG Koblenz vom 2. 12. 1993 – 11 UF 1009/92, NJW-RR 1994, S. 648 = FamRZ 1994, S. 1258 = IPRspr. 1994 Nr. 62, S. 148; *von Bar,* IPR II, Rdn. 203, 195; *Junker,* IPR, Rdn. 511; *Palandt/Heldrich,* Art. 15 EGBGB Rdn. 2; Art. 14 EGBGB Rdn. 3.

494 Rev. crit. 87 (1998), S. 142, 168 (Stand 1. 3. 1998).

Ehe nach dem 1. 9. 1992 geschlossen wurde (Art. 21 HEÜ). In Ermangelung einer Rechtswahl gilt nach Art. 4 I HEÜ das Recht des ersten gewöhnlichen Aufenthalts nach der Eheschließung. Die Verweisung der Konvention ist eine Sachnormverweisung[495]; für die güterrechtlichen Wirkungen der Ehe gilt damit materielles deutsches Recht als das Recht des ersten gewöhnlichen Aufenthalts nach der Eheschließung. Das französische Recht weist auf das deutsche Recht zurück.

IV. Haager Eheschließungsübereinkommen von 1978

Das Haager Übereinkommen über die Eheschließung und die Anerkennung der Gültigkeit von Ehen vom 14. 3. 1978 wurde auf der 13. Tagung der Haager Konferenz gleichzeitig mit dem Ehegüterrechtsübereinkommen verabschiedet; es ist am 1. 5. 1991 für Australien, Luxemburg und die Niederlande[496] in Kraft getreten[497]. Das Eheschließungsübereinkommen (HEheschlÜ) soll an die Stelle des Haager Eheschließungsübereinkommen von 1902 treten (Art. 22 HEheschlÜ). Mit einer Ratifikation des Übereinkommens durch die Bundesrepublik kann nicht mehr gerechnet werden[498].

1. Grundzüge

Das Übereinkommen besteht – abgesehen von den Schlußvorschriften – aus zwei Teilen. Teil eins (Artt. 1 – 6 HEheschlÜ) regelt die Frage, welchem Recht die Form der Eheschließung und die persönlichen Voraussetzungen (Ehefähigkeit, Ehehindernisse) unterliegen, sofern die Eheschließung in einem Vertragsstaat (Inlandsheirat) erfolgt. Für die Form der Inlandsheirat gilt das Recht des Eheschließungsstaates (Art. 2 HEheschlÜ)[499]. Die persönlichen Eheschließungsvoraussetzungen werden alternativ an die Sach- oder IPR-Normen des Heiratsstaates angeknüpft (Art. 3 Nr. 1 und Nr. 2 HEheschlÜ)[500]. Danach ist eine Ehe zu schließen, wenn die künftigen Ehegatten die sachlichen Voraussetzungen nach dem inner-

---

495 *Beitzke,* RabelsZ 41 (1977), S. 457, 467.

496 Zum Inkrafttreten des Übereinkommens für die Niederlande *Vonken,* HPS Nr. 7/8 1992, S. 3 – 8 und HPS Nr. 10 1992, S. 3 – 8.

497 *Jayme/Hausmann,* IPR-Texte, Nr. 30, S. 79 Fn. 3. Englischer Originalwortlaut bei *Reese,* Am. J. Comp. L. 25 (1977), S. 399 – 404. Inoffizielle deutsche Übersetzung in StAZ 1977, S. 202 – 203.

498 Eine Ratifikation ablehnend: *von Bar,* RabelsZ 57 (1993), S. 63, 106; *Böhmer,* StAZ 1977, S. 185, 186 f.

499 Da die Vorschrift nicht direkt auf das „innerstaatliche" Recht verweist, handelt es sich um eine Kollisionsnormverweisung auf die IPR-Normen des Eheschließungsortes, Actes et documents XIII/3 (1978), S. 295 Nr. 14 (Bericht *Malmström*); *Kropholler,* FS Henrich, S. 393, 395 f.

500 *Böhmer,* StAZ 1977, S. 185; *Graue,* RabelsZ 57 (1993), S. 26, 53.

staatlichen Recht des Eheschließungsortes erfüllen, sofern einer von ihnen Staatsangehöriger ist oder seinen gewöhnlichen Aufenthalt in dem betreffenden Vertragsstaat hat (Art. 3 Nr. 1); oder wenn beide künftigen Ehegatten die sachlichen Voraussetzungen nach dem innerstaatlichen Recht erfüllen, auf das die Kollisionsnormen des Eheschließungsstaates verweisen (Art. 3 Nr. 2). Diese Vorschrift ist als „so verwirrend [bezeichnet worden], daß sie den Zweck der Konvention gefährdet“[501].

Der zweite Teil behandelt die Anerkennung von Ehen, die in- oder außerhalb des Vertragsstaates geschlossen worden sind[502]. Gemäß Art. 9 I HEheschlÜ ist eine Auslandsheirat grundsätzlich in jedem Vertragsstaat anzuerkennen, wenn sie nach dem Recht des Heiratsstaates gültig geschlossen worden ist oder später nach dem Recht dieses Staates gültig wird. Eine Heiratsurkunde schafft bis zum Beweis des Gegenteils die Vermutung gültiger Heirat, ohne daß es eines weiteren Anerkennungsverfahrens oder irgendeiner anderen Förmlichkeit bedarf (Art. 10 HEheschlÜ)[503]. Schranke dieser Anerkennungspflicht bilden die in Art. 11 S. 1 Nr. 1–5 HEheschlÜ aufgezählten Versagungsgründe und die allgemeine ordre public-Klausel in Art. 14 HEheschlÜ[504].

2. *Rückverweisung*

Eine Rückverweisung durch das Haager Eheschließungsübereinkommen auf das deutsche Recht kann sich zum Beispiel in deutsch-niederländischen Rechtsfällen ereignen. *Beispiel:* Eheschließung einer Niederländerin in Deutschland. Die sachlichen Voraussetzungen der Eheschließung richten sich nach Art. 13 I EGBGB für jeden der künftigen Ehegatten nach dem Recht des Staates, dem er unmittelbar vor der Eheschließung angehört; ein Renvoi des fremden Heimatrechts wird dabei beachtet (Art. 4 I EGBGB)[505]. Art. 13 I EGBGB verweist also zunächst auf das niederländisches Kollisionsrecht. In den Niederlanden ist am 1. 1. 1990 das Gesetz vom 7. 9. 1989 zur Regelung des Kollisionsrechts in Ehesachen (Ehekollisionsgesetz) in Kraft getreten[506]; das Ehekollisionsgesetz steht im Zusammenhang mit der

---

501 *Jayme,* FS Beitzke, S. 541, 543 Fn. 15. Zur Kritik im einzelnen *Kegel/Schurig,* IPR, § 20 IV 5 b), S. 709 f.

502 Der Begriff der „Anerkennung“ wird im Übereinkommen im abgewandelten Sinne verwandt: Eine im Ausland wirksam geschlossene Ehe wird in den Vertragsstaaten als wirksam angesehen (*Böhmer,* StAZ 1977, S. 185, 186; Kritik zum Begriff der Anerkennung bei *von Bar,* RablesZ 57 [1993], S. 63, 107 und *Kegel/Schurig,* IPR, § 20 IV 5 b), S. 709, da nur Staatsakte *anerkannt,* Rechtsgeschäfte aber nach dem anwendbaren Recht zu beurteilen seien).

503 *Böhmer,* StAZ 1977, S. 185, 186.

504 Dazu *Böhmer,* StAZ 1977, S. 185, 186; *Kegel/Schurig,* IPR, § 20 IV 5 b), S. 710.

505 *von Bar,* IPR II, Rdn. 129; *Junker,* IPR, Rdn. 497; *Soergel/Schurig,* Art. 13 EGBGB Rdn. 122.

Ratifikation des Haager Eheschließungsübereinkommens vom 14. 3. 1978[507]. Da zu dem damaligen Zeitpunkt mit einem Inkrafttreten des Übereinkommens nicht zu rechnen war, entschloß sich die niederländische Regierung, das Ehekollisionsgesetz zu erlassen[508]. Art. 5 Nr. 1 des Ehekollisionsgesetzes erkennt in Übereinstimmung mit Art. 9 I HEheschlÜ eine Auslandsheirat an, wenn sie nach dem Recht des Heiratsstaates gültig geschlossen worden ist und verweist damit auf deutsches Recht als *lex loci celebrationis* zurück[509]. Diese Rückverweisung nimmt das deutsche Recht an (Art. 4 I 2 EGBGB).

V. Haager trust-Übereinkommen von 1985

Das Übereinkommen über das auf den *trust* anwendbare Recht und über seine Anerkennung vom 1. 7. 1985 wurde durch Acte final[510] der 15. Session verabschiedet[511]. Vertragsstaaten sind derzeit Australien, Italien[512], Kanada, Malta, die Niederlande[513] und das Vereinigte Königreich[514]; es ist am 1. 1. 1992 in Kraft getreten[515].

1. Grundzüge

Das Übereinkommen bestimmt das auf *trusts* anzuwendende Recht und regelt ihre Anerkennung (Art. 1 HtÜ); es gilt nur für *trusts,* die freiwillig errichtet und schriftlich bestätigt worden sind (Art. 3 HtÜ). Keine Anwendung findet das Über-

---

506 Gesetz vom 7. 9. 1989 zur Regelung des Kollisionsrechts in Ehesachen (Ehekollisionsgesetz), Text in: *Bergmann/Ferid/Henrich-Weber,* Niederlande III A 2, S. 19; *Boele-Woelki,* IPRax 1989, S. 337–339.

507 Ein Staatsvertrag bedarf in den Niederlanden keiner Transformation mehr; mit der Hinterlegung der Ratifikationsurkunde entfaltet der völkerrechtliche Vertrag vom Zeitpunkt seines Inkrafttretens für die Niederlande automatisch auch innerstaatliche Wirkung (*Boele-Woelki,* IPRax 1990, S. 337, 339).

508 *Boele-Woelki,* IPRax 1990, S. 337, 339.

509 Zur Anerkennung von Auslandsheiraten *Strikwerda,* Nederlandse Internationaal Privaatrecht, Rdn. 111; *Vonken,* HPS Nr. 10 1992, S. 3 ff.

510 Acte final vom 8. 10. 1984.

511 Französischer und englischer Originalwortlaut in: RabelsZ 50 (1986), S. 699–715, inoffizielle deutsche Übersetzung in: IPRax 1987, S. 55–58 mit Aufsatz von *Pirrung,* IPRax 1987, S. 52–55 und in: *Staudinger/Dörner,* Vorbem. zu Art. 25 f. EGBGB Rdn. 141.

512 Zur Ratifikation durch Italien als „country of civil law" siehe *Paton/Grosso,* Int. Comp. L. Q. 43 (1994), S. 654 ff.

513 Zur Ratifikation durch die Niederlande als „country of civil law" siehe *Joppe,* WPNR (1996) 6215, S. 181 ff.; *Koppenol-Laforce/Kottenhagen* in: Netherlands Reports to the Fifteenth International Congress of Comparative Law, S. 137, 143 ff.

514 Rev. crit. 87 (1998), S. 142, 177 (Stand 1. 3. 1998).

515 *Jayme/Hausmann,* IPR-Texte, vor Nr. 110, S. 224 Fn. 2.

einkommen auf Vorfragen in bezug auf die Gültigkeit eines Testaments oder anderen Rechtsgeschäfts, durch die dem *trustee* Vermögen übertragen wird (Art. 4 HtÜ). Die wesentlichen Eigenschaften eines *trust* liegen nach Art. 2 HtÜ in einer Rechtsbeziehung, in welcher der Begründer (*settlor*) durch Rechtsgeschäft unter Lebenden oder durch letztwillige Verfügung Vermögensgegenstände einem Treuhänder (*trustee*) zuwendet, der *trustee* aber verpflichtet ist, das Vermögen zugunsten eines Dritten (*beneficiary*) oder eines bestimmten Zweckes zu verwalten[516]. Der Bericht zu dem Übereinkommen legt eine großzügige Auslegung des Begriffs „trust" nahe: Zwar werde der *trust* in der Präambel als *unique legal institution* bezeichnet[517], das Übereinkommen wolle aber auch *analogous institutions* erfassen, welche die Kriterien des Art. 2 HtÜ erfüllen[518]. Unter dem *trust*-Begriff des Übereinkommens fällt daher auch das funktionsgleiche Rechtsinstitut des südafrikanischen Rechts[519]. Darüber hinaus soll das Übereinkommen zum Tragen kommen, wenn zum Beispiel ein italienischer Richter es mit der Testamentsvollstreckung oder der fiduzarischen Treuhand des deutschen Rechts zu tun hat[520]. Vor diesem Hintergrund erscheint die Vorschrift des Art. 5 HtÜ überflüssig: Nach Art. 5 HtÜ ist das Übereinkommen nicht anzuwenden, soweit das nach dem Übereinkommen bestimmte Recht einen *trust* oder die Art von *trusts* nicht vorsieht. Wenn man den Anwendungsbereich der Konvention im obigen Sinne großzügig auslegt, wird es fast keine Rechtsordnungen geben, die das Recht des *trust* nicht kennt[521].

Nach Art. 6 I HtÜ untersteht ein *trust* in erster Linie dem vom Begründer (*settlor*) gewählten Recht. Die Rechtswahl muß eine ausdrückliche (Art. 6 I 1 HtÜ) sein oder sich aus den Bestimmungen der Errichtungsurkunde ergeben (Art. 6 I 2 HtÜ). Sieht das gewählte Recht *trusts* im allgemeinen oder den *trust*-Typ nicht vor, ist die Rechtswahl unwirksam, und es kommt zu einer objektiven Anknüpfung des *trust*-Statuts (Art. 6 II HtÜ). Mangels einer Rechtswahl oder wenn der Begründer des *trust* eine unwirksame Rechtswahl vorgenommen hat, ist das Recht berufen, mit dem der *trust* die engste Verbindung hat (Art. 7 I HtÜ). Zur Konkretisierung dieser Generalklausel sieht Art. 7 II HtÜ einen Katalog von Anknüpfungsmerkma-

---

516 Zu Art. 2 HtÜ: Actes et documents XV / II (1985), S. 378 – 380 Nr. 36 – 47 (Bericht *von Overbeck*).

517 In der inoffiziellen deutschen Übersetzung der Präambel wird der *trust* als „einzigartiges Rechtsinstitut" bezeichnet (IPRax 1987, S. 55).

518 Actes et documents XV / II (1985), S. 375 Nr. 26 (Bericht *von Overbeck*); siehe aber auch den Diskussionsbeitrag von *van Boeschoten,* der das Übereinkommen nur dann für anwendbar hält, wenn das zur Frage stehende Rechtsinstitut dem trust *structurally similar* und nicht nur *merely functionally analogous* ist (Actes et documents XV / II [1985], S. 233 [Protokoll Nr. 1]).

519 *Lipstein,* Int. Enc. Comp. L. III (1994), Ch. 23 sec. 11, S. 7 (zu Südafrika); allgemein zur Entwicklung des trust und funktionsgleicher Rechtsinstitute: Actes et documents XV / II (1985), S. 10 – 108 (Bericht *Dyer / van Loon*).

520 *Kötz,* RabelsZ 50 (1986), S. 562, 566.

521 Siehe zu Art. 5 HtÜ auch Actes et documents XV / II (1985), S. 383 Nr. 61 f. (Bericht *von Overbeck*) und *Kötz,* RabelsZ 50 (1986), S. 562, 569.

len vor, ohne jedoch dem Richter vorzuschreiben, in welcher Reihenfolge er sie zu prüfen und zu gewichten hat[522]. Bei der Bestimmung des Rechts ist der vom Begründer gewählte Ort der Verwaltung des *trust,* die Belegenheit des *trust*-Vermögens, der Ort des gewöhnlichen Aufenthalts oder der Niederlassung des *trustee* und der *trust*-Zweck zu berücksichtigen (Art. 7 II lit. a)-d) HtÜ)[523]. In der Praxis wird diese objektive Anknüpfung selten zum Zuge kommen; denn anders als etwa im Internationalen Vertragsrecht wird häufig eine Rechtswahl vorliegen und das *trust*-Statut bestimmen[524].

Das so ermittelte *trust*-Statut regelt die Gültigkeit des *trust,* seine Auslegung, seine Wirkungen und seine Verwaltung (Art. 8 HtÜ). Ein abtrennbarer Teil des *trust,* " insbesondere seine Verwaltung" (Art. 9 HtÜ), kann aber gesondert angeknüpft werden und einem anderen Recht unterliegen. Die Kollisionsnormen des Übereinkommens verweisen auf das innerstaatliche Recht und schließen im Verhältnis der Vertragsstaaten Rück- und Weiterverweisung aus (Art. 17 HtÜ). Mit dem einfachen Verweis auf die *loi* weicht das Übereinkommen von der traditionellen Formulierung *loi interne* ab; das HtÜ folgt insoweit der Regelung im Europäischen Schuldvertragsübereinkommen[525].

2. Rückverweisung

Die Kollisionsnormen der Konvention sind als *loi uniforme* ausgestaltet (Art. 21 HtÜ); sie können für ein deutsches Gericht, das hinsichtlich der Beurteilung eines *trust* auf das Recht eines Vertragsstaates verwiesen wird, eine Rück- und Weiterverweisung begründen[526]. Zwar gibt es wenig neuere Gerichtsentscheidungen[527], es sind im Internationalen Erbrecht aber Fälle denkbar, in denen die deutsche Rechtsordnung mit dem anglo-amerikanischen Rechtsinstitut des *trust* in Berührung kommt.

Beispiel: Hat ein Engländer am Nachlaß oder an einzelnen Nachlaßgegenständen einen *testamentary trust* errichtet, stellt sich aus deutscher Sicht zunächst die

---

522 Actes et documents XV/II (1985), S. 387 Nr. 77 (Bericht *von Overbeck*); *Hayton,* Int. Comp. L. Q. 36 (1987), S. 260, 272; *Kötz,* RabelsZ 50 (1986), S. 562, 570.

523 Zur Bedeutung dieser einizelnen Kriterien siehe *Dicey/Morris,* Conflict of Laws II, Rule 151, Rdn. 29–009.

524 *Gaillard/Trautmann,* Rev. crit. 75 (1986), S. 1, 19.

525 Art. 15 EVÜ; *Gaillard/Trautmann,* Rev. crit. 75 (1986), S. 1, 21.

526 *Graue,* RabelsZ 57 (1993), S. 26, 58; *Staudinger/Hausmann,* Art. 4 EGBGB Rdn. 139.

527 BGH vom 19. 9. 1967 – III ZR 225/65, IPRspr. 1966/67 Nr. 168b, S. 530, 537; OLG Frankfurt 29. 12. 1962–6 W 481/60, IPRspr. 1962/63 Nr. 146, S. 425, 428 ff.; OLG Frankfurt vom 22. 9. 1965–7 U 222/64, IPRspr. 1966/67 Nr. 168a, S. 530, 536; LG Wiesbaden vom 18. 1. 1960–4 T 373/56, IPRspr. 1960/61 Nr. 138, S. 446, 447 f.; LG Nürnberg-Fürth vom 29. 12. 1962–12 T 181/60, IPRspr. 1962/63 Nr. 148, S. 441, 445 f.; IPG 1979 Nr. 33 (Köln vom 13. 3. 1979 – K 72/78), S. 328, 340 ff.

Frage der Qualifikation. Funktionell stellt sich ein *testamentary trust* als Verfügung von Todes wegen dar; er ist deshalb erbrechtlich zu qualifizieren[528]. Die materiellen Voraussetzungen und Wirkungen einer solchen *trust*-Errichtung unterliegen aus deutscher Sicht dem Erbstatut. Genügt das Testament den Formvorschriften der Rechtsordnung, die nach dem Haager Testamentsformübereinkommen von 1961 über die Formvorschriften zu entscheiden hat, richtet sich das Erbstatut gemäß Art. 25 I EGBGB nach dem ausländischen Heimatrecht des Erblassers im Zeitpunkt seines Todes. Die Verweisung auf das ausländische Recht umfaßt dabei auch die Kollisionsnormen des Heimatstaates (Art. 4 I EGBGB)[529]. In deutsch-englischen Erbfällen kommen damit zunächst die englischen IPR-Normen zur Anwendung. Im englischen Kollisionsrecht wird dabei zwischen erbrechtlichen und trustrechtlichen Fragen unterschieden[530]; zur Ermittlung des *trust*-Statuts sind die Vorschriften des Haager Übereinkommens berufen[531]. Hat der englische *settlor* des *trust* keine Rechtswahl getroffen und ist unbeweglicher Nachlaß ganz oder teilweise in der Bundesrepublik belegen, zum Beispiel unter der Verwaltung einer deutschen Bank, weist Art. 7 I HtÜ für das *trust*-Statut auf deutsches Recht zurück.

Haben der englische *trust*-Begründer und der *trust*-Begünstigte im obigen Beispielsfall ihren gewöhnlichen Aufenthalt im Vereinigten Königreich, so kann es für den *settlor* sinnvoll sein, für die *administration* des *trust*-Vermögens ausdrücklich deutsches Recht anzuordnen. Für die Verwaltung (*administration*) des *trust* ist eine solche Rechtswahl nach Art. 9 HtÜ möglich; auch insoweit käme es zu einer Rückverweisung auf das deutsche Recht[532]. Fehlt es an einer Rechtswahl, kann die objektive Anknüpfung nach Art. 7 HtÜ zum gleichen Ergebnis führen.

In der Praxis ist es beim *testamentary trust* nicht die Ermittlung des anwendbaren Rechts, die besondere Probleme bereitet. Im Regelfall müssen die Nachlaßge-

528 *Czermak,* S. 133; *Staudinger/Dörner,* Art. 25 EGBGB Rdn. 410; *Witthun,* S. 95.

529 *Junker,* IPR, Rdn. 577; *Kegel/Schurig,* IPR, § 21 I, S. 854; *Kropholler,* IPR, § 24 II 7 a), S. 158; MünchKomm-*Birk,* Art. 25 EGBGB Rdn. 84.

530 *Dicey/Morris,* Conflict of Laws II, Rules 129 ff., Rdn. 27R-001 ff. (succession); Rule 151, Rdn. 29R-001 ff. (trusts); *Kötz,* RabelsZ 50 (1986), S. 562, 572.

531 Das Vereinigte Königreich hat das Haager trust-Übereinkommen durch den Recognition of Trust Act von 1987 umgesetzt (*Dicey/Morris,* Conflict of Laws II, Rule 151, Rdn. 29–002).

532 Für die Beachtung der Rückverweisung durch das anglo-amerikanische Kollisionsrecht im Bereich der *„administration"* ausdrücklich KG vom 20. 3. 1972 – 3 W 12 823/69, IPRspr. 1972 Nr. 123, S. 334, 335; *Berenbrok,* S. 189 ff.; *Ferid,* IPR, Rdn. 9–21 f., 9–81 bis 9–83; *Ferid/Firsching/Lichtenberger-Firsching,* Band VI, USA Grdz. C III A 4 c), Rdn. 60 d); *Firsching,* Erbfälle, S. 99 ff., 114; *Staudinger/Dörner,* Art. 25 EGBGB Rdn. 411, 631, 647; siehe auch *Kopp,* S. 58 f. (versteckte Rückverweisung), unklar: OLG Frankfurt vom 2. 5. 1972 – 20 W 130/71, IPRspr. 1972, S. 339, 342; a. A. OLG Karlsruhe vom 27. 3. 1992 – 10 U 132/91, IPRspr. 1979 Nr. 52b, S. 106, 109; LG Heidelberg vom 3. 4. 1991 – 2 O 202/89, IPRax 1992, S. 170 = IPRspr. 1992 Nr. 52a, S. 106, 107; *Gottheiner,* S. 40 ff.; *Soergel/Schurig,* Art. 25 EGBGB Rdn. 86 und *Soergel/Kegel*[11], Vor Art. 24 EGBGB Rdn. 96 (bedingte Verweisung); siehe auch *Kegel/Schurig,* IPR, § 21 IV 3, S. 875.

richte über die Erteilung eines Erbscheins entscheiden. Bei der Erteilung eines Erbscheins entstehen Schwierigkeiten.

Untersteht der *trust* dem deutschen Recht, weil der Erblasser „unter falschem Recht“[533] gehandelt hat, muß man das Rechtsinstitut des *trust* in das deutsche Recht „transformieren“. Das deutsche Recht gestattet die Begründung eines *trust* am inländischen Nachlaß nicht; die für einen *trust* charakteristische gespaltene Rechtsträgerschaft zwischen *trustee* und *beneficary* verstößt gegen den *numerus clausus* (§ 137 BGB) des Sachenrechts[534]. Die Einsetzung eines *trustees* ist als solche unwirksam und kann in die Einsetzung eines Treuhänders[535] oder (Dauer-) Testamentsvollstreckers[536] umgedeutet werden.

Soll ein dem US-amerikanischen Recht unterstehender *trust* in Deutschland Wirkungen entfalten, sind die Begriffe des *trust*-Rechts in das deutsche Recht gleichsam zu „übersetzen“[537]. Der Erblasser hat uns gänzlich unbekannte Rechtsbegriffe des *trust*-Rechts verwendet, um seinen rechtsgeschäftlichen Willen auszudrücken. Man spricht statt von Umdeutung von Anpassung[538]; bei beidem wird „im wesentlichen nach den gleichen Grundsätzen verfahren“[539]. Von den Anpassungs- und Umdeutungsproblemen, die entstehen können, soll aber im Rahmen dieser Arbeit nicht weiter die Rede sein; es wird vielmehr auf die einschlägige Literatur verwiesen[540].

---

533 Siehe dazu *Kegel/Schurig,* IPR, § 21 III 3, S. 868.

534 *Czermak,* S. 285.

535 Allgemein zum trust: BGH vom 13. 6. 1984 – IV a ZR 196/82, NJW 1984, S. 2762 (insoweit nicht abgedruckt) = IPRax 1985, S. 221, 224 = IPRspr. 1984 Nr. 121, S. 282, 287 f.; *Graue,* FS Ferid 1978, S. 151, 179.

536 BGH vom 19. 9. 1967 – III ZR 225/65, IPRspr. 1966/67 Nr. 168b, S. 530, 537; OLG Frankfurt 29. 12. 1962 – 6 W 481/60, IPRspr. 1962/63 Nr. 146, S. 425, 428 ff.; OLG Frankfurt vom 22. 9. 1965 – 7 U 222/64, IPRspr. 1966/67 Nr. 168a, S. 530, 536; LG Wiesbaden vom 18. 1. 1960 – 4 T 373/56, IPRspr. 1960/61 Nr. 138, S. 446, 447 f.; LG Nürnberg-Fürth vom 29. 12. 1962 – 12 T 181/60, IPRspr. 1962/63 Nr. 148, S. 441, 445 f.; IPG 1979 Nr. 33 (Köln vom 13. 3. 1979 – K 72/78), S. 328, 340 ff.; *Czermak,* S. 295; *Witthun,* S. 147.

537 *Czermak,* S. 283; *Kötz,* S. 98 ff.; *ders.,* RabelsZ 50 (1986), S. 562, 574.

538 Die Terminologie ist uneinheitlich: Teilweise wird statt von Anpassung auch von Angleichung gesprochen (*Looschelders,* S. 3 m. w. N.; MünchKomm-*Sonnenberger,* Einl. IPR Rdn. 532 [Anpassung und Angleichung synonym verwendet]; *Neuhaus,* Grundbegriffe des IPR, § 47, S. 353 f. [Anpassung]).

539 *Ferid/Firsching/Lichtenberger-Firsching,* Band VI, USA Grdz. C III B 2 c), Rdn. 62 h; siehe auch *Firsching,* Erbfälle, S. 148.

540 Zu den Anpassungs- und Umdeutungsproblemen siehe *Ferid/Firsching/Lichtenberger-Firsching,* Band VI, USA Grdz. C III B 2 b), Rdn. 62 f.; USA Grdz. C III B 2 c), Rdn. 62 h; *Firsching,* Erbfälle, S. 127 ff.; *Czermak,* S. 281 – 295 und *Witthun,* S. 141 – 149.

§ 7 Zusammenfassende Würdigung

Die zusammenfassende Würdigung soll in drei Schritten durchgeführt werden: In einem ersten Schritt sind im Wege der Bestandsaufnahme die Regelungen zum Renvoi in den kollisionsrechtlichen Staatsverträgen zusammenzufassen. In einem zweiten Schritt wird die in dem Übereinkommen gefundene Lösung vor dem Hintergrund der international-privatrechtlichen Interessen bewertet. Schließlich ist in einem dritten Schritt der Frage nachzugehen, ob sich Folgerungen für das deutsche IPR ergeben.

I. Bestandsaufnahme

Rück- und Weiterverweisung spielen in kollisionsrechtlichen Staatsverträgen eine geringe Rolle; staatsvertragliche Kollisionsnormen sind in der Regel renvoifeindlich. Die hier untersuchten kollisionsrechtlichen Übereinkommen verweisen überwiegend auf das jeweilige „innerstaatliche Recht". In vielen Haager Übereinkommen wird der Ausdruck *loi interne* im französischen Originaltext zum Merkmal der Ablehnung von Rück- und Weiterverweisung. Neuere Übereinkommen wie das Haager trust-Übereinkommen (Art. 17) oder das Haager Kinderschutzübereinkommen (Art. 21 I) machen den Ausschluß des Renvoi durch einen separaten Artikel im Konventionstext deutlich. So bestimmt zum Beispiel auch Art. 19 des neuen Haager Übereinkommens zum Schutz Erwachsener vom 13. 1. 2000[541]: „Der Begriff ‚Recht' im Sinn dieses Kapitels bedeutet das in einem Staat geltende Recht mit Ausnahme des Kollisionsrechts".

Nur vereinzelt hat der Renvoi noch Bedeutung: Teilweise erklären die älteren Abkommen Rück- und Weiterverweisung für beachtlich, um dadurch einzelne Staaten zur Teilnahme am Übereinkommen zu bewegen. Beispiele hierfür sind die Genfer Abkommen zum Wechsel- und Scheckrecht: Beide Abkommen erkennen in Art. 2 I 2 jeweils den Renvoi an, damit Staaten, die dem Staatsangehörigkeitsprinzip ablehnend gegenüber stehen, die Abkommen ratifizieren. Es sind aber nicht nur die Gründe der Akzeptanzsteigerung, die zum Renvoi in dem Übereinkommen führen. In Art. 3 I lit. a) des Haager Kindesentführungsübereinkommens wird der Renvoi zugelassen, um das im Staat des gewöhnlichen Aufenthalts des Kindes tatsächlich bestehende Sorgerecht zu schützen. Art. 3 des Haager Unterhaltsabkommens von 1956 erklärt das autonome IPR der Vertragsstaaten subsidiär neben der Konvention für anwendbar, um dem Kind einen Anspruch auf Unterhalt zu geben. In entsprechender Weise berücksichtigt Art. 3 des Haager Testamentsformabkommens für den *favor testamenti* bestehende Formvorschriften der Ver-

---

541 Text unter: http://www.hcch.net/e/conventions/text35e.html, Stand: 5. 7. 2001; RabelsZ 64 (2000), S. 752–764. Siehe dazu den Bericht *Lagarde,* S. 59 Nr. 112 (http://www.hcch.net/e/conventions/expl35e.html, downloadbar), Stand: 5. 7. 2001; *Siehr,* RabelsZ 64 (2000), S. 715, 742.

tragsstaaten. Hintergrund für die Zulassung des Renvoi in diesen drei Konventionen ist das Bestreben, ein materiellrechtlich gewünschtes Ergebnis – beispielsweise die Formgültigkeit eines Testaments – zu erreichen. Weiterhin erklärt Art. 21 II 1 des Kinderschutzübereinkommens die Weiterverweisung für beachtlich, wenn das berufene Recht eines Nichtvertragsstaates auf das Recht eines anderen Nichtvertragsstaates weiter verweist und das Recht dieses Staates die Verweisung annimmt. Darüber hinaus bleibt der Renvoi für die Konventionen erhalten, die nicht in das kollisionsrechtliche System der Vertragsstaaten weiter eingreifen; so will zum Beispiel das New Yorker Staatenlosenabkommen allein den Wohnsitz als Anknüpfungsmerkmal an die Stelle der ausfallenden Staatsangehörigkeit treten lassen. In diesem Fall bleibt der Charakter der autonomen Kollisionsnorm erhalten. Spricht sie einen Renvoi aus, ist er zu befolgen. Schließlich kommen Rück- und Weiterverweisung in den Übereinkommen zum Tragen, sobald Vorfragen nach autonomem Kollisionsrecht zu beantworten sind.

Grundlage für eine nach Art. 4 I EGBGB vom deutschen Richter zu berücksichtigende Rück- und Weiterverweisung können Staatsverträge sein, denen die Bundesrepublik Deutschland nicht beigetreten ist. Hauptanwendungsfall für dieses Phänomen war bisher das Haager Abkommen über Straßenverkehrsunfälle. Der Renvoi ist aber auch durch weitere, in unseren Nachbarstaaten zum Teil erst kürzlich in Kraft getretene Haager Übereinkommen denkbar[542]. Es bleibt abzuwarten, wann von praktischer Erfahrung in der Bundesrepublik zu berichten sein wird.

II. Bewertung

Entspricht der Ausschluß des Renvoi in den kollisionsrechtlichen Staatsverträgen den international-privatrechtlichen Interessen (dazu 1., 2.)? Ist es sinnvoll, aus kollisionsrechtlichen Staatsverträgen ohne deutsche Beteiligung einen gemäß Art. 4 I EGBGB vom deutschen Richter zu beachtenden Renvoi abzuleiten (dazu 3.)? Diese beiden Fragen stehen im folgenden im Mittelpunkt.

1. Renvoi im Verhältnis der Vertragsstaaten

Der Ausschluß des Renvoi in kollisionsrechtlichen Staatsverträgen liegt auf der Hand, wenn die staatsvertraglichen Kollisionsnormen auf das Recht eines Vertragsstaates verweisen[543]. Innerhalb der Vertragsstaaten wird der betreffende Sachver-

---

542 Haager Produkthaftpflichtübereinkommen von 1973, Haager Eheschließungsübereinkommen von 1978, Haager Ehegüterrechtsübereinkommen von 1978 und Haager trust-Übereinkommen von 1985.

543 *von Hoffmann*, IPR, § 6 Rdn. 107; *Junker*, IPR, Rdn. 209; *Kropholler*, Einheitsrecht, § 22 III 1, S. 335; *ders.*, IPR, § 24 III 1, S. 161; *ders.*, FS Henrich, S. 393 f., MünchKomm-*Sonnenberger*, Art. 4 EGBGB Rdn. 65.

halt nach dem selben Kollisionsrecht beurteilt. Man braucht nicht mehr auf das autonome Kollisionsrecht der Vertragsstaaten zurückzugreifen, da der internationale Entscheidungseinklang – ein wichtiges Argument für den Renvoi – schon erreicht ist.

Wenig Beifall finden die meisten Ausnahmen von diesem Grundsatz in den Konventionen. Die Beachtung des Renvoi in den frühen Abkommen, um deren Akzeptanz zu steigern, erscheint als Verlegenheitslösung[544]. Hat man sich für ein Anknüpfungskriterium entschieden, sollte man auch bereit sein, dafür einzustehen. Durch die Befolgung von Rück- und Weiterverweisung wird der internationale Entscheidungseinklang zwischen den Vertragsstaaten nur gefährdet. Überzeugend ist auch nicht der subsidiäre Rückgriff auf das autonome Kollisionsrecht in manchen Übereinkommen. Solche Vorschriften wie Art. 3 des Haager Unterhaltsabkommens von 1956 führen zu einer Verdoppelung des Kollisionsrechts und werden für den Rechtsanwender nicht immer einfach nachzuvollziehen sein. Aus diesem Grunde sieht auch das Haager Unterhaltsübereinkommen von 1973 in seinen subsidiären Anknüpfungen in Artt. 5, 6 die Anwendung des autonomen IPR nicht vor. Nicht bewährt hat sich auch die Berücksichtigung von Rück- und Weiterverweisung in Art. 3 I lit. a) des Haager Kindesentführungsübereinkommens. Wie oben gezeigt wurde, hat sich die Praxis der Vertragsstaaten regelmäßig nicht auf den Schleuderweg des autonomen IPR begeben, sondern gleich das Sachrecht des betreffenden Staates angewandt.

Gegen die Berücksichtigung des Renvoi spricht nichts, soweit der Regelungsbereich der Übereinkommen nicht berührt ist. Daher ist gegen die Rückkehr des autonomen Kollisionsrechts über Vorfragen nichts einzuwenden. Auch wenn sich der Renvoi mittelbar, beispielsweise aus deutscher Sicht über das Scheidungsstatut (Art. 17 EGBGB), in Art. 8 I des Haager Unterhaltsübereinkomens von 1973 wieder meldet, bestehen keine Bedenken. Dies alles ist gewollt und logische Konsequenz der Symbiose von staatsvertraglichem und nationalem Kollisionsrecht.

2. Renvoi im Verhältnis der Nichtvertragsstaaten

Leuchtet der Ausschluß des Renvoi im Verhältnis der Vertragsstaaten noch ein, ist er problematisch, wenn staatsvertragliche Kollisionsnormen als *lois uniformes* das Recht eines Nichtvertragsstaates berufen. Das Sachrecht des Nichtvertragsstaates könnte in Widerspruch zu seinem eigenen Kollisionsrecht anzuwenden sein. Diese „paradoxe Situation" ist im Rahmen dieser Arbeit besonders deutlich geworden für Art. 3 des Haager Minderjährigenschutzabkommens.

Die Haager Konferenz für Internationales Privatrecht hat die Problematik des Ausschlusses des Renvoi gegenüber Nichtvertragsstaaten erkannt. Daher erklärt Art. 21 II 1 des Haager Kinderschutzübereinkommens die Weiterverweisung für

544 *Kropholler,* Einheitsrecht, § 22 III 1, S. 335.

beachtlich, wenn das gemäß Art. 16 berufene Aufenthaltsrecht eines Nichtvertragsstaates auf das Recht eines anderen Nichtvertragsstaates weiterverweist und das Recht dieses Staates die Verweisung annimmt. Wird diese Verweisung nicht angenommen, bleibt es nach Art. 21 II 2 des Übereinkommens beim Aufenthaltsrecht des Kindes. Eine ähnliche Vorschrift enthält Art. 4 des Haager Erbrechtsübereinkommens[545]. Auch hier wird der *renvoi au second degré* für beachtlich erklärt, wenn der betreffende Nichtvertragsstaat die Verweisung des zuerst berufenen Nichtvertragsstaates annimmt. Diese Klauseln verdienen Zustimmung. Führen sie doch dazu, Entscheidungseinklang mit zwei Nichtvertragsstaaten herzustellen. Überzeugend ist auch, die Rückverweisung durch das Recht eines Nichtvertragsstaates auf das Recht eines Vertragsstaates nicht zu beachten. Zunächst einmal ist ein Interesse der Konventionsstaaten vorhanden, bei der gewöhnlichen Anknüpfung stehenzubleiben. Allein das Recht eines Nichtvertragsstaates kann nicht ausreichen, blinden Auges den Anknüpfungseinklang der Vertragsstaaten zu opfern. Von diesem Anknüpfungsinteresse abzurücken, erscheint sachlich nur gerechtfertigt, wenn der Entscheidungseinklang zweier Nichtvertragsstaaten dagegen steht. Vorschriften wie Art. 21 II 1 des Haager Kinderschutzübereinkommens oder Art. 4 des Haager Erbrechtsübereinkommens schaffen einen gerechten Ausgleich der beteiligten Interessen. Darüber hinaus stellen diese Vorschriften kein „hohes Risiko" dar: Treten den Übereinkommen viele Staaten bei, laufen die Vorschriften leer. Sind die Übereinkommen aber nicht erfolgreich, ermöglichen Vorschriften wie Art. 21 II 1 den Vertragsstaaten, in bestimmten Fällen Entscheidungsharmonie mit den Nichtvertragsstaaten zu erreichen.

Sollte man in kollisionsrechtlichen Staatsverträgen ohne solch eine „Drittstaatenklausel" den Renvoi durch einen Nichtvertragsstaat ebenfalls befolgen? Dafür spricht, daß die staatsvertragliche Kollisionsnorm regelmäßig auf die Rechtsordnung des Drittstaates verweist, weil eine besonders enge Verbindung des Sachverhalts zu diesem Staat besteht. Im konkreten Fall könnte der Entscheidungsharmonie mit dem Drittstaat ein größeres Gewicht zukommen als mit den übrigen Vertragsstaaten[546]. Allerdings würde die Zulassung des Renvoi im Verhältnis zu einem Nichtvertragsstaat die Rechtsanwendung weiter erschweren, denn in den Fällen, in denen eine ausdrückliche Vorschrift in den Übereinkommen fehlt, würden die unterschiedlichen nationalen Positionen zum Renvoi wieder bedeutsam werden[547]: „Statt einer klaren Rechtslage (hätten die Vertragsstaaten), praktisch gesprochen, die Rechnung mit einer Unbekannten" gemacht[548]. Gegen die Berücksichtigung

---

545 Art. 4 war sehr umstritten; siehe zum Diskussionsverlauf, Actes et documentes XVI / 2 (1990), S. 552, Nr. 59 (Bericht *Waters*); siehe auch, *Kropholler*, FS Henrich, S. 393, 400. Gemäß Art. 24 I lit. b) des Übereinkommens kann sich ein Vertragsstaat vorbehalten, Art. 4 nicht anzuwenden.

546 *Kropholler*, Einheitsrecht, § 22 III 2, S. 336; *Neuhaus*, Grundbegriffe des IPR, § 36 V, S. 280.

547 Siehe die Länderberichte 2. Kapitel, § 4 III.

548 *Nußbaum*, IPR, § 9 VI, S. 58.

eines Renvoi[549] spricht schließlich folgendes: Die Verfasser dieser Übereinkommen wollten gerade keine Einschränkung des Anwendungsbereiches. Würde aus deutscher Sicht eine solche Einschränkung einseitig vorgenommen, wäre eine große Rechtsunsicherheit die Folge. Nicht alle Vertragsstaaten würden einer derartigen Reduktion eines *loi uniforme*-Übereinkommens folgen. Damit wäre der erzielte Entscheidungseinklang zwischen den Vertragsstaaten nun wirklich gefährdet. Der eine Vertragsstaat würde vielleicht einen Renvoi annehmen, der andere hingegen nicht! In kollisionsrechtlichen Übereinkommen ohne Drittstaatenklausel ist damit das Interesse, an der verwirklichten Anknüpfungsmethode festzuhalten, höher zu bewerten als der Entscheidungseinklang mit einem Drittstaat. Der strenge Ausschluß des Renvoi hat den Vorteil, die moderne, im Übereinkommen gemeinsam verwirklichte Anknüpfungsmethode für ein unter Umständen „veraltetes" Kollisionsrecht eines Nichtvertragsstaates nicht aufgeben zu müssen[550].

3. Renvoi durch kollisionsrechtliche Staatsverträge

Gegen die Beachtung von im Ausland geltenden Staatsverträgen sind Einwände denkbar: Zum einen gelangt über Art. 4 I 1 EGBGB möglicherweise ein Übereinkommen zur innerstaatlichen Anwendung, das die Bundesrepublik Deutschland bewußt nicht ratifiziert hat. Zum anderen kann die Anwendung von im Ausland geltenden Staatsverträgen mit Schwierigkeiten verbunden sein; häufig fehlt es an einschlägiger Rechtsprechung und Literatur zum Vertragswerk, der Staatsvertrag unterliegt einem Anwendungsdefizit[551].

Spricht das deutsche Recht eine Gesamtverweisung aus, beruft es das ausländische Kollisionsrecht grundsätzlich *in toto* und zwar gleichgültig ob es autonomer oder staatsvertraglicher Natur ist. Hat ein Staat eine andere Interessenbewertung vorgenommen und ein Übereinkommen ratifiziert dessen Kollisionsnormen über eine Rückverweisung zur Anwendung kommen, müssen wir diese Wertung hinnehmen. Der Wille eines Staates einer Konvention nicht beizutreten, kommt im Internationalen Privatrecht nicht zum Tragen; das IPR dient der Gerechtigkeit zwischen den Einzelnen[552] und nicht dem Staatsinteresse, einer Konvention nicht beizutreten[553]. Auf welche Weise es zur Rückverweisung kommt, kümmert die international-privatrechtliche Gerechtigkeit wenig, wenn das Rechtsverhältnis einheitlich in den vom Sachverhalt berührten Rechtsordnungen beurteilt wird. Allerdings hat der Bundesgerichtshof in einem Fall einen Verstoß gegen den Sinn der deut-

549 Gegen den Renvoi: *von Bar,* IPR I, Rdn. 212; *Kropholler,* IPR, § 24 III 2, S. 162; MünchKomm-*Sonnenberger,* Art. 4 EGBGB Rdn. 66; *Staudinger/Hausmann,* Art. 4 EGBGB Rdn. 114.

550 *Kropholler,* IPR, § 24 III 2, S. 162.

551 *Jayme,* FS Beitzke, S. 541, 544 f.

552 *Kegel/Schurig,* IPR, § 2 I, S. 114; *Kegel,* FS Lewald, S. 259, 270 ff.

553 *Jayme,* FS Beitzke, S. 541, 545.

schen Verweisung angenommen (Art. 4 I 1 Hs. 2 EGBGB) und für das Ehegüterrechtsstatut die Rückverweisung des italienischen Kollisionsrechts auf das deutsche Heimatrecht des Mannes durch Art. 2 des Haager Ehewirkungsabkommens von 1905 nicht beachtet[554]. Die Verweisung auf das italienische Kollisionsrecht sei sinnwidrig, weil der verfassungswidrige Art. 2 des Ehewirkungsabkommens anzuwenden wäre, obwohl die Konvention von der Bundesrepublik Deutschland gekündigt worden sei.

Im Gegensatz zum deutschen Internationalen Privatrecht kann ausländisches Kollisionsrecht aber nicht abstrakt an deutschen Grundrechten gemessen werden. Eine ausländische Kollisionsnorm kann erst dann nicht angewendet werden, wenn ihre Anwendung im konkreten Einzelfall mit den Grundrechten nicht vereinbar ist (Art. 6 S. 2 EGBGB)[555]. Der Bundesgerichtshof hätte prüfen müssen, inwiefern die Anwendung des Art. 2 des Haager Ehewirkungsabkommens konkret zu einer mit Art. 3 II GG nicht zu vereinbarenden Ungleichbehandlung der Ehefrau gegenüber ihrem Ehemann führt. Die abstrakte Messung ausländischen Kollisionsrechts am Grundgesetz durch den Bundesgerichtshof ist äußerst bedenklich.

Nicht zu bestreiten ist indes, daß kollisionsrechtliche Staatsverträge einem Anwendungsdefizit unterliegen. Häufig werden sie von staatlichen Gerichten übersehen[556]. Soweit unsere Kollisionsnormen ausländisches Recht berufen, hat ein deutscher Richter genauso zu entscheiden, wie in dem ausländischen Staat entschieden wird[557]. Dabei hat der deutsche Richter davon auszugehen, daß sein ausländischer Kollege ebenfalls an seine Gesetze gebunden ist; zu den ausländischen Gesetzen gehören aber auch die entsprechenden Staatsverträge. Der Gedanke des internationalen Entscheidungseinklanges verlangt nicht vom deutschen Richter zu prüfen, ob der ausländische Richter den Staatsvertrag kennt oder nicht[558].

Als Ergebnis bleibt: Keine Bedenken bestehen, einen Renvoi durch kollisionsrechtliche Staatsverträge ohne deutsche Beteiligung zu befolgen. Deutschland gerät damit *nolens volens* „in den Sog des vereinheitlichten Rechts“[559].

---

554 BGH vom 8. 4. 1987 – IV b ZR 37/86, NJW 1988, S. 638, 640 = IPRax 1988, S. 100, 103 = IPRspr. 1987 Nr. 47b, S. 126, 131. Das Kammergericht hatte die Rückverweisung durch das italienische Kollisionsrecht noch anerkannt (KG vom 13. 2. 1986 –16 UF 3009/85, IPRax 1987, S. 117, 120 = IPRspr. 1987 Nr. 47a, S. 120, 126).

555 *Ebenroth/Eyles,* IPRax 1989, S. 1, 10 f.; *Kartzke,* IPRax 1988, S. 8, 11 f.; *Kühne,* FS Ferid 1988, S. 251, 260; MünchKomm-*Sonnenberger,* Art. 4 Rdn. 22; *Staudinger/Hausmann,* Art. 4 Rdn. 183.

556 Selbst der Bundesgerichtshof hat schon einen Staatsvertrag übersehen (vgl. *Jayme,* FS Beitzke, S. 541, 545 Fn. 22): BGH vom 15. 11. 1976 – VIII ZR 76/75, NJW 1977, S. 1011 f. = IPRspr. 1976 Nr. 9, S. 35 ff. Der Bundesgerichtshof übersah das Haager Ehewirkungsabkommen von 1905, das damals noch zwischen der Bundesrepublik Deutschland und den Niederlanden in Kraft war.

557 *Junker,* IPR, Rdn. 256; *Kegel/Schurig,* IPR, § 10 VI, S. 352; *Kropholler,* IPR, § 31 I 2, S. 193.

558 *Jayme,* FS Beitzke, S. 541, 546.

559 *Jayme,* FS Beitzke, S. 541, 545.

III. Folgerungen für das deutsche IPR

Während der deutsche Gesetzgeber sich in Art. 4 I 2 EGBGB für die Rückverweisung entschieden hat, ist die Weiterverweisung durch Kollisionsnormverweisung noch offen. Die Frage, ob die Weiterverweisung auf das Sach- oder Kollisionsrecht des dritten Staates zielt, überläßt eine Meinung dem weiterverweisenden (zweiten) Staat. Die Gegenauffassung wendet die Weiterverweisung grundsätzlich als Sachnormverweisung an, unabhängig davon, ob der weiterverweisende Staat selbst eine Sach- oder Kollisionsnormverweisung ausgesprochen hat[560]: Bei einer mehrfachen Verweisung sei häufig Sicherheit über das Ergebnis mangels Gesetzgebung, Rechtsprechung und Literatur ohnehin nicht zu erreichen[561].

Im Lichte von Art. 4 des Haager Erbrechtsübereinkommens und Art. 21 II 1 des Haager Kinderschutzübereinkommens könnte man sogar noch einen Schritt weiter gehen und die Weiterverweisung nur beachten, wenn der dritte Staat die Verweisung annimmt. Vergleichbare Regelungen lassen sich teilweise auch in den europäischen Kollisionsrechten finden. So beachtet der Wortlaut von Art. 13 I lit. a) ital. IPRG die Weiterverweisung auch nur, wenn das Recht jenes Staates die Verweisung annimmt; ähnlich regelt der portugiesische Código civil in Art. 17 I die Weiterverweisung. Um diesen Vorbildern zu entsprechen, müßte Art. 4 I EGBGB folgendermaßen gefaßt werden:

„Wird auf das Recht eines anderen Staates verwiesen, so ist auch dessen Internationales Privatrecht anzuwenden, sofern dies nicht dem Sinn der Verweisung widerspricht. Verweist das Recht des anderen Staates auf deutsches Recht zurück, so sind die deutschen Sachvorschriften anzuwenden. *Verweist das Recht des anderen Staates auf das Recht eines dritten Staates, ist das Recht dieses Staates anzuwenden, wenn er die Verweisung annimmt.*"

Wie die Weiterverweisung im deutschen IPR auszugestalten ist, soll anhand der international-privatrechtlichen Interessen untersucht werden.

1. Internationaler Entscheidungseinklang

Hauptargument für die Berücksichtigung des Renvoi ist das Ideal des internationalen Entscheidungseinklanges[562]. Wer so entscheidet, wie ein ausländischer Richter tatsächlich entscheiden würde, „macht mit der Anwendung des ausländischen Rechts wirklich ernst"[563].

---

560 Ausführliche Nachweise zum Streitstand im 2. Kapitel, § 4 II. 1.

561 *Ferid,* IPR, Rdn. 3–104; *Kropholler,* IPR, § 24 II 5, S. 159; *Neuhaus,* Grundbegriffe des IPR, § 35 III, S. 272.

562 BT-Drucks. 10/504, S. 38 (Begründung des Regierungsentwurfs); *Neuhaus,* Grundbegriffe des IPR, § 35 III, S. 271; *Kegel/Schurig,* IPR, § 10 III 3, S. 343; MünchKomm-*Sonnenberger,* Art. 4 EGBGB Rdn. 23.

563 *Kegel/Schurig,* IPR, § 10 III 3, S. 344.

Die Lösung der beiden oben genannten Haager Übereinkommen[564], verwirklicht die Entscheidungsharmonie in vollkommener Weise soweit sie die Weiterverweisung nur berücksichtigt, wenn sie auf eine Rechtsordnung führt, die sich ihrerseits für anwendbar erklärt. Eine solche Situation erfaßt folgender in der europäischen Literatur[565] schon vielfach diskutierte Beispielsfall[566]: Ein deutscher Richter soll die Gültigkeit einer Ehe beurteilen, die Onkel und Nichte, beide Auslandsschweizer mit langjährigem Wohnsitz in Moskau, dort geschlossen haben. Nach schweizerischem Sachrecht ist die Ehe zwischen Onkel und Nichte verboten (Art. 100 ZGB). Allerdings erkennt das schweizerische IPR eine im Ausland geschlossene Ehe an, wenn sie ohne Absicht der Gesetzumgehung im Ausland nach dortigem Recht wirksam geschlossen wurde[567]. Das russische Recht sieht in der Seitenverwandtschaft ebenso wie das deutsche Recht kein Ehehindernis.

Raape hat diesen Beispielsfall gebildet, um die Vorzüge der Weiterverweisung zu zeigen: Ist die Verweisung der deutschen Kollisionsnormen in Art. 13 I EGBGB auf das Heimatrecht der Eheleute eine Gesamtverweisung, führt sie zu Art. 7 f. NAG und damit zum russischen Recht als dem Recht des Eheschließungsortes. Durch diese Weiterverweisung wird Entscheidungseinklang zwischen den beteiligten Rechtsordnungen erzielt; die Ehe ist wirksam.

Spricht aber die von uns berufene Rechtsordnung eine Gesamtverweisung aus und nimmt der dritte Staat diese Verweisung nicht an, sondern spricht seinerseits eine Weiterverweisung aus, geht die Lösung der beiden Übereinkommen ins Leere. Es verbleibt dann bei der von unserem IPR berufenen Rechtsordnung; Entscheidungseinklang wird weder mit dem Zweit- noch mit dem Drittstaat erreicht. Grundsätzlich haben wir aber ein großes Interesse am internationalen Entscheidungseinklang, um hinkende Rechtsverhältnisse zu vermeiden und eine möglichst „reale" Entscheidung des zu beurteilenden Sachverhaltes zu erreichen[568]. Daß der internationale Entscheidungseinklang auch Ziel des Gesetzes ist, zeigt die Begründung des Regierungsentwurfs: „Dementsprechend wird die Anerkennung der Weiterverweisung in der Tat von dem Bedürfnis nach äußerem (internationalem) Entscheidungseinklang getragen."[569] Die Lösung der beiden Haager Übereinkommen dient damit nicht dem internationalen Entscheidungseinklang. Gleiches gilt auch

---

564 Art. 4 des Haager Erbrechtsübereinkommens und Art. 21 II 1 des Haager Kinderschutzübereinkommens.

565 *Flessner,* S. 137; *Keller/Siehr,* IPR, § 36 III 4 a), S. 472 f.; *von Overbeck,* Rec. de Cours 176 (1982 III), S. 9, 171.

566 Beispiel nach *Raape,* IPR, § 11 III 1, S. 69; siehe auch *Raape/Sturm,* IPR, § 11 II 4, S. 166.

567 Art. 7 f. NAG; heute Art. 45 II CH-IPRG: „Sind Braut oder Bräutigam Schweizer Bürger oder haben beide Wohnsitz in der Schweiz, so wird die im Ausland geschlossene Ehe anerkannt, wenn der Abschluß nicht in der offenbaren Absicht ins Ausland verlegt worden ist, Nichtigkeitsgründe des schweizerischen Rechts zu umgehen."

568 *Kegel/Schurig,* IPR, § 10 III 3, S. 343 f.; *Michaels,* RabelsZ 61 (1997), S. 685, 691, f.

569 BT-Drucks. 10/504, S. 38 (Begründung des Regierungsentwurfs).

für die Auffassung, die eine Weiterverweisung grundsätzlich als Sachnormverweisung versteht; sie bleibt in jedem Fall bei der Rechtsordnung des dritten Staates stehen. Hingegen sammelt die Meinung Pluspunkte, die im Falle der Weiterverweisung so entscheiden möchte wie der erstmals weiterverweisende Staat, da sie auf diese Weise dem internationalen Entscheidungseinklang dient.

2. *Anknüpfungsinteresse*

In die umgekehrte Richtung geht unser Interesse, bei der von uns berufenen Rechtsordnung stehenzubleiben und damit unsere kollisionsrechtlichen Gerechtigkeitsmaßstäbe durchzusetzen. Schließlich wird das anwendbare Recht zunächst ohne Rücksicht auf einen Renvoi ermittelt[570]. Die Haltung zum Renvoi ist ein „Barometer", an dem man ablesen kann, wie stark das Bedürfnis einer Rechtsordnung ausgestaltet ist, auf seiner getroffenen Anknüpfungsentscheidung zu beharren[571]. Ist man bereit, dieses Anknüpfungsinteresse hoch zu bewerten, kann die Lösung der beiden Haager Übereinkommen punkten: Berücksichtigt sie doch die Weiterverweisung nur im Fall einer vollkommenen Entscheidungsharmonie zwischen den drei betroffenen Rechtsordnungen. Scheitert dieser Einklang, bleiben wir bei dem von unserer Kollisionsnorm berufenen Recht stehen und verwirklichen so wenigstens unsere Gerechtigkeitsmaßstäbe. Demgegenüber wendet die Auffassung, die eine Weiterverweisung grundsätzlich als Sachnormverweisung versteht, in dem Fall, daß der dritte Staat die Verweisung nicht annimmt, sondern seinerseits einen Renvoi ausspricht, das Recht dieses Staates an und verwirklicht so weder unser Anknüpfungsinteresse noch internationalen Entscheidungseinklang. Die Meinung, die dem weiterverweisenden Staat die Entscheidung überlässt, gibt unser Verknüpfungsinteresse auf, dient dafür aber dem internationalen Entscheidungseinklang.

Wie hoch ist aber das Anknüpfungsinteresse zu bewerten? Die hier untersuchten kollisionsrechtlichen Staatsverträge sind grundsätzlich nicht bereit, ihre Anknüpfung zugunsten einer fremden Anknüpfung aufzugeben; der Ausschluß des Renvoi ist die Regel. Der portugiesische Código civil erklärt in Art. 16 die Verweisungen seiner Kollisionsnorm auf fremdes Recht ebenfalls zu Sachnormverweisungen. Sowohl die kollisionsrechtlichen Staatsverträge als auch Portugal wollen an ihren Anknüpfungen festhalten. Der deutsche Gesetzgeber hat sich in Art. 4 I 1 EGBGB aber anders entschieden: Unsere Kollisionsnormen sprechen grundsätzlich Gesamtnormverweisungen aus; auch das IPR der ausländischen Rechtsordnung ist zu beachten[572]. Das deutsche Interesse an der Anwendung eines bestimmten Sachrechts tritt zurück, wenn dieses Sachrecht selbst nicht auf den Fall angewendet werden möchte. Dahinter steht die Überlegung, daß die Anknüpfung an die Staats-

570 *Kegel/Schurig,* IPR, § 10 III 3, S. 343.

571 *Keller/Siehr,* IPR, § 36 III 5 a), S. 474.

572 Siehe BT-Drucks. 10/504, S. 38 (Begründung des Regierungsentwurfs).

angehörigkeit nicht im Parteiinteresse liegen kann, wenn der Heimatstaat sein eigenes Recht selber nicht beruft. In diesem Fall könnten die Parteien nicht mit der Anwendung des Heimatrechts rechnen[573]. Manche sprechen daher auch von der Relativität unserer Anknüpfung, die zugunsten der Entscheidungsharmonie zurückgenommen werde[574]. Das Anknüpfungsinteresse hat also im deutschen IPR nicht die Bedeutung, welche ihm die Konventionen oder etwa das portugiesische IPR beimessen. In der Diskussion um die Weiterverweisung kann diese Lösung daher für sich nicht das Anknüpfungsinteresse als schlagendes Argument verbuchen. Die Relativität unserer Anknüpfung spricht vielmehr für die Meinung, die im Falle der Weiterverweisung so entscheiden möchte wie der erstmals weiterverweisende Staat.

3. Heimwärtsstreben

Fremdes Sachrecht anzuwenden, kann schwer fallen: „Lieber das eigene Recht richtig als ein fremdes Recht vielleicht ganz falsch anwenden!“[575] Inwiefern das Heimwärtsstreben als Interesse beim Renvoi zu berücksichtigen ist, wird unterschiedlich beurteilt. Warum sollten wir von unserer gut durchdachten kollisionsrechtlichen Anknüpfung abrücken, weil eines der durch den Renvoi berufenen Rechte auf unsere *lex fori* verweist und die Anwendung unseres eigenen Rechts uns angenehmer ist? Es muß nicht unbedingt ein Vorteil sein, unser eigenes Recht anzuwenden, obwohl unsere Kollisionsnormen eine andere Rechtsordnung berufen. Der deutsche Gesetzgeber hat aber das Interesse an der Anwendung der lex fori („Heimwärtsstreben“) beim Renvoi in dem schon erwähnten Art. 4 I 2 EGBGB anerkannt[576]; daher ist es auch als maßgebliches Interesse bei der Diskussion um einen Renvoi zu berücksichtigen[577]. Einen generellen Trend zur *lex fori* gibt es im deutschen Kollisionsrecht aber nicht[578].

Die Meinung, die im Falle der Weiterverweisung so entscheiden möchte wie der erstmals weiterverweisende Staat, wird diesem Heimwärtsstreben gerecht: Erscheint das deutsche Recht erneut in einem Verweisungszirkel, so kann diese Ansicht entsprechend Art. 4 I 2 EGBGB bei uns abbrechen. Dem Interesse an der Anwendung der *lex fori* werden sowohl die Lösung der Haager Übereinkommen als auch die Auffassung, die eine Weiterverweisung auf das Recht des dritten Staates als Sachnormverweisung ansieht, nicht gerecht. Die Lösung der Haager Über-

---

573 *Michaels,* RabelsZ 61 (1997), S. 685, 690; *Schurig,* Kollisionsnorm, S. 193.

574 *Keller/Siehr,* IPR, § 36 III 5 a), S. 474.

575 *Kegel/Schurig,* IPR, § 2 II 3 d), S. 127.

576 Siehe zu dieser Vorschrift BT-Drucks. 10/504, S. 39 (Begründung des Regierungsentwurfs).

577 MünchKomm-*Sonnenberger,* Art. 4 EGBGB Rdn. 22; *Michaels,* RabelsZ 61 (1997), S. 685, 693.

578 So aber *Flessner,* S. 113 – 129.

einkommen führt, wenn der Drittstaat die Verweisung nicht annimmt, über unsere Kollisionsnorm zum Sachrecht des Zweitstaates. Die Auffassung, die eine Weiterverweisung als Sachnormverweisung versteht, bleibt bei dem Sachrecht des Drittstaates stehen und berücksichtigt keine Rückverweisung auf das deutsche Recht[579]. Auch das gesetzlich anerkannte Heimwärtsstreben spricht also für die Meinung, die dem weiterverweisenden Staat die Entscheidung über die Weiterverweisung überläßt.

4. Praktikabilitätsinteresse

Für die Lösung der Haager Übereinkommen und die Auffassung, die eine Weiterverweisung grundsätzlich als Sachnormverweisung versteht, spricht, daß das Prüfen der IPR-Verweisung relativ „unpraktisch" ist. Die Auffassung, die bei dem Recht des dritten Staates stehen bleibt, erspart sich die Prüfung, ob das zweite Recht eine IPR- oder eine Sachnormverweisung ausgesprochen hat; die Lösung der Haager Übereinkommen, führt immerhin dazu, daß nicht die Stellung sämtlicher beteiligter Rechtsordnungen herausgefunden werden muß. Nimmt man dieses Praktikabilitätsinteresse ernst, kann man aber gleich die eigene *lex fori* zur ersten Wahl erklären[580]. Zweifellos ist es richtig, daß die Ermittlung des ausländischen Rechts nicht immer einfach ist. Hier können Fehler und Schwierigkeiten auftreten[581]. Zu widersprechen ist aber der These, daß eine „authentische Auslandsrechtanwendung denknotwendig unmöglich ist"[582]. Zum einen gibt es viele Routinefälle, die ohne Gutachten gelöst werden können; zum anderen hat die Auslandsrechtsforschung und Rechtsvergleichung einen derart hohen Stand erreicht[583], daß selbst schwierige Fragen des ausländischen Rechts heute durch erfahrene Gutachter beantwortet werden können. Bleibt schließlich der Einwand denkbar, daß solche Verfahren deshalb unpraktikabel sind, weil sie lange dauern und hohe Kosten verursachen[584]. Beide Argumente sind sicherlich bei der kollisionsrechtlichen Interessenbewertung zu berücksichtigen; sie haben aber nicht die Überzeugungskraft, um hier letztlich den Ausschlag für die beiden oben genannten Ansichten zu geben[585].

579 *Kropholler* macht aber eine Ausnahme für den Fall, daß der dritte Staat auf das deutsche Recht zurückverweist (IPR, § 24 II 5, S. 158).

580 So *Flessner*, S. 113, 115, 119.

581 *Schurig*, RabelsZ 59 (1995), S. 229, 241.

582 *Flessner*, S. 119.

583 MünchKomm-*Sonnenberger*, Art. 4 EGBGB Rdn. 22.

584 *Flessner*, S. 119.

585 Siehe *Schurig*, RabelsZ 59 (1995), S. 229, 241.

5. Ergebnis

Nach alledem folgt aus der Abwägung der international-privatrechtlichen Interessen: Im deutschen Internationalen Privatrecht ist im Falle der Weiterverweisung so zu entscheiden wie im erstmals weiterverweisenden Staat und damit einer sich möglicherweise ergebenden Verweisungskette bis zum Ende zu folgen.

Drittes Kapitel

Verweisung bei Rechtsspaltung

In diesem Kapitel wird die Verweisung bei Rechtsspaltung in kollisionsrechtlichen Staatsverträgen anhand vieler Beispiele untersucht (§§ 9, 10). Ausgangspunkt des Kapitels bilden Grundfragen der Verweisung bei Rechtsspaltung (§ 8). Schließlich erfolgt in § 11 eine zusammenfassende Würdigung.

§ 8 Grundfragen der Verweisung bei Rechtsspaltung

Die Grundfragen der Verweisung bei Rechtsspaltung behandeln die Begriffsklärung, die Positionen des deutschen Internationalen Privatrechts und die der europäischen Internationalen Privatrechte zur Verweisung bei Rechtsspaltung.

I. Begriff

Von Rechtsspaltung spricht man, wenn in einem Staat für *verschiedene Gebiete,* für *verschiedene Personengruppen* oder zu *verschiedenen Zeiten* unterschiedliches Recht gilt[1]. Gespalten sind dabei häufig nicht nur Sachnormen, sondern auch das Internationale Privatrecht des betreffenden Staates. Wenn das Privatrecht eines Staates räumlich, personal oder zeitlich gespalten ist, bestimmt das interlokale, interpersonale oder intertemporale Privatrecht das anwendbare Recht.

II. Deutsches Internationales Privatrecht

Wenn das deutsche Internationale Privatrecht auf das Recht eines fremden Mehrrechtsstaates mit räumlicher, personaler oder zeitlicher Rechtsspaltung verweist, ist noch nicht ermittelt, welches Privatrecht zur Anwendung kommt. Art. 4 III EGBGB schreibt als unselbständige Kollisionsnorm das weitere Verfahren zu Ermittlung der ausländischen Teilrechtsordnung vor[2]. Für das Internationale Schuldvertragsrecht enthält Art. 35 II EGBGB eine Spezialnorm.

---

1 *Junker,* IPR, Rdn. 17, 224; *Kegel/Schurig,* IPR, § 11 I, S. 360; *Soergel/Kegel,* Art. 4 EGBGB Rdn. 43.

2 Zur Terminologie der unselbständigen Kollisionsnorm siehe *Junker,* IPR, Rdn. 106.

1. Räumliche Rechtsspaltung

Verweisen die deutschen Kollisionsnormen auf das Recht eines Mehrrechtsstaates, ist zunächst zu klären, ob der betreffende Mehrrechtsstaat über ein einheitliches interlokales Privatrecht verfügt, oder ob die Teilrechtsordnungen ihren Geltungsbereich selbst bestimmen. Ist ein einheitliches interlokales Recht vorhanden, kommt Art. 4 III 1 EGBGB zum Zuge; ist das interlokale Privatrecht gespalten, läuft die Unteranknüpfung über Art. 4 III 2 EGBGB.

a) Einheitliches interlokales Privatrecht

Knüpft die deutsche Kollisionsnorm an die *Staatsangehörigkeit* an und besitzt der ausländische Mehrrechtsstaat ein einheitliches interlokales Privatrecht, bestimmt gemäß Art. 4 III 1 EGBGB das interlokale Recht, welche maßgebende Teilrechtsordnung anwendbar ist[3]. Ein Mehrrechtsstaat mit einheitlichem interlokalem Privatrecht ist zum Beispiel Spanien[4] oder (Rest-) Jugoslawien[5]. Allerdings kommt Art. 4 III 1 EGBGB nur zum Tragen, soweit das ausländische Internationale Privatrecht die Gesamtverweisung der deutschen Kollisionsnorm annimmt und nicht eine zu beachtende Rück- und Weiterverweisung ausspricht[6].

Beispiel: Stirbt eine in Barcelona geborene und dort über 20 Jahre wohnende Spanierin mit letztem gewöhnlichem Aufenthalt in München, nimmt das spanische IPR-Gesetz die von Artt. 25 I, 4 I EGBGB ausgesprochene Gesamtverweisung an, weil es in Art. 9 I Código civil ebenfalls an die Staatsangehörigkeit anknüpft. Materiellrechtlich ist das Erbrecht in Spanien gespalten[7]. Nach Art. 4 III 1 EGBGB ist das einheitliche interlokale Privatrecht in Spanien (Artt. 13–16 Código civil) berufen, die maßgebliche Rechtsordnung zu bestimmen. Art. 14 I Código civil stellt dafür auf die bürgerlich-rechtliche Gebietszugehörigkeit (*vecindad civil*) ab. Vorliegend hat die Erblasserin durch ihren zehn Jahre überschreitenden Aufenthalt in Barcelona die katalanische *vecindad civil* erworben (Art. 14 V Nr. 2 Código civil); katalanisches Erbrecht kommt zur Anwendung[8].

---

3 BT-Drucks. 10/504, S. 40 (Begründung des Regierungsentwurfs); *Kropholler,* IPR, § 29 II 1 a), S. 182; *Staudinger/Hausmann,* Art. 4 EGBGB Rdn. 334.

4 Artt. 13–19 Código civil (Deutscher Text in: *Riering,* IPR-Gesetze in Europa, Nr. 9 SP, S. 277–281).

5 Gesetz betreffend die Entscheidung über Gesetzes- und Zuständigkeitskollisionen in Status-, Familien und Erbbeziehungen vom 27. 2. 1979 (Text in: StAZ 1979, S. 173–177). Der Anwendungsbereich dieses Gesetzes beschränkt sich auf interlokalrechtliche Konflikte zwischen den Republiken Serbien und Montenegro.

6 MünchKomm-*Sonnenberger,* Art. 4 EGBGB Rdn. 90; *Otto,* IPRax 1994, S. 1; *Kropholler,* IPR, § 29 II 1 a), S. 182.

7 *Ferid/Firsching/Lichtenberger-Hierneis,* Band V, Spanien Grdz., S. 1 f.

8 Vgl. OLG Karlsruhe vom 9. 12. 1987–6 U 244/86, IPRax 1989, S. 301 = IPRspr. 1988 Nr. 129b, S. 269 f.; LG Mosbach vom 11. 11. 1986–2 O 288/85, IPRax 1987, S. 300 =

Knüpft die deutsche IPR-Norm „an den *gewöhnlichen Aufenthalt* oder den *Lageort von Vermögensgegenständen* (an), wird die anwendbare Teilrechtsordnung unmittelbar berufen“[9]. Art. 4 III 1 EGBGB geht in seiner Formulierung („ohne die maßgebende zu bezeichnen“) davon aus, daß die IPR-Normen, die eine ortsbezogene Anknüpfung verwenden, in einem Mehrrechtsstaat unmittelbar auf die maßgebliche Teilrechtsordnung verweisen. Das einheitliche interlokale Recht wird nicht beachtet. Trotz dieses eindeutigen Wortlauts haben sich verschiedene Standpunkte für die unmittelbare Verweisung auf eine Teilrechtsordnung herausgebildet:

- Teilweise wird die unmittelbare Bezeichnung der Teilrechtsordnung durch Art. 4 III 1 EGBGB als Ausnahme vom Grundsatz der Gesamtverweisung verstanden und sowohl dem fremden interlokalen Privatrecht als auch dem IPR das Wort abgeschnitten[10].
- Andere sehen keinen Raum mehr für eine Befragung des interlokalen Privatrechts des betreffenden Mehrrechtsstaates[11], erkennen aber einen Renvoi des ausländischen IPR nach Art. 4 I 1 EGBGB an[12].

Viele Autoren weisen darauf hin, daß es primär Sache des ausländischen Mehrrechtsstaates sei, seine internen Gesetzeskonflikte zu lösen: Ansonsten werde der Entscheidungseinklang mit diesem Staat gefährdet[13]. Die Schlußfolgerungen aus dieser Erkenntnis sind aber unterschiedlich:

- Manche schlagen vor, die Verweisung der örtlichen Anknüpfungsmomente als Verweisung auf das Recht des Gesamtstaates einschließlich des interlokalen Privatrechts aufzufassen[14].
- Andere wollen den Vorbehalt in Art. 4 III 1 EGBGB auf Sachnormverweisungen beschränken, während bei Gesamtverweisungen in erster Linie das gesamtstaatliche IPR und das interlokale Recht zum Zuge kommen sollen[15].

IPRspr. 1988 Nr. 129a, S. 268 f. (Vorinstanz); zu diesen Urteilen *Jayme,* IPRax 1989, S. 287 f.; *ders.,* RabelsZ 55 (1991), S. 303, 319 f.

9 BT-Drucks. 10/504, S. 40 (Begründung des Regierungsentwurfs).

10 *Ebenroth/Eyles,* IPRax 1989, S. 1, 5 f.

11 *Palandt/Heldrich,* Art. 4 EGBGB Rdn. 14; *Ferid,* IPR, Rdn. 2–38 f.

12 *Palandt/Heldrich,* Art. 4 EGBGB Rdn. 15; wohl auch *Ferid,* IPR, Rdn. 2–38 f. (Es bleibt unklar, ob *Ferid* das betreffende Internationale Privatrecht beachten möchte; siehe die Lösung der Beispielsfälle in Rdn. 2–38, 4 ff.).

13 *von Bar,* IPR I, Rdn. 281; *Jayme,* IPRax 1989, S. 287, 288; MünchKomm-*Sonnenberger,* Art. 4 EGBGB Rdn. 98; *Spickhoff,* JZ 1993, S. 336, 337; *Staudinger/Hausmann,* Art. 4 EGBGB Rdn. 321.

14 *von Bar,* IPR I, Rdn. 281; *Spickhoff,* JZ 1993, S. 336, 337. Im Ergebnis ähnlich MünchKomm-*Sonnenberger,* Art. 4 EGBGB Rdn. 98.

15 *Otto,* IPRax 1994, S. 1, 3; *Rauscher,* IPRax 1987, S. 206, 208 f.; *Staudinger/Hausmann,* Art. 4 EGBGB Rdn. 324, 336; wohl auch *Junker,* IPR, Rdn. 225 mit Verweis auf *Staudinger/Hausmann,* Art. 4 EGBGB Rdn. 321–325 für diese Problematik.

- Überwiegend wird aber an der Direktberufung der maßgeblichen Teilrechtsordnung durch Art. 4 III 1 EGBGB festgehalten. Sprechen die deutschen Kollisionsnormen eine Gesamtverweisung (Art. 4 I EGBGB) aus, soll ein Renvoi des fremden IPR bzw. interlokalen Rechts auf das Recht eines anderen Staates bzw. einer anderen Teilrechtsordnung berücksichtigt werden; das IPR bzw. interlokale Privatrecht sei Bestandteil der deutschen Verweisung und als Ortsrecht anzuwenden[16].

Die Vielfalt der deutschen Stimmen zu Art. 4 III 1 EGBGB überrascht und verwirrt zugleich. Im Lichte der Regelungen über Rechtsspaltung im Ausland und in kollisionsrechtlichen Staatsverträgen (§§ 9, 10) ist auf die deutsche Diskussion zu dieser Vorschrift in § 11 noch einmal zurückzukommen; hier soll es zunächst allein mit der Darstellung des Meinungsstands sein Bewenden haben und noch keine Stellungnahme erfolgen.

b) Gespaltenes interlokales Privatrecht

Verfügt der ausländische Mehrrechtsstaat über ein gespaltenes interlokales Privatrecht, wie zum Beispiel die Vereinigten Staaten, Kanada oder Australien, ist die maßgebliche Teilrechtsordnung gemäß Art. 4 III 2 EGBGB zu ermitteln. Danach ist die Teilrechtsordnung anzuwenden, „mit welcher der Sachverhalt am engsten verbunden ist". Die engste Verbindung läßt sich konkretisieren, indem man bei der Anknüpfung der deutschen IPR-Normen an die Staatsangehörigkeit, auf den gewöhnlichen Aufenthalt[17] der Person oder hilfsweise auf den Verlauf ihres Lebens abstellt (Art. 5 I 1 EGBGB analog)[18]. Wenn die deutsche Kollisionsnorm örtliche Anknüpfungsmomente verwendet, folgt die engste Verbindung bereits aus dieser Anknüpfung heraus[19].

Überholt ist damit die vor allem in der Rechtsprechung bis zur IPR-Reform vertretene Auffassung, die maßgebliche Teilrechtsordnung sei mit Hilfe der Grundsätze zu bestimmen, die ein Gericht des Heimatstaates der Anknüpfungsperson an-

---

16 *Erman/Hohloch,* Art. 4 EGBGB Rdn. 22; *Kegel/Schurig,* IPR, § 11 II, S. 363 ff.; *Kropholler,* IPR, § 29 II 2, S. 185; *Lüderitz,* IPR, Rdn. 171; *H. Stoll,* FS Keller, S. 511, 518 f.; siehe auch *Jayme,* IPRax 1989, S. 287, 288 (Anwendung von Art. 4 I 1 EGBGB); *ders.,* RabelsZ 55 (1991), S. 303, 315. Allerdings schlägt *Jayme* vor, einen Renvoi des interlokalen Rechts nicht zu berücksichtigen, wenn das deutsche IPR ein bestimmtes materielles Ergebnis begünstigen möchte (RabelsZ 55 [1991], S. 303, 315). Genügt zum Beispiel die Ortsform für die Gültigkeit eines Rechtsgeschäfts, soll das die Wirksamkeit bejahende Ortsrecht heranzuziehen sein und ein Renvoi des fremden interlokalen Rechts nicht beachtet werden.

17 BT-Drucks. 10/504, S. 40 (Begründung des Regierungsentwurfs).

18 *Erman/Hohloch,* Art. 4 EGBGB Rdn. 24; *Junker,* IPR, Rdn. 227; *Kropholler,* IPR, § 29 II 1 b), S. 183.

19 *von Bar,* IPR I, Rdn. 281; *Kegel/Schurig,* IPR, § 11 III, S. 365; MünchKomm-*Sonnenberger,* Art. 4 EGBGB Rdn. 99; *Neuhaus,* Grundbegriffe des IPR, § 41 III 3, S. 313.

wenden würde[20]. Ist zum Beispiel die Erbfolge eines US-amerikanischen Staatsangehörigen zu beurteilen, kommt es für die Unteranknüpfung gemäß Art. 4 III 2 EGBGB nicht darauf an, wo der Erblasser sein letztes *domicile* hatte, sondern auf seinen letzten gewöhnlichen Aufenthalt in einem US-Bundesstaat[21]. Insoweit kann auch die Teilstaatenangehörigkeit des Erblassers nur noch eine ergänzende Rolle spielen, um die erforderliche Unteranknüpfung vorzunehmen.

Soweit die deutschen Kollisionsnormen eine Gesamtverweisung aussprechen, muß zunächst das IPR der maßgeblichen Teilrechtsordnung befragt werden, ob es die Verweisung annimmt; ein Renvoi des IPR der Teilrechtsordnung ist zu beachten[22].

2. *Personale Rechtsspaltung*

In vielen Staaten Afrikas, des Nahen und Fernen Ostens ist das Recht personal gespalten, weil für die Angehörigen verschiedener Religionsgruppen oder Stämme im Bereich des Familien- und Erbrechts unterschiedliches Recht gilt. Diese Länder enthalten regelmäßig staatliche Normen zumindest in Form von Zuständigkeitsregeln zur Regelung der interpersonalen Konflikte[23]. Eine Ausnahme gilt zum Beispiel in der Arabischen Republik Jemen, in der interpersonales und materielles

---

20 Zum Beispiel: BayObLG vom 23. 4. 1971 – BReg. 1 Z 123/70, NJW 1971, S. 1528 (Leitsatz) = IPRspr. 1971 Nr. 164, S. 499, 501 f.; BayObLG vom 1. 2. 1980 – BReg. 1 Z 72/79, IPRax 1982, S. 111, 112 = IPRspr. 1980 Nr. 124, S. 391, 394; OLG Karlsruhe vom 15. 5. 1963 – 1 U 159/61, IPRspr. 1962/63 Nr. 181, S. 591 f.; OLG Frankfurt vom 2. 5. 1972 – 20 W 130/71, DNotZ 1972, S. 543 = IPRspr. 1972 Nr. 125, S. 339, 340; OLG Karlsruhe vom 29. 6. 1989 – 11 W 86/89, NJW 1990, S. 1420, 1421 = IPRax 1990, S. 407, 408 = IPRspr. 1989 Nr. 164, S. 357, 358.

21 Vgl. MünchKomm-*Sonnenberger,* Art. 4 EGBGB Rdn. 102; *Staudinger/Hausmann,* Art. 4 EGBGB Rdn. 329; *H. Stoll,* FS Keller, S. 511, 520 f.; siehe ferner OLG Hamm vom 25. 3. 1991 – 4 WF 41/91, NJW 1991, S. 3101 = IPRspr. 1991 Nr. 90, S. 168; LG Zweibrükken vom 7. 6. 1968 – 2 R 125/66, IPRspr. 1968/69, Nr. 94, S. 214, 215; auf die allgemeinen Grundsätze des US-amerikanischen Rechts soll es nach *von Hoffmann* (IPR, § 6 Rdn. 121) heute noch ankommen (Anknüpfung an das *state citizenship*).

22 BGH vom 5. 6. 1957 – IV ZR 16/57, BGHZ 24, 352 (353) = NJW 1957, S. 1316 (insoweit nicht abgedruckt) = IPRspr. 1956/57 Nr. 146, S. 469, 471; *Kegel/Schurig,* IPR, § 11 III, S. 366; *Staudinger/Hausmann,* Art. 4 EGBGB Rdn. 340; *H. Stoll,* FS Keller, S. 511, 521 f.

23 Länder, in denen staatlichen Gerichte die Anwendung des religiösen Rechts übertragen ist, sind zum Beispiel Ägypten, Tunesien, Algerien, Marokko, Sudan, Indien, Pakistan und Bangladesch (*Lipstein/Szászy,* Int. Enc. Comp. L. III (1985), Ch. 10 sec. 9–12, S. 6–9; *Wähler,* S. 373 ff.; speziell zur Situation in Indien, Pakistan und Bangladesh *Pearl,* S. 99 ff., 152 ff.). Zur Situation in Indonesien und Malaysia *Lipstein/Szászy,* Int. Enc. Comp. L. III (1985), Ch. 10 sec. 13–15, S. 9–12. Länder, in denen religiöse Gerichte kraft staatlicher Delegation ihr eigenes Recht anwenden, sind zum Beispiel Syrien, Irak und Jordanien (*Lipstein/Szászy,* Int. Enc. Comp. L. III (1985), Ch. 10 sec. 16, S. 12–15; speziell zur Situation in Jordanien *Elwan-Ost,* IPRax 1996, S. 389, 390 ff.).

Recht reines Schariatsrecht sind[24]. Schließlich kommt die personale Rechtsspaltung selbst innerhalb der Europäischen Union vor, nämlich in Griechenland für die Muslime Thraziens[25].

Bei einer Verweisung auf einen fremden Staat mit personaler Rechtsspaltung hat der deutsche Richter gemäß Art. 4 III 1 EGBGB das dort geltende interpersonale Recht anzuwenden[26]. Da das deutsche IPR keine unmittelbare Verweisung auf eine personale Teilrechtsordnung kennt, beziehen sich sowohl die Anknüpfung an die Staatsangehörigkeit als auch örtliche Anknüpfungsmomente auf das einheitliche interpersonale Recht[27]. Sollte man wider Erwarten einmal nicht auf interpersonales Privatrecht treffen, greift die Anknüpfung an die engste Verbindung in Art. 4 III 2 EGBGB.

3. Zeitliche Rechtsspaltung

Ist in einem Staat, auf dessen Recht unsere Kollisionsnormen verweisen, das materielle Recht geändert worden, so entscheidet das gemäß Art. 4 III 1 EGBGB berufene intertemporale Recht dieses Staates, ob altes oder neues Recht maßgebend ist[28].

III. Europäische Internationale Privatrechte

Die Haltung anderer Rechtsordnungen zur Unteranknüpfung bei Mehrrechtsstaaten verdient nicht nur wegen der deutschen Lösung in Art. 4 III EGBGB Aufmerksamkeit, sondern auch im Hinblick der noch zu erörternden staatsvertraglichen Sonderregelungen.

1. Romanische Rechte

Aus den romanischen Rechten wird die Rechtslage in Frankreich und Italien untersucht.

---

24 *Sohbi,* StAZ 1975, S. 124 ff.; *Bergmann/Ferid/Sohbi,* Jemen, S. 7 ff.

25 *Demetrios/Gottwald,* IPRax 1995, S. 193.

26 BGH vom 21. 4. 1993 – XII ZB 96/92, NJW-RR 1993, S. 962 = FamRZ 1993, S. 1053 = IPRspr. 1993 Nr. 6, S. 15, 17.

27 *von Bar,* IPR I, Rdn. 300; *Junker,* IPR, Rdn. 229; *Lüderitz,* IPR, Rdn. 173; MünchKomm-*Sonnenberger,* Art. 4 EGBGB Rdn. 105; *Staudinger/Hausmann,* Art. 4 EGBGB Rdn. 341; a. A. *Neuhaus,* Grundbegriffe des IPR, § 42 II, S. 318, der die Staatsangehörigkeitsanknüpfung „ohne weiteres auf das Recht der engeren Gemeinschaft" beziehen will.

28 *Soergel/Kegel,* Art. 4 EGBGB Rdn. 50.

a) Verweisung bei Rechtsspaltung in Frankreich

Im französischen IPR fehlt wie im EGBGB von 1896 eine gesetzliche Regelung darüber, wie die kollisionsrechtliche Verweisung auf das Recht eines Staates mit mehreren Teilrechtsordnungen zu konkretisieren ist; Art. 2286 C.c. des Entwurfs von 1967 ist nicht in Kraft getreten[29].

Bei räumlicher Rechtsspaltung beruft das französische Internationale Privatrecht wie Art. 4 III 1 EGBGB *la règle de conflit interne* des betreffenden Mehrrechtsstaates und damit das interlokale Recht[30]. Allerdings findet sich im französischen Kollisionsrecht keine Beschränkung dieses Grundsatzes auf die Anknüpfung an die Staatsangehörigkeit, vielmehr wird das Primat des interlokalen Rechts ausdrücklich auch für die räumlichen Anknüpfungspunkte anerkannt[31].

Soweit ein Mehrrechtsstaat keine einheitliche Regelung besitzt, um zur maßgeblichen Teilrechtsordnung zu gelangen, wurde vorgeschlagen, das interne Recht der Hauptstadt des Mehrrechtsstaates zu berufen[32]. Diese Lösung ist auf Kritik gestoßen, da sie zu willkürlichen Ergebnissen führe[33]; der französische Richter soll eher die Normen derjenigen Teilrechtsordnung heranziehen, mit welcher der Sachverhalt am engsten verbunden ist („*liens les plus étroits*")[34]. Bei der Anknüpfung französischer IPR-Normen an die Staatsangehörigkeit wird die engste Verbindung durch die Anknüpfung an den Wohnsitz konkretisiert[35]; bei territorialen Anknüpfungen folgt die Konkretisierung der maßgeblichen Teilrechtsordnung bereits aus dem lokalen Anknüpfungsmoment[36].

Führt die Verweisung französischer Kollisionsnormen auf das Recht eines Mehrrechtsstaates, das personal gespalten ist, kommt auch im französischen IPR das interpersonale Recht des betreffenden Staates zum Zuge[37]. Die *Cour d'appel* von Paris hat zum Beispiel das Personalstatut einer marokkanischen jüdischen Minderjährigen dem jüdischen Pariser Gewohnheitsrecht – das sich von dem jüdischen marokkanischen Gewohnheitsrecht unterscheidet – unterworfen, mit der Begründung, die Israeliten würden gemäß dem mosaischen Gesetz selbst dem Gewohnheitsrecht ihres Wohnsitzes unterstehen[38].

---

29 Art. 2286 C.c. des Entwurfs: „Lorsque la loi applicable est celle d'un Etat dont le droit n'est pas unifié, elle est determinée par les règles en vigneur dans cet Etat ou, á defaut, en tenant compte du lien effectif qu'a la cause avec l'une des legislations de cet Etat" (Text in: Rev. crit. 59 (1970), S. 841, 842).

30 *Loussouarn/Bourel,* DIP, Nr. 117; siehe auch *Audit,* DIP, Nr. 291.

31 *Loussouarn/Bourel,* DIP, Nr. 117.

32 Siehe *Loussouarn/Bourel,* DIP, Nr. 117.

33 *Loussouarn/Bourel,* DIP, Nr. 117.

34 Siehe *Audit,* DIP, Nr. 291; *Loussouarn/Bourel,* DIP, Nr. 117.

35 *Loussouarn/Bourel,* DIP, Nr. 117.

36 *Audit,* DIP, Nr. 291.

37 *Audit,* DIP, Nr. 297; grundsätzlich auch *Loussouarn/Bourel,* DIP Nr. 118.

Wenn das französische IPR auf eine zeitlich gespaltene Rechtsordnung führt, trifft die fremde Rechtsordnung mit ihren Übergangsvorschriften (*droit transitoire*) die Entscheidung über das anzuwendende Recht: „en cas de modification ultérieure de la loi étrangère désignée, c'est à cette loi qu'il appartient de résoudre les conflits dans le temps“[39].

b) Verweisung bei Rechtsspaltung in Italien

In den *Disposizioni preliminari al codice civile* (disp. prel.) von 1942 fehlte eine ausdrückliche Regelung darüber, wie die kollisionsrechtliche Verweisung auf das Recht eines Staates mit mehreren Teilrechtsordnungen (*ordinamenti plurilegislativi*) zu konkretisieren sei. Diese Lücke schließt nunmehr Art. 18 des ital. IPRG von 1995[40].

Wenn die italienischen Kollisionsnormen auf das Recht eines Staates verweisen, dessen Rechtsordnung territorial oder personal gespalten ist, „wird (nach Art. 18 I ital. IPRG) das anwendbare Recht nach Maßgabe der Kriterien bestimmt, die jene Rechtsordnung selbst anwendet“. Damit kommt in erster Linie das interlokale bzw. interpersonale Recht des betreffenden Staates zum Zuge, die maßgebliche Teilrechtsordnung zu ermitteln[41]; das italienische IPR schließt damit im Gegensatz zu Art. 4 III 1 EGBGB das interlokale Privatrecht des Gesamtstaates auch dann nicht von der Entscheidung aus, wenn seine eigenen Kollisionsnormen territoriale Anknüpfungen verwenden[42]. Die abweichende Regelung in Art. 19 I EVÜ kommt nur für das Internationale Vertragsrecht zur Anwendung (Art. 57 ital. IPRG). Da Art. 18 I ital. IPRG aber von „Kriterien“ zur Bestimmung der maßgeblichen Teilrechtsordnung spricht, scheint dem italienischen Rechtsanwender ein größerer Beurteilungsspielraum für die Ermittlung von Anknüpfungskriterien im Bereich der berufenen Rechtsordnung offen zu stehen[43].

Sind in dem Mehrrechtsstaat keine „Kriterien“ vorhanden, ist nach Art. 18 II ital. IPRG das Teilrechtssystem anzuwenden, mit dem der Fall die „engste Verbindung“ aufweist; diese Lösung entspricht der vor der Reform überwiegenden Mei-

---

38 Cour d'appel de Paris vom 27. 10. 1934 (Elarby et Danan c. Veuve Elarby, Danan et Cie Aussarance La Winterthur), Clunet (62) 1935, S. 976 note *J. P.* = Rev. crit. 24 (1935), S. 507 note *Niboyet*.

39 Cass. civ. vom 3. 3. 1987 (Leppert c. Mme Grauschopf et autres), Rev. crit. 77 (1988), S. 695 note *Simon-Depitre;* siehe auch *Audit,* DIP, Nr. 298.

40 Deutscher Text in: *Riering,* IPR-Gesetze in Europa, Nr. 3 b I, S. 51.

41 *Kindler,* RabelsZ 61 (1997), S. 227, 258; *Maglio/Thorn,* ZVglRWiss 96 (1997), S. 347, 350; *Pocar,* IPRax 1997, S. 145, 152 f. So schon vor der Reform: *Vitta,* DIP I, II 6, S. 134 ff.

42 *Boschiero,* ZfRV 37 (1996), S. 143, 151.

43 *Pocar,* IPRax 1997, S. 145, 152.

nung[44] sowie der Regelung in Art. 4 III 2 EGBGB. Ist das ausländische Recht zeitlich gespalten, kommt das fremde intertemporale Recht zur Anwendung[45].

2. *England*

England ist ein Teilstaat des Vereinigten Königreichs von Großbritannien und Nordirland. Da weder ein gesamtstaatliches Kollisionsrecht noch ein einheitliches interlokales Recht vorhanden ist, fällt aus der Sicht englischer Gerichte unter dem Begriff des *foreign law* nicht nur das Recht jedes ausländischen Staates, sondern auch das Recht jeder maßgeblichen ausländischen Teilrechtsordnung. Für einen englischen Richter macht es für die Anwendung seiner Kollisionsregeln keinen Unterschied, ob der Sachverhalt, über den er zu entscheiden hat, Verbindungen zum schottischen oder zum brasilianischen Recht aufweist[46].

Die Bestimmung der maßgeblichen Teilrechtsordnung bereitet im englischen IPR in der Regel keine Schwierigkeiten[47]. Im Internationalen Familien- und Erbrecht herrscht wie für das Personalstatut die Anknüpfung an das *domicile* der betreffenden Person vor. Der Ort, wo die Anknüpfungsperson domiziliert ist, dient dem englischen Richter unmittelbar dazu, das Recht der maßgeblichen Teilrechtsordnung zu ermitteln. Als Anknüpfungsmoment kommt das *domicile* daher sowohl für das IPR als auch das interlokale Privatrecht zum Tragen[48]. Allerdings wird der berufenen Teilrechtsordnung die Entscheidung über das anwendbare Recht nicht abgeschnitten, vielmehr werden seine kollisionsrechtlichen Wertungen beachtet. Sofern die englischen Kollisionsnormen auf das innerstaatliche Recht eines Landes mit personaler Rechtsspaltung verweisen, ist das dort geltende interpersonale Privatrecht maßgeblich[49]. Führt die Verweisung des englischen IPR auf eine zeitlich gespaltene Rechtsordnung, herrscht Einigkeit, die Übergangsregeln des berufenen Rechts zu befragen, um die maßgebliche Teilrechtsordnung zu ermitteln[50].

3. *Österreich und Schweiz*

Im Unterschied zum österreichischen IPR-Gesetz von 1978 wurde in das schweizerische IPR-Gesetz von 1987 keine ausdrückliche Regelung zur Vorge-

---

44 Siehe *Maglio/Thorn,* ZVglRWiss 96 (1997), S. 347, 350.

45 *Vitta,* DIP I, V 5, S. 275.

46 *Cheshire/North,* PIL, S. 9; siehe auch *Dicey/Morris,* Conflict of Laws I, Rdn. 1–060 ff.

47 Siehe *Vitta,* Int. Enc. Comp. L. III (1985), Ch. 9 sec. 28, S. 21.

48 *Vitta,* Int. Enc. Comp. L. III (1985), Ch. 9 sec. 22, S. 15.

49 Zur Bedeutung des religiösen Rechts für *extra-judical divorces: Cheshire/North,* PIL, S. 798 ff.; *Sharif v. Sharif* (1980) 10 Fam. Law 216 (Irak); *Zaal v. Zaal* (1982) 4 F. L. R. 284 (Dubai); *Chaudhary v. Chaudhary* (1984) 3 All E. R. 1017 (Kaschmir).

50 Siehe *Dicey/Morris,* Conflict of Laws I, Rdn. 3–012.

hensweise bei einer Verweisung auf eine gespaltene Rechtsordnung aufgenommen; zunächst aber soll die Rechtslage in Österreich dargelegt werden.

a) Verweisung bei Rechtsspaltung in Österreich

Wenn die Kollisionsnormen des österreichischen IPRG auf das Recht eines Staates führen, in dem mehrere Teilrechtsordnungen auf territorialer oder personaler Grundlage bestehen, ist nach Art. 5 III 1 Ö-IPRG „die Teilrechtsordnung anzuwenden, auf die die in der fremden Rechtsordnung bestehenden Regeln verweisen". Im österreichischen IPR entscheiden damit die interlokalen bzw. interpersonalen Regeln der betreffenden Rechtsordnung[51]. Fehlt es an solchen Regeln, ist gemäß Art. 5 III 2 Ö-IPRG die Teilrechtsordnung maßgebend, zu der die „stärkste Beziehung" besteht. Die stärkste Beziehung läßt sich im österreichischen IPR interlokal durch örtliche Anknüpfungsmomente wie gewöhnlicher Aufenthalt, Sitz, Lage der Sache oder Ort der Beschädigung konkretisieren[52]; interpersonal kommt es auf die Gruppenzugehörigkeit an[53]. Sollten alle diese Kriterien zu keinem befriedigenden Ergebnis führen, wird vorgeschlagen, an das Recht der Hauptstadt des betreffenden Landes anzuknüpfen[54].

Führt die Verweisung des österreichischen IPR auf eine zeitlich gespaltene Rechtsordnung, hat der Oberste Gerichtshof auf den zur Zeit der Urteilsfällung geltenden Rechtszustand abgestellt[55]. Diese Haltung ist in der Literatur auf Kritik gestoßen: Danach trifft die Entscheidung über das anwendbare Recht allein die berufene Rechtsordnung mit ihren Übergangsvorschriften[56].

b) Verweisung bei Rechtsspaltung in der Schweiz

Im Vorentwurf der Expertenkommission zur Neuregelung des Internationalen Privatrechts war noch eine Bestimmung enthalten, welche das anwendbare Recht bei einer Verweisung auf einen Mehrrechtsstaat regeln sollte[57]:

---

51 *Duchek/Schwind,* IPR, § 5 IPRG, S. 21 Fn. 6; *Mänhardt/Posch,* IPR, Rdn. 2/18; *Schwimann,* Grundriß des IPR, S. 45.

52 *Rummel/Schwimann,* § 5 IPRG Rdn. 9; *Schwind,* IPR, Rdn. 90; *Schwimann,* Grundriß des IPR, S. 45.

53 *Rummel/Schwimann,* § 5 IPRG Rdn. 9; *Schwimann,* Grundriß des IPR, S. 45.

54 *Schwind,* IPR, Rdn. 90.

55 OGH vom 3. 3. 1948 – I Ob 66/48, SZ 21 (1946–1948) Nr. 77, S. 162, 164; OGH vom 29. 4. 1953 – I Ob 315/53, SZ 26 (1953) Nr. 112, S. 307, 311.

56 *Rummel/Schwimann,* Vor § 1 IPRG Rdn. 5; *Schwimann,* Grundriß des IPR, S. 45 mit Verweis auf das deutsche Schrifttum.

57 Bundesgesetz über das IPR (IPRG), Gesetzentwurf der Expertenkommission (1978) und Begleitbericht von *Vischer* und *Volken,* S. 5.

Art. 16 des Entwurfs. Verweist dieses Gesetz auf das Recht eines Staates mit mehreren Teilrechtsordnungen, ohne die maßgebende Teilrechtsordnung zu bezeichnen, so bestimmt sich nach dem interlokalen und interpersonalen Recht dieses Staates, welche Rechtsordnung anzuwenden ist.

Fehlen interlokale oder interpersonale Bestimmungen, so ist diejenige Teilrechtsordnung anzuwenden, die mit dem Sachverhalt im engsten Zusammenhang steht.

Diese Regelung des Entwurfs entspricht damit der im deutschen Internationalen Privatrecht in Art. 4 III EGBGB gefundenen Lösung: In erster Linie ist zu prüfen, ob die Vorschrift des schweizerischen IPRG nicht mit ihrem Anknüpfungsmerkmal unmittelbar die maßgebliche Rechtsordnung bezeichnet. Erst in zweiter Linie kommt das ausländische interlokale oder interpersonale Privatrecht zum Zuge, die maßgebliche Teilrechtsordnung zu bestimmen. Fehlen solche ausländische Bestimmungen, ist das Teilrecht anzuwenden, das mit dem Sachverhalt im engsten Zusammenhang steht[58].

Da im Gesetzesentwurf des Bundesrates diese Regelung nicht mehr enthalten war[59], stellt sich die Frage, wie aus schweizerischer Sicht im Falle der Verweisung auf eine gespaltene Rechtsordnung die maßgebliche Rechtsordnung zu ermitteln ist.

Eine feste Rechtsprechung zu dieser Frage existiert in der Schweiz nicht. Soweit ersichtlich, hat sich das schweizerische Bundesgericht erst am Rande mit dieser Thematik auseinandergesetzt[60]. In einem Scheidungsstreit zwischen zwei US-amerikanischen Staatsangehörigen, von denen nur einer in der Schweiz, der andere in Deutschland wohnte, wäre gemäß Art. 61 II CH-IPRG eigentlich das gemeinsame Heimatrecht der Ehepartner einschlägig gewesen. Aus der Sicht des Bundesgerichts waren aber nach den gesamten Umständen die Beziehungen des Sachverhalts zum schweizerischen Recht stärker als zum US-amerikanischen Recht; das Bundesgericht wandte deshalb gemäß Art. 15 I CH-IPRG schweizerisches Recht an. Das Ausweichen auf das schweizerische Recht wurde unter anderem damit begründet, daß die Problematik der verschiedenen Teilrechtsordnungen die Anwendung des US-amerikanischen Rechts unnötig erschwere[61]. In der Literatur ist diese Argumentation auf Kritik gestoßen: Schwierigkeiten in der Anwendung des ausländischen Rechts dürften nicht dazu führen, das ausländische Recht gar nicht anzuwenden[62]. Nach Art. 16 II CH-IPRG sei das schweizerische Recht nur dann ersatzweise anwendbar, wenn der Inhalt des anzuwendenden ausländischen Rechts nicht feststellbar ist[63].

---

58 Bundesgesetz über das IPR (IPRG), Gesetzentwurf der Expertenkommission (1978) und Begleitbericht von *Vischer* und *Volken,* S. 74.

59 *Schwander,* IPR I, Rdn. 409.

60 BG vom 27. 1. 1992, BGE 118 II Nr. 16, S. 79 ff. = Rev. crit. 81 (1992), S. 484 ff.

61 BG vom 27. 1. 1992, BGE 118 II Nr. 16, S. 79, 82 f. = Rev. crit. 81 (1992), S. 484 , 488.

62 *Nordin,* S. 328; *Schwander,* AJP/PJA 1992, S. 1179, 1180; siehe auch *Knoepfler,* Rev. crit. 81 (1992), S. 488 ff.

63 *Nordin,* S. 328.

Im Gegensatz zur deutschen Lehre hat sich die schweizerische Rechtslehre aber noch nicht intensiv mit dem Problem der Verweisung bei Rechtsspaltung auseinandergesetzt. Die wenigen Stimmen, die sich zu dieser Thematik geäußert haben, geben im wesentlichen den deutschen Diskussionsstand wieder: Einigkeit besteht, wenn die schweizerischen Kollisionsnormen an die Staatsangehörigkeit anknüpfen und auf eine territorial gespaltene Rechtsordnung führen. In diesem Fall wird in erster Linie das interlokale Recht des betreffenden Staates herangezogen, um die maßgebliche Teilrechtsordnung zu bestimmen[64]; fehlen solche Vorschriften ist das Recht der Teilrechtsordnung anzuwenden, zu der die engste Verbindung besteht[65].

Wenn die schweizerischen Kollisionsnormen räumlich anknüpfen – zum Beispiel an den gewöhnlichen Aufenthalt – und auf eine territorial gespaltene Rechtsordnung verweisen, wird teilweise vorgeschlagen, die Verweisung direkt auf das am Ort geltende Recht zu erstrecken. Eine weitere Konkretisierung der Anknüpfung sei nicht erforderlich; denn die Verweisung des Forums sei bereits konkret genug[66]. Eine andere Stimme stellt die Entscheidungsharmonie mit dem ausländischen Mehrrechtsstaat in den Vordergrund und will primär das ausländische interlokale Recht heranziehen. Nur eine solche Lösung entspreche dem Sinn des Art. 13 S. 1 CH-IPRG, wonach die Verweisung der schweizerischen Kollisionsnormen auf ein ausländisches Recht alle Bestimmungen umfaßt, die nach diesem Recht auf den Sachverhalt anwendbar sind[67].

Bei einer Verweisung auf eine personal gespaltene Rechtsordnung ist man sich wiederum einig, primär dem interpersonalen Recht des betreffenden Staates zu folgen. Kann kein interpersonales Recht ermittelt werden, ist diejenige personale Rechtsordnung anzuwenden, mit der die Person am engsten verbunden ist[68]. Verweisen die schweizerischen Kollisionsnormen auf eine zeitlich gespaltene Rechtsordnung, ist das intertemporale Recht der berufenen Rechtsordnung anzuwenden, um zur maßgeblichen Teilrechtsordnung zu gelangen[69].

4. Fazit

In allen untersuchten Rechtsordnungen herrscht bei personaler oder zeitlicher Rechtsspaltung die Auffassung vor, dem betroffenen Staat selbst die uneingeschränkte Befugnis einzuräumen, über sein interpersonales oder intertemporales Recht das anwendbare Recht zu bestimmen. Bei lokaler Rechtsspaltung gestaltet sich die Rechtslage anders. Der deutsche Gesetzgeber hat sich in Art. 4 III 1

---

64 *Keller/Siehr,* IPR, § 16 I 2 b) bb), S. 169; *Nordin,* S. 338 f.; *Schwander,* IPR I, Rdn. 408.

65 *Keller/Siehr,* IPR, § 16 I 2 b) bb), S. 169; *Schwander,* IPR I, Rdn. 408.

66 *Keller/Siehr,* IPR, § 16 I 2 b) aa), S. 169; *Nordin,* S. 338.

67 *Schwander,* IPR I, Rdn. 409.

68 *Keller/Siehr,* IPR, § 16 II 2 b), S. 171; *Schwander,* IPR I, Rdn. 408 f.

69 *Keller/Siehr,* IPR, § 16 III 3, S. 173 f.

EGBGB dazu entschlossen, das interlokale Recht des ausländischen Mehrrechtsstaates nur heranzuziehen, wenn die deutsche Kollisionsnorm an die Staatsangehörigkeit anknüpft. Verwendet die IPR-Norm hingegen den gewöhnlichen Aufenthalt oder den Lageort von Vermögensgegenständen als Anknüpfungsmoment, soll die anwendbare Teilrechtsordnung unmittelbar berufen werden. Nur in der Schweiz hat diese Haltung Anhänger gefunden, im übrigen Ausland herrscht hingegen ein anderer Standpunkt vor. Fast alle anderen untersuchten ausländischen Rechtsordnungen erkennen auch für räumliche Anknüpfungen das Interesse des ausländischen Mehrrechtsstaates an, seine internen Gesetzeskonflikte eigenständig zu lösen (Art. 18 I ital. IPRG, § 5 III 1 Ö-IPRG). Soweit in dem betreffenden Mehrrechtsstaat kein interlokales Recht existiert, stimmen alle untersuchten Rechtsordnungen überein: Sie knüpfen an die Teilrechtsordnung an, mit der der Sachverhalt am engsten verbunden ist (Art. 4 III 2 EGBGB; Art. 18 II ital. IPRG, § 5 III 2 Ö-IPRG).

In England ergibt sich ein besonderes Bild. In personen-, familien- und erbrechtlichen Verhältnissen wird die maßgebliche Teilrechtsordnung durch die Anknüpfung an das *domicile* unmittelbar bestimmt. Da unter dem Begriff des *foreign law* nicht nur das Recht jedes ausländischen Staates, sondern auch das Recht jeder maßgeblichen ausländischen Teilrechtsordnung fällt, führt die örtliche Anknüpfung an das *domicile* direkt zur maßgeblichen Teilrechtsordnung. Verweisen die englischen Kollisionsnormen in eine personal gespaltene Rechtsordnung, wird das betreffende interpersonale Recht herangezogen.

§ 9 Kollisionsrechtliche Staatsverträge mit deutscher Beteiligung

Staatsvertragliche Kollisionsnormen gehen gemäß Art. 3 II 2 EGBGB den nationalen autonomen Kollisionsnormen vor, soweit sie innerstaatlich anwendbares Recht geworden sind. Auf die deutsche Regelung über die Unteranknüpfung in Mehrrechtsstaaten in Art. 4 III EGBGB kann daher im staatsvertraglichen Kollisionsrecht nicht ohne weiteres zurückgegriffen werden.

I. Verweisung bei Rechtsspaltung bis zum Ersten Weltkrieg

Weder das *Haager Eheschließungs-* noch das *Haager Vormundschaftsabkommen* vom 12. 6. 1902 enthalten eine Hilfsnorm, um die kollisionsrechtliche Verweisung auf das Recht eines Staates mit mehreren Rechtsordnungen zu bewältigen. In der Praxis und Literatur wurde aber schon zu diesem Zeitpunkt die Frage gestellt, wie die Verweisung auf einen Mehrrechtsstaat zu konkretisieren ist[70]. Das Fehlen einer solchen Vorschrift legt daher den Schluß nahe, daß die Haager Konferenz damals

70 Siehe RG vom 18. 2. 1890 – Rep. II 314/89, RGZ 25, 341 (345 f.); *L. von Bar,* IPR I, S. 119 ff., *Zitelmann,* IPR I, S. 393 ff., 404.

diesem Problem keine große Bedeutung beigemessen hat. Schwergefallen ist der Verzicht auf eine Vorschrift offenbar nicht; im EGBGB von 1896 fehlte ja ebenfalls eine solche Vorschrift. Heute hat aus deutscher Sicht die Verweisung auf einen Mehrrechtsstaat in beiden Abkommen keine große Bedeutung: Das Haager Eheschließungsabkommen gilt nur noch im Verhältnis zu Italien[71] und das Haager Vormundschaftsabkommen spielt nur noch in deutsch-belgischen Beziehungen eine Rolle.

II. Verweisung bei Rechtsspaltung zwischen den beiden Weltkriegen

Im *Genfer Wechsel-* und *Scheckkollisionsrecht* sind mit Ausnahme des Art. 91 I 2 WG und Art. 60 I 2 ScheckG keine Bestimmungen zu Fragen des Allgemeinen Teils enthalten. Überwiegend wird vorgeschlagen, diese Lücke durch die autonomen Vorschriften zu schließen[72]. Die Anwendung der Artt. 3 ff. EGBGB sei möglich, soweit die Artt. 91 ff. WG und Artt. 60 ff. ScheckG keine gemäß Art. 3 II EGBGB vorrangigen Bestimmungen enthielten[73]. Teilweise wird sogar der Vorrang des Art. 3 II EGBGB für das Verhältnis zu den Vorschriften des EGBGB nicht anerkannt[74]: Durch die Übernahme in das deutsche Recht sei deutsches Bundesrecht nicht-staatsvertraglicher Herkunft entstanden. Der Vorrang des Genfer Kollisionsrechts vor den Vorschriften des EGBGB folge allein aus seiner Spezialität. Wenn zum Beispiel die passive Wechselfähigkeit eines britischen Staatsangehörigen zu beurteilen ist, kommt danach Art. 4 III 2 EGBGB unmittelbar zur Anwendung, um die Anknüpfung an das Heimatrecht in Art. 91 I 1 WG zu konkretisieren.

Seinem Wortlaut nach bezieht sich Art. 3 II 1 EGBGB tatsächlich nur auf „Regelungen in völkerrechtlichen Vereinbarungen", das heißt auf Verträge, die in unmittelbar anwendbares innerstaatliches Recht transformiert wurden. Dazu müssen aber auch Einheitsgesetze zählen, die zum Beispiel im Genfer Abkommen zum Wechsel- und Scheckrecht enthalten sind[75] und damit selbst einen Bestandteil der

---

71 Für das Haager Eheschließungsabkommen ist die Verweisung auf einen Mehrrechtsstaat denkbar: Heirat eines Italieners mit einer US-Amerikanerin in Deutschland.

72 Für das Wechselrecht: *Baumbach/Hefermehl,* vor Art. 91 WG Rdn. 2; *Jacobi,* Wechsel- und Scheckrecht, § 126 I A II, S. 988; *Morawitz,* S. 18; *Zöllner,* Wertpapierrecht, § 10 IV. S. 58. Für das Scheckrecht: *Baumbach/Hefermehl,* vor Art. 60 ScheckG; *Eschelbach,* S. 13 f.; *Jacobi,* Wechsel- und Scheckrecht, § 126 I B, S. 993.

73 Für das Wechselrecht: *Baumbach/Hefermehl,* vor Art. 91 WG Rdn. 2; *Morawitz,* S. 18 mit Hinweis auf die französischen und englischen Originalüberschriften des Konfliktabkommens – „Convention destinée à régler certains conflits en matière de lettres de change et de billets à ordre" bzw. „Convention for the Settlement of Certain Conflicts of Law in Connection with Bills of Exchange and Promissory Notes". Für das Scheckrecht: *Baumbach/Hefermehl,* vor Art. 60 ScheckG; *Eschelbach,* S. 13.

74 Für das Scheckrecht: *Eschelbach,* S. 11 f.

75 Artt. 2–9 des Genfer Abkommens über Bestimmungen auf dem Gebiet des internationalen Wechselprivatrechts; Artt. 2–8 des Genfer Abkommens über Bestimmungen auf dem Gebiet des internationalen Scheckprivatrechts.

völkerrechtlichen Vereinbarung bilden[76]. Für die früheren Haager Einheitlichen Kaufgesetze war die Anwendung des Art. 3 II 1 EGBGB ebenfalls anerkannt[77]. In dem Art. 1 des Genfer Wechsel und Scheckkollisionsrechts haben sich die Vertragsstaaten verpflichtet, die in den beiden Abkommen enthaltenen Bestimmungen in ihrem Hoheitsgebiet zur Anwendung zu bringen. Der deutsche Gesetzgeber ist dieser völkerrechtlichen Verpflichtung dadurch nachgekommen, daß er die kollisionsrechtlichen Vorschriften als Artt. 91 – 98 in das Wechselgesetz vom 21. 6. 1933 und als Artt. 60 – 66 in das Scheckgesetz vom 14. 8. 1933 übernommen hat. Der in Art. 3 II 1 EGBGB angeordnete Vorrang kommt auch für das Genfer Wechsel- und Scheckkollisionsrecht zum Tragen[78]. Dieser Vorrang erstreckt sich nicht nur auf die eigentlichen Kollisionsregeln, sondern auch auf die ergänzenden Vorschriften des Allgemeinen Teils in Artt. 4 oder 5 EGBGB.

Fehlen solche Hilfsnormen, so wie hier, ist ein Rückgriff auf das EGBGB nicht automatisch möglich[79]. Im obigen Beispiel kann man aber Art. 4 III 2 EGBGB im Wege der Auslegung oder Rechtsfortbildung zur Konkretisierung des britischen Heimatrechts als ergänzende Vorschrift des Allgemeinen Teils heranziehen: Grundlegenden Bedenken gegen die Anwendung des Rechts, „das mit dem Sachverhalt am engsten verbunden ist“, bestehen nicht. Es ist – wie die Länderberichte gezeigt haben – ein allgemeiner, nicht nur in Deutschland anerkannter Grundsatz, bei der Verweisung auf einen Mehrrechtsstaat ohne einheitliches interlokales Recht das Recht der engsten Verbindung anzuwenden. Die engste Verbindung läßt sich hier konkretisieren, indem man auf den gewöhnlichen Aufenthalt des britischen Staatsangehörigen abstellt. Befand sich dieser in England, sind gemäß Art. 91 I 1 WG die englischen Kollisionsnormen berufen, über das auf die Wechselfähigkeit anwendbare Recht zu entscheiden. Das Vereinigte Königreich ist dem Genfer Wechselrechtsabkommen nicht beigetreten. Vielmehr regelt der *Bills of Exchange Act 1882* das Internationale Wechselrecht. Da der *Act 1882* keine Vorschrift über die Wechselfähigkeit (*capacity*) enthält, ist für das anwendbare Recht auf *commom law* Grundsätze zurückzugreifen[80]. Nach den *commom law* Grundsätzen wird die *capacity* entweder nach dem Domizilrecht[81] oder dem Recht des Ortes, wo der

76 *Meyer-Sparenberg,* S. 70; *Staudinger/Hausmann,* Art. 3 EGBGB Rdn. 22 (analoge Anwendung von Art. 3 II 1 EGBGB).

77 *Meyer-Sparenberg,* S. 70; *Staudinger/Hausmann,* Art. 3 EGBGB Rdn. 22.

78 Der Ausschluß der Artt. 27 – 37 EGBGB für Wechsel und Schecks folgt schon aus Art. 37 Nr. 1 EGBGB.

79 Vgl. *Meyer-Sparenberg,* S. 72; *Staudinger/Hausmann,* Art. 3 EGBGB Rdn. 29 (*Staudinger/Hausmann* setzt sich in Art. 4 EGBGB Rdn. 348 zu dieser Aussage in Widerspruch. Dort wird ein Vorrang des staatsvertraglichen Kollisionsrechts für die Hilfsnorm Art. 4 III EGBGB nur anerkannt, wenn eine staatsvertragliche Regelung tatsächlich existiert).

80 Siehe 1882 Act sec. 97 (2) (Text in: Law Reports Statutes 1882, Ch. 61, S. 391).

81 *Sottomayor v. De Barros (No. 1),* (1877) 3 P. D. 1, 5 (marriage case); *Re Cooke's Trusts* (1887) 56 L. J. Ch. 637, 639; *Copper v. Copper,* (1888), 13 App. Cas. 88, 99, 100. Siehe aber die Kritik zu *Sottomayor v. De Barros (No. 1)* in *Sottomayor v. De Barros (No. 2),* (1879) 5 P. D. 94, 100, 101.

Vertrag geschlossen wurde[82], oder dem *proper law*[83] beurteilt[84]. Hat der britische Staatsangehörige sein *domicile* in England oder unterstehen die Wirkungen der Wechselerklärung englischem Recht, ist materielles englisches Recht zur Bestimmung der Wechselfähigkeit anwendbar. Hinsichtlich der Wechselfähigkeit und damit der Geschäftsfähigkeit hat sich das englische Recht der allgemeinen internationalen Entwicklung angeschlossen und das Volljährigkeitsalter auf 18 Jahre festgelegt[85]. Hat der britische Staatsangehörige mit 18 Jahren das Volljährigkeitsalter erreicht, ist er wechselfähig.

III. Verweisung bei Rechtsspaltung seit dem Zweiten Weltkrieg

Das *Genfer Abkommen über die Rechtsstellung der Flüchtlinge* vom 28. 7. 1951 und das *New Yorker Übereinkommen über die Rechtsstellung der Staatenlosen* vom 28. 9. 1954 enthalten keine Vorschrift über die Unteranknüpfung in eine räumlich oder personal gespaltene Rechtsordnung. Im New Yorker Staatenlosenabkommen ist eine solche Vorschrift auch nicht erforderlich: Die Konvention ersetzt mit Art. 12 I nur das Anknüpfungsmerkmal „Staatsangehörigkeit" durch den „Wohnsitz", läßt ansonsten aber die Geltung des nationalen Kollisionsrechts unberührt. Daher spricht nichts dagegen, für die Unteranknüpfung auf Art. 4 III EGBGB zurückzugreifen. Im Genfer Flüchtlingsabkommen kann man ebenfalls Art. 4 III EGBGB heranziehen, wenn über den Berührungspunkt zum Fluchtstaat hinaus ein weiterer Auslandsbezug besteht und der Flüchtling dem nationalen Kollisionsrecht unterworfen ist. In diesem Fall ersetzt Art. 12 I GFlAbk im nationalen IPR das Anknüpfungsmerkmal „Staatsangehörigkeit" durch das Merkmal „Wohnsitz". Besteht hingegen allein ein Bezug zum Fluchtstaat, ist Art. 12 I GFlAbk Kollisionsnorm[86]. Aus deutscher Sicht fällt dann das Fehlen einer Vorschrift über die Unteranknüpfung in eine gespaltene Rechtsordnung nicht weiter ins Gewicht, da über die Wohnsitzanknüpfung deutsches materielles Recht anwendbar ist.

Abschließend ist festzustellen: In den angesprochenen Fällen unterliegt für beide Konventionen der Rückgriff auf Art. 4 III EGBGB keinen Bedenken. Ist es doch Zweck, den betroffenen Personen „eine rechtliche Heimat" zu geben, nachdem sie ihre angestammte Heimat verloren haben[87].

---

[82] *Baindail v. Baindail,* (1946) P. 122, 128; *Dicey/Morris,* Conflict of Laws II, Rule 193, Rdn. 33–330.

[83] *Bodley Head Ltd. v. Flegon,* (1972) 1 W. L. R. 680, 688 f.; *Cheshire/North,* PIL, S. 593.

[84] *Cheshire/North,* PIL, S. 592.

[85] Sec. 1 Family Law Reform Act 1969 (Text in: Law Reports Statutes 1969, Vol. 1, Ch. 46, S. 997). Für Kaufverträge ist daneben sec. 3-(1) des Sale Goods Act 1979 zu beachten (Text in: Law Reports Statutes 1979, Vol. 2, Ch. 54, S. 1315, 1316).

[86] Siehe 2. Kapitel, § 5 III. 1. b).

[87] *von Bar,* IPRax 1985, S. 272, 273.

In den übrigen Übereinkommen der Nachkriegszeit wird unterschiedlich mit der Verweisung bei Rechtsspaltung umgegangen.

1. Haager Unterhaltsabkommen von 1956 und 1973

Ein Beispiel für die unterschiedliche Positionen liefern die beiden Haager Unterhaltsabkommen.

a) Haager Unterhaltsabkommen von 1956

Im Haager Unterhaltsabkommen von 1956 findet sich keine Vorschrift über die Verweisung bei Rechtsspaltung. Art. 1 I HUntA erklärt die Sachnormen des Staates für maßgeblich, in dem das Kind seinen gewöhnlichen Aufenthalt hat. Eine Vorschrift über die Verweisung bei lokaler Rechtsspaltung wurde offenbar nicht für erforderlich gehalten, denn die Anknüpfung an den gewöhnlichen Aufenthalt wurde gerade gewählt, um den gewünschten Schutz des Kindes zu gewährleisten[88]. Aus deutscher Sicht ist das Problem der räumlichen Rechtsspaltung im Rahmen des Unterhaltsabkommens von 1956 nicht bedeutsam: Das Abkommen gilt nur noch im Verhältnis zu Belgien, Liechtenstein und Österreich.

Eine Vorschrift über die Unteranknüpfung bei personaler Rechtsspaltung werden die Unterhändler des Haager Unterhaltsabkommen von 1956 nicht in Erwägung gezogen haben. Zum einen gab das Recht der zwanzig Teilnehmerstaaten der achten Haager Konferenz keinen dringenden Anlaß, über eine Vorschrift für die Fälle der personalen Rechtsspaltung nachzudenken[89]. Zum anderen ist das Abkommen nicht als *loi uniforme* ausgestaltet worden[90]; damit war der Anwendungsbereich des Abkommens übersichtlich.

b) Haager Unterhaltsabkommen von 1973

Das Haager Unterhaltsabkommen von 1973 enthält mit Art. 16 eine „Konkretisierungsklausel“ für Verweisungen auf Mehrrechtsstaaten[91]. Allerdings kommt die Unteranknüpfung nach Art. 16 HUntÜ nicht zum Zuge, wenn der Mehrrechtsstaat

---

88 Siehe die Äußerung des französischen Delegierten *Holleaux:* „Il paraît normal que l'entretien ...[de l'enfant] soit réglé par la loi du pays dans lequel il se trouve être intégré.“, Actes VIII (1957), S. 173 (Protokoll Nr. 3); *Staudinger/Kropholler*[12], Vorbem. zu Art. 18 EGBGB Rdn. 33 f.

89 Liste der Teilnehmerstaaten in Actes VIII (1957), S. 1 – 4.

90 Art. 6 HUntA.

91 *Staudinger/von Bar/Mankowski,* Anh. I zu Art. 18 EGBGB Rdn. 424; MünchKomm-*Siehr,* Art. 18 EGBGB Anh. I Rdn. 369.

über ein einheitliches Unterhaltsrecht verfügt; das maßgebende Recht ist hinreichend bestimmt.

Beispiel:[92] Eine in Katalonien lebende spanische Ehefrau klagt vor deutschen Gerichten gegen ihren in Deutschland lebenden Ehemann auf Zahlung von Trennungsunterhalt[93]. Nach Art. 4 I HUntÜ ist das spanische Recht als das Aufenthaltsrecht für die Frage maßgebend, ob die Frau Trennungsunterhalt verlangen kann. Spanien ist ein Mehrrechtsstaat, das Unterhaltsrecht ist aber in dieser Frage nicht gespalten[94]. Artt. 91 ff. Código civil sehen einen Unterhaltsanspruch ausdrücklich nur für den Fall der gerichtlichen Ehetrennung vor[95]. Darüber hinaus gibt es aber eine in Art. 68 Código civil geregelte allgemeine Beistandspflicht der Ehegatten[96]. Aus dieser Vorschrift kann ein Anspruch des bedürftigen Ehegatten auf Unterhalt auch im Falle der tatsächlichen Trennung abgeleitet werden[97]. Art. 16 HUntÜ kommt nicht zur Anwendung.

aa) Einheitliches interlokales und interpersonales Privatrecht

Trifft die Anknüpfung an den gewöhnlichen Aufenthalt in Art. 4 I HUntÜ auf eine *lokal gespaltene* Rechtsordnung, sieht Art. 16 Alt. 1 HUntÜ dem Wortlaut nach die Anwendung des einheitlichen interlokalen Privatrechts vor, um die maßgebliche Teilrechtsordnung zu bestimmen. Einige Autoren haben aus der Entstehungsgeschichte des Übereinkommens mit Verweis auf Artt. 14, 15 des Vorentwurfs den Schluß gezogen, das interlokale Privatrecht des betreffenden Staates solle für die räumliche Anknüpfung an den gewöhnlichen Aufenthalt nicht zum Tragen kommen: Art. 16 Alt. 1 HUntÜ sei so zu interpretieren, daß bei räumlicher Rechtsspaltung nur die Anknüpfung an die Staatsangehörigkeit in Art. 5 HUntÜ, nicht aber die an den gewöhnlichen Aufenthalt in Art. 4 I HUntÜ einer Konkretisierung bedarf[98]. Der Hinweis auf den Vorentwurf trifft zu. Art. 15 Nr. 1 des Vorentwurfs verselbständigt tatsächlich jede Gebietseinheit: Umfaßt der ausländische Staat mehrere Gebietseinheiten, von denen jede für das Unterhaltsrecht ihre eige-

---

92 Nach OLG Köln vom 5. 4. 1995 – 26 UF 201/94, NJW-RR 1996, S. 325 = FamRZ 1995, S. 1582 = IPRspr. 1995 Nr. 84, S. 153.

93 Der Trennungsunterhalt zwischen nicht geschiedenen Ehegatten fällt unter Art. 4 HUntÜ. Trennungsunterhalt ist kein Geschiedenenunterhalt; Art. 8 HUntÜ greift nicht ein (*Staudinger/von Bar/Mankowski*, Anh. I zu Art. 18 EGBGB Rdn. 162).

94 *Bergmann/Ferid/Henrich-Rau/Daum*, Spanien III A 6, S. 19; vgl. auch *Jayme*, RabelsZ 55 (1991), S. 301, 305 f.

95 Zur *separación: Adomeit/Frühbeck*, § 7 V, S. 54.

96 Text in: *Bergmann/Ferid/Henrich-Rau/Daum*, Spanien III B 1, S. 25 f.

97 OLG Köln vom 5. 4. 1995 – 26 UF 201/94, NJW-RR 1996, S. 325, 326 = FamRZ 1995, S. 1582, 1583 = IPRspr. 1995 Nr. 84, S. 153.

98 Art. 16 Alt. 1 HUntÜ betrifft „allein die Rechtslage bei interpersonaler Rechtsspaltung, in dem Staat, auf das unter räumlicher Anknüpfung verwiesen wird.“ *H. Stoll*, FS Keller, S. 511, 518; siehe auch *Kropholler*, RabelsZ 57 (1993), S. 207, 210 Fn. 14.

nen Rechtsnormen hat, so gilt jede Einheit als eigener Staat; das interlokale Kollisionsrecht wird in dieser Vorschrift ausgeschaltet[99]. Dieser Vorentwurf ist aber nur eine Seite der Medaille. Im Bericht zum Übereinkommen liest man[100]:

> „Identique pour les Etats à pluralisme personnel et à pluralisme territorial, la règle est double, la deuxième partie étant subsidiaire à la première. Il y a lieu d'abord d'application le système désigné par les règles en vigueur dans l'Etat dont la loi est désignée comme applicable."

Aus diesen Zeilen fällt es nicht schwer, genau den Gegenschluß zu ziehen: Auch die Anknüpfung an den gewöhnlichen Aufenthalt bedarf bei räumlicher Rechtsspaltung der Unteranknüpfung durch das interlokale Kollisionsrecht. Da es sich hier um den offiziellen Bericht zum Übereinkommen handelt, hat sich die Haager Konferenz offensichtlich generell für einen Vorrang des interlokalen Privatrechts auch im Hinblick auf räumliche Anknüpfungen entschieden. Der Vorentwurf sollte für die Auslegung des Art. 16 Alt. 1 HUntÜ nicht überbewertet werden; das interlokale Recht wird durch die Anknüpfung an den gewöhnlichen Aufenthalt nicht ausgeschaltet. Daß Art. 16 Alt. 1 HUntÜ auf das interlokale Recht des betreffenden Mehrrechtsstaates verweisen soll, wird auch aus dem Bericht zum Haager trust-Übereinkommen deutlich. Dort wird diese Vorschrift als Beispiel für die Lösung angeführt, die das interlokale Privatrecht generell berücksichtigt[101].

Beispiel: Ein in Serbien (Jugoslawien) lebendes Kind nimmt seinen in Deutschland lebenden Vater auf Unterhalt in Anspruch.

Jugoslawisches Aufenthaltsrecht des Kindes ist nach Art. 4 I HUntÜ maßgebend. Solange Montenegro neben Serbien noch zu „Rest-Jugoslawien" gehört, regelt Art. 16 Alt. 1 HUntÜ den auftretenden interlokalen Konflikt. Über das maßgebende Teilrepubliksrecht entscheidet das jugoslawische interlokale Recht[102]. Art. 23 I des *Gesetzes betreffend der Entscheidung über Gesetzes- und Zuständigkeitskollisionen in Status-, Familien und Erbbeziehungen vom 27. 2. 1979* stellt auf das Recht des Teilgebiets ab, in dem das Kind seinen Wohnsitz hat. Anwendbar ist damit serbisches Recht für den Unterhaltsanspruch des Kindes[103].

Im Fall einer Verweisung auf eine *personal gespaltene* Rechtsordnung ist gemäß Art. 16 Alt. 1 HUntÜ das betreffende interpersonale Recht anzuwenden, um die maßgebliche Teilrechtsordnung zu bestimmen.

---

99 Actes et documents XII/4 (1975), S. 340 (Arbeitsdokument Nr. 16).

100 Actes et documents XII/4 (1975), S. 462 Nr. 189 = BT-Drucks. 10/258, S. 70 f. Nr. 189 (Bericht *Verwilghen*).

101 Actes et documents XV/2 (1985), S. 411 Nr. 177 (Bericht *von Overbeck*).

102 Gesetz betreffend die Entscheidung über Gesetzes- und Zuständigkeitskollisionen in Status-, Familien und Erbbeziehungen vom 27. 2. 1979 (Text in: StAZ 1979, S. 173–177).

103 Art. 113 des Gesetzes über die Ehe und die Familienbeziehungen vom 22. 4. 1980 i. d. F. vom 30. 5. 1994 (Text in: *Bergmann/Ferid/Henrich-Ge-Korošec*, Jugoslawien III B 1, S. 52).

Beispiel: Der Trennungsunterhaltsanspruch einer in Dehli in Indien lebenden Ehefrau gegen ihren Ehemann richtet sich nach Art. 4 I HUntÜ[104] (Art. 18 I EGBGB) nach indischem Recht, welches interreligiös gespalten ist[105]. Das anwendbare Teilrecht hängt von der Religionszugehörigkeit der Familie ab[106]. Im Fall von Hindus ist der *Hindu Married Woman's Right to Separate Residence and Maintenance Act 1946*[107] anwendbar[108]. „Hindu Law is to be applied to Hindus"[109].

Würde sich an der Lösung des Beispielsfalles etwas ändern, wenn es sich um eine gemischtreligiöse Ehe handelt, weil der Ehegatte zum Christentum konvertiert ist? Für die gemischt-religiösen Fälle wurde vorgeschlagen, für die Unteranknüpfung allein das Recht des Unterhaltsschuldners heranzuziehen[110]; in der Abwandlung wären dann die Gesetze für die christliche Bevölkerung[111] für den Unterhaltsanspruch maßgebend. Überzeugender ist es, auf die Religionszugehörigkeit des Unterhaltsgläubigers und wie im Ausgangsfall auf das Hindurecht der Ehefrau abzustellen. Die Wertung in Art. 4 HUntÜ, an den gewöhnlichen Aufenthalt des Unterhaltsgläubigers anzuknüpfen, setzt sich über die Ausgangsanknüpfung in Art. 4 I HUntÜ durch. Durch die Bevorzugung des Unterhaltsgläubigers wird allerdings das indische interpersonale Privatrecht für gemischt-religiöse Ehen ausgeschaltet[112]. In diesem Punkt ist der Ausschluß des indischen interpersonalen Privatrechts

---

104 Der Trennungsunterhalt zwischen nicht geschiedenen Ehegatten fällt unter Art. 4 HUntÜ. Trennungsunterhalt ist kein Geschiedenenunterhalt; Art. 8 HUntÜ greift nicht ein (*Staudinger/von Bar/Mankowski,* Anh. I zu Art. 18 EGBGB Rdn. 162). Nach klassischem Hindurecht ist eine Ehescheidung nicht möglich (*Pearl,* S. 66; *Wähler,* S. 82, 380 Fn. 32). Das kodifizierte Hindurecht ermöglicht eine Ehescheidung unter bestimmten Voraussetzungen (sec. 13 des Hindu Marriage Act 1955, Text in: *Bergmann/Ferid/Henrich-Agrawal,* Indien III B 2 b) aa), S. 33).

105 Die Anwendung des religiösen Rechts ist regional unterschiedlich (*Bergmann/Ferid/Henrich-Agrawal,* Indien III A 1, S. 9; *Otto,* S. 41 f.). – Das regionale Sonderrechtsgebiet Goa wird hier nicht weiter behandelt.

106 *Lipstein/Szászy,* Int. Enc. Comp. L. III (1985), Ch. 10 sec. 30, S. 26 f.; siehe auch Ch. 10 sec. 11, S. 8 f.; *Pearl,* S. 35 ff.

107 Text in: *Bergmann/Ferid/Henrich-Agrawal,* Indien III B 2 b) dd), S. 35. Dazu *Wähler,* S. 83.

108 Der Hindu Married Woman's Right to Separate Residence and Maintenance Act 1946 macht den Unterhaltsanspruch von einem Recht der Frau auf getrennten Aufenthalt abhängig. Das Bestehen eines solchen Rechts ist als Vorfrage selbständig über Art. 14 EGBGB anzuknüpfen, siehe 2. Kapitel, § 5 III. 3. c). Art. 14 I Nr. 1 EGBGB führt hier ebenfalls zum indischen Recht.

109 *Gupte,* Hindu law in British India, Bombay 1945, S. 7 (zitiert nach *Pearl,* S. 48).

110 *Otto,* IPRax 1994, S. 1, 3 für den Unterhaltsanspruch eines in Bangladesh lebenden Kindes gegen seine Eltern bei unterschiedlicher Religionszugehörigkeit.

111 Der Indian Divorce Act 1869 für die christliche Bevölkerung sieht in sec. 36 – 38 einen Unterhaltsanspruch der Ehefrau während der Dauer eines gerichtlichen Scheidungs- oder Trennungsverfahrens vor (Text in: *Bergmann/Ferid/Henrich-Agrawal,* Indien III B 3 b), S. 41).

112 Zur Haltung des indischen interpersonalen Rechts bei gemischt religiösen Ehen *Pearl,* S. 66 ff.; *Wähler,* S. 376 ff. Allerdings wirkt sich der Ausschluß des indischen interpersonalen

aber sachlich gerechtfertigt. Die Wertung der Konvention, im Zweifel den Unterhaltsgläubiger – den Unterhaltsberechtigten – zu begünstigen, darf nicht durch eine unter Umständen andere Wertung des indischen interpersonalen Privatrechts unterlaufen werden[113]: „L'obligation alimentaire a pour but de protéger le créancier."

bb) Gespaltenes interlokales und interpersonales Privatrecht

Art. 16 Alt. 2 HUntÜ schreibt die Anknüpfung an die „engsten Bindungen" vor, wenn das Unterhaltsstatut über kein einheitliches interlokales oder interpersonales Privatrecht verfügt. Anders als bei Art. 4 III 2 EGBGB stellt der Wortlaut des Art. 16 Alt. 2 HUntÜ für die Abwägung der in Betracht zu ziehende Faktoren auf die Beziehungen der Beteiligten ab. Unterstehen der Unterhaltsberechtigte und der Unterhaltsverpflichtete derselben Teilrechtsordnung, ist das Recht dieser Teilrechtsordnung maßgebend. Gehören die Parteien verschiedenen Teilrechtsordnungen an, kommt die Entscheidung, den Unterhaltsberechtigten zu begünstigen, auch innerhalb der Anknüpfung an die engsten Bindungen zum Tragen. Wird an den gewöhnlichen Aufenthalt des Berechtigten angeknüpft (Art. 4 HUntÜ) gilt das Recht der Teilrechtsordnung, welche der Berechtigte angehört. Wird zum Beispiel nach Art. 5 HUntÜ an das gemeinsame Heimatrecht zweier US-Amerikaner angeknüpft, die verschiedenen Teilrechtsordnungen angehören, gilt folgendes: Maßgebend ist grundsätzlich diejenige Teilrechtsordnung, in der die Parteien ihren letzten gewöhnlichen Aufenthalt gemeinsam hatten oder in Zukunft haben werden[114]. Kommt die Abwägung zu keinem eindeutigen Ergebnis ist auf die Teilrechtsordnung abzustellen, welcher der Berechtigte unterworfen ist[115]. Haben beide Parteien nur noch ganz lockere Beziehungen zu ihrem Heimatstaat, läuft die Anknüpfung in Art. 5 HUntÜ ins Leere (Beispiel: Zwei US-Amerikaner leben seit Jahren in Paris.)[116]; als Hilfsanknüfpung bleibt nur noch die *lex fori* (Art. 6 HUntÜ).

Für den Scheidungsunterhalt ist nach Art. 8 HUntÜ das auf die Ehescheidung angewandte Recht maßgebend; anwendbar ist das Recht der Teilrechtsordnung, das die Scheidung ausgesprochen hat. Besteht in der betreffenden Rechtsordnung zwar ein einheitliches Scheidungsrecht, ist das Unterhaltsrecht aber gespalten, hilft

Rechts im Beispielsfall nicht negativ aus: Das indische interpersonale Recht würde ebenfalls auf die Ehefrau abstellen (*Wähler,* S. 83, 380 Fn. 32).

113 Actes et documents XII/4 (1975), S. 441 Nr. 138 = BT-Drucks. 10/258, S. 60 Nr. 138 (Bericht *Verwilghen*); Actes et documents XII/4 (1975), S. 117 Nr. 58 (Bericht zum Vorentwurf *Verwilghen*).

114 MünchKomm-*Siehr,* Art. 18 EGBGB Anh. I Rdn. 376.

115 Nach *Staudinger/von Bar/Mankowski* (Anh. I zu Art. 18 EGBGB Rdn. 429) kann die Wertung, den Berechtigten zu begünstigen, als *ultima ratio* dienen, wenn die Abwägung ansonsten ein *non liquet* ergäbe.

116 Bei den Beratungen der Haager Konferenz haben der französische Delegierte *Bellet* und der Berichterstatter *Verwilghen* aus Belgien diesen Standpunkt vertreten (Actes et documents XII/4 [1975], S. 362 [Protokoll Nr. 12]); siehe auch *H. Stoll,* FS Keller, S. 511, 522.

die Anknüpfung an das Scheidungsrecht für den Anspruch auf Unterhalt nicht weiter. Die Wertung, den Unterhaltsberechtigten zu begünstigen, sollte sich auch in solch einem Fall durchsetzen. Anwendbar ist das Recht der Teilrechtsordnung, zu welcher der Berechtigte die engste Verbindung hat[117].

cc) Zusammenfassung

Ist das Recht des betreffenden Staates auf dem Gebiet der Unterhaltspflicht lokal oder personal gespalten, verweist Art. 16 Alt. 1 HUntÜ auf das interlokale oder interpersonale Kollisionsrecht des Unterhaltsstatuts. Verfügt das Unterhaltsstatut über kein interlokales oder interpersonales Privatrecht, trifft Art. 16 Alt. 2 HUntÜ eine eigene Entscheidung. Anwendbar sind die Vorschriften der Rechtsordnung, zu der die Beteiligten die engsten Bindungen haben.

2. Haager Testamentsformabkommen von 1961

Das Haager Testamentsformabkommen von 1961 ist die erste Haager Konvention, die eine Vorschrift zur Unteranknüpfung bei Verweisungen in einen Mehrrechtsstaat bereitstellt. Während die Spezialkommission eine Vorschrift über die Unteranknüpfung innerhalb des Abkommen noch abgelehnt hatte[118], nahm die Konferenz den Vorschlag der britischen Delegation auf[119]: Führt die Staatsangehörigkeitsanknüpfung in Art. 1 I lit. b) HTestÜ zu einem Mehrrechtsstaat, sind zunächst gemäß Art. 1 II HTestÜ die im Mehrrechtsstaat geltenden Regelungen maßgebend, um die maßgebliche Teilrechtsordnung zu bestimmen.

a) Räumliche Rechtsspaltung

Verweist Art. 1 I lit. b) HTestÜ auf eine räumlich gespaltene Rechtsordnung, ist zunächst das einheitliche interlokale Privatrecht der betreffenden Rechtsordnung berufen.

Beispiel[120]: Spanische Eheleute mit Foralrechtszugehörigkeit zu Aragón möchten in der Bundesrepublik Deutschland handschriftlich ein gemeinschaftliches Testament errichten. Art. 4 HTestÜ bezieht ausdrücklich gemeinschaftliche Testamente in den Geltungsbereich des Haager Testamentsabkommens mit ein. Nach

---

117 *Staudinger/von Bar/Mankowski,* Anh. I zu Art. 18 EGBGB Rdn. 430.

118 „La Commission spéciale avait objecté à la proposition britannique en ce sens que le problème débordait le cadre d'une convention sur la forme des testaments", Actes et documents IX/3 (1961), S. 162 (Bericht *Batiffol*).

119 Actes et documents IX/3 (1961), S. 35 (Vorschlag des Vereinigten Königreiches).

120 Nach *Jayme,* RabelsZ 55 (1991), S. 301, 317 f.

Art. 1 I lit. b) ist das gemeinschaftliche Testament formgültig, wenn es dem innerstaatlichen Recht des Staates entspricht, dem der Erblasser im Zeitpunkt der letztwilligen Verfügung angehört hat. Maßgebend ist das spanische Recht, das spanische Erbrecht ist materiellrechtlich gespalten. Anwendbar ist nach Art. 1 II HTestÜ zunächst das spanische interlokale Kollisionsrecht[121]: Die Unteranknüpfung erfolgt mit der *vecindad civil* (Art. 14 I Código Civil); die Gebietszugehörigkeit führt hier zum aragonischen Recht. Nach Art. 94 II *Compilación del Derecho Civil de Aragón*[122] können sich die Eheleute für das gemeinschaftliche Testament jeder Form bedienen, die für Einzeltestamente zugelassen sind; auch das handschriftliche Testament ist gestattet.

Ob und unter welchen Voraussetzungen ein gemeinschaftliches Testament überhaupt zulässig ist, richtet sich nach dem Errichtungsstatut[123], das heißt über Artt. 25 I, 4 I EGBGB ebenfalls nach spanischem Recht. Das spanische Internationale Privatrecht nimmt die Verweisung an, weil es in Art. 9 Código civil gleichermaßen an die Staatsangehörigkeit des Erblassers anknüpft. Die erforderliche Unteranknüpfung führt über die Art. 4 III 1 EGBGB und die *vecindad civil* (Art. 14 I Código Civil) zum Recht von Aragón. Während das gemeinspanische Recht ein gemeinschaftliches Testament verbietet (Art. 669 Código civil[124]), ist das gemeinschaftliche Testament in Aragón zulässig (Art. 94 I *Compilación del Derecho Civil de Aragón*[125]).

Wenn das Haager Testamentsformabkommen räumliche Anknüpfungen verwendet und zum Beispiel an das Recht des Ortes anknüpft, an dem der Erblasser letztwillig verfügt hat (Art. 1 I lit. a) HTestÜ), kommt das interlokale Privatrecht nicht zum Tragen: Liegt der Errichtungsort des Testaments im Ausgangsfall in Navarra, gilt direkt das Ortsrecht, auf die *vecindad civil* kommt es nicht an. Nach dem Recht von Navarra ist die handschriftliche Form für ein gemeinschaftliches Testament

121 Artt. 16 I Nr. 1, 14 I, 11 I Código Civil.

122 Text in: *Ferid/Firsching/Lichtenberger-Hierneis,* Band V, Spanien Texte B I, S. 176.

123 Die Frage, ob zum Beispiel die romanischen Verbote des gemeinschaftlichen Testaments unter den Begriff der Form oder der inhaltlichen Zulässigkeit einzuordnen sind, wurde vom HTestÜ offengelassen (Actes et documents IX/3 [1961], S. 167 [Bericht *Batiffol*]). Viele Autoren möchten die Einordnung des Verbots gemeinschaftlicher Testamente dem Staat überlassen, der die Verbotsvorschriften erlassen hat, *Batiffol,* Rev. crit. 71 (1982), S. 687; *Ferid,* RabelsZ 27 (1962), S. 411, 423 f.; *Kegel/Schurig,* IPR, § 21 III 2 a), S. 865 f.; Münch-Komm-*Birk,* Art. 26 EGBGB Rdn. 70; *Palandt/Heldrich,* Art. 25 EGBGB Rdn. 14; für autonome Qualifikation *Scheucher,* ZfRV 5 (1964), S. 216, 218 und ZfRV 6 (1965), S. 85; für Qualifikation nach der *lex fori* unter Berücksichtigung der Funktion des Verbots in der betreffenden Rechtsordnung *Staudinger/Dörner,* Vorbem. zu Art. 25 f. EGBGB Rdn. 87 und Art. 25 EGBGB Rdn. 308–311; *Junker,* IPR, Rdn. 590; wohl auch *Kropholler,* IPR, § 15 II 1, S. 104; § 51 IV 1, S. 395; § 51 IV 4, S. 397; für Qualifikation allein nach der *lex fori: von Bar,* IPR II, Rdn. 381 Fn. 156.

124 Text in: *Ferid/Firsching/Lichtenberger-Hierneis,* Band V, Spanien Texte A I, S. 26.

125 Text in: *Ferid/Firsching/Lichtenberger-Hierneis,* Band V, Spanien Texte B I, S. 179.

ausgeschlossen (Ley 199)[126]; das Testament ist nach der Ortsform nicht zulässig. Den Eheleuten hilft aber der *favor testamenti* weiter: Die Formwirksamkeit nach Art. 1 I lit. b) HTestÜ reicht aus.

Hat der Gesamtstaat kein einheitliches interlokales Privatrecht, knüpft Art. 1 II HTestÜ an die „engste Bindung" an, die der Erblasser im maßgeblichen Zeitpunkt (Errichtung oder Tod) zu einer der Teilrechtsordnungen gehabt hat. Die engste Bindung wird in der Regel durch objektive Umstände vermittelt, zunächst durch den gewöhnlichen oder den letzten gewöhnlichen Aufenthalt des Erblassers innerhalb des Gesamtstaates[127]; für die Ermittlung der engsten Bindung können auch familienrechtliche Beziehungen oder der Schwerpunkt des Nachlasses eine Rolle spielen[128].

b) Personale Rechtsspaltung

Der Wortlaut des Art. 1 II HTestÜ ist allgemein gehalten und unterscheidet nicht zwischen räumlicher oder personaler Rechtsspaltung. Der britische Vorschlag hatte wohl nur die räumliche Rechtsspaltung vor Augen[129], heute kann aber kein Zweifel mehr bestehen, daß Art. 1 II HTestÜ auch die personale Rechtsspaltung erfaßt. In Fällen personaler Rechtsspaltung ist die für den Erblasser maßgebende Teilrechtsordnung durch das einheitliche interpersonale Privatrecht des berufenen Rechts zu ermitteln. Fehlen solche Vorschriften, greift die Anknüpfung an die engste Bindung. In der Regel wird man an die Religions- oder Volkszugehörigkeit des Erblassers anknüpfen.

3. Haager Minderjährigenschutzabkommen von 1961

In Fällen der Rechtsspaltung reicht die Verweisung auf das Heimatrecht des Minderjährigen nicht aus; es bedarf einer Konkretisierungsklausel. Parallel zu Art. 1 II HTestÜ hat die Haager Konferenz, ebenfalls auf Vorschlag der britischen Delegation, Art. 14 MSA in das Haager Minderjährigenschutzabkommen aufgenommen, der in Fällen der Verweisung auf Mehrrechtsstaaten die maßgebliche Rechtsordnung bestimmt[130]. Für die deutschen Gerichte und Jugendämter kommt Art. 14 MSA im Rahmen der Anknüpfung an das Heimatrecht des Minderjährigen in den Artt. 3 und 12 MSA zum Tragen.

---

126 Text in: *Ferid/Firsching/Lichtenberger-Hierneis,* Band V, Spanien Texte B VI, S. 385.

127 Actes et documents IX/3 (1961), S. 162 (Bericht *Batiffol*); *Staudinger/Dörner,* Vorbem. zu Art. 25 f. EGBGB Rdn. 56.

128 Actes et documents IX/3 (1961), S. 162 (Bericht *Batiffol*); *Ferid,* RabelsZ 27 (1962), S. 411, 421; MünchKomm-*Birk,* Art. 26 EGBGB Rdn. 54.

129 Actes et documents IX/3 (1961), S. 35 (Document Préliminaire Nr. 5).

130 Actes et documents IX/4 (1961), S. 174 (Protokoll Nr. 9).

a) Räumliche Rechtsspaltung

In Fällen räumlicher Rechtsspaltung beruft Art. 14 MSA für Verweisungen auf das Heimatrecht primär die im Mehrrechtsstaat bestehenden Vorschriften.

aa) Einheitliches interlokales Privatrecht

Das Kammergericht hatte im Jahre 1987 zu entscheiden, ob einem jugoslawischen nichtehelichen Kind für die Vaterfeststellung ein Pfleger zu bestellen sei[131]. Im Mittelpunkt der Entscheidung stand damals die Frage, ob Art. 3 MSA eine selbständige Kollisionsnorm ist oder ob ein gesetzliches Gewaltverhältnis nur im Rahmen einer Schutzmaßnahme gemäß Art. 1 MSA berücksichtigt werden muß. Das Kammergericht hat in Art. 3 MSA noch eine eigenständige Verweisungsnorm gesehen[132]; inzwischen ist diese Frage vom Bundesgerichtshof gegenteilig entschieden worden[133]. Da das Kammergericht Art. 3 MSA angewandt hat, wurde das Gericht auf das innerstaatliche Recht des Staates verwiesen, „dem der Minderjährige angehört". Jugoslawien ist auf dem Gebiet des Familienrechts ein Mehrrechtsstaat; das Kammergericht hat gemäß Art. 14 MSA das anzuwendende Recht nach Art. 23 II des jugoslawischen *Gesetzes betreffend die Entscheidung über Gesetzes- und Zuständigkeitskollisionen in Status-, Familien- und Erbbeziehungen vom 27. 2. 1979*[134] bestimmt. Nach dieser Vorschrift kommt es für die Rechtsbeziehungen zwischen Eltern und Kindern, die ihren Wohnsitz nicht in Jugoslawien haben, auf ihre Republik-Staatsangehörigkeit an. Da die Mutter die Staatsangehörigkeit der Gliedrepublik „engeres" Serbien besaß, ist das Kammergericht für das Kind ebenfalls von dieser Republik-Staatsangehörigkeit ausgegangen. Anwendbar war das serbische Gesetz vom 22. 4. 1980 über die Ehe- und Familienbeziehungen[135]. Nach serbischem Familienrecht übt der Elternteil, bei dem das Kind lebt, das Elternrecht aus (Art. 124 I). Gemäß Art. 98 kann der sorgeberechtigte Elternteil Klage auf Feststellung der Vaterschaft erheben (Art. 98). Erst wenn der sorgeberechtigte Elternteil binnen Jahresfrist seit der Geburt nichts unternimmt, kann die Vormundschaftsbehörde einschreiten (Art. 99 I).

---

131 KG vom 27. 1. 1987 – 1 W 517/86, FamRZ 1987, 969 = IPRax 1987, S. 320 = IPRspr. 1987 Nr. 77, S. 198. Durch das zusammen mit dem Kindschaftsrechtsreformgesetz am 1. 7. 1998 in Kraft getretene Beistandschaftsgesetz wurde die bisher gesetzliche Amtspflegschaft für nichteheliche Mütter abgeschafft; gleichzeitig wurde die freiwillige Beistandschaft als allgemeines Rechtsinstitut für alleinerziehende Elternteile eingeführt (§§ 1712 – 1717 BGB), zum Zweck der Beistandschaft: *Palandt/Diederichsen,* Einf. v. § 1712 BGB Rdn. 3.

132 KG vom 27. 1. 1987 – 1 W 517/86, FamRZ 1987, 969, 971 = IPRax 1987, S. 320, 322 = IPRspr. 1987 Nr. 77, S. 198, 202.

133 BGH vom 2. 5. 1990 – XII ZB 63/89, BGHZ 111, 199 (205 f.) = NJW 1990, S. 3073, 3075 = IPRax 1991, S. 254, 256 = IPRspr. 1990 Nr. 143, S. 277, 281.

134 Text in: StAZ 1979, S. 173, 175.

135 Text in: *Bergmann/Ferid/Henrich-Ge-Korošec,* Jugoslawien III B 1, S. 41 – 84.

Aus dieser Regelung des jugoslawischen Rechts hat das Kammergericht eine Befugnis der Mutter abgeleitet, für ihr nichteheliches Kind im Vaterfeststellungsverfahren unbeschränkt allein zu handeln[136]. Aus Sicht des Kammergerichts stand Art. 3 MSA daher der Anordnung einer Pflegschaft entgegen; ein Pfleger mit Wirkungskreis Vaterfeststellung könne dem Kind nur unter den besonderen Voraussetzungen des Art. 8 I MSA bestellt werden, die im Fall nicht vorgelegen hätten[137].

bb) Gespaltenes interlokales Recht

Sind in dem betreffenden Staat keine Vorschriften über das interlokale Privatrecht vorhanden, entscheidet gemäß Art. 14 MSA die „engste Bindung“, die der Minderjährige mit einer Teilrechtsordnung seines Heimatstaates hat. Die engste Bindung läßt sich regelmäßig nicht wie im autonomen IPR durch den gewöhnlichen oder schlichten Aufenthalt des Minderjährigen, konkretisieren[138]. Diese Hilfsanknüpfung hilft im MSA nicht weiter. Denn der Minderjährige, der einem Mehrrechtsstaat angehört, muß seinen gegenwärtigen gewöhnlichen Aufenthalt in einem Vertragsstaat haben (Art. 13 I MSA), damit das MSA überhaupt maßgebend ist[139].

Ebensowenig vermag eine nähere Bestimmung der engsten Bindung durch den Wohnsitz oder den letzten Wohnsitz des Minderjährigen zu überzeugen[140]. Der Wohnsitzbegriff ist zu unbestimmt, als daß er als taugliches Anknüpfungskriterium für die engste Bindung dienen könnte[141]: In den Vertragsstaaten des MSA besteht keine einheitliche Haltung zur der Frage, was konkret unter Wohnsitz zu verstehen ist[142]. Alle Vereinheitlichungstendenzen sind gescheitert[143]; die Bestimmung der engsten Bindung durch den Wohnsitz könnte letztlich den Entscheidungseinklang der Vertragsstaaten stören.

---

136 KG vom 27. 1. 1987 – 1 W 517/86, FamRZ 1987, S. 969, 973 = IPRax 1987, S. 320, 324 = IPRspr. 1987 Nr. 77, S. 198, 205.

137 KG vom 27. 1. 1987 – 1 W 517/86, FamRZ 1987, S. 969, 973 = IPRax 1987, S. 320, 324 = IPRspr. 1987 Nr. 77, S. 198, 205 f.

138 So aber *Staudinger/Kropholler,* Vorbem. zu Art. 19 EGBGB Rdn. 536; *Kropholler,* MSA, § 1 III 4, S. 26.

139 *Böhmer/Siehr-Böhmer,* II 7.5, Art. 14 MSA Rdn. 12; MünchKomm-*Siehr,* Art. 19 EGBGB Anh. I Rdn. 432.

140 So aber *Böhmer/Siehr-Siehr,* II 7.5, Art. 14 MSA Rdn. 12; MünchKomm-*Siehr,* Art. 19 EGBGB Anh. I Rdn. 432.

141 Allgemein: MünchKomm-*Sonnenberger,* Einl. IPR Rdn. 660; vgl. aber die Legaldefinition des Begriffes in Art. 20 I lit. a) CH-IPRG, dazu *Baetge,* S. 38.

142 *Oberloskamp,* Art. 14 MSA Rdn. 15; allgemein *Junker,* IPR, Rdn. 134; *Kegel/Schurig,* IPR, § 13 III 2, S. 411; *Kropholler,* IPR, § 37 I 2 a), S. 241.

143 Die Empfehlung 72 (1) des Europarats vom 18. 1. 1972 ist gescheitert (Text in: Annuaire Européen 20 (1972), S. 320 – 325; Rev. crit. 62 (1973), S. 847 – 849; deutsche Übersetzung in: *Loewe,* ÖJZ 29 (1974), S. 144 – 151).

Für die engste Bindung kann es nur auf den letzten gewöhnlichen oder schlichten Aufenthalt des Minderjährigen in seinem Heimatstaat ankommen[144]; der Begriff des gewöhnlichen Aufenthalts ist international gebräuchlich. Läßt sich der letzte gewöhnliche oder schlichte Aufenthalt des Minderjährigen nicht ermitteln, ist hilfsweise auf den gewöhnlichen oder schlichten Aufenthalt des Elternteils abzustellen, von dem der Minderjährige seine Staatsangehörigkeit ableitet[145]. Von einer hilfsweisen Anknüpfung an den zukünftigen gewöhnlichen Aufenthalt des Minderjährigen sollte man im Interesse der Rechtsklarheit absehen[146]. Wer kann schon genau sagen, wo der zukünftige gewöhnliche Aufenthalt des Minderjährigen liegen wird? Kommt man mit der Hilfsanknüpfung an den betreffenden Elternteil nicht weiter, wird vorgeschlagen, auf das Recht der Hauptstadt abzustellen[147]. Ist die Beziehung des Minderjährigen zu seinem Heimatrecht so schwach, daß weder der Minderjährige noch der Elternteil eine räumliche Beziehung zum Heimatstaat hat, sollte Art. 3 MSA nicht mehr zum Tragen kommen. Denn warum sollte man ein Heimatrecht berücksichtigen, zu dem der Minderjährige und der Elternteil keine nennenswerte Beziehung mehr haben? Die Anknüpfung an das Heimatrecht in Art. 3 MSA würde zur bloßen Fiktion verkommen. Bei Nichtfeststellbarkeit der engsten Verbindung ist der Minderjährige wie ein Staatenloser allein nach dem gewöhnlichen Aufenthaltsrecht zu behandeln[148].

b) Personale Rechtsspaltung

Der Wortlaut des Art. 14 MSA ist allgemein gehalten und erfaßt auch personale Rechtsspaltungen. Allerdings erwähnt der Bericht zum Übereinkommen nur räumlich gespaltene Mehrrechtsstaaten[149]; bei den Beratungen über Art. 14 MSA wurde allein die Unteranknüpfung bei räumlicher Rechtsspaltung diskutiert[150]. Trotz die-

---

144 AG Ingolstadt vom 26. 8. 1974 – X 343/74, IPRspr. 1974 Nr. 88, S. 232, 233 (letzter gewöhnlicher Aufenthalt des US-amerikanischen Minderjährigen in Georgia); MünchKomm-*Siehr,* Art. 19 EGBGB Anh. I Rdn. 432 (letzter gewöhnlicher Aufenthalt); *Oberloskamp,* Art. 14 MSA Rdn. 19; *Staudinger/Kropholler,* Vorbem. zu Art. 19 EGBGB Rdn. 536.

145 So wohl LG Wiesbaden vom 8. 9. 1976 – 4 T 173/76, FamRZ 1977, S. 60, 61 = IPRspr. 1976 Nr. 68, S. 206, 207 (letzter gewöhnlicher Aufenthalt des Vaters des US-amerikanischen Minderjährigen in New York); *Kropholler,* MSA, § 1 III 4, S. 26; MünchKomm-*Siehr,* Art. 19 EGBGB Anh. I Rdn. 432 Fn. 366; *Staudinger/Kropholler,* Vorbem. zu Art. 19 EGBGB Rdn. 536.

146 So aber *Böhmer/Siehr-Siehr,* II 7.5, Art. 14 MSA Rdn. 12; MünchKomm-*Siehr,* Art. 19 EGBGB Anh. I Rdn. 432.

147 So früher *Kropholler,* MSA, § 1 III 4, S. 26; heute in: *Staudinger/Kropholler,* Vorbem. zu Art. 19 EGBGB Rdn. 536 nicht mehr vertreten.

148 Ebenso *Böhmer/Siehr-Siehr,* II 7.5, Art. 14 MSA Rdn. 15, 18; *Droz,* Clunet 100 (1973), S. 603, 613; MünchKomm-*Siehr,* Art. 19 EGBGB Anh. I Rdn. 438.

149 Actes et documents IX/4 (1961), S. 239 (Bericht *von Steiger*).

150 Actes et documents IX/4 (1961), S. 174 f. (Protokoll Nr. 9).

ser Entstehungsgeschichte wird Art. 14 MSA heute zu Recht angewandt, wenn das Heimatrecht des Minderjährigen personal gespalten ist[151], denn Art. 14 MSA enthält eine allgemeingültige Regel, die ebenfalls für die Unteranknüpfung in personal gespaltene Rechtsordnungen gilt: Zunächst ist das interpersonale Recht des betreffenden Staates anzuwenden, ansonsten das Recht der engsten Bindung.

c) Reform des Minderjährigenschutzabkommens – Haager Kinderschutzübereinkommen von 1996

Das Haager Übereinkommen über den Schutz von Kindern von 1996 enthält in Artt. 47 – 49 eine umfassende Regelung für Verweisungen auf räumlich oder personal gespaltene Rechtsordnungen in bezug auf die im Übereinkommen geregelten Angelegenheiten.

Art. 47 Nr. 1 – 10 KSÜ konkretisieren für die Verweisung auf Mehrrechtsstaaten *gewisse Begriffe*, die das Abkommen verwendet: Drei Beispiele sollen die Vorschrift näher vorstellen; als Musterstaat werden die USA gewählt:

Erstens ist nach Art. 47 Nr. 1 KSÜ jede Verweisung auf den gewöhnlichen Aufenthalt in einem Staat mit gespaltener Rechtsordnung als Verweisung auf den gewöhnlichen Aufenthalt in einer Gebietseinheit zu verstehen. Hat ein Kind zum Beispiel seinen gewöhnlichen Aufenthalt in Wyoming in dem Mehrrechtsstaat USA, sind nach Artt. 5 I, 47 Nr. 1 KSÜ die Behörden des US-Bundesstaates Wyoming zuständig, Maßnahmen zum Schutz der Person oder des Vermögens zu treffen. *Zweitens* konkretisiert Art. 47 Nr. 2 KSÜ jede Verweisung auf die Anwesenheit des Kindes in einem Mehrrechtsstaat als Verweisung auf die Anwesenheit des Kindes in einer Gebietseinheit. Art. 47 Nr. 2 KSÜ kann Geltung erlangen, wenn ein Kind sich in einem Mehrrechtsstaat befindet und dessen Behörden gemäß Art. 11 KSÜ in „dringenden Fällen" zuständig sind. Befindet sich das Kind in Abwandlung des Ausgangsfalles in Wyoming, hat aber seinen gewöhnlichen Aufenthalt in der Bundesrepublik Deutschland, sind die Behörden von Wyomnig in „dringenden Fällen" gemäß Artt. 11, 47 Nr. 2 KSÜ zuständig. *Drittens* versteht gemäß Art. 47 Nr. 4 KSÜ das Übereinkommen jede Verweisung auf den Staat, dem das Kind angehört im Falle eines Mehrrechtsstaates als Verweisung auf die von dem Recht dieses Staates bestimmte Gebietseinheit; fehlen solche Regelungen, soll sich die Verweisung auf die Gebietseinheit beziehen, mit der das Kind die engste Verbindung hat. Nach Art. 8 I, II lit. a) KSÜ kann die nach Artt. 5, 6 KSÜ zuständige Behörde sich zum *forum non conveniens* erklären und die Behörden des Heimatstaates[152] des Kindes ersuchen, die Zuständigkeit zu übernehmen. Gehört das Kind

---

[151] MünchKomm-*Siehr*, Art. 19 EGBGB Anh. I Rdn. 429, 433; *Oberloskamp*, Art. 14 MSA Rdn. 2.

[152] Der Heimatstaat muß Vertragsstaat des KSÜ sein, Art. 8 II lit. a) KSÜ. Zu Art. 8 KSÜ: *Roth/Döring*, ÖJBl. 121 (1999), S. 758, 762; *Siehr*, RabelsZ 62 (1998), S. 464, 480 ff.

einem Mehrrechtsstaat an, bedarf diese Verweisung der Konkretisierung. Hat das Kind die US-amerikanische Staatsangehörigkeit, sind nach Artt. 8 I, II lit. a), 47 Nr. 4 KSÜ die Behörden des betreffenden US-Bundesstaates zu ersuchen, zu dem das Kind die engste Verbindung hat, da eine entsprechende interlokale Regelung in dem Mehrrechtsstaat USA nicht besteht. Hatte das Kind seinen letzten gewöhnlichen Aufenthalt im US-Bundesstaat Florida, führt die „engste Verbindung“ zu den Behörden von Florida.

Die Artt. 48, 49 KSÜ konkretisieren das *anzuwendende Recht* in Fällen räumlicher und personaler Rechtsspaltung[153].

Art. 48 lit. a) KSÜ beruft für die räumliche Rechtsspaltung in erster Linie die im Mehrrechtsstaat bestehenden Vorschriften[154]. Fehlen solche Regelungen, ist gemäß Art. 48 lit. b) KSÜ das Recht der in Art. 47 KSÜ bestimmten Gebietseinheit anzuwenden. *Beispiel:* Wechselt der gewöhnliche Aufenthalt des Kindes, so bestimmt sich gemäß Art. 16 IV KSÜ „die Zuweisung der elterlichen Verantwortung kraft Gesetzes an eine Person, die diese Verantwortung nicht bereits hat, nach dem Recht des Staates des neuen gewöhnlichen Aufenthalts“. Wechselt das Kind einer unverheirateten Mutter seinen gewöhnlichen Aufenthalt von Deutschland nach Mexiko (Nichtvertragsstaat) in den Bundesdistrikt (*Distrito federal*), stellt sich die Frage, ob der Vater automatisch nach dem mexikanischen Aufenthaltsrecht die elterliche Gewalt erhält (Artt. 16 IV, 20 KSÜ). Gemäß dem deutschen Aufenthaltsrecht hatte alleine die Mutter die elterliche Sorge inne (§ 1626a II BGB). Das mexikanische Kollisions- und Zivilrecht spaltet sich in 32 verschiedene Rechtsordnungen auf[155]; interlokalrechtliche Vorschriften enthält Art. 121 der Bundesverfassung[156], die für den Beispielsfall aber nicht weiterhelfen. In Ermangelung interlokaler Regelungen ist daher das Recht der nach Art. 47 Nr. 1 KSÜ bestimmten Gebietseinheit anzuwenden: Maßgebend ist das Zivilgesetzbuch des Bundesdistrikts (*Código Civil para Distrito Federal, CCDF*) als das Recht des Aufenthaltsortes. Das Recht des Bundesdistrikts verweist nicht auf das Recht eines dritten Staates weiter (vgl. Art. 21 II 1 KSÜ), sondern nimmt die Verweisung an; gemäß Art. 12 CCDF unterliegen grundsätzlich alle Personen, die sich in Mexiko aufhal-

153 *Roth/Döring,* ÖJBl. 121 (1999), S. 758, 769; *Siehr,* RabelsZ 62 (1998), S. 464, 474.

154 Bericht *Lagarde,* S. 55 Nr. 165 (http://www.hcch.net/e/conventions/expl34e.html), Stand: 5. 7. 2001; *Pirrung,* FS Rolland, S. 277, 285 f.

155 *Bergmann/Ferid/Henrich-Haußleiter,* Mexiko I, S. 3; *von Sachsen-Gessaphe,* IPRax 1989, S. 111, 113.

156 Art. 121 der Verfassung vom 17. 1. 1917, zitiert nach *Makarov,* Quellen des IPR I, Mexiko, S. 4:

Art. 121 . . .

II. Die beweglichen und unbeweglichen Sachen sind dem Gesetz des Ortes unterworfen, an welchem sie sich befinden.

IV. Zivilstandsurkunden, die gemäß den Gesetzen eines der Staaten errichtet worden sind, sind in allen anderen Staaten rechtsgültig.

ten dem „mexikanischen“ Recht[157]. Nach Art. 415 CCDF[158] üben beide Elternteile die elterliche Sorge aus, wenn sie das uneheliche Kind anerkannt haben und zusammenleben. Der Vater erhält daher automatisch die elterliche Gewalt, soweit diese Voraussetzungen gegeben sind.

Für die Fälle der personalen Rechtsspaltung kommt gemäß Art. 49 lit. a) KSÜ zunächst das interpersonale Recht des betreffenden Staates zur Geltung; bestehen solche Vorschriften nicht, sind gemäß Art. 49 lit. b) KSÜ „das Rechtssystem oder die Gesamtheit von Regelungen anzuwenden, mit denen das Kind die engste Verbindung hat“.

d) Zusammenfassung

Das Haager Minderjährigenschutzabkommen von 1961 enthält mit Art. 14 MSA eine Konkretisierungsklausel für Verweisungen auf das Heimatrecht des Minderjährigen bei räumlicher oder personaler Rechtsspaltung. Das Kinderschutzübereinkommen von 1996 besitzt mit Art. 47–49 KSÜ detaillierte Regelungen im Falle der Verweisung auf eine gespaltene Rechtsordnung. Auch für die räumliche Anknüpfung an den gewöhnlichen Aufenthalt sieht die Konvention eine Konkretisierungsklausel vor; dem einheitlichen interlokalen Recht wird nicht das Wort abgeschnitten.

4. Haager Übereinkommen über Kindesentführung von 1980

Die Artt. 31, 32 HEntfÜ enthalten bei Rechtsspaltung auf dem Gebiet des Sorgerechts für Kinder die erforderlichen Konkretisierungsklauseln; bei einer Verweisung auf einen Mehrrechtsstaat mit einheitlichem Sorgerecht für Kinder kommen diese Vorschriften nicht zum Tragen.

a) Räumliche Rechtsspaltung

Nach Art. 31 lit. a) HEntfÜ gilt eine Verweisung auf den gewöhnlichen Aufenthalt in einen Mehrrechtsstaat als Verweisung auf den gewöhnlichen Aufenthalt in einer Gebietseinheit dieses Staates. Parallel dazu bestimmt Art. 31 lit. b) HEntfÜ für die Ermittlung des anzuwendenden Rechts in Fällen räumlicher Rechtsspaltung: „Eine Verweisung auf das Recht des Staates des gewöhnlichen Aufenthalts [ist] als Verweisung auf das Recht der Gebietseinheit dieses Staates zu verstehen,

---

157 Zum Anwendungsbereich des Art. 12 CCDF und zum Territorialitätsgrundsatz siehe *von Sachsen-Gessaphe,* IPRax 1989, S. 111, 115.

158 Text in: *Bergmann/Ferid/Henrich-Haußleiter,* Mexiko III B 1, S. 29.

in der das Kind seinen gewöhnlichen Aufenthalt hat." Mit Art. 31 lit. b) HEntfÜ kann man eine lokale Rechtsspaltung in der berufenen Rechtsordnung einfach bewältigen. Die Verweisung des HEntfÜ in Art. 3 I lit. a) HEntfÜ auf das Aufenthaltsrecht vor dem *kidnapping* richtet sich nicht nur auf das Recht des Aufenthaltsstaates, sondern direkt auf das Recht des entsprechenden Gebietes; das interlokale Recht des betreffenden Mehrrechtsstaates kommt nicht zum Tragen[159]. Allerdings ist ein Renvoi des berufenen staatlichen IPR zu beachten, da Art. 3 I lit. a) HEntfÜ eine Gesamtverweisung ausspricht. *Beispiel:* Hat ein Elternteil das Kind ohne Wissen des anderen Elternteils von Großbritannien nach Deutschland „entführt", wird der deutsche Richter gemäß Art. 31 lit. b) HEntfÜ über den letzten gewöhnlichen Aufenthalt des Kindes in Großbritannien unmittelbar zur maßgebenden Teilrechtsordnung geführt, um die Frage zu beantworten, ob das Verbringen des Kindes als widerrechtlich gilt (Art. 3 I HEntfÜ)[160]. Dabei darf der deutsche Richter aber nicht die Kollisionsnormen der betreffenden Teilrechtsordnung außer acht lassen; hatte das Kind seinen gewöhnlichen Aufenthalt in England, muß der Richter das englische Kollisionsrecht in seine Prüfung mit einbeziehen und einen eventuellen Renvoi beachten. Da die Gerichte der Vertragsstaaten in aller Regel die Sachnormen des gewöhnlichen Aufenthaltsrechts anwenden, ohne das betreffende Internationale Privatrecht zu prüfen[161], wäre es sinnvoller gewesen, Art. 3 I lit. a) HEntfÜ als Sachnormverweisung auszugestalten.

b) Personale Rechtsspaltung

Im Falle der Verweisung auf einen Staat mit personaler Rechtsspaltung auf dem Gebiet des Sorgerechts für Kinder überläßt Art. 32 HEntfÜ die Entscheidung über das maßgebende Recht dem betreffenden Rechtssystem. Art. 32 HEntfÜ sieht aber keine Anknüpfung an die „engste Verbindung" vor, wenn solche Vorschriften fehlen. Für die Vertragsstaaten des Haager Kindesentführungsübereinkommens hat diese Klausel bis heute praktisch noch keine Bedeutung erlangt[162]. Immerhin denkbar wäre eine Anwendung von Art. 32 HEntfÜ gegenüber Israel[163]; allerdings unterstehen in Israel Fragen des Kindschaftsrechts grundsätzlich dem staatlichen materiellen Recht und der Zuständigkeit der Landgerichte. Nur bei Zustimmung

159 Actes et documents XIV/3 (1982), S. 470 Nr. 141 = BT-Drucks. 11/5314, S. 60 Nr. 141 (Bericht *Pérez-Vera*) mit Verweis auf den Bericht von *von Overbeck* in: Actes et documents XIII/2 (1978), S. 374–376 Nr. 203–215; *Leal,* The Dalhousie Law Journal 8 (1984), S. 257, 282.

160 Zur Wirksamkeit des Haager Übereinkommens zur internationalen Kindesentführung zwischen England und Deutschland siehe *Lowe/Perry,* Int. Comp. L. Q. 48 (1999), S. 127 ff.; *dies.,* FamRZ 1998, S. 1073 ff.

161 Siehe 2. Kapitel, § 5 III. 6. b).

162 Stand: 1. 1. 1998; MünchKomm-*Siehr,* Art. 19 EGBGB Anh. II Rdn. 97.

163 Das HEntfÜ gilt für die Bundesrepublik Deutschland im Verhältnis zu Israel seit dem 1. 12. 1991 (BGBl. 1992 II, S. 185).

aller Beteiligten können Fragen des Kindschaftsrechts vor die religiösen Gerichte gebracht werden[164].

5. Europäisches Sorgerechtsübereinkommen von 1980

Das Europäische Sorgerechtsübereinkommen von 1980 enthält in Art. 26 ebenfalls eine Konkretisierungsklausel für Verweisungen auf Mehrrechtsstaaten, deren Rechtsordnung auf dem Gebiet des Sorgerechts gespalten ist.

a) Räumliche Rechtsspaltung

In Fällen räumlicher Rechtsspaltung versteht Art. 26 I lit. a) ESÜ die Verweisung „auf das Recht des gewöhnlichen Aufenthalts oder der Staatsangehörigkeit einer Person als Verweisung auf das Rechtssystem, das von den in diesem Staat geltenden Rechtsvorschriften bestimmt wird". Im Gegensatz zu Art. 31 lit. b) HEntfÜ verweist Art. 26 I lit. a) ESÜ damit zunächst auf das interlokale Privatrecht des Mehrrechtsstaates[165]; fehlen solche Regelungen sind die Vorschriften des Rechtssystems anwendbar, zu dem die betreffende Person die „engste Beziehung" hat. Die Verweisung auf das „Rechtssystem" der „engsten Beziehung" in Art. 26 I lit. a) ESÜ betrifft eines der Rechtssysteme, aus denen der betreffende Staat besteht[166]. Im ESÜ werden damit die Teilrechtsordnungen eines Vertragsstaates im Ergebnis wie Staaten behandelt.

Aus deutscher Sicht kann diese Regelung im Verhältnis zu Spanien und zum Vereinigten Königreich zur Geltung kommen[167]. Hat zum *Beispiel* ein deutscher Richter zu beurteilen, ob es sich bei einem 15-jährigen britischen Staatsangehörigen um ein „Kind" im Sinne des Sorgerechtsübereinkommens handelt, greift er für die Verweisung auf das Heimatrecht in Art. 1 lit. a) ESÜ[168] auf das Rechtssystem der „engsten Beziehung" zurück; einheitliche Vorschriften über das interlokale Privatrecht fehlen im Vereinigten Königreich. Zur Bestimmung der engsten Beziehung wird man bei Entführungsfällen auf den gewöhnlichen Aufenthaltsort des Kindes unmittelbar vor dem *unzulässigen Verbringen* abstellen. Hatte das Kind sei-

---

164 *Bergmann/Ferid/Henrich/Scheftelowitz,* Israel III A 1 a) bb), S. 19.

165 A. A. *Jorzik* (S. 96), die trotz des entgegenstehenden Wortlauts das am gewöhnlichen Aufenthaltsort geltende Teilrecht anwendet, ohne das betreffende intelokale Privatrecht des betreffenden Mehrrechtsstaates zu berücksichtigen.

166 BT-Drucks. 11/5314, S. 67 Nr. 83 (Bericht des Europarats).

167 *Staudinger/Pirrung,* Vorbem. zu Art. 19 EGBGB Rdn. 825; a. A. MünchKomm-*Siehr* (Art. 19 EGBGB Anh. III Rdn. 68) und *Jorzik* (S. 96), die eine praktische Bedeutung allein im Verhältnis zum Vereinigten Königreich sehen.

168 Ein Kind im Sinne von Art. 1 I lit. a) ESÜ ist eine noch nicht 16 Jahre alte Person ohne Aufenthaltsbestimmungsrecht.

nen letzten gewöhnlichen Aufenthalt in Schottland, kann die Anwendbarkeit des ESÜ schon vor dem Erreichen der Altersgrenze von 16 Jahren (Art. 1 lit. a) ESÜ) enden[169]: In Schottland kann eine Person schon vor dem 16. Lebensjahr das Recht bekommen, über ihren Aufenthalt zu bestimmen[170].

Art. 26 I lit. b) ESÜ bestimmt, daß in Fällen räumlicher Rechtsspaltung eine Verweisung auf den Ursprungsstaat oder auf den ersuchten Staat als Verweisung auf den Staat zu verstehen ist, in der die Entscheidung ergangen ist oder in der die Anerkennung oder Vollstreckung der Entscheidung oder die Wiederherstellung des Sorgeverhältnisses beantragt wird.

b) Personale Rechtsspaltung

Gemäß Art. 26 II ESÜ wird für die personale Rechtsspaltung Art. 26 I lit. a) ESÜ entsprechend angewandt. Gegenwärtig hat Art. 26 II ESÜ keine praktische Bedeutung, weil in keinem Vertragsstaat des ESÜ eine personal gespaltene Rechtsordnung besteht[171].

6. Europäisches Schuldvertragsübereinkommen von 1980

Das Europäische Schuldvertragsübereinkommen von 1980 verfügt mit Art. 19 I EVÜ über eine Regelung, die das anzuwendende Recht für Staaten ohne einheitliche Rechtsordnung bestimmt; der deutsche Gesetzgeber hat diese Vorschrift wörtlich in Art. 35 II EGBGB übernommen.

Verweisen die Vorschriften des EVÜ auf einen Mehrrechtsstaat, verselbständigt Art. 19 I jede Gebietseinheit; es kommt nicht das – soweit vorhandene – interlokale Privatrecht zur Anwendung[172]: „Jede Gebietseinheit gilt als Staat“[173]. Die Parteien können gemäß Art. 3 I EVÜ (Art. 27 I EGBGB) das Recht einer Gebietseinheit frei wählen, zum Beispiel das Recht Schottlands; der Ausschluß des interlokalen Rechts folgt aus dem Vorrang der Parteiautonomie. Auch für die objektive Anknüpfung nach Artt. 4, 5 II, 6 EVÜ kommt es auf das interlokale Recht des entsprechenden Staates nicht an[174]. Hat zum Beispiel die Vertragspartei, welche die

---

169 Das schottische Kollisionsrecht nimmt die Verweisung an, wenn das Kind sein *domicile* in Schottland hat (vgl. *Staudinger/Hausmann,* Anh. zu Art. 4 EGBGB Rdn. 33).

170 *Anton,* Int. Comp. L. Q. 30 (1981), S. 537, 544.

171 Stand 1. 1. 1998; Münchkomm-*Siehr,* Art. 19 EGBGB Anh. III Rdn. 69; *Jorzik,* S. 96.

172 BT-Drucks. 10/503, S. 71 (Bericht *Giuliano/Lagarde*).

173 *Soergel/von Hoffmann,* Art. 35 EGBGB Rdn. 10.

174 BT-Drucks. 10/503, S. 71 (Bericht *Giuliano/Lagarde*); *Junker,* IPR, Rdn. 228; *Kropholler,* IPR, § 52 I 5, S. 408; Münchkomm-*Martiny,* Art. 35 EGBGB Rdn. 11.

charakteristische Leistung erbringt, ihren gewöhnlichen Aufenthalt in Navarra, ist das Recht von Navarra maßgebend[175]; wie interlokale Konflikte in Spanien selbst gelöst werden, ist für das EVÜ ohne Belang. Der vollständige Ausschluß des interlokalen Privatrechts im EVÜ läßt sich durch die lokalen Anknüpfungspunkte in den Artt. 4 ff. EVÜ rechtfertigen: Verwiesen wird nicht auf das Recht des *Staates,* in dem der Ort liegt, sondern auf das Recht des *Gebietes,* in dem der Ort liegt[176].

§ 10 Kollisionsrechtliche Staatsverträge ohne deutsche Beteiligung

Über den Grundsatz der Gesamtverweisung können für den deutschen Richter auch kollisionsrechtliche Staatsverträge zum Tragen kommen, denen die Bundesrepublik Deutschland nicht beigetreten ist. Wird der deutsche Richter durch solche staatsvertraglichen Kollisionsnormen auf einen Mehrrechtsstaat verwiesen, kommen in erster Linie die Vorschriften des betreffenden Staatsvertrages über Rechtsspaltung zur Anwendung.

I. Haager Übereinkommen über Straßenverkehrsunfälle von 1971

Bei räumlicher Rechtsspaltung gilt gemäß Art. 12 HStVÜ jedes Teilrechtsgebiet, das ein unabhängiges Haftungsrecht besitzt, als eigener Staat[177]. Die Tatortregel in Art. 3 HStVÜ verweist direkt auf das Recht der betreffenden Teilrechtsordnung; soweit einheitliches interlokales Recht in dem betreffenden Staat vorhanden ist, kommen diese Vorschriften nicht zum Tragen. Der Bericht zum Übereinkommen erwähnt ausdrücklich Jugoslawien, Kanada, die USA und das Vereinigte Königreich als Staaten, in denen die Klausel zur Geltung kommen kann[178]. Allerdings hat Art. 12 HStVÜ in der Anwendung des Haager Übereinkommens durch Frankreich und Österreich[179] bisher noch keine große Bedeutung erlangt.

Die *Cour de cassation* hat bei einer Kollision zwischen einem in Frankreich zugelassenen Motorrad und einem deutschen Fahrzeug im ehemaligen Jugoslawien nach Art. 3 HStVÜ unmittelbar die *lex loci delicti* angewandt[180]. Ein Rückgriff auf

---

175 Navarra hat ein eigenes Schuldrecht, *Jayme,* RabelsZ (55) 1991, S. 303, 306.

176 *Kegel/Schurig,* IPR, § 11 II, S. 364.

177 Actes et documents XI/3 (1970), S. 215 f. (Bericht *Essén*); *Schwimann,* Grundriß des IPR, S. 160.

178 Actes et documents XI/3 (1970), S. 215 f. (Bericht *Essén*).

179 Der österreichische OGH hat Art. 12 HStVÜ kurz erwähnt in ZVR 1991 Nr. 42, S. 120 (vom 14. 3. 1990 – 2 Ob 129/89).

180 Cass. civ. vom 4. 4. 1991 (Daniel Dubois c. Delle Pascale Marchot et Caisse primaire d'assurances maladie de l'Essonne), Clunet 118 (1991), S. 981 f. note *Legier* = Rev. crit. 81 (1992), S. 770.

Art. 12 HStVÜ war nicht erforderlich, weil im ehemaligen Jugoslawien mit dem *Gesetz über Schuldverhältnisse von 1978* die außervertraglichen Schuldverhältnisse weitgehend einheitlich geregelt worden waren[181]; für Art. 1102 des *Gesetzes über Schuldverhältnisse* als interlokale Kollisionsnorm blieb nur ein kleiner Anwendungsbereich[182]. In Österreich ergibt sich im Hinblick auf das ehemalige Jugoslawien ein identisches Bild[183]. Nicht angewandt hat der OGH Art. 12 HStVÜ in einem Verkehrsunfall in Großbritannien; das Gericht ist aber folgerichtig über die Tatortanknüpfung zum englischen Recht gelangt[184]. Vor dem Hintergrund dieser Praxis ist die Wahrscheinlichkeit äußerst gering, daß ein deutscher Richter im Wege der Gesamtverweisung über Art. 12 HStVÜ die maßgebliche Teilrechtsordnung ermitteln muß.

II. Haager Übereinkommen über die Produkthaftpflicht von 1973

Eine mit Art. 12 HStVÜ identische Lösung hat das Haager Produkthaftungsübereinkommen für die Fälle räumlicher Rechtsspaltung in Art. 12 gefunden[185]. Verfügt jede Gebietseinheit in einem Mehrrechtsstaat über ihre eigenen Vorschriften zur Produkthaftpflicht, sieht das HPÜ jede dieser Gebietseinheiten als eigenen Staat an. Verweist zum Beispiel Art. 4 lit. c) HPÜ auf das Recht der USA, weil Verletzungs- und Erwerbsort in New York liegen, bezieht sich die Verweisung des Übereinkommens gemäß Art. 12 HPÜ auf das Recht des Staates New York[186].

III. Haager Ehegüterrechtsübereinkommen von 1978

Das Haager Ehegüterrechtsübereinkommen von 1978 verfügt mit den Artt. 16, 17, 19 HEÜ über Vorschriften für die Verweisung auf Mehrrechtsstaaten[187].

1. Räumliche Rechtsspaltung

In Fällen räumlicher Rechtsspaltung beziehen sich Verweisungen auf das *Heimatrecht* der Gatten gemäß Art. 16 I HEÜ auf diejenige Teilrechtsordnung, welche

---

181 *Grbin,* IPRax 1981, S. 62.

182 Zu dieser Vorschrift: *Grbin,* IPRax 1981, S. 62, 64; Text in: Rev. crit. 70 (1981), S. 382.

183 Vgl. OLG Innsbruck vom 1. 4. 1986 – 1 R 100/86, ÖJZ 42 (1987), S. 146; im Ergebnis gelangte das OLG über Art. 4 lit. a) HStVÜ zum österreichischen Recht.

184 Öst. OGH vom 1. 7. 1992 – 2 Ob 25/92, ZVR 1993 Nr. 108, S. 233, 235.

185 Actes et documents XII/3 (1974), S. 270 (Bericht *Reese*).

186 Allgemein: Actes et documents XII/3 (1974), S. 270 (Bericht *Reese*).

187 Actes et documents XIII/2 (1978), S. 374 – 376 Nr. 203 – 215 (Bericht *von Overbeck*); *Beitzke,* RabelsZ 41 (1977), S. 457, 475.

der Heimatstaat bestimmt; mangels einer einheitlichen interlokalen Regelung unterscheidet Art. 16 II HEÜ für die Konkretisierung der maßgeblichen Teilrechtsordnung zwischen der Parteiautonomie und der objektiven Anknüpfung im Übereinkommen. Um das gewählte Heimatrecht eines Gatten zu konkretisieren, bezieht sich die Verweisung auf das Heimatrecht gemäß Art. 16 II Hs. 1 HEÜ auf den letzten gewöhnlichen Aufenthalt, den der betreffende Gatte in seinem Heimatstaat gehabt hat[188].

Für die objektive Anknüpfung an das Heimatrecht der Eheleute führt die Unteranknüpfungsregel in Art. 16 II Hs. 2 HEÜ zu der Teilrechtsordnung, in welcher beide Gatten ihren letzten gemeinsamen gewöhnlichen Aufenthalt hatten; beide Eheleute müssen dabei nicht an demselben Ort oder zu derselben Zeit ihren gewöhnlichen Aufenthalt in der betreffenden Teilrechtsordnung gehabt haben. *Beispiel*[189]: Heiratet ein Mann aus New York eine Frau aus Texas, ist das Recht von Kalifornien maßgebend, wenn der Ehemann von 1980 bis 1984 in Los Angeles und die Ehefrau von 1985 – 1989 in Berkeley studiert hat, vorausgesetzt beide Eheleute haben später in keinem anderen Staat in den USA als Kalifornien einen gemeinsamen gewöhnlichen Aufenthalt begründet. Der Anwendungsbereich dieser Konkretisierungsklausel ist relativ klein. Da die Mehrheit der Mehrrechtsstaaten für das Ehegüterrecht hinsichtlich des beweglichen Vermögens dem Domizilprinzip folgt[190], kommt Art. 16 II Hs. 2 HEÜ allein im Fall des Art. 4 II Nr. 3 HEÜ zum Tragen: Das gemeinsame Heimatrecht der Ehegatten ist anwendbar, wenn die Eheleute nach der Heirat keinen gemeinsamen gewöhnlichen Aufenthalt begründen (siehe obigen Beispielsfall). Art. 4 II Nr. 1 und II Nr. 2 HEÜ setzen nämlich jeweils voraus, daß der Staat für das Ehegüterrecht dem Staatsangehörigkeitsprinzip folgt. Man muß abwarten, wann in der Praxis die Anknüpfung in Artt. 4 II Nr. 3, 16 II Hs. 2 HEÜ zum ersten Mal angewandt wird („Le cas sera peu fréquent.“)[191].

Art. 17 HEÜ versteht jede Verweisung auf den *gewöhnlichen Aufenthalt* der Gatten in einem Mehrrechtsstaat als Verweisung auf den gewöhnlichen Aufenthalt in einem Teilrechtsgebiet dieses Staates: Haben die Eheleute einen gemeinsamen gewöhnlichen Aufenthalt in einem Mehrrechtsstaat, führt Art. 17 HEÜ direkt zum maßgebenden Recht; das einheitliche interlokale Recht ist ausgeschaltet[192]. Verfügen die Gatten über keinen gewöhnlichen Aufenthalt in derselben Teilrechtsord-

---

188 Die Eheleute können für die güterrechtlichen Wirkungen der Ehe gemäß Art. 3 II Nr. 1 und Art. 6 II Nr. 1HEÜ das Heimatrecht eines Ehegatten wählen.

189 Actes et documents XIII/2 (1978), S. 375 Nr. 209 (Bericht *von Overbeck*).

190 Siehe zum Beispiel für die USA: *Scoles/Hay/Borchers/Symeonides,* Conflict of Laws, §§ 14.8 – 14.9, S. 588 – 593 und für Australien: *Staudinger/Hausmann,* Anh. zu Art. 4 EGBGB Rdn. 42. Ausnahme: Spanien folgt dem Staatsangehörigkeitsprinzip (Art. 9 II Código Civil); verfügt aber über ein einheitliches interlokales Recht (Artt. 13 – 16 Código Civil) mit der Folge, daß Art. 16 I HEÜ zum Tragen kommt.

191 *Loussouarn,* Clunet 106 (1979), S. 1, 14.

192 Actes et documents XIII/2 (1978), S. 375 Nr. 211 (Bericht *von Overbeck*).

nung eines Mehrrechtsstaates, besteht für sie im Sinne des Übereinkommens kein gemeinsamer gewöhnlicher Aufenthalt in demselben Staat. Für die Anknüpfung des Ehegüterrechtsstatuts wird dann Art. 4 II Nr. 3 HEÜ maßgebend; hilft diese Anknüpfung nicht weiter, unterliegt der Güterstand dem Recht des Staates, mit dem er am engsten verbunden ist (Art. 4 III HEÜ).

2. Personale Rechtsspaltung

Treffen die Kollisionsnormen auf eine personal gespaltene Rechtsordnung, verweist Art. 19 I HEÜ in erster Linie auf die Vorschriften des einheitlichen interpersonalen Privatrechts der betreffenden Rechtsordnung. Fehlen solche Vorschriften, sieht Art. 19 II HEÜ für die Anknüpfung an den gewöhnlichen Aufenthalt in Art. 4 I HEÜ die Konkretisierung durch das gemeinsame Heimatrecht der Ehegatten vor; allerdings soll im Falle des Art. 7 II Nr. 2 HEÜ das gemeinsame Aufenthaltsrecht der Ehegatten anwendbar bleiben[193]. Das Festhalten am gemeinsamen Aufenthaltsrecht der Eheleute gemäß Art. 7 II Nr. 2 HEÜ leuchtet ein: Schließlich führt der gemeinsame Aufenthalt der Eheleute zu einem Statutenwechsel; diese Veränderung kann man nicht mehr durch eine Anknüpfung an das Heimatrecht rückgängig machen.

Wenn ein gemeinsames Heimatrecht der Eheleute nicht besteht, greift das Übereinkommen auf die engste Verbindung in Art. 4 III HEÜ zurück, um die maßgebliche Teilrechtsordnung zu ermitteln; auf die engste Verbindung wird man auch abstellen müssen, wenn das gemeinsame Aufenthaltsrecht im Rahmen von Art. 7 II Nr. 2 HEÜ nicht weiterhilft, die maßgebliche Teilrechtsordnung aufzusuchen.

3. Zusammenfassung

Die Konkretisierungsklauseln des Haager Ehegüterrechtsübereinkommens geben wie schon die objektiven Anknüpfungen Anlaß zu einigem Kopfzerbrechen. Nur dem in das Übereinkommen Eingeweihten sind die Vorschriften plausibel. Im Hinblick auf die deutsche Diskussion zu Art. 4 III 1 EGBGB ist in Erinnerung zu behalten, daß das HEÜ bei der räumlichen Anknüpfung an den gewöhnlichen Aufenthalt das einheitliche interlokale Recht des betreffenden Mehrrechtsstaates ausschaltet.

IV. Haager Eheschließungsübereinkommen von 1978

Das Haager Eheschließungsübereinkommen behandelt in den Artt. 17, 18 HEheschlÜ die Verweisung auf räumlich gespaltene Mehrrechtsstaaten. Die Vorschriften

---

193 Actes et documents XIII / 2 (1978), S. 376 Nr. 214 (Bericht *von Overbeck*).

wurden parallel zu den Regelungen des Ehegüterrechtsübereinkommens ausgearbeitet[194]. Für das auf die Eheschließung anwendbare Recht beachtet Art. 17 HEheschlÜ daher das interlokale Recht des betreffenden Mehrrechtsstaates nicht, sondern verweist unmittelbar auf die Teilrechtsordnung, in dem die Ehe geschlossen wird. In Fragen der Anerkennung der Ehe eines Mehrrechtsstaates führt Art. 18 HEheschlÜ ebenfalls auf das Recht der Teilrechtsordnung, deren Ehe anerkannt werden soll.

Die Verweisung auf eine personal gespaltene Rechtsordnung erfaßt Art. 20 HEheschlÜ. Danach ist das interpersonale Privatrecht des betreffenden Staates berufen, die maßgebliche Teilrechtsordnung zu ermitteln. Der Bericht zum Übereinkommen hebt die Bedeutung dieser Vorschrift hervor, da zum Beispiel im Nahen Osten jede Religionsgemeinschaft ihr eigenes Eherecht habe[195].

V. Haager trust-Übereinkommen von 1985

Das Haager trust-Übereinkommen enthält in Art. 23 HtÜ eine Regelung über die Verweisung auf Mehrrechtsstaaten; die Vorschrift geht auf einen Vorschlag der australischen Delegation zurück[196]. In Fällen räumlicher Rechtsspaltung verweist Art. 23 HtÜ direkt auf die maßgebliche Teilrechtsordnung. Die Delegierten haben sich ausdrücklich gegen eine Regelung ausgesprochen, die das interlokale Recht des betreffenden Mehrrechtsstaates berücksichtigt[197]. So wurde es abgelehnt, eine dem Art. 16 HUntÜ entsprechende Vorschrift in das Übereinkommen zu übernehmen.

Für die objektive Anknüpfung des *trust*-Statuts in Art. 7 fällt das Auffinden der maßgeblichen Teilrechtsordnung leicht; das maßgebliche Recht folgt unmittelbar aus der Anknüpfung an die engste Verbindung. Weist ein *trust* die engste Verbindung mit dem englischen Recht auf, kommt englisches Recht zur Anwendung. Doch wie wird die Rechtsspaltung überwunden, wenn der *settlor* das Recht eines Mehrrechtsstaates, zum Beispiel britisches Recht, wählt? Die Wahl eines solches Rechts geht gewissermaßen ins Leere; das auf den *trust* anwendbare Recht wird man nach Art. 7 HtÜ bestimmen müssen.

194 Actes et documents XIII / 3 (1978), S. 311 Nr. 30 (Bericht *Malmström*).

195 Actes et documents XIII / 3 (1978), S. 312 Nr. 31 (Bericht *Malmström*).

196 Actes et documents XV / 2 (1985), S. 227 (Arbeitsdokument Nr. 3); siehe auch den Entwurf des *Sous-Comité,* in: Actes et documents XV / 2 (1985), S. 272 (Arbeitsdokument Nr. 45).

197 Actes et documents XV / 2 (1985), S. 411 Nr. 177 (Bericht *von Overbeck*).

VI. Haager Übereinkommen über den Schutz von Kindern und die Zusammenarbeit auf dem Gebiet der internationalen Adoption von 1993

Das Haager Übereinkommen über den Schutz von Kindern und die Zusammenarbeit auf dem Gebiet der internationalen Adoption von 1993 (HZAÜ) ist am 1. 5. 1995 für Mexiko, Rumänien und Sri Lanka in Kraft getreten[198]; inzwischen zählt das Übereinkommen 40 Vertragsstaaten weltweit. Die Bundesrepublik Deutschland hat das HZAÜ bereits gezeichnet; mit einer baldigen Ratifikation des Übereinkommens ist zu rechnen[199], da insbesondere von den Entwicklungsländern als den „Geberländern" für Adoptionen ein großer Ratifikationsdruck ausgeht[200].

1. Grundzüge

Das Übereinkommen will ein System der Zusammenarbeit zwischen den Vertragsstaaten errichten und Schutzmaßnahmen für Adoptivkinder aus dem Ausland einführen[201]. Ziel ist es zu verhindern, daß Kinder entführt, verkauft oder gehandelt werden[202]; dem Abkommen entsprechende Adoptionen sollen in den Vertragsstaaten anerkannt werden (Art. 1 lit. a)-c) HZAÜ)[203].

Eingreifkriterium für eine Anwendung der Konvention ist nicht eine unterschiedliche Staatsangehörigkeit zwischen Adoptivkind und Adoptiveltern, sondern der mit einer Kindesannahme verbundene Aufenthaltswechsel von einem Vertragsstaat in einen anderen („Heimat- und Aufnahmestaat", Art. 2 I HZAÜ[204]). Das Übereinkommen erfaßt auch die Adoption durch Verwandte gleicher Staatsangehörigkeit oder innerhalb einer Familie, falls nur der gewöhnliche Aufenthalt der Beteiligten auseinanderfällt. *Beispiel:* Ein Deutscher mit gewöhnlichem Aufenthalt in Frankreich[205] adoptiert das Kind seiner Schwester oder Ehefrau, das sich bis zu

---

198 *Jayme/Hausmann,* IPR-Texte, Nr. 223, S. 569 Fn. 3.

199 Ein Referentenentwurf eines Gesetzes zur Regelung von Rechtsfragen auf dem Gebiet der internationalen Adoption (Stand: 3. 1. 2000) sieht die Umsetzung des Haager Übereinkommens vor, IPRax 2000, Heft 3, Neueste Informationen, S. VI.

200 Siehe zum Beispiel Fédération Internationale Terre des hommes, Resolution (Mühlhausen) vom 31. 10. 1993 (zitiert nach: *Soergel/Lüderitz,* Art. 22 EGBGB Rdn. 65 Fn. 11). Zur Enstehungsgeschichte des HZAÜ siehe *Marx,* StAZ 1993, S. 1 f.

201 Übersicht zum Verfahren bei *van Tuyll van Serooskerken,* FJR 1998, S. 136, 137.

202 Die Altersgrenze für eine Anwendung des Übereinkommens liegt für den Adoptierten bei 18 Jahren (Art. 3 HZAÜ).

203 Das HZAÜ betrifft nur Adoptionen, die ein dauerhaftes Eltern-Kind-Verhältnis entstehen lassen (Art. 2 II HZAÜ). Ausgenommen sind Institute, die nicht auf Dauer angelegt sind oder kein Eltern-Kind-Verhältnis begründen, wie zum Beispiel die Pflegekindschaft, die Bestellung eines Vormundes oder die islamische Kafalah (Actes et documents XVII/2 [1994], S. 563 Nr. 90 [Bericht *Parra-Aranguren*]; *Marx,* StAZ 1995, S. 315, 316).

204 Zum Anwendungsbereich des HZAÜ *Marques,* S. 252–257.

diesem Zeitpunkt in Deutschland aufhielt. Der deutsche Vorschlag[206], vom Geltungsbereich des Übereinkommens die Adoption von verwandten Kindern oder Kindern des Ehegatten auszunehmen, fand keine Mehrheit; die Mißbrauchsgefahr sei auch in solchen Fällen zu groß[207].

a) Adoptionsvoraussetzungen

Die sachlichen Voraussetzungen für eine internationale Adoption sind in Verfahrensregeln verfaßt, welche die Kompetenz zwischen den beteiligten Staaten aufteilen. Artt. 4, 5 HZAÜ legen dabei einen Mindeststandard fest, der teils im Heimat-, teils im Aufnahmestaat erfüllt sein muß[208]. Dazu gehört zum Beispiel, daß das Kind adoptiert werden kann und die Eltern zur Adoption fähig und geeignet sind; Artt. 4, 5 HZAÜ sind zwingend[209]. Das Übereinkommen enthält aber in Artt. 4, 5 und in anderen Vorschriften keine Bestimmungen über das maßgebende Recht, vereinheitlicht also das Internationale Privatrecht der Vertragsstaaten nicht[210]. Der Regelungsbereich des Haager Adoptionsübereinkommens von 1965[211] ist insoweit nicht betroffen (Art. 39 I HZAÜ)[212]. Allerdings setzt das Übereinkommen die Mitwirkung staatlicher Stellen an der Adoption voraus; für *reine* Vertragsadoptionen ist unter dem Übereinkommen kein Platz mehr[213].

b) Anerkennung und Wirkungen der Adoption

Eine Adoption, die in einem Vertragsstaat nach dem HZAÜ zustande gekommen ist, wird *ex lege* in allen anderen Vertragsstaaten und nicht nur im Verhältnis Hei-

---

205 Das HZAÜ ist für Frankreich am 1. 10. 1998 in Kraft getreten. Siehe dazu *Poisson-Drocourt,* Clunet 126 (1999), S. 706 ff.

206 Actes et documents XVII / 2 (1994), S. 298 (Arbeitsdokument Nr. 13).

207 Actes et documents XVII / 2 (1994), S. 563 Nr. 92 (Bericht *Parra-Aranguren*).

208 Actes et documents XVII / 2 (1994), S. 565 Nr. 108 (Bericht *Parra-Aranguren*); *Meyer-Fabre,* Rev. crit. 83 (1994), S. 259, 269.

209 Zu den indirekten kollisionsrechtlichen Wirkungen dieser Vorschriften im Falle einer deutschen Ratifikation *Marques,* S. 271 – 277.

210 Actes et documents XVII / 2 (1994), S. 567 Nr. 119 (Bericht *Parra-Aranguren*); *Marques,* S. 266.

211 Das Haager Adoptionsübereinkommen ist nach Ratifikationen durch Österreich 1968, die Schweiz 1973 und das Vereinigte Königreich am 23. 10. 1978 in Kraft getreten. Einen kurzen Überblick zum HAAÜ geben *Kegel / Schurig,* IPR, § 20 XII 4, S. 835 f. und *Pirrung,* RabelsZ 57 (1993), S. 124, 145.

212 Siehe zu dieser Vorschrift und Lösung möglicher Konventionskonflikte, Actes et documents, XVII / 2 (1994), S. 639 ff. Nr. 557 ff. (Bericht *Parra-Aranguren*).

213 *Soegerl / Lüderitz,* Art. 22 EGBGB Rdn. 72. Siehe zur Vertrags- und Dekretadoption: *Baumann,* S. 34 – 40. Rechtsvergleichender Überblick bei *Staudinger / Henrich,* Vorbem. zu Art. 22 EGBGB Rdn. 1 – 6.

mat-/Aufnahmestaat anerkannt[214]. Wenn die Bundesrepublik das HZAÜ in Kraft setzt, würde mit dieser Anerkennungsautomatik ein weiterer Baustein in das Internationale Verfahrensrecht eingesetzt: Die Begründung des Regierungsentwurfs hatte noch ein „Weniger", nämlich ein förmliches Anerkennungsverfahren für Adoptionssachen – wie in Ehesachen gemäß Art. 7 FamRÄndG – abgelehnt[215]. Der Grundsatz der „Anerkennungsautomatik" wird allein durchbrochen, wenn die Anerkennung einer Adoption in einem Vertragsstaat seiner öffentlichen Ordnung offensichtlich widerspricht (Art. 24 HZAÜ).

Artt. 26, 27 HZAÜ enthalten Regeln über die Rechtswirkungen einer anerkannten Adoption[216]. So umfaßt die Anerkennung einer Adoption zum Beispiel die Anerkennung des Eltern-Kind-Verhältnisses zwischen dem Kind und seinen Adoptiveltern (Art. 26 I lit. a) HZAÜ).

2. Räumliche und personale Rechtsspaltung

Das Übereinkommen enthält in Artt. 36, 37 HZAÜ detaillierte Vorschriften für die räumliche und personale Rechtsspaltung.

a) Räumliche Rechtsspaltung

In Fällen räumlicher Rechtsspaltung kommt Art. 36 HZAÜ zum Tragen. Art. 36 lit. a) und lit. b) HZAÜ sind Art. 31 des Haager Kindesentführungsübereinkommen nachgebildet: Eine Verweisung auf den gewöhnlichen Aufenthalt in einem Mehrrechtsstaat bezieht sich nach Art. 36 lit. a) HZAÜ auf den gewöhnlichen Aufenthalt in der betreffenden Gebietseinheit; eine Verweisung auf das Recht eines Mehrrechtsstaates versteht das HZAÜ gemäß Art. 36 lit. b) als Verweisung auf das in der betreffenden Gebietseinheit maßgebende Recht. Die interlokalen Vorschriften des fraglichen Staates werden nicht weiter in Betracht gezogen; Fälle räumlicher Rechtsspaltung sind im HZAÜ leicht in den Griff zu bekommen. Parallele Vorschriften enthält das Übereinkommen in Art. 36 lit. c) und d) HZAÜ für die Verweisung auf die zuständigen Behörden und die zugelassenen Einrichtungen eines Mehrrechtsstaates.

---

214 Voraussetzung dafür ist, daß die zuständige Behörde des betreffenden Vertragsstaates eine entsprechende Bescheinigung ausgestellt hat (Art. 23 I HZAÜ); ein Anerkennungsverfahren ist nicht weiter erforderlich (dazu *Marques,* S. 283 ff.; *Marx,* StAZ 1995, S. 259, 286 f.; *Meyer-Fabre,* Rev. crit. 83 [1994], S. 259, 286 f.).

215 BT-Drucks. 10/504, S. 93 (Begründung des Regierungsentwurfs); kritisch *Schurig,* IPRax 1984, S. 25, 27 und IPRax 1986, S. 221 ff., 225.

216 Siehe dazu Actes et documents, XVII/2 (1994), S. 617 ff. Nr. 436 ff.; S. 625 f. Nr. 474 ff. (Bericht *Parra-Aranguren*); *Marx,* StAZ 1995, S. 315, 318 f.

Art. 36 lit. b) HZAÜ kann für die Verweisung auf das Recht des Aufnahmestaates im Rahmen von Art. 27 I lit. a) HZAÜ bedeutsam werden. *Beispiel:* Zwei verheiratete Spanier haben in Übereinstimmung mit dem HZAÜ einen zweijährigen Ecuadorianer in seinem Heimatstaat adoptiert[217]: Gemäß Artt. 13, 14 Código Civil der Republik Ecuador[218] gilt ecuadorianisches Recht für alle Personen, die in Ecuador wohnen. Der Adoptierte bleibt nach Art. 84 des Minderjährigenschutzgesetzes Nr. 421 vom 14. 6. 1976[219] seiner Ursprungsfamilie zugehörig und behält in ihr alle seine Rechte; nur die elterliche Sorge geht auf die Adoptiveltern über (schwache Adoption)[220].

Spanien muß diese schwache Adoption des ecuadorianischen Rechts gemäß Art. 23 I HZAÜ anerkennen. Allerdings kann Spanien gemäß Art. 27 I lit. a) und b) HZAÜ diese schwache Adoption in eine Volladoption umwandeln, wenn das spanische Recht eine solche Umwandlung gestattet und die in Artikel 4 lit. c) und d) genannten Einwilligungen zum Zwecke einer solchen Adoption gegeben worden sind[221]. Das Adoptionsrecht ist in Spanien gespalten: Sondervorschriften gelten zum Teil in den Foralrechtsgebieten, zum Beispiel in Katalonien und in Navarra. Das anwendbare Recht ist damit über Art. 36 lit. b) HZAÜ zu bestimmen. Kehren die Eheleute nach Madrid zurück, ist der gemeinspanische Código Civil berufen als das Recht der maßgeblichen Gebietseinheit. Allerdings wird man diese Verweisung zunächst auf das einheitliche Internationale Privatrecht Spaniens beziehen müssen[222]. Nach Art. 9 V 1 Código Civil[223] richtet sich die von einem spanischen Gericht bewirkte Adoption hinsichtlich ihrer Voraussetzungen nach spanischem Recht; es bleibt damit bei der Anwendung der Vorschriften des Código Civil. Nach Art. 178 Código Civil hat die Adoption das Erlöschen der rechtlichen Bindungen zwischen dem Adoptierten und seiner früheren Familie zur Folge, nur

---

217 Spanien ist seit dem 1. 11. 1995, Ecuador seit dem 1. 1. 1996 Vertragsstaat des HZAÜ (*Jayme / Hausmann,* IPR-Texte, Nr. 223, S. 569 Fn. 3).

218 Text in: *Makarov,* Quellen des IPR I, Ecuador, S. 4. Zum nationalen Kollisionsrecht Ecuadors: *Samtleben,* S. 246.

219 Text in: *Bergmann / Ferid / Henrich-Zimmer-Lorenz,* Ecuador III B 3, S. 42; siehe auch Art. 343 Código Civil der Republik Ecuador (Text in: *Bergmann / Ferid / Henrich-Zimmer-Lorenz,* Ecuador III B 2, S. 33).

220 Nach Art. 25 des Dekrets des Präsidenten Nr. 1177 vom 8. 1. 1990 darf ein Minderjähriger, der Beteiligter des Adoptionsverfahrens ist, das Land nur verlassen, bis ein entsprechender Beschluß des Minderjährigengerichts dies anordnet (Text des Dekrets in: *Bergmann / Ferid / Henrich-Zimmer-Lorenz,* Ecuador III B 4, S. 46).

221 Zu Art. 27 HZAÜ *Marques,* S. 292 f.

222 Art. 27 I lit. a) HZAÜ verweist auf das „Recht" des Aufnahmestaates. Sofern die Haager Übereinkommen nicht ausdrücklich eine Verweisung auf das innerstaatliche Recht aussprechen, ist es Praxis der Haager Konferenz, eine Gesamtverweisung vorzusehen (vgl. Actes et documents XIV / 3 (1982), S. 260 (Protokoll Nr. 2); *Sauveplanne,* Int. Enc. Comp. L. III (1990), Ch. 6 sec. 20, S. 13; siehe auch *Marques,* S. 267).

223 Deutscher Text in: *Riering,* IPR-Gesetze in Europa, Nr. 9 SP, S. 267; siehe dazu *Jayme,* IPRax 1989, S. 123 f.

ausnahmsweise bestehen die rechtlichen Verbindungen zur mütterlichen oder väterlichen Familie fort[224]. Soweit also die erforderlichen Einwilligungen nach Art. 4 lit. c), lit. d) HZAÜ vorliegen, kann die schwache Adoption in eine Volladoption umgewandelt werden.

b) Personale Rechtsspaltung

Die personale Rechtsspaltung löst das Übereinkommen in Art. 37 HZAÜ. Diese Vorschrift geht auf Art. 32 des Haager Kindesentführungsübereinkommens zurück[225]: Wenn das Übereinkommen auf das Recht eines personal gespaltenen Staates verweist, bezieht sich die Verweisung gemäß Art. 37 HZAÜ auf das Rechtssystem, „das sich aus der Rechtsordnung dieses Staates ergibt". Auf die praktische Bedeutung dieser Frage im Internationalen Adoptionsrecht hat die Delegation des Libanon hingewiesen[226]:

> „The practical importance of the question was raised by the Delegate of Lebanon who stressed that in his country there were not a uniform personal civil status, because of the coexistence of different communities, in particular the islamic and the christian. The islamic community does not provide for adoption and for inscription of the new name of the child in the registry books; the christian community admits different solutions according to the various religious rites, it then being the ecclesiastics and not the civil courts charged with adoption matters".

Aus der Sicht eines Staates wie des Libanon, der sich aus verschiedenen Kulturen zusammensetzt, ist dieser Befund nur zu verständlich. Die deutsche Praxis ist im Internationalen Adoptionsrecht ebenfalls schon personal gespaltenen Rechtsordnungen begegnet[227]; unter der Geltung des HZAÜ wird sich insoweit nichts ändern.

§ 11 Zusammenfassende Würdigung

Läßt man die untersuchten Staatsverträge Revue passieren, ergibt sich folgendes Bild: Die Verweisung bei Rechtsspaltung spielt in kollisionsrechtlichen Staatsver-

---

224 Text in: *Bergmann/Ferid/Henrich-Rau/Daum,* Spanien III B 1, S. 41. Allgemein zum spanischen Adoptionsrecht: *Doepffel/Zitscher,* Kindschaftsrecht im Wandel, Spanien, S. 318–323 (allerdings wurde Art. 177 Código Civil inzwischen zum 15. 1. 1996 geändert [Text in: *Bergmann/Ferid/Henrich-Rau/Daum,* Spanien III B 1, S. 40 f.]).

225 Actes et documents, XVII/2 (1994), S. 639 Nr. 553 (Bericht *Parra-Aranguren*).

226 Actes et documents, XVII/2 (1994), S. 639 Nr. 554 (Bericht *Parra-Aranguren*).

227 Siehe nur im Verhältnis zu Indien: KG vom 18. 3. 1980 – 1 W 2707/79, Rpfleger 1980, S. 281 f. = IPRspr. 1980, Nr. 118, S. 374 ff.; AG Heidelberg vom 30. 12. 1991 – 40 XVI 6/91, IPRax 1992, S. 327 = IPRspr. 1991 Nr. 137, S. 253; siehe zur Entscheidung des AG Heidelberg *Otto,* IPRax 1992, S. 309 f.

trägen eine immer wichtigere Rolle; die Vorschriften zu dieser Problematik nehmen in den Übereinkommen immer mehr Raum ein. Im folgenden werden die staatsvertraglichen Vorschriften zusammengefaßt, um sie dann einer Bewertung zu unterziehen. Schließlich wird die deutsche Lösung in Art. 4 III EGBGB im Lichte der staatsvertraglichen Regelung untersucht.

I. Bestandsaufnahme

Die Haager Abkommen bis zum Ersten Weltkrieg enthalten noch keine ausdrückliche Regelung über die Verweisung bei Rechtsspaltung. Dieser Verzicht läßt sich nicht auf die mangelnde Kenntnis des Problems zurückführen, denn schon zu der Zeit wurde die Verweisung bei Rechtsspaltung diskutiert[228]. Offensichtlich hat die Rechtsspaltung den Delegierten der Haager Konferenz nicht unter den Nägeln gebrannt. Heute fällt der Mangel an einer Regelung über die Verweisung bei Rechtsspaltung aus deutscher Sicht nicht weiter ins Gewicht: Das Haager Eheschließungsabkommen ist nur noch im Verhältnis zu Italien in Kraft; das Haager Vormundschaftsabkommen kommt nur noch gegenüber Belgien zum Tragen.

In den Genfer Abkommen zum Internationalen Wechsel- und Scheckrecht sind ebenfalls keine Vorschriften über die Verweisung bei Rechtsspaltung enthalten. Wenn die Genfer Abkommen auf eine gespaltene Rechtsordnung verweisen, kann man wegen Art. 3 II 1 EGBGB nicht unmittelbar auf Art. 4 III EGBGB ergänzend zurückgreifen; vielmehr wird man die in den Vertragsstaaten anerkannten Grundsätze zur Konkretisierung der maßgeblichen Teilrechtsordnung anwenden. In dem Haager Unterhaltsabkommen von 1956 als einem der frühen Abkommen der Nachkriegszeit befindet sich ebenfalls noch keine Vorschrift über die Verweisung bei Mehrrechtsstaaten; erst in dem Haager Minderjährigenschutzabkommen und dem Testamentsformabkommen von 1961 hat die Haager Konferenz auf Initiative der britischen Delegation eine Vorschrift für die Verweisung bei Rechtsspaltung aufgenommen[229]. Diese beiden Abkommen begründen eine Regel, denn seitdem findet man in den Übereinkommen entsprechende Vorschriften. Im Minderjährigenschutz- und Testamentsformabkommen hat die Haager Konferenz zunächst nur die räumliche Rechtsspaltung vor Augen gehabt; erst im Haager Unterhaltsübereinkommen von 1973 findet man eine einheitliche Vorschrift sowohl für die räumliche als auch für die personale Rechtsspaltung. In den neueren Übereinkommen ist jeweils eine Vorschrift für die räumliche und personale Rechtsspaltung vorhanden. Allerdings sehen die Übereinkommen keine Regelung für den Fall vor, daß das Recht eines Staates, räumlich und personal gespalten ist, wie zum Beispiel in Nigeria[230], Indonesien[231] oder Malaysia[232].

---

[228] Siehe RG vom 18. 2. 1890 – Rep. II 314/89, RGZ 25, 341 (345 f.); *L. von Bar,* IPR I, S. 119 ff.; *Zitelmann,* IPR I, S. 393 ff., 404.

[229] Actes et documents IX/3 (1961), S. 35 (Vorschlag des Vereinigten Königreiches).

Während im Falle der räumlichen Rechtsspaltung alle hier untersuchten Übereinkommen, soweit sie an das Heimatrecht anknüpfen, das Primat des betreffenden interlokalen Rechts anerkennen, sieht die Rechtslage für die ortsbezogene Anknüpfung, beispielsweise an den gewöhnlichen Aufenthalt, anders aus. Auf der einen Seite verweisen die untersuchten Übereinkommen bei der lokalen Anknüpfung unmittelbar auf die maßgebliche Teilrechtsordnung. Das interlokale Recht der berufenen Rechtsordnung wird ausgeschaltet. Der Ausschluß des interlokalen Rechts im Fall der Verweisung auf einen Mehrrechtsstaat wird im wesentlichen durch zwei Formulierungstypen zum Ausdruck gebracht: Für die erste Gruppe der Übereinkommen gilt „für die Bestimmung des anzuwendenden Rechts jede Gebietseinheit als eigener Staat" (Art. 19 I Europäisches Schuldvertragsübereinkommen). Eine ähnliche Formulierung findet man in Art. 12 des Haager Straßenverkehrsübereinkommens und Art. 12 des Haager Produkthaftungsübereinkommens. Die zweite Gruppe der Übereinkommen ist in ihrer Formulierung konkreter: Wird zum Beispiel auf das Recht des Staates des gewöhnlichen Aufenthalts verwiesen, bezieht sich die Verweisung „auf das Recht der Gebietseinheit dieses Staates" (Art. 31 lit. b) Haager Kindesentführungsübereinkommen). In entsprechender Weise bringen Art. 17 des Haager Ehegüterrechtsübereinkommens, Art. 23 des Haager trust-Übereinkommens und Art. 36 lit. b) des Haager Übereinkommens über den Schutz von Kindern und die Zusammenarbeit auf dem Gebiet der internationalen Adoption den Ausschluß des interlokalen Rechts für räumliche Anknüpfungen zum Ausdruck[233].

Auf der anderen Seite stehen Art. 16 des Haager Unterhaltsübereinkommens von 1973, Art. 48 lit. a) des Haager Kinderschutzübereinkommens und Art. 26 I lit. a) des Europäischen Sorgerechtsübereinkommens. In diesen Übereinkommen wird der Vorrang des interlokalen Rechts für die ortsbezogene Anknüpfung an den gewöhnlichen Aufenthalt anerkannt. Beispiel hierfür ist Art. 48 lit. a) des Kinderschutzübereinkommens: „Sind in einem Mehrrechtsstaat Regeln in Kraft, die das Recht einer bestimmten Gebietseinheit für anwendbar erklären, so ist das Recht dieser Einheit anzuwenden".

Mangelt es an Vorschriften des interlokalen Rechts im betreffenden Mehrrechtsstaat, stellen alle diese Übereinkommen überwiegend auf die „engste Bindung" zu einer Teilrechtsordnung ab; die verwendete Formulierung ist dabei weitgehend identisch. Die neueren Übereinkommen haben teilweise nicht mehr die Anknüp-

---

230 Zur Bundesstaatlichkeit und Struktur des nigerianischen Rechts: *Bergmann/Ferid/Henrich-Tuengerthal,* Nigeria B, C, S. 2–4; zum Dualismus zwischen common law und Stammesrecht im Bereich des Eherechts: *Boparai,* RabelsZ 46 (1982), S. 530, 531 ff.

231 Zur Struktur und den Quellen des indonesischen Rechts: *Bergmann/Ferid/Henrich-Ferid,* Indonesien A 1, S. 9 ff.; *Hiscock/Allan,* RabelsZ 46 (1982), S. 509, 511 ff.

232 Zum Rechtssystem Malaysias: *Bergmann/Ferid/Henrich-Richter,* Malaysia I 2, S. 5; *Hiscock/Allan,* RabelsZ 46 (1982), S. 509, 511 ff.

233 Actes et documents XVII/II (1994), S. 637 Nr. 549 (Bericht *Parra-Aranguren*); vgl. Actes et documents XIV/III (1982), S. 470 Fn. 46 (Bericht *Pérez-Vera*).

fung an die engste Bindung gewählt, sondern genaue Kriterien festgelegt, nach denen die maßgebliche Teilrechtsordnung zu ermitteln ist. So versteht Art. 48 lit. b) i. V. m. Art. 47 Nr. 1 des Haager Kinderschutzübereinkommens jede Verweisung auf den gewöhnlichen Aufenthalt als Verweisung auf das Recht der entsprechenden Gebietseinheit dieses Staates.

Ist das Recht eines Staates personal gespalten, herrscht Einstimmigkeit zwischen den hier untersuchten Übereinkommen. In erster Linie kommt das staatliche interpersonale Privatrecht zum Tragen, um die maßgebliche Teilrechtsordnung aufzusuchen; auf den Grundsatz der engsten Verbindung wird nur zurückgegriffen, wenn ausnahmsweise ein interpersonales Privatrecht nicht vorhanden ist.

II. Bewertung

Die Haltung der Übereinkommen zur personalen Rechtsspaltung verdient Zustimmung, da sie das Parteiinteresse der beteiligten Personen respektiert, nach dem interpersonalen Recht des betroffenen Mehrrechtsstaates behandelt zu werden. Wie sind aber die in den Übereinkommen getroffenen Regelungen zur räumlichen Rechtsspaltung zu bewerten (dazu 1.-3.)? Und welche Teilrechtsordnung ist maßgeblich, wenn die staatsvertraglichen Kollisionsnormen auf Staaten mit räumlicher und personaler Rechtsspaltung verweisen (dazu 4.)?

1. Staatsangehörigkeitsanknüpfung

Verweisen die staatsvertraglichen Kollisionsnormen auf das Heimatrecht des Angehörigen eines Mehrrechtsstaates, überlassen die Übereinkommen dem Heimatstaat die Entscheidung über die Wahl des maßgebenden Teilrechtsgebiets. Diese Haltung der Übereinkommen überzeugt: Ist jemand Spanier und aus diesem Grunde an der Geltung spanischen Rechts interessiert, soll das spanische Recht über die Unteranknüpfung entscheiden. Die Übereinkommen kommen damit dem Parteiinteresse nach, das auch im interlokalen Privatrecht wirkt[234].

2. Ortsbezogene Anknüpfung

Die Bestandsaufnahme hat gezeigt, daß einige der Staatsverträge bei ortsbezogener Anknüpfung das interlokale Privatrecht nicht mehr berücksichtigen. Für den Ausschluß des interlokalen Privatrechts des betreffenden Mehrrechtsstaates sind in den einzelnen Übereinkommen unterschiedliche Gründe maßgeblich:

Das Haager Kindesentführungsübereinkommen und Haager Übereinkommen über den Schutz von Kindern und die Zusammenarbeit auf dem Gebiet der interna-

234 *Kegel/Schurig,* IPR, § 2 V, S. 141.

tionalen Adoption sind nicht als *loi uniforme* ausgestaltet und kommen daher nur gegenüber Vertragsstaaten zur Anwendung. Das interlokale Recht eines Vertragsstaates soll die Entscheidung des Übereinkommens über das anzuwendende Recht nicht mehr verfälschen; der Ausschluß des interlokalen Rechts dient damit dem Entscheidungseinklang zwischen den Vertragsstaaten. Zudem war für die Vertragsstaaten, die als Mehrrechtsstaaten diesen Übereinkommen beitraten, der Anknüpfungsmodus überschaubar. Diese Staaten haben bewußt auf die Geltung ihres interlokalen Rechts verzichtet. Daß diese Position der Übereinkommen aber nicht zwingend sein muß, zeigt das Europäische Sorgerechtsübereinkommen. Obwohl es nur innerhalb der Vertragsstaaten gilt, erkennt es in Art. 26 I lit. a) das Primat des interlokalen Rechts des betreffenden Mehrrechtsstaates an.

Problematischer ist der Ausschluß des interlokalen Rechts bei den Übereinkommen, die als *loi uniforme* auch gegenüber Nichtvertragsstaaten zur Anwendung kommen. In diesen Fällen wird man die Nichtberücksichtigung des interlokalen Privatrechts allein mit dem Anknüpfungsinteresse der Vertragsstaaten begründen können. Im Europäischen Schuldvertragsübereinkommen oder im Haager Straßenverkehrs-, Produkthaftungs- und Ehegüterrechtsübereinkommen haben sich die Vertragsstaaten auf ein „modernes" Anknüpfungssystem geeinigt, welches nicht mehr durch das interlokale Recht eines Nichtvertragsstaates torpediert werden soll. Im Haager trust-Übereinkommen wird ein anderer Aspekt deutlich: Hier kommt die anglo-amerikanische Haltung zum Tragen, die Verweisung der Kollisionsnormen nicht ausschließlich auf „the global legal order of the composite state", sondern auch auf „law districts" zu beziehen [235].

Trotzdem bleibt bedenklich, daß sich die Übereinkommen über das interlokale Privatrecht eines Mehrrechtsstaates hinwegsetzen, wenn solches vorhanden ist. Alle diese Übereinkommen beanspruchen keinen Geltungswillen, wenn ein Sachverhalt nur verschiedene Teilrechtsordnungen eines Mehrrechtsstaates im Verhältnis zueinander, aber keinen anderen Vertragsstaat betrifft. Warum sollten aber die Übereinkommen eingreifen, wenn nach ihren Kollisionsnormen das Recht eines Mehrrechtsstaates anwendbar ist und nur noch die interlokalrechtliche Ebene übrig bleibt? Auch insoweit ist es primär Sache des Mehrrechtsstaates, seine interne Gesetzeskollision zu lösen. Für die Schwesterdisziplin des interlokalen Privatrechts, dem interpersonalen Privatrecht, haben die Konventionen den Vorrang der einheitlichen interpersonalen Regelungen nie bezweifelt. In der Konsequenz sollten die kollisionsrechtlichen Übereinkommen den Vorrang des interlokalen Rechts ebenso allgemein anerkennen. Es ist daher zu begrüßen, daß das noch nicht in Kraft getretene Haager Erbrechtsübereinkommen[236] und das Haager Kinderschutzübereinkommen als neuere Konventionen den Vorrang des betreffenden interlokalen

---

235 Siehe zur Haltung der *common law*-Staaten *de Nova,* Rec. de Cours (1966 II), S. 435, 550 f.

236 Siehe zu Art. 19 II des Haager Erbrechtsübereinkommens Actes et documents XVI/2 (1990), S. 597 Nr. 124 (Bericht *Waters*).

Rechts anerkennen. Art. 46 lit. a) des Haager Übereinkommens zum Schutz Erwachsener vom 13. 1. 2000[237] gibt ebenfalls den interlokalen Regelungen des betreffenden Mehrrechtsstaates den Vorzug.

3. Anknüpfung an die engste Bindung

Fehlt es im Recht des ausländischen Mehrrechtsstaates an interlokalrechtlichen Vorschriften, knüpfen alle hier untersuchten Übereinkommen an die Teilrechtsordnung an, zu der die betreffende Person die engste Bindung hat. Die Suche nach dem Recht, zu dem die Rechtsfrage die stärkste Bindung hat, ist Aufgabe des Internationalen Privatrechts. Allein mit der Anknüpfung an die engste Bindung ist daher noch nicht viel gewonnen. Die Frage nämlich, das Recht welcher Teilrechtsordnung anzuwenden ist, bleibt unbeantwortet. Die deutsche Diskussion um die Konkretisierung der Anknüpfung an die engste Bindung im Rahmen des Haager Minderjährigenschutzabkommens hat gezeigt, welche Unwägbarkeiten mit diesem Begriff begründet sein können. Wollten einige die engsten Bindung durch den letzten Wohnsitz des Minderjährigen konkretisieren, stellten andere auf den letzten gewöhnlichen Aufenthalt des Minderjährigen ab[238]. Über die engste Bindung könnte also der erzielte Entscheidungseinklang der Vertragsstaaten aufgebrochen werden, da jeder der Vertragsstaaten unter der engsten Bindung etwas anderes verstehen könnte. Es ist daher zu begrüßen, daß das Kinderschutzübereinkommen in Art. 48 lit. b) i. V. m. Art. 47 präzise Anknüpfungspunkte vorgibt, wenn Regeln des interlokalen Rechts fehlen. In diese Tonlage stimmt das Haager Erbrechtsübereinkommen ein: Knüpft das Übereinkommen an das Heimatrecht des Erblassers im Zeitpunkt seines Todes an, ist nach Art. 19 III lit. b) grundsätzlich das Recht der Gebietseinheit maßgebend, in welcher der Erblasser im maßgeblichen Zeitpunkt seinen gewöhnlichen Aufenthalt hatte. Diese Entwicklung in den neuen Übereinkommen ist zu begrüßen; sagen die Übereinkommen doch endlich selbst, worin sie die stärkste Bindung sehen.

4. Räumliche und personale Rechtsspaltung

Ist das Recht eines Staates räumlich und personal gespalten, muß man eine Frage beantworten, die wie oben dargelegt von den untersuchten Übereinkommen nicht behandelt wird: Welches interne Kollisionsrecht ist zuerst zu befragen, das interlokale oder interpersonale Privatrecht? Wer den Vorrang der berufenen Rechtsordnung ernst nimmt, seine internen Gesetzeskonflikte selbst zu lösen, wird

---

237 Text unter: http://www.hcch.net/e/conventions/text35e.html, Stand: 3. 7. 2001; RabelsZ 64 (2000), S. 752–764. Siehe dazu den Bericht *Lagarde,* S. 72 f. Nr. 157 (http://www.hcch.net/e/conventions/expl35e.html, downloadbar), Stand: 5. 7. 2001.

238 Siehe 3. Kapitel, § 9 III. 3. a) bb).

die berufene Rechtsordnung selbst befragen, ob sie eine Rangordnung festlegt. Wird eine Rangfolge durch die berufene Rechtsordnung selbst nicht vorgegeben, muß man versuchen, den Konflikt nach Zweckmäßigkeitskriterien zu lösen[239]. In diesen Fällen ist es häufig ratsam, zunächst die maßgebliche interlokale Rechtsordnung aufzusuchen, da die Rechtssetzungsbefugnis in erster Linie bei einer territorialen Instanz liegt. Verlangt zum Beispiel ein moslemisches Kind mit gewöhnlichem Aufenthalt in Malaysia Unterhalt von seinem Vater, muß man erst die maßgebliche Teilrechtsordnung bestimmen, um das Unterhaltsstatut nach Art. 4 I HUntÜ festzulegen. Nach der Verfassung von Malaysia liegt die Gesetzgebungskompetenz in religiösen Rechten und familienrechtlichen Angelegenheiten bei den Einzelstaaten[240]. Hat das Kind seinen gewöhnlichen Aufenthalt in Sabah ist der *Administration of Muslim Law Enactment No. 15 of 1971* einschlägig; nach section 39 kann das Kind in Übereinstimmung mit dem islamischen Recht Unterhalt verlangen[241].

III. Folgerungen für das deutsche IPR

Hinsichtlich der personalen Rechtsspaltung herrscht Einstimmigkeit zwischen den untersuchten Übereinkommen und Art. 4 III EGBGB: In erster Linie kommt das interpersonale Privatrecht zur Anwendung, um die maßgebliche Teilrechtsordnung zu ermitteln. Allerdings differenziert die deutsche Regelung dem Wortlaut nach nicht zwischen räumlicher und personaler Rechtsspaltung; *de lege ferenda* ist eine solche Unterscheidung aber wünschenswert.

Im deutschen Internationalen Privatrecht ist oben[242] eine Vielfalt von Ansichten darüber referiert worden, wie im Falle räumlicher Rechtsspaltung die maßgebliche Teilrechtsordnung zu ermitteln ist, wenn das deutsche IPR ortsbezogene Anknüpfungen verwendet. Welche Folgerungen ergeben sich im Lichte der staatsvertraglichen Regelung für die deutschen Diskussion um Art. 4 III EGBGB?

1. Einheitliches interlokales Privatrecht

Der Regierungsentwurf bezieht sich in seiner Begründung zu Art. 4 III EGBGB ausdrücklich auf staatsvertragliche Bestimmungen, und zwar auf Art. 14 des Haager Minderjährigenschutzabkommens, Art. 1 II des Haager Testamentsformabkom-

---

239 Siehe MünchKomm-*Siehr,* Art. 19 EGBGB Anh. I Rdn. 430.

240 Federal Constitution, Ninth Schedule Article 74, 77 Legislative Lists, List II – State List, 1. Die einzelstaatlichen Gesetze stimmen mit Ausnahme der in Sarawak weitgehend überein, bilden aber kein einheitliches Recht (*Bergmann/Ferid/Henrich-Richter,* Malaysia IV A, 1 S. 130).

241 *Bergmann/Ferid/Henrich-Richter,* Malaysia IV B 2, S. 144.

242 3. Kapitel, § 8 II. 1. a).

mens und Art. 16 des Haager Unterhaltsabkommens von 1973. „Art. 4 III 1 EGBGB verallgemeinert einen [staatsvertraglichen] Grundsatz über den Anwendungsbereich dieser Übereinkommen hinaus“[243]. Für die Konkretisierung der Staatsangehörigkeitsanknüpfung trifft diese Bezugnahme auf die staatsvertragliche Praxis zu: Art. 4 III 1 EGBGB schreibt im Einklang mit Art. 1 II Haager Testamentsformabkommen und Art. 14 Haager Minderjährigenschutzabkommen das Primat des interlokalen Rechts fest.

Bei der lokalen Anknüpfung ist die Begründung des Regierungsentwurfs nur halb richtig: Einerseits verweisen die untersuchten Übereinkommen tatsächlich im Einklang mit dem Wortlaut des Art. 4 III 1 EGBGB („ohne die maßgebende [Teilrechtsordnung] zu bezeichnen“) unmittelbar auf die maßgebliche Teilrechtsordnung. Andererseits berücksichtigen kollisionsrechtliche Staatsverträge das interlokale Recht des betreffenden Mehrrechtsstaates auch bei ortsbezogener Anknüpfung. Vor diesem Hintergrund verallgemeinert Art. 4 III 1 EGBGB einen staatsvertraglichen Grundsatz also nur zum Teil. Die Begründung führt zudem für diesen „Grundsatz“ nicht die richtigen Übereinkommen an, denn Art. 14 des Minderjährigenschutzabkommens und Art. 1 II Testamentsformabkommen konkretisieren nur die Staatsangehörigkeitsanknüpfung. Art. 16 des Haager Unterhaltsabkommens ist gerade ein Beispiel für die Lösung, die das interlokale Recht des betreffenden Mehrrechtsstaates auch bei ortsbezogener Anknüpfung beachtet.

Ist die Praxis der Staatsverträge für die Konkretisierung der ortsbezogenen Anknüpfung nicht eindeutig, stellt sich die Frage, wie Art. 4 III 1 EGBGB auszulegen ist. Die unmittelbare Berufung des lokalen Teilrechtsgebiets durch Art. 4 III 1 EGBGB erscheint problematisch, wenn der ausländische Staat über ein einheitliches interlokales Privatrecht verfügt. Es ist in erster Linie, wie oben schon ausgeführt wurde, Aufgabe des Mehrrechtsstaates, seine internen Gesetzeskonflikte zu lösen. Die dem Art. 4 III 1 EGBGB entsprechenden staatsvertraglichen Vorschriften können noch das Argument des Entscheidungseinklanges zwischen den Vertragsstaaten oder das Anknüpfungsinteresse der Vertragsstaaten für den Ausschluß des interlokalen Rechts des betreffenden Mehrrechtsstaates anführen. Auf nationaler Ebene lassen sich solche Argumente nicht finden. Ganz im Gegenteil: Das Argument des Entscheidungseinklanges spricht auf nationaler Ebene eher dafür, gerade das interlokale Privatrecht des Mehrrechtsstaates zu berücksichtigen. So ist die Verweisung des deutschen IPR hinsichtlich des Ehegüterrechts eines deutsch-spanischen Ehepaares mit gewöhnlichem Aufenthalt in Barcelona nach Artt. 15 I, 14 I Nr. 2, 4 III 1 EGBGB unmittelbar auf die Anwendung der ehegüterrechtlichen Regelung des katalanischen Foralrechts gerichtet. Hier wird die maßgebliche Teilrechtsordnung aus deutscher Sicht berufen, obwohl das einheitliche spanische interforale Recht unter Umständen eine andere Teilrechtsordnung für maßgeblich erklären würde[244].

---

243 BT-Drucks. 10/502, S. 39 (Begründung des Regierungsentwurfs).

244 *Jayme,* RabelsZ 55 (1991), S. 303, 314 f.

Hält man sich dieses Ergebnis vor Augen, erscheint die Formulierung in Art. 4 III 1 EGBGB als äußerst unglücklich. Im Hinblick auf die Vorschriften zur Rechtsspaltung in anderen europäischen Kollisionsrechten, die überwiegend auch bei räumlicher Anknüpfung das einheitliche interlokale Recht befolgen (Art. 18 ital. IPRG, § 5 III Ö-IPRG), bleibt die deutsche Lösung ein Sonderweg[245]. Auch das deutsche Kollisionsrecht muß in Übereinstimmung mit seinen europäischen Pendants akzeptieren, daß es in erster Linie die Aufgabe der Mehrrechtsstaaten ist, ihre internen Gesetzeskonflikte zu lösen[246]. Die Meinung, die das interlokale Recht des Mehrrechtsstaates bei örtlicher Anknüpfung in Art. 4 III 1 EGBGB nicht mehr heranzieht[247], verdient daher keine Zustimmung. Um trotz dieser Ausgestaltung des Art. 4 III 1 EGBGB zu einer mit dem interlokalen Privatrecht des fremden Mehrrechtsstaates verträglichen Lösung zu kommen, sind verschiedene Möglichkeiten denkbar:

Zunächst könnte man den Vorbehalt in Art. 4 III 1 EGBGB zugunsten der eigenen Kollisionsnorm auf Fälle der Sachnormverweisung beschränken, das gesamtstaatliche interlokale Recht des Mehrrechtsstaates aber berücksichtigen, wenn die deutschen Kollisionsnormen eine Gesamtverweisung aussprechen[248]. Immerhin lassen auch zwei Übereinkommen, die das interlokale Recht auch bei ortsbezogenen Anknüpfungen heranziehen, den Renvoi im begrenzten Rahmen zur Geltung kommen, so Art. 21 II des Haager Kinderschutzübereinkommens oder Art. 4 des Haager Erbrechtsübereinkommens. Gegen diese Lösungsmöglichkeit spricht, daß interlokales Recht und Internationales Privatrecht zwar viele Gemeinsamkeiten haben, aber auch Unterschiede bestehen: Das IPR liefert die Antwort, ob das fremde Recht überhaupt angewandt sein will; nur wenn diese Frage positiv beantwortet wird, kommt das interlokale Privatrecht zum Zuge. Spricht unser Recht eine Sachnormverweisung aus, ist allein die Frage beantwortet, ob das fremde Recht angewandt sein möchte. Die Frage des ILR ist aber noch offen und auch in diesem Falle muß es beim Primat des lokalen Rechts des Mehrrechtsstaates bleiben. Zudem beachten die oben genannten Übereinkommen auch für die Fälle der Sachnormverweisung das interlokale Recht des betreffenden Mehrrechtsstaates. Letztlich würde dieser Vorschlag den Abstand der deutschen Regelung zu der Regelung der europäischen Internationalen Privatrechte noch vertiefen, wenn man bedenkt, daß die nationalen IPR-Kodifikationen in Europa ganz unterschiedliche Positionen zum Renvoi einnehmen[249]. Es ist daher nicht angebracht, die Berücksichtigung des in-

245 Siehe die Länderberichte 3. Kapitel, § 8 III.

246 Schon bei *Savigny* ist davon die Rede, daß für die Lösung von interlokalen Konflikten grundsätzlich das interlokale Recht des betreffenden Staates verantwortlich ist. Nur wenn es an solchen Vorschriften mangelt, soll die Rechtswissenschaft berufen sein, Lösungen zu finden (System des heutigen römischen Rechts VIII, S. 23).

247 *Ebenroth/Eyles,* IPRax 1989, S. 1, 5 f.; *Kegel/Schurig,* IPR, § 11 II, S. 364; *Palandt/Heldrich,* Art. 4 EGBGB Rdn. 14; weitere Nachweise im 3. Kapitel, § 8 II. 1. a).

248 *Rauscher,* IPRax 1987, S. 206, 208 f.; *Staudinger/Hausmann,* Art. 4 EGBGB Rdn. 324; ähnlich *Otto,* IPRax 1994, S. 1 f.

terlokalen Rechts eines Mehrrechtsstaates von der Frage abhängig zu machen, ob die deutschen Kollisionsnormen eine Gesamtverweisung aussprechen oder nicht.

Eine weitere Lösungsmöglichkeit könnte darin liegen, das interlokale Recht des Mehrrechtsstaates nur für die Anknüpfungen auszuschalten, die an das an einem „Ort“ geltende Recht anknüpfen. Ausdrücklich verweisen auf das „Ortsrecht“ zum Beispiel Art. 26 I Nr. 2 EGBGB (Errichtungsort der letztwilligen Verfügung), Art. 26 I Nr. 3 EGBGB (Aufenthaltsort des Erblassers) und Art. 15 II Nr. 3 EGBGB (Recht des Lageortes des unbeweglichen Vermögens). Im Gegensatz dazu müßte es bei der Berufung des interlokalen Rechts bleiben, wenn das deutsche IPR unter ortsbezogenen Anknüpfungen auf das Recht eines „Staates“ verweist, wie zum Beispiel für die Anknüpfung an den gewöhnlichen oder schlichten Aufenthalt in Art. 5 II, Art. 14 I Nr. 2 und für die Anknüpfung an den Vornahmeort in Art. 11 I EGBGB. Letztlich kann man aus dem unterschiedlichen Wortlaut dieser Vorschriften aber keinen eindeutigen Schluß für das interlokale Recht ziehen; denn die Formulierung „Recht des Ortes“ oder „Recht des Staates“ unterliegt wohl eher historischen Zufällen[250], wie ein Vergleich der Formulierungen von Art. 11 I 2 EGBGB a. F. („Gesetze des Ortes“) mit Art. 11 I EGBGB („Recht des Staates“) zeigt[251]. Man kann dem Gesetzgeber auch nicht unterstellen, Formfragen in Art. 11 I EGBGB und Art. 26 I Nr. 2 EGBGB unterschiedlich regeln zu wollen. Auch dieser Weg hilft damit nicht weiter; darüber hinaus vermag er nicht den Vorrang des interlokalen Rechts des betreffenden Mehrrechtsstaates zu sichern.

Um den Vorrang des interlokalen Rechts zu gewährleisten, muß man die Verweisung der örtlichen Anknüpfungspunkte als Verweisung auf das Recht des Gesamtstaates (Art. 3 I 1 EGBGB) einschließlich seines interlokalen Rechts auffassen[252]. Nur auf diese Weise wird der deutsche Sonderweg im Verhältnis zu unseren europäischen Nachbarn aufgegeben. Das deutsche Kollisionsrecht benötigt interlokalrechtliche Vorschriften insoweit, als das Recht des ausländischen Mehrrechtsstaates auf gesamtstaatlicher Ebene keine interlokalrechtliche Regelung trifft; nur in diesem Fall muß sich das deutsche Recht Gedanken über die Unteranknüpfung machen. Der Redaktion von Art. 4 III 1 EGBGB liegt tatsächlich ein „Gedankenfehler“ zu Grunde; der einschränkende Nebensatz in Art. 4 III 1 EGBGB („ohne die maßgebende [Teilrechtsordnung] zu bezeichnen“) ist *de lege lata* in Art. 4 III 2 EGBGB sinngemäß hinein zu lesen[253]. Denn die Aufforderung in Art. 4 III 2 EGBGB, das Recht der Teilrechtsordnung anzuwenden, mit welcher der Sachverhalt am engsten verbunden ist, hilft dem Rechtsanwender allein nicht weiter: Diese

---

249 Siehe die Länderberichte zum Renvoi im 2. Kapitel, § 4 III.

250 *Lüderitz,* IPR, Rdn. 171; *Staudinger/Hausmann,* Art. 4 EGBGB Rdn. 323.

251 Siehe dazu *Kropholler,* IPR, § 29 II 2, S. 184.

252 *von Bar* IPR I, Rdn. 281; *Spickhoff,* JZ 1993, S. 336, 337; siehe auch *Schnitzer,* Handbuch des IPR, S. 198; a. A. *H. Stoll,* FS Keller, S. 511, 516 f. m. w. N.; ausführlich zu dieser Problematik *de Nova,* Rec. des Cours 118 (1966 II), S. 435, 541, 542–557.

253 *von Bar,* IPR I, Rdn. 281; *Spickhoff,* JZ 1993, S. 336, 337.

Anknüpfung bedarf der Konkretisierung; hier hat die unmittelbare Bezeichnung einer Teilrechtsordnung ihre Bedeutung und ihren Sinn[254].

Der Unterschied der hier vertretenen Auffassung zu der Meinung, die das interlokale Recht eines Mehrrechtsstaates bei ortsbezogenen Anknüpfungen nicht berücksichtigt, verringert sich freilich beträchtlich. Denn diese Ansicht beachtet größtenteils bei einer Gesamtverweisung des deutschen IPR eine interlokalrechtliche Weiterverweisung der unmittelbar berufenen Teilrechtsordnung[255]. Relevant wird die unterschiedliche Sichtweise nur bei einer Sachnormverweisung unserer Kollisionsnormen; allein die hier vertretene Meinung wendet dann noch die interlokalen Regelungen an.

2. Gespaltenes interlokales Privatrecht

Die deutsche Regelung in Art. 4 III 2 EGBGB stimmt im wesentlichen mit den staatsvertraglichen Vorbildern überein; im Bereich des Personalstatuts ist klarzustellen, daß es nicht auf die Teilrechtsordnung ankommt, „mit welcher der Sachverhalt am engsten verbunden ist", sondern auf die engste Verbindung der Anknüpfungsperson zu der Teilrechtsordnung[256]. Für eine Spezifizierung der „engsten Verbindung", die sich in neueren Übereinkommen findet[257], besteht im deutschen Internationalen Privatrecht kein Bedarf. Eine Gefahr wie bei den untersuchten Konventionen, daß die engste Verbindung unterschiedlich von den Vertragsstaaten ausgelegt wird, besteht im deutschen IPR nicht[258]. Daher sollte man unserem autonomen Kollisionsrecht die Flexibilität mit der Anknüpfung an die engste Verbindung nicht nehmen.

3. Ergebnis

Nach alledem empfiehlt es sich, Art. 4 III 1 EGBGB neu zu fassen. *De lege ferenda* ist in der Vorschrift zwischen räumlicher und personaler Rechtsspaltung zu unterscheiden und der Vorrang des gesamtstaatlichen interlokalen Privatrechts des fremden Mehrrechtsstaates auch für ortsbezogene Anknüpfung des deutschen IPR anzuerkennen.

---

254 So schon vor der Reform *Raape/Sturm,* IPR, § 20 I, S. 380.

255 *Erman/Hohloch,* Art. 4 EGBGB Rdn. 22; *Kegel/Schurig,* IPR, § 11 II, S. 363 ff.; *Kropholler,* IPR, § 29 II 2, S. 185; *Lüderitz,* IPR, Rdn. 171; *H. Stoll,* FS Keller, S. 511, 518 f.

256 *Staudinger/Hausmann,* Art. 4 EGBGB Rdn. 327; *H. Stoll,* IPRax 1984, S. 1, 3; *ders.,* FS Keller, S. 511, 521.

257 Siehe Art. 48 lit. b) i. V. m. Art. 47 des Haager Kinderschutzübereinkommens und Art. 19 II 2 i. V. m. Art. 19 III-VII des Haager Erbrechtsübereinkommens.

258 Siehe die Diskussion um die engste Bindung beim Haager Minderjährigenschutzabkommen, 3. Kapitel, § 9 III. 3. a) bb).

Art. 4 III EGBGB (Reformvorschlag):

(3) Wird auf das Recht eines Staates mit *räumlicher oder personaler Rechtsspaltung verwiesen, so bestimmt das Recht dieses Staates, welche Teilrechtsordnung anzuwenden ist.* Fehlt eine solche Regelung, so ist die Teilrechtsordnung anzuwenden, mit welcher der Sachverhalt am engsten verbunden ist.

Viertes Kapitel

Verhältnis von Einzel- und Gesamtstatut

Das Problem von Einzel- und Gesamtstatut folgt aus der historischen Entwicklung des IPR; „en droit international privé l'histoire est tout"[1]. So herrschte im 16. und 17. Jahrhundert nach *d'Argentré* die Meinung vor, die Erbfolge unterliege verschiedenem Recht: Für bewegliches Vermögen galt die *lex domicilii* des Erblassers, für das unbewegliche Vermögen die *lex rei sitae*[2]. Entsprechende Regelungen gelten heute noch in Frankreich, England und in vielen Einzelstaaten der USA. In Deutschland hat erst Friedrich Carl von *Savigny* die Geltung einheitlichen Rechts für die Erbfolge durchgesetzt und die Rechtsnachfolge von Todes wegen an das Recht am letzten Wohnsitz des Erblassers angeknüpft[3]. Da aber heute zu größerem Vermögen häufig im Ausland belegene Vermögensgegenstände gehören, kann es vorkommen, daß ein einzelner Vermögensgegenstand (*Beispiel:* Grundstück) einem anderen Statut unterliegt als die Vermögensgesamtheit (*Beispiel:* Erbschaft), welcher der einzelne Vermögensgegenstand zugeordnet ist. Die Frage, wie kollisionsrechtliche Staatsverträge mit einer solchen Situation umgehen, steht im Mittelpunkt dieses Kapitels. Dafür sind zunächst Grundfragen zu diesem Problemkreis zu verfolgen (§ 12), um im Anschluß daran die Regelungen in kollisionsrechtlichen Staatsverträgen mit (§ 13) und ohne (§ 14) deutsche Beteiligung näher zu untersuchen. Den Abschluß bildet eine zusammenfassende Würdigung (§ 15).

§ 12 Grundfragen zum Einzel- und Gesamtstatut

Die Grundfragen zum Einzel- und Gesamtstatut behandeln die Begriffe, die Haltung des deutschen IPR und die Haltung des europäischen Internationalen Privatrechts.

---

1 *Gutzwiller,* Geschichte des IPR, S. VII.

2 Entsprechende Regelungen bestanden auch im Ehegüterrecht. Für Grundstücke war das Belegenheitsrecht maßgebend; die Fahrnis unterstand dem am Wohnsitz des Ehemanns geltenden Recht. *D'Argentré* erörtert das IPR in seinem Kommentar zum bretonischen Landrecht als Glosse 6 zu Art. 218 (Text in: *Meili,* ZIR 5 [1895], S. 363, 371 – 380, 452 – 472); zu *d'Argentré* siehe *Gutzwiller,* Geschichte des IPR, S. 89 ff. und *Gamillscheg,* S. 66 ff.

3 *von Savigny,* System des heutigen Römischen Rechts VIII, S. 295 – 308. Zu *Savigny* und dem Internationalen Privatrecht seiner Zeit: *Sturm,* in: IuS Commune VIII, S. 92 – 109.

I. Begriff des Einzel- und Gesamtstatuts

Ein *Gesamtstatut* umfaßt einen Inbegriff von Vermögensgegenständen wie das Vermögen eines Ehegatten, Kindes oder den Nachlaß einer Person[4]. Durch die Bildung einer Gesamtheit von Vermögensgegenständen soll, was materiellrechtlich zusammengehört, auch kollisionsrechtlich zusammenhängend beurteilt werden[5]. Eine Rechtsordnung ist berufen, über die Vermögensgesamtheit zu entscheiden. Hingegen erfaßt das *Einzelstatut* einzelne Vermögensgegenstände und unterstellt sie dem Belegenheitsrecht[6]. Zwei Voraussetzungen müssen vorliegen, damit ein Einzelstatut auf das Gesamtstatut trifft: Zum einen muß sich die Anknüpfung auf eine Gesamtheit von Vermögensgegenständen beziehen; zum anderen muß das Recht des Belegenheitsortes einzelner Vermögensgegenstände besondere Vorschriften aufweisen, die mit dem Gesamtstatut kollidieren[7].

II. Deutsches Internationales Privatrecht

Das deutsche Internationale Privatrecht verweist für gewisse Vermögensmassen (der Ehegatten, Art. 15 I EGBGB; des Kindes Art. 21 EGBGB; des Erblassers, Art. 25 I EGBGB) unmittelbar oder durch Renvoi auf ein einheitliches familien- und erbrechtliches Vermögensstatut. Eine Ausnahme von diesem Grundsatz macht Art. 3 III EGBGB. Danach beziehen sich Verweisungen im Dritten und Vierten Abschnitt (Familien- und Erbrecht), soweit „sie das Vermögen einer Person dem Recht eines Staates unterstellen, ... nicht auf Gegenstände, die sich nicht in diesem Staat befinden und nach dem Recht des Staates, in dem sie sich befinden, besonderen Vorschriften unterliegen". Art. 3 III EGBGB greift damit in modifizierter Form Art. 28 EGBGB a. F. auf[8]. In dieser Norm waren die Vorschriften der Artt. 15, 19, des Art. 24 I und der Artt. 25, 27 EGBGB a. F. direkt aufgeführt: die Kollisionsnormen für das Ehegüterrecht, das Vermögen des ehelichen Kindes und den Nachlaß. Art. 28 EGBGB a. F. wurde aber wegen der identischen Interessenlage auf das Vermögen des nichtehelichen Kindes, des legitimierten und adoptierten Kindes und der Person, die unter Vormundschaft stand, analog angewandt[9].

---

4 *von Bar,* IPR I, Rdn. 533; *Junker,* IPR, Rdn. 211; MünchKomm-*Sonnenberger,* Art. 3 EGBGB Rdn. 17.

5 *Thoms,* S. 2; *Reichelt,* S. 92, *Schwimann,* Grundriß des IPR, S. 183.

6 *Junker,* IPR, Rdn. 211; *Kropholler,* IPR, § 26 I, S. 166, *Thoms,* S. 2.

7 *Junker,* IPR, Rdn. 211; *Staudinger/Hausmann,* Art. 3 EGBGB Rdn. 41.

8 BT-Drucks. 10/504, S. 36 (Begründung des Regierungsentwurfs).

9 *Soergel/Kegel*[11], Art. 28 EGBGB Rdn. 14; *Thoms,* S. 8; *Wolff,* IPR, § 17 I 4, S. 83.

1. Anwendungsbereich des Art. 3 III EGBGB

Der Anwendungsbereich des Art. 3 III EGBGB ist eröffnet, wenn bei einem familien- oder erbrechtlichen Sachverhalt das Vermögen einer Person zu beurteilen ist und anwendbares Recht und Lageort des Vermögens auseinanderfallen. Ob Art. 3 III EGBGB wirklich eingreift, hängt davon ab, wann „Gegenstände" im Lageortstaat „besonderen Vorschriften" unterliegen.

a) Besondere Vorschriften

Seinem Wortlaut nach sagt Art. 3 III EGBGB nichts Näheres zu den „besonderen Vorschriften". Was darunter zu verstehen ist, blieb schon bei den Beratungen der Entwürfe zu Art. 28 EGBGB a. F. undeutlich[10] und ist auch später nicht klarer geworden.

aa) Sachnormen des Belegenheitsstaates

Unstreitig umfaßt Art. 3 III EGBGB „Sachnormen, die sich auf sogenannte gebundene Güter oder Sondervermögen wie Familienfideikommisse, Stammgüter, Rentengüter, Anerbengüter oder Erbhöfe beziehen und diese Gegenstände einer besonderen Regelung" unterstellen[11]. Es handelt sich dabei um *Sondervermögen für bestimmte Personen*, das gesellschafts- oder wirtschaftspolitischen Zwecken des Belegenheitsstaates dient[12]. Von den zahlreichen Sonderregelungen im *deutschen Recht,* die noch im 19. Jahrhundert den Adels- und Bauernstand erhalten sollten, ist nur noch wenig übrig geblieben[13]; es handelt sich insoweit um „sterbendes Recht"[14]. Paradebeispiel ist heute noch die Sondererbfolge des Hoferben nach Höferecht[15]. Gehört beispielsweise zum Nachlaß eines niederländischen Erblassers

---

10 Zur Enstehungsgeschichte *Reichelt,* S. 40–46; *Thoms,* S. 22–32; *Wochner,* FS Wahl, S. 161–176.

11 BGH vom 5. 4. 1968 – V ZR 18/67, BGHZ 50, 63 (64) = NJW 1968, S. 1571 = IPRspr. 1968/69 Nr. 158, S. 391, 392. Die Erste Kommission rechnete ausdrücklich Lehen, Fideikommisse, Stammgüter und Anerbengüter zu den „besonderen Vorschriften" (Protokoll der 697. Sitzung der Ersten Kommission, S. 11575–11577 [abgedruckt bei *Hartwieg/Korkisch,* S. 135 f.]).

12 BT-Drucks. 10/504, S. 36 (Begründung des Regierungsentwurfs); *von Bar,* IPR I, Rdn. 534; *von Hoffmann,* IPR, § 9 Rdn. 62; *MünchKomm-Sonnenberger,* Art. 3 EGBGB Rdn. 21; *Raape/Sturm,* IPR, § 12 III 1, S. 187.

13 Als besondere Vorschriften des deutschen Rechts kommen die Höfeordnung vom 29. 3. 1976 (BGBl. 1976 I, S. 881), die Vorschriften des Reichsheimstättengesetzes vom 25. 11. 1937 (RGBl. 1937 I, S. 1291) und die Vorschriften des Grundstückverkehrsgesetzes vom 28. 7. 1961 (BGBl. 1961 I, S. 1091) in Betracht.

14 *von Bar,* IPR I, Rdn. 535.

15 BGH vom 11. 12. 1956 – V BLw 30/56, BGHZ 22, 317 (321–330) = NJW 1957, S. 259, 260 f.; BGH vom 14. 7. 1965 – V BLw 1/65, FamRZ 1965, S. 562 (Leitsatz) =

ein in Westfalen belegenes und der Höfeordnung unterliegendes Grundstück, verweisen die Artt. 25 I, 4 I EGBGB auf das niederländische Recht. Hatte der Erblasser im Zeitpunkt seines Todes seinen gewöhnlichen Aufenthalt in den Niederlanden, nimmt das niederländische Recht die Verweisung an und spricht keinen Renvoi aus[16]. Allerdings setzt sich über Art. 3 III EGBGB für den Erbgang in das Hofgrundstück die deutsche Höfeordnung durch[17].

In *ausländischen Sachrechten* sind „besondere Vorschriften" ebenfalls selten geworden. Der französische Code civil sieht in den Artt. 832 ff. ein Übernahmerecht des überlebenden Ehegatten oder jedes Miterben vor, wenn zum Nachlaß ein landwirtschaftlicher Kleinbetrieb gehört (*attribution préférentielle de droit*)[18]. Entsprechende Regelungen existieren in Norwegen[19], Österreich[20] oder der Schweiz[21]. Man wird aber fordern müssen, daß der ausländische Belegenheitsstaat diese Sonderregelungen auch kollisionsrechtlich für die in seinem Gebiet belegenen Gegenstände beruft[22]: Entweder das Belegenheitsrecht übernimmt die im materiellen Recht vorgesehene Sonderbehandlung bestimmter Nachlaßgegenstände auch in sein IPR und erklärt international die eigene *lex rei sitae* aus ordnungspolitischen

---

IPRspr. 1964/65 Nr. 171, S. 494, 496; OLG Köln vom 1. 12. 1954–2 Wlw 99/54, IPRspr. 1954/55 Nr. 133, S. 385, 386; OLG Oldenburg vom 1. 2. 1979–10 W Lw 4/77 und 10 W Lw 5/77, IPRspr. 1979 Nr. 135, S. 467.

16 Art. 1 des niederländischen Gesetzes vom 4. 9. 1996 über das Kollisionsrecht der Erbfolge (Text in: IPRax 2000, S. 59–60) i. V. m. Art. 3 I des Haager Erbrechtsübereinkommens vom 1. 8. 1989 (Text in: IPRax 2000, S. 53–59).

17 Siehe zu Art. 28 EGBGB a. F. OLG Köln vom 1. 12. 1954–2 Wlw 99/54, IPRspr. 1954/55 Nr. 133, S. 385, 386.

Kegel/Schurig (IPR, § 12 II 2 b) aa) bbb), S. 372 ff.), *Soergel/Kegel* (Art. 3 EGBGB Rdn. 14) möchten Art. 3 III EGBGB nicht für inländische Sachnormen heranziehen, da schon Art. 28 EGBGB a. F. nicht zugunsten deutscher Sondervermögen wirken sollte. Die bei Erlaß des EGBGB in Deutschland vorhandenen Sondervermögen für bestimmte Personen hätten dem Landesprivatrecht angehört und daher auch nach diesem Zeitpunkt dem landesrechtlichen IPR unterstanden (Artt. 59, 62–64 EGBGB). Reichsrechtliche Sondervermögen für bestimmte Personen habe es erst viel später in Gestalt der Reichserbhöfe gegeben. Auf künftige inländische Sondervermögen aber habe der Art. 28 EGBGB a. F. nicht sinnvoll abzielen können, weil es dem späteren Gesetzgeber vorbehalten bleiben mußte, wie weit er sein Gesetz wirken lassen wolle.

18 *Ferid/Firsching/Lichtenberger-Ferid,* Band II, Frankreich Grdz. H III 5, Rdn. 280.

Darüber hinaus erfassen die Artt. 832 ff. Code civil folgende Nachlaßgegenstände: Handels-, Industrie- oder Handwerksbetriebe, die als Familienbetriebe geführt werden (*attribution préférentielle facultative*) und das bewegliche Inventar eines vom Erblasser gepachteten und von seinen Erben fortgeführten landwirtschaftlichen Betriebs (*attribution préférentielle subsidiaire*).

19 Siehe dazu *Staudinger/Hausmann,* Art. 3 EGBGB Rdn. 109.

20 Siehe dazu *Zemen,* ZfRV 24 (1983), S. 67, 75 f.

21 Siehe dazu *Staudinger/Hausmann,* Art. 3 EGBGB Rdn. 116.

22 *Kegel/Schurig,* IPR, § 12 II 2 b) aa) aaa), S. 372; *Soergel/Kegel,* Art. 3 EGBGB Rdn. 16; *Solomon,* IPRax 1997, S. 81, 83; *Staudinger/Dörner,* Art. 25 EGBGB Rdn. 535, 545 f.; *V. Stoll,* S. 103.

Gründen für anwendbar. Oder der Belegenheitsstaat ordnet allein materiellrechtlich eine Sondernachfolge an und stellt sie kollisionsrechtlich zur Disposition. Dann ist aber ein kollsionsrechtliches Regelungsinteresse des Belegenheitsstaates, dem wir mit Art. 3 III EGBGB nachgeben müssen, nicht zu erkennen. *Beispiel*[23]*:* Hinterläßt ein deutscher Erblasser einen liechtensteinischen Fideikommis, wird er gemäß Art. 25 I EGBGB nach deutschem Recht beerbt. Jedoch erklärt das liechtensteinische ZGB für liechtensteinische Fideikommisse *ausschließlich* das liechtensteinische Recht für anwendbar (Art. 833 I liecht. ZGB). Diese Sonderregel ist international zwingend und setzt sich über Art. 3 III EGBGB gegen das deutsche Erbstatut durch. Hinter dieser Vorschrift stehen genau genommen nicht nur Sach-, sondern auch kollisionsrechtliche Interessen[24].

Einige Rechtsordnungen regeln noch heute *Sondervermögen für jedermann* nicht einheitlich. So ist in manchen Staaten der USA (Delaware, New Jersey, Tennessee u. a.) die gesetzliche Erbfolge in bewegliche Sachen (*personal estate*) und in Grundstücke (*real estate*) verschieden[25]. Am beweglichen Vermögen wird die Frau beteiligt, das unbewegliche Vermögen dagegen zur Erhaltung des Familienguts allein den Abkömmlingen zugewendet[26]. Da die politischen und wirtschaftlichen Gründe für diese materiellrechtlichen Regelungen „dahin" seien, wollen manche Art. 3 III EGBGB nicht mehr anwenden[27]. Solche Sonderregelungen seien Versteinerungen einer überlebten Rechtskultur und heute nur noch ein „Zopf"[28]. Eine derartige Einschränkung des Art. 3 III EGBGB stößt aber auf Bedenken. Es steht dem Rechtsanwender nicht zu, eine Norm – zudem noch eine ausländische Vorschrift! – nicht anzuwenden, weil er sie für veraltet hält. Häufig wird man gar nicht feststellen können, ob eine Sonderregelung ein „Zopf" ist oder nicht.

Andere verlangen als weitere Voraussetzung, daß der Belegenheitsstaat für diese Sondervorschriften auch kollisionsrechtlich eine Sonderanknüpfung vorsieht[29]. Dieser Einschränkung ist zuzustimmen; dafür spricht die Enstehungsgeschichte des Art. 28 EGBGB a. F.[30]: Die Erste Kommission wollte offenbar entgegen *Gebhard*[31] das *Sondervermögen für jedermann* erfassen, wenn materiell- und kolli-

---

23 Nach *Raape/Sturm,* IPR, § 12 III 1, S. 187.

24 *Kegel/Schurig* (IPR, § 12 II 2 b) aaa), S. 371) vergleichen die Behandlung dieser ausländischen Vorschriften mit „derjenigen ausländischer Eingriffsnormen aus sogenannten Drittstaaten".

25 Siehe *Kegel/Schurig,* IPR, § 12 II 2 b) bb), S. 374; *Raape/Sturm,* IPR, § 12 III 2, S. 187; *Soergel/Kegel,* Art. 3 EGBGB Rdn. 17.

26 MünchKomm-*Sonnenberger,* Art. 3 EGBGB Rdn. 22; *Thoms,* S. 16.

27 *Kegel/Schurig,* IPR, § 12 II 2 b) bb), S. 374; *Soergel/Kegel,* Art. 3 EGBGB Rdn. 17.

28 *Soergel/Kegel,* Art. 3 EGBGB Rdn. 17.

29 MünchKomm-*Sonnenberger,* Art. 3 EGBGB Rdn. 23; *Staudinger/Dörner,* Art. 25 EGBGB Rdn. 535.

30 Da der Reformgesetzgeber in Art. 3 III EGBGB den Art. 28 EGBGB a. F. beibehalten möchte, sind die Materialien zu Art. 28 EGBGB a. F. weiter zu beachten, BT-Drucks. 10/504, S. 36 (Begründung des Regierungsentwurfs).

sionsrechtlich keine Vermögenseinheit besteht: „Gemeint sind vornehmlich die Fälle, in welchen die maßgebende Bedeutung des Personalstatuts für ... das Erbrecht in Ansehung der Immobilien seitens eines Staates überhaupt nicht anerkannt wird, weil wie z. B. im Gebiete des *common law,* der Begriff der Vermögenseinheit auf die bewegliche Habe sich beschränkt und die Grundstücke als besondere Vermögenskomplexe von besonderen Normen beherrscht werden; ...“[32]. Darüber hinaus geht in den Staaten, die das Sondervermögen für jedermann mit verschiedenen Sachnormen regeln, ein kollisionsrechtlicher Unterschied Hand in Hand: Für unbewegliches Vermögen gilt die *lex rei sitae* und für bewegliches Vermögen das Wohnsitzrecht.

bb) Kollisionsnormen des Belegenheitsstaates

Bis zur IPR-Reform war die Frage heftig umstritten, ob Art. 28 EGBGB a. F. auch besondere Kollisionsnormen des ausländischen IPR umfaßt, welche die Erbfolge in bestimmte Gegenstände, vornehmlich in Grundstücke, einem anderen Recht unterstellen als die übrige Erbfolge und damit zu einer Aufspaltung des Nachlasses führen. Entsprechendes galt für das eheliche Güterrecht und das Kindesvermögen. Während vor allem die Rechtsprechung solche Kollisionsnormen über Art. 28 EGBGB a. F. berücksichtigte[33], lehnte ein großer Teil der Literatur ihre Anwendung ab[34]. *Beispiel:* Verstarb ein deutscher Erblasser mit Grundvermögen in Frankreich, wurde er grundsätzlich hinsichtlich seines gesamten Vermögens nach deutschem Recht beerbt. Nach der Rechtsprechung unterfiel aber das Grundvermögen dem französischem Erbrecht, weil in Frankreich für die Vererbung von Grundstücken die *lex rei sitae* gilt (Art. 3 II Code civil). Hingegen wäre die überwiegende Rechtslehre bei dem deutschen Recht stehengeblieben.

In der Begründung des Regierungsentwurfs von Art. 3 III EGBGB wird unter Berufung auf den Bundesgerichtshof „die rein kollisionsrechtliche Vermögensspaltung mit der Belegenheitsanknüpfung für Grundstücke“ zu den besonderen Vorschriften gezählt. Daraus wird in der Literatur der Schluß gezogen, der Gesetzgeber habe diese Frage in Richtung der Rechtsprechung entschieden[35]. Tatsächlich

---

31 *Wochner,* FS Wahl, S. 161, 170.

32 Protokoll der 697. Sitzung der Ersten Kommission, S. 11576 f. (abgedruckt bei *Hartwieg/Korkisch,* S. 136).

33 Vgl. BGH vom 5. 4. 1968 – V ZR 18/67, BGHZ 50, 63 (68 f.) = NJW 1968, S. 1571, 1572 = IPRspr. 1968/69 Nr. 158, S. 391, 394; BayObLG vom 2. 6. 1982 – BReg. 1 Z 45/81, IPRax 1983, S. 187, 189 = IPRspr. 1982 Nr. 115, S. 263, 265; KG vom 22. 5. 1984 – 1 W 5 196/83, NJW 1984, S. 2769 (Leitsatz), IPRspr. 1984 Nr. 206, S. 499, 500 f.

34 Vgl. *Kegel,* IPR[5], § 12 II 2 b) cc), S. 248 – 250; MünchKomm-*Sonnenberger*[1], Art. 28 EGBGB Rdn. 6 ff., *Schurig,* Kollisionsnorm, S. 195; *Raape/Sturm,* IPR, § 12 III, S. 187.

35 So *Erman/Hohloch,* Art. 3 EGBGB Rdn. 18; MünchKomm-*Sonnenberger,* Art. 3 EGBGB Rdn. 25; siehe auch *von Bar,* IPR I, Rdn. 534; *Lüderitz,* IPR, Rdn. 168; *Palandt/Heldrich,* Art. 3 EGBGB Rdn. 14.

hat der Gesetzgeber in Art. 3 III EGBGB den Wortlaut des Art. 28 EGBGB a. F. unverändert übernommen. Bis heute fehlt damit eine eindeutige gesetzliche Regelung, was unter „besonderen Vorschriften" zu verstehen ist. In Anbetracht des unklaren Wortlauts hätte der Gesetzgeber eine Korrektur vornehmen müssen, um den Streit endgültig zu entscheiden. Die Begründung des Regierungsentwurfs mag davon ausgehen, daß der Bundesgerichtshof auch im Rahmen des Art. 3 III EGBGB seine Rechtsprechung zu den besonderen Vorschriften fortsetzt. In dieser Erwartung kann aber keine gesetzliche Fixierung dieser Lösung gesehen werden. Die Frage, ob unter besonderen Vorschriften in Art. 3 III EGBGB auch allein Kollisionsnormen des Belegenheitsstatuts zu verstehen sind, ist daher nach wie vor offen[36]. Angesichts der Regelungen in kollisionsrechtlichen Staatsverträgen ist auf diese Frage im deutschen Recht in § 15 noch einmal zurückzukommen.

b) Kreis der betroffenen Gegenstände

Gegenstände des Vermögens sind vor allem Grundstücke, können aber auch sonstige Vermögenswerte wie bewegliche Sachen, Forderungen, Patente und Immaterialgüterrechte sein[37]. Gesellschaftsanteile an einer deutschen OHG oder KG gehören nicht in den Kreis der von Art. 3 III EGBGB betroffenen Gegenstände[38]. Die in der Rechtsprechung des Bundesgerichtshofes nicht eindeutig beantwortete Frage, ob Gesellschaftsanteile an Personengesellschaften in den Nachlaß fallen[39], spielt insoweit keine Rolle. Über die Gesellschafternachfolge entscheidet allein das Gesellschaftsstatut, unabhängig davon, ob die Anteile zum Nachlaß gehören oder nicht. Zu einem Konflikt mit dem Erbstatut kann es gar nicht kommen. Kein Anwendungsfall des Art. 3 III EGBGB ist ebenfalls der Ausgleich von Versorgungsanwartschaften[40]. Der Ausgleich findet grundsätzlich nach Art. 17 III S. 1 EGBGB statt; der Ausnahmefall des Art. 17 III S. 2 legt selbst abschließend fest, in welchen Fällen subsidiär deutsches Recht anzuwenden ist. Art. 3 III EGBGB spielt insoweit keine Rolle.

---

36 *Kegel/Schurig,* IPR, § 12 II 2, S. 369; ausführlich *Soergel/Schurig,* Art. 25 EGBGB Rdn. 89; *Solomon,* IPRax 1997, S. 81, 84; siehe auch *Schurig,* IPRax 1990, S. 389 f.

37 *Junker,* IPR, Rdn. 214; *Kropholler,* IPR, § 26 II 3, S. 168; MünchKomm-*Sonnenberger,* Art. 3 EGBGB Rdn. 35; *Staudinger/Hausmann,* Art. 3 EGBGB Rdn. 71; *Thoms,* S. 19.

38 *Junker,* IPR, Rdn. 215; *Lüderitz,* IPR, Rdn. 168 Fn. 38; MünchKomm-*Sonnenberger,* Art. 3 EGBGB Rdn. 36; *Staudinger/Dörner,* Art. 25 EGBGB Rdn. 524; *Staudinger/Hausmann,* Art. 3 EGBGB Rdn. 73; *Thoms,* S. 14. A. A. *Erman/Hohloch,* Art. 3 EGBGB Rdn. 16; *Hüßtege,* IPR, S. 25 f.; *Palandt/Heldrich,* Art. 3 EGBGB Rdn. 13; *Raape/Sturm,* IPR, § 12 IV 2 e), S. 189.

39 BGH vom 14. 5. 1986 – IVa ZR 155/84, BGHZ 98, 48 (50 f.) = NJW 1986, S. 2431, 2432 (bejahend); BGH vom 30. 4. 1984 – II ZR 293/83, BGHZ 91,132 (136) = NJW 1984, S. 2104 f. (verneinend).

40 MünchKomm-*Sonnenberger,* Art. 3 EGBGB Rdn. 37; *Staudinger/Hausmann,* Art. 3 EGBGB Rdn. 74; *Thoms,* S. 15.

2. Rechtsfolge: Einzelstatut bricht Gesamtstatut

Rechtsfolge von Art. 3 III EGBGB ist der Vorrang des Einzelstatuts vor dem Gesamtstatut. Nach seinem Wortlaut besagt Art. 3 III EGBGB nur, daß das Güter- bzw. Erbstatut nicht gelten soll; er gibt aber keine Auskunft darüber, welches Recht anwendbar ist. Nach überwiegender Meinung ist Art. 3 III EGBGB eine Kollisionsnorm, die in bezug auf die erfaßten Gegenstände auf die *lex rei sitae* verweist[41]. Die Formulierung vom „Vorrang des Einzelstatuts vor dem Gesamtstatut“[42] ist insoweit ungenau, wenn nicht mißverständlich[43]. Berufen wird nämlich nicht ein Einzelstatut, dem ein zum Vermögen gehörender Gegenstand als rechtliches Einzelobjekt untersteht. Vielmehr geht es um das jeweilig am Lageort geltende Ehegüter-, Kindschafts- oder Erbrecht. Art. 3 III EGBGB befaßt sich nicht mit den Vorschriften des Sachenrechts, sondern unterstellt die Gegenstände dem Familien- und Erbrecht der betreffenden *lex rei sitae* als Vermögenssonderstatut[44]. Da nach Art. 3 III EGBGB Gesamtverweisungen in Artt. 13–26 EGBGB unter dem Vorbehalt besonderer Vorschriften des Belegenheitsstaates einzelner Gegenstände stehen, wird daher teilweise auch von *bedingter Verweisung* gesprochen[45]. Im Ergebnis fällt allerdings das Vermögenssonderstatut, soweit es um die zu dem Vermögen gehörenden Sachen geht, mit dem sachrechtlichen Einzelstatut – der *lex rei sitae* – zusammen. Deshalb soll die Formel vom Vorrang des Einzelstatuts vor dem Gesamtstatut auch hier weiter verwendet werden, obwohl sie eigentlich „am Kern vorbeigeht“[46].

III. Europäische Internationale Privatrechte

Im Regierungsentwurf stößt man auch auf eine rechtsvergleichende Begründung für die Übernahme des Art. 28 EGBGB a. F. in Art. 3 III EGBGB[47]: „Auf ähnlichen Erwägungen wie Art. 28 EGBGB [a. F.] beruht auch § 28 II des österreichi-

---

41 BGH vom 2. 5. 1966 – III ZR 92/64, BGHZ 45, 351 (352) = NJW 1966, S. 2270 = IPRspr. 1966/67 Nr. 3, S. 3, 4 (zu Art. 28 EGBGB a. F.); BGH vom 21. 4. 1993 – XII ZR 248/91, NJW 1993, S. 1920, 1921 = IPRax 1994, S. 375 = IPRspr. 1993 Nr. 115, S. 265; *von Hoffmann,* IPR, § 4 Rdn. 19; *Junker,* IPR, Rdn. 217; *Kropholler,* IPR, § 26 II 4, S. 169; *Staudinger/Hausmann,* Art. 3 EGBGB Rdn. 75; a. A. *Wochner,* der Art. 28 EGBGB a. F. als Zuständigkeitsregel versteht (FS Wahl, S. 161, 182 ff.).

42 Siehe *Ferid,* IPR, Rdn. 3–133 („Einzelstatut bricht Gesamtstatut“); *Junker,* IPR, Rdn. 212; *Kropholler,* IPR, § 26 I, S. 166; *Raape/Sturm,* IPR, § 12 I 1, S. 185; *Wochner,* FS Wahl, S. 161, 162.

43 *Staudinger/Stoll,* Int. SachenR, Rdn. 182; *von Bar,* IPR I, Rdn. 534.

44 *Staudinger/Stoll,* Int. SachenR, Rdn. 182; *Thoms,* S. 7; vgl. *Wolff,* IPR, § 17 I, S. 81 f.

45 *Ebenroth/Eyles,* IPRax 1989, S. 1, 3; *von Hoffmann,* IPR, § 4 Rdn. 19; *Kegel/Schurig,* IPR, § 12 I, S. 366 f.; *Lüderitz,* IPR, Rdn. 168.

46 *von Bar,* IPR I, Rdn. 534.

47 BT-Drucks. 10/504, S. 37 (Begründung des Regierungsentwurfs).

schen IPR-Gesetzes, ..." Die Haltung anderer Staaten zum Verhältnis von Einzel- zum Gesamtstatut ist aber nicht nur für unsere nationale IPR-Kodifikation, sondern auch im Hinblick auf die kollisionsrechtlichen Übereinkommen von Interesse. Gegenstand der Untersuchung sind – soweit vorhanden – die funktionsäquivalenten Vorschriften zu Art. 3 III EGBGB in den Internationalen Privatrechten unserer europäischen Nachbarstaaten. Dargestellt wird die Rechtslage häufig am Beispiel des Internationalen Erbrechts.

1. Romanische Rechte

Von den romanischen Rechten wird die Rechtslage in Frankreich und Italien untersucht.

a) Rechtslage in Frankreich

Im französischen Recht findet sich keine dem Art. 3 III EGBGB entsprechende Vorschrift. Allerdings ist die Nachlaßspaltung im Internationalen Erbrecht Frankreichs für die deutsche Praxis zu einem wichtigen Anwendungsfall des Art. 28 EGBGB a. F. geworden[48]: Auf Grund einer allseitigen Auslegung des Art. 3 II Code civil unterliegt die Rechtsnachfolge in den unbeweglichen Nachlaß der *lex rei sitae*[49]; das bewegliche Vermögen wird nach dem Recht am letzten Wohnsitz des Erblassers vererbt[50]. Gehört also zum Nachlaß eines deutschen Staatsangehörigen ein Grundstück in Frankreich, trifft das deutsche Gesamtstatut (Artt. 25 I, 4 I EGBGB) auf das französische Belegenheitsstatut.

b) Rechtslage in Italien

In Italien herrschte vor der Neuregelung durch das IPRG von 1995 im Güter- und Erbrecht der strenge Grundsatz der Einheitlichkeit. Nach Art. 23 disp. prel. wurde zum Beispiel die Erbfolge in keinem Fall an eine andere Rechtsordnung angeknüpft als an das Heimatrecht des Erblassers[51]. Selbst wenn der Belegenheits-

---

48 Siehe BayObLG vom 16. 8. 1982 – BReg. 1 Z 73/82, IPRax 1983, S. 82 (Bericht *Firsching*) = IPRspr. 1982, Nr. 117, S. 274, 275; OLG Zweibrücken vom 10. 7. 1985 – 3 W 133/85, IPRax 1987, S. 108, 109 = IPRspr. 1985 Nr. 211, S. 562, 564.

49 Cass. civ. vom 14. 3. 1961 (de Goyeneche y San Gil c. consorts de Goyeneche y Silveia), Rev. crit. 50 (1961), S. 774 note *Batiffol; Batiffol/Lagarde,* DIP II, Nr. 634 ff.

50 *Audit,* DIP, 860, 864; *Loussouarn/Bourel,* DIP, Nr. 430.
Der Wohnsitz wird nach den Art. 102 ff. Code civil bestimmt. Danach liegt der Wohnsitz dort, wo sich das „principal établissement" (Art. 102 Code civil) befindet.

51 Vgl. *Ebenroth/Kleiser,* RIW 1993, S. 353, 354.

staat für die Vererbung von Nachlaßgegenständen die *lex rei sitae* berief, hatte es mit dem Heimatrecht des Erblassers sein Bewenden; die italienischen Kollisionsnormen sprachen nur Sachnormverweisungen aus (Art. 30 disp. prel.)[52]. Einzig der Erbschaftserwerb, das heißt der Modus des Eigentumsübergangs auf den Erben, wurde bei beweglichen und unbeweglichen Sachen nach Art. 22 disp. prel. vom Belgenheitsrecht geregelt[53]. Demgegenüber blieb es für den Titulus, das heißt für die Frage der Berufung als Erbe, stets beim Heimatrecht. Das ital. IPRG geht ebenfalls vom Grundsatz der Einheitlichkeit aus[54]; anders als das EGBGB in Art. 3 III kennt die Neuregelung keine allgemeine Ausnahme. Da das neue IPRG aber in Art. 13 grundsätzlich Rück- und Weiterverweisung zuläßt[55], kann es aus italienischer Sicht neuerdings zu einer kollisionsrechtlichen Nachlaßspaltung kommen. Voraussetzung dafür ist, daß die objektive Anknüpfung des Erbstatuts an die Staatsangehörigkeit (Art. 46 I ital. IPRG) auf ein Heimatrecht führt, das im Bereich des Internationalen Erbrechts dem Prinzip der Nachlaßspaltung folgt[56]. Darüber hinaus wurde in Art. 51 I ital. IPRG der Art. 22 disp. prel. fast unverändert übernommen[57]; die Unterscheidung zwischen Titulus und Modus besteht weiterhin (vgl. Art. 51 II ital. IPRG)[58]. Art. 51 II ital. IPRG nennt dafür ausdrücklich die Erbfolge und die Fälle, in denen die Zuerkennung eines dinglichen Rechts von einem familienrechtlichen Rechtsverhältnis oder einem Vertrag abhängt.

2. England

Für die englischen Kollisionsnormen ist die Unterscheidung zwischen beweglichem Vermögen (*movables*) und unbeweglichem Vermögen (*immovables*) typisch. Auf dem Gebiet des Güter- und Erbrechts kommt es regelmäßig zur Vermögensspaltung[59]. Im Rahmen der güterrechtlichen Auseinandersetzung eines deutschen Ehepaares kann daher beispielsweise das deutsche Gesamtstatut (Art. 15 I i. V. m. 14 I Nr. 1 EGBGB) auf das englische Belegenheitsstatut treffen, wenn Grundvermögen in England belegen ist.

---

52 Zur Rechtslage vor der Reform siehe 2. Kapitel, § 4 III. 1. b) aa).

53 Zu Art. 22 disp. prel. *S. Lorenz,* IPRax 1990, S. 82, 83.

54 Vgl. Artt. 30 I, 46 I ital. IPRG (deutsche Übersetzung in: *Riering,* IPR-Gesetze in Europa, Nr. 3 b I, S. 67, 49); *Schömmer/Faßold/Bauer,* Int. ErbR Italien, Rdn. 111.

55 Zu Art. 13 ital. IPRG siehe 2. Kapitel, § 4 III. 2. b) bb). Zum Renvoi im Internationalen Erbrecht *Ferid/Firsching/Lichtenberger-Ferid,* Band III, Italien Grdz. C I 2 c), Rdn. 14a.

56 *Kindler,* RabelsZ 61 (1997), S. 227, 266; siehe auch *Ballarino,* DIP, S. 516 ff.

57 *Pocar,* IPRax 1997, S. 147, 156; *Kindler,* RabelsZ 61 (1997), S. 227, 275.

58 *Ballarino,* DIP, S. 560 ff.; *Kindler,* RabelsZ 61 (1997), S. 227, 267; *Pocar,* IPRax 1997, S. 147, 156.

59 Siehe für das Ehegüter- und Erbrecht *Cheshire/North,* PIL, S. 1016 ff., 1021 f. (*matrimonial property*), S. 985 ff., 999 ff. (*succession*); *Dicey/Morris,* Conflict of Laws II, Rule 148, Rdn. 28–020 ff. (*matrimonial property,* sehr kritisch zur *situs rule*); Rule 132, Rdn. 27R-010, Rule 133, Rdn. 27R-015 (*succession*).

3. Österreich und Schweiz

Das österreichische und schweizerische IPRG enthalten Vorschriften über das Verhältnis von Einzel- und Gesamtstatut.

a) Österreich

Das österreichische IPRG von 1978 hat die kollisionsrechtliche Nachlaßspaltung zwischen beweglichem und unbeweglichem Vermögen aufgeben[60]. Nunmehr unterstellt § 28 I Ö-IPRG die Rechtsnachfolge von Todes wegen global dem Personalstatut des Erblassers zum Zeitpunkt seines Todes; Personalstatut ist nach § 9 I Ö-IPRG das Recht des Staates, dem die Person angehört. Das Erbstatut regelt, welche Personen als Erben berufen sind, welche Erbquote ihnen zukommt, ob und in welcher Höhe ein Noterb- und Pflichtteilsrecht besteht usw.[61]. Ausnahmen vom Grundsatz der Nachlaßeinheit bilden § 28 II Ö-IPRG und § 32 Ö-IPRG[62]: Nach § 28 II Ö-IPRG beurteilen sich bei „Verlassenschaftsabhandlung" in Österreich Erbschaftserwerb und Haftung für Nachlaßschulden nach österreichischem Recht. § 32 Ö-IPRG normiert bei unbeweglichen Sachen in bezug auf den Erbgang den Vorrang des Liegenschaftsstatuts vor dem Erbstatut.

aa) Erbschaftserwerb – Haftung für Nachlaßschulden, Art. 28 II Ö-IPRG

Wann im Sinne des § 28 II Ö-IPRG der Nachlaß in Österreich „abzuhandeln" ist, bestimmen im autonomen österreichischen Recht die §§ 21 ff. AußStrG[63]. Bei einem *österreichischem Erblasser* besteht gemäß § 21 AußStrG die österreichische Abhandlungsjurisdiktion[64] für das „wo immer befindliche bewegliche Vermögen"; für den unbeweglichen Nachlaß sind die österreichischen Gerichte nur zuständig, wenn er in Österreich belegen ist. Bei einem *ausländischen Erblasser* ist zu differenzieren: Das in Österreich befindliche unbewegliche Vermögen ist nach § 22 AußStrG immer in Österreich abzuhandeln. Nur in Ausnahmefällen besteht eine Zuständigkeit österreichischer Gerichte, den in Österreich belegenen beweglichen

---

60 § 300 ABGB: „Unbewegliche Sachen sind den Gesetzen des Bezirks unterworfen, in welchem sie liegen; alle übrigen Sachen hingegen stehen mit der Person ihres Eigentümers unter gleichen Gesetzen" (zitiert nach *S. Lorenz,* IPRax 1990, S. 206). Zur alten Rechtslage *Firsching,* IPRax 1983, S. 166, 167.

61 Zum Umfang des Erbstatuts *Rummel/Schwimann,* Art. 28 IPRG Rdn. 1a ff.; *Schwind,* IPR, Rdn. 361 f.; *Hoyer,* FS Beitzke, S. 521, 535; *Zemen,* ZfRV 24 (1983), S. 67, 71 ff.

62 *Mänhardt/Posch,* IPR, Rdn. 3/34; *Schwimann,* Grundriß des IPR, S. 257.

63 Außerstreitgesetz (Gesetz über das gerichtliche Verfahren in Rechtsangelegenheiten außer Streitsachen vom 9. 8. 1854), Text in: *Ferid/Firsching/Lichtenberger-Firsching,* Band IV, Österreich Texte III Nr. 17, S. 173–203.

64 Abhandlungsjurisdiktion = Internationale Zuständigkeit zur Nachlaßabwicklung (vgl. *Ferid/Firsching/Lichtenberger-Frisching,* Band IV, Österreich Grdz. C III 3 a), Rdn. 26).

Nachlaß abzuhandeln (§§ 23 f. AußStrG), und zwar zum Beispiel dann, wenn der Heimstaat des Erblassers die Nachlaßabwicklung nicht übernimmt[65]. Nicht der österreichischen Abhandlung unterstehen das gesamte bewegliche und unbewegliche ausländische Nachlaßvermögen.

Der Nachlaßerwerb und die Nachlaßschuldenhaftung werden bei österreichischer Nachlaßabhandlung aus dem Erbstatut ausgegliedert, da „bei manchen Fragen wie etwa dem Erwerb der Erbschaft und der Frage einer ... Beschränkung der Erbenhaftung für die Nachlaßschulden eine Loslösung des materiellen Rechts vom Verfahrensrecht geradezu unmöglich ist“[66]. Anders als im deutschen materiellen Erbrecht (§§ 1922, 857 BGB) tritt der Erbe den Nachlaß nicht unmittelbar mit dem Tod des Erblassers an. Vielmehr ist für den Erben mit Titulus und Modus, wie auch sonst im österreichischen Sachenrecht, ein zweiaktiger Erwerb erforderlich[67]. Titulus stellen die erbrechtlichen Erwerbstitel Erbvertrag, letztwillige Verfügung oder das Gesetz dar (§ 533 ABGB), den Modus als kausale Erwerbsart erfüllt die Einantwortung (§ 797 ABGB)[68]. Die Einantwortung, die das Gesetz als „die Übergabe in den rechtlichen Besitz“ definiert, ist ein gerichtlicher Beschluß, der am Ende des außerstreitigen Abhandlungsverfahrens nach dem AußStrG steht. Voraussetzung dafür ist unter anderem der Erbserklärung genannte Antritt der Erbschaft (§ 799 ff. ABGB) gegenüber dem Verlassenschaftsgericht[69]. Vor der Erbserklärung gilt die Erbschaft als *hereditas iacens,* das heißt „als wenn sie noch vom Verstorbenen besessen würde“ (§ 547 S. 3 ABGB). Auch die sonst dem Erbstatut unterstehende Haftung für Nachlaßschulden hängt eng mit dem materiellen österreichischen Recht zusammen, soweit der Nachlaß in Österreich abgehandelt wird. Die Beschränkung der Erbenhaftung ist nämlich von bestimmten Verfahrensschritten (Inventarerrichtung, Nachlaßseparation[70]) abhängig[71].

Art. 28 II Ö-IPRG bewirkt damit eine kollisionsrechtliche Trennung von Erbfolge und bestimmten Bereichen der Erbschaftsabwicklung, indem er bei Verlassenschaftsabhandlung in Österreich die Art des Nachlaßerwerbs und die Nachlaßschuldenhaftung[72] der *lex fori* unterstellt. Anders als durch Art. 3 III EGBGB wird

---

65 Näher dazu *Schwimann,* Internationales ZivilverfahrensR, S. 20 f.

66 Öst. OGH vom 8. 10. 1991 – 4 Ob 522/91, IPRax 1992, S. 328 mit Verweis auf *Walker,* IPR, S. 943 und Regierungsvorlage in: *Duchek/Schwind,* IPR, § 28 IPRG, S. 73 Fn. 3; kritisch *Mänhardt,* S. 115 f.

67 *Hoyer,* IPRax 1986, S. 345, 346; allgemein *Jayme,* ZfRV 24 (1983), S. 162.

68 *Hoyer,* IPRax 1986, S. 345, 346.

69 *Ferid/Firsching/Lichtenberger-Firsching,* Band IV, Österreich Grdz. G II, Rdn. 121.

70 § 812 ABGB; vgl. öst. OGH vom 1. 10. 1986 – 1 Ob 591/86, ZfRV 29 (1988), S. 132, 133 = IPRax 1988, S. 36, 37; öst. OGH vom 15. 3. 1989 – 3 Ob 561/88, ZfRV 30 (1989), S. 153, 154.

71 *Duchek/Schwind,* IPR, § 28 IPRG, S. 73 Fn. 3; *Ferid/Firsching/Lichtenberger-Firsching,* Band IV, Österreich Grdz. III 2 d), Rdn. 24; *Hoyer,* FS Beitzke, S. 521, 537; *Mänhardt/Posch,* IPR, Rdn. 3/34.

72 Öst. OGH vom 18. 12. 1996 – 6 Ob 2355/96h, ZfRV 38 (1997), S. 80 Nr. 27 (Leitsatz).

der Nachlaß aber nicht in zwei unabhängige Teilnachlässe aufgespalten. Für die Erbfolge verbleibt es vielmehr einheitlich beim Personalstatut des Erblassers; allein die Abwicklung des Nachlasses wird autonom behandelt. Dieser Gedanke einer Autonomie des Erbgangs ist auch schon in der deutschen Literatur vertreten worden, hat sich aber letztlich nicht durchsetzen können[73]. Warum die Begründung des Regierungsentwurfs in § 28 II Ö-IPRG eine mit Art. 3 III EGBGB vergleichbare Vorschrift ansieht, bleibt daher ein offenes Geheimnis.

In Hinblick auf deutsch-österreichische Erbfälle kann § 28 II Ö-IPRG den Erben Schwierigkeiten bereiten. So hatte das Kammergericht im Jahre 1984 noch vor der deutschen IPR-Reform darüber zu entscheiden, inwiefern § 28 II Ö-IPRG für den in Österreich belegenen unbeweglichen Nachlaß eines deutschen Erblassers zu beachten sei[74]. Das Kammergericht sah § 28 II Ö-IPRG als besondere Kollisionsnorm im Sinne des Art. 28 EGBGB a. F. an, wenn eine Verlassenschaftsabhandlung in Österreich durchgeführt würde. Da gemäß § 107 JN[75] i. V. m. § 22 AußStrG[76] die Abhandlungszuständigkeit österreichischer Gerichte gegeben sei und vorliegend auch wahrgenommen werde, richte sich gemäß § 28 II IPRG der Erbschaftserwerb an Immobilien (Erbgang) einschließlich verfahrensrechtlicher Kompetenzen allein nach österreichischem Recht. Ein deutsches Nachlaßgericht müsse die internationale Zuständigkeit der österreichischen Gerichte anerkennen und könne damit nur einen beschränkten Eigenrechtserbschein (§ 2353 BGB) ausstellen, der das in Österreich gelegene unbewegliche Vermögen nicht erfasse[77].

bb) Liegenschaftsstatut bricht Gesamtstatut, § 32 Ö-IPRG

Nach § 32 Ö-IPRG ist für dingliche Rechte an einer unbeweglichen Sache § 31 Ö-IPRG maßgebend, der in Absatz 1 „Erwerb und Verlust dinglicher Rechte an körperlichen Sachen“ der *lex rei sitae* unterwirft. Der Vorrang des Belegenheitsstatuts gilt für das Ehegüterrecht (§ 19 Ö-IPRG), das Vermögen des Kindes (§§ 24, 25 II Ö-IPRG) und den Nachlaß (§§ 28, 29 Ö-IPRG). Wie Art. 3 III EGBGB erfaßt damit § 32 Ö-IPRG den Gegensatz zwischen Belegenheits- und Gesamtstatut. Allerdings gilt § 32 IPRG nicht für die gesamte Rechtsänderung an Liegenschaften, sondern beschränkt sich auf die rein sachrechtlichen Fragen des Vollzugs der ding-

73 *Ferid,* FS Cohn, S. 31, 36: „Die Schwierigkeiten würden sich nur dadurch beseitigen lassen, daß das Erbstatut nur noch für die Erbschaftsverteilung maßgebend ist, während der Erbgang nach der lex fori des Landes, in dem sich die betreffenden Vermögensgegenstände befinden, durchgeführt wird“. Ferner *Jayme,* ZfRV 24 (1983), S. 162, 168.

74 KG vom 22. 5. 1984 – 1W 5196/83, NJW 1984, S. 2769 (Leitsatz) = IPRspr. 1984 Nr. 206, S. 499.

75 JN = Jurisdiktionsnorm.

76 Text in: *Ferid/Firsching/Lichtenberger-Firsching,* Band IV, Österreich Texte III Nr. 17, S. 176.

77 KG vom 22. 5. 1984 – 1W 5196/83, NJW 1984, S. 2769 (Leitsatz) = IPRspr. 1984 Nr. 206, S. 499, 501 f.

lichen Rechtsänderung (Modus)[78]. Hinsichtlich des Modus' bei in Österreich belegenen Liegenschaften deckt sich § 32 Ö-IPRG im Ergebnis mit § 28 II Ö-IPRG: „Ob" der Erbe Eigentümer eines Grundstückes wird, entscheidet das Erbstatut; das „Wie" des sachenrechtlichen Erwerbs richtet sich gemäß § 32 i V. m. § 31 I Ö-IPRG nach der österreichischen *lex rei sitae.*

Für die Erbfolge eines österreichischen Erblassers mit unbeweglichem Vermögen in der Bundesrepublik Deutschland ist österreichisches Recht maßgebend (§§ 28 I, 9 I Ö-IPRG). § 32 Ö-IPRG bewirkt aber, daß der Modus zum Erwerb des unbeweglichen Vermögens der *lex rei sitae* untersteht[79].

b) Schweiz

In den Artt. 90, 91 übernimmt das schweizerische IPRG von 1987 den bereits unter dem NAG geltenden Anknüpfungspunkt an den letzten Wohnsitz des Erblassers. Das so ermittelte Erbstatut umfaßt sämtliche Fragen des materiellen Erbrechts; es gilt der Grundsatz der Nachlaßeinheit[80]. Eine Ausnahme machen Grundstücke, für die der ausländische Belegenheitsstaat die ausschließliche Zuständigkeit und die Anwendung des eigenen Rechts in Anspruch nimmt[81]. Dieser Vorrang des Einzelstatuts vor dem Gesamtstatut ist zwar nicht direkt in den Artt. 90 ff. CH-IPRG erwähnt, ergibt sich aber aus Art. 86 II CH-IPRG[82]. Diese Vorschrift erkennt ausdrücklich den Vorrang der Zuständigkeit eines ausländischen Staates an, der für auf seinem Gebiet gelegene Grundstücke die ausschließliche Zuständigkeit beansprucht. Das schweizerische IPR folgt insoweit der im *common law* als *Moçambique rule*[83] bekannten Regel.[84] Hinterläßt beispielsweise ein Erblasser mit letztem Wohnsitz in der Schweiz Grundvermögen in England, kommt es zur Nachlaßspaltung: Über Art. 86 II CH-IPRG gilt für die in England belegenen Grundstücke englisches Recht, während für die übrigen Vermögensbestandteile nach Art. 90 I CH-IPRG schweizerisches Recht als das Recht des letzten Wohnsitzes zur Anwendung kommt. Art. 86 II CH-IPRG entspricht daher von der

78 Öst. OGH vom 8. 10. 1991 – 4 Ob 522/91, IPRax 1992, S. 328, 329; *Beitzke,* RabelsZ 43 (1979), S. 245, 259 (beschränkt auf das Erbrecht); *Mänhardt/Posch,* IPR, Rdn. 3/34; *Rummel/Schwimann,* § 32 IPRG Rdn. 2; § 28 IPRG Rdn. 4; *Schwimannn,* Grundriß des IPR, S. 258; *ders.,* ÖJBl. 101 (1979), S. 341, 351.

79 Siehe *Firsching,* IPRax 1981, S. 86, 88.

80 Botschaft, Ziff. 261.2, S. 119; IPRG-*Heini,* Vor Art. 86 – 96 IPRG Rdn. 5; *Schnyder,* IPRG, § 18 II 1 a), S. 83.

81 Botschaft, Ziff. 263.2, S. 123; *Ferid/Frisching/Lichtenberger-S. Lorenz,* Band V, Schweiz Grdz. C III 1 b), Rdn. 14; *Schnyder,* IPRG, § 18 II 1 a), S. 83.

82 Botschaft, Ziff. 263.2, S. 123; *Bucher,* in: Lausanner Kolloqium, S. 115, 134.

83 *British South Africa Co. v. Companhia de Moçambique* (1883) App. Cas. 602, siehe dazu *Dicey/Morris,* Conflict of Laws II, Rule 114, Rdn. 23 – 022 f.

84 *Samuel,* Int. Comp. L. Q. 37 (1988), S. 681, 694.

Wirkung her Art. 3 III EGBGB. Allerdings klammert die deutsche Regelung die internationale Zuständigkeit aus und verbleibt auf der Ebene des anwendbaren Rechts. Folgt man aber mit der deutschen Praxis der sogenannten Gleichlauftheorie[85], kommt man zum gleichen Ergebnis wie die schweizerische Regelung: Ein deutsches Nachlaßgericht wäre ebenfalls nicht international zuständig, weil nicht deutsches materielles Erbrecht angewandt wird.

Nicht geregelt worden ist der Fall, daß der Belegenheitsstaat zwar keine ausschließliche Zuständigkeit beansprucht, jedoch zwingend die Anwendung der *lex rei sitae* vorschreibt. Da die schweizerische Zuständigkeit hier gegeben ist, verbleibt es auch bei der Wohnsitzanknüpfung in Art. 90 I CH-IPRG; die ausländischen Vorschriften können sich über Art. 19 CH-IPRG (Berücksichtigung zwingender Vorschriften eines ausländischen Rechts) durchsetzen[86].

IV. Fazit

In den Europäischen Internationalen Privatrechten ist nur in der Schweiz (Art. 86 II CH-IPRG) eine mit Art. 3 III EGBGB vergleichbare Regelung vorhanden. Hingegen beruht § 28 II Ö-IPRG nicht, wie der Regierungsentwurf meint, auf „ähnlichen Erwägungen“[87]. Vielmehr geht es nach dieser Vorschrift allein um eine kollisionsrechtliche Trennung von Erbfolge und bestimmten Bereichen der Erbschaftsabwicklung. In § 32 Ö-IPRG wird der Vorrang des Einzel- vor dem Gesamtstatut für „dingliche Rechte an einer unbeweglichen Sache“ anerkannt. Ebenso wie Art. 3 III EGBGB kommt § 32 Ö-IPRG sowohl für das Erbrecht als auch für das Ehegüterrecht und das Kindesvermögen zum Tragen. Indes bezieht sich der Vorrang der *lex rei sitae* allein auf das „Wie“ der dinglichen Rechtsänderung, während das „Ob“ – also die Frage des Erwerbstitels – beim Erb- oder Güterrechtsstatut verbleibt. Das italienische IPRG trennt in seinem Art. 51 II ebenfalls kollisionsrechtlich zwischen Titulus und Modus. Diese Trennung gilt aber beispielsweise im Bereich des Erbstatuts nicht nur für unbewegliche Sachen, sondern auch für bewegliches Vermögen. Im französischen und englischen Kollisionsrecht besteht kein Bedarf für eine Vorschrift wie Art. 3 III EGBGB. Im Hauptanwendungsbereich des Art. 3 III EGBGB – dem Internationalen Erbrecht – folgen beide Staaten dem Grundsatz der Nachlaßspaltung.

---

85 Danach darf ein deutsches Gericht grundsätzlich nur tätig werden, wenn auf die Rechtsnachfolge von Todes wegen deutsches Erbrecht Anwendung findet.
St. Rspr.: BGH vom 26. 10. 1967 – VII ZR 86/65, BGHZ 49, 1 (2) = NJW 1968, S. 353 = IPRspr. 1966–67 Nr. 303, S. 910, 911; OLG Karlsruhe vom 29. 6. 1989 – 11 W 86/89, NJW 1990, S. 1420, 1421 = IPRax 1990, S. 407 = IPRspr. 1989 Nr. 164, S. 357, 358; OLG Zweibrücken vom 21. 7. 1997 – 3 W 111/97, FamRZ 1998, S. 263 = IPRax 1999, S. 110, 111; siehe zur Kritik im Schrifttum statt aller *Berenbrok,* S. 107–110, 248–253.

86 *Bucher,* in: Lausanner Kolloqium, S. 115, 134.

87 BT-Drucks. 10/504, S. 37 (Begründung des Regierungsentwurfs).

§ 13 Kollisionsrechtliche Staatsverträge mit deutscher Beteiligung

So wie sich der deutsche Gesetzgeber des EGBGB von 1896 in Art. 28 EGBGB a. F. zum Verhältnis von Einzel- und Gesamtstatut geäußert hat, finden sich auch entsprechende Regelungen in kollisionsrechtlichen Staatsverträgen.

I. Verhältnis von Einzel- und Gesamtstatut bis zum Zweiten Weltkrieg

Von den bis zum Zweiten Weltkrieg geschlossenen und heute noch geltenden Abkommen enthalten das Haager Vormundschaftsabkommen von 1902 und das Vormundschaftsabkommen zwischen dem Deutschen Reiche und der Republik Österreich von 1927 ausdrückliche Vorschriften zum Verhältnis von Einzel- und Gesamtstatut.

1. Haager Vormundschaftsabkommen von 1902

Nach Art. 6 I VormundschAbk erstreckt sich die vormundschaftliche Verwaltung auf die Person sowie af das gesamte Vermögen des Minderjährigen, „gleichviel an welchem Ort sich die Vermögensgegenstände befinden". Wenn nach dem Übereinkommen Immobilien den Gegenstand der Verwaltung bilden, sind diese nicht nach der *lex rei sitae* zu beurteilen, sondern nach dem Recht, das für die Vormundschaft überhaupt gilt[88]. Hat also ein deutscher Minderjähriger mit gewöhnlichem Aufenthalt in Belgien Grundvermögen in England, verwaltet der deutsche Vormund die in England gelegenen Grundstücke nach den Bestimmungen des deutschen Rechts.

Dieses Prinzip der einheitlichen Verwaltung des vormundschaftlichen Vermögens durchbricht Art. 6 II VormundschAbk:

Art. 6. [Umfang der vormundschaftlichen Verwaltung]

(2) Von dieser Regel sind Ausnahmen zulässig in Ansehung solcher Grundstücke, welche nach dem Gesetz der belegenen Sache einer besonderen Güterordnung unterliegen[89].

Diese Ausnahmeklausel für Immobilien zugunsten der *lex rei sitae* ist bei den Beratungen der Haager Konferenz über die Erbrechtskonvention entstanden[90]. Was unter der „besonderen Güterordnung" zu verstehen ist, verdeutlicht eine in der Sitzung am 11. 6. 1900 abgegebene Erklärung der deutschen Delegierten[91]:

---

88 *Meili/Mamelok,* § 53 I 1, S. 286; *Staudinger/Kropholler,* Vorbem. zu Art. 24 EGBGB Rdn. 32; *Walker,* IPR, S. 873.

89 Text in: *Jayme/Hausmann,* IPR-Texte, Nr. 53, S. 107.

90 Actes III (1900), S. 107 (Protokoll Nr. 4); *Meili/Mamelok,* § 53 II 1, S. 286; zum Erbrechtsentwurf *Kahn,* Abhandlungen zum IPR II, S. 268 f.

„Les Délégués allemands ... estiment ... que chaque Etat aura la liberté de soumettre à l'application de ses lois des immeubles situés sur son territoire en tant que ces immeubles son exceptés du patrimoine et soumis à un *régime foncier spécial*. Cette réserve embrasse les fiefs, les fidéi-commis de famille et tous les biens qui, en ce qui concerne l'ordre de succéder, sont soumis à un régime autre que celui qui régit le reste de la succession, alors qu'il s'agirait de la succession d'un ressortissant de l'Etat."

Im französischen Originalwortlaut des Art. 6 II VormundschAbk findet sich denn auch die Formulierung vom *régime foncier spécial* wieder[92]. Gestützt auf diesen Wortlaut ist der Vorbehalt auf Lehen, Fideikommisse und Bauerngüter bezogen worden. Immer dann, wenn die Gesetzgebung der *lex rei sitae* diese Gegenstände einer separaten Ordnung unterstelle, sei dieser Staat nicht verpflichtet, Verfügungen und Anordnungen der im Ausland bestellten Vormundschaftsverwaltung anzuerkennen. Das „interne Spezialrecht" gehe diesen Maßnahmen vor[93]. Der französische Text *régime foncier spécial* ist damit viel klarer als die deutsche Übersetzung „besondere Güterordnung". Im Haager Vormundschaftsabkommen von 1902 ist zu Recht kein Platz für eine Durchbrechung des Gesamtstatuts durch bloße Kollisionsnormen zugunsten der *lex rei sitae*[94]. Ein Vorrang des Einzelstatuts kommt nur für bestimmte ordnungsrelevante materielle Vorschriften in Betracht, die das Belegenheitsrecht selber in internationalen Fällen zur Anwendung bringen. Für in Deutschland belegene Immobilien ist eine Anwendung dieser Vorschrift vor allem im Höferecht denkbar.

Eine vergleichbare Regelung enthält schließlich von den frühen Haager Abkommen Art. 7 Ehewirkungsabkommen[95]. Für diese Vorschrift wird ebenfalls unter Hinweis auf Art. 6 II VormundschAbk angenommen, sie beziehe sich auf Lehen, Fideikommisse und sonstige Güter, „die auch dann, wenn ausschließlich inländische Gesetze auf sie Anwendung finden, einer besonderen Regelung, nicht aber den für das übrige Vermögen geltenden Vorschriften unterworfen sind"[96]. Das Abkommen ist für die Bundesrepublik Deutschland am 23. 8. 1987 außer Kraft getreten[97], da Art. 2 I Ehewirkungsabkommen das gesetzliche Güterrecht wie früher das deutsche IPR (Art. 15 EGBGB a. F.) in verfassungswidriger Weise an die Staatsangehörigkeit des Ehemannes im Zeitpunkt der Heirat anknüpft[98].

---

91 *Kahn,* Abhandlungen zum IPR II, S. 269 Fn. 117.

92 Actes III (1900), S. 145 (Annex 1 zu Protokoll Nr. 6).

93 *Meili/Mamelok,* § 53 II 2, S. 287; ebenso *Walker,* IPR, S. 873 f.

94 *Kegel/Schurig,* IPR, § 20 XIV 4, S. 848; *Soergel/Kegel,* Art. 24 EGBGB Rdn. 68; vgl. *Staudinger/Kropholler,* Vorbem. zu Art. 24 EGBGB Rdn. 33.

95 Art. 7. Die Bestimmungen dieses Abkommens sind nicht anwendbar auf Grundstücke, welche nach dem Gesetze der belegenen Sache einer besonderen Güterordnung unterliegen (Text in: *Meili/Mamelok,* S. 392).

96 *Dittmann,* S. 86; *Walker,* IPR, S. 775.

97 BGBl. 1986 II, S. 505.

98 BGH vom 17. 9. 1986 – IV b ZR 52/85, NJW 1987, S. 583 f. = IPRax 1987, S. 114 f. = IPRspr. 1986 Nr. 58, S. 133, 134 f.; BGH vom 8. 4. 1987 – IV b ZR 37/86, NJW 1988,

2. Vormundschaftsabkommen zwischen dem Deutschen Reich und der Republik Österreich von 1927

Das Vormundschaftsabkommen mit Österreich vom 5. 2. 1927 war durch den „Anschluß" im Jahr 1938 zunächst gegenstandslos geworden; es wird aber seit dem 21. 10. 1959 wieder angewendet[99]. Das Haager Minderjährigenschutzabkommen hat die Geltung des Abkommens nicht näher berührt. Gemäß Art. 18 II MSA haben die Staatsverträge, die im Zeitpunkt des Inkrafttretens des MSA zwischen den Vertragsparteien bestehen, Vorrang vor dem MSA. In deutsch-österreichischen Rechtsfällen ist daher das Abkommen noch heute anwendbar[100]; der sachliche Anwendungsbereich des Abkommens ist aber klein. Wie das Haager Vormundschaftsabkommen betrifft das Abkommen nur die „reine" Vormundschaft, das heißt die Fürsorge, die auf Grund der Minderjährigkeit eingreift[101]. Für sonstige vormundschaftsgerichtliche Tätigkeiten wie zum Beispiel die Anordnung einer Pflegschaft oder Entscheidungen über die elterliche Sorge ist es nicht anwendbar[102]. Nach Art. 1 I wird ein Minderjähriger, der dem einem Staat angehört, sich aber gewöhnlich in dem anderen Staat aufhält, von den Behörden des Aufenthaltsstaates bevormundet. Wann und aus welchem Grund eine Vormundschaft beginnt oder endet, bestimmt nach Art. 4 I das Heimatrecht. Allerdings beruft Art. 4 II Hs. 1 für die Führung der Vormundschaft (*Beispiel:* Rechte und Pflichten des Vormunds) das Recht des Aufenthaltsstaates und damit die *lex fori.* Dabei sind aber gemäß Art. 4 II Hs. 2 *ex lege* eintretende Vormundschaften für Angehörige des anderen Vertragsstaates nur dann wirksam, wenn das Recht des Aufenthaltsstaates den Eintritt der Vormundschaft kraft Gesetzes auch für Ausländer *ausdrücklich* anordnet. Für österreichische Kinder, die hier geboren sind, tritt daher die gesetzliche Amtsvormundschaft des Jugendamts nach §§ 1791 c BGB, 55 I SGB VIII nicht automatisch ein[103].

In Art. 3 I geht das deutsch-österreichische Abkommen ebenso wie das Haager Vormundschaftsabkommen vom Prinzip der Einheitlichkeit des vormundschaftli-

---

S. 638, 640 = IPRax 1988, S. 100 f. = IPRspr. 1987 Nr. 47b, S. 126; BGH vom 3. 6. 1987 – IV b 55/86, IPRax 1988, S. 103 f. = IPRspr. 1987 Nr. 51, S. 141, 142.

99 BGBl. 1959 II, S. 1250.

100 Siehe OLG Stuttgart vom 26. 7. 1973 – 5 U 45/73, FamRZ 1974, S. 42, 43 = IPRspr. 1973 Nr. 85, S. 216 f.; OLG Karlsruhe vom 31. 5. 1989 – 5 Wx 7/89, NJW-RR 1989, S. 1287 = IPRax 1990, S. 126 (Bericht *Henrich*) = IPRspr. 1989 Nr. 155, S. 337; LG Berlin vom 13. 12. 1973 – 83 T 451/73, IPRspr. 1974 Nr. 129, S. 332 f.; siehe auch *Kegel/Schurig,* IPR, § 20 XIV 4, S. 848.

101 *Mänhardt/Posch,* IPR, Rdn. 3/30 Fn. 108; *Soergel/Kegel,* Art. 24 EGBGB Rdn. 73; *Schlemmer,* IPRax 1986, S. 252, 253.

102 MünchKomm-*Klinkhardt,* Art. 24 EGBGB Rdn. 65; *Schlemmer,* IPRax 1986, S. 252, 253; *Staudinger/Kropholler,* Vorbem. zu Art. 24 EGBGB Rdn. 45.

103 OLG Karlsruhe vom 31. 5. 1989 – 5 Wx 7/89, NJW-RR 1989, S. 1287, 1288 = IPRax 1990, S. 126 f. (Bericht *Henrich*) = IPRspr. 1989 Nr. 155, S. 337 f.; *Staudinger/Kropholler,* Vorbem. zu Art. 24 EGBGB Rdn. 48.

chen Vermögens aus. Eine Ausnahme von diesem Grundsatz macht Art. 3 II allein für Grundstücke, „die nach dem Rechte des Staates, in dem sie liegen, einer besonderen Güterordnung unterworfen sind“. Da sich die Formulierung der „besonderen Güterordnung“ mit Art. 6 II VormundschAbk deckt, bestehen keine Zweifel, diese Vorschrift allein auf das Höferecht und seine verwandten Regelungen zu beziehen.

II. Verhältnis von Einzel- und Gesamtstatut seit dem Zweiten Weltkrieg

In den kollisionsrechtlichen Übereinkommen seit dem Zweiten Weltkrieg mit deutscher Beteiligung finden sich keine Vorschriften über das Verhältnis von Einzel- und Gesamtstatut. Im *Haager Minderjährigenschutzabkommen von 1961* fehlt eine Vorschrift wie Art. 6 VormundschAbk. Dafür bestand kein Bedarf mehr, da Lehen, Fideikommisse etc. heute nahezu nicht mehr vorkommen. Allerdings erlaubt Art. 9 I MSA in allen dringenden Fällen den Behörden jedes Vertragsstaates, in dessen Gebiet sich der Minderjährige aufhält oder ihm gehörendes Vermögen sich befindet, die notwendigen Schutzmaßnahmen zu treffen. Das Abkommen definiert nicht, wann ein Vermögensgegenstand im Inland belegen ist. Regelmäßig wird man dazu alle im Inland gelegenen Sachen und alle Forderungen gegen den Schuldner im Inland zählen[104]. Offengelassen ist ebenfalls die Frage des anwendbaren Rechts. Nach überwiegender Auffassung ist grundsätzlich die *lex fori* anzuwenden[105]; ausnahmsweise kann im Einzelfall auch das Recht des gewöhnlichen Aufenthalts oder das Heimatrecht des Minderjährigen anwendbar sein (Grundsatz der fakultativen *lex fori*)[106]. Die Behörden des Vermögensstaates dürfen aber nach Art. 9 I MSA nur solche Schutzmaßnahmen treffen, die sich auf die in ihrem Hoheitsgebiet befindlichen Vermögenswerte beschränken[107]. So kann beispielsweise das deutsche Familiengericht bei Gefährdung des in der Bundesrepublik befindlichen Kindesvermögens die Aufnahme eines Vermögensverzeichnisses (§ 1667 I BGB) anordnen[108]. Die Schutzmaßnahmen nach Art. 9 I MSA haben freilich nur

---

104 MünchKomm-*Siehr,* Art. 19 EGBGB Anh. I Rdn. 325.

105 Actes et documents IX/4 (1961), S. 235 (Bericht *von Steiger*); *Ferid,* RabelsZ 27 (1962/63), S. 411, 440; *Junker,* IPR, Rdn. 556; *Kropholler,* IPR, § 48 I 4, S. 358; MünchKomm-*Siehr,* Art. 19 EGBGB Anh. I Rdn. 328; *Schwimann,* ÖJBl. 98 (1976), S. 233, 246; *Staudinger/Kropholler,* Vorbem. zu Art. 19 EGBGB Rdn. 473–475; a.A. *Kegel/Schurig* (IPR, § 20 X 5 a), S. 802) und *von Overbeck* (ZfRV 2 [1961], S. 140, 148), die Rückgriff auf das autonome IPR nehmen wollen.

106 Actes et documents IX/4 (1961), S. 235 (Bericht *von Steiger*); *Junker,* IPR, Rdn. 556; MünchKomm-*Siehr,* Art. 19 EGBGB Anh. I Rdn. 328; *Staudinger/Kropholler,* Vorbem. zu Art. 19 EGBGB Rdn. 476.

107 Actes et documents IX/4 (1961), S. 235 (Bericht *von Steiger*).

108 Der Bericht zum Abkommen nennt weitere Beispiele: „Les mesures visées par l'article 9 peuvent tendre à la protection du mineur ... dans ses biens (par exemple réparation urgente d'un immeuble, gestion provisoire ou consignation d'avoirs liquides), à condition toujours que les biens.“ (Actes et documents IX/4 [1961], S. 235 [Bericht *von Steiger*]).

vorläufigen Charakter[109]. Sinn und Zweck des Art. 9 I MSA bestehen darin, den Minderjährigen zu schützen, wenn ein rechtzeitiges Eingreifen der nach Art. 1 MSA primär zuständigen Behörde am gewöhnlichen Aufenthaltsort des Minderjährigen nicht zu erwarten ist. Die Eilmaßnahmen treten nach Art. 9 II MSA *ipso iure* außer Kraft, „sobald die nach dem Übereinkommen zuständigen Behörden die durch die Umstände gebotenen Maßnahmen getroffen haben". Eine Ausnahme macht Art. 9 II MSA nur für die Maßnahmen, die endgültige Wirkungen hervorgebracht haben (*Beispiel*[110]: Eigentumsübergang an Kindesvermögen, das im Wege einer Eilmaßnahme veräußert wurde). In einer solchen Konstellation bezieht sich die Anerkennungspflicht nach Art. 7 MSA auch auf die nach Art. 9 I MSA erlassenen Eilmaßnahmen[111], und es kommt zum Vorrang des Einzelstatuts vor dem Gesamtstatut. Solche Fälle werden aber eher selten sein; der Grundsatz (Artt. 1, 2 I MSA), wonach die Aufenthaltsbehörden nach ihrer *lex fori* Schutzmaßnahmen für das Vermögen des Minderjährigen treffen, bleibt unberührt.

Die Reformkonvention – das *Haager Kinderschutzübereinkommen von 1996* enthält in Art. 11 I eine mit Art. 9 I MSA fast wortgleiche Vorschrift: In allen dringenden Fällen sind die Behörden jedes Vertragsstaates, in dessen Hoheitsgebiet sich das Kind oder ihm gehörendes Vermögen befindet, zuständig, die erforderlichen Schutzmaßnahmen zu treffen[112]. Die Eilzuständigkeit der betreffenden Behörden ist umfassend[113]. Ganz bewußt hat man bei den Beratungen zum Übereinkommen davon abgesehen, die Zuständigkeit der Behörden auf bestimmte Maßnahmen zu beschränken[114]. Hat das Kind seinen gewöhnlichen Aufenthalt in einem Vertragsstaat, treten die getroffenen Maßnahmen außer Kraft, soweit die nach den Übereinkommen zuständigen Behörden die durch die Umstände gebotenen Maßnahmen getroffen haben (Art. 11 II). Liegt der gewöhnliche Aufenthalt des Kindes in einem Nichtvertragsstaat, treten die Maßnahmen ebenfalls außer Kraft, sobald die von dortigen Behörden getroffenen Maßnahmen anerkannt werden (Art. 11 III). Für die Anwendung von Art. 11 KSÜ wird man auf die mit Art. 9 MSA gesammelten Erfahrungen zurückgreifen können[115]. Fälle, in denen über die Eilzuständigkeit dem Einzelstatut Vorrang vor dem Gesamtstatut eingeräumt wird, werden nur vereinzelt vorkommen.

---

109 Actes et documents IX / 4 (1961), S. 235 (Bericht *von Steiger*).

110 Nach *Staudinger/Kropholler,* Vorbem. zu Art. 19 EGBGB Rdn. 480.

111 Actes et documents IX / 4 (1961), S. 235 (Bericht *von Steiger*); MünchKomm-*Siehr,* Art. 19 EGBGB Anh. I Rdn. 334; a. A. *Ferid,* RabelsZ 27 (1962 / 63), S. 411, 445, der die Anerkennung den einzelnen Vertragsstaaten überlassen möchte.

112 Eine ähnliche Vorschrift enthält die Brüssel II-VO in Art. 12, siehe dazu *Sumampouw,* Liber amicorum Siehr, S. 729, 739.

113 *Silbermann,* Liber amicorum Siehr, S. 703, 719.

114 Bericht *Lagarde,* S. 26 Nr. 70 (http://www.hcch.net / e / conventions / expl34e.html), Stand: 5. 7. 2001.

115 Vgl. *Pirrung,* FS Rolland, S. 277, 284; *Siehr,* RabelsZ 62 (1998), S. 462, 484.

Das Kinderschutzübereinkommen verfügt aber mit Art. 15 II über eine Vorschrift, die es den nach dem Übereinkommen zuständigen Behörden erlaubt, großzügiger vom Grundsatz der Vermögenseinheit abzuweichen. Danach können diese Behörden, soweit es der Schutz der Person oder des Vermögens des Kindes erfordert, ausnahmsweise das Recht eines anderen Staates anwenden, zu dem der Sachverhalt eine enge Verbindung hat[116]. Wird zum Beispiel von den Aufenthaltsbehörden des Kindes eine Genehmigung für den Verkauf eines im Ausland belegenen Grundstückes verlangt, ermöglicht Art. 15 II das Recht der *lex rei sitae* auf diese Frage anzuwenden[117]. Der „Vorrang" des Belegenheitsrechts wird auch in den Fällen anerkannt, in denen nach dem Aufenthaltsrecht keine Genehmigung durch die Behörden erforderlich wäre[118]. In gleicher Weise können die zuständigen Behörden des Staates, in dem das Kind keinen gewöhnlichen Aufenthalt hat, Art. 15 II KSÜ dazu benutzen, auf das Kindesvermögen die *lex rei sitae* anzuwenden[119]. Welche konkrete Bedeutung dieser Vorschrift zukommt, wird sich zeigen, wenn das Übereinkommen in Kraft getreten ist; sie sollte als *Ausnahmeklausel* verstanden werden.

§ 14 Kollisionsrechtliche Staatsverträge ohne deutsche Beteiligung

Gegenstand der Untersuchung bei kollisionsrechtlichen Staatsverträgen ohne deutsche Beteiligung sind das Haager Ehegüterrechtsübereinkommen von 1978 und das bisher noch nicht erwähnte Haager Erbrechtsübereinkommen von 1989.

I. Haager Ehegüterrechtsübereinkommen von 1978

Im Bereich der objektiven Anknüpfung des ehelichen Güterrechts geht das Haager Ehegüterrechtsübereinkommen vom Grundsatz der Vermögenseinheit aus und unterscheidet nicht zwischen Mobilien und Immobilien[120]. Das Übereinkommen enthält auch keine Vorschrift über den Vorrang des Einzelstatuts vor dem Gesamtstatut. Man sucht vergebens nach einer mit Art. 7 des Haager Ehewirkungsabkommens vergleichbaren Regelung: Eine solche Regelung war – wie beim Minderjährigenschutzabkommen – nicht mehr erforderlich. Zu erwähnen ist hier aber Art. 9

116 Siehe zu dieser Vorschrift 2. Kapitel, § 5 III. 5. d) aa).

117 Bericht *Lagarde,* S. 32 Nr. 89 (http://www.hcch.net/e/conventions/expl34e.html), Stand: 5. 7. 2001; vgl. *Pirrung,* FS Rolland, S. 277, 286; *Silbermann,* Liber amicorum Siehr, S. 703, 721 Fn. 69.

118 Bericht *Lagarde,* S. 32 Nr. 89 (http://www.hcch.net/e/conventions/expl34e.html), Stand: 5. 7. 2001; vgl. *Silbermann,* Liber amicorum Siehr, S. 703, 721 Fn. 69.

119 Vgl. *Siehr,* RabelsZ 62 (1998), S. 462, 488.

120 *Philip,* Am. J. Comp. L. 24 (1976), S. 307, 310.

III HEÜ: Nach dieser Vorschrift darf ein Vertragsstaat hinsichtlich der auf seinem Gebiet befindlichen Grundstücke eine dem Art. 16 EGBGB entsprechende Gutglaubensvorschrift für Rechtsgeschäfte der Eheleute mit Dritten einführen[121].

Mit der Einheit des Güterrechtsstatuts sind Konflikte mit dem anglo-amerikanischen Rechtskreis vorprogrammiert, weil dort für Grundstücke grundsätzlich die *lex rei sitae* maßgebend ist. Um eine derartige Kollision zu verhindern, sieht das Übereinkommen eine für die damalige Zeit revolutionäre Parteiautonomie im Internationalen Ehegüterrecht vor. Wie schon dargestellt[122], können die Verlobten vor der Heirat für alle oder einzelne Grundstücke das Belegenheitsrecht (Art. 3 IV HEÜ) wählen.

II. Haager Erbrechtsübereinkommen von 1989

Das Haager Übereinkommen über das auf die Rechtsnachfolge von Todes wegen anwendbare Recht vom 1. 8. 1989 wurde auf der 16. Haager Konferenz verabschiedet[123]. Das Haager Erbrechtsübereinkommen (HErbÜ) ist noch nicht in Kraft getreten; bisher haben dieses Übereinkommen allein die Niederlande am 27. 9. 1996 ratifiziert[124]. Von Argentinien, Luxemburg und der Schweiz wurde das Erbrechtsübereinkommen gezeichnet[125]. Gleichwohl hat das Übereinkommen schon heute für deutsch-niederländische Erbfälle Bedeutung: Die Niederlande haben durch Art. 1 des Erbrechtskollisionsgesetzes[126] die Vorschriften des Erbrechtsübereinkommens in ihr nationales Kollisionsrecht übernommen; damit ist das Übereinkommen unmittelbar anwendbares Recht geworden[127]. In der Bundesrepublik Deutschland leben eine große Anzahl von Niederländern, die in Deutschland geboren und aufgewachsen sind. Diese Bevölkerungsgruppe hat nur noch ganz geringe Beziehungen zu ihrer Nationalität[128]. Die Grundzüge des Übereinkommens werden vor dem Hintergrund dieser Personengruppe erörtert, da Art. 25 I EGBGB an das Heimatrecht anknüpft und über den Grundsatz der Gesamtverweisung (Art. 4 I EGBGB) die Vorschriften dieses Übereinkommens in deutsch-niederländischen Erbfällen zur Anwendung kommen.

---

121 *von Bar,* RabelsZ 57 (1993), S. 63, 109 Fn. 221; *Beitzke,* RabelsZ (41) 1977, S. 457, 460.

122 2. Kapitel, § 6 III. 1.

123 Acte final vom 20. 10. 1988; französischer Originaltext mit deutscher Übersetzung in: IPRax 2000, S. 53–59.

124 Damit das Übereinkommen in Kraft tritt, muß es von mindestens drei Staaten ratifiziert werden (Art. 28 I HErbÜ).

125 *Jayme/Hausmann,* IPR-Texte, vor Nr. 60, S. 134 Fn. 2.

126 Niederländisches Gesetz vom 4. 9. 1996 über das Kollisionsrecht der Erbfolge, Text in: IPRax 2000, S. 59–60.

127 *Weber,* IPRax 2000, S. 41.

128 *Schmellenkamp,* MittRhNotk 1997, S. 245.

1. Grundzüge

Das Übereinkommen möchte das Internationale Erbrecht vereinheitlichen (Präambel); es ist nicht anzuwenden auf die Form von Verfügungen, auf die Testierfähigkeit, auf Fragen des ehelichen Güterrechts und für Vermögenswerte, die außerhalb des Erbrechts geschaffen und übertragen werden (Art. 1 II HErbÜ). Zweck des Übereinkommens ist es, den Gegensatz zwischen dem Staatsangehörigkeits- und dem Domizilprinzip zu überwinden[129]. Das Übereinkommen ist als *loi uniforme* ausgestaltet; seine Verweisungen sind grundsätzlich Sachnormverweisungen (Art. 17 HErbÜ)[130].

Nach Art. 3 I HErbÜ unterliegt die Erbfolge grundsätzlich der Rechtsordnung des Staates, in dem der Erblasser zum Zeitpunkt seines Todes seinen gewöhnlichen Aufenthalt hatte, wenn er diesem Staat angehörte. Für die niederländische Minderheit in Deutschland paßt diese Vorschrift nicht. Fallen gewöhnlicher Aufenthalt und Staatsangehörigkeit des Erblassers auseinander, richtet sich die Erbfolge gemäß Art. 3 II 1 HErbÜ nach dem Recht des Staates, in dem der Erblasser im Zeitpunkt seines Todes seinen gewöhnlichen Aufenthalt hatte, soweit sich der Erblasser unmittelbar vor seinem Tod während eines Zeitraumes von mindestens fünf Jahren ununterbrochen in diesem Staat aufgehalten hat[131]. Hatte also ein niederländischer Erblasser seinen gewöhnlichen Aufenthalt in der Bundesrepublik seit fünf Jahren, kommt es zu einer Rückverweisung auf das deutsche Recht, die wir annehmen (Art. 4 I 2 EGBGB). Im übrigen ist gemäß Art. 3 III HErbÜ das Heimatrecht des niederländischen Erblassers maßgebend, es sei denn es besteht eine engere Verbindung zu einem anderen Staat. Hatte ein niederländische Erblasser, der noch nicht fünf Jahre seinen gewöhnlichen Aufenthalt in der Bundesrepublik hatte, engere Verbindungen nach Deutschland, kann es auch über Art. 3 III zu einer Rückverweisung auf das deutsche Recht kommen.

Daneben sieht das Übereinkommen in weitem Umfang die Parteiautonomie im Internationalen Erbrecht vor. Niederländische Erblasser können für die Rechtsnachfolge von Todes wegen zwischen ihrem Heimat- und Aufenthaltsrecht frei wählen (Art. 5 I HErbÜ)[132]. Daneben besteht gemäß Art. 6 HErbÜ die Möglichkeit, bestimmte Vermögenswerte des Nachlasses dem Recht eines oder mehrerer Staaten zu unterstellen, soweit eine solche Rechtswahl nicht die Anwendung der zwingenden Bestimmungen des nach Artt. 3 oder 5 I HErbÜ anzuwendenden Rechts berührt[133].

---

129 Umfassend *Brandi*, S. 90, 98 ff.; *Graue*, RabelsZ 57 (1993), S. 26, 58.

130 Eine Ausnahme macht das Übereinkommen bei der Weiterverweisung von einem Nichtvertragsstaat auf einen anderen, wenn der „andere“ Nichtvertragsstaat die Verweisung annimmt (Art. 4 HErbÜ).

131 „Unter außergewöhnlichen Umständen“ ist nach Art. 3 II 2 HErbÜ das Heimatrecht anzuwenden, wenn der Erblasser eine engere Verbindung zu seinem Heimatstaat hatte.

132 Umfassend *Brandi*, S. 293 ff.; *Lagarde*, Rev. crit. 78 (1989), S. 249, 260 ff.

133 Die Rechtswahl nach Art. 6 HErbÜ hat also nur materiellrechtliche Wirkung (zu Art. 6 HErbÜ *Brandi*, S. 310 ff.).

2. Grundsatz der Nachlaßeinheit, Art. 7 I HErbÜ

Das Haager Erbrechtsübereinkommen hat sich in Art. 7 I HErbÜ für den Grundsatz der Nachlaßeinheit entschieden[134]. Nach diesem Artikel unterliegt der gesamte Nachlaß vorbehaltlich des Art. 6 HErbÜ dem nach Artt. 3 und 5 I HErbÜ anzuwendenden Recht. Für die objektive Anknüpfung des Erbstatuts hat sich diese Haltung bereits zu einem sehr frühen Zeitpunkt bei den Mitgliedern der Spezialkommision durchgesetzt[135]. Der Bericht zum Übereinkommen setzt sich denn auch nicht tiefer mit dieser Frage auseinander; immerhin nennt er zwei Punkte, warum die Konferenz sich für die Nachlaßeinheit entschieden hat[136]:

> „Since situs governs for the purposes of both testacy and intestacy, unintended injustice can occur in the distribution among close family of the deceased's international estate. Also the arguable distinction between movables and immovables, and the ease with which one can converted into the other, make scission today much less defensible than in the days of land and interest on bonds".

Diese relativ karge Behandlung dieser Frage überrascht, da mit Frankreich, dem Vereinigten Königreich und den Vereinigten Staaten von Amerika einflußreiche Mitgliedstaaten der Haager Konferenz der Nachlaßspaltung folgen und unbewegliches Vermögen der *lex rei sitae* unterwerfen. Die Einmütigkeit in dieser Hinsicht wird auf die personelle Besetzung der Delegation der Nachlaßspaltungsstaaten zurückgeführt[137]: Der US-amerikanische Delegationsleiter *Scoles* ist einer der Hauptkritiker der Nachlaßspaltung im Kollisionsrecht der Vereinigten Staaten[138]. *Lagarde,* der Leiter der französischen Delegation, scheint ebenfalls die Nachlaßeinheit zu befürworten[139]. Schließlich hat sich auch die britische Delegation für den Grundsatz der Nachlaßeinheit ausgesprochen[140].

3. Vorrang der lex rei sitae, Art. 15 HErbÜ

Gleichzeitig mit ihrem einmütigen Bekenntnis zum Grundsatz der Nachlaßeinheit hat die Spezialkommission gefordert, für unbewegliches Vermögen, das außerhalb des Staates liegt, dessen Recht nach Art. 3 oder 5 I HErbÜ maßgebend ist,

---

134 Actes et documents XVI / 2 (1990), S. 535 Nr. 24 (Bericht *Waters*).

135 Actes et documents XVI / 2 (1990), S. 191 (Schlußfolgerung der Spezialkommission vom November 1986).

136 Actes et documents XVI / 2 (1990), S. 535 Nr. 24 (Bericht *Waters*).

137 *Brandi,* S. 207.

138 *Scoles,* Am. J. Comp. L. 42 (1994), S. 85, 101 ff.; *ders.,* Rec. des Cours 209 (1988 II), S. 9, 67 ff.

139 *Lagarde,* Rev. crit. 78 (1989), S. 249, 275; anders aber in *Batiffol / Lagarde,* DIP II, Nr. 634 ff.

140 Actes et documents XVI / 2 (1990), S. 298 (Stellungnahme des Vereinigten Königreiches).

durch eine Ausnahmeklausel die Anwendung der *special public policy rules* sicherzustellen[141]. Die konkrete Ausgestaltung einer solchen Ausnahmeklausel wurde kontrovers in der Spezialkommission diskutiert; ganz unterschiedliche Fassungen wurden vorgeschlagen[142]. Insbesondere wurde abgelehnt, die Vorschrift in Anlehnung an Art. 7 EVÜ auszugestalten[143]. In ihrer endgültigen Fassung lautet die Klausel als Art. 15 HErbÜ folgendermaßen[144]:

Art. 15 (Convention adopted)

The law applicable under the Convention does not affect the application of any rules of the law of the State where certain immovables, enterprises or special categories of assets are situated, which rules institute a particular inheritance regime in respect of such assets because of economic, family or social considerations[145].

Der *lex rei sitae* gebührt also Vorrang vor dem nach der Konvention anzuwendenden Recht, wenn der Belegenheitsstaat für auf seinem Gebiet befindliche *bestimmte Vermögensgegenstände* aus *wirtschaftlichen, familiären oder sozialen Gründen besondere Regelungen über die Erbfolge* vorsieht: Einzelstatut bricht Gesamtstatut. Der Anwendungsbereich dieser Vorschrift ist näher zu untersuchen.

a) Bestimmte Vermögensgegenstände

Ein Vorrang der *lex rei sitae* vor dem Erbstatut gewährt Art. 15 HErbÜ für „bestimmte unbewegliche Sachen, Unternehmen oder andere besondere Arten von Vermögenswerten". Hinsichtlich des Begriffes „bestimmte unbewegliche Sachen" verweist der Bericht des Übereinkommens auf landwirtschaftliche Klein- bzw. Familienbetriebe[146]. Den Begriff des Unternehmens erläutert der Bericht zum Übereinkommen folgendermaßen[147]:

„‚Enterprises' is intended to refer to large operations like the artisan, industrial or commercial operations conducted as enterprises or corporations to be found, for instance, in Poland, the Federal Republic of Germany and Belgium where a community of persons enjoy property by membership of the group, and inheritance is by the group, so to speak, rather than by individuals or operations which are otherwise subject to a special regime for com-

141 Actes et documents XVI / 2 (1990), S. 191 (Schlußfolgerungen der Spezialkommission vom November 1986).

142 Actes et documents XVI / 2 (1990), S. 243 Nr. 61 (Bericht zum Vorentwurf *Waters*).

143 Actes et documents XVI / 2 (1990), S. 243 Nr. 61 (Bericht zum Vorentwurf *Waters*).

144 Actes et documents XVI / 2 (1990), S. 517.

145 Deutsche Übersetzung in IPRax 2000, S. 56: Art. 15. Das nach dem Übereinkommen anzuwendende Recht berührt nicht die Anwendung besonderer Regelungen über die Rechtsnachfolge von Todes wegen, denen bestimmte unbewegliche Sachen, Unternehmen oder andere besondere Arten von Vermögenswerten wegen ihrer wirtschaftlichen, familiären oder sozialen Bestimmung nach dem Recht des Staates unterliegen, in dem sie belegen sind.

146 Actes et documents XVI / 2 (1990), S. 589 Nr. 112 (Bericht *Waters*).

147 Actes et documents XVI / 2 (1990), S. 589 Nr. 112 (Bericht *Waters*).

mercial reasons. Where individual inheritance to be permitted the conception of an enterprise would be destroyed."

Ein Vorrang der *lex rei sitae* vor dem Erbstatut besteht also auch für solche Vorschriften des in- oder ausländischen Rechts, die ein Sonderrecht für die Vererbung von Gesellschaftsanteilen vorsehen. Hintergrund dieser Regelung ist es zu verhindern, daß mit dem Tod eines Gesellschafters gleich die ganze Gesellschaft aufgelöst wird.

Schließlich erfaßt Art. 15 HErbÜ „besondere Arten von Vermögen". Der Bericht zum Übereinkommen nennt als Beispiel für diesen Sammelbegriff „historic articles, such as sculptures, paintings and jewellery within the family which are required by the original act of disposition to pass from generation to generation down the lineal line" [148]. Hier gilt also der Vorrang der *lex rei sitae* für bestimmte Kunstobjekte im Familienbesitz, die aufgrund einer testamentarischen Verfügung nur von Generation zu Generation in gerader Verwandtschaftslinie vererbt werden dürfen.

b) Wirtschaftliche familiäre oder soziale Gründe

Nach Art. 15 HErbÜ müßten die jeweiligen bestimmten Vermögenswerte eine „wirtschaftliche, familiäre oder soziale Bestimmung" haben. Dem Bericht zum Übereinkommen gelingt es nicht, diese Begriffe näher zu bestimmen[149]:

> „To understand this phrase one has to return to the fundamental concerns of the convention itself. The convention is concerned with the protection of the family's indefeasible inheritance rights, with economic wealth that affects people when that wealth passes from generation to generation, such as in the form of small family businesses, and with social concerns such as the well-being of groups of peoples within society. Social concerns would also be reflected in the attempt of the estate to maintain the standards and values of society as those elements are reflected in laws concerning inheritance and the family. Economic concerns, ... are intended to embrace the enterprises ..."

Die amerikanische Delegation hat denn auch auf die Schwammigkeit dieser Begriffe hingewiesen und eine Klarstellung des Konventionstextes verlangt[150]. Zwar konnte sich die Delegation mit ihrem Vorschlag nicht durchsetzen, dennoch betont der Bericht zum Übereinkommen, daß die genannten Kriterien eng auszulegen seien und allein erbrechtliche Sondervorschriften erfassen sollen.

Ebenfalls erfolglos blieb der Vorschlag der mexikanischen Delegation, die erwähnten Begriffe um die „national security" zu erweitern[151]. Unter die „national

---

148 Actes et documents XVI / 2 (1990), S. 589 Nr. 112 (Bericht *Waters*).

149 Actes et documents XVI / 2 (1990), S. 589 Nr. 112 (Bericht *Waters*).

150 Actes et documents XVI / 2 (1990), S. 312 (Arbeitsdokument Nr. 13).

151 Actes et documents XVI / 2 (1990), S. 312 (Arbeitsdokument Nr. 16).

security" sollten zum Beispiel Vorschriften des Belegenheitsstaates fallen, die Ausländern den Erwerb von Grenzgrundstücken oder von Beteiligungen an Unternehmen der öffentlichen Versorgung verbieten[152]. Allgemeine Ansicht der Konferenzteilnehmer war, daß solche Regelungen als Unterfall des ordre public zu behandeln sind[153]. Keinesfalls dürften die Begriffe in Art. 15 HErbÜ von den Belegenheitsstaaten als Einladung aufgefaßt werden, möglichst viele Vermögenswerte unter dem Hinweis auf irgendwelche wirtschaftlichen, familiären oder sozialen Erwägungen der *lex rei sitae* zu unterstellen[154].

c) Besondere Regelungen über die Erbfolge

Der einzelne Vermögensgegenstand muß nach dem Recht des Staates, in dem er sich befindet, besonderen Regelungen über die Erbfolge unterliegen. Der Bericht zum Übereinkommen nennt als Beispiel besondere Sachvorschriften, nach denen landwirtschaftliche Familienbetriebe nur als Ganzes auf den nächsten männlichen Nachkommen vererbt werden dürfen[155]. Hierher gehören die schon erwähnten Regelungen des deutschen Höferechts[156] oder in Frankreich Artt. 832 ff. Code civil, die ein Übernahmerecht des überlebenden Ehegatten oder jedes Miterben vorsehen, wenn zum Nachlaß ein landwirtschaftlicher Kleinbetrieb gehört[157].

Es stellt sich die Frage, ob Art. 15 HErbÜ auch den Fall erfaßt, daß der Nachlaß generell verschiedenen Sachnormen unterliegt, also die gesetzliche Erbfolge in Grundstücke und bewegliches Vermögen unterschiedlich geregelt ist. Da der Wortlaut von Art. 15 HErbÜ von „bestimmte(n) unbewegliche(n) Sachen" und anderen „besondere(n) Arten von Vermögenswerten" spricht, werden solche Regelungen nicht erfaßt, die generell ein besonderes Erbrecht für Grundbesitz vorsehen[158]. Eine Berücksichtigung dieser Vorschriften würde zudem den Grundsatz der Nachlaßeinheit unterlaufen, auf den sich die Konvention ja gerade eingelassen hat.

Eindeutig nicht erfaßt von Art. 15 HErbÜ ist die rein kollisionsrechtliche Vermögensspaltung, die Unterscheidung des Belegenheitsstaates zwischen beweglichem und unbeweglichem Vermögen auf der Ebene des IPR. Die Sonderanknüpfung von unbeweglichen Vermögen an die *lex rei sitae* setzt sich nicht über Art. 15 HErbÜ gegen das Gesamtstatut durch.

---

152 Actes et documents XVI / 2 (1990), S. 421 (Protokoll Nr. 11).

153 Actes et documents XVI / 2 (1990), S. 589 Nr. 111 (Bericht *Waters*).

154 Actes et documents XVI / 2 (1990), S. 589 Nr. 112 (Bericht *Waters*).

155 Actes et documents XVI / 2 (1990), S. 587 Nr. 110 (Bericht *Waters*).

156 *Brandi,* S. 210.

157 Siehe dazu *Ferid / Firsching / Lichtenberger-Ferid,* Band II, Frankreich Grdz. H III 5, Rdn. 280 und 4. Kapitel, § 12 II. 1. a) aa).

158 So auch *Brandi,* S. 211.

d) Zwingender Charakter

Offen geblieben ist der Charakter der besonderen Sachvorschriften in Art. 15 HErbÜ. Müssen diese Regelungen international zwingend sein? Der Bericht zum Übereinkommen gibt auf diese Frage keine eindeutige Antwort. Während der Verhandlungen der Konferenz hatte die holländische Delegation den Vorschlag eingebracht, nur die materiellrechtlichen Sachvorschriften zu berücksichtigen, die ohne Rücksicht auf das auf die Erbfolge anzuwendende Recht den Sachverhalt international zwingend regeln[159]. Die holländischen Vertreter wollten also den Anwendungsbereich des Art. 15 HErbÜ auf die Sachnormen beschränken, denen der Situsstaat, der sie erläßt, einen unbedingten Anwendungswillen beimißt. Gegenstand von Art. 15 HErbÜ wären dann wie bei Art. 7 EVÜ allein solche Vorschriften, die im deutschen Recht „Eingriffsnormen" oder im französischen Recht „lois de police" genannt werden.

Dieser Vorschlag wurde auf der Konferenz heftig diskutiert und mit knapper Mehrheit abgelehnt[160]. Ihm wurde zum einen entgegengehalten, international zwingende Normen würden auch ohne eine Vorschrift wie Art. 15 HErbÜ Geltung beanspruchen. Zum anderen könnten die Vertragsstaaten durch solch eine Vorschrift geradezu ermuntert werden, mehr Eingriffsnormen zu erlassen als absolut notwendig. Schließlich sei Zweck des Abkommens, das internationale Erbrecht zu vereinheitlichen und damit auch die Nachlaßplanung einfacher zu gestalten. Dieser Zweck drohe unterlaufen zu werden, wenn das gesetzgeberische Ziel, Sondervermögen für bestimmte Personen mit der Anwendung des Situsrechts zu privilegieren, auch ohne eine international zwingende Norm erreicht werden könnte[161].

Welchen Charakter die besonderen Regelungen über die Erbfolge in Art. 15 HErbÜ haben müssen, wurde allerdings mit der Ablehnung des niederländischen Vorschlages durch die Mehrheit der Teilnehmer der Konferenz nicht endgültig geklärt. Vielmehr entsprach es der Mehrheitsmeinung unter den Delegierten, diese Frage offen zu lassen. Der Bericht zum Übereinkommen umschreibt diese Auffassung mit den folgenden Worten: " ... the character of the rules referred to should not be described in black and white language, ..."[162].

Hintergrund für das Offenlassen dieser Frage war die unterschiedliche Haltung der Delegierten zum Charakter der besonderen Regelung über die Erbfolge. Einige meinten, Art. 15 HErbÜ erfasse auch solche erbrechtlichen Sondervorschriften, die nicht einmal im internen Recht zwingende Wirkung hätten und damit auch durch

---

159 Actes et documents XVI/2 (1990), S. 318 (Arbeitsdokument Nr. 58).

160 Actes et documents XVI/2 (1990), S. 423 (Protokoll Nr. 11). Dieses Abstimmungsergebnis wurde später mit großer Mehrheit bestätigt, siehe Actes et documents XVI/2 (1990), S. 591 Nr. 113 (Bericht *Waters*).

161 Siehe zum Diskussionsverlauf Actes et documents XVI/2 (1990), S. 421–423 (Protokoll Nr. 11); vgl. auch Actes et documents XVI/2 (1990), S. 591 Nr. 113 (Bericht *Waters*).

162 Actes et documents XVI/2 (1990), S. 591 Nr. 113 (Bericht *Waters*).

letztwillige Verfügungen des Erblassers abbedungen werden könnten[163]. Hingegen vertraten andere die Auffassung, Art. 15 HErbÜ setze bereits implizit die Anwendung international zwingender Sachnormen voraus[164].

Die Ablehnung des niederländischen Vorschlages geht damit auf die unterschiedlichen Auslegungsmöglichkeiten des Art. 15 HErbÜ durch die Mehrheit der Delegierten zurück. Offenbar bestand innerhalb dieser überwiegenden Auffassung zu keinem Zeitpunkt eine einheitliche Haltung zu der Frage, welchen Charakter diese erbrechtlichen Sondervorschriften nun haben sollten. Wirft man einen Blick zurück auf die eingangs schon erwähnte Diskussion in der Spezialkommission zu diesem Thema, so wird folgendes deutlich: Die Spezialkommission hatte eine Vorschrift inhaltlich abgelehnt, die entsprechend Art. 7 EVÜ eine Sonderanknüpfung von international zwingenden Normen vorsah. Man wird daher nicht vertreten können, Art. 15 HErbÜ setze international zwingende Normen voraus, zumal andere Übereinkommen eine ausdrückliche Vorschrift für *lois de police* vorsehen[165]. Gegen die Beschränkung in Art. 15 HErbÜ auf sogenannte international zwingende Normen spricht auch folgenden Überlegung: Eingriffsnorm oder *loi de police* sind eine reine europäische Konzeption[166]. In einem Übereinkommen, das auch gerade die Versöhnung mit dem anglo-amerikanischen Rechtskreis anstrebt, hätte es daher eindeutigerer Hinweise bedurft, wenn Art. 15 HErbÜ tatsächlich allein auf international zwingende Normen beschränkt sein sollte[167].

Müssen aber die erbrechtlichen Sondervorschriften wenigstens im internen Recht zwingenden Charakter haben? Diese Frage läßt sich nicht so eindeutig beantworten. Wirft man einmal einen näheren Blick auf die unterschiedlichen nationalen Vorschriften zum Schutze von Landwirtschafts- und Familienbetrieben, stellt man fest, daß manche dieser Sonderregelungen dispositiver Natur sind. So gestatten etwa in Deutschland einige Anerbengesetze den Ausschluß des Anerbenrechts durch letztwillige Verfügung (z. B. § 14 S. 1 HöfeO Rheinland-Pfalz)[168]. In Frankreich kann von den Artt. 832 ff. Code civil ebenfalls zum Teil durch letztwillige Verfügung abgewichen werden[169]. Andere Vorschriften wiederum sind zwingend,

---

163 Siehe die Stellungnahmen der Delegierten *Lagarde* (Frankreich), *Philip* (Dänemark) und *Pirrung* (Deutschland) in: Actes et documents XVI/2 (1990), S. 422 (Protokoll Nr. 11); *Lagarde*, Rev. crit. 78 (1989), S. 249, 266.

164 Siehe die Stellungnahmen der Delegierten *Picone* (Italien) und *de Magalhães Collaço* (Portugal) in Actes et documents XVI/2 (1990), S. 422, 423 (Protokoll Nr. 11).

165 Neben Art. 7 des Römischen Schuldvertragsübereinkommens von 1980 zum Beispiel Art. 16 des Haager Stellvertretungsabkommens von 1978 oder Art. 16 II des Haager *trust*-Übereinkommens von 1985.

166 Siehe *Guedj*, Am. J. Comp. L. 39 (1991), S. 661–675, 681–685.

167 *Brandi*, S. 215.

168 *Lange/Kuchinke*, Erbrecht, § 53 III 2 a), S. 1275 Fn. 73. Nach Art. 64 II EGBGB können die landesrechtlichen Anerbengestze das Recht des Erblassers nicht beschränken, über das dem Anerbenrecht unterliegende Grundstück von Todes wegen zu verfügen.

169 Siehe die *attribution préférentielle facultative* in den Artt. 832 ff. Code civil.

so z. B. die Höfeordnung, die in den Ländern Hamburg, Niedersachsen, Schleswig-Holstein und Nordrhein-Westfalen als partielles Bundesrecht gilt[170]. Hält man sich diese unterschiedliche Ausgestaltung der erbrechtlichen Sondervorschriften vor Augen, könnte man meinen, der jeweilige nationale Gesetzgeber mache die Anwendung der *lex rei sitae* nicht von der Natur dieser Vorschriften abhängig. Art. 15 HErbÜ würde dann auch solche erbrechtlichen Sondervorschriften erfassen, die im materiellen Recht allein dispositiver Natur sind[171].

Eine solche Auslegung von Art. 15 HErbÜ vermag nicht zu überzeugen: Zwar verwendet der Text des Übereinkommens nicht wie in Art. 3 III EVÜ[172] das Wort „zwingend", der Bericht zum Übereinkommen spricht aber in diesem Zusammenhang von „overriding interest"[173]. Mit Art. 15 HErbÜ sollte „a narrow exception to the usual rules of succession" geschaffen werden[174]. Das Übereinkommen, welches gerade den Grundsatz der Nachlaßeinheit verfolgt, wird nicht „päpstlicher sein als der Papst" und einem Situsrecht Wirkung verleihen wollen, das noch nicht einmal intern zwingend angewendet werden möchte. Hat sich beispielsweise der französische Gesetzgeber in Artt. 832 ff. Code civil entschieden, die Sonderregelung für größere landwirtschaftliche Betriebe fakultativ auszugestalten, kann er nicht erwarten, daß diese sich dann gegenüber einem ausländischen Gesamtstatut durchsetzen. Allein dispositiven Normen wird man daher über Art. 15 HErbÜ keine Wirkung verleihen können[175]. Für einen Vorrang des Belegenheitsrechts vor dem Erbstatut ist daher keine international zwingende, wohl aber eine intern zwingende Wirkung der erbrechtlichen Sondervorschriften erforderlich.

4. Zusammenfassung

Art. 15 HErbÜ läßt eine eng begrenzte Ausnahme vom Grundsatz der Nachlaßeinheit zu: Die Vorschrift erfaßt nicht die Fälle einer reinen kollisionrechtlichen Vermögensspaltung, sondern ist vielmehr auf intern zwingende erbrechtliche Sonderregelungen des Belegenheitsstaates beschränkt. Obwohl die Vorschrift damit einen kleinen Anwendungsbereich hat, wird sie für Rechtsunsicherheit sorgen, wenn die Konvention in Kraft tritt. Die bisherige Untersuchung von Art. 15 HErbÜ hat gezeigt, wie unbestimmt diese Vorschrift an einigen Punkten ist. Manche Gerichte könnten sich durch die Textfassung des Art. 15 HErbÜ ermutigt sehen, für gewisse Bereiche zur Nachlaßspaltung zurückzukehren. Beispiele hierfür könnte etwa das

---

170 Höfeordnung vom 1. 7. 1976 (BGBl. 1976 I, S. 881); siehe dazu *Palandt/Edenhofer,* Art. 64 EGBGB Rdn. 6 und *Lange/Kuchinke,* Erbrecht, § 53 I 3, S. 1269–1271.

171 So *Brandi,* S. 215 f. und wohl auch *Lagarde,* Rev. crit. 78 (1989), S. 249, 266.

172 So auch Artt. 5 II, 6 I EVÜ.

173 Actes et documents XVI/2 (1990), S. 591 Nr. 113 (Bericht *Waters*).

174 *Scoles,* Am. J. Comp. L. 42 (1994), S. 85, 111.

175 In diesem Sinne auch *Scoles,* Am. J. Comp. L. 42 (1994), S. 85, 111.

homestead right des überlebenden Ehegatten im anglo-amerikanischen Rechtskreis sein[176]. Während der Bericht zum Übereinkommen diesen Punkt nicht ausdrücklich erwähnt, hat der Bericht der Spezialkommission das *homestead right* noch ausdrücklich als Anwendungsfall der Vorgängervorschrift des Art. 15 HErbÜ angesehen[177]. Diese Unsicherheiten in der Anwendung von Art. 15 HErbÜ könnten allenfalls dann vermieden werden, wenn man sich den Zweck der Norm noch einmal vor Augen führt: Die Vorschrift möchte vor allem die Zerschlagung bestimmter wirtschaftlicher Werte durch den Erbfall verhindern. So nennt der Bericht zum Übereinkommen ausdrücklich die Sonderregelung der Erbfolge in Personengesellschaftsanteile, in Familien- und landwirtschaftliche Kleinbetriebe. Solche Vermögenseinheiten sollen nicht „blinden Auges auf dem Altar der Nachlaßeinheit" geopfert werden, soweit sie für den Belegenheitsstaat eine wichtige wirtschaftspolitische oder soziale Funktion erfüllen[178]. Vor diesem Hintergrund ist Art. 15 HErbÜ eine absolute Ausnahmevorschrift und kann nur in einem äußerst beschränkten Rahmen zur Geltung kommen.

Das Übereinkommen ist in der deutschen Literatur überwiegend kritisch aufgenommen worden[179]; eine Ratifikation durch die Bundesrepublik Deutschland ist nicht zu erwarten. Hauptpunkt der Kritik ist der in Art. 3 HErbÜ gefundene Kompromiß zwischen dem Staatsangehörigkeits- und dem Domizilprinzip[180]. Zum einen wird es als rechtspolitisch fragwürdig empfunden, daß nach Art. 3 II HErbÜ nach fünf Jahren quasi über Nacht das anwendbare Recht vom Heimatrecht zum Recht des gewöhnlichen Aufenthalts des Erblassers wechseln kann. Zum anderen werden die Ausnahmeregelungen in Art. 3 II 2 und Art. 3 III HErbÜ als nicht gelungen bezeichnet, da die Klauseln ein hohes Maß an Rechtsunsicherheit bewirkten[181]. Aus diesen Gründen ist es zu begrüßen, daß die Bundesrepublik Deutschland dem Übereinkommen nicht beitreten wird.

§ 15 Zusammenfassende Würdigung

Zunächst werden die Regelungen zum Verhältnis von Einzel- und Gesamtstatut in den kollisionsrechtlichen Staatsverträgen zusammengefaßt. Danach ist die in

---

176 In den USA gewährt das *homestead right* der Familie des Erblassers (überlebendem Ehegatten und meist den minderjährigen Kindern) ein Nutznießungsrecht am Familienheim (dazu *Ferid/Firsching/Lichtenberger-Firsching,* Band VI, USA Grdz. D VIII, Rdn. 93).

177 Actes et documents XVI/2 (1990), S. 275 Nr. 62 (Bericht zum Vorentwurf *Waters*).

178 *Brandi,* S. 218.

179 Kritisch: *Kegel/Schurig,* IPR, § 21 V 3 e), S. 883; *Kunz,* ZRP 1990, S. 212, 214; MünchKomm-*Birk,* Art. 25 EGBGB Rdn. 289; zurückhaltend *Brandi,* S. 411 f.; positiv: *Kropholler,* IPR, § 51 I 1, S. 387: „zukunfstweisend".

180 *Kegel/Schurig,* IPR, § 21 V 3 e), S. 883.

181 *Schmellenkamp,* MittRhNotK 1997, S. 245, 250; MünchKomm-*Birk,* Art. 25 EGBGB Rdn. 289.

den Übereinkommen gefundene Lösung vor dem Hintergrund des geltenden autonomen Rechts (Art. 3 III EGBGB) zu bewerten.

I. Bestandsaufnahme

Nur wenige kollisionsrechtliche Staatsverträge enthalten eine dem Art. 3 III EGBGB entsprechende Vorschrift. So ist im Haager Vormundschafts- und Ehewirkungsabkommen der Vorrang der *lex rei sitae* für solche Grundstücke anerkannt, die nach dem Gesetz der belegenen Sache einer besonderen Güterordnung unterliegen (materiellrechtliche Vermögensspaltung). Die Ausführungen zu diesen beiden Abkommen haben gezeigt, daß der Vorbehalt sich jeweils allein auf Lehen, Fideikommisse und Bauerngüter bezieht. Für die rein kollisionsrechtliche Vermögensspaltung ist in den beiden Abkommen kein Platz. Materiellrechtliche Sondervorschriften für die oben genannten Vermögenseinheiten spielen heute keine große Rolle mehr. Daher weisen auch die Nachfolgeabkommen, nämlich das Haager Minderjährigenschutzabkommen, das Haager Kinderschutzübereinkommen und das Haager Ehegüterrechtsübereinkommen, keine solche Vorschrift zum Vorrang der *lex rei sitae* mehr auf. Das Haager Erbrechtsübereinkommen erkennt wieder den Vorrang des Belegenheitsstaates für bestimmte Ausnahmefälle an: Sieht der Belegenheitsstaat besondere Regelungen über die Erbfolge für bestimmte, auf seinem Gebiet befindliche Vermögensgegenstände aus wirtschaftlichen, familiären oder sozialen Gründen vor, so bricht gemäß Art. 15 HErbÜ das Einzelstatut das Gesamtstatut. Den Vorrang des Belegenheitsrechts erkennt die Haager Erbrechtskonvention aber nur für solche materiellrechtlichen Sondervorschriften an, die im internen Recht wenigstens zwingende Wirkung haben. Die rein kollisionsrechtliche Vermögensspaltung erfaßt diese Vorschrift jedenfalls nicht. Zusammenfassend ergibt sich also in den untersuchten kollisionsrechtlichen Übereinkommen ein klares Bild: Alle Konventionen gehen vom Grundsatz der „strengen" Vermögenseinheit aus und berücksichtigen nicht besondere Kollisionsnormen der *lex rei sitae,* die zu einer Vermögensspaltung führen.

II. Bewertung der Lösung der Übereinkommen

Zu untersuchen bleibt, wie sich diese Lösung in den Übereinkommen mit den international-privatrechtlichen Interessen verträgt, da im deutschen Kollisionsrecht eine Meinung mit der weiten Auslegung des Art. 3 III EGBGB auch die reine kollisionsrechtliche Vermögensspaltung beachtet und damit großzügiger vom Grundsatz der Vermögenseinheit abweicht.

1. Parteiinteresse

Im Bereich des Familien- und Erbrechts haben die beteiligten Personen ein kollisionsrechtliches Parteiinteresse daran, einheitlich nach der Rechtsordnung behandelt zu werden, mit der sie eng verbunden sind[182]. Regelmäßig werden die Ehegatten oder der Erblasser ein geringeres Interesse daran haben, daß sich ihr Immobiliarnachlaß nach der *lex rei sitae* richtet[183]. Eher selten wird die Beziehung der beteiligten Personen zum betreffenden Belegenheitsstaat genauso stark ausgeprägt sein wie zum Heimat- oder Aufenthaltsstaat[184]. So würde ein Erblasser eine einheitliche Anknüpfung des Erbstatuts vorziehen, damit eine Rechtsordnung darüber entscheidet, wer als Erbe berufen sein soll und in welcher Quote der Erbe am Nachlaß beteiligt wird[185]. Ist eine einzige Rechtsordnung berufen, über die Rechtsnachfolge von Todes wegen zu entscheiden, wird die Nachlaßplanung dem Erblasser viel leichter fallen. Nun mag man aus der Sicht der Erben argumentieren, ihr Parteiinteresse gebiete es, die *lex rei sitae* für Grundstücke zum Tragen kommen zu lassen, soweit sie mit dem Belegenheitsrecht eng verbunden sind. Dagegen sprechen aber Erwägungen der Praktikabilität: Häufig wird es schwierig sein, für jeden einzelnen Erben die Erbenhaftung oder das Pflichtteilsrecht gesondert zu beurteilen[186]. Darüber hinaus werden der Erblasser und die Erben zumeist in derselben Rechtsordnung ihren Lebensmittelpunkt haben. Aber selbst wenn sie in verschiedenen Rechtsordnungen leben, sprechen auch hier die genannten praktischen Aspekte der Nachlaßabwicklung gegen die Vermögensspaltung[187].

Ähnliche Erwägungen lassen sich auch für das eheliche Güterrecht und das Kindesvermögen anstellen. Haben die Ehegatten keine Rechtswahl vorgenommen, liegt es nahe, für die güterrechtlichen Ehewirkungen eine Rechtsordnung anzuwenden, die den Eheleuten nahesteht. Das Haager Ehegüterrechtsübereinkommen unterstellt deshalb das Güterrecht objektiv dem materiellen Recht des ersten gewöhnlichen Aufenthalts der Eheleute während der Ehe (Art. 4 I). Ebenso beruft das Haager Minderjährigenschutzabkommen in erster Linie das Aufenthaltsrecht des Minderjährigen; auch das neue Kinderschutzübereinkommen bleibt bei diesem Grundsatz (Art. 15 I)[188]. Im autonomen deutschen Recht wird das eheliche Güterrecht von dem für die persönlichen Ehewirkungen maßgebenden Recht beherrscht (Artt. 15 I, 14 I EGBGB). Paradebeispiel für die Berücksichtigung der Parteiinteressen der Ehegatten ist die *Kegel'sche* Anknüpfungsleiter des Art. 14 I EGBGB: Haben die Ehegatten keine gemeinsame Staatsangehörigkeit, so gilt heute nach

---

182 Zum Parteiinteresse *Kegel / Schurig,* IPR, § 2 II 1, S. 118 f.

183 *V. Stoll,* S. 96.

184 Vgl. *Brandi,* S. 163; *Kühne,* S. 89 f.

185 *Brandi,* S. 163.

186 *Brandi,* S. 164; *Kühne,* S. 90; *ders.,* IPR-Gesetz-Entwurf, S. 157.

187 *Kühne,* IPR-Gesetz-Entwurf, S. 157.

188 Zur allgemeinen Ausnahmeklausel (Art. 15 II) siehe 4. Kapitel, § 13 II.

Artt. 15 I, 14 II 2 EGBGB an erster Stelle das Recht des Staates, in dem sich beide Ehegatten gewöhnlich aufhalten. Im internationalen Kindschaftsrecht hat sich der Gesetzgeber neuerdings ebenfalls dazu durchgerungen, an das Recht des gewöhnlichen Aufenthalts des Kindes anzuknüpfen (Artt. 19, 21 EGBGB).

Die in den untersuchten kollisionsrechtlichen Staatsverträgen gefundenen Lösungen verdienen also Beifall, da sie konsequent den Grundsatz der Vermögenseinheit verwirklichen und damit den Parteiinteressen der Beteiligten dienen. Man darf aber nicht allein die Parteiinteressen in den Vordergrund schieben, sondern muß auch andere Interessen wie die Verkehrsinteressen im Auge behalten[189].

2. *Verkehrsinteressen*

Im Internationalen Privatrecht sind objektive Interessen wie Sicherheit und Leichtigkeit des Rechtsverkehrs von besonderer Bedeutung[190]. Dem Verkehrsinteresse entspricht es daher, Sachen nach dem Recht des Lageortes (*lex rei sitae*) zu beurteilen; die beteiligten Personen vertrauen darauf. Sowohl die untersuchten kollisionsrechtlichen Staatsverträge als auch unser nationales IPR versuchen, die Interessen des Situsstaates in unterschiedlichem Umfange zu berücksichtigen.

Das Haager Erbrechtsübereinkommen und die frühen Haager Abkommen gewähren wie Art. 3 III EGBGB der *lex rei sitae* Vorrang vor dem Gesamtstatut, wenn der Belegenheitsstaat bestimmte Vermögensgegenstände aus politischen oder wirtschaftlichen Gründen einem Sonderstatut unterstellt[191]. Im Vergleich zu Art. 3 III EGBGB und den frühen Haager Abkommen ist das Haager Erbrechtsübereinkommen insoweit großzügiger als es für einen Vorrang des Einzelstatuts keine international zwingenden Normen der *lex rei sitae* verlangt, sondern nach der hier vertretenen Auffassung intern zwingende Vorschriften genügen läßt[192]. Dieser weite Anwendungsbereich des Haager Erbrechtsübereinkommens stößt auf Bedenken, da er den Ausnahmecharakter dieser Vorschrift auszuhöhlen droht. Diese Gefahr bestände nicht, wenn die Delegierten der Haager Konferenz den schon erwähnten holländischen Vorschlag angenommen hätten[193]. Ein Vorrang der *lex rei sitae* würde wie bei Art. 3 III EGBGB nur dann in Frage kommen, soweit das Belegenheitsrecht mit international zwingenden Normen aufwarten kann.

---

189 *Kegel/Schurig*, IPR, § 2 II, S. 118.

190 *Junker*, IPR, Rdn. 93; *Kropholler*, IPR, § 5 I 3, S. 32.

191 Schon *Savigny* hat einen Ausschluß des an sich berufenen Rechts für „Gesetze von streng positiver, zwingender Natur“ anerkannt (System des heutigen römischen Rechts VIII, S. 33).

192 Darüber hinaus erfaßt Art. 15 HErbÜ im Gegensatz zu Art. 3 III EGBGB auch die Sondernachfolge in Gesellschaftsanteile; siehe zu dieser Frage im deutschen Recht 4. Kapitel, § 12 II. 1. b).

193 Siehe 4. Kapitel, § 14 II. 3. d).

Die Meinung, die Art. 3 III EGBGB weit auslegt, kommt dem Situsrecht noch weiter entgegen, indem sie die reine kollisionsrechtliche Vermögensspaltung erfaßt. Berücksichtigen also vielleicht die untersuchten kollisionsrechtlichen Staatsverträge unzureichend das Verkehrsinteresse, indem sie im Verhältnis zu Nichtvertragsstaaten die kollisionsrechtliche Vermögensspaltung nicht erfassen?

Das Verkehrsinteresse rechtfertigt nicht den Bruch des Gesamtstatuts durch das Einzelstatut aufgrund besonderer Kollisionsnormen. Das Sachenrecht ist rechtspolitisch neutral und trifft insbesondere keine Entscheidung darüber, warum ein Vermögenswert jemandem zufließen soll. Dagegen enthalten die güter- und erbrechtlichen Regelungen sehr wohl rechtspolitische Interessen[194]. Paradebeispiel ist im deutschen Recht das Pflichtteilsrecht, das die Beteiligung naher Familienangehöriger am Nachlaß auch gegen den Willen des Erblassers durchsetzt. Durch das Verkehrsinteresse lassen sich eher solche Vorschriften wie Art. 9 des Haager Ehegüterrechtsübereinkommens rechtfertigen. Danach können die Vertragsstaaten Vorschriften vorsehen, um den inländischen Rechtsverkehr vor Überraschungen – etwa Verfügungsbeschränkungen – zu schützen, die sich aus einem ausländischen Ehegüterrechtsstatut ergeben können. Das deutsche autonome IPR verfügt in Art. 16 EGBGB über eine vergleichbare Vorschrift.

3. Ordnungsinteressen

In der deutschen Diskussion um die Frage, ob Art. 3 III EGBGB auch eine Kollisionsnorm des Situsstaates umfaßt, argumentiert die Meinung, die eine weite Auslegung des Art. 3 III EGBGB favorisiert, überwiegend mit Ordnungsinteressen. Trifft diese Begründung zu, ist gleichzeitig eine Schwachstelle der hier untersuchten kollisionsrechtlichen Übereinkommen ausgemacht, da alle Konventionen vom „strengen" Grundsatz der Vermögenseinheit ausgehen.

Im Verhältnis der Vertragsstaaten untereinander spielen die Ordnungsinteressen keine Rolle. Die Kollisionsnormen sind vereinheitlicht und internationaler Entscheidungseinklang – ein wichtiges Ordnungsinteresse – ist erreicht. Da die neueren Haager Übereinkommen regelmäßig als *lois uniformes* ausgestaltet sind, können sie auch im Verhältnis zu Nichtvertragsstaaten zum Tragen kommen. Im Falle eines Beitritts Deutschlands zum Haager Erbrechtsübereinkommen könnte beispielsweise ein deutsches Gericht das in dem Nichtvertragsstaat England belegene Grundstück eines deutschen Erblassers nicht mehr nach Art. 3 III EGBGB dem englischen Erbrecht als der *lex rei sitae* unterstellen. Vielmehr müßte es gemäß Art. 3 I HErbÜ deutsches Erbrecht anwenden. Internationaler Entscheidungseinklang mit dem Situsstaat ist dann nicht mehr möglich. Inwiefern ist aber der internationalen Entscheidungseinklang als Argument maßgeblich? Außer dieser Frage ist in bezug auf mögliche Schwachstellen der Übereinkommen zu untersuchen, ob

194 *Solomon,* IPRax 1997, S. 81, 84.

sich die Meinung, die eine weite Auslegung des Art. 3 III EGBGB befürwortet, mit dem Ordnungsinteresse an der Durchsetzbarkeit einer Entscheidung und dem Grundsatz der Näherberechtigung rechtfertigen läßt.

a) Internationaler Entscheidungseinklang

Der internationale Entscheidungseinklang gilt als das Ideal des IPR[195], ermöglicht er doch eine widerspruchsfreie Entscheidung eines Sachverhaltes in verschiedenen Rechtsordnungen. Auf den ersten Blick scheint daher das Streben des IPR nach internationalem Entscheidungseinklang ein schlagendes Argument für die Meinung im deutschen IPR zu sein, auch reine Kollisionsnormen über Art. 3 III zu berücksichtigen[196]. Allerdings bleibt unerklärlich, warum man dann nicht auch den Fall erfaßt, daß ein Belegenheitsstaat den gesamten Nachlaß anders anknüpft, zum Beispiel an den Wohnsitz, und nicht nur für Grundstücke die *lex rei sitae* beruft. Im obigen Beispielsfall kommt über die englischen Kollisionsnormen für das in England belegene Grundstück englisches materielles Erbrecht zur Anwendung. Verstirbt hingegen ein Deutscher mit letztem Wohnsitz in Kopenhagen und hinterläßt dort Grundstücke, ist Art. 3 III EGBGB nicht maßgeblich: Die Dänen knüpfen den ganzen Nachlaß an den letzten Wohnsitz an; das dänische Gesamtstatut steht dem deutschen Gesamtstatut gegenüber. Letztlich hängt es damit von der zufälligen Lage eines Grundstücks ab, ob die Meinung, die eine weite Auslegung des Art. 3 III EGBGB gutheißt, dieses Grundstück aus der Vermögenseinheit herauslöst oder nicht. Worin liegt aber der Unterschied zwischen einem Grundstück in England oder in Dänemark? Es gibt keinen; die unterschiedliche Behandlung der Grundstücke ist willkürlich. Der äußere Entscheidungseinklang vermag den Standpunkt der Meinung, die Art. 3 EGBGB weit auslegt, nicht zu untermauern. Das Argument des internationalen Entscheidungseinklanges spricht damit nicht gegen die Lösung der Übereinkommen, den Vorrang der *lex rei sitae* allein auf besondere Sachnormen zu beschränken.

b) Durchsetzbarkeit einer Entscheidung

Häufig wird für den Vorrang der *lex rei sitae*-Anknüpfung des Belegenheitsstaates auch das Ordnungsinteresse an der Durchsetzbarkeit einer Entscheidung ins Feld geführt[197]. Das Durchsetzbarkeitsinteresse ist von dem Streben bestimmt, eine „reale" Entscheidung zu erreichen und damit nur solche gerichtlichen Urteile

---

195 *Kropholler,* IPR, § 6, S. 35; *Neuhaus,* Grundbegriffe des IPR, § 6, S. 49.

196 BT-Drucks. 10/504, S. 36 (Begründung des Regierungsentwurfs); *Erman/Hohloch,* Art. 3 EGBGB Rdn. 18; *Ferid,* IPR, Rdn. 3–150; *Neuhaus,* RabelsZ 18 (1953), S. 651, 654.

197 BT-Drucks. 10/504, S. 37 (Begründung des Regierungsentwurfs); *Erman/Hohloch,* Art. 3 EGBGB Rdn. 13; *Ferid,* IPR, Rdn. 3–150; *Junker,* IPR, Rdn. 212.

zu fällen, die im Ausland vollstreckbar sind[198]. Die hier untersuchten kollisionsrechtlichen Übereinkommen berücksichtigen dieses Interesse gegenüber Nichtvertragsstaaten nicht. Diese Haltung wäre zu kritisieren, wenn es tatsächlich „absurd"[199] ist, einem englischen Grundstück gegen den Willen des englischen Gesetzgebers im Beispielsfall ein deutsches Gesamtstatut aufzuzwingen. Es ist aber ein weit verbreiteter Irrtum zu glauben, die Anerkennungsfähigkeit deutscher Urteile im Ausland würde erhöht, wenn deutsche Gerichte die Situsanknüpfung des Belegenheitsstaates für Grundstücke befolgten. Hinterläßt beispielsweise ein Deutscher Erblasser ein Grundstück in Frankreich, würde ein deutscher Richter über die weite Auslegung des Art. 3 III EGBGB französisches Recht auf das in Frankreich belegene Grundstück anwenden. Dieses deutsche Urteil hätte in Frankreich aber keine Chancen auf Anerkennung. Die Urteile eines ausländischen Gerichts werden in Frankreich in einem einzigen Verfahren anerkannt und für vollstreckbar erklärt (*exequatur*). Für die Anerkennung sind mehrere Voraussetzungen zu erfüllen[200]; das Urteil muß unter anderem von einem nach französischem Recht zuständigen Gericht ergangen sein[201]. Bei dem eben gebildeten Beispielsfall würde die Anerkennung an dieser Voraussetzung scheitern. Für Rechtsstreitigkeiten, die Grundstücke betreffen, besteht in Frankreich eine ausschließliche Belegenheitszuständigkeit[202].

Im Verhältnis zum US-amerikanischen Recht kann ebenfalls mit keiner Anerkennung gerechnet werden. Anerkennungsvoraussetzung ist auch hier, daß das ausländische Gericht für die Entscheidung des Falles international zuständig gewesen ist[203]. Aus der Sicht des US-amerikanischen Rechts besteht regelmäßig keine internationale Zuständigkeit eines deutschen Gerichtes zum Erlaß eines Urteils zur Regelung der Erbfolge an einem in den USA gelegenen Grundstückes: Die *jurisdiction* für *in rem* Verfahren, welche die Regelung der dinglichen Rechtslage an unbeweglichen Vermögensgegenständen zum Gegenstand haben, liegt ausschließlich bei den Gerichten des Situsstaates[204]. Damit ist es gleichgültig, ob die deutschen Gerichte hier der *lex rei sitae* nachgeben oder nicht: Die US-amerikanischen Gerichte nehmen für dort befindliche Grundstücke die ausschließliche Entscheidungs-

---

198 *Kegel/Schurig,* IPR, § 2 II 3 d), S. 126.

199 *Nußbaum,* IPR, § 9 VII, S. 59.

200 Zu den verschiedenen Voraussetzungen im einzelnen *Batiffol/Lagarde,* DIP II, Nr. 717 ff.; *Sipp-Mercier,* S. 97 f.

201 Cass. civ. vom 7. 1. 1964 (Munzer c. dame Munzer), Rev. crit. 53 (1964), S. 344 note *Batiffol; Batiffol/Lagarde,* DIP II, Nr. 718.

202 Cass. civ. vom 7. 1. 1982 (Mme Le Van Chau, épouse Fabry et autres c. consorts Le Van Chau), Rev. crit. 72 (1983), S. 87 note *Ancel; Sipp-Mercier,* S. 102.

203 *Otte,* IPRax 1993, S. 142, 146.

204 *Pennoyer v. Neff,* 95 U.S. 714 (1878), bestätigt hinsichtlich eines *in rem* Verfahrens zur Feststellung der Erbfolge in ein Grundstück in *Clarke v. Clarke,* 178 U.S. 186, 20 S.Ct. 873 (1900). Zur *in rem jurisdiction: Scoles/Hay/Borchers/Symeonides,* Conflict of Laws, § 5.5, S. 292 f.

zuständigkeit in Anspruch; das Urteil wird auf keinen Fall anerkannt[205]! Der Belegenheitsstaat „tut was er will“[206].

Außerdem ist ein weiterer Gesichtspunkt zu bedenken: Stirbt beispielsweise ein Deutscher mit letztem Wohnsitz in Paris und hinterläßt dort bewegliches Vermögen, so kommt nach dem französischem IPR französisches Wohnsitzrecht zur Anwendung. Wenn das Durchsetzbarkeitsinteresse wirklich eine so große Bedeutung hätte, müßte es auch für bewegliches Vermögen zur Herrschaft der *lex rei sitae* nach Art. 3 III EGBGB führen[207]. Diesen Schluß zieht aber niemand; vielmehr verbleibt es bei der Anwendung des deutschen Heimatrechts nach Art. 25 I EGBGB[208].

Insgesamt rechtfertigt das Durchsetzbarkeitsinteresse nicht, über eine weite Auslegung des Art. 3 III EGBGB auch Kollisionsnormen des Situsstaates zu erfassen. Auch dieses Ordnungsinteresse verlangt von den Übereinkommen nicht, im Verhältnis zu Nichtvertragsstaaten, welche der Vermögensspaltung folgen, vom Grundsatz der Vermögenseinheit abzurücken.

c) Näherberechtigung

Bleibt der Grundsatz der Näherberechtigung, um einen Vorrang der *lex rei sitae* bei reiner kollisionsrechtlicher Vermögensspaltung zu begründen. Nach diesem Grundsatz wird die reguläre inländische Kollisionsnorm durchbrochen, weil die eigentlich zuständige „näher berechtigte“ Rechtsordnung ebenfalls Anwendung beansprucht[209]. Dieser Grundsatz kommt zum Tragen, wenn das materielle ausländische Recht das Prinzip der Vermögenseinheit nicht kennt und daher auch kollisionsrechtlich die Vermögensstücke keiner einheitlichen Rechtsordnungen unterstellt[210]. In diesem Fall spricht tatsächlich viel dafür, die *lex rei sitae* zu berücksichtigen; schließlich ist kein Gesamtvermögen vorhanden, und es kann tatsächlich zum Widerstreit zwischen einem Gesamt- oder Einzelstatut kommen. Al-

---

205 Das gleiche gilt für das Verhältnis zum englischen Recht: Dort gilt ebenfalls die Regel, daß ein ausländisches Gericht aus Sicht des englischen Rechts keine internationale Zuständigkeit zum Erlaß eines Urteils zur Regelung der Erbfolge an einem englischen Grundstück mit *in rem* Wirkung besitzt (vgl. *Dicey/Morris,* Conflict of Laws I, Rule 40, Rdn. 14R-099).

206 *Kegel/Schurig,* IPR, § 12 II 2 b) cc), S. 377.

207 *Kegel/Schurig,* IPR, § 12 II 2 b) cc), S. 376.

208 *Dörner* vertritt die Meinung, Art. 3 III EGBGB beziehe sich auch auf solche Kollisionsnormen, die für alle oder bestimmte Arten von Mobilien Sonderanknüpfung vorsehen. Das soll zum Beispiel der Fall sein im argentinischen Recht, das die Vererbung von Mobilien mit festem Lagerort der *lex rei sitae* unterstellt (*Staudinger/Dörner,* Art. 25 EGBGB Rdn. 538, vgl. *Tiedemann,* S. 51).

209 BT-Drucks. 10/504, S. 36 (Begründung des Regierungsentwurfs); *Ebenroth/Eyles,* IPRax 1989, S. 1, 3; *Ferid,* IPR, Rdn. 3–150; *Wolff,* IPR, § 17, S. 81.

210 *Wochner,* FS Wahl, S. 161, 181.

lerdings finden wir heutzutage diese materiell-rechtliche Vermögensspaltung, wie schon erwähnt wurde, nur noch in einigen US-Bundesstaaten[211]. Versteht man aber den Grundsatz der größeren Nähe eher „örtlich", dann stehen die Rechtfertigungsbemühungen für die Einbeziehung der *lex rei sitae* auf genauso schwachen Füßen wie bei der Frage der Durchsetzbarkeit. Denn „wie soll man es sich vorstellen, daß ein Pariser Grundstück dem französischen Rechtskreise näher ist als ein Kopenhagener dem dänischen?"[212] Die örtliche Nähe des Belegenheitsrechts rechtfertigt nur solche Vorschriften wie Art. 9 I des Haager Minderjährigenschutzabkommens oder Art. 11 I des Haager Kinderschutzübereinkommen. Nach diesen beiden Vorschriften haben die Behörden des Belegenheitsstaates die Eilzuständigkeit, die notwendigen Schutzmaßnahmen für das dort gelegene Vermögen zu treffen. Mit dem Grundsatz der „örtlichen" Näherberechtigung läßt sich auch die Ausnahmeklausel in Art. 15 II des Haager Kinderschutzübereinkommen begründen. Ermöglicht diese Vorschrift doch den zuständigen Behörden, ausnahmsweise nicht ihr eigenes materielles Recht auf das in einem anderen Staat belegene Vermögen des Kindes anzuwenden. Vielmehr können die Behörden nach Art. 15 II die Vorschtiften der *lex rei sitae* berücksichtigen, um einen besseren Schutz des dortigen Vermögens zu erzielen.

4. Verhältnis von Einzel- und Vermögensstatut

Können die erwähnten international-privatrechtlichen Interessen zu keiner Kritik an dem strengen Grundsatz der Vermögenseinheit in den Übereinkommen führen, bleibt als Angriffspunkt nur noch ein neuer Begründungsansatz für den Vorrang des Einzelstatuts. Danach bedarf die rechtliche Zusammenfassung verschiedener Gegenstände zu einer Vermögenseinheit der Anerkennung durch das für den jeweiligen Einzelgegenstand maßgebende Recht. Das Vermögensstatut gewinne seine Herrschaft über den Einzelgegenstand nur aufgrund einer Anerkennung durch das Einzelstatut[213]. Daraus wird gefolgert: Erkennt das Sachstatut die Zugehörigkeiten des Gegenstandes zu einem Gesamtvermögen nicht an, weil es zum Beispiel ein Grundstück nicht dem Vermögensstatut, sondern der *lex rei sitae* unterstellt, so bleibt es bei der alleinigen Herrschaft des Einzelstatuts[214]. Werden alle Gegenstände der jeweiligen *lex rei sitae* unterworfen, soll dieser Standpunkt ebenfalls über Art. 3 III EGBGB Beachtung finden. Das betreffende Recht verzichte nämlich darauf, alle Nachlaßgegenstände zu einer Vermögenseinheit zusammenzufassen und gebe nur den Einzelstatuten Raum. Wird dagegen das gesamte Vermögen nur anders einheitlich angeknüpft (Anknüpfung an den Wohnsitz), bleibe es

---

211 *Kegel/Schurig,* IPR, § 12 II 2 b) bb), S. 374; *Soergel/Kegel,* Art. 3 EGBGB Rdn. 17.

212 *Wochner,* FS Wahl, S. 161, 181.

213 *Dörner,* IPRax 1994, S. 362, 363; *Staudinger/Dörner,* Art. 25 EGBGB Rdn. 522; *Staudinger/Hausmann,* Art. 3 EGBGB Rdn. 41; *Tiedemann,* S. 41 f., 50 ff.

214 *Staudinger/Dörner,* Art. 25 EGBGB Rdn. 522; *Tiedemann,* S. 41 f., 50 ff.

bei den von unserem IPR bestimmten Gesamtstatut. Insoweit bestehe kein Widerspruch zur Vermögenszurechnung, beide Rechtsordnungen gehen von einem Gesamtvermögen aus[215].

Diese These hat in der Diskussion um das Verhältnis von Einzel- und Gesamtstatut erst wenig Widerhall gefunden[216]. Sollte sie stichhaltig sein, hätte sie aber enorme Auswirkungen: Stellt sie doch nichts anderes als einen generellen Vorrang des Einzelstatuts bei vermögensbezogenen Kollisionsnormen auf. Begründet wird dieser Vorrang mit der „Herrschaft" des Sachstatuts über den einzelnen Vermögensgegenstand. Dieser Gedanke geht zurück auf das „völkerrechtliche IPR" bei *Zitelmann* und *Frankenstein.* „Aprioristisches Axiom" war bei beiden, daß Sachen und Staaten durch deren Belegenheit verknüpft seien[217]. Dieser Gedanke, das IPR auf völkerrechtliche Begriffe wie Souveränität und Gebietshoheit aufzubauen, wird heute aber fast einhellig abgelehnt[218]. Wenn wir die *lex rei sitae* auf ein Grundstück anwenden, so geschieht es nicht aus dem Gesichtspunkt der Gebietshoheit des betreffenden Staates, sondern aufgrund der dahinter liegenden internationalprivatrechtlichen Interessen. Damit ist man aber für die Frage, ob dem Einzelstatut Vorrang gebührt, im wesentlichen wieder bei dem Interesse der Durchsetzbarkeit angelangt. Für die rein kollisionsrechtliche Vermögensspaltung vermag dieses Interesse aber, wie bereits gezeigt, der *lex rei sitae* nicht zum Durchbruch zu verhelfen.

Dieser Ansatz ist aber auch wegen einer weiteren Überlegung nicht tragbar: Beispielsweise wird aus der kollisionsrechtlichen Unterscheidung zwischen beweglichen und unbeweglichen Vermögen des Belegenheitsstaates im Ergebnis ein Einwand gegen die materiellrechtliche Vermögenseinheit geschmiedet, obwohl die betreffende Rechtsordnung regelmäßig selbst materiellrechtlich von der Vermögenseinheit ausgeht[219]. Warum dies geschieht, ist nicht nachzuvollziehen. Plausibel ist der Vorrang der *lex rei sitae* nur, wenn der Situsstaat aus wirtschaftlichen oder sozialen Gründen eine Durchbrechung der materiellrechtlichen Vermögenseinheit anordnet. Diesen Fall erfassen die Mehrzahl der hier untersuchten kollisionsrechtlichen Übereinkommen. Auch diese neue These kann daher den Vorrang des Einzelstatuts einer rein kollisionsrechtlichen Vermögensspaltung nicht rechtfertigen.

---

215 *Staudinger/Dörner,* Art. 25 EGBGB Rdn. 538, 541; *Tiedemann,* S. 51.

216 *Solomon,* IPRax 1997, S. 81, 86 f.; *Kegel/Schurig,* IPR, § 12 II 2 b) cc), S. 376.

217 *Zitelmann,* IPR I, S. 140, IPR II, S. 683, 695; *ders.,* FS Gierke, S. 255, 261 f.; *Frankenstein,* IPR I, S. 509 f.

218 *von Bar,* IPR I, Rdn. 135 f.; *Ferid,* IPR, Rdn. 1–116; *Schurig,* Kollisionsnorm, S. 122–124.

219 *Solomon,* IPRax 1997, S. 81, 87.

III. Ergebnis

Die hier untersuchten kollisionsrechtlichen Staatsverträge verfolgen konsequent den Grundsatz der Vermögenseinheit. Teilweise wird der *lex rei sitae* aber zum Durchbruch verholfen, soweit der Belegenheitsstaat materiellrechtliche Sonderregelungen vorsieht. Auch im Verhältnis zu Nichtvertragsstaaten, die kollisionsrechtlich der Vermögensspaltung folgen, wirkt sich das starre Festhalten am Grundsatz der Vermögenseinheit nicht negativ aus. Für die Fälle der rein kollisionsrechtlichen Vermögensspaltung sind keine international-privatrechtlichen Interessen erkennbar, die ein Abrücken von der Vermögenseinheit rechtfertigen würden. Zudem läßt sich auch kein genereller Vorrang des Einzelstatuts vor dem Gesamtstatut begründen; die Parteiinteressen der Beteiligten sprechen für den Grundsatz der Vermögenseinheit. Daher ist es erstaunlich, wie hartnäckig sich in der deutschen Diskussion um Art. 3 III EGBGB die Meinung hält, welche auch die kollisionsrechtliche Vermögensspaltung durch Art. 3 III EGBGB erfaßt sieht. Schließlich hat sich ja auch der Gesetzgeber in der Wertung der Interessen dazu entschieden, im Bereich des Familien- und Erbrechts dem Grundsatz der Vermögenseinheit zu folgen. Letztlich bleibt damit Art. 3 III EGBGB die „dunkelste aller Vorschriften“[220]; die Vorschrift ist auf die materiellrechtliche Vermögensspaltung zu beschränken.

---

220 *Staudinger/Raape*[9], EGBGB Einl. D V, S. 10.

Fünftes Kapitel

Ordre public

Der ordre public nimmt im Internationalen Privatrecht eine Schlüsselstellung ein. Ermöglicht er doch als „Überdruckventil“[1], eine ausländische Vorschrift nicht anzuwenden, wenn das Ergebnis ihrer Anwendung in krasser Weise grundlegenden inländischen Rechtsvorstellungen widerspricht.

Thema des folgenden Kapitels ist der ordre public in kollisionsrechtlichen Staatsverträgen (§§ 17, 18). Den Hintergrund für diese Untersuchung bilden Grundfragen des ordre public (§ 16). Seinen Schlußpunkt findet das Kapitel in einer zusammenfassenden Würdigung (§ 19).

§ 16 Grundfragen des ordre public

Die Grundfragen zum ordre public behandeln den Begriff, das deutsche Internationale Privatrecht und die europäischen Internationalen Privatrechte.

I. Begriff

Die Kollisionsnormen des IPR berufen ausländisches Recht, ohne sich um dessen Inhalt zu kümmern; die Verweisung auf das fremde Recht ist daher als „Sprung ins Dunkle“[2] wahrgenommen worden. Jede Rechtsordnung besitzt aber einen unantastbaren Bereich, den sie nicht bereit ist aufzugeben[3]. Dringt das ausländische Recht in diesen Bereich ein, kann der ordre public entweder negativ dazu führen, daß das ausländische Sachrecht nicht angewendet wird, oder positiv inländische Sachnormen gegenüber dem ausländischen Recht durchsetzen. Man spricht von der negativen und positiven Funktion des ordre public.

Im 19. Jahrhundert stand die positive Funktion des ordre public im Vordergrund[4]. Ihr lag die Vorstellung zugrunde, das ausländische Recht nicht anzuwen-

---

[1] *von Bar,* IPR I, Rdn. 631.

[2] *Raape,* IPR, § 13 I, S. 90.

[3] *Kegel/Schurig,* IPR, § 16 I, S. 453.

[4] Vgl. *Savigny,* System des heutigen römischen Rechts VIII, S. 33 ff. und *Mancini,* Diritto internazionale Prelezione, S. 228 ff.

den, weil ihm zwingende inländische Bestimmungen entgegenstanden. Heute wird die Durchsetzung international zwingender Vorschriften gegenüber fremdem Recht nicht mehr dem „ordre public" zugeordnet. Man behandelt dieses Problem vielmehr unter dem Stichwort „Sonderanknüpfung von Eingriffsnormen" oder „lois de police"[5]. Eine negative Funktion hat der ordre public, wenn er das ausländische Recht ausschließt, weil dessen Anwendung als unerträglich empfunden wird. Im folgenden ist allein von dieser negativen Funktion des ordre public die Rede[6].

II. Deutsches Internationales Privatrecht

Das deutsche Internationale Privatrecht regelt den ordre public in Art. 6 S. 1 EGBGB[7]: Eine ausländische Rechtsnorm ist nicht anzuwenden, „wenn ihre Anwendung zu einem Ergebnis führt, das mit wesentlichen Grundsätzen des deutschen Rechts offensichtlich unvereinbar ist". Diese Formulierung entspricht der Auslegung des Art. 30 EGBGB a. F. durch die Rechtsprechung[8]. So definierte der Bundesgerichtshof den ordre public dahin, daß „das Ergebnis der Anwendung des ausländischen Rechts zu den Grundgedanken der deutschen Regelung und der in ihnen liegenden Gerechtigkeitsvorstellung in so starkem Widerspruch steht, daß es von uns für untragbar gehalten wird"[9]. Was setzt das Eingreifen des deutschen ordre public aber konkret voraus? Für die Anwendung des ordre public gibt es heute in Rechtsprechung und Rechtslehre übereinstimmende Grundsätze[10].

---

5 Die positive Funktion geht auf Art. 6 Code civil zurück (*Kropholler,* IPR, § 36 I, S. 224): „On ne peut déroger, par des conventions particulière, aux lois qui intéressent l'ordre public et les bonnes mœurs."

Junker, IPR, Rdn. 273; *Kropholler,* IPR, § 36 I, S. 224; siehe auch MünchKomm-*Sonnenberger,* Art. 6 EGBGB Rdn. 5, 9.

6 Zur positiven und negativen Funktion des ordre public *Kropholler,* IPR, § 36 I, S. 224; MünchKomm-*Sonnenberger,* Art. 6 EGBGB Rdn. 8 ff.; anders *Kegel/Schurig,* IPR, § 16 I, S. 453 ff. (positive und negative Funktion des ordr public nichts Wesenverschiedenes).

7 Spezielle Vorbehaltsklauseln enthält das deutsche IPR beispielsweise in Art. 13 II EGBGB (Schutz der Eheschließungfreiheit), Art. 13 III 1 EGBGB (obligatorische Zivilehe) und Art. 17 II EGBGB (Staatliches Ehescheidungsmonopol).

8 Vgl. BT-Drucks. 10/504, S. 42 (Begründung des Regierungsentwurfs): „Eine Veränderung des sachlichen Gehalts wird nicht angestrebt."

9 BGH vom 17. 9. 1968 – IV ZB 501/68, BGHZ 50, 370 (376) = NJW 1969, S. 369, 370 = IPRspr. 1968/69 Nr. 127b, S. 296, 306; vgl. auch BGH vom 18. 6. 1970 – IV ZB 69/69, BGHZ 54, 123 (130) = NJW 1970, S. 1503, 1504 = IPRspr. 1970 Nr. 59b, S. 164, 170 und BGH vom 18. 6. 1970 – IV ZB 6/70, BGHZ 54, 132 (140) = NJW 1970, S. 2160, 2162 = IPRspr. 1970 Nr. 61b, S. 176, 195.

10 Siehe BGH vom 17. 9. 1968 – IV ZB 501/68, BGHZ 50, 370 ff. = NJW 1969, S. 369 ff. = IPRspr. 1968/69 Nr. 127b, S. 296, 302 ff.; *Junker,* IPR, Rdn. 274 ff.; *Kegel/Schurig,* IPR, § 16 III 2, S. 461 ff. (unter Betonung des kollisionsrechtlichen Charakters des ordre public in § 16 II, S. 457 ff.); *Keller/Siehr,* IPR, § 42 III, S. 542 ff.; MünchKomm-*Sonnenberger,* Art. 6 EGBGB Rdn. 43 ff.

1. Voraussetzungen des ordre public

Die Voraussetzungen des ordre public sind folgende:

- Die Kollisionsnormen des deutschen IPR müssen eine ausländische Rechtsnorm berufen. Gegenstand der ordre public-Prüfung ist regelmäßig ausländisches Sachrecht; international-privatrechtliche Normen waren bisher in der deutschen Rechtsprechung bei der ordre public-Kontrolle nicht relevant[11].
- Ist eine ausländische Rechtsnorm berufen, muß das Ergebnis ihrer Anwendung im konkreten Fall mit wesentlichen Grundsätzen des deutschen Rechts offensichtlich unvereinbar sein; Prüfungsgegenstand ist nicht die abstrakte ausländische Norm. Diese schon vor der Reform allgemein anerkannte Voraussetzung tritt jetzt im Wortlaut von Art. 6 S. 1 EGBGB deutlich hervor[12].
- Weiter muß eine gewisse Inlandsbeziehung des Falles bestehen, etwa durch den gewöhnlichen Aufenthalt oder die Staatsangehöigkeit eines Beteiligten[13]. Denn an einem Ergebnis kann man nur dann Anstoß nehmen, wenn die inländische Rechtsordnung von der Anwendung des fremden Rechts in hinreichendem Maße berührt wird[14]. Hierauf geht die sogenannte „Relativität des ordre public" zurück: Je stärker die Inlandsbeziehung des Falles, desto weniger sind wir bereit, fremdartige Ergebnisse hinzunehmen. Je schwächer diese Beziehung ist, desto schockierender muß das Ergebnis der Anwendung einer ausländischen Rechtsordnung sein, damit die Vorbehaltsklausel eingreift[15]. So ist die Inlandsbeziehung sehr schwach, wenn es im Rahmen eines Unterhaltsstreits um die Gültigkeit einer Mehrehe als Vorfrage geht, die im Ausland nach dem Heimatrecht der Ehegatten wirksam geschlossen wurde[16]. Es schockiert uns zudem nicht, daß eine Ehefrau von ihrem Ehemann Unterhalt verlangt.

---

11 Siehe MünchKomm-*Sonnenberger,* Art. 6 EGBGB Rdn. 45; *Spickhoff,* S. 78.
Man würde aber auch gleichberechtigungswidrige ausländische Kollisionsnormen wegen Verstoßes gegen den deutschen ordre public nicht ohne weiteres ausschalten können, denn die Anwendung der ausländischen Kollisionsnormen muß im konkreten Fall zu einem untragbaren Ergebnis führen. Die bloße Verweisung auf das Mannesrecht reicht allein für Art. 6 EGBGB nicht aus (*Junker,* IPR, Rdn. 279; MünchKomm-*Sonnenberger,* Art. 6 EGBGB Rdn. 45; *Palandt/Heldrich,* Art. 6 EGBGB Rdn. 9; a. A. *von Hoffmann,* IPR, § 6 G II 2, S. 246 (Rdn. fehlt); *Kropholler,* IPR, § 36 II 1, S. 225).

12 RG vom 14. 12. 1927 – I 144/27, RGZ 119, 259 (262 f.) = JW 1928, S. 656, 657; BGH vom 26. 9. 1979 – VIII ZB 10/79, BGHZ 75, 167 (171) = NJW 1980, S. 527, 528 = IPRspr. 1979, Nr. 204, S. 661, 664 (zu Art. 27 Nr. 1 EuGVÜ); *Melchior,* Grundlagen des IPR, § 216, S. 330 f.; *Soergel/Kegel*[11], Art. 30 EGBGB Rdn. 4; BT-Drucks. 10/504, S. 43 (Begründung des Regierungsentwurfs).

13 Das ungeschriebene Tatbestandsmerkmal der Inlandsbeziehung geht auf *Kahn* zurück (Abhandlungen zum IPR I, S. 171 ff.). Ausführlich zur Inlandsbeziehung *Meise,* S. 95 ff.

14 *Junker,* IPR, 278; *Keller/Siehr,* IPR, § 42 III 3, S. 544.

15 *Neuhaus,* Grundbegriffe des IPR, § 48 I 2, S. 367; *Schurig,* Kollisionsnorm, S. 250; *Palandt/Heldrich,* Art. 6 EGBGB Rdn. 6.

16 BT-Drucks. 10/504, S. 43 (Begründung des Regierungsentwurfs).

- Schließlich ist eine Gegenwartsbeziehung des maßgebenden Sachverhalts zu verlangen. Je länger ein Tatbestand in der Vergangenheit zurückliegt, desto zurückhaltender ist der ordre public anzuwenden[17].

Somit sind die inhaltlichen Grundsätze des ordre public schwer festzulegen. Erinnert sei an das Wort von *Kahn*[18]: „Was man unter den „Gesetzen der öffentlichen Ordnung“, der „Vorbehaltsklausel“ und ähnlichem zusammenzufassen pflegt, ist im allgemeinen der noch unerkannte und der noch unfertige Teil des Internationalen Privatrechts“. Ist es damit ausgeschlossen, nähere Hinweise zum Eingreifen des ordre public zu geben?

2. *Hinweise zum Eingreifen des ordre public*

Als Prüfungsmaßstab nennt Art. 6 EGBGB in der Überschrift den Begriff der „öffentlichen Ordnung (ordre public)“. Der Gesetzestext umschreibt diesen Begriff, indem er auf die „wesentlichen Grundsätze des deutschen Rechts“ verweist. Was aber zum Kernbestand der inländischen Rechtsordnung zählt, wandelt sich[19]. Zudem ist eine „handgreifliche“ Konkretisierung nicht möglich, da der ordre public als Generalklausel gegenüber wechselnden Fallgestaltungen zum Tragen kommt[20]. Es lassen sich aber methodische Hinweise geben, wann der ordre public im Einzelfall eingreifen kann[21].

Berufen die deutschen Kollisionsnormen ausländisches Sachrecht, ist zu prüfen, ob zwischen dem Anwendungsergebnis und dem deutschen Recht eine erhebliche Diskrepanz besteht. Wird der ausländische Rechtssatz bereits in seinem eigenen Land als unbefriedigend und reformbedürftig empfunden, fällt es leichter, die umstrittene Regelung zurückzuweisen. Ein Eingreifen des ordre public liegt darüber hinaus nahe, wenn die so „erschütterte“ Regelung aus rechtsvergleichender Sicht internationalem Standard nicht entspricht. Allerdings ist im Zweifel von der Anwendung des ordre public abzusehen, denn nach dem Gesetzestext muß die Unvereinbarkeit mit wesentlichen Grundsätzen „offensichtlich“ sein[22].

---

17 MünchKomm-*Sonnenberger,* Art. 6 EGBGB Rdn. 89; *Spickhoff,* S. 101; *Ferid,* IPR, Rdn. 3 – 26; *Soergel/Kegel,* Art. 6 EGBGB Rdn. 28.

18 *Kahn,* Abhandlungen zum Internationalen Privatrecht I, § 24, S. 251.

19 *Junker,* IPR, Rdn. 275; *Kegel/Schurig,* IPR, § 16 V, S. 471.

20 MünchKomm-*Sonnenberger,* Art. 6 EGBGB Rdn. 60; ähnlich *Kropholler,* IPR, § 36 III, S. 227.

21 *Jayme,* Ordre public, S. 41 ff.; MünchKomm-*Sonnenberger,* Art. 6 EGBGB Rdn. 61.

22 BT-Drucks. 10/504, S. 43 (Begründung des Regierungsentwurfs); *Kegel/Schurig,* IPR, § 16 III 2 c), S. 465.

3. Grundrechte und ordre public

Als besonders wichtigen Bestandteil der öffentlichen Ordnung hebt Art. 6 S. 2 EGBGB die Grundrechte hervor[23]. Der Gesetzgeber hat sich damit entschlossen, die Grundrechte im Rahmen einer Generalklausel zur Geltung zu bringen. Nicht übernommen wurde die Methode, in den Grundrechten eine Schranke zu sehen, die unmittelbar die Anwendung des ausländischen Rechts begrenzt[24].

Offen geblieben ist, welche Fälle mit Auslandsberührung von den Grundrechten erfaßt werden[25]. Nicht jede Rechtsanwendung, die beim Inlandsfall grundrechtswidrig wäre, widerspricht der deutschen öffentlichen Ordnung[26]. Vielmehr ist bei Sachverhalten mit Auslandsberührung eine differenzierende Anwendung der Grundrechte erforderlich. So hat das Bundesverfassungsgericht auf folgendes hingewiesen: Unabhängig von der Unterscheidung zwischen Deutschen und Nicht-Deutschen kann „ein Grundrecht wesensgemäß eine bestimmte Beziehung zur Lebensordnung im Geltungsbereich der Verfassung voraussetzen, so daß eine uneingeschränkte Durchsetzung in ganz oder überwiegend auslandsbezogenen Sachverhalten den Sinn des Grundrechtsschutzes verfehlen würde“[27]. Für die Frage, wann eine Grundrechtsverletzung vorliegt, ist zu prüfen, ob das Grundrecht „unter der Berücksichtigung der Gleichstellung anderer Staaten und der Eigenständigkeit ihrer Rechtsordnung für auslandsbezogene Sachverhalte Geltung verlangt“[28].

Im übrigen können auch internationale Übereinkommen wie die Europäische Menschenrechtskonvention (EMRK) vom 4. 11. 1950[29] die „Grundrechte“ enthalten[30].

4. Rechtsfolgen des ordre public-Verstoßes

Art. 6 EGBGB regelt nicht die Rechtsfolgen des ordre public-Verstoßes, um der Praxis flexible und differenzierte Lösungen bei verschiedenen Fallgestaltungen of-

---

23 Art. 6 S. 2 EGBGB entspricht dem zweiten Leitsatz der Spanierentscheidung des Bundesverfassungsgerichts (BVerfG vom 4. 5. 1971 – 1 BvR 636/68, BVerfGE 31, 58 = NJW 1971, S. 1509 = IPRspr. 1971 Nr. 39, S. 101): „Die Vorschriften des deutschen Internationalen Privatrechts und die Anwendung des durch sie berufenen ausländischen Rechts im Einzelfall sind an den Grundrechten zu messen.“

24 Zu dieser Methode *Bernstein,* NJW 1965, S. 2273 ff.; *Wengler,* JZ 1965, 100, 101 ff.

25 *Jayme,* Ordre public, S. 15.

26 BT-Drucks. 10/504, S. 44 (Begründung des Regierungsentwurfs).

27 BVerfG vom 4. 5. 1971 – 1 BvR 636/68, BVerfGE 31, 58 (86) = NJW 1971, S. 1509, 1512 = IPRspr. 1971 Nr. 39, S. 101, 113.

28 BVerfG vom 4. 5. 1971 – 1 BvR 636/68, BVerfGE 31, 58 (86) = IPRspr. 1971 Nr. 39, S. 101, 119.

29 BGBl. 1952 II, S. 686, 953; mit Änderungen völkerrechtlich bindend gemäß der Bekanntmachung vom 15. 12. 1953 seit 3. 9. 1953 (BGBl. 1954 II, S. 14).

30 Siehe *Kropholler,* IPR, § 36 IV 2, S. 231 m. w. N.

fen zu halten[31]. Kommt der ausländische Rechtssatz wegen eines Verstoßes gegen den deutschen ordre public nicht zur Anwendung, entsteht nicht immer eine Lücke. Es kann sein, daß bereits mit der bloßen Nichtanwendung des fremden Rechtssatzes ein tragbares Ergebnis erreicht wird. Ist eine solche Lösung nicht möglich, entsteht eine Lücke. Da nicht die Anwendbarkeit des gesamten ausländischen Rechts ausgeschlossen ist, muß zuerst versucht werden, die entstehende Lücke durch eine modifizierte Anwendung des fremden Rechts zu schließen (Prinzip des geringstmöglichen Eingriffs). Hält das ausländische Recht kein ordre public-gemäßes Ergebnis bereit, ist auf die *lex fori* als Ersatzrecht zurückzugreifen[32].

III. Europäische Internationale Privatrechte

Der ordre public spielt auch im Ausland eine große Rolle. Inzwischen enthalten alle neueren europäischen IPR-Kodifikationen eine allgemeine Vorbehaltsklausel[33].

1. Romanische Rechte

Im romanischen Rechtskreis wird der ordre public in Frankreich und Italien erörtert.

a) Der ordre public in Frankreich

Eine allgemeine Vorbehaltsklausel findet sich im französischen Internationalen Privatrecht nicht. Die im Entwurf von 1967 als Art. 2283 Code civil vorgesehene Vorbehaltsklausel erklärt fremdes Recht dann für unanwendbar, wenn es mit dem französischen ordre public *manifestement incompatible* ist[34]. Allerdings wurde dieser Entwurf nie Gesetz; die Ausgestaltung des ordre public bleibt der Rechtsprechung und Lehre überlassen.

---

31 BT-Drucks. 10/504, S. 44 (Begründung des Regierungsentwurfs).

32 *von Bar,* IPR I, Rdn. 641; *Junker,* IPR, Rdn. 281 f.; *Kropholler,* IPR, § 36 V, S. 232 ff.; MünchKomm-*Sonnenberger,* Art. 6 EGBGB Rdn. 93 f.; *Staudinger/Blumenwitz,* Art. 6 EGBGB Rdn. 137; ausführlich zu den Rechtsfolgen des ordre public-Verstoßes: *Schwung,* S. 109 ff.; *Spickhoff,* S. 103 ff.

33 So zum Beispiel Art. 22 des portugiesischen Código civil von 1966 (Text in: *Riering,* IPR-Gesetze in Europa, Nr. 6 PT, S. 113); Art. 12 III des spanischen Código civil von 1974 (*Riering,* a. a. O., Nr. 9 SP, S. 275); § 6 I Ö-IPRG von 1978 (*Riering,* a. a. O., Nr. 4 A, S. 83); Art. 17 CH-IPRG von 1987 (*Riering,* a. a. O., Nr. 8 CH, S. 214); Art. 16 ital. IPRG von 1995 (*Riering,* a. a. O., Nr. 3 b I, S. 51).

34 Art. 2283 C.c. des Entwurfs:„Aucune application n'a lieu en France des lois étrangères manifestement incompatibles avec l'ordre public tel qu'il est entendu dans les relations internationales.“ (Text in: Rev. crit. 59 (1970), S. 841).

aa) Der ordre public in der französischen Rechtsprechung

Die französische Rechtsprechung sieht den ordre public als ein außergewöhnliches Korrektiv an, um das objektiv anzuwendende ausländische Recht auszuschalten[35]. Der ordre public greift um so stärker ein, wenn es sich um die Begründung (*création*) eines Rechts handelt; geht es hingegen um die Wirksamkeit eines im Ausland erworbenen Rechts (*droit acquis*), liegt nicht notwendig ein Verstoß gegen den ordre public vor[36]. Dies wird als *effet atténué* des ordre public bezeichnet[37] und unterstreicht die sogenannte Relativität des ordre public; auf eine Inlandsbeziehung des Sachverhalts als Relativitätskriterium haben die französischen Gerichte noch nicht ausdrücklich abgestellt[38]. Was die Rechtsfolgen eines Verstoßes gegen den ordre public-Vorbehalt anbelangt, hat die französische Rechtsprechung regelmäßig die ausgeschlossene Regelung des ausländischen Rechts durch die *lex fori* ersetzt (*substitution de la loi française à la loi normalement compétente*)[39].

Der Schwerpunkt der Anwendungen des ordre public-Vorbehalts liegt im Personen- und Familienrecht. Streng haben die französischen Gerichte den Grundsatz der Einehe verteidigt[40]. Häufig mußten sich die französischen Gerichte auch mit der Frage beschäftigen, welche Wirkung eine im Ausland geschlossene polygame Ehe entfalten kann. Ein Beispiel hierfür ist der *Baaziz*-Fall: Ein Muslim aus Algerien hatte 1954 eine Französin in Algerien[41] geheiratet. Nach der Unabhängigkeit Algeriens wurde er algerischer Staatsangehöriger und schloß eine zweite Ehe mit einer algerischen Frau. Nach seinem Tod in Frankreich infolge eines Arbeitsunfalls kam es zu zwei Entscheidungen der *Cour de cassation*[42]. Im ersten Verfahren ging

---

35 Siehe besonders Cass. civ. vom 30. 5. 1967 (Kieger c. Amigues), Rev. crit. 56 (1967), S. 728 note *Bourel;* vgl. auch Cass. civ. vom 15. 7. 1963, Rev. crit. 53 (1964), S. 732 (Bericht).

36 So hat die Cour de cassation in der vor einem ecuadorianischen Gericht einvernehmlich erfolgten Scheidung der Ehe zwischen einer Französin und einem Russen keinen Verstoß gegen den ordre public gesehen, obwohl damals die einvernehmliche Scheidung in Frankreich verboten war (Cass. civ. vom 17. 4. 1953 [Rivière c. Roumiantzeff], Rev. crit. 42 [1953], S. 412 note *Batiffol* = Clunet 80 [1953], S. 860 note *Plaisant*).

37 Siehe zum *effet attenué: Audit,* DIP, Nr. 309; *Battifol/Lagarde,* DIP I, Nr. 361; *Loussouarn/Bourel,* DIP, Nr. 259; *Mayer,* DIP, Nr. 207 f.

38 Darauf weisen *Battifol/Lagarde,* DIP I, Nr. 360 hin; siehe auch *Lagarde,* S. 63 ff; *ders.,* Int. Enc. Comp. L. III (1994) Ch. 11 sec. 39, S. 31; sec. 46, S. 38 f.

39 Cass. civ. vom 15. 7. 1963, Rev. crit. 53 (1964), S. 732 (Bericht); ähnlich Cass. civ. vom 30. 5. 1967 (Kieger c. Amigues), Rev. crit. 56 (1967), S. 728 note *Bourel* = Clunet 94 (1967), S. 622 note *B. G.*

40 Trib. gr. inst. Paris vom 22. 1. 1968 (Mpouma c. dame Mpouma), Clunet 96 (1969), S. 406, note *Ph. K.;* Trib. gr. inst. Seine vom 21. 6. 1967 (Dame Courtois c. Medou Me Ze), Rev. crit. 57 (1968), S. 294 note *Batiffol.*

41 Algerien gehörte damals noch zu Frankreich.

42 Cass. civ. vom 17. 2. 1982 (Mme Marinette Baaziz c. Mme Fétiha Baaziz), Rev. crit. 72 (1983), S. 275 note *Lequette* = Clunet 110 (1983), S. 606 note *Kahn;* Cass. civ. vom 6. 7. 1988 (Mme Marinette Baaziz c. Mme Fétiha Baaziz), Rev. crit. 78 (1989), S. 71 note *Lequette.*

es um zwei „symbolische“ Ansprüche: Die erste Ehefrau verlangte, daß die zweite Ehe im Todesschein nicht erwähnt würde und darüber hinaus, daß die zweite Ehefrau sich nicht als Witwe des Verstorbenen in Frankreich bezeichnen dürfe. Die *Cour d'appel* entsprach dem ersten Punkt, ließ aber den zweiten Punkt ausdrücklich offen, da die Zulässigkeit der Bezeichnung als Witwe von Fall zu Fall zu entscheiden sei[43]. Im zweiten Verfahren stritten die Ehefrauen um die Ansprüche aus der Rentenversicherung des verstorbenen Ehemanns. Während die *Cour d'appel* die Rente noch beiden Witwen jeweils zur Hälfte zugesprochen hatte, schloß die *Cour de cassation* die zweite Ehefrau unter Hinweis auf den französischen ordre public von der Rente aus[44].

Der ordre public wirkt sich auch im Bereich der Ehescheidung aus: In einem Scheidungsverfahren eines französisch-spanischen Ehepaares hat die *Cour de cassation* mit Hilfe des ordre public der in Frankreich domizilierten französischen Ehefrau ein Recht auf Scheidung gewährt, obwohl nach dem gemäß Art. 310 III Code civil anwendbaren spanischen Recht damals die Scheidung verboten war[45].

Schließlich hat die Abstammung – besonders die nichteheliche Abstammung – häufig zur Anwendung des ordre public geführt. Die französische Rechtsprechung zeigt dabei, wie stark der ordre public zeitlichen Wandlungen unterliegt: Im Jahre 1966 behandelte die *Cour de cassation* die Anerkennung eines nichtehelichen Kindes durch seinen Vater als nicht wirksam, weil die Anerkennung von „Ehebruchskindern“ gegen den französischen ordre public verstoße[46]. Nachdem der französische Gesetzgeber durch das Gesetz vom 3. 1. 1972 die Beschränkung für die Legitimation nichtehelicher Kinder aufgehoben hatte, sah die *Cour de cassation* 21 Jahre später in dem belgischen Verbot der Legitimation nichtehelicher Kinder einen Verstoß gegen den französischen ordre public. Als Folge hob es das Urteil der *Cour d'appel* auf, die noch unter Hinweis auf das belgische Recht die Legitimation versagt hatte[47].

Der ordre public hat auch außerhalb des Familienrechts Anwendung gefunden. So schützt die französische Rechtsprechung in vorbildlicher Weise das Eigentum; Enteignungsmaßnahmen werden nicht anerkannt, soweit nicht zuvor eine billige Entschädigung gewährt wurde[48]. In Bereich der außervertraglichen Haftung haben

---

43 Cass. civ. vom 17. 2. 1982 (Mme Marinette Baaziz c. Mme Fétiha Baaziz), Rev. crit. 72 (1983), S. 275 note *Lequette* = Clunet 110 (1983), S. 606 note *Kahn*.

44 Cass. civ. vom 6. 7. 1988 (Mme Marinette Baaziz c. Mme Fétiha Baaziz), Rev. crit. 78 (1989), S. 71 note *Lequette*.

45 Cass. civ. vom 1. 4. 1981 (de Pedro c. Dame Moquet), Clunet 108 (1981), S. 812 note *Alexandre*.

46 Cass. civ. vom 3. 6. 1966 (Delle Domino c. Vve Ginesty), Rev. crit. 57 (1968), S. 64 note *Derruppé* = Clunet 94 (1967), S. 614 note *Malaurie*.

47 Cass. civ. vom 12. 5. 1987 (Weyrich-Laroche c. les consorts Weyrich-Laroche), Clunet 115 (1988), S. 101 note *Niboyet-Hoegy*.

48 Cass. civ. vom 23. 4. 1969 (nationalisations effectué en Algérie), Rev. crit. 58 (1969), S. 717 note *Schaeffer* = Clunet 96 (1969), S. 912 note *Chardenon*.

die französischen Gerichte manchmal leichtfertig den ordre public-Vorbehalt dazu benutzt, um dem Opfer eines Verkehrsunfalls die günstigeren Regelungen des französischen Rechts zugute kommen zu lassen. Beispiel hierfür ist der *Kieger*-Fall. Hier hatte die *Cour d'appel* de Paris das deutsche Recht unter Berufung auf den ordre public nicht angewandt, weil danach der begehrte Ersatz immaterieller Schäden nicht möglich war. Diese Entscheidung hat aber die *Cour de cassation* aufgehoben und klargestellt, daß insoweit kein Verstoß gegen den ordre public vorliegt[49].

bb) Der ordre public in der französischen Lehre

In der französischen Lehre haben zunächst *Lerebours-Pigeonnière*[50] und später *Batiffol*[51] versucht, die Rechtsprechung zu systematisieren und eine allgemeine Umschreibung des ordre public im Internationalen Privatrecht zu ermöglichen. Drei Fallgruppen wurden herausgearbeitet, bei denen ein Eingreifen der Vorbehaltsklausel als möglich erscheint[52]. Erstens soll der ordre public bei Verstößen gegen *droit naturel* eingreifen. Der ordre public wird damit gegen die Rechtsordnungen eingesetzt, deren sittliche und moralische Wertvorstellungen nicht unserer westlichen Zivilisation entsprechen, so zum Beispiel wenn sie rassistische Diskriminierung erlauben. Zweitens verteidigt der ordre public die fundamentalen politischen und sozialen französischen Rechtssätze gegen ausländisches Recht (*Beispiel:* Grundsatz der Monogamie). Schließlich darf ausländisches Recht nicht zur Anwendung kommen, wenn bestimmte rechtspolitischer Zwecke französischer Gesetze durchgesetzt werden sollen, zum Beispiel das bis zur Reform des Scheidungsrechts im Jahr 1975 geltende Verbot der einvernehmlichen Scheidung.

Die moderne Lehre betont die Relativität und Wandelbarkeit des ordre public[53]. Danach ist das Eingreifen des ordre public-Vorbehalts von Zeit und Raum abhängig und damit wandelbar. Zum einen wird eine Inlandsbeziehung zur *lex fori* verlangt: Die Anwendung des ordre public-Vorbehalts setzt eine enge Beziehung des zu entscheidenden Sachverhalts zu Frankreich voraus[54]. Zum anderen wird der zeitliche Aspekt des ordre public betont. Als Beispiel dafür wird die Entwicklung der französischen Rechtsprechung nach den bereits erwähnten Reformen des Abstammungs- und Ehescheidungsrechts zu Beginn der 70er Jahre erwähnt[55].

---

49 Cour d'appel de Paris vom 2. 10. 1963 (Kieger c. Amigues), Rev. crit. 53 (1964), S. 332 note *P. L.* = Clunet 91 (1964), S. 103 note *B. G.;* Cass. civ. vom 30. 5. 1967 (Kieger c. Amigues), Rev. crit. 56 (1967), S. 728 note *Bourel* = Clunet 94 (1967), S. 622 note *B. G.*

50 Siehe dazu *Loussouarn/Bourel,* DIP, Nr. 254.

51 *Batiffol/Lagarde,* DIP I^7, Nr. 358 f.

52 Siehe *de Meo,* ZfRV 28 (1987), S. 12, 35.

53 *Batiffol/Lagarde,* DIP I, Nr. 359, 364; *Loussouarn/Bourel,* DIP, Nr. 254–1, 254–2; siehe auch *Audit,* DIP, Nr. 310.

54 *Batiffol/Lagarde,* DIP I, Nr. 359; *Loussouarn/Bourel,* DIP, Nr. 254–2.

55 *Audit,* DIP, Nr. 310; *Loussouarn/Bourel,* DIP, Nr. 254–1.

Für die Rechtsfolgen eines ordre public-Verstoßes geht die französische Lehre grundsätzlich ebenso wie die Rechtsprechung von der *substitution de la loi française à la loi étrangère compétente* aus: Die durch den ordre public ausgeschlossenen Regelungen des ausländischen Rechts (*effet négatif*) werden durch die Regelungen des französischen Rechts ersetzt (*effet positif*)[56].

b) Der ordre public in Italien

Während Art. 31 disp. prel.[57] die Begrenzung der allgemeinen Vorbehaltsklausel auf den internationalen ordre public nicht deutlich zum Ausdruck brachte[58], ist die Formulierung in Art. 16 ital. IPRG eindeutig[59]:

> *Art. 16* [Ordre public]. (1) Das ausländische Recht wird nicht angewandt, wenn seine Ergebnisse im Widerspruch zum ordre public stehen.
>
> (2) In einem solchen Fall wendet man das Recht an, das mittels anderer Anknüpfungskriterien berufen ist, die alternativ für denselben normativen Tatbestand vorgesehen sind. In Ermangelung solcher alternativen Anknüpfungskriterien ist das italienische Recht anzuwenden.

Im Vergleich zu Art. 6 S. 1 EGBGB wird damit kein „offensichtlicher" Verstoß gegen den ordre public verlangt, obwohl im Kommissionsentwurf von 1989 noch eine solche Formulierung vorgesehen war[60]. Trotzdem kommt die Vorbehaltsklausel nur dann zur Anwendung, wenn es sich um einen offensichtlichen Verstoß handelt. Allein aus dem Fehlen des Adjektivs „offensichtlich" (*manifestamente*) kann nicht geschlossen werden, daß der Gesetzgeber den Anwendungsbereich des ordre public ausdehnen wollte[61]. Auch die *Corte di cassazione* hatte diesem Kriterium im Rahmen der ordre public-Prüfung vor der Reform eigenständige Bedeutung geschenkt[62].

---

56 *Batiffol/Lagarde,* DIP I, Nr. 367; *Loussouarn/Bourel,* DIP, Nr. 256; *Mayer,* DIP, Nr. 212.

57 Art. 31 disp. prel. regelte den internationalen und den internen ordre public (Text in: *Riering,* IPR-Gesetze in Europa, Nr. 3a I, S. 35.

58 Der internationale ordre public kam zum Tragen, wenn das ausländische Recht gegen die öffentliche Ordnung oder gegen die guten Sitten verstieß; der interne ordre public betraf Parteivereinbarungen, die entsprechenden Einschränkungen unterlagen (dazu *Vitta,* DIP I, VIII 4, S. 393–397).

59 Deutsche Übersetzung in: *Riering,* IPR-Gesetz in Europa, Nr. 3b I, S. 51.
Spezielle Vorbehaltsklauseln enthält das italienische IPR-Gesetz beispielsweise in Art. 27 ital. IPRG (Schutz der Eheschließungsfreiheit) und in Art. 31 II ital. IPRG (Schutz der Ehescheidungsfreiheit).

60 Vgl. Art. 14, siehe dazu *Kindler,* RabelsZ 61 (1997), S. 227, 256; *Jayme,* IPRax 1990, S. 196.

61 *Boschiero,* ZfRV 37 (1996), S. 143, 149; *Maglio/Thorn,* ZVglRWiss 96 (1997), S. 347, 352 f.; siehe auch *Kindler,* RabelsZ 61 (1997), S. 227, 256.

Der Wortlaut des Art. 16 ital. IPRG zeigt, daß die Ausnahme des ordre public nicht abstrakt und global eingreift, sondern die Anwendung des fremden Rechts im konkreten Falle im Widerspruch zum ordre public stehen muß. Dabei hat die italienische Rechtsprechung eine Inlandsbeziehung als Voraussetzung für den ordre public bisher ausdrücklich noch nicht gefordert, wohl aber zwischen dem Rechtserwerb im Inland und der Anerkennung im Ausland erworbener Rechte unterschieden[63].

Eine interessante Antwort gibt Art. 16 II ital. IPRG auf die Frage, welche Folgen ein ordre public-Verstoß nach sich zieht. Bis zur Reform des italienischen IPRG wurde ähnlich wie im französischen IPR stets die *lex fori* als Ersatzrecht zur Anwendung gebracht[64]. Die Neuregelung sieht den Rückgriff auf die *lex fori* nur als ultima ratio vor (Art. 16 II 2 ital. IPRG); in erster Linie ist gemäß Art. 16 II 1 ital. IPRG eine Lösung durch Rückgriff auf andere alternativ oder subsidiär vorgesehene Anknüpfungskriterien zu suchen. Auf diese Weise soll verhindert werden, die Vorbehaltsklausel als Vehikel zu benutzen, um leichter zur eigenen *lex fori* zurückzukehren[65].

2. *Der ordre public in England*

Das englische IPR enthält keine geschriebene Vorbehaltsklausel; der ordre public ist aber anerkannt: „. . . an English court will refuse to apply a law which outrages its sense of justice or decency. But before it exercises such power it must consider the relevant foreign law as a whole“[66]. Allerdings spielt der ordre public-Vorbehalt im englischen IPR eine geringere Rolle als in den anderen *civil law*-Staaten. Ein Grund dafür liegt darin, daß englische Gerichte im Personen- und Familienrecht an das *domicile* anknüpfen und so häufiger zum eigenen Recht gelangen als etwa deutsche oder französische Gerichte[67]. Stoßen die englischen Kollisionsnormen doch einmal auf ausländisches Recht, ermöglicht das Institut des Renvoi den Gerichten, zur eigenen *lex fori* zurückzukehren. Im Bereich des Familienrechts ist der ordre public daher vornehmlich bei der Anerkennung ausländischer Entscheidungen bedeutsam. Beispielsweise wurde ein maltesisches Urteil nicht anerkannt,

62 Cass. vom 18. 10. 1991 n. 11044 (Proc.gen. presso la Corte di Cass. c. Ficarra e Scudieri), Riv. dir. int. priv. proc. 29 (1993), S. 94.

63 Siehe *Meise,* S. 149.

64 *Vitta,* DIP I, VIII 6, S. 407 ff.

65 *Ballarino,* DIP, S. 309 ff.; *Maglio/Thorn,* ZVglRWiss 96 (1997), S. 347, 353.

66 *In the Estate of Fuld* (No. 3) (1968) P. 675, 698; siehe auch *Winkworth v. Christie Manson and Woods Ltd.* (1980) Ch. 496, 514.

67 *Dicey/Morris,* Conflict of Laws I, Rule 2, Rdn. 5 – 004; *Carter,* Int. Comp. L .Q. 42 (1993), S. 1, 3; vgl. aber auch *Enonchong* (Int. Comp. L. Q. 42 (1993), S. 633, 640), der als Grund für die geringe Bedeutung des ordre public „the internationalist attitude of the English courts“ ansieht.

das eine in England wirksam geschlossene Ehe deshalb für nichtig erklärte, weil an der Eheschließung nur ein englischer Standesbeamter, aber kein katholischer Priester beteiligt gewesen war[68]. Die forumsorientierte Haltung der englischen Kollisionsnormen wird aber auch in anderen Bereichen deutlich. So werden im englischen Recht mehr Rechtsinstitute prozessual qualifiziert als im deutschen Recht. Für ein englisches Gericht hätte sich daher die Frage nach dem Eingreifen des ordre public in der viel diskutierten Entscheidung des Reichsgerichts über eine nach schweizerischem Recht unverjährbare Forderung gar nicht gestellt[69]. Die Verjährung (*limitation*) ist im englischen Recht eine prozeßrechtliche Frage und richtet sich daher nach der *lex fori*[70].

In der englischen Literatur werden vier Fallgruppen genannt, in denen der ordre public-Vorbehalt eingreift[71]:

- Mißachtung fundamentaler Rechtsgrundsätze (*fundamental conceptions of English justice*): Hierunter fallen zum Beispiel Verfahrensgarantien, so wurde einem Urteil die Anerkennung versagt, weil der Beklagte nicht ordnungsgemäß geladen wurde[72]. Ein ausländisches Urteil wird auch dann nicht anerkannt, wenn es einen Vertrag zum Gegenstand hat, der unter *undue influence* geschlossen wurde[73].
- Verstöße gegen englische Staatsinteressen oder Beschädigungen der Beziehungen zu anderen Ländern (*the interests of the United Kingdom or its good relations with foreign powers*): Ein Beispiel hierfür ist zunächst das Verbot, mit Angehörigen von Feindstaaten Handel zu treiben[74]. Wegen Verstoßes gegen die *public policy* sind auch Verträge, deren Erfüllung die guten Beziehungen des Vereinigten Königreichs zu befreundeten Staaten gefährden, nicht durchsetzbar. So lehnte ein englisches Gericht ab, die Erfüllung eines Vertrages durchzusetzen, der die Einführung von Alkohol in die Vereinigten Staaten während der Prohibitionszeit vorsah[75].
- Verstöße gegen „*the English conception of human liberty and freedom of action*": Unter diese Fallgruppe fallen beispielsweise ausländische Gesetze, welche die Ehefähigkeit von der Zugehörigkeit zu einer bestimmten Rasse oder Religion abhängig machen[76].

68 *Gray (orse. Formosa) v. Formosa* (1963) P. 259.

69 RG vom 19. 12. 1922 – III 137/22, RGZ 106, 82 (85).

70 *Dicey/Morris*, Conflict of Laws I, Rule 17, Rdn. 7–040; *Ruckmaboye v. Mottichund* (1851) 8 Moore P. C. 4.

71 *Cheshire/North*, PIL, S. 125 ff.; siehe auch *Carter*, Int. Comp. L. Q. 42 (1993), S. 1, 3 ff.

72 *Rudd v. Rudd* (1924) P. 72.

73 *Israel Discount Bank of New York v. Hadjipateras* (1984) 1 W. L. R. 137.

74 *Robson v. Premier Oil and Pipe Line Co* (1915) 2 Ch. 124, 136.

75 *Foster v. Driscoll* (1929) 1 K. B. 470.

76 Vgl. *Carter*, Int. Comp. L. Q. 42 (1993), S. 1, 4; *Cheshire/North*, PIL, S. 127 f.

- Verstoß gegen die guten Sitten (*English conceptions of morality*): Eine genauere abstrahierende Umschreibung der public policy hat es bisher in der englischen Rechtslehre noch nicht gegeben[77].

3. Österreich und Schweiz

Sowohl im österreichischen als auch im schweizerischen IPR-Gesetz ist der ordre public ausdrücklich normiert.

a) Der ordre public in Österreich

„Eine Bestimmung des fremden Rechts ist nicht anzuwenden, wenn ihre Anwendung zu einem Ergebnis führen würde, das mit den Grundwerten der österreichischen Rechtsordnung unvereinbar ist" (§ 6 S. 1 Ö-IPRG)[78]. Von dieser Vorschrift ist „sparsamster Gebrauch" zu machen[79]; berufenes fremdes Recht ist in Österreich auch dann anzuwenden, wenn es erheblich vom österreichischen Recht abweicht[80].

Der Inhalt der geschützten Grundwerte des österreichischen Rechts läßt sich im Einzelnen nicht definieren und ist auch zeitlichen Veränderungen unterworfen[81]. Zu den Grundwertungen zählen die Verfassungsgrundsätze und die Standards der europäischen Menschenrechtskommission[82]. Daher gehören persönliche Freiheit, Gleichberechtigung und das Verbot abstammungsmäßiger, rassischer oder konfessioneller Diskriminierung zum Schutzbereich des österreichischen ordre public. Außerhalb der verfassungsrechtlich geschützten Grundwertung werden die Einehe, das Verbot der Kinderehe und der Schutz des Kindeswohls im Familienrecht genannt[83].

Für ein Eingreifen des ordre public muß der zu entscheidende Sachverhalt neben einem Verstoß gegen die oben genannten Grundwertungen eine ausreichende Inlandsbeziehung haben[84]. In der österreichischen Diskussion um die Inlandsbezie-

---

77 *Spickhoff,* S. 54.

78 Spezielle Vorbehaltsklauseln enthält das österreichische IPR zum Beispiel in § 16 I Ö-IPRG (Beachtung inländischer Formvorschriften bei Eheschließungen in Österreich) und in § 17 II Ö-IPRG (Schutz der Eheschließungsfreiheit).

79 Öst. OGH vom 10. 7. 1986 – 7 Ob 600/86, SZ 59 (1986) Nr. 128, S. 655, 659; *Scheucher,* ZfRV 1 (1960), S. 15, 21.

80 Öst OGH vom 29. 2. 1967 – 6 Ob 85/67 ZfRV 10 (1969), S. 59, 61; öst OGH vom 13. 2. 1974 – 1 O b 7/74, SZ (1974) Nr. 10, S. 56, 65; *Rummel/Schwimann,* § 6 IPRG Rdn. 1.

81 *Rummel/Schwimann,* § 6 IPRG Rdn. 2; *Schwimann,* Grundriß des IPR, S. 48.

82 *Schwimann,* Grundriß des IPR, S. 48; *Mänhardt/Posch,* IPR, Rdn. 2/21.

83 *Rummel/Schwimann,* § 6 IPRG Rdn. 2; *Schwind,* IPR, Rdn. 157.

84 *Rummel/Schwimann,* § 6 IPRG Rdn. 3; *Schwimann,* Grundriß des IPR, S. 49; *Schwind,* IPR, Rdn. 159; *Mänhardt/Posch,* IPR, Rdn. 2/22.

hung findet man das Schulbeispiel, daß das Eingehen einer Mehrehe in Österreich unzulässig wäre, der Bestand einer solchen Ehe und ein Unterhaltszuspruch an eine der Ehefrauen durch ein österreichisches Gericht aber nicht gegen den ordre public verstieße[85].

Der ordre public-Verstoß führt dazu, die anstößige fremde Norm nicht anzuwenden. „An ihrer Stelle ist erforderlichenfalls die entsprechende Bestimmung des österreichischen Rechts anzuwenden" (§ 6 S. 2 Ö-IPRG)[86].

b) Der ordre public in der Schweiz

Vor dem Inkrafttreten des schweizerischen IPRG war der ordre public gewohnheitsrechtlich anerkannt[87]; heute ist der ordre public in Art. 17 CH-IPRG normiert[88]:

> *Art. 17.* Die Anwendung von Bestimmungen eines ausländischen Rechts ist ausgeschlossen, wenn sie zu einem Ergebnis führen würde, das mit dem schweizerischen ordre public unvereinbar ist.

Die Vorschrift setzt damit den Begriff des ordre public bereits als bekannt voraus. Nach den Umschreibungen des schweizerischen Bundesgerichts tritt der schweizerische ordre public auf den Plan, wenn sonst „das einheimische Rechtsgefühl in unerträglicher Weise verletzt" würde[89], wenn „grundlegende Vorschriften der schweizerischen Rechtsordnung mißachtet" würden[90] oder wenn „das schweizerische Rechtsdenken zwingend den Vorrang gegenüber dem anwendbaren ausländischen Recht erheischt"[91]. Eine weitere Konkretisierung des ordre public wurde übereinstimmend abgelehnt[92].

Art. 17 CH-IPRG fordert für den Ausschluß der Verweisung auf ein fremdes Recht nicht die „offensichtliche" Unvereinbarkeit mit dem ordre public. Die For-

---

85 *Mänhardt/Posch,* IPR, Rdn. 2/22; *Rummel/Schwimann,* § 6 IPRG Rdn. 3; *Schwimann,* Grundriß des IPR, S. 49.

86 *Schwind* (IPR, Rdn. 162) möchte allerdings zunächst das Recht anwenden, das nach Ausschaltung der gesamten ordre public-widrigen Rechtsordnung zu dem Sachverhalt die stärkste Beziehung aufweist. Erst wenn diese Erwägung zu keinem eindeutigen Ergebnis führen, soll auf das österreichische Recht zurückgegriffen werden.

87 Siehe *Vischer/von Planta,* IPR, § 4, S. 21 f.

88 Text in: *Riering,* IPR-Gesetze in Europa, Nr. 8 CH, S. 214.

89 BG vom 6. 4. 1955, BGE 81 I Nr. 23, S. 139, 145; BG vom 11. 6. 1958, BGE 84 I Nr. 18, S. 119, 122; BG vom 31. 10. 1967, BGE 93 II Nr. 50, S. 379, 382.

90 BG vom 6. 4. 1955, BGE 81 I Nr. 23, S. 139, 145; BG vom 31. 10. 1967, BGE 93 II Nr. 50, S. 379, 382.

91 BG vom 11. 6. 1958, BGE 84 I Nr. 18, S. 119, 122; BG vom 31. 10. 1967, BGE 93 II Nr. 50, S. 379, 382.

92 Botschaft, Ziff. 214.52, S. 51; *Schwander,* IPR I, Rdn. 473; *Honsell/Mächler-Erne,* Art. 17 IPRG Rdn. 3.

mulierung „offensichtlich“[93] fiel Befürchtungen zum Opfer, die Schwelle zum Eingreifen des schweizerischen ordre public werde zu hoch angesetzt[94]. Trotzdem wird der ordre public allgemein als Ausnahmebehelf angesehen, der zurückhaltende Anwendung erfordert[95]. Vom schweizerischen Privatrecht abweichende ausländische Rechtsvorschriften verstoßen keineswegs immer gegen den ordre public; der ordre public soll allein die wesentlichen Wertungen der schweizerischen Rechtsordnungen schützen. So wurde beispielsweise der ordre public gegen ausländische Rechtsordnungen eingesetzt, welche die Ehefähigkeit übermäßig einschränken, Kinderehen oder Polygamie zulassen[96], gegen ausländisches Recht, das eine Kinderzuteilung nach Alter, Geschlecht oder Wunsch der Kinder ohne Beachtung des konkreten Kindeswohls vornimmt[97]. Generell wendet die schweizerische Rechtsprechung den ordre public nur sehr zurückhaltend an. Ein Grund für diese Zurückhaltung liegt darin, daß das schweizerische IPRG dem Wohnsitzprinzip folgt und es häufig gar nicht erst zur Anwendung ausländischen Rechts kommt.

Nicht jeder Verstoß gegen das schweizerische Rechtsempfinden rechtfertigt den Eingriff des ordre public, was ebenfalls mit dem Begriff der Relativität umschrieben wird[98]. Zum einen hat der Richter den ordre public nach dem im Zeitpunkt seines Urteils maßgeblichen Wertmaßstäben zu beurteilen[99], zum anderen muß der Sachverhalt eine hinreichende Binnenbeziehung (Inlandsbeziehung) zur schweizerischen Rechtsordnung aufweisen[100]. Zudem wird für das Eingreifen des ordre public unterschieden, ob es um die unmittelbare Anwendung der ausländischen Rechtsnorm geht oder ob über die Anerkennung eines ausländischen Urteils zu entscheiden ist[101].

Im Gegensatz zu § 6 S. 2 Ö-IPRG sieht die schweizerische ordre public-Klausel keine ausdrückliche Regelung für die Folgen eines ordre public-Verstoßes vor. In der Botschaft zum IPRG wird empfohlen, zunächst die verweisende Rechtsord-

---

93 Siehe Entwurf des Bundesrates in Botschaft, Ziff. 214.52, S. 51, 214.

94 *Honsell/Mächler-Erne,* Art. 17 IPRG Rdn. 3.

95 Botschaft Ziff. 214.52, S. 51; IPRG-*Vischer,* Art. 17 IPRG Rdn. 4; *Patocchi/Geisinger,* Art. 17 IPRG Anm. 1.2, S. 119.

96 Siehe Aufzählung bei *Schwander,* IPR I, Rdn. 475.

97 BG vom 5. 11. 1960, BGE 86 II Nr. 51, S. 323, 333; BG vom 13. 5. 1970, BGE 96 I Nr. 60, S. 387, 391 f.

98 Botschaft, Ziff. 214.52, S. 51; *Honsell/Mächler-Erne,* Art. 17 IPRG Rdn. 6; *Schwander,* IPR I, Rdn. 484.

99 *Schwander,* IPR I, Rdn. 484.

100 BG vom 13. 12. 1968, BGE 94 II Nr. 46, S. 297, 305; IPRG-*Vischer,* Art. 17 IPRG Rdn. 20; *Keller/Siehr,* IPR, § 42 III 3, S. 544; *Schnyder,* IPRG, § 5 V 1 a), S. 34; a.A. *Schwander,* der dazu auffordert, das Erfordernis der Binnenbeziehung noch einmal zu überdenken, da Art. 17 IPRG das Erfordernis der Binnenbeziehung nicht erwähne (IPR I, Rdn. 486).

101 IPRG-*Vischer,* Art. 17 IPRG Rdn. 24; *Patocchi/Geisinger,* Art. 17 IPRG Anm. 1.5, S. 120; siehe auch Botschaft, Ziff. 217.3, S. 67.

nung danach zu untersuchen, ob nicht eine andere Bestimmung dieses Rechts den Fall lösen kann. Sollte dies nicht möglich sein, ist auf die schweizerische *lex fori* zurückzugreifen[102].

IV. Fazit

Der „Störenfried" ordre public wird in allen untersuchten Rechtsordnungen angewandt. Gesetzlich fixiert ist er in der Bundesrepublik Deutschland, Italien, Österreich und der Schweiz. Während der ordre public in Deutschland, Frankreich, Italien und Österreich eine relativ große Rolle spielt, hat er in England und der Schweiz wegen der forumorientierten Haltung dieser Kollisionsrechte tendenziell eine geringere Bedeutung.

Überall wird der ordre public als Ausnahmeklausel aufgefaßt, die das Spiel der Kollisionsnorm durchbricht. Eine konkrete Definition der Vorbehaltsklausel findet sich in den untersuchten Rechtsordnungen nicht; es sind entweder Fallgruppen oder Leitlinien, welche die Handhabung des ordre public erleichtern sollen. Gefordert wird allgemein eine gewisse Beziehung zwischen dem zu regelnden Sachverhalt und dem Forum, um die Anwendung des ordre public zu rechtfertigen. Die deutschen, österreichischen und schweizerischen Gerichte haben daher eine Inlandsbeziehung des zu entscheidenden Sachverhalts gefordert. Dagegen haben die französische und italienische Rechtsprechung die Inlandsbeziehung als Faktor für das Eingreifen des ordre public bisher noch nicht ausdrücklich anerkannt, verfügen aber über ein ähnliches Korrektiv: Die dortige Rechtsprechung unterscheidet danach, ob es darum geht, direkt ausländisches Recht anzuwenden oder indirekt im Ausland eingetretene Rechtsfolgen anzuerkennen (*effet atténué*).

Was die Folgen eines ordre public-Verstoßes angeht, verzichten die meisten der untersuchten Rechtsordnungen auf eine tatbestandliche Umschreibung. Damit wird den Gerichten ermöglicht, flexible und differenzierte Lösungen zu suchen und nicht gleich auf die *lex fori* als Ersatzrecht zurückzugreifen.

§ 17 Kollisionsrechtliche Staatsverträge mit deutscher Beteiligung

Weisen staatsvertragliche und autonome Kollisionsnormen denselben Regelungsbereich auf, gehen gemäß Art. 3 II 1 EGBGB die völkerrechtlichen Regelungen vor. Enthält ein innerstaatlich unmittelbar anwendbarer IPR-Staatsvertrag eine

---

102 Botschaft, Ziff. 214.52, S. 51 f.; so auch, falls die Anwendung eines Ersatzrechts erforderlich ist: IPRG-*Vischer,* Art. 17 IPRG Rdn. 33 ff.; *Honsell/Mächler-Erne,* Art. 17 IPRG Rdn. 28 f.; *Schwander,* IPR I, Rdn. 488 f.

ordre public-Klausel, verdrängt daher diese Vorschrift unseren autonomen Art. 6 EGBGB[103].

I. Der ordre-public-Vorbehalt bis zum Ersten Weltkrieg

Die Haager Konferenz hat sich von Beginn ihrer Tätigkeit an mit dem Problem der Vorbehaltsklausel beschäftigt[104].

1. Haager Eheschließungsabkommen von 1902

Bereits bei den ersten Beratungen zum Haager Eheschließungsabkommen hat sich die Haager Konferenz gegen eine allgemeine ordre public-Klausel ausgesprochen[105].

> „Aussi la commission a-t-elle écarté une rédaction d'après laquelle les prescriptions de la loi nationale n'auraient pu prévaloir sur les dispositions touchant à l'ordre public ou à l'ordre social; elle a pensé qu'une pareille règle serait trop vague et se prêterait à des applications exagérées. Elle a voulu indiquer d'une façon strictement limitative les cas dans lesquels la loi du lieu de la célébration pourrait empêcher un mariage, quoiqu'il fût permis par la loi nationale des futurs époux; de cette façon, tout arbitraire est supprimé."

Nur in bestimmten Fällen sollen die *lex loci celebrationes* befugt sein, den Abschluß der Ehen zu untersagen, obwohl die Heirat nach dem Heimatrecht der Eheleute zulässig wäre. Im weiteren Verlauf der Beratung wurden folgende Ausschlußfälle festgelegt[106]:

1. die Grade der Verwandtschaft und Schwägerschaft, für die ein absolutes Eheverbot besteht;
2. das absolute Eheverbot der Eheschließung zwischen den des Ehebruchs Schuldigen, wenn aufgrund dieses Ehebruchs die Ehe eines von ihnen aufgelöst worden ist;
3. das absolute Verbot der Eheschließung zwischen Personen, die wegen gemeinsamer Nachstellung nach dem Leben des Ehegatten eines von ihnen verurteilt worden sind (Art. 2 I Nr. 1 – 3 EheschlAbk)[107].

---

103 *Junker,* IPR, Rdn. 285; *Meyer-Sparenberg,* S. 72; MünchKomm-*Sonnenberger,* Art. 6 EGBGB Rdn. 29; *Soergel/Kegel,* Art. 6 EGBGB Rdn. 38; siehe Documents VIII (1957), S. 130 f. (Bericht zum Vorentwurf *von Winter*).

104 Actes I (1893), S. 37 f. (Protokoll Nr. 4).

105 Actes I (1893), S. 46 f. (Annex zu Protokoll Nr. 5).

106 Zum Verlauf der Beratung siehe Actes I (1893), S. 41 ff. (Protokoll Nr. 5 mit Annex); *Makarov,* FS Gutzwiller, S. 303, 305 f.

107 Allerdings kann eine gegen die in Art. 2 I aufgezählten Verbote geschlossene Ehe nicht als nichtig behandelt werden, falls sie nach dem Heimatrecht der Eheleute gültig ist (Art. 2 II

Darüber hinaus kann das Recht des Eheschließungsortes gemäß Art. 3 EheschlAbk dann die Ehe gestatten, wenn die Eheverbote im Heimatrecht ausschließlich auf Gründen religiöser Natur beruhen. Daneben wurde eine allgemeine Vorbehaltsklausel mehrheitlich abgelehnt, obwohl sie von belgischer und französischer Seite ausdrücklich gefordert worden war[108].

Artt. 2, 3 EheschlAbk regeln den ordre public abschließend im Verhältnis der Vertragsstaaten; ein Rückgriff auf den innerstaatlichen ordre public sollte nicht möglich sein[109]. Man wollte also „den Niederschlag der Dunstwolke des ordre public“ in speziellen Vorschriften kristallisieren[110]. Im Bereich der Ehehindernisse war man bereit, „nahezu alles hinzunehmen“[111]. Überraschend ist diese Haltung nicht, entstand das Haager Eheschließungsabkommen doch in einer Zeit, in der sachrechtliche Ehehindernisse in Europa noch gang und gäbe waren. Das Ehehindernis der Religionsverschiedenheit war weit verbreitet[112] und verwandtschaftliche Ehehindernisse reichten bis weit in die Seitenlinie hinein[113]. In vielen Staaten bestanden auch politische Ehehindernisse: Beamte und Soldaten brauchten regelmäßig Genehmigungen für ihre Heirat[114]. Die Konvention umfaßt solche Ehehindernisse, die nach dem Heimatrecht bestanden, ohne daß auf den ordre public-Einwand zurückgegriffen werden könnte. Letztlich hat das Haager Eheschließungsabkommen für das Ausklammern des ordre public „bitteres Lehrgeld“[115] gezahlt. Denn Frankreich (12. 11. 1913) und Belgien (30. 10. 1918) kündigten das Abkommen, damit „fahnenflüchtige deutsche Soldaten französischer Zunge ohne Genehmigung der deutschen Wehrbehörde auch in Frankreich und Belgien“ heiraten konnten[116]. Noch bitterer wurde das Fehlen einer allgemeinen ordre public-Klau-

EheschlAbk). Ferner ist kein Vertragsstaat verpflichtet, eine Ehe schließen zu lassen, die mit Rücksicht auf eine vormalige Ehe oder auf ein Hindernis religiöser Natur gegen seine Gesetze verstoßen würde. Die Verletzung eines derartigen Ehehindernisses kann jedoch die Nichtigkeit der Ehe in einem anderen Lande als in dem, wo die Ehe geschlossen wurde, nicht zur Folge haben (Art. 2 III EheschlAbk).

108 Actes III (1900), S. 173 f. (Annex zu Protokoll Nr. 7); siehe die französischen und belgischen Vorschläge in Documents III (1900), S. 8.

Später wurde Art. 3 EheschlAbk im Plenum der Konferenz ohne weitere Diskussion angenommen (Actes III [1900], S. 162 [Protokoll Nr. 7]).

109 Siehe stenographische Berichte über die Verhandlung des Reichstages, 11. Legislaturperiode, I. Session 1903/1904, 3. Anlagenband, Nr. 347, S. 1977; OLG Hamm vom 13. 1. 1972 – 15 VA 1–72, NJW 1972, S. 1006, 1007 = IPRspr. 1972 Nr. 39, S. 78, 82; *Böhmer/Siehr-Böhmer* II, 6.2 Rdn. 32; *Jayme,* NJW 1965, S. 13, 17; *Soergel/Schurig,* Art. 13 EGBGB Rdn. 138 f.

110 *Kahn,* Abhandlungen zum Internationalen Privatrecht II, S. 79.

111 *von Bar,* RabelsZ 57 (1993), S. 63, 95.

112 Siehe *Pappenheim,* NiemZ 15 (1905), S. 11–19.

113 Siehe *Wittmaack,* NiemZ 18 (1908), S. 328–333.

114 Siehe *Staudinger/Gamillscheg*[10/11], Art. 13 EGBGB Rdn. 461 ff.

115 *von Bar,* RabelsZ 57 (1993), S. 63, 94.

116 *Staudinger/Gamillscheg*[10/11], Art. 13 EGBGB Rdn. 462; *Markarov,* FS Gutswiller, S. 303, 311 f.

sel, als im Jahre 1935 das *Gesetz zum Schutze des deutschen Blutes und der deutschen Ehre* in Kraft trat[117]. Fortan wurde dieses Unrechtsgesetz über Art. 1 EheschlAbk ins Ausland exportiert und dort teilweise auch angewandt[118].

Heute sind die Artt. 2, 3 EheschlAbk im Verhältnis zu Italien weitestgehend gegenstandslos[119]. Was die in Art. 2 EheschlAbk aufgeführten eigenen Eheverbote betrifft, ist das deutsche Recht (§§ 1306 ff. BGB) sehr großzügig; Art. 6 I GG fordert vom Staat äußerste Zurückhaltung bei der Aufstellung von Ehehindernissen[120]. Eheverbote „ausschließlich religiöser Natur" gemäß Art. 3 EheschlAbk gibt es heute im italienischen Recht nicht mehr. Im übrigen würde sich gegebenenfalls Art. 6 I GG auch gegenüber den Eheverboten eines Vertragsstaates durchsetzen, da die Eheschließungsfreiheit durch das Grundgesetz umfassend garantiert wird[121].

2. Haager Vormundschaftsabkommen von 1902

Das Haager Vormundschaftsabkommen enthält weder eine konkretisierte noch eine allgemeine Vorbehaltsklausel. Es stellt sich daher die Frage, inwiefern das nach der Konvention anwendbare Recht unter Berufung auf den autonomen ordre public ausgeschaltet werden kann. Auslöser für diese Frage war die Entscheidung des Internationalen Gerichtshofs im bekannten *Boll*-Fall[122]. In dem Verfahren ging es um die Frage, ob die schwedischen Behörden, die eine niederländische Minderjährige der „Schutzerziehung" (*skyddsuppfostran*) unterstellt hatten, gegen das Haager Vormundschaftsabkommen verstoßen haben. Die niederländischen Behörden hatten gemäß dem Abkommen einen Vormund bestellt, der die Herausgabe der Minderjährigen *Boll* verlangte. Diesem Verlangen kamen die schwedischen Behörden aber nicht nach, da es ihrer Meinung nach das Interesse des Kindes gebiete, die „Schutzerziehung" in Schweden weiterzuführen. Der Gerichtshof behandelte die Frage des ordre public nicht weiter, äußerte aber, daß Schweden seine Verpflichtung aus dem Haager Vormundschaftsabkommen nicht verletzt hätte, weil die *skyddsuppfostran* als öffentlich-rechtliche Maßnahme nicht in den sachlichen

---

117 Gesetz vom 15. 9. 1935, RGBl. 1935 I, S. 1146.

118 Zum Beispiel Rb. Amsterdam vom 31. 1. 1938, Bull. I. J. I. 39 (1938), S. 240 (Nr. 10297), zitiert nach *von Bar,* RabelsZ 57 (1993), S. 63, 95 Fn. 165; siehe auch die Diskussion bei *Jayme/Meessen,* BerGesVR 16 (1975), S. 122 ff.

119 *Staudinger/von Bar/Mankowski,* Art. 13 EGBGB Rdn. 6.

120 BVerfG vom 14. 11. 1973 – 1 BvR 719/69, BVerfGE 36, 146 (161) = NJW 1974, S. 545, 546; *Schmidt-Bleibtreu/Klein/Kannengießer,* Art. 6 GG Rdn. 2a.

121 Siehe BVerfG vom 4. 5. 1971 – 1 BvR 636/68, BVerfGE 31, 58 (67) = NJW 1971, S. 1509 = IPRspr. 1971 Nr. 39, S. 101, 107; *Schmidt-Bleibtreu/Klein/Kannengießer,* Art. 6 GG Rdn. 2a.

122 International Court of Justice vom 28. 11. 1958, (Netherlands v. Sweden), ICJ Rep. 1958, S. 55. Nachweise der Besprechungen des Urteils bei *von Overbeck,* ZfRV 2 (1961), S. 140, 144 Fn. 16; *Forde,* Int. Comp. L. Q. 29 (1980), S. 259, 263 Fn. 26, 264 Fn. 28.

Anwendungsbereich der Konvention falle. In den Stellungnahmen der einzelnen Richter befanden sich aber erhebliche Bezugnahmen auf die Vorbehaltsklausel. Namentlich in der *Separate Opinion* des Richters *Lauterpacht* wurde die schwedische Schutzmaßnahme unter dem Gesichtspunkt des ordre public geschützt (".. ordre public must be regarded as a general principle of law ...")[123].

Praxis und Wissenschaft haben die Frage, ob der autonome ordre public in einem Staatsvertrag ohne Vorbehaltsklausel anwendbar ist, intensiv diskutiert. Das Reichsgericht hatte zunächst „für eine Anwendung des Art. 30 EGBGB im Bereiche des (ohne ordre public-Klausel) geschlossenen Haager Ehewirkungsabkommens keinen Raum" gesehen[124]. Nur 10 Monate später entschied das Gericht anders und erachtete die Berufung auf den ordre public für zulässig[125]. In der Lehre ist die Haltung zu dieser Frage ebenfalls nicht eindeutig. Ob die Berufung auf den nationalen ordre public zulässig ist, wird als Auslegungsfrage angesehen[126]. Überwiegend wird in den Konventionen ohne allgemeine ordre public-Klausel für den nationalen ordre public kein Raum mehr gesehen[127]. Andernfalls könnten die Vertragsstaaten die vertragliche Bindung in unzulässiger Weise durch ihren nationalen ordre public aushöhlen. Teilweise wird im Einklang mit der französischen Lehre[128] der ordre public in der engeren Fassung der neuen Haager Übereinkommen zugelassen[129].

Wie bereits beim Haager Eheschließungsabkommen[130] deutlich wurde, hat sich die Haager Konferenz auf ihren ersten Tagungen gegen eine allgemeine ordre public-Klausel ausgesprochen; man wollte den „Störenfried" des ordre public aus den Konventionen verbannen. Die deutsche Denkschrift zum Haager Vormundschaftsabkommen betont denn auch, daß ein Rückgriff auf die autonome Vorbehaltsklausel ausgeschlossen sei[131]. Zu Recht wird überwiegend ein Rückgriff auf den natio-

---

123 ICJ Rep. 1958, S. 79 ff., 92.

124 RG vom 15. 4. 1935 – IV 346/34, RGZ 147, 385 (389) = JW 1935, S. 1848 f. = IPRspr. 1935–44 Nr. 208, S. 419, 421.

125 RG vom 17. 2. 1936 – IV 265/35, RGZ 150, 283 (284 f.) = JW 1936, S. 1657 = IPRspr. 1935–44 Nr. 12, S. 25, 26 f.

126 *Jayme,* NJW 1965, S. 13, 17; *Junker,* IPR, Rdn. 285; *Kropholler,* IPR, § 36 VI, S. 235; *Melchior,* Grundlagen des IPR, § 238, S. 358; MünchKomm-*Sonnenberger,* Art. 6 EGBGB Rdn. 29; *Kropholler,* Einheitsrecht, § 22 V, S. 342; *Soergel/Kegel,* Art. 6 EGBGB Rdn. 38; siehe auch die Diskussion bei *Jayme/Meessen,* BerGesVR 16 (1975), S. 122 ff.

127 *Jayme,* NJW 1965, S. 13, 18; *Melchior,* Grundlagen des IPR, § 238, S. 359 f.; MünchKomm-*Sonnenberger,* Art. 6 EGBGB Rdn. 29; *Soergel/Kegel,* Art. 6 EGBGB Rdn. 38.

128 *Batiffol/Lagarde,* DIP^7 I, Nr. 363.

129 *Kropholler,* Einheitsrecht, § 22 V, S. 340 ff.; *Staudinger/Kropholler,* Vorbem. zu Art. 24 EGBGB Rdn. 22; im Wege der Rechtsfortbildung *Meyer-Sparenberg,* S. 153 f.; weitergehend *Raape/Sturm,* IPR, § 13 XI 3, S. 222.

130 5. Kapitel, § 17 I. 1.

131 Stenographische Berichte über die Verhandlungen des Reichstages, 11. Legislaturperiode, I. Session 1903/1904, 3. Anlagenband, Nr. 347, S. 1984.

nalen ordre public abgelehnt: Eine allgemeine Vorbehaltsklausel ist in der Konvention nicht vorgesehen und darf nicht über die Hintertür wieder eingeführt werden. Man wird daher nicht die ordre public-Klausel der neueren Haager Übereinkommen in das alte Vormundschaftsabkommen hinein interpretieren können. Die Vertragsstaaten wußten damals, worauf sie sich einließen. Eine andere Sichtweise der Dinge ergibt sich ebensowenig aus der Tatsache, daß das Abkommen im Jahre 1926 zu einer „convention ouverte“ geworden ist. Zwar wurde der Teilnahmekreis der Vertragsstaaten dadurch unübersichtlich und man könnte meinen, ein Rückgriff auf den nationalen ordre public müsse zumindest gegenüber den „neuen“ Vertragsstaaten möglich sein[132]. Das Haager Protokoll[133], womit die ursprünglichen Vertragsstaaten der Konvention die Öffnung für neue Mitglieder ermöglichte, enthielt aber keinen Hinweis darauf, jetzt den nationalen ordre public anwenden zu können[134]. Ist das durch das Abkommen berufene Recht mit dem nationalen ordre public unvereinbar, bleibt daher als Ausweg nur die Vertragsänderung oder Vertragskündigung[135]. So hat Schweden in der logischen Folge des *Boll*-Falls das Vormundschaftsabkommen zum 1. 6. 1959 gekündigt[136].

Allerdings wird man bei dem durch das Abkommen berufene Recht die Einwirkung der Grundrechte nicht außer acht lassen können. Bei der Rechtsanwendung ausländischen Rechts durch deutsche Behörden und Gerichte handelt es sich um die Ausübung deutscher Staatsgewalt, die unter den Geboten des Art. 1 III und Art. 20 III GG steht[137]. Ist die Rechtsordnung eines anderen Staates berufen, kann die mit den Grundrechten aufgestellte Wertordnung nicht außer Kraft treten. Die Grundrechte durchziehen als ausformulierte Wertentscheidungen unser gesamtes Privatrecht. Ohne Zweifel ist die Achtung fremder Rechtsordnungen, wenn sie durch einen Staatsvertrag angeordnet ist, ein besonders gewichtiger Umstand bei der Anwendung des Grundgesetzes[138]. Das Grundgesetz selber bringt seine völkerrechtsfreundliche Haltung in der Präambel oder in Art. 9 II zum Ausdruck. Aus dieser Achtung läßt sich aber keine *favor conventionis* ableiten, die zu einem stark verminderten Grundrechtsschutz im Rahmen des staatsvertraglichen Kollisionsrechts führt[139]. Es ist bereits dargelegt worden, daß nicht schon jede Abweichung des anwendbaren ausländischen Rechts vom Grundgesetz zu einer Grundrechtsver-

---

132 *Ferid,* IPR, Rdn. 3 – 11,3; MünchKomm-*Sonnenberger,* Art. 6 EGBGB Rdn. 29; *Staudinger/Blumenwitz,* Art. 6 EGBGB Rdn. 53; siehe *Makarov,* FS Gutzwiller, S. 303, 312 ff.

133 RGBl. 1924 II, S. 368.

134 Siehe *Makarov,* FS Gutzwiller, S. 303, 313 f.

135 MünchKomm-*Sonnenberger,* Art. 6 EGBGB Rdn. 29; siehe auch die Diskussion bei *Jayme/Meessen,* BerGesVR 16 (1975), S. 122 ff.

136 BGBl. 1959 II, S. 582.

137 BVerfG vom 4. 5. 1971 – 1 BvR 636/68; BVerfGE 31, 58 (74) = NJW 1971, S 1509, 1511 = IPRspr. 1971 Nr. 39, S. 101, 111.

138 *Jayme,* BerGesVR 16 (1975), S. 7, 30.

139 Vgl. aber *Jayme,* BerGesVR 16 (1975), S. 7, 29 ff., 35 f.

letzung führt[140]. Nur im Einzelfall kann in den Grundrechten eine Schranke bestehen, „die unmittelbar die Anwendung des durch eine Kollisionsnorm berufenen Rechts begrenzt“[141]. Dabei setzt die Geltung der Grundrechte eine besonders starke Beziehung des Sachverhalts zum Inland voraus. Kommen die Grundrechte zur Anwendung, ist das von der staatsvertraglichen Kollisionsnorm berufene ausländische Recht nicht maßgebend. Hingenommen werden muß notfalls ein Verstoß gegen die völkerrechtliche Verpflichtung aus dem Vertrag, das betreffende ausländische Recht anzuwenden[142]. Durch die Anwendung staatsvertraglicher Kollisionsnormen darf kein grundrechtsfreier Raum entstehen! Heute gilt das Vormundschaftsabkommen nur noch im Verhältnis zu Belgien; die ordre public-Problematik wird sich damit nur noch in seltenen Fällen stellen.

II. Der ordre public zwischen den beiden Weltkriegen

Von der Arbeit der Haager Konferenz aus der Zwischenkriegszeit ist nichts zu berichten[143]; die dort ausgearbeiteten Entwürfe sind nicht in Kraft getreten[144]. Eingegangen wird hier aber auf das Niederlassungsabkommen zwischen dem Deutschen Reich und dem Kaiserreich Persien von 1929 und das Genfer Wechsel- und Scheckrechtsabkommen von 1930/31.

1. Niederlassungsabkommen zwischen dem Deutschen Reich und dem Kaiserreich Persien von 1929

Das am 17. 2. 1929 geschlossene Abkommen wurde nach dem 2. Weltkrieg wieder in Kraft gesetzt und ist bis heute gültig[145]. In Art. 8 III enthält das Abkommen eine Kollisionsnorm, die das gesamte Personen-, Familien- und Erbrecht regelt. Nach Satz 1 dieser Vorschrift sind die Angehörigen eines jeden Vertragsstaates hinsichtlich der aufgeführten Bereiche in dem jeweils anderen Staat ihrem Heimatrecht unterworfen; die Verweisung führt zum innerstaatlichen Recht der Vertragsstaaten; der Renvoi ist ausgeschlossen[146]. Für die Anknüpfung familienrechtlicher Beziehungen müssen aus deutscher Sicht beide Beteiligte iranische Staatsangehöri-

---

140 Siehe 5. Kapitel, § 16 II. 3.

141 BVerfG vom 4. 5. 1971 – 1 BvR 636/68, BVerfGE 31, 58 (86) = IPRspr. 1971 Nr. 39, S. 101, 119.

142 *Kegel/Schurig,* IPR, § 16 VIII, S. 476.

143 Siehe zu den Haager Abkommen aus der Zwischenkriegszeit 1. Kapitel, § 2 I. 1.

144 Zu den ordre public-Klauseln in diesen Entwürfen siehe *Makarov,* FS Gutzwiller, S. 303, 315 ff.

145 Bekanntmachung vom 15. 8. 1955, BGBl. 1955 II, S. 829. Das Abkommen trat am 11. 1. 1931 in Kraft.

146 *Staudinger/Dörner,* Vorbem. zu Art. 25 f. EGBGB Rdn. 162.

ge sein[147]; dagegen kommt es für erbrechtliche Fragen allein auf die Staatsangehörigkeit des Erblassers an, die Nationalität der Erben spielt keine Rolle[148].

Eine spezielle staatsvertragliche Vorbehaltsklausel enthält das Abkommen nicht. Allerdings kann nach Art. 8 III 2 des Abkommens die Anwendung des nach Satz 1 bestimmten Rechts „nur ausnahmsweise und nur insoweit ausgeschlossen werden, als ein solcher Ausschluß allgemein gegenüber jedem anderen fremden Staat erfolgt". Diese Formulierung läßt einen Rückgriff auf den allgemeinen ordre public-Vorbehalt zu[149]; iranisches Familien- und Erbrecht ist daher nicht anwendbar, wenn Art. 6 EGBGB eingreift. Allerdings sollte man mit dem ordre public-Vorbehalt im Rahmen des Niederlassungsabkommens vorsichtig umgehen, da der Niederlassungsvertrag den Iranern die Anwendung ihrer heimischen Gesetze gerade gewährleisten soll. Der deutsche ordre public kann daher nicht schon dann eingreifen, wenn beispielsweise eine Verletzung des Grundsatzes der Gleichberechtigung auf abstrakter Normebene erfolgt. Vielmehr ist die entscheidende Frage, ob das aus dem ausländischen Gesetz folgende Ergebnis im konkreten Fall unserem ordre public widerspricht[150]. Gegen den ordre public verstößt damit der im iranischen Recht anzutreffende Grundsatz, daß ein Moslem von einem Andersgläubigen nicht beerbt werden kann[151]. Inwiefern aber auch die Benachteiligung der Ehefrau bei der gesetzlichen Erbfolge gegen unseren ordre public verstößt, hängt von den konkreten Umständen des Einzelfalls ab. Das gesetzliche Erbrecht der Ehefrau nach iranischem ZGB ist deutlich schlechter ausgestaltet als das des Ehemannes (vgl. Artt. 901, 913, 946 f. iranisches ZGB). Während der überlebende Ehemann eine Erbquote in Höhe eines Viertels am Nachlaß seiner verstorbenen Ehefrau erhält, steht der Ehefrau nur eine Erbquote von einem Achtel an dem beweglichen Nachlaß zu. Allerdings wird dieser erbrechtliche Nachteil durch eine unterhaltsrechtliche Besserstellung der Ehefrau kompensiert; sie ist von der Unterhaltspflicht gegenüber ihren Kindern befreit. Nach Art. 1199 iranisches ZGB sind die Verwandten des Vaters dessen Kindern in erster Linie unterhaltspflichtig. Die erbrechtliche Schlechterstellung der Witwe wird damit unter Umständen in aus deutscher Sicht sachwidriger Weise kompensiert. Diese Art der Kompensation ist aber bei der Frage, ob im konkreten Einzelfall der ordre public eingreift, zu berücksichtigen. Die

147 OLG Saarbrücken vom 3. 2. 1992 – 6 UF 97/91 So, FamRZ 1992, S. 848 = IPRax 1993, S. 100 = IPRspr. 1992 Nr. 3a, S. 4; *Staudinger/Dörner,* Vorbem. zu Art. 25 f. EGBGB Rdn. 160; *Dörner,* IPRax 1994, S. 33, 34.

148 Vgl. IPG 1983 Nr. 32 (Göttingen vom 2. 8. 1983), S. 287, 289.

149 BGH vom 14. 10. 1992 – 12 ZB 18/92, BGHZ 120, 29 (35) = NJW 1993, S. 848, 849 = IPRax 1993, S. 102, 103 = IPRspr. 1992 Nr. 3a, S. 4, 9; OLG Hamm vom 29. 4. 1992 – 15 W 114/91, FamRZ 1993, S. 111, 113 f. = IPRax 1994, S. 49, 52 = IPRspr. 1992 Nr. 159, S. 340, 341; OLG Oldenburg vom 16. 9. 1980 – 4 UF 83/80, IPRax 1981, S. 136, 138 = IPRspr. 1980 Nr. 60, S. 182, 185; MünchKomm-*Birk,* Art. 25 EGBGB Rdn. 297; *Dörner,* IPRax 1994, S. 33, 35 ff.; *Soergel/Kegel,* Vor Art. 3 EGBGB Rdn. 46.

150 Siehe *Coester,* IPRax 1991, S. 236; *S. Lorenz,* IPRax 1993, S. 148, 149.

151 IPG 1967/68 Nr. 59 (Köln vom 18. 8. 1967 – 59/67), S. 623, 640; IPG 1983 Nr. 32 (Göttingen vom 2. 8. 1983), S. 287, 291 f.; *Pauli,* S. 178 ff.

unterhaltsrechtliche Besserstellung der Ehefrau kann uns das grundrechtswidrig ausgestaltete Erbrecht erträglich machen[152].

2. Genfer Wechsel- und Scheckrechtsabkommen von 1930/31

Das Genfer Wechsel- und Scheckkollisionsrecht steht nicht ausdrücklich unter dem Vorbehalt des ordre public. Da beide Konventionen von Anfang an als offene Abkommen vorgesehen waren[153], konnte ihnen eine unüberschaubare Anzahl an Vertragsstaaten beitreten. Man kann daher nicht annehmen, daß die Vertragsstaaten bei dieser Ausgangssituation – viele unbekannte Rechtsordnungen! – ernsthaft auf ihren eigenen nationalen ordre public verzichten wollten. Aus deutscher Sicht ist daher Art. 6 EGBGB anwendbar. Insgesamt hat die ordre public-Problematik beim Genfer Wechsel- und Scheckkollisionsrecht eine geringe Bedeutung, weil die Vorschriften größtenteils dispositiv sind[154].

III. Der ordre public seit dem Zweiten Weltkrieg

Im *Genfer Abkommen über die Rechtsstellung der Flüchtlinge* vom 28. 7. 1951 und im *New Yorker Übereinkommen über die Rechtsstellung der Staatenlosen* vom 28. 9. 1954 fällt das Fehlen einer allgemeinen Vorbehaltsklausel nicht weiter ins Gewicht. Das New Yorker Staatenlosenübereinkommen tauscht im nationalen IPR mit Art. 12 I lediglich das Anknüpfungsmerkmal der Staatsangehörigkeit durch den „Wohnsitz" aus; die Geltung des autonomen Kollisionsrechts bleibt im übrigen unberührt. Ein Rückgriff auf Art. 6 EGBGB stößt daher nicht auf Bedenken. Ersetzt Art. 12 I des Genfer Flüchtlingsabkommens allein das Anknüpfungsmerkmal „Staatsangehörigkeit" durch den „Wohnsitz", ist in gleicher Weise ein Rückgriff auf unseren nationalen ordre public möglich. Ist Art. 12 I GFlAbk hingegen Kollisionsnorm[155] – weil allein ein Auslandsbezug zum Verfolgerstaat besteht –, kommt deutsches Recht zur Anwendung, und es bedarf schon keiner Anwendung des ordre public.

---

152 *Dörner,* IPRax 1994, S. 33, 36; zum Ausgleich einer Benachteiligung weiblicher Erben *Pauli,* S. 174 ff.

153 Art. 14 des Genfer Wechselrechtsabkommens (RGBl. 1933 II, S. 455) und Art. 13 des Genfer Scheckrechtsabkommens (RGBl. 1933 II, S. 605).

154 Für das Wechselrecht: *von Bar,* FS W. Lorenz, S. 273, 287; *Morawitz,* S. 153 ff.; siehe BGH vom 11. 4. 1988 – II ZR 272/87, BGHZ 104, 145 (148 f.) = NJW 1988, S. 1979 = IPRax 1989, S. 170, 171 = IPRspr. 1988 Nr. 44, S. 85, 87.

Für das Scheckrecht: *von Bar,* IPR II, Rdn. 455; *ders.,* FS W. Lorenz, S. 273, 287; *Soergel/von Hoffmann,* Art. 37 EGBGB Rdn. 32; a. A. *Eschelbach,* S. 153 ff.

155 Siehe dazu 2. Kapitel, § 5 III. 1. b).

Die neueren Haager Abkommen enthalten regelmäßig eine allgemeine Vorbehaltsklausel. Von solchen Klauseln ist im folgenden zu sprechen.

1. Haager Unterhaltsabkommen von 1956 und 1973

In beiden Haager Abkommen befindet sich eine allgemeine Vorbehaltsklausel.

a) Haager Unterhaltsabkommen von 1956

Ausführlich hat sich die Haager Konferenz bei der Ausarbeitung des Unterhaltsabkommens mit dem ordre public beschäftigt. Die Spezialkommission hatte fünf Lösungsmöglichkeiten in Betracht gezogen[156]: a) Den ordre public *expressis verbis* auszuschließen, b) keine Bestimmung über den ordre public in das Abkommen einzufügen, c) einschränkend die Fälle aufzuzählen, in denen von dem ordre public Gebrauch gemacht werden darf, d) die übliche allgemeine Vorbehaltsklausel in das Abkommen einzufügen oder e) eine einschränkende Formel einzufügen. Einige der Delegierten vertraten die Auffassung, daß in einem Abkommen, das einen humanitären und sozialen Zweck verfolgt, ein ausdrücklicher Verzicht auf die Vorbehaltsklausel angezeigt wäre. Die Mehrheit der Delegierten sah aber die Gefahr, in Unterhaltssachen könne die Anwendung eines fremden Gesetzes in Ausnahmefällen gegen den ordre public verstoßen. Ebenfalls verworfen wurde die Möglichkeit, keine Vorbehaltsklausel aufzunehmen, da die nationalen Gerichte in dieser Situation wahrscheinlich von ihrem nationalen ordre public Gebrauch machen würden. Eine für alle Delegierten annehmbare „Konkretisierung" des ordre public zu finden, war nicht erreichbar. Auch die Aufnahme der üblichen allgemeinen ordre public-Klausel stieß auf Bedenken: Sie wäre mit dem Risiko verbunden, daß die Richter häufig die Anwendung des Abkommens unter Berufung auf diese Klausel verweigern würden.

aa) Ordre public-Klausel, Art. 4 HUntA

Diese Überlegungen führten dazu, eine „formule restrictive de l'ordre public" in das Abkommen einzufügen[157].

> *Art. 4.* La loi declarée applicable par la présente Convention ne peut être écartée que si son application est manifestement incompatible avec l'ordre public de l'État dont relève l'autorité saisie.

---

156 Documents VIII (1957), S. 130 (Bericht zum Vorentwurf *von Winter*); wiedergegeben auch bei *Makarov,* FS Gutzwiller, S. 303, 319–321; *Staudinger/Kropholler*[12], Vorbem. zu Art. 18 EGBGB Rdn. 181.

157 Documents VIII (1957), S. 130 (Bericht zum Vorentwurf *von Winter*).

Art. 4 HUntA ist damit bewußt restriktiv formuliert und bringt den Ausnahmecharakter des ordre public zum Ausdruck[158]. Von der Anwendung des im Übereinkommen für anwendbar erklärten Rechts kann nur abgesehen werden, wenn seine Anwendung mit der öffentlichen Ordnung des Staates, dem die angerufene Behörde angehört, offensichtlich unvereinbar ist. Das Abkommen bestimmt den Begriff „öffentliche Ordnung" nicht. Was zu dem unverzichtbaren Bestandteil der eigenen Rechtsordnung gehört, legt jede Rechtsordnung selbst fest. Daher kann eine ausländische Vorschrift, die gegen den inländischen ordre public verstößt, im Ausland zum unverzichtbaren Bestandteil der dortigen Rechtsordnung gezählt werden; daraus folgt eine gewisse Relativität des ordre public[159]. Es ist bereits dargelegt worden, daß für das deutsche Recht der Gesetzgeber den Begriff in Art. 6 EGBGB näher definiert[160]. Voraussetzung für das Eingreifen des ordre public ist ein erheblicher Unterschied zwischen dem berufenen ausländischen Recht und der *lex fori;* ferner ist ein hinreichender Inlandsbezug des Sachverhalts erforderlich. Ein solcher Inlandsbezug wird zumindest dann vorliegen, wenn das Kind seinen gewöhnlichen Aufenthalt im Inland hat oder Inländer ist. Hingegen könnte man am Inlandsbezug zweifeln, wenn das Kind seinen gewöhnlichen Aufenthalt im Ausland hat und alle Beteiligten auch Ausländer sind[161].

Über die Rechtsfolgen eines ordre public-Verstoßes sagt Art. 4 HUntA nichts. Regelmäßig wird ein tragbares Ergebnis nicht mit der bloßen Nichtanwendung des fremdes Rechtssatzes zu erreichen sein, sondern eine Lücke entstehen. Diese Lükke ist aber nicht unmittelbar durch einen Rückgriff auf die *lex fori* als Ersatzrecht zu schließen[162]; ein solcher Rückgriff würde dem Geist des Abkommens widersprechen, möglichst schonend mit dem berufenen Recht umzugehen. Vielmehr ist zunächst ein ordre public-gemäßes Ergebnis in der ausländischen Rechtsordnung zu suchen. Ist diese Suche nicht erfolgreich, kann man auf die *lex fori* als Ersatzrecht zurückgreifen.

bb) Vorrang des Art. 3 HUntA

Art. 3 HUntA geht Art. 4 HUntA vor[163]. Versagt das nach Art. 1 I HUntA berufene Aufenthaltsrecht jeglichen Unterhaltsanspruch, ist zuerst über Art. 3 HUntA

---

158 Documents VIII (1957), S. 131 (Bericht zum Vorentwurf *von Winter*); *Müller-Freienfels,* FS Ficker, S. 289, 291 f.; *Staudinger/von Bar/Mankowski,* Anh. II zu Art. 18 EGBGB Rdn. 59; *Staudinger/Kropholler*[12], Vorbem. zu Art. 18 EGBGB Rdn. 182, Fn.* m. w. N.; siehe auch *Hoyer,* ÖJBl. 90 (1968), S. 609, 612.

159 *Böhmer/Siehr-Siehr* II, 7.4 Art. 4 HUntA Rdn. 7; MünchKomm-*Siehr* Art. 18 EGBGB Anh. II Rdn. 49 i. V. m. Art. 18 EGBGB Anh. I Rdn. 340.

160 Siehe 5. Kapitel, § 16 II.

161 *Böhmer/Siehr-Siehr* II, 7.4 Art. 4 HUntA Rdn. 10; siehe auch *Staudinger/von Bar/Mankowski,* Anh. II zu Art. 18 EGBGB Rdn. 60.

162 So aber *Staudinger/von Bar/Mankowski,* Anh. II zu Art. 18 EGBGB Rdn. 60.

163 *Staudinger/von Bar/Mankowski,* Anh. II zu Art. 18 EGBGB Rdn. 61; MünchKomm-*Siehr,* Art. 18 EGBGB Anh. II Rdn. 47.

das Unterhaltsstatut über das autonome IPR des Forums zu ermitteln. Erst wenn auch nach Art. 3 HUntA kein Unterhaltsanspruch besteht, ist nach Art. 4 HUntA zu prüfen, ob der Ausschluß des Unterhaltsanspruchs durch das Aufenthaltsrecht gegen den ordre public verstößt. Geht es dagegen um die Ausgestaltung des Unterhaltsanspruchs nach dem Aufenthaltsrecht, also um den Umfang oder die Höhe des Anspruchs, ist Art. 3 HUntA per se nicht anwendbar; das Ergebnis des Aufenthaltsrechts ist nach Art. 4 HUntA allein am inländischen ordre public zu messen.

cc) Beispiele

Eine abstrakte Konkretisierung des ordre public ist im Haager Unterhaltsabkommen nicht möglich; konkretisieren läßt sich die Vorbehaltsklausel nur durch Fallgruppen. Einige Beispiele seien hier genannt:

Klagt ein belgisches nichteheliches Kind mit gewöhnlichem Aufenthalt in Belgien vor einem deutschen Gericht gegen einen Deutschen auf Unterhalt, so ist nach belgischem Recht für einen Unterhaltsanspruch des Kindes keine vorhergehende Vaterschaftsfeststellung nach Art. 336 Code civil[164] erforderlich. Eine Zahlvaterschaft ohne vorherige Statusfeststellung nach § 1600 d IV BGB[165] könnte gegen den deutschen ordre public verstoßen, zumal nach Abschaffung des § 1708 BGB a.F. das deutsche Recht selber eine solche nicht mehr kennt. Richtet sich der Unterhaltsanspruch des Kindes nach ausländischem Recht, entfaltet § 1600 d IV BGB aber keine „Sperrwirkung“, zwingend eine gerichtliche Vaterschaftsfeststellung durchzuführen[166]. § 1600 d IV BGB gehört zum sachlichen Recht; die Vorschrift hat weder einen kollisionsrechtlichen Charakter noch ist ihr eine internationale verfahrensrechtliche Außenwirkung beizumessen. Man wird daher § 1600 d IV BGB nicht zum deutschen ordre public rechnen können[167].

Ein Verstoß gegen den deutschen ordre public liegt ebenfalls nicht vor, wenn das anwendbare Recht bestimmte Fristen vorsieht, innerhalb derer das Kind den Unterhaltsanspruch gegen seinen Vater erheben muß[168]. Umgekehrt haben schweizerische und französische Gerichte keinen Verstoß gegen ihren ordre public gesehen, wenn das Aufenthaltsrecht wie zum Beispiel das deutsche Recht keine Klagefristen kennt[169].

---

164 Text in: *Bergmann/Ferid/Henrich-Rieck,* Belgien III B1, S. 41.

165 Wird nach deutschem Recht der Klage auf Feststellung der Vaterschaft rechtskräftig stattgeben, stellt das Urteil ab Rechtskraft mit Wirkung für und gegen alle fest, daß der Betreffende der biologische Vater des Kindes ist (§§ 1592 Nr. 3; 1600 d BGB, § 640 h ZPO; siehe dazu *Wieser,* NJW 1998, S. 2023, 2025).

166 BGH vom 30. 10. 1974 – IV ZR 18/73, BGHZ 63, 219 (222) = NJW 1975, S. 114, 115 = IPRspr. 1974 Nr. 114, S. 299, 301 f.

167 MünchKomm-*Siehr,* Art. 18 EGBGB Anh. II Rdn. 56.

168 Zu der einjährigen Klagefrist des schweizerischen Rechts (Art. 308 ZGB a. F.; Art. 263 ZGB n. F.): OLG Stuttgart vom 25. 11. 1970 – 1 O 80/70, IPRspr. 1970 Nr. 89, S. 277, 281.

Die Vorbehaltsklausel greift auch dann nicht ein, wenn das Aufenthaltsrecht Unterhalt in einem geringeren Maß zubilligt als das deutsche Recht. Ebensowenig tritt die Vorbehaltsklausel auf den Plan, wenn das Unterhaltsstatut für die Bemessung des Unterhalts die Interessen verschiedener konkurrierender Unterhaltsgläubiger (*Beispiel:* leibliche Kinder neben Adoptivkindern) abwägt[170].

Hingegen verstößt ein Unterhaltsverzicht für die Zukunft gegen den deutschen ordre public, wie eine Entscheidung des *OLG Koblenz* verdeutlicht[171]: Ein türkisches Kind mit gewöhnlichem Aufenthalt in der Türkei hatte vor einem deutschen Gericht seinen türkischen Vater auf Unterhalt verklagt. Gegen diesen Unterhaltsanspruch wandte der Vater ein, die sorgeberechtigte Mutter habe auf den Unterhaltsanspruch des Kindes gegen ihn ein für allemal auch für die Zukunft verzichtet. Das nach Art. 1 I HUntA berufene türkische Recht ließ einen solchen Unterhaltsverzicht auch für die Zukunft zu. Das *OLG Koblenz* sah zu Recht in der Anwendung des türkischen Rechts einen Verstoß gegen den deutschen ordre public, da mit Blick auf die sittliche Grundlage der Unterhaltspflicht und das öffentliche Interesse daran auf zukünftige Ansprüche auf Unterhalt nicht verzichtet werden könne (§ 1614 I BGB)[172]. Umgekehrt verstößt es nicht gegen den ordre public, wenn der Unterhaltsverzicht gegen eine ausreichende Kapitalabfindung erfolgt[173].

Zusammenfassend bleibt festzuhalten, daß Art. 4 HUntA in der Praxis der Vertragsstaaten keine große Bedeutung gespielt hat. Ein wichtiger Grund dafür ist im Anknüpfungssystem des HUntA zu sehen. Stellt das Aufenthaltsrecht (Art. 1 I HUntA) keinen Unterhaltsanspruch zur Verfügung, greift nicht sofort der ordre public-Vorbehalt ein, sondern in erster Linie die subsidiäre Anknüpfung in Art. 3 HUntA. Ein weiterer Aspekt liegt darin, daß die Gerichte zurückhaltend sind, dem Kind einen größeren Schutz zu gewähren als das primär zuständige Aufenthaltsrecht[174]. Die Unterhaltsrechte der einzelnen Vertragsstaaten nähern sich immer stärker an; schon allein deshalb wird der Anwendungsbereich des ordre public immer kleiner.

---

169 Siehe BG vom 12. 3. 1970, BGE 96 II, S. 4, 8; Cour d'appel de Paris vom 1. 4. 1977 (Siesky c. Office de la jeunesse de Sarrelouis), Rev. crit. 68 (1979), S. 839 = Clunet 105 (1978), S. 623, 632 (Bericht).

170 Öst. OGH vom 8. 2. 1995 – 7 Ob 628/94, ZfRV 36 (1995), S. 213, 214.

171 OLG Koblenz vom 12. 2. 1985 – 11 UF 788/84, NJW-RR 1986, S. 870 = IPRax 1986, S. 40 = IPRspr. 1985 Nr. 92, S. 248.

Zwischen der Türkei und der Bundesrepublik Deutschland galt 1986 noch das Unterhaltsabkommen von 1956.

172 OLG Koblenz vom 12. 2. 1985 – 11 UF 788/84, NJW-RR 1986, S. 870, 871 = IPRax 1986, S. 40 = IPRspr. 1985 Nr. 92, S. 248, 249 f.

173 MünchKomm-*Siehr,* Art. 18 EGBGB Anh. II Rdn. 61.

174 MünchKomm-*Siehr,* Art. 18 EGBGB Anh. II Rdn. 62.

b) Haager Unterhaltsabkommen von 1973

Art. 11 HUntÜ enthält in Absatz 1 eine allgemeine ordre public-Klausel; Absatz 2 regelt in einer Sachnorm die Bemessung des Unterhaltsbetrages.

aa) Ordre public-Klausel, Art. 11 I HUntÜ

Die Formulierung der allgemeinen Vorbehaltsklausel in Art. 11 I HUntÜ ist weitgehend identisch mit Art. 4 HUntA. Die Vorschrift ist restriktiv gefaßt: Von der Anwendung des ausländischen Rechts darf nur abgesehen werden, wenn sie mit der öffentlichen Ordnung *offensichtlich unvereinbar* ist. Grundsätzlich sind also die Vertragsstaaten des Übereinkommens gehalten, bei den Anknüpfungsregelungen des HUntÜ stehen zu bleiben; Art. 11 I HUntÜ gibt den Vertragsstaaten auf, zurückhaltend mit der Vorbehaltsklausel umzugehen[175]. Die Voraussetzung für das Eingreifen des ordre public sind identisch mit Art. 4 HUntA. Nicht jede Abweichung des berufenen ausländischen Rechts von unseren nationalen Vorstellungen führt zum Eingreifen des ordre public[176]. Erforderlich ist vielmehr im Einzelfall ein schwerwiegender Widerspruch zu den grundlegenden Vorstellungen des deutschen Rechts. Hinzukommen muß wie beim HUntA eine gewisse Inlandsbeziehung des Sachverhalts. Je krasser der Verstoß gegen die deutschen Gerechtigkeitsvorstellungen ist, desto schwächer kann für die Anwendung von Art. 11 I HUntÜ die notwendige Inlandsbeziehung sein. Was die Rechtsfolgen eines ordre public-Verstoßes betrifft, gibt Art. 11 I HUntÜ nichts vor. Es gelten grundsätzlich dieselben Erwägungen wie bei Art. 4 HUntA: Man wird nicht gleich auf die *lex fori* als Ersatzrecht zurückgreifen können[177], sondern zunächst versuchen, das maßgebende Recht so gut wie möglich den inländischen Rechtsvorstellungen anzupassen[178]. Dabei ist aber auch Art. 11 II HUntÜ zu berücksichtigen, der sogleich erörtert wird (unter dd)).

bb) Vorrang der Artt. 5, 6 HUntÜ

Es ist bereits dargelegt worden, daß bei Fehlen eines Unterhaltsanspruchs nach dem Aufenthaltsrecht (Art. 4 I HUntÜ) zunächst die subsidiären Anknüpfungen in Artt. 5, 6 HUntÜ eingreifen[179]. In diesem Anknüpfungssystem kommt der ordre

---

[175] Actes et documents XII/4 (1975), S. 457 Nr. 174 = BT-Drucks. 10/258, S. 68 Nr. 174 (Bericht *Verwilghen*); MünchKomm-*Siehr*, Art. 18 EGBGB Anh. I Rdn. 341; siehe auch *Staudinger/von Bar/Mankowski*, Anh. I zu Art. 18 EGBGB Rdn. 382.

[176] Actes et documents XII/4 (1975), S. 457 Nr. 175 = BT-Drucks. 10/258, S. 68 Nr. 175 (Bericht *Verwilghen*).

[177] So aber *Staudinger/von Bar/Mankowski*, Anh. I zu Art. 18 EGBGB Rdn. 381.

[178] So aber *Staudinger/von Bar/Mankowski*, Anh. I zu Art. 18 EGBGB Rdn. 381; so wie hier *Böhmer/Siehr-Siehr* II, 6.1 Art. 11 HUntÜ Rdn. 15.

[179] Siehe 2. Kapitel, § 5 III. 3. b) cc).

public in Art. 11 I HUntÜ nicht mehr zum Tragen: Verhilft nämlich das gemeinsame Heimatrecht von Berechtigten und Verpflichteten zu keinem Unterhaltsanspruch, kommt nach Art. 6 HUntÜ die *lex fori* zur Anwendung; deutsches Recht ist maßgebend. Kommt deutsches Recht aber schon über Art. 6 HUntÜ zum Zuge, scheidet eine Überprüfung durch den ordre public aus.

cc) Beispiele

Anders als beim Unterhaltsabkommen von 1956 findet man beim HUntÜ für das Kindschaftsrecht wenige Beispiele, in denen über das Eingreifen des ordre public diskutiert werden kann. Durch das Anknüpfungssystem in Artt. 4, 5, 6 HUntÜ landet man auf der letzten Stufe immer bei der *lex fori;* subsidiär ist deutsches Recht anwendbar. Es sind daher schon Stimmen laut geworden, die meinen, das Abkommen begünstige einäugig den Unterhaltsberechtigten, indem es ihm alle erdenklichen Rechte anbietet[180]. Allenfalls erwägen könnte man, ob eine Unterhaltspflicht trotz gültiger Abfindungen gegen den ordre public verstößt[181]. Das Eingreifen des ordre public wird im Einzelfall von der konkreten Höhe der Abfindung abhängig sein.

Der Hauptanwendungsbereich des Art. 11 I HUntÜ liegt denn auch im nachehelichen Unterhaltsrecht. Art. 8 I HUntÜ enthält eine abschließende Anknüpfung für den Geschiedenenunterhalt; Art. 8 II HUntÜ regelt ebenfalls abschließend den Trennungsunterhalt oder den Unterhalt wegen einer für nichtig oder ungültig erklärten Ehe. Ein subsidiärer Rückgriff auf die Artt. 5, 6 HUntÜ ist nicht möglich; diese Vorschriften beziehen sich allein auf Art. 4 HUntÜ[182].

Versagt das nach Art. 8 HUntÜ anwendbare Recht nachehelichen Unterhalt, verstößt dies nicht per se gegen den deutschen ordre public[183], auch wenn der Unterhaltspflichtige dadurch sozialhilfebedürftig wird. Das gleiche gilt, wenn das ausländische Recht einen Unterhaltsanspruch in geringerem Umfange gewährt als das deutsche Recht. Der Schutzzweck des Geschiedenenunterhalts besteht nicht darin,

180 *Kegel/Schurig,* IPR, § 20 VIII 1 a), S. 765.

181 MünchKomm-*Siehr,* Art. 18 EGBGB Anh. I Rdn. 345.

182 Actes et documents XII/4 (1975), S. 447 f. Nr. 152 = BT-Drucks. 10/258, S. 63 Nr. 152 (Bericht *Verwilghen*); OLG Karlsruhe vom 18. 1. 1989 – 2 WF 158/88, FamRZ 1989, S. 748, 749 = IPRax 1990, S. 406 = IPRspr. 1989 Nr. 110, S. 251, 252; *Hausmann,* IPRax 1990, S. 382, 384; *Junker,* IPR, Rdn. 544; *Staudinger/von Bar/Mankowski,* Anh. I zu Art. 18 EGBGB Rdn. 228.

183 BGH vom 27. 3. 1991 – XII ZR 113/90, NJW 1991, S. 2212, 2213 f. = IPRax 1992, S. 101, 103 = IPRspr. 1991, Nr. 106, S. 197, 200; OLG Zweibrücken vom 11. 4. 1997 – 2 UF 115/96, FamRZ 1997, S. 1404 = IPRspr. 1997 Nr. 84, S. 156, 158; *Henrich,* IPRax 1992, S. 84, 86; MünchKomm-*Siehr,* Art. 18 EGBGB Anh. I Rdn. 347; *Schulze,* IPRax 1998, S. 350, 351. A. A. Cass. civ. vom 16. 7. 1992 (Mme X. c. M. X.), Rev. crit. 82 (1993), S. 269 note *Courbe* (Verstoß gegen den französischen ordre public, weil das marrokanische Recht einer Ehefrau keinen Anspruch auf nachehelichen Unterhalt gewährte.).

den geschiedenen Ehegatten vor der Sozialhilfebedürftigkeit zu schützen oder die Allgemeinheit vor derartigen Lasten zu bewahren[184]. Auch wenn das Unterhaltsstatut dem geschiedenen Ehegatten keinen Anspruch auf nachehelichen Unterhalt gewährt, weil er allein schuldig an der Scheidung ist, greift die Vorbehaltsklausel nicht ein: Die Verwirkung von Unterhaltsansprüchen sieht grundsätzlich auch das deutsche Recht vor (vgl. § 1579 BGB). Deshalb hat das *OLG Bremen* keinen Verstoß gegen den ordre public darin gesehen, daß das österreichische Recht dem allein schuldig gesprochenen Ehegatten keinen Anspruch auf nachehelichen Unterhalt gewährt (§§ 66 ff. österreichisches EheG)[185].

In besonders gelagerten Härtefällen ist allerdings doch ein Verstoß gegen den deutschen ordre public möglich. Ein solcher Fall ist anzunehmen, wenn der unterhaltsbedürftige Ehegatte Kinder zu versorgen hat und ohne Vernachlässigung der Kindesbetreuung nicht in der Lage wäre, seinen Lebensunterhalt sicherzustellen[186]. Ein Verstoß gegen den deutschen ordre public kommt auch dann in Frage, wenn das ausländische Recht bei Vorausleistung des Unterhaltsbetrages eine spätere Abänderung im Hinblick auf veränderte tatsächliche Verhältnisse ausschließt[187]. Ebenso wie im Unterhaltsabkommen von 1956 greift der ordre public ein, wenn das berufene Unterhaltsstatut einen Unterhaltsverzicht für die Zukunft als wirksam anerkennt[188]. So hat das *OLG Hamm* in einer neueren Entscheidung dem nach türkischen Recht wirksamen Unterhaltsverzicht einer Ehefrau für unvereinbar mit dem deutschen ordre public erklärt[189].

dd) Sachnorm, Art. 11 II HUntÜ

Nach Art. 10 Nr. 1 HUntÜ befindet das Unterhaltsstatut darüber, „in welchem Ausmaß“ der Berechtigte Unterhalt verlangen kann. Allerdings schreibt Art. 11 II HUntÜ vor, bei der Bemessung des Unterhaltsbetrages die Bedürfnisse des Berechtigten und die wirtschaftlichen Verhältnisse des Unterhaltsverpflichteten zu berücksichtigen, selbst wenn das Unterhaltsstatut etwas anderes bestimmt. Bei dieser Vorschrift handelt es sich nach dem Bericht zum Übereinkommen um eine Sach-

---

184 OLG Bremen vom 5. 12. 1996 – 5 WF 126/96, FamRZ 1997, S. 1403 = IPRax 1998, S. 366 = IPRspr. 1996 Nr. 83, S. 179, 180; *Schulze,* IPRax 1998, S. 350, 351 Fn. 10; *Staudinger/von Bar/Mankowski,* Anh. I zu Art. 18 EGBGB Rdn. 386.

185 OLG Bremen vom 5. 12. 1996 – 5 WF 126/96, FamRZ 1997, S. 1403, 1404 = IPRax 1998, S. 366, 367 = IPRspr. 1996 Nr. 83, S. 179, 180.

186 BGH vom 27. 3. 1991 – XII ZR 113/90, NJW 1991, S. 2212, 2214 = IPRax 1992, S. 102, 103 = IPRspr. 1991 Nr. 106, S. 197, 200; OLG Bremen vom 5. 12. 1996 – 5 WF 126/96, FamRZ 1997, S. 1403 = IPRax 1998, S. 366, 367 = IPRspr. 1996 Nr. 83, S. 179, 180; OLG Hamm vom 19. 8. 1998 – 8 UF 92/98, FamRZ 1999, S. 1142, 1143; *Henrich,* IPRax 1992, S. 84, 86; *Johannsen/Henrich/Henrich,* Art. 18 EGBGB Rdn. 35.

187 OLG Nürnberg vom 3. 7. 1995 – 10 WF 1477/95, FamRZ 1996, S. 353, 354 = IPRspr. 1996 Nr. 173, S. 357, 359.

188 *Staudinger/von Bar/Mankowski,* Anh. I zu Art. 18 EGBGB Rdn. 391.

189 OLG Hamm vom 10. 12. 1998 – 3 UF 74/98, NJW-RR 1999, S. 950, 951.

norm[190] mit ordre public-Charakter. Diese besondere Sachnorm wurde der allgemeinen Vorbehaltsklausel in Art. 11 I HUntÜ zugeordnet, um indirekt deren Anwendung zu beschränken[191]. Sie ist vor dem Hintergrund des § 1708 BGB a. F. entstanden[192], der für den Kindesunterhalt nur die finanzielle Situation der Mutter eines nichtehelichen Kindes, aber nicht die Leistungsfähigkeit des unterhaltspflichtigen Vaters berücksichtigte. Damit sollte die Vorschrift zunächst vor allem den Unterhaltsschuldner schützen. Später erkannte man, daß die Bedürfnisse des Unterhaltsgläubigers in gleicher Weise zu berücksichtigen sind[193].

Nicht eindeutig beantwortet wird die Frage, unter welcher Voraussetzung nach Art. 11 II HUntÜ in das Unterhaltsstatut eingegriffen werden kann. Einige Stimmen wollen bereits dann auf Art. 11 II HUntÜ zurückgreifen, wenn das Unterhaltsstatut die oben genannten Gesichtspunkte der Bedürftigkeit und Leistungsfähigkeit nicht genügend gewichtet[194]. Diese Auslegung des Art. 11 II HUntÜ hilft aber nicht viel weiter, um die Frage zu beantworten, wann diese Vorschrift eingreift. Für die Bemessung des Unterhalts könnten die Gerichte der Vertragsstaaten langsam den Heimweg zur *lex fori* antreten[195]: Denn wann sind überhaupt die genannten Aspekte nicht *genügend* gewichtet? Die Abgrenzung, ob Art. 11 II HUntÜ eingreift, wird bei einem so unbestimmten Begriff fast unmöglich.

Überzeugender ist es, Art. 11 II HUntÜ erst dann zum Zuge kommen zu lassen, wenn das Unterhaltsstatut die Kriterien der Bedürftigkeit und Leistungsfähigkeit überhaupt nicht berücksichtigt[196]. Zum einen spricht für diese Auslegung der Wortlaut, nach dem das anzuwendende Recht „etwas anderes" bestimmen muß; zum anderen wird eine solche Interpretation des Art. 11 II HUntÜ durch den Be-

---

190 Actes et documents XII (1975), S. 458 Nr. 178 = BT-Drucks. 10/258, S. 68 f. Nr. 178 (Bericht *Verwilghen*); siehe auch *Göppinger/Wax/Linke,* UnterhaltsR, Rdn. 3084; *Martiny,* Rec. des Cours 247 (1994 III), S. 131, 208; *Kegel/Schurig,* IPR, § 20 VIII 1 a), S. 767; *Junker,* IPR, Rdn. 548.

Man kann Art. 11 II HUntÜ nicht als eine *loi d'application immédiate* bezeichnen (so aber *von Bar,* IPR II, Rdn. 281 Fn. 882), da es sich um keine nationale Vorschrift handelt (*Schulze,* S. 285).

191 Actes et documents XII (1975), S. 458, 459 Nr. 179, 180 = BT-Drucks. 10/258, S. 69 Nr. 179, 180 (Bericht *Verwilghen*); *Jayme,* IPRax 1989, S. 330, 331; *Staudinger/von Bar/Mankowski,* Anh. I zu Art. 18 EGBGB Rdn. 396.

192 *Staudinger/von Bar/Mankowski,* Anh. I zu Art. 18 EGBGB Rdn. 393.

193 Actes et documents XII/4 (1975), S. 111 Nr. 42 (Bericht zum Vorentwurf *Verwilghen*); Actes et documents XII/4 (1975), S. 458 Nr. 178 = BT-Drucks. 10/258, S. 68 Nr. 178 (Bericht *Verwilghen*).

194 *Staudinger/von Bar/Mankowski,* Anh. I zu Art. 18 EGBGB Rdn. 401; siehe auch MünchKomm-*Siehr,* Art. 18 EGBGB Anh. I Rdn. 339.

195 Deutsche Gerichte sind denn auch über Art. 11 II HUntÜ zum deutschen Recht zurückgekehrt: OLG Karlsruhe vom 24. 8. 1989 – 2 UF 198/87, FamRZ 1990, S. 313, 314 = IPRspr. 1989 Nr. 117, S. 267, 269; OLG Hamm vom 9. 1. 1992 – 4 UF 123/90, NJW-RR 1992, S. 710 f. = FamRZ 1992, S. 673, 674 = IPRspr. 1992 Nr. 113, S. 263 f.

196 So auch *Erman/Hohloch,* Art. 18 EGBGB Rdn. 39; *Göppinger/Wax/Linke,* UnterhaltsR, Rdn. 3086; *Palandt/Heldrich,* Art. 18 EGBGB Rdn. 20; *Schulze,* S. 290 ff.

richt zum Übereinkommen gestützt[197]. Zu Recht hat daher das *OLG Köln* in einer neueren Entscheidung für die Bemessung des Trennungsunterhaltsanspruchs einer in Spanien lebenden Ehefrau nicht auf Art. 11 II HUntÜ zurückgegriffen[198]. Das spanische Recht enthält zur Höhe des Unterhalts wie das deutsche Recht die Bestimmung, die Bedürfnisse des Berechtigten und die Leistungsfähigkeit des Verpflichteten zu berücksichtigen (Artt. 97, 146 Código civil). Denkbar ist aber eine Anwendung des Art. 11 II HUntÜ in deutsch-niederländischen Unterhaltsfällen: Klagt beispielsweise ein niederländisches Kind mit gewöhnlichem Aufenthalt in den Niederlanden in Deutschland gegen seinen Vater auf Unterhalt, bleiben nach niederländischem Aufenthaltsrecht die eigenen Einkünfte des Kindes und damit die Bedürftigkeit unberücksichtigt (Art. 1:392 II B.W.[199]).

Greift Art. 11 II HUntÜ ein, ist der Korrekturmodus indes unklar[200]. Art. 11 II HUntÜ führt sicherlich nicht dazu, im Rahmen der Bedürftigkeit auf die Maßstäbe des deutschen Rechts zurückzugreifen (*Beispiel:* zur Berücksichtigung fiktiver Arbeitseinkommen) oder Pauschalsätze nach der *Düsseldorfer Tabelle* zu gewähren[201]. Ein solches Heimwärtsstreben ist nicht Zweck des Art. 11 II HUntÜ. Vielmehr hat die Norm einen hinweisenden Charakter[202]; es handelt sich um eine ermessensleitende Vorschrift. Man kann auch von einer „narrativen Norm"[203] im *Jayme'schen* Sinne sprechen[204].

Auf der einen Seite gestattet Art. 11 II HUntÜ, bei Bestehen eines Unterhaltsanspruchs die Bemessung des Unterhaltsbetrages zu korrigieren. Da das Unterhaltsstatut selbst korrekturbedürftig ist, kann der Richter für diese Korrektur aber nicht auf das für den Unterhaltsanspruch anwendbare Recht zurückgreifen[205]. Vielmehr bleibt es dem Richter überlassen, auf der Grundlage des unterhaltsrechtlichen Bedürfnisprinzips im Einzelfall eine angemessene Lösung zu finden. Dabei wird er insbesondere die Gleichstellung von Gläubiger und Schuldner beachten müssen[206]. Ziel müßte es dabei sein, einem übereinkommensautonomen Bedürftigkeits- oder Leistungsfähigkeitsbegriff zu folgen.

---

197 Actes et documents XII (1975), S. 459 Nr. 180 = BT-Drucks. 10/258, S. 68 Nr. 180 (Bericht *Verwilghen*).

198 OLG Köln vom 5. 4. 1995 – 26 UF 201/94, NJW-RR 1996, S. 325, 326 = FamRZ 1995, S. 1582, 1583 = IPRspr. 1995 Nr. 84, S. 153.

199 Text in: *Bergmann/Ferid/Henrich-Weber,* Niederlande III B1, S. 103.

200 *Göppinger/Wax/Linke,* UnterhaltsR, Rdn. 3085.

201 Siehe die Aufzählung der verschiedenen Umsetzungsmöglichkeiten bei *Jayme,* IPRax 1989, S. 330, 331; *Staudinger/von Bar/Mankowski,* Anh. I zu Art. 18 EGBGB Rdn. 400.

202 Actes et documents XII/4 (1975), S. 320 (Protokoll Nr. 6).

203 *Jayme,* Narrative Normen, passim.

204 So *Schulze,* S. 320 ff.

205 So aber MünchKomm-*Siehr,* Art. 18 EGBGB Anh. I Rdn. 350; *Böhmer/Siehr-Siehr* II, Art. 11 HUntÜ Rdn. 16.

206 *Schulze,* S. 323 f.

Auf der anderen Seite wird die ergänzende Funktion dieser Vorschrift deutlich, wenn das Unterhaltsstatut in ordre public-widriger Weise überhaupt keinen Unterhaltsanspruch gewährt. Wird dem Unterhaltsberechtigten entgegen dem eigentlich anzuwendenden Recht ein Unterhaltsanspruch zugesprochen, so gibt Art. 11 II HUntÜ den Hinweis, bei der Bemessung des Unterhaltsbetrages die Bedürfnisse des Berechtigten und die wirtschaftlichen Verhältnisse des Unterhaltsverpflichteten zu berücksichtigen. Daher wird man dem Unterhaltsberechtigten unter dem Gesichtspunkt des schonendsten Eingriffs in das fremde Recht nicht nur das „vom deutschen Standpunkt aus gerade noch erträgliche Unterhaltsminimum zusprechen“[207]. Der Leitgedanke in Art. 11 II HUntÜ führt auch dazu, daß bei der Suche nach Ersatz die Unterhaltsverpflichtung „durchaus bis zur Gewährung des angemessenen Unterhalts reichen“ kann[208].

Als Ergebnis bleibt festzuhalten: Die Funktion des Art. 11 II HUntÜ erschöpft sich nicht allein – wie manche meinen – darin, die Bemessung des Unterhaltsbetrages zu korrigieren, wenn das Unterhaltsstatut einen Anspruch auf Unterhalt gewährt[209]. Vielmehr kommt der Gedanke des Art. 11 II HUntÜ auch für die Lückenschließung zum Tragen, wenn das berufene Unterhaltsrecht in ordre public-widriger Weise jeglichen Anspruch auf Unterhalt versagt (Art. 11 I HUntÜ).

2. Haager Testamentsformabkommen von 1961

Im Testamentsformabkommen war zunächst keine allgemeine ordre public-Klausel vorgesehen. Später hat man sich aber doch dazu entschlossen, eine solche Vorschrift in Art. 7 HTestÜ aufzunehmen[210]; sie entspricht beinahe wörtlich Art. 4 HUntA und Art. 11 I HUntÜ. Die praktische Bedeutung von Art. 7 HTestÜ dürfte aber als sehr gering einzuschätzen sein[211]. Das Übereinkommen stellt eine Vielfalt von Anknüpfungen zur Verfügung, damit eine letztwillige Verfügung nicht aus Formgründen unwirksam ist (*favor testamenti*). Im Zweifelsfall kann man daher einer problematischen Regelung ausweichen und die Formwirksamkeit einer letztwilligen Verfügung nach einer anderen Rechtsordnung begründen. Daß Formvorschriften gegen den ordre public verstoßen, wird nur in den seltensten Fällen vorkommen[212]. In Betracht kommen allenfalls solche Formvorschriften, die aufgrund

---

207 So MünchKomm-*Sonnenberger*², Art. 6 EGBGB Rdn. 84.

208 BGH vom 27. 3. 1991 – XII ZR 113/90, NJW 1991, S. 2212, 2214 = IPRax 1992, S. 101, 103 = IPRspr. 1991 Nr. 106, S. 197, 200; *Henrich,* IPRax 1992, S. 84, 86; *Schulze,* S. 296.

209 *Staudinger/von Bar/Mankowski*, Anh. I zu Art. 18 EGBGB Rdn. 399; *Göppinger/Wax/Linke,* UnterhaltsR, Rdn. 387.

210 Actes et documents IX/3 (1961), S. 170 (Bericht *Batiffol*).

211 So auch *Staudinger/Dörner,* Vorbem. zu Art. 25 f. EGBGB Rdn. 105.

212 *Erman/Hohloch,* Art. 26 EGBGB Rdn. 7; MünchKomm-*Birk,* Art. 26 EGBGB Rdn. 76; *Staudinger/Dörner,* Vorbem. zu Art. 25 f. EGBGB Rdn. 105.

von Rasse, Geschlecht oder auch Religionszugehörigkeit differenzieren. *Beispiel*[213]: Ein Mann braucht zwei, eine Frau aber drei Zeugen bei der Errichtung einer letztwilligen Verfügung. Gegen den ordre public würden auch solche Regelungen verstoßen, die einzelnen Personengruppen in diskriminierender Weise die Verwendung bestimmter Formen vorenthalten[214]. Indes ist die Vorbehaltsklausel der Konvention nicht berührt, wenn eine Rechtsordnung verschiedenen Personengruppen in diskriminierender Weise bestimmte erbrechtliche Gestaltungsformen vorenthält; insoweit ist der allgemeine ordre public berufen.

3. Haager Minderjährigenschutzabkommen von 1961

Im Haager Minderjährigenschutzabkommen findet sich eine allgemeine ordre public-Klausel in Art. 16:

> *Art. 16.* [Ordre public] Die Bestimmungen dieses Übereinkommens dürfen in den Vertragsstaaten nur dann unbeachtet bleiben, wenn ihre Anwendung mit der öffentlichen Ordnung offensichtlich unvereinbar ist.

Im Unterschied zu den bislang erwähnten Formulierungen des ordre public in den Haager Übereinkommen stellt Art. 16 MSA nicht darauf ab, ob das nach dem Abkommen anwendbare Recht gegen den ordre public verstößt. Der Wortlaut dieser Vorschrift läßt auf den ersten Blick eher den Schluß zu, die Bestimmungen des MSA selbst könnten am ordre public gemessen werden[215]. Eine Anwendung von Art. 16 MSA auf die Vorschriften des Abkommens ist aber bisher nicht ernsthaft in Erwägung gezogen worden[216]. Für eine solche Beschränkung der Konvention gibt auch der Bericht zum MSA nichts her[217]. Die Wahl der Formulierung geht eher auf „die komplexe Natur" des MSA zurück[218]: Das MSA regelt die internationale Zuständigkeit, das anwendbare Recht und die Anerkennung ausländischer Entscheidungen. Die Vorbehaltsklausel trägt daher grundsätzlich keinen anderen Charakter als die bisher untersuchten Klauseln der Haager Abkommen. Auch im Minderjährigenschutzabkommen läßt sich eine allgemeine Antwort darauf nicht geben, wann der ordre public-Vorbehalt eingreift; vieles hängt vom Einzelfall und dem Grad der Inlandsbeziehung ab. Relevant werden kann Art. 16 MSA in drei Bereichen: a) Anerkennung von ex-lege-Gewaltverhältnissen, Art. 3 MSA, b) Durchfüh-

---

213 MünchKomm-*Birk,* Art. 26 EGBGB Rdn. 75.

214 *Staudinger/Dörner,* Vorbem. zu Art. 25 f. EGBGB Rdn. 105.

215 So OLG Zweibrücken vom 13. 9. 1974 – 3 W 8/74, FamRZ 1975, S. 172, 175 = IPRspr. 1974 Nr. 91, S. 244, 248.

216 Siehe MünchKomm-*Siehr,* Art. 19 EGBGB Anh. I Rdn. 456; *Staudinger/Kropholler,* Vorbem. zu Art. 19 EGBGB Rdn. 574; *Palandt/Heldrich,* Anh. zu Art. 24 EGBGB Rdn. 50.

217 Siehe Actes et documents IX/4, S. 241 (Bericht *von Steiger*).

218 MünchKomm-*Siehr,* Art. 19 EGBGB Anh. I Rdn. 456.

rung ausländischer Schutzmaßnahmen (Art. 6 MSA) und c) Anerkennung von ausländischen Schutzmaßnahmen (Art. 7 MSA).

a) Anerkennung von ex-lege-Gewaltverhältnissen

Art. 1 MSA gewährt den Gerichten des Staates, in dem ein Minderjähriger seinen gewöhnlichen Aufenthalt hat, vorbehaltlich des Art. 3 MSA die internationale Zuständigkeit. Art. 3 MSA fordert von den Aufenthaltsbehörden, ein nach dem Heimatrecht des Minderjährigen bestehendes gesetzliches Gewaltverhältnis anzuerkennen. Ob das berufene ausländische ex-lege-Gewaltverhältnis überhaupt gegen den ordre public verstoßen kann, hängt entscheidend davon ab, welche Bedeutung man Art. 3 MSA beimißt[219]. Für die Schrankentheorie stellt ein nach dem Heimatrecht bestehendes gesetzliches Gewaltverhältnis ein unüberwindbares Zuständigkeitshindernis dar; das gleiche gilt für die Heimatrechtstheorie, wenn das Heimatrecht keinen Eingriff in das ex-lege-Gewaltverhältnis zuläßt. Allein die Anerkennungstheorie sieht in einem nach ausländischen Recht bestehenden Gewaltverhältnis kein Zuständigkeitshindernis; die Gerichte des Aufenthaltsstaates können alle nach dem Aufenthaltsrecht vorgesehenen Maßnahmen treffen. Vor diesem Hintergrund leuchtet es ein, daß für die Rechtsprechung, die zunächst der Schrankentheorie folgte und später zur Heimatrechtstheorie überwechselte, die ordre public-Problematik in Art. 3 MSA praktisch bedeutsam ist. Es sind zwei wesentliche Gesichtspunkte, die den inländischen ordre public gegen ausländische gesetzliche Gewaltverhältnisse in Erscheinung treten lassen: zum einen eine meist zugunsten des Vaters gleichberechtigungswidrige Verteilung des Sorgerechts (Art. 3 II GG), zum anderen eine nicht hinreichende Berücksichtigung des Kindeswohls (Artt. 1 I, 2 I GG) bei der sorgerechtlichen Regelung[220].

Zunächst stellte der Bundesgerichtshof in einer Entscheidung im Jahre 1992 den Gleichberechtigungsgrundsatz in den Mittelpunkt[221]: Türkische Eheleute mit gewöhnlichem Aufenthalt in der Bundesrepublik Deutschland hatten sich getrennt; die Ehefrau beantragte vor dem zuständigen Gericht die Übertragung der elterlichen Sorge (§ 1671 BGB) für das gemeinsame türkische Kind. Da das Kind im Inland seinen gewöhnlichen Aufenthalt hatte, waren gemäß Art. 1 MSA die deutschen Behörden vorbehaltlich eines ex-lege-Gewaltverhältnisses (Art. 3 MSA) zuständig, die elterliche Sorge auf die Mutter zu übertragen. Nach den Artt. 262, 263 des türkischen ZGB steht den Eltern die elterliche Sorge gemeinsam zu, jedoch kann der Vater bei Meinungsverschiedenheiten durch den Stichentscheid den Auf-

219 Zu Art. 3 MSA und dem Meinungsstreit ausführlich 2. Kapitel, § 5 III. 5. b) bb).

220 Als Ausprägung der Grundrechtsposition des Kindes gemäß Artt. 1, 2 GG: BVerfG vom 5. 11. 1980 – 1 BvR 349 / 80, BVerfGE 55, 171 (181) = NJW 1981, S. 217, 218.

221 BGH vom 5. 2. 1992 – XII ARZ 4 / 92, NJW-RR 1992, S. 579 = FamRZ 1992, S. 794 = IPRspr. 1992 Nr. 127, S. 282.

enthaltsort des Kindes bestimmen[222]. Nach der Heimatrechtstheorie wäre es nicht möglich, diesen Stichentscheid des Vaters zu unterlaufen und der Mutter die elterliche Sorge zuzusprechen. Für die deutschen Gerichte bestünde daher nur eine Gefährdungs- oder Eilzuständigkeit nach den Artt. 8, 9 MSA; es sei denn der Stichentscheid des Vaters widerspricht dem ordre public, Art. 16 MSA. Der Bundesgerichtshof hat denn auch den Stichentscheid des Vaters mit Art. 3 II GG für unvereinbar und daher gemäß Art. 16 MSA für unbeachtlich erklärt[223].

Nur wenige Monate später hat der Bundesgerichtshof in einer weiteren Entscheidung[224] das Kindeswohl als maßgeblichen Aspekt in den Vordergrund gestellt. Zwar betraf das Urteil nicht Art. 3 MSA, sondern das deutsch-iranische Niederlassungsabkommen. Es veranschaulicht aber, welche Maßstäbe für das Eingreifen des ordre public bei einer ausländischen Sorgerechtsregelung maßgeblich sind und ist daher auch für die Beurteilung von ex-lege-Gewaltverhältnissen in Art. 3 MSA bedeutsam. Gegenstand der Entscheidung war die Regelung der elterlichen Sorge nach der Scheidung zweier in Deutschland lebender Iraner; anwendbar war gemäß Art. 8 III 1 des deutsch-iranischen Niederlassungsabkommens iranisches Recht[225]. Nach Art. 1180 iranisches ZGB steht ein minderjähriges Kind unter der gesetzlichen Vormundschaft (*walayat*) des Vaters; diese umfaßt die gesamte Vermögenssorge. Die Mutter hat nach Art. 1169 iranisches ZGB das Recht der Personensorge (*hadana*) bei Söhnen lediglich in den ersten zwei Jahren, bei Töchtern bis zum siebten Lebensjahr. Die Vorinstanz hatte für die beiden im Verfahren beteiligten Töchter dem Vater das Sorgerecht zugesprochen, da beide das Alter von sieben Jahren überschritten hatten. Der ordre public griff nach Auffassung des Oberlandesgerichts nicht ein, da das konkrete Ergebnis, dem Vater nach dem iranischen Recht die Sorge zuzusprechen, nicht als unerträglich empfunden werden müßte. Ein Verstoß gegen den ordre public käme erst dann in Betracht, wenn die Kinder durch den Verbleib beim Vater ernstlich gefährdet wären (§ 1666 BGB)[226]. Der Bundesgerichtshof hob das Urteil mit der Begründung auf, die Vorinstanz habe bei der Prüfung, ob der ordre public eingreift, nicht ausreichend das Kindeswohl (Artt. 1 I, 2 I GG) berücksichtigt. Das Gericht hätte zudem schon wegen des Wächteramts des Staates (Art. 6 II 2 GG) prüfen müssen, bei welchem Elternteil die Kinder die meiste Unterstützung für den Aufbau ihrer Persönlichkeit erwarten könnten[227].

---

222 Siehe *Bergmann/Ferid/Henrich-Rieck,* Türkei III B 2, S. 36 f.

223 BGH vom 5. 2. 1992 – XII ARZ 4/92, NJW-RR 1992, S. 579, 580 = FamRZ 1992, S. 794, 795 = IPRspr. 1992 Nr. 127, S. 282, 283.

224 BGH vom 14. 10. 1992 – XII ZB 18/92, BGHZ 120, 29 = NJW 1993, S. 848, 849 = IPRax 1993, S. 102 = IPRspr. 1992 Nr. 3a, S. 4.

225 Text in: *Bergmann/Ferid/Henrich,* Iran III B 2, S. 16 ff.

226 OLG Saarbrücken vom 3. 2. 1992 – 6 UF 97/91 So, FamRZ 1992, S. 848 = IPRax 1993, S. 100, 102 = IPRspr. 1992 Nr. 3a, S. 4, 7.

227 BGH vom 14. 10. 1992 – 12 ZB 18/92, BGHZ 120, 29 (35) = NJW 1993, S. 848, 849 = IPRax 1993, S. 102, 103 = IPRspr. 1992 Nr. 3a, S. 4, 10.

Beide Entscheidungen des Bundesgerichtshofs verdienen Zustimmung. In welchem Verhältnis stehen aber das Gleichberechtigungsprinzip der Eltern und das Kindeswohl bei der ordre public-Prüfung?

Vorweg ist noch einmal klarzustellen: Für die Frage, ob der ordre public eingreift, ist nicht eine rein abstrakte oder generelle Prüfung der in Betracht kommenden ausländischen Norm vorzunehmen. Vielmehr kommt es auf die Anwendung des fremden Rechts im konkreten Fall an[228]. Deshalb wird man einen ordre public-Verstoß nicht schon dann bejahen können, wenn das Gleichberechtigungsprinzip auf abstrakter Normebene verletzt wird; gleiches gilt für das im Kindeswohlbegriff steckende Prinzip der Einzelfallgerechtigkeit[229]. Daß im iranischen Recht die gesetzliche Vormundschaft (*walayat*) allein dem Vater zusteht und auch nach der Scheidung nicht der Mutter übertragen werden kann, verstößt daher für sich gesehen noch nicht gegen den ordre public[230]. Indes dürfen wir ex-lege-Gewaltverhältnisse nach ausländischem Recht nicht ohne hinreichende Berücksichtigung des Gleichberechtigungsgrundsatzes und des Kindeswohls anerkennen[231]. Zu kurz geht es daher tatsächlich, einen Verstoß gegen den ordre public erst dann anzunehmen, wenn bei Anwendung des fremden Rechts das Kind in seiner Person oder seinem Vermögen ernstlich gefährdet wäre[232]. Eine solche Sichtweise berücksichtigt nicht hinreichend die durch Grundrechte geschützte Position des Kindes; im Sorgerechtsverfahren herrschen nicht Elternrechte, sondern dominiert das Kindesinteresse[233]. Die Eltern haben aus Art. 3 II GG allein einen gleichberechtigten Zugang zur elterlichen Sorge im Interesse des Kindeswohls[234]. Da sich jede gerichtliche Lösung eines Konflikts zwischen den Eltern auf die Zukunft des Kindes auswirkt, muß die Zuteilung des Sorgerechts auf das Wohl des Kindes ausgerichtet sein und das Kind in seiner Individualität als Grundrechtsträger berücksichtigen[235]. Das Kind darf nicht zum Objekt des Sorgerechtsstreits zwischen den Eltern werden[236]. Bei einem etwaigen Interessenkonflikt zwischen Elternverantwortung und Kind kommt dem Kind der Vorrang zu[237].

---

228 BGH vom 20. 12. 1972 – IV ZB 20/72, BGHZ 60, 68 (78) = NJW 1973, S. 417, 419 = IPRspr. 1972 Nr. 59b, S. 140, 160.

229 *Coester,* IPRax 1991, S. 236.

230 So aber KG vom 4. 2. 1972 – 1 W 495/71, FamRZ 1972, S. 304, 319 = IPRspr. 1972 Nr. 59a, S. 140, 150 f.

231 KG vom 12. 7. 1984 – 16 UF 1601/84, IPRax 1985, S. 110 (Bericht *Henrich*) = IPRspr. 1984 Nr. 84, S. 195, 197; OLG Celle vom 5. 12. 1989 – 10 WF 272/89, FamRZ 1990, S. 656, 657 = IPRax 1991, S. 258, 259 = IPRspr. 1989, Nr. 133, S. 297, 298.

232 So OLG Saarbrücken vom 3. 2. 1992 – 6 UF 97/91 So, FamRZ 1992, S. 848, 849 = IPRax 1993, S. 100, 101 f. = IPRspr. 1992 Nr. 3a, S. 4, 7.

233 *Coester,* S. 214 f.; *ders.,* IPRax 1991, S. 236.

234 *Coester,* IPRax 1991, S. 236; *Spickhoff,* S. 266 f.

235 BVerfG vom 5. 11. 1980 – 1 BvR 349/80, BVerfGE 55, 171 (179) = NJW 1981, S. 217, 218; BVerfG vom 7. 5. 1991 – 1 BvL 32/88, BVerfGE 84, 168 (183) = NJW 1991, S. 1944, 1945.

236 *Wolf,* FamRZ 1993, S. 874, 876.

Die entscheidende Frage ist, ob die aus dem ausländischen Gesetz folgende Kindeszuweisung im Einzelfall dem Kindeswohl widerspricht. Das Kind ist als Wesen mit eigener Menschenwürde und einem eigenen Recht auf freie Entfaltung seiner Persönlichkeit nach Art. 6 II 2 GG unter den besonderen Schutz des Staates gestellt (Wächteramt)[238]. Ausschlaggebend für das Eingreifen des ordre public ist daher das Wohl des Kindes. Diesem Wohl entspricht es, nach dem Förderungsprinzip demjenigen Elternteil die elterliche Sorge zu erteilen, bei dem das Kind vermutlich die meiste Unterstützung für den Aufbau seiner Persönlichkeit erwarten kann[239]. Schließlich ist durch eine Parallelbeurteilung des Falles aus Sicht des deutschen Rechts zu ermitteln, ob die gesetzliche Zuweisung an den durch das ausländische Recht begünstigten Vater dem Kindeswohl entspricht. Ist das Kindeswohl durch eine solche Zuteilung des Sorgerechts hinreichend berücksichtigt, liegt kein Verstoß gegen den ordre public vor, obwohl der Vater nach der gesetzlichen Regelung gleichberechtigungswidrig bevorzugt wird[240]. Wäre nach deutschem Recht hingegen die elterliche Sorge dem vom ausländischen Recht nicht begünstigten Elternteil – regelmäßig der Mutter – zuzuweisen, verstößt die Anwendung des ausländischen Gesetzes gegen das Kindeswohlprinzip und damit gegen den ordre public[241]. Gleichzeitig verletzt ist dann aber auch das Recht der Mutter auf gleichberechtigten Zugang zur Sorge (Art. 3 II GG). Das Gleichberechtigungsprinzip ist hinter dem Kindeswohl ein nachgeordneter Gesichtspunkt[242]. Die Anerkennung eines gesetzlichen Gewaltverhältnisses nach Art. 3 MSA muß sich vorrangig am Kindeswohl orientieren: Der Stichentscheid des Vaters nach türkischem Familienrecht ist also gemäß Art. 16 MSA dann nicht zu beachten, wenn er mit dem Kindeswohl unvereinbar ist; die durch Art. 3 II GG geschützten Gleichberechtigungsinteressen treten dann zurück.

Daß das Wohl des Kindes auch im Verhältnis zu den Elternrechten vorrangig zu beachten ist, ergibt sich aus der UN-Konvention über die Rechte des Kindes vom 20. 11. 1989, die am 5. 4. 1992 für die Bundesrepublik Deutschland in Kraft getreten ist[243]. Nach Art. 18 I 1 der Konvention bemühen sich zwar die Vertragsstaaten

---

237 BVerfG vom 21. 5. 1974 – 1 BvL 22/71 und 21/72, BVerfGE 37, 217 (252) = NJW 1974, S. 1609, 1611.

238 BVerfG vom 5. 11. 1980 – 1 BvR 349/80, BVerfGE 55, 171 (181) = NJW 1981, S. 217, 218.

239 BVerfG vom 5. 11. 1980 – 1 BvR 349/80, BVerfGE 55, 171 (181) = NJW 1981, S. 217, 218.

240 BGH vom 21. 4. 1993 – XII ZB 96/92, NJW-RR 1993, S. 962, 963 = FamRZ 1993, S. 1053. 1054 = IPRspr. 1993 Nr. 6, S. 15, 19 f. (zum Belassen der Vermögenssorge bei dem Vater).

241 *Coester,* IPRax 1991, S. 236; *Wolf,* FamRZ 1993, S. 874, 876.

242 *Coester,* S. 214 f.; *ders.,* IPRax 1991, S. 236; MünchKomm-*Klinkhardt,* Art. 21 EGBGB n. F. Rdn. 20.

243 BGBl. 1992 I, S. 121, 990 Text auch in: FamRZ 1992, S. 253 – 267. Die Konvention findet innerstaatlich keine unmittelbare Anwendung, sondern begründet allein völkerrecht-

sicherzustellen, daß beide Elternteile gemeinsam für die Erziehung und Entwicklung des Kindes verantwortlich sind[244]. Grundanliegen ist bei allen Maßnahmen gemäß Art. 3 aber das Wohl des Kindes[245].

In unseren europäischen Nachbarstaaten werden die Kindesinteressen ebenso vorrangig berücksichtigt: So hat der österreichische Oberste Gerichtshof einen Verstoß gegen tragende Gedanken des Familienrechts angenommen, wenn ausländische Vorschriften bei ehelichen Kindern die elterliche Gewalt ex-lege ohne Rücksicht auf das Kindeswohl einseitig nur einem Elternteil zusprechen[246]. In der Schweiz wurde die Anerkennung ausländischer Urteile, die eine sorgerechtliche Regelung enthielten, davon abhängig gemacht, ob im Rahmen der Kindeszuteilung auf die Lebensumstände und Bedürfnisse des Kindes Rücksicht genommen wurde[247]. Auch in Frankreich hat die *Cour de cassation* die gleichberechtigungswidrige Zuteilung des Sorgerechts an den Vater dann als ordre public-widrig angesehen, wenn dadurch die tatsächlichen Interessen (*intérêt effectif*) der Kinder verkannt würden[248].

b) Durchführung ausländischer Schutzmaßnahmen

Grundsätzlich haben die Behörden des Heimatstaates, dem der Minderjährige angehört, die von ihnen getroffenen Schutzmaßnahmen selbst durchzuführen (Art. 4 III MSA). Nach Art. 6 I MSA können aber die Heimatbehörden den Behörden des Aufenthalts- oder Vermögensstaates die Durchführung der getroffenen Maßnahmen übertragen; Voraussetzung ist ein Einvernehmen zwischen ersuchender und ersuchter Behörde[249]. Die gleiche Befugnis haben nach Art. 6 II MSA die Aufenthaltsbehörden gegenüber den Behörden des Vermögensstaates. Verstößt die Durchführung einer ausländischen Schutzmaßnahme gegen den ordre public des ersuchten Staates, ist diese nicht durchzuführen. Es besteht keine Pflicht, die Durchführung einer ausländischen Schutzmaßnahme zu übernehmen[250].

---

liche Verpflichtungen. Siehe Interpretationsvorbehalt der Bundesregierung in BGBl. 1992 II, S. 990–992 und FamRZ 1992, S. 266–267.

244 Dazu *Stöcker,* FamRZ 1992, S. 245, 249 ff.

245 Vgl. *Martiny* RabelsZ 59 (1995), S. 419, 425.

246 Öst. OGH vom 4. 12. 1974–5 Ob 296/74, ZfRV 17 (1976), S. 140, 142; *Schwimann,* Grundriß des IPR, S. 248.

247 BG vom 5. 11. 1960, BGE 86 II Nr. 51, S. 323, 334; BG vom 13. 5. 1970, BG 96 I Nr. 60, S. 387, 391.

248 Cass. civ. vom 30. 1. 1979 (Bayar c. dame Nemeth), Rev. crit. 68 (1979), S. 629, 630.

249 Umstritten ist, ob sowohl die ersuchende als auch die ersuchte Behörde einem Vertragsstaat angehören müssen; dafür: *Oberloskamp,* MSA, Art. 6 Rdn. 3, 10; *Staudinger/Kropholler,* Vorbem. zu Art. 19 EGBGB Rdn. 412; dagegen MünchKomm-*Siehr,* Art. 19 EGBGB Anh. I Rdn. 262 (Art. 6 auch anwendbar, wenn die ersuchte Behörde einem Nichtvertragsstaat angehört).

250 MünchKomm-*Siehr,* Art. 19 EGBGB Anh. I Rdn. 466.

c) Anerkennung ausländischer Entscheidungen

Gemäß Art. 7 S. 1 MSA werden Schutzmaßnahmen wie Sorgerechtsentscheidungen in allen Vertragsstaaten anerkannt. Diese grundsätzliche Anerkennungspflicht hat aber ihre Grenzen: Zum einen besteht keine Anerkennungspflicht, soweit Vollstreckungsakte in einem anderen als dem Anordnungsstaat erforderlich werden. Dann entscheidet über Anerkennung und Vollstreckung gemäß Art. 7 S. 2 MSA das Recht dieses Staates. Zum anderen entfällt die Anerkennungspflicht nach Art. 7 S. 1 MSA, wenn der ordre public-Vorbehalt in Art. 16 MSA eingreift[251]. Geht es um die Anerkennung einer Schutzmaßnahme eines Vertragsstaates, ist von Art. 16 MSA noch zurückhaltender Gebrauch zu machen. In Betracht kommt die ausreichende Gewähr rechtlichen Gehörs (Art. 103 I GG).[252] So hat das Bayerische Oberste Landesgericht eine Entscheidung eines niederländischen Gerichts daraufhin überprüft, letztlich aber keine Anhaltspunkte für einen Verstoß gegen Art. 16 MSA i. V. m. Art. 103 I GG gesehen[253].

Kein Verstoß gegen den ordre public liegt vor, wenn die im Zusammenhang mit einem Scheidungsurteil von einem ausländischen Gericht getroffene Schutzmaßnahme auch dann anerkannt wird, obwohl die Ehescheidung im Inland nach Art. 7 § 1 I FamRÄndG ihre Anerkennung noch nicht gefunden hat[254]. Zwar verfolgt Art. 7 FamRÄndG das Ziel, innerstaatlichen Entscheidungseinklang und Rechtssicherheit zu gewährleisten[255]. Doch reicht dieser Zweck nicht aus, den ordre public zu berufen. Vielmehr ist zu bedenken, daß eine anerkannte ausländische Schutzmaßnahme im Inland abgeändert werden darf[256]; eine solche Abänderungsbefugnis ergibt sich aus Art. 5 MSA[257]. Im übrigen können die Behörden bei einer ernsthaften Gefährdung des Minderjährigen (Art. 8 I MSA) oder bei Dringlichkeit (Art. 9 I

---

251 MünchKomm-*Siehr,* Art. 19 EGBGB Anh. I Rdn. 268; *Staudinger/Kropholler,* Vorbem. zu Art. 19 EGBGB Rdn. 429.

252 Da das Übereinkommen im Gegensatz zu anderen Staatsverträgen und dem autonomen deutschen Recht keine einzelnen Anerkennungshindernisse aufzählt, wird hier von einer Überfrachtung des ordre public gesprochen, *Kropholler,* RabelsZ 58 (1994), S. 1, 15.

253 BayObLG vom 1. 7. 1976 – BReg. 1 Z 72/76, FamRZ 1977, S. 137, 139 = IPRspr. 1976 Nr. 193a, S. 541, 544.

254 Soweit die Brüssel II-VO eingreift (in Kraft getreten am 1. 3. 2001, vgl. 1. Kapitel, § 2 I. 3.), entfällt das Anerkennungsverfahren nach Art. 7 § 1 FamRÄndG. Art. 42 III der Verordnung sieht unter bestimmten Voraussetzungen die Anerkennung und Vollstreckung von Entscheidungen aus Mitgliedstaaten vor, auch wenn die entsprechenden Verfahren vor Inkrafttreten der VO eingeleitet worden sind, siehe dazu *Wagner,* IPRax 2001 S. 73, 81.

255 *Staudinger/Kropholler,* Vorbem. Art. 19 EGBGB Rdn. 431.

256 BGH vom 28. 5. 1986 – IV b ZR 36/84, NJW-RR 1986, S. 1130 = IPRax 1987, S. 317 f. = IPRspr. 1986, S. 180, 181 f.; OLG Hamm vom 16. 5. 1991 – 4 UF 8/91, NJW 1992, S. 636, 637 = IPRspr. 1991 Nr. 118, S. 217, 218 f.

257 MünchKomm-*Siehr,* Art. 19 EGBGB Anh. I Rdn. 287; *Staudinger/Kropholler,* Vorbem. zu Art. 19 EGBGB Rdn. 424.

MSA) eingreifen. Ein Rückgriff auf den ordre public wird bei diesen Möglichkeiten der Konvention überflüssig.

d) Reform des Minderjährigenschutzabkommens – Haager Kinderschutzübereinkommen von 1996

Das Haager Kinderschutzübereinkommen enthält zwei Vorbehaltsklauseln: eine in Art. 22 für das anzuwendende Recht und eine weitere in Art. 23 II lit. d) für die Anerkennung und Vollstreckung.

Art. 22 KSÜ trägt keinen anderen Charakter als die Vorbehaltsklausel des Minderjährigenschutzabkommens und der anderen bisher untersuchten Haager Konventionen[258]. Nach der Klausel ist für das Eingreifen des ordre public ausdrücklich das Wohl des Kindes zu berücksichtigen. Damit wird auch in dieser Konvention deutlich: Das Wohl des Kindes ist der vorrangige Gesichtspunkt bei allen das Kind betreffenden Maßnahmen. Allerdings wird es nicht häufig zu ordre public Erwägungen kommen, da die zuständigen Behörden grundsätzlich eigenes Recht anwenden (Art. 15 I)[259].

Die Anerkennung einer von den Behörden des Vertragsstaates getroffenen Maßnahmen kann unter Berücksichtigung des Kindeswohls gemäß Art. 23 II lit. d) KSÜ versagt werden, wenn die Anerkennung der öffentlichen Ordnung (ordre public) des ersuchten Staates offensichtlich widerspricht[260].

4. Haager Übereinkommen über Kindesentführung von 1980

Das Haager Kindesentführungsübereinkommen enthält in Art. 20 eine ordre public-Regelung:

> *Art. 20.* Die Rückgabe des Kindes nach Artikel 12 kann abgelehnt werden, wenn sie nach den im ersuchten Staat geltenden Grundwerten über den Schutz der Menschenrechte und Grundfreiheiten unzulässig ist.

Im Vergleich zu den bisher untersuchten ordre public-Klauseln der Haager Übereinkommen ist die in Art. 20 HEntfÜ gewählte Formulierung viel enger als die sonst übliche[261]. Nach allgemeiner Ansicht handelt es sich bei Art. 20 HEntfÜ um

---

258 Bericht *Lagarde,* S. 40 Nr. 117 (http://www.hcch.net/e/conventions/expl34e.html), Stand: 5. 7. 2001.

259 *Pirrung,* FS Rolland, S. 277, 285.

260 Daneben zählt Art. 23 II KSÜ fünf weitere Anerkennungshindernisse auf, die ihrer Struktur nach den „landläufigen" Anerkennungshindernissen entsprechen, *Siehr,* RabelsZ 62 (1998), S. 464, 493.

261 *Abt,* AIP/PJA 1997, S. 1079; *Gülicher,* S. 125; *Jorzik,* S. 47; *Mansel,* NJW 1990, S. 2176, 2177.

eine Auffangklausel mit Ausnahmecharakter[262]; dafür spricht die Einordnung dieses Versagungsgrundes als letzten Artikel im betreffenden Kapitel[263]. Eine allgemeine ordre public-Prüfung würde im Gegensatz zu dem Ziel des Übereinkommens stehen, eine sofortige Rückgabe des Kindes in den Staat seines gewöhnlichen Aufenthalts sicherzustellen (Artt. 1 lit. a), 11 HEntfÜ)[264]. Denn Hauptzweck des Übereinkommens ist die Wiederherstellung des status quo[265].

Die Einbeziehung dieser Klausel in die Konvention geht auf einen Kompromiß zwischen den Delegationen zurück: Die Spezialkommission hatte in ihrem Konventionsentwurf zunächst keine ordre public-Klausel vorgesehen[266]. Im weiteren Verlauf der Beratung wurde aber deutlich, daß mehrere Mitgliedsstaaten sich außerstande sahen, Konventionen ohne eine „public policy clause" zu ratifizieren[267]. Ein besonderer Aspekt war dabei die Schaffung einer Rückgabeverpflichtung auch nach Ablauf der Jahresfrist (Art. 12 II HEntfÜ); eine derartige uneingeschränkte Rückgabeverpflichtung wäre mit den Verfassungen einiger Mitgliedsstaaten unvereinbar gewesen. Nach einer Anzahl von verschiedenen Formulierungsvorschlägen[268] einigte man sich auf einen von mehreren Delegationen eingebrachten Vorschlag[269], der sich heute in Art. 20 HEntfÜ wiederfindet. Unbeschadet der autonomen Auslegung des HEntfÜ[270] ist damit den Vertragsstaaten die Möglichkeit belassen worden, in extremen Ausnahmesituationen grundlegende eigene Wertvorstellungen durchsetzen zu können[271].

---

262 OLG Koblenz vom 6. 5. 1992 – 11 UF 393/92, FamRZ 1993, S. 97, 98 = IPRspr. 1992 Nr. 130, S. 285, 287; *Kropholler,* RabelsZ 60 (1996), S. 485, 489; *Staudinger/Pirrung,* Vorbem. zu Art. 19 EGBGB Rdn. 698.

The exception is „to be interpreted in a restrictive fashion if the convention is not to become a dead letter", Actes et documents XIV/3 (1982), S. 434 Nr. 34 = BT-Drucks. 11/5314, S. 43 Nr. 34 (Bericht *Pérez-Vera*).

263 Actes et documents XIV/3 (1982), S. 461 Nr. 118 = BT-Drucks. 11/5314, S. 56 Nr. 118 (Bericht *Pérez-Vera*).

264 Actes et documents XIV/3 (1982), S. 305 (Protokoll Nr. 9, *Müller-Freienfels*).

265 Actes et documents XIV/3 (1982), S. 429 Nr. 16 = BT-Drucks. 11/5314, S. 40 Nr. 16 (Bericht *Pérez-Vera*).

266 Siehe Actes et documents XIV/3, S. 166 – 171 (Entwurf der Spezialkommission).

267 Actes et documents XIV/3 (1982), S. 305 (Protokoll Nr. 9, *Jones*); *Jorzik,* S. 47; *Anton,* Int. Comp. L. Q. 30 (1981), S. 537, 551.

268 Siehe Actes et documents XIV/3 (1982), S. 281 (Arbeitsdokument Nr. 31, 32), S. 289 (Arbeitsdokument Nr. 36), S. 332 (Arbeitsdokument Nr. 65).

269 Actes et documents XIV/3 (1982), S. 332 (Arbeitsdokument Nr. 62).

Bundesrepublik Deutschland, Belgien, Spanien, Frankreich, Griechenland, Irland, Italien, Luxemburg, Portugal, Schweiz.

270 Zum Grundsatz der autonomen Auslegung im HEntfÜ: *Bömher/Siehr-Siehr* II, 7.9 Einl. Rdn. 10; *Jorzik,* S. 30; *Klein,* IPRax 1997, S. 106, 107.

271 *Abt,* AJP/PJA 1997, S. 1079, 1080; *Shapira,* Rec. des Cours 214 (1989 II), S. 127, 198; *Staudinger/Pirrung,* Vorbem. zu Art. 19 EGBGB Rdn. 698.

Was ist aber unter Grundwerten über den Schutz der Menschenrechte und Grundfreiheiten zu verstehen? Zwar erinnert diese Formulierung an die Terminologie internationaler Übereinkommen auf dem Gebiet des Schutzes der Menschenrechte. Maßgeblich sind aber allein die im ersuchten Staat anerkannten Grundsätze. Es kommt nicht darauf an, ob diese Grundsätze sich aus dem rein innerstaatlichen Recht, dem Völkervertragsrecht oder dem allgemeinen Völkerrecht ergeben[272]. Aus deutscher Sicht fallen unter den Schutz der Menschenrechte vor allem die Beachtung von Artt. 1 und 2 GG sowie das Recht auf Familienleben (Art. 8 EMRK[273]). Zu den Grundfreiheiten zählt beispielsweise die Religionsfreiheit[274].

Ein Gericht hat Art. 20 HEntfÜ von Amts wegen zu prüfen. Man kann daher nicht von vornherein – wie das *OLG Frankfurt a. M.* in einem deutsch-amerikanischen Fall[275] – eine Anwendung dieser Vorschrift auf Grund der Gleichwertigkeit der Rechtssysteme für ausgeschlossen halten. Zum einen sind die Rechte des Kindes (dazu unter a), zum anderen die Rechte des entführenden Elternteils (dazu unter b) zu berücksichtigen[276].

a) Schutz der Menschenrechte und Grundfreiheiten des Kindes

Für das Eingreifen des Art. 20 HEntfÜ ist danach zu unterscheiden, ob ein Fall der einfachen Kindesentführung durch einen Elternteil oder eine wechselseitige Entführung durch beide Elternteile vorliegt.

aa) Einfache Kindesentführung

Nach der „Philosophie" des Übereinkommens ist dem Kindeswohl regelmäßig am besten damit gedient, das Kind möglichst schnell wieder an den gewöhnlichen Aufenthalt zurückzubringen und dort das Sorgerecht zu regeln (Artt. 3, 16 HEntfÜ)[277]. Dem Übereinkommen liegt nämlich die Annahme der Mitgliedsstaaten zugrunde, daß die Rechtsprechung der einzelnen Vertragsstaaten qualitativ gleichwertig ist und faire Sorgerechtsregelungen ergehen[278]. Damit die Rückgabe

---

272 Actes et documents XIV / 3 (1982), S. 462 Nr. 118 = BT-Drucks. 11 / 5314, S. 56 Nr. 118 (Bericht *Pérez-Vera*).

273 Europäische Menschenrechtskonvention vom 4. 11. 1950, BGBl. 1952 II, S. 686, 953; mit Änderungen völkerrechtlich bindend gemäß der Bekanntmachung vom 15. 12. 1953 seit 3. 9. 1953 (BGBl. 1954 II, S. 14).

274 *Jorzik,* S. 48; *Mansel,* NJW 1990, S. 2175, 2177; *Staudinger/Pirrung,* Vorbem. zu Art. 19 EGBGB Rdn. 698; a. A. *Sturm,* FS Nagel, S. 457, 469 Fn. 39.

275 OLG Frankfurt vom 2. 2. 1994 – 2 UF 6 / 94, FamRZ 1994, S. 1339, 1340 = IPRspr. 1994 Nr. 101, S. 215, 217.

276 *Abt,* AJP / PJA 1997, S. 1079, 1078; *Kropholler,* RabelsZ 60 (1996), S. 485, 489.

277 *Klein,* IPRax 1997, S. 107, 108.

278 *Kropholler,* RabelsZ 60 (1996), S. 485, 497.

über Art. 20 HEntfÜ verweigert werden kann, muß daher die Rückgabe selbst gegen die Grundwerte dieser Vorschrift verstoßen[279]. Drohen dem Kind im ersuchenden Staat Verfolgung, Mißhandlung oder Diskriminierung aufgrund von Rasse, Hautfarbe, Geschlecht, Religion, Volkszugehörigkeit oder aus politischen Gründen, steht Art. 20 HEntfÜ einer Rückgabe entgegen[280].

Ebenfalls verbietet es sich gemäß Artt. 13 II, 20 HEntfÜ, ein voll urteilsfähiges Kind gegen seinen Willen zwangsweise dem beraubten Elternteil zurückzugeben[281]; das Kind ist selbständiges Rechtssubjekt und darf nicht zum „Eigentum" der Eltern werden[282]. Daher kann nach Art. 13 II HEntfÜ ein Gericht von der Anordnung der Rückgabe absehen, wenn sich das Kind ihr widersetzt und „es ein Alter und eine Reife erreicht hat angesichts deren es angebracht erscheint, seine Meinung zu berücksichtigen". Die Reife beurteilt sich nach den Umständen des Einzelfalls[283]; eine Einigung in bezug auf eine Mindestaltersgrenze ist nicht erreicht worden[284]. Da die Nennung eines bestimmten Alters als künstlich empfunden wurde, hat man den zuständigen Behörden einen Beurteilungsspielraum zugebilligt[285]. Einem 15-jährigen Kind wird man in der Regel eine selbständige Entscheidung zutrauen können; nach Art. 4 S. 2 HEntfÜ ist das Übereinkommen ja schon nicht mehr anwendbar auf Kinder, die das 16. Lebensjahr vollendet haben[286]. Manche in der deutschen Literatur haben sogar gefordert, die Meinung des Kindes spätestens ab dem 14. Lebensjahr generell zu berücksichtigen[287]. Im Hinblick auf das Gebot der einheitlichen Auslegung des HEntfÜ ist für die Frage nach der Altersgrenze auch die Entscheidung von Gerichten der anderen Vertragsstaaten zu berücksichtigen[288]. Die meisten Übereinkommensländer berücksichtigen nicht die Einwände

---

279 Actes et documents XIV / 3 (1982), S. 462 Nr. 118 = BT-Drucks. 11 / 5314, S. 56 Nr. 118 (Bericht *Pérez-Vera*); *Jorzik,* S. 48; *Young,* IPRax 1996, S. 221, 223 f.

280 *Gülicher,* S. 126; *Shapira,* Rec. des Cours 214 (1989 II), S. 127, 198.

281 BayObLG vom 31. 7. 1974 – I Z 37, 41 / 74, NJW 1974, S. 2183, 2184 = IPRspr. 1974 Nr. 200, S. 541, 543.

282 Actes et documents XIV / 3 (1982), S. 431 Nr. 24 = BT-Drucks. 11 / 5314, S. 42 Nr. 24 (Bericht *Pérez-Vera*); *Abt,* AJP / PJA 1997, S. 1079, 1081; *Jorzik,* S. 45.

283 *Staudinger / Pirrung,* Vorbem. zu Art. 19 EGBGB Rdn. 685; *Staudinger,* IPRax 2000, S. 194, 200 Fn. 130.

284 Actes et documents XIV / 3 (1982), S. 433 Nr. 30 = BT-Drucks. 11 / 5314, S. 42 Nr. 30 (Bericht *Pérez-Vera*).

285 Actes et documents XIV / 3, S. 433 Nr. 30 = BT-Drucks. 11 / 5314, S. 42 Nr. 30 (Bericht *Pérez-Vera*).

286 Siehe Actes et documents XIV / 3 (1982), S. 433 Nr. 30 = BT-Drucks. 11 / 5314, S. 42 Nr. 30 (Bericht *Pérez-Vera*).

287 *Böhmer,* RabelsZ 46 (1982), S. 643, 650; *Mansel,* NJW 1990, S. 2176, 2177; *Krüger,* MDR 1998, S. 694, 696.

288 *Staudinger,* IPRax 2000, S. 194, 200. Siehe zur deutschen und englischen Rechtsprechung *Lowe / Perry,* FamRZ 1998, S. 1073, 1077; *Staudinger / Pirrung,* Vorbem. zu Art. 19 EGBGB Rdn. 685; zur griechischen Praxis siehe *Baetge / Papathoma-Baetge,* IPRax 1996, S. 292, 293.

von Kindern unter 10 Jahren[289]. Je näher also ein entführtes Kind die abkommensrelevante Altersgrenze von 16 Jahren erreicht hat, desto stärker ist sein Wille zu berücksichtigen. Bei Kindern unter 10 Jahren ist hingegen regelmäßig noch nicht die notwendige Reife vorhanden, um Vor- und Nachteile einer Rückkehr selbst gewichten zu können[290].

Schließlich meinen manche, Art. 20 HEntfÜ greife ein, sofern der ersuchende Staat in dem der Entführung folgenden Sorgerechtsverfahren nicht hinreichend das Kindeswohl berücksichtigt[291]. Das ist zum Beispiel der Fall, wenn sich die Sorgerechtszuteilung ausschließlich nach dem Scheidungsverschulden richtet oder der entführende Elternteil automatisch – gewissermaßen als Strafe für die Entführung – von der Sorgerechtszuteilung ausgenommen ist. Da es im HEntfÜ aber nicht um eine sorgerechtliche Entscheidung geht (Art. 19 HEntfÜ), wird man in diesen Fällen die Rückgabe nicht von vornherein verweigern können: Das Eingreifen des Art. 20 HEntfÜ hängt davon ab, ob im konkreten Fall eine Entscheidung gegen das Kindeswohl zu erwarten wäre. Würde die automatische Zuteilung des Sorgerechts an den ehemals beraubten Elternteil im Einklang mit dem Wohl des Kindes stehen, ist Art. 20 HEntfÜ als Verweigerungsgrund nicht anwendbar. Droht umgekehrt im Sorgerechtsverfahren ein Verstoß gegen das Kindeswohl, kommt Art. 20 HEntfÜ zum Tragen. Eine solche Entscheidung des ersuchenden Staates würde zudem gegen den bereits erwähnten[292] Art. 3 der UN-Konvention über die Rechte des Kindes von 1989 verstoßen, wonach bei allen Maßnahmen, die Kinder betreffen, das Wohl des Kindes als vorrangiger Gesichtspunkt zu berücksichtigen ist. Das Kind darf nicht zum Spielball seiner Eltern werden.

Art. 20 HEntfÜ greift eindeutig nicht ein in Bezug auf die Rückgabe deutscher Kinder an einen Elternteil im Ausland, soweit die Verletzung von Art. 16 II GG und Art. 11 I GG gerügt wird. Ein Verstoß gegen Art. 16 II GG liegt nicht vor, weil die Herausgabe eines Kindes an einen sorgeberechtigten Elternteil allein die Familienrechtsbeziehungen betrifft[293]. Sie stellt selber weder eine Auslieferung an einen Staat dar noch kommt sie einer solchen gleich[294]. Ebensowenig verstößt eine Rückführung gegen Art. 11 I GG. Zwar schützt Art. 11 I GG das Recht, an jedem Ort innerhalb des Bundesgebiets Aufenthalt und Wohnsitz zu nehmen[295]. Indes ergeben sich für Minderjährige Beschränkungen aus Art. 6 II 1 GG und dem dort verankerten elterlichen Sorgerecht als kollidierendem Verfassungsrecht. Damit ist

---

289 *Lowe/Perry,* FamRZ 1998, S. 1073, 1077.

290 *Staudinger,* IPRax 2000, S. 194, 200; a. A. *Palandt/Heldrich,* Anh. zu Art. 24 EGBGB Rdn. 79 (8 Jahre).

291 *Abt,* AJP/PJA 1997, S. 1079, 1082; *Shapira,* Rec des Cours 214 (1989 II), S. 127, 198; siehe auch *Gülicher,* S. 126.

292 Siehe 5. Kapitel, § 17 III. 3. a).

293 BVerfG vom 15. 8. 1996 – 2 BvR 1075/96, NJW 1996, S. 3145 = IPRax 1997, S. 124, 126; BVerfG vom 9. 3. 1999 – 2 BvR 420/99, NJW 1999, S. 2173, 2174.

294 *Jorzik,* S. 125 ff., 141; *Staudinger/Pirrung,* Vorbem. zu Art. 19 EGBGB Rdn. 698.

295 BVerfG vom 6. 6. 1989 – 1 BvR 921/85, BVerfGE 80, 137 (150).

die Überstellung eines Minderjährigen an eine sorgeberechtigte Person gerechtfertigt[296].

Art. 20 HEntfÜ und ebenso Art. 13 II HEntfÜ eröffnen den Gerichten des ersuchten Staates ein Ermessen, wenn die Rückführung eines Kindes gegen seine Grundfreiheiten verstößt; es besteht keine Pflicht zur Rückgabe[297]. Verletzt indes aus deutscher Sicht die Rückgabeentscheidung Grundrechtspositionen des Kindes (Artt. 1 I, 2 I GG), ist das Ermessen des Richters auf Null reduziert[298]. Denn bei dem HEntfÜ handelt es sich um einfaches innerstaatliches Recht, das hierarchisch unter dem Grundgesetz steht[299].

bb) Wechselseitige Kindesentführung

Bei wechselseitigen Entführungen bedarf es einer besonderen Prüfung der grundrechtlichen Situation. Denn es drohen einander widersprechende Entscheidungen, wenn Gerichte zweier Vertragsstaaten jeweils mit gegenläufigen Rückführungsanträgen beschäftigt sind. Im *Tiemann*-Fall[300] sind die Kinder zunächst durch die Mutter von Deutschland nach Frankreich entführt und gut acht Monate später durch den Vater von Frankreich nach Deutschland gewaltsam zurückgebracht worden[301]. Das *OLG Celle* hatte zu entscheiden über einen Rückführungsantrag der Mutter wegen der eigenmächtigen Rückführung der Kinder durch den Vater; gleichzeitig war vor der *Cour de cassation* die Kassationsbeschwerde des Vaters wegen der Entführung der Kinder durch die Mutter aus Deutschland anhängig. Damit war nicht ausgeschlossen, daß die Kinder im Anschluß an die Anordnung des *OLG Celle* nach Frankreich zurückzubringen wären, die *Cour de cassation* wiederum die Rückführung der Kinder nach Deutschland verfügt hätte. In einem solchen Fall liefe der bereits dargestellte Zweck des HEntfÜ weitestgehend leer, durch die Rückführung der Kinder nach Art. 12 I HEntfÜ die Teilnahme an einem Sorgerechtsverfahren im Staat des gewöhnlichen Aufenthalts des Kindes zu ermöglichen. Da das Hin- und Rückführen der Kinder dem Kindeswohl widerspräche und für sie unzumutbar wäre, verlangt das Bundesverfassungsgericht wegen des Grundrechts der Kinder aus Art. 6 II 2 GG und Art. 2 I GG eine besondere Prüfung des Kindeswohls. Angesichts der Tragweite der Rückführungsentscheidung fordert

---

296 BVerfG vom 15. 8. 1996 – 2 BvR 1075/96, NJW 1996, S. 3145, 3146 = IPRax 1997, S. 124, 126; *Klein,* IPRax 1997, S. 106, 109; *Staudinger,* IPRax 2000, S. 194, 199.

297 Actes et documents XIV/3 (1982), S. 460 Nr. 113 = BT-Drucks. 11/5314, S. 55 Nr. 113 (Bericht *Pérez-Vera*).

298 *Klein,* IPRax 1997, S. 106, 107; *Kropholler,* RabelsZ 60 (1996) S. 485, 490.

299 Siehe dazu 1. Kapitel, § 3 II. 1. c).

300 Der *Tiemann*-Fall wurde auch in der Tagespresse viel beachtet, zum Beispiel Frankfurter Allgemeine Zeitung vom 3. 4. 1999, S. 9.

301 BVerfG vom 29. 10. 1998 – 2 BvR 1206/98, BVerfGE 99, 145 = NJW 1999, S. 631 = IPRax 2000, S. 216; siehe die verschiedenen deutschen und französischen Entscheidungen in DEuFamR 1999, S. 55 – 68.

das Gericht weiterhin, das Kind mit einer eigenen Interessenvertretung (Verfahrenspfleger gemäß § 50 FGG) auszustatten und es anzuhören[302]. Die Entscheidung des Bundesverfassungsgerichts verdient Zustimmung; führt sie doch dazu, bei wechselseitigen Kindesentführungen das Augenmerk auf das Kindeswohl zu richten. Ein internationaler Standard hat sich zwar in den problematischen Fällen der wechselseitigen Kindesentführungen leider noch nicht herausgebildet[303]. Immerhin ist die Entscheidung des Bundesverfassungsgerichts aber ein Lichtblick!

Der *Tiemann*-Fall bringt deutlich die Schwächen des HEntfÜ zutage, zeigt er doch, daß Verfahren über die Rückführung in mehreren Vertragsstaaten parallel geführt werden können. Zum einen fehlt es an direkten Zuständigkeitsregelungen darüber, welches Gericht für die Rückführung nach Artt. 8 ff. HEntfÜ zuständig ist[304]. Zum anderen ist keine Vorschrift wie Art. 21 EuGVÜ vorhanden, die Konflikte löst, welche aus einer doppelten Rechtshängigkeit entstehen können[305]. Es besteht also Reformbedarf: Im Wege einer Reform der Konvention müßten sowohl direkte Zuständigkeitsvorschriften als auch eine Rechtshängigkeitsregelung nach dem Muster des Art. 21 EuGVÜ aufgenommen werden[306]. Dadurch könnten mehrgleisige Prozesse verhindert werden. Zwar zeigt die Praxis, wie schwierig es ist zu bestimmen, wann ein Gericht „zuerst angerufen ist“[307]. Man wird diese Problem aber durch eine vertragsautonome Definition der Rechtshängigkeit lösen können[308].

b) Schutz der Menschenrechte und Grundfreiheiten der Eltern

Im Mittelpunkt der Konvention steht es, dem Wohl des Kindes dadurch zu dienen, daß man das Kind in sein dauerhaftes soziales Umfeld zurückführt. Vor diesem Hintergrund sind die Möglichkeiten des entführenden Elternteils, sich selbst auf Art. 20 HEntfÜ zu berufen, äußerst begrenzt[309]. Schließlich steht es dem entführenden Elternteil offen, gemeinsam mit dem Kind zurückzukehren. Selbst wenn die Rückkehr für diesen Elternteil mit staatlichen Sanktionen – etwa einem Haftbefehl – verbunden ist, sind diese Nachteile als Folge der rechtswidrigen Entführung hinzunehmen[310]. Ansonsten hätte es der Entführer in der Hand, sein eigenes voran-

302 BVerfG vom 29. 10. 1998 – 2 BvR 1206/98, BVerfGE 99, 145 (162 ff.) = NJW 1999, S. 631, 633 = IPRax 2000, S. 216, 220 f.

303 Siehe *Coester-Waltjen*, JZ 1999, S. 462, 463 mit Nachweisen zur Rechtsprechung anderer Vertragsstaaten.

304 Siehe *Pirrung*, RabelsZ 57 (1993), S. 124, 137.

305 Eine ähnliche Vorschrift enthalten die Brüssel II-VO in Art. 11 und das KSÜ in Art. 13.

306 Siehe auch *Staudinger*, IPRax 2000, S. 194, 201 f.

307 Siehe dazu EuGH vom 7. 6. 1984 – Rs. 129/83 (*Zegler/Salinitri*), Slg. 1984, S. 2397 = NJW 1984, S. 2759 = IPRax 1985, S. 336.

308 *Wagner*, IPRax 1998, S. 241, 243; siehe auch *Schack*, IZVR, Rdn. 760.

309 *Abt*, AJP/PJA 1997, S. 1079, 1082.

gegangenes rechtswidriges Tun dauerhaft zu legitimieren. Selbst verantworten muß es der entführende Elternteil auch, wenn auf ihn materielle Schwierigkeiten für die Dauer des Sorgerechtsverfahrens im gewöhnlichen Aufenthaltsstaat des Kindes zukommen[311]. Im übrigen erscheint eine Berücksichtigung seines Elternrechts über Art. 20 HEntfÜ unbillig, da zweifelhaft sein kann, ob der entführende Elternteil sich selbst dem Kindeswohl in vollem Umfang verpflichtet fühlt.

Das Verhältnis zur Europäischen Menschenrechtskonvention (EMRK) vom 4. 11. 1950[312] ist vom Bundesverfassungsgericht bisher in seinen Entscheidungen zum HEntfÜ nicht angesprochen worden[313]. Von seiten des entführenden Elternteils könnte die Rückführung des Kindes gegen das von Art. 8 I EMRK geschützte Recht des Entführers auf Familienleben verstoßen. Allerdings ist ein Eingriff in dieses Recht unter der Schranke des Art. 8 II EMRK statthaft, „insoweit dieser Eingriff gesetzlich vorgesehen ist und eine Maßnahme darstellt, die ... zum Schutz der Rechte und Freiheiten anderer notwendig ist“. Da nach dem Übereinkommen die Rückführung sowohl dem generellen Kindeswohl dient als auch die Rechte des beraubten Elternteils schützt, läßt sich der Eingriff regelmäßig rechtfertigen.

Es bleibt festzuhalten: Sicherlich sind Extremfälle denkbar, in denen der Vorbehalt des Art. 20 HEntfÜ auch zugunsten des entführenden Elternteils eingreifen kann. Regelmäßig aber wird der Vorbehalt nicht eingreifen: Für die Frage, ob das Kind zurückzuführen ist oder nicht, stehen die Rechte des Kindes im Zentrum und damit eine adäquate Berücksichtigung des Kindeswohls.

c) Zusammenfassung

Der Anwendungsbereich des ordre public-Vorbehalts in Art. 20 HEntfÜ ist äußerst begrenzt. Das Haager Kindesentführungsübereinkommen enthält die Vermutung, daß eine sofortige Rückführung des Kindes an den gewöhnlichen Aufenthaltsort seinem Wohl grundsätzlich am besten entspricht. Denn die zuständigen Stellen in dem betreffenden Staat sind am ehesten in der Lage, das Sorgerecht nach Maßgabe des Kindeswohls zu regeln. Art. 20 HEntfÜ kann nur in extremen Ausnahmesituationen eingreifen: bei ungewöhnlich schwerwiegenden Beeinträchtigungen des Kindeswohls.

---

310 BVerfG vom 18. 7. 1997 – 2 BvR 1126/97, FamRZ 1997, S. 1269, 1270; BVerfG vom 29. 10. 1998 – 2 BvR 1206/98, BVerfGE 99, 145 (159 f.) = NJW 1999, S. 631, 632 = IPRax 2000, S. 216, 220; *Jorzik,* S. 44; *Staudinger,* IPRax 2000, S. 194, 196; siehe aber auch *Staudinger/Pirrung,* Vorbem. zu Art. 19 EGBGB Rdn. 698.

311 Siehe *Kropholler,* RabelsZ 60 (1996), S. 485, 500.

312 BGBl. 1952 II, S. 686, 953; mit Änderungen völkerrechtlich bindend gemäß der Bekanntmachung vom 15. 12. 1953 seit 3. 9. 1953 (BGBl. 1954 II, S. 14).

313 Die EMRK gilt als Bundesgesetz; eine Verfassungsbeschwerde zum BVerfG kann auf die EMRK nicht gestützt werden, da sie kein Grundrecht im Sinne des Grundgesetzes enthält (*Schmidt-Bleibtreu/Klein/Kannengießer,* Vorb. V. Art. 1 Rdn. 24 b).

Insgesamt bleibt zu hoffen, daß die Vertragsstaaten zukünftig noch stärker die Rechtsprechung der anderen Konventionsstaaten berücksichtigen, damit sich ein einheitlicher Standard in der Handhabung des HEntfÜ entwickeln kann. Einen Überblick über die Gerichtsentscheidungen der Vertragsstaaten zu der Konvention ermöglicht die Haager Konferenz, die seit Mai 2000 wesentliche Urteile in das Internet einspeist[314].

5. Europäisches Sorgerechtsübereinkommen von 1980

Die Anerkennung und Vollstreckung von Sorgerechtsentscheidungen (Art. 7 ESÜ) kann nach Art. 10 lit. a) ESÜ versagt werden, „wenn die Wirkungen der Entscheidung mit den Grundwerten des Familien- und Kindschaftsrechts im ersuchten Staat offensichtlich unvereinbar sind.“ Gemäß Art. 17 ESÜ können die Vertragsstaaten diesen Versagungsgrund mittels Vorbehalts auch auf die Fälle des Art. 8 und/oder 9 ESÜ (Rückgabe entführter Kinder) erstrecken. Davon hat Deutschland für Art. 10 lit. a) und lit. b) ESÜ Gebrauch gemacht, um so in Einklang mit Art. 20 HEntfÜ die Vereinbarkeit der Anerkennung mit den Grundrechten sicherzustellen.

Ebenso wie Art. 20 HEntfÜ steht auch in Art. 10 lit. a) ESÜ das Kindeswohl im Mittelpunkt[315]. Unter diese Vorschrift fallen beispielsweise Benachteiligungen von Kindern aus Gründen der Hautfarbe, Religion oder Staatszugehörigkeit. Im Einzelfall kann für Art. 10 lit. a) ESÜ auch die Sorgerechtszuteilung in Betracht kommen, wenn sie im konkreten Fall nicht das Kindeswohl berücksichtigt hat, sondern automatisch etwa nach dem Scheidungsverschulden ergangen ist[316]. Insgesamt aber ist diese Ausnahmeklausel eng auszulegen, woraufhin schon die Formulierung „offensichtlich“ hinweist[317].

6. Europäisches Schuldvertragsübereinkommen von 1980

Das Schuldvertragsübereinkommen enthält in Art. 16 eine ordre public-Klausel. Nach dieser Vorschrift kann die Anwendung einer Norm des nach dem Übereinkommen bezeichneten Rechts nur versagt werden, „wenn dies offensichtlich mit der öffentlichen Ordnung des Staates des angerufenen Gerichts unvereinbar ist.“ Wegen der Inkorporation des EVÜ ist die Vorschrift in Deutschland nicht unmittelbar anwendbar[318]. Dem Inhalt nach wurde die Bestimmung in Art. 6 S. 1 EGBGB „eingestellt“[319].

---

314 www.incadat.com (The International Child Abduction Database, Stand: 15. 7. 2001).

315 BT-Drucks. 11 / 5314, S. 65 Nr. 47 (Bericht des Europarats); *Jorzik,* S. 83.

316 *Jones,* Int. Comp. L. Q. 30 (1981), S. 467, 473.

317 *Pirrung,* IPRax 1997, S. 182, 184.

318 Siehe dazu 1. Kapitel, § 3 II. 1. a).

Indes bleibt zu erwägen, ob die ordre public-Klausel gegenüber den Mitgliedsstaaten der Gemeinschaft mit noch größerer Zurückhaltung angewandt werden sollte als gegenüber Drittstaaten[320]. Dieser Gedanke liegt gerade im Rahmen des EVÜ nahe, wenn man von der Europäisierung des ordre public spricht. Unbestreitbar ist, daß die öffentliche Ordnung der Gemeinschaft „Bestandteil der öffentlichen Ordnung der Mitgliedsstaaten geworden ist"[321]. Dabei wird neben den EG-Grundfreiheiten auch die EMRK in den Grundwertebestand der Gemeinschaft mit einzubeziehen sein[322]. Außerdem läßt sich der ordre public europäisieren, indem man durch Rechtsvergleichung einen Bestand gemeinsamer Rechtsgrundsätze herausdestilliert[323]. Man kann mit dem Begriff des europäischen ordre public jedoch nicht alle noch bestehenden Unterschiede in den Rechtsordnungen der Unionsstaaten zudecken. Zumal ja allein die Vereinheitlichung des Kollisionsrechts das Eingeständnis birgt, es im übrigen bei der Vielfalt des materiellen Rechts belassen zu wollen. Es sind aber durchaus Sachverhalte – vor allem wirtschaftliche Vorgänge – denkbar, in denen ein bestimmter nationaler Grundsatz nicht mehr in der Union, wohl aber im Verhältnis zu Drittstaaten hochgehalten werden darf[324]. Anders stellt sich die Lage im Familien- und Erbrecht dar; hier läßt sich sicherlich viel schwieriger ein einheitlicher europäischer Standard als Maßstab für den ordre public ermitteln[325]. Dieser Rechtsbereich ist aber auch nicht Gegenstand des EVÜ.

Bisher hat Art. 16 EVÜ im Internationalen Vertragsrecht noch keine große Rolle gespielt. Die Vorschrift kann zum Beispiel eingreifen, wenn das berufene ausländische Recht keine Anfechtung wegen Willensmängeln kennt[326]. Zwei Gründe lassen sich vorwiegend für die geringe Bedeutung des ordre public anführen: Zum einen ist der größte Teil des Schuldrechts dispositiver Natur; die Parteien werden sich häufig über den Inhalt des gewählten Rechts im klaren sein. Zum anderen lassen sich über Art. 3 III EVÜ (Art. 27 III EGBGB) und Art. 7 II (Art. 34 EGBGB) inländische Rechtsvorstellungen durchsetzen. Besonders Art. 7 II EVÜ hat sich zu einer „Wundertüte [entwickelt], aus der man alles mögliche herausholen kann"[327].

---

319 BT-Drucks. 10/504, S. 76 (Begründungen des Regierungsentwurfs).

320 Dafür: *Brödermann/Iversen,* Europäisches Gemeinschaftsrecht zum IPR, Rdn. 1020; *Martiny,* in: Gemeinsames Privatrecht in der Europäischen Gemeinschaft, S. 211, 229 f.; *Steindorff,* EuR 1981, S. 426, 439 f.; noch weitergehender *von Brunn,* NJW 1962, S. 985, 988; dagegen: *Spickhoff,* S. 89 f.

321 BT-Drucks. 10/503, S. 70 (Bericht *Guliano/Lagarde*).

322 MünchKomm-*Sonnenberger,* Art. 6 EGBGB Rdn. 67; siehe dazu auch *Moser,* ÖJZ 29 (1974), S. 650, 651.

323 *Neuhaus,* Grundbegriffe des IPR, § 49 II 3, S. 327; *Reichelt,* ZfRV 16 (1975), S. 217, 225; MünchKomm-*Sonnenberger,* Art. 6 EGBGB Rdn. 68.

324 *Martiny,* in: Europäisches Gemeinschaftsrecht und IPR, S. 211, 229.

325 So *Spickhoff,* S. 89.

326 MünchKomm-*Martiny,* Vor Art. 27 EGBGB Rdn. 27.

327 *Junker,* IPRax 2000, S. 65, 66.

§ 18 Kollisionsrechtliche Staatsverträge ohne deutsche Beteiligung

Verweisen die deutschen Kollisionsnormen auf ein ausländisches IPR (Art. 4 I 1 EGBGB), so umfaßt die Verweisung auch die kollisionsrechtlichen Staatsverträge als Quelle des ausländischen IPR. Es liegt auf der Hand, daß diese Verweisung auch den ordre public-Vorbehalt in den jeweiligen Übereinkommen umfaßt[328].

I. Haager Übereinkommen über Straßenverkehrsunfälle von 1971

Das Übereinkommen enthält in Art. 10 HStVÜ die schon aus anderen Übereinkommen bekannte Standardklausel für den Vorbehalt des ordre public. Wie alle entsprechenden Haager Klauseln hebt auch diese Vorschrift hervor, daß das verwiesene Recht aus Gründen der öffentlichen Ordnung nur ausgeschlossen werden dürfe, wenn der Widerspruch ein offensichtlicher ist. Im Bericht zum Übereinkommen findet man daher auch den Hinweis an die Praxis, möglichst zurückhaltend auf den ordre public zurückzugreifen[329]. Welche Bedeutung dieser ordre public-Vorbehalt für das Übereinkommen hat, läßt sich am ehesten an der Situation in Frankreich und in Österreich ablesen, weil in diesen Ländern die Konventionen bereits 1975 in Kraft getreten sind und dort die meisten Erfahrungen vorliegen.

1. Ordre public-Klausel des Art. 10 HStVÜ in Frankreich

Nachdem durch das Gesetz vom 5. 7. 1985 (*loi Badinter*)[330] ein neues Verkehrshaftpflichtrecht in Frankreich in Kraft getreten war, entstand erneut[331] die Frage, inwiefern dem Opfer eines Verkehrsunfalls über den ordre public die günstigeren Regelungen französischen Rechts zugute kommen können. Das Gesetz läßt zwar das Haftungsregime nach Art. 1382 und Art. 1384 Code civil unberührt, ordnet aber schwerpunktmäßig das Recht des Mitverschuldens im Bereich der Straßenverkehrsunfälle neu: Weder höhere Gewalt noch Handeln Dritter (*fait d'un tiers*) oder Mitverschulden des Verletzten befreien den Fahrer und den Halter (*gardien*) von der Haftung. Als einziger Entlastungseinwand gilt Vorsatz oder ein unentschuldbarer Fehler des Opfers als ausschließliche Ursache des Unfalls (*faute inexcusable*).

---

328 Zur Beachtlichkeit des fremden ordre public siehe 5. Kapitel, § 19 II. 3.

329 Actes et documents XI / 3 (1970), S. 215 (Bericht *Essén*).

330 *Loi No. 85 – 677 du 5. 7. 1985, tendant à l'amélioration de la situation des victimes d'accidents de la circulation et à l'accélération des procédures d'indemnisation.*

331 Siehe Cour d'appel de Paris vom 2. 10. 1963 (Kieger c. Amigues), Rev. crit. 53 (1964), S. 332 note *P. L.* = Clunet 91 (1964), S. 103 note *B. G.;* Cass. civ. vom 30. 5. 1967 (Kieger c. Amigues), Rev. crit. 56 (1967), S. 728 note *Bourel* = Clunet 94 (1967), S. 622 note *B. G.;* dazu 5. Kapitel, § 16 III. 1. a) aa).

Indes ist dieser Einwand ausgeschlossen, wenn der Verletzte zum Zeitpunkt des Unfalls weniger als 16 Jahre oder mehr als 70 Jahre alt war oder sein Invaliditätsgrad mehr als 80% betrug[332]. Diese Privilegierungen gelten nicht, wenn das Opfer der Fahrer eines unfallbeteiligten Fahrzeugs war. Weiterhin sieht das Gesetz eine deliktsrechtliche Verjährungsfrist von zehn (statt früher dreißig) Jahren vor. Schließlich wird die Versicherung des Schadensurhebers zu einer beschleunigten Schadensregulierung verpflichtet.

Vor diesem Hintergrund haben französische Instanzgerichte versucht, über den ordre public zur Anwendung des heimischen Rechts zu kommen. Die *Cour de cassation* ist diesem Heimwärtsstreben nicht gefolgt[333]. Nicht jede Abweichung eines ausländischen Deliktsrechts von den Vorstellungen des französischen Rechts rechtfertige es, den französischen ordre public ins Spiel zu bringen. Der ordre public greife daher nicht ein, wenn das ausländische Haftungsrecht auf dem Verschuldensprinzip aufbaue[334]. Diese Linie hat das Gericht in zwei neueren Entscheidungen bestätigt[335]. Das erste Urteil betraf einen Verkehrsunfall in Deutschland, bei dem ein französischer Staatsangehöriger von einem in Deutschland zugelassenen Fahrzeug überfahren worden war. Nach dem gemäß Art. 3 HStVÜ anwendbarem deutschen Tatortrecht waren Schadensersatzansprüche verjährt (§ 852 I BGB). Die *Cour d'appel* sah in dieser für das Opfer im Vergleich zum französischen Recht ungünstigeren Ausgestaltung des Haftungsrechts keinen Verstoß gegen den französischen ordre public (Art. 10 HStVÜ). Die *Cour de cassation* bestätigte dieses Urteil und schloß sich der Begründung der Vorinstanz an[336]. Auf dieser Linie liegt auch das zweite Urteil aus dem Jahr 1999, das einen Unfall in der Türkei betraf[337]: In der zweijährigen Verjährungsfrist des türkischen Rechts liegt kein Verstoß gegen den ordre public.

In der französischen Literatur ist diese Rechtsprechung auf Zustimmung gestoßen[338]. Obwohl das Gesetz vom 5. 7. 1985 die rechtliche Position des Opfers eines

---

332 *von Bar,* VersR 1986, S. 620 ff.; *Hübner/Constantiinesco,* Einführung, § 23 5 b), S. 181; *Zweigert/Kötz,* Rechtsvergleichung, § 42 III, S. 670.

333 Cass. civ. vom 6. 6. 1990 (L'Union et le Phénix espagnol et autres c. Mlle Beau), Rev. crit. 80 (1991), S. 354 note *Bourel;* Cass. civ. 4. 4. 1991 (Dubois c. Marchot et Caisse primaire d'assurance maladie de l'Essonne), Clunet 118 (1991), S. 981 note *Legier.*

334 „... les dispositions ... [d'une loi étrangère], fondée sur l'idée des responsabilité pour faute, ne sont pas contraires à la conception française de l'ordre public international ..." (Cass. civ. 4. 4. 1991 [Dubois c. Marchot et Caisse primaire d'assurance maladie de l'Essonne], Clunet 118 [1991], S. 981, 982 note *Legier*).

335 Cass. civ. vom 15. 5. 1994 (Piccinelli c. Maxeiner, Cie d'assurances Landwirtschaftlicher Versicherungsverein), Clunet 122 (1995), S. 122 note *Legier;* Cass. civ. vom 5. 1. 1999 (Avci c. Aydogan et Cie Zurich assurances), Rev. crit. 88 (1999), S. 297 note *P. L.*

336 Cass. civ. vom 15. 5. 1994 (Piccinelli c. Maxeiner, Cie d'assurances Landwirtschaftlicher Versicherungsverein), Clunet 122 (1995), S. 122, 123 note *Legier.*

337 Cass. civ. vom 5. 1. 1999 (Avci c. Aydogan et Cie Zurich assurances), Rev. crit. 88 (1999), S. 297 note *P. L.*

Verkehrsunfalls deutlich verbessert habe, könne *a fortiori* kein Verstoß gegen den ordre public angenommen werden, wenn die französischen Kollisionsnormen auf ein *système responsabilité pour faute* treffen[339]. Ferner liege bei einer ausländischen Verjährungsfrist von zwei bis drei Jahren im Bereich der unerlaubten Handlung kein Verstoß gegen den französischen ordre public vor. Schließlich habe die *loi Badinter* die französische deliktsrechtliche Verjährungsfrist von dreißig Jahren auf zehn Jahre verkürzt. Der Abstand zu den Regelungen des ausländischen Rechts ist damit nicht mehr so groß, als daß dieser Unterschied einen Ruf nach dem ordre public rechtfertigen würde[340].

2. Ordre public-Klausel des Art. 10 HStVÜ in Österreich

Der österreichischen Rechtsprechung haben sich ähnliche Fragen gestellt wie den französischen Gerichten. Ebenso wie die *Cour de cassation* mußte sich auch der Oberste Gerichtshof damit beschäftigen, ob der odre public schon dann eingreift, wenn das über die Konvention berufene Recht für das Opfer ungünstiger ist als das österreichische Recht. So lehnte der Oberste Gerichtshof es ab, das nach Art. 3 HStVÜ anwendbare englische Recht mit Hilfe des ordre public auszuschließen, weil dieses Recht über keinen Gefährdungshaftungstatbestand verfügt[341]. Da auch das österreichische Recht grundsätzlich Schadensersatzansprüche nur bei Verschulden gewähre, widerspräche das Fehlen eines Gefährdungstatbestands nicht den Grundwertungen des österreichischen Rechts. In einem anderen Verfahren widerstand der Oberste Gerichtshof Bestrebungen, das nach dem Abkommen anwendbare nigerianische Recht mit Art. 10 HStVÜ auszuschalten, weil danach die Witwe unter anderen Voraussetzungen als nach österreichischem Recht Ansprüche gegen den Schädiger hätte. Selbst wenn der Witwe ein geringerer Schadensersatzanspruch zuerkannt oder sogar gänzlich verweigert würde, greife der ordre public erst ein, wenn „dies ... aus Gründen geschieht, die Grundwertungen der österreichischen Rechtsordnung widersprechen“[342].

Die österreichische Literatur plädiert ebenfalls für eine sehr zurückhaltende Anwendung der Vorbehaltsklausel. Vorgeschlagen wird beispielsweise, den ordre public eingreifen zu lassen, wenn bei verschuldeter Körperverletzung ein Schmerzensgeldanspruch völlig ausgeschlossen ist[343]. Der ordre public-Vorbehalt soll ebenfalls eingreifen, soweit Unterschiede im Haftungsumfang „auf krassen Abweichungen von grundlegenden Zurechnungsprinzipien des österreichischen Haf-

338 *Bourel,* Rev. crit. 80 (1991), S. 356, 362 ff.; *Legier,* Clunet 118 (1991), S. 983, 990 ff.; *ders.,* Clunet 122 (1995), S. 123 ff.

339 *Legier,* Clunet 118 (1991), S. 983, 991; *ders.,* Clunet 122 (1995), S. 123, 125.

340 *Legier,* Clunet 122 (1995), S. 123, 124 f.; *Bourel,* Rev. crit. 80 (1991), S. 356, 365.

341 Öst. OGH vom 1. 7. 1992 – 2 Ob 25/92, ZVR 1993, S. 233, 234.

342 Öst. OGH vom 14. 3. 1990 – 2 Ob 129/89, ZVR 1991, S. 120, 121.

343 *Mänhardt/Posch,* IPR, Rdn. 3/76; *Schwimann,* Grundriß des IPR, S. 161.

tungsrechts beruhen"[344]. Das soll beispielsweise der Fall sein bei reiner Erfolgshaftung von Fußgängern oder bei einer Beschränkung der Verschuldenshaftung auf Vorsatz.

3. Zusammenfassung

Insgesamt haben also die französischen und österreichischen Gerichte sehr zurückhaltend von Art. 10 HStVÜ Gebrauch gemacht. Diese einmütige Haltung ist zu begrüßen; zeigt sie doch, daß nicht schon jede unterschiedliche Ausgestaltung des Haftungsrechts den ordre public-Vorbehalt in Art. 10 HStVÜ zum Tragen kommen lassen kann. Diese Position entspricht dem Geist der Konvention, die ordre public-Klausel restriktiv einzusetzen.

II. Haager Übereinkommen über die Produkthaftpflicht von 1973

Das Haager Produkthaftungsübereinkommen enthält mit Art. 10 HPÜ eine allgemeine ordre public-Klausel. Zwar weicht der Wortlaut dieser Vorschrift von der Formulierung der Vorbehaltsklausel in Art. 10 HStVÜ ab, inhaltlich ergibt sich dadurch aber keine Veränderung. Nach dem Bericht zum Übereinkommen ist von der Vorbehaltsklausel zurückhaltend Gebrauch zu machen[345].

Über praktische Erfahrungen mit dem ordre public in den Vertragsstaaten läßt sich, soweit ersichtlich, nichts berichten; dieses Ergebnis überrascht nicht, wenn man bedenkt, daß die Konvention erst in neuerer Zeit in der Rechtsprechung der Vertragsstaaten auftaucht[346].

III. Haager Ehegüterrechts- und Eheschließungsübereinkommen von 1978

Wie in den zuvor untersuchten Haager Konventionen ist auch im *Ehegüterrechtsübereinkommen* ein Vorbehalt für den ordre public vorgesehen und in der üblichen Fassung formuliert[347]: Von der Anwendung des im Abkommen vorgesehenen Rechts kann abgesehen werden, wenn sie offensichtlich mit der inländischen

---

344 *Schwimann,* Grundriß des IPR, S. 161.

345 „Clearly, a rule which gave a claimant a lager or smaller amount of damages than he could have obtained under the internal law of the forum could not properly be considered to be contrary to the forums public policy" (Actes et documents XIII / 3 [1974], S. 269 [Bericht *Reese*]).

346 Siehe dazu 2. Kapitel, § 6 II. 3.

347 *Batiffol,* Rev. crit. 66 (1977), S. 450, 466; siehe zum Vorentwurf *Philip,* Am. J. Com. L. 24 (1976), S. 307, 315.

öffentlichen Ordnung unvereinbar ist (Art. 14). Ein Vorschlag des Vereinigten Königreichs ging zunächst dahin, das Wort „offensichtlich“ zu streichen. Dieser Antrag wurde aber von der Mehrheit der Konferenzteilnehmer abgelehnt, da man von der einmal im Unterhaltsabkommen von 1956 gefundenen Lösung nicht mehr abweichen wollte[348].

Praktische Erfahrungen mit dieser ordre public-Klausel in den Vertragsstaaten sind, soweit überblickt werden kann, nicht vorhanden. Überraschend ist dieser Befund nicht, enthält doch auch die veröffentliche deutsche Rechtsprechung bisher kein einziges Beispiel für den Ausschluß ausländischen Güterrechts mit der Begründung, es verstieße gegen den deutschen ordre public[349].

Das *Eheschließungsübereinkommen* enthält gleich zwei ordre public-Klauseln. Denn nachdem sich der Ausschluß des ordre public im Haager Eheschließungsabkommen von 1902 als sehr bitter erwiesen hatte, wollte man diese Achillesferse schützen[350]. Eine Klausel befindet sich im ersten Teil der Konvention für Inlandsheiraten in Art. 5 HEheschlÜ. Danach braucht ein Vertragsstaat materielles ausländisches Eheschließungsrecht nicht anzuwenden, wenn es gegen seinen ordre public verstößt. Zu denken ist hierbei an Polygamie, Ehe auf Probe oder Kinderehe[351].

Art. 14 HEheschlÜ gilt für den zweiten Teil der Konvention. Danach braucht ein Vertragsstaat die Gültigkeit einer Ehe nicht anzuerkennen, wenn die Anerkennung mit seiner öffentlichen Ordnung offensichtlich unvereinbar wäre. Diese Klausel ist während der Beratung der Konvention sehr umstritten gewesen, denn ein Teil der Delegierten wollte unter dem Gesichtspunkt des *favor matrimonii* die Vorbehaltsklausel noch restriktiver formulieren[352]. Da man sich aber auf eine weitere Konkretisierung der Vorbehaltsklausel nicht einigen konnte, blieb es doch bei der üblichen allgemeinen Formulierung. Es liegt auf der Hand, daß Art. 14 HEheschlÜ neben den Versagungsgründen des Art. 11 S. 1 Nr. 1 – 5 HEheschlÜ nur einen kleinen Anwendungsbereich hat. Denn Art. 11 S. 1 zählt schon fünf Tatbestände auf, nach denen ein Vertragsstaat bereits die Anerkennung verweigern kann (Doppelehe, Verwandtschaftsverhältnis etc.). Daher erwähnt der Bericht zum Übereinkommen nur zwei Fälle für das Eingreifen der allgemeinen ordre public Klausel in Art. 14 HEheschlÜ[353].

Der erste Fall betrifft die sogenannte potentiell polygame Ehe: Nach sec. 11 (d) *Matrimonial Causes Act 1973*[354] war die Ehe einer in England domizilierten Eng-

---

348 *Beitzke,* RabelsZ 41 (1977), S. 457, 475.

349 MünchKomm-*Siehr,* Art. 15 EGBGB Rdn. 140; *Staudinger/von Bar/Mankowski,* Art. 15 EGBGB Rdn. 73; siehe auch *Spickhoff,* S. 240.

350 Actes et documents XIII / 3 (1978), S. 294 Nr. 10 (Bericht *Malmström*).

351 *Böhmer,* StAZ 1977, S. 185 f.

352 Actes et documents XIII / 3 (1978), S. 219 ff. (Protokoll Nr. 10), S. 225 f. (Protokoll Nr. 11); siehe auch S. 216 (Arbeitsdokumente Nr. 17, 18), S. 223 (Arbeitsdokument Nr. 20).

353 Actes et documents XIII / 3 (1978), S. 310 Nr. 27 (Bericht *Malmström*).

354 Text in: Law Reports Statutes 1973, Vol. 1, Ch. 18, S. 172.

länderin mit einem unverheirateten Jordanier nichtig, wenn sie in Jordanien in einer polygamen Eheschließungsform heirateten[355]. Im englischen Recht wurde damit die potentiell polygame Ehe einer aktuellen polygamen Ehe gleichgestellt. Allein die Möglichkeit, daß ein unverheirateter ausländischer Mann mit polygamem Ehestatut eine zweite Frau heiraten könnte, reichte aus englischer Sicht aus, die Ehe für nichtig zu halten. Heute hat sich die Rechtslage durch das Inkrafttreten des *Private International Law (Miscellaneous Provisions) Act 1995*[356] geändert. Sec. 5 Act 1995 sieht jetzt eine nur potentiell polygame Ehe als wirksam an, wenn einer der Partner sein *domicile* in England hat[357]. Aus englischer Sicht hat sich damit das Problem der potentiell polygamen Ehe erledigt.

Der zweite Fall erfaßt die Konstellation, daß ein Vertragsstaat von seinen Staatsangehörigen verlangt, die Ehe in einer bestimmten Form zu schließen. Verlangt beispielsweise ein Staat von seinen Angehörigen obligatorisch die Zivilehe, braucht er ihre in religiöser Form geschlossene Ehe im Ausland gemäß Art. 14 HEheschlÜ nicht anzuerkennen[358].

Zusammenfassend läßt sich feststellen: Die neueren Haager eherechtlichen Konventionen besitzen ordre public-Klauseln; aus den Fehlern der früheren Haager Abkommen zum Eherecht hat man gelernt.

IV. Haager trust-Übereinkommen von 1985

Das Haager trust-Übereinkommen enthält eine allgemeine ordre public-Klausel in Art. 18:

> *Art. 18.* Die Bestimmungen des Übereinkommens können außer Betracht bleiben, wenn ihre Anwendung mit der öffentlichen Ordnung (ordre public) offensichtlich unvereinbar wäre.

Die Formulierung dieser ordre public-Klausel erinnert an Art. 16 des Minderjährigenschutzabkommens und steht damit außerhalb der üblichen Formulierung des ordre public in den Haager Konventionen. Auch hier erweckt der Wortlaut den Eindruck, er richte sich gegen die Bestimmungen des Übereinkommens selbst. So wie beim Minderjährigenschutzabkommen geht diese Formulierung aber auf die „komplexe Natur“ der Konvention zurück, da die Konvention nicht nur das auf *trusts* anzuwendende Recht, sondern auch ihre „Anerkennung“ regelt[359]. Die Vor-

---

[355] Die Ehe war also nicht *void* bei Heirat eines christlichen Jordaniers vor einem Priester.

[356] Text in: Law Reports Statutes 1995, Vol. 3, Ch. 42, S. 3085–3095; französische Übersetzung in: Rev. crit. 85 (1996), S. 377–382.

[357] Siehe zu sec. 5 Act 1995 *Carter,* L. Q. R. 112 (1996), S. 190, 191 f.; *Cheshire/North,* PIL, S. 754.

[358] Actes et documents XIII/3 (1978), S. 310 Nr. 27 (Bericht *Malmström*).

[359] Actes et documents XV/2 (1985), S. 408 Nr. 164 (Bericht *von Overbeck*); kritisch zum Begriff der Anerkennung *Kötz,* RabelsZ 50 (1986), S. 562, 576 f.

behaltsklausel in Art. 18 HtÜ ist wie die anderen staatsvertraglichen Vorbehaltsklauseln zurückhaltend anzuwenden.

V. Haager Übereinkommen über den Schutz von Kindern und die Zusammenarbeit auf dem Gebiet der internationalen Adoption von 1993

Die Konvention enthält in Art. 24 HZAÜ eine ordre public-Klausel im Hinblick auf die Anerkennung einer Adoption. Danach kann ein Vertragsstaat die Anerkennung einer Adoption nur versagen, „wenn sie seiner öffentlichen Ordnung offensichtlich widerspricht", wobei das Wohl des Kindes zu berücksichtigen ist. Eine Vorbehaltsklausel für das anzuwendende Recht fehlt in der Konvention, da das Abkommen nicht das Internationale Privatrecht der Vertragsstaaten für die Adoption vereinheitlicht[360].

Obwohl sich die Formulierung des Art. 24 HZAÜ in den aus anderen Haager Übereinkommen bekannten Bahnen bewegt, ist diese Klausel ausgiebig auf der Session der Haager Konferenz beraten worden[361]. Manche Delegierte meinten, auf eine ordre public-Klausel gänzlich verzichten zu können[362]. Andere Vorschläge gingen dahin, den ordre public-Vorbehalt zu konkretisieren: „The recognition of an adoption in a Contracting State may only be refused if the child has been abducted or the consents to its adoption were false, fraudulent, or coerced and if it is in the best interests of the child to do so"[363]. Schließlich wurde vorgeschlagen, daß ein Vertragsstaat die Anerkennung einer Adoption nur verweigern kann, wenn sie kumulativ gegen den ordre public und das Kindeswohl verstoßen würde[364]. Alle diese Versuche, den ordre public-Vorbehalt einzuschränken oder zu konkretisieren, scheiterten. Der ordre public als ein nationales Notventil läßt sich eben nicht auf bestimmte Regelungen fixieren. Die in Art. 24 HZAÜ gefundene Lösung gibt denn auch den Vertragsstaaten nicht auf, ordre public und Kindeswohl kumulativ nebeneinander zu setzen, sondern bei der Anwendung ihres ordre public das Kindeswohl vorrangig zu berücksichtigen.

Art. 24 HZAÜ wird eher selten eingreifen; teilweise wird von „Fallkonstellationen ... theoretischer Natur" gesprochen[365]. Immerhin ist ein Eingreifen dieser Vorschrift denkbar, wenn die an einer internationalen Adoption beteiligten Personen

360 Siehe 3. Kapitel, § 10 VI. 1.

361 Actes et documents XVII/3 (1994), S. 455 f. (Protokoll Nr. 15); Actes et documents XVII/2 (1994), S. 615 Nr. 421 (Bericht *Parra-Aranguren*).

362 Actes et documents XVII/2 (1994), S. 323 (Arbeitsdokument Nr. 142, Art. 22A Var. III).

363 Actes et documents XVII/2 (1994), S. 322 (Arbeitsdokument Nr. 142, Art. 22A Var. II).

364 Actes et documents XVII/2 (1994), S. 322 (Arbeitsdokument Nr. 142, Art. 22A Var. I).

365 *Marx,* StAZ 1993, S. 1, 3 (zu Art. 22 II des Vorentwurfs).

unstatthafte Vermögens- oder sonstige Vorteile ziehen. Art. 32 HZAÜ schreibt dies für Adoptionen mit finanziellem Hintergrund ausdrücklich fest[366]. Kein Anwendungsfall der ordre public-Klausel ist es, wenn im Anerkennungsstaat die Adoption als Rechtsinstitut unbekannt ist[367]. Das ist nur konsequent, da sonst der Beitritt eines Staates, der eine Adoption nicht kennt, ohne jeden Sinn wäre. Schließlich tritt der betreffende Staat der Konvention bei, um gerade mit anderen Vertragstaaten auf dem Gebiet der internationalen Adoption zusammenzuarbeiten.

§ 19 Zusammenfassende Würdigung

Die Untersuchung des ordre public in diesem Kapitel hat gezeigt, um was für eine „schillernde" Rechtsfigur es sich bei der Vorbehaltsklausel handelt. Über die staatsvertraglichen ordre public-Klauseln erleben wir eine Rückkehr der nationalen Kollisionsrechte. Jeder Vertragsstaat bestimmt selbst, was zum Bestandteil seiner öffentlichen Ordnung gehört, und das Eingreifen der Vorbehaltsklausel ist letztlich sehr von den Umständen des Einzelfalls abhängig. Für eine zusammenfassende Würdigung des ordre public in kollisionsrechtlichen Staatsverträgen ist zunächst eine Bestandsaufnahme erforderlich.

I. Bestandsaufnahme

Die hier untersuchten Haager Konventionen, die bis zum Ersten Weltkrieg in Kraft getreten sind, enthalten keine allgemeine ordre public-Klausel. Man wollte den „Störenfried" des ordre public entweder gänzlich ausschalten oder abschließend konkretisieren. Mit dieser Haltung hat die Haager Konferenz für Internationales Privatrecht schlechte Erfahrungen gemacht, führte doch das Fehlen einer allgemeinen ordre public-Klausel zum Niedergang des frühen Haager Konventionenrechts. Da in diesen Übereinkommen zudem ein Rückgriff auf den ordre public des autonomen IPR nicht möglich war, blieb den Vertragsstaaten im Falle des Falles nur die Kündigung des betreffenden Übereinkommens. Erinnert sei an dieser Stelle nur noch einmal an den deutsch-französischen Streit über die Anwendung oder Nichtanwendung der „politischen" Ehehindernisse bei Eheschließungen deutscher Staatsangehöriger in Frankreich[368].

Von den dargestellten Konventionen aus der Zwischenkriegszeit läßt das deutsch-iranische Niederlassungsabkommen von 1929 in Art. 8 III 2 einen Rückgriff auf den autonomen ordre public insoweit zu, als er „allgemein gegenüber je-

---

366 Actes et documents XVII/2 (1994), S. 633 f. Nr. 526 ff. (Bericht *Parra-Aranguren*); siehe auch S. 237 f. Nr. 310 (Bericht zum Vorentwurf *Parra-Aranguren*).

367 Actes et documents XVII/2 (1994), S. 617 Nr. 428 (Bericht *Parra-Aranguren*).

368 Siehe 5. Kapitel, § 17 I. 1.

dem anderen fremden Staat erfolgt". Ein Rückgriff auf den nationalen ordre public ist ebenfalls im Genfer Wechsel- und Scheckrecht möglich.

Nach dem Zweiten Weltkrieg hat sich die Einstellung der Haager Konferenz zur allgemeinen Vorbehaltsklausel dramatisch geändert. Der ordre public wurde nicht mehr als lästiges Rechtsinstitut wahrgenommen, sondern als ein erforderliches Notventil. Ausführlich spiegeln diese Überlegungen die Beratung zum Haager Unterhaltsabkommen von 1956 wider. Auf der einen Seite sollte keine allgemeine ordre public-Klausel aufgenommen werden. Man befürchtete, Richter würden zu oft die Anwendung der Konvention unter Berufung auf diese Klausel verweigern. Auf der anderen Seite wollte man aber auch den ordre public nicht gänzlich aus der Konvention ausschließen. Diese Überlegungen haben zu einer *formule restrictive de l'ordre public* geführt: „La loi declarée applicable par la présente Convention ne peut être écartée que si son application est manifestement incompatible avec l'ordre public de l'État dont relève l'autorité saisie" (Art. 4). Der Ausnahmecharakter der ordre public-Klausel wird dadurch hervorgehoben, daß die Anwendung des durch die Konvention berufenen Rechts mit dem nationalen ordre public *offensichtlich unvereinbar* sein muß. Alle anderen untersuchten Konventionen der Haager Konferenz enthalten eine ähnlich formulierte ordre public-Klausel. Das Kriterium der „offensichtlichen Unvereinbarkeit" findet sich ebenso in ordre public-Klauseln von Staatsverträgen anderer Organisationen wie dem Europäischen Schuldvertrags- oder Sorgerechtsübereinkommen. Unsere nationale ordre public-Klausel hat diese Formulierung ebenfalls übernommen; *de lege lata* herrscht so zwischen Art. 6 EGBGB und den staatsvertraglichen Vorbehaltsklauseln eine wohltuende Harmonie. Aus dem Rahmen fällt Art. 20 des Haager Kindesentführungsübereinkommens, nach dem die Rückgabe entführter Kinder nur abgelehnt werden kann, wenn sie nach den im ersuchten Staat geltenden Grundwerten über den Schutz der Menschenrechte und Grundfreiheiten unzulässig ist. Das Abweichen dieser Vorschrift erklärt sich daraus, daß man die Anwendung auf extreme Ausnahmefälle beschränken wollte.

Ist damit die Formulierung der Vorbehaltsklausel in den hier untersuchten Konventionen fast einheitlich, drängt sich die Frage auf, wie staatsvertragliche ordre public-Klauseln zu bewerten sind.

II. Bewertung

Um diese Frage zu beantworten, ist auf die Reichweite der staatsvertraglichen Vorbehaltsklausel einzugehen (dazu 1.). Aus deutscher Sicht stellen sich dabei zwei weitere Fragen: Wie sieht es zum einen mit den Staatsverträgen aus, die für die Bundesrepublik Deutschland in Kraft getreten sind, aber keine allgemeine Vorbehaltsklausel enthalten. Ist damit ein grundrechtsfreier Raum entstanden (dazu 2.)? Müssen wir zum anderen im Rahmen von Rück- oder Weiterverweisung Vorbehaltsklauseln von Staatsverträgen anwenden, denen die Bundesrepublik

Deutschland nicht beigetreten ist (dazu 3.)? Nach der Beantwortung dieser Fragen wird auf den staatsvertraglichen ordre public und die Grundrechte eingegangen (dazu 4.).

1. Reichweite des ordre public in kollisionsrechtlichen Staatsverträgen

Die Reichweite staatsvertraglicher Vorbehaltsklauseln wird im hohen Maße durch die Ausgestaltung des jeweiligen Übereinkommens bestimmt: Je ausgefeilter die kollisionsrechtlichen Mechanismen der jeweiligen Konvention sind, desto größer wird die Bedeutung der Vorbehaltsklausel[369].

a) Sonderanknüpfung und spezielle ordre public-Normen

Ein Rückgriff auf die allgemeine staatsvertragliche ordre public-Klausel erübrigt sich, wenn über Sonderanknüpfungen bestimmter zwingender Normen inländische Rechtsvorstellungen bereits durchgesetzt werden können. Kommt das eigene Recht von vornherein zum Tragen, braucht man sich mit dem Ergebnis der Anwendung des ausländischen Rechts gar nicht mehr auseinanderzusetzen. Diese Beobachtung korrespondiert mit der Entwicklung im Europäischen Schuldvertragsübereinkommen (EVÜ). Der ordre public in Art. 16 EVÜ hat hier neben Art. 7 II EVÜ – den Bereich der inländischen zwingenden Normen – keinen Anwendungsbereich: Greift Art. 7 II EVÜ ein, kommt es gar nicht erst zu einer Anknüpfung nach diesem Übereinkommen[370]. Im EVÜ konzentriert sich die Diskussion auf den Punkt, welchen Regelungsgehalt Art. 7 II – nicht Art. 16 – hat. Für die ordre public-Klausel bleiben, wenn überhaupt, nur die Restfälle übrig.

In gleicher Weise ist der Anwendungsbereich allgemeiner ordre public-Klauseln eingeschränkt, wenn ein Staatsvertrag über Spezialnormen des ordre public verfügt. Hierfür ist das Haager Eheschließungsabkommen von 1978 ein blendendes Beispiel. Nach Art. 11 S. 1 Nr. 1–5 des Übereinkommens darf ein Vertragsstaat die Anerkennung nur verweigern, wenn nach seinem Recht die Ehe schwere Mängel hat wie unter anderem bei einer Doppel- oder Kinderehe. Für die allgemeine ordre public-Klausel in Art. 14 der Konvention ist nur noch wenig Raum; indes ist ein Rückgriff in besonderen Ausnahmefällen nicht ausgeschlossen.

b) Parteiautonomie

Ist eine Rechtswahl möglich, wird der ordre public zurückgedrängt; denn häufig werden sich die Beteiligten über das gewählte Recht im Klaren sein. So wie die

369 Zur Reichweite von Art. 6 EGBGB: *Jayme,* Ordre public, S. 19 ff.; *Spickhoff,* S. 281 ff.
370 *Junker,* IPRax 2000, S. 65, 66.

Parteiautonomie das nationale Kollisionsrecht durchzieht, gewinnt sie auch im staatsvertraglichen Bereich an Terrain: Im Rahmen des Haager Ehegüterrechtsübereinkommens zum Beispiel folgt der Grundsatz der Parteiautonomie aus Art. 3 I. Die parteiautonome Bestimmung des anwendbaren Rechts kommt aber auch in anderen Übereinkommen zum Tragen. Der österreichische Oberste Gerichtshof[371] und niederländische Gerichte[372] haben ausdrücklich die Rechtswahlmöglichkeit für das Straßenverkehrsübereinkommen anerkannt. Ferner hat der Hoge Raad in einer neueren Entscheidung die Rechtswahl der Ehegatten für den nachehelichen Unterhalt anerkannt, obwohl die Scheidung der Ehe iranischem Recht unterlag und daher eigentlich nach Art. 8 I des Haager Unterhaltsübereinkommens von 1973 iranisches Recht anwendbar gewesen wäre[373]. Hätte das Gericht die Rechtswahl nicht zugelassen, wäre das über Art. 8 I der Konvention anzuwendende Unterhaltsrecht allein über Art. 11 des Übereinkommens zu korrigieren gewesen[374]. Die beiden Beispiele zeigen, daß die Möglichkeit einer Rechtswahl ebenso wie der ordre public zur Korrektur des nach einem Übereinkommen anwendbaren Rechts führen kann.

c) Alternative und subsidiäre Anknüpfungen

Verfügt ein kollisionsrechtlicher Staatsvertrag über Alternativanknüpfungen, ist der Anwendungsbereich des ordre public klein. Deutlich wird diese Beobachtung vor allem beim Haager Testamentsformabkommen: Das Angebot an Anknüpfungen ist in dieser Konvention so reichhaltig, daß man eigentlich immer zur Formgültigkeit des Testaments kommt. Verstoßen die berufenen Formvorschriften ausnahmsweise gegen den ordre public, geht man zur nächsten Anknüpfung über und erreicht auf diese Weise eine formwirksame letztwillige Verfügung.

Ein gleiches Bild bietet sich gewissermaßen, wenn ein kollisionsrechtlicher Staatsvertrag über eine subsidiäre Anknüpfungskette verfügt. Musterbeispiel für eine solche Kette ist das Haager Unterhaltsübereinkommen von 1973. Gewährt das gewöhnliche Aufenthaltsrecht keinen Unterhalt (Art. 4 I), geht man auf das gemeinsame Heimatrecht von Berechtigten und Verpflichteten über (Art. 5); hilft dieses Recht nicht weiter, gelangt man zur *lex fori* (Art. 6). Ist man bei der *lex fori* angelangt, braucht man sich um die ordre public-Widrigkeit ausländischen Rechts keine Gedanken mehr zu machen. Mit gewissen Abstrichen gilt diese Beobachtung auch für das Haager Unterhaltsabkommen von 1956. Dort führt die subsidiäre An-

371 Öst. OGH vom 26. 1. 1995 – 2 Ob 11/94, SZ 68 (1995) Nr. 17, S. 85, 88; dagegen *Schwimann,* Grundriß des IPR, S. 160.

372 Rb.'s-Gravenhage vom 13. 12. 1995, NIPR 1997 Nr. 102, S. 131; Rb's-Hertogenbosch vom 22. 11. 1996, NIPR 1997 Nr. 104, S. 132.

373 Hoge Raad vom 21. 2. 1997, NIPR 1997 Nr. 70, S. 88 ff.

374 *Boele-Woelki,* IPRax 1998, S. 492, 494.

knüpfung an das Kollisionsrecht der *lex fori* in Art. 3 der Konvention dazu, daß der ordre public nur selten zum Tragen kommt.

d) Sachnormen

Hauptbeispiel für den Einfluß besonderer Sachnormen auf den ordre public ist Art. 11 II des Haager Unterhaltsübereinkommens von 1973. Danach sind bei der Bemessung des Unterhaltsbetrages die Bedürfnisse des Berechtigten und die wirtschaftlichen Verhältnisse des Verpflichteten zu berücksichtigen. Nur innerhalb dieses Rahmens ist das berufene ausländische Recht anwendbar. Auch eine solche Sachnorm führt zu einer verminderten Anwendung des ordre public; Art. 11 II des Übereinkommens verfolgt gerade diesen Zweck. Indes hat sich bei der Untersuchung dieser Vorschrift gezeigt, wie schwierig sie zu handhaben ist. Eine große Gefahr dieser Korrekturmöglichkeit des ordre public liegt darin, über derartige Normen zum eigenen Recht zurückzukehren (Heimwärtsstreben). Viel spricht daher dafür, keine Sachnormen als „Korrekturmöglichkeit" in den Übereinkommen zu benutzen[375].

2. Kollisionsrechtliche Staatsverträge ohne allgemeinen ordre public

In vielen älteren Konventionen fehlt eine allgemeine ordre public-Klausel. Ob man trotzdem auf den nationalen ordre public zurückgreifen kann, ist durch Vertragsauslegung zu beantworten. Bei *geschlossenen* Abkommen wird eine Auslegung regelmäßig ergeben, daß ein Rückgriff auf den nationalen ordre public nicht möglich ist. Die Zahl der Rechtsordnungen, die aufgrund des Staatsvertrages zur Anwendung kommen können, ist übersehbar; man wird keine Überraschungen erleben. Anders kann sich die Situation bei *offenen* Abkommen[376] darstellen. Da bei diesem Konventionstyp die Zahl der Vertragsstaaten unübersehbar ist, wird man grundsätzlich den ursprünglichen Vertragspartnern das Recht zugestehen müssen, die Anwendung der neuen Rechtsordnung durch die nationale Vorbehaltsklausel im Einzelfall ausschließen zu können[377]. Im Genfer Wechsel- und Scheckrechtsabkommen ist deshalb ein Rückgriff auf den nationalen ordre public durchaus möglich. Entscheidend ist aber auch bei den offenen Übereinkommen die Vertragsauslegung: Haben die Vertragsstaaten auf eine Anwendung des ordre public verzichtet, kann der nationale ordre public nicht eingreifen. Diese Sichtweise wird durch die beiden frühen Haager Konventionen bestätigt. Sowohl das Haager Eheschlie-

---

[375] Kritisch zu dieser Norm auch *Jayme,* Ordre public, S. 27 f.

[376] Zur Terminologie der geschlossenen und offenen Abkommen 1. Kapitel, § 2 I. 1.

[377] *Ferid,* IPR, Rdn. 3 – 11,3; MünchKomm-*Sonnenberger,* Art. 6 EGBGB Rdn. 29; *Staudinger/Blumenwitz,* Art. 6 EGBGB Rdn. 53; siehe auch *Makarov,* FS Gutzwiller, S. 303, 312 ff.

ßungs- als auch das Haager Vormundschaftsabkommen waren zunächst als geschlossene Abkommen ausgestaltet; eine allgemeine ordre public-Klausel war nicht vorgesehen. Es bestand auch keine Möglichkeit, auf den allgemeinen ordre public zurückzugreifen. Im Jahre 1926 sind beide Übereinkommen durch Protokolle der damaligen Vertragsstaaten zu „conventions ouvertes" geworden[378]. An dem Ausschluß des ordre public in den Abkommen änderte sich durch diese Transformation der Abkommen nichts; ansonsten hätten die Vertragsstaaten dies deutlich machen müssen.

Selbst wenn aber ein Rückgriff auf den nationalen ordre public ausgeschlossen ist, verlieren die Grundrechte nicht ihre Einwirkungsmöglichkeit. Kennt ein Staatsvertrag keine Vorbehaltsklausel, führt dieses Manko zu keinem grundrechtsfreien Raum. Das nach diesem Abkommen anwendbare Recht ist an den Grundrechten zu messen. Bei hinreichender Inlandsbeziehung würde sich Art. 6 I GG notfalls auch gegenüber dem von der Haager Eheschließungsabkommen von 1902 berufenen Recht durchsetzen.

3. Der ordre public in kollisionsrechtlichen Staatsverträgen ohne deutsche Beteiligung

Ordre public-Klauseln in Staatsverträgen ohne deutsche Beteiligung können für einen deutschen Richter nur relevant werden, wenn er einen ausländischen ordre public zu beachten hat. Grundsätzlich muß sich der deutsche Richter um den ordre public eines ausländischen Staates nicht kümmern. Ein wichtiger Grund dafür liegt im nationalen Prüfungsmaßstab der Vorbehaltsklauseln; jeder Staat rechnet seinem nationalen ordre public eigene Wertprinzipien zu. Der ordre public ist gewissermaßen „Hausmannskost"[379]. Überwiegend wird es daher zu Recht abgelehnt, einen ausländischen ordre public im Rahmen von Art. 6 EGBGB zu berücksichtigen[380].

Unterschiedlich beantwortet wird aber die Frage, ob eine ausländische ordre public-Klausel ausnahmsweise im Rahmen von Rück- und Weiterverweisung zum Tragen kommen kann. Auf der einen Seite des Meinungsspektrums hört man, der inländische Richter habe den ausländischen ordre public überhaupt nicht zu beachten[381]. In der Mitte des Spektrums wird differenziert: Der ausländische ordre public soll bei einer Rückverweisung auf das eigene Recht nicht angewandt wer-

---

378 *Makarov,* FS Gutzwiller, S. 303, 313 f.

379 *Raape/Sturm,* IPR, § 13 IX 1, S. 220.

380 *Kropholler,* IPR, § 36 VII, S. 236; *Lewald,* IPR, § 4, S. 34; *Melchior,* Grundlagen des IPR, S. 371 ff.; MünchKomm-*Sonnenberger,* Art. 6 EGBGB Rdn. 73; *Palandt/Heldrich,* Art. 6 EGBGB Rdn. 8; *Spickhoff,* S. 92; *Soergel/Kegel,* Art. 6 EGBGB Rdn. 37; *Staudinger/Blumenwitz,* Art. 6 EGBGB Rdn. 72; a. A. *Brüning,* S. 244 ff. (Berücksichtigung des drittstaatlichen ordre public in Sonderfällen) und *Kegel/Schurig,* IPR, § 16 VII, S. 474 f.

381 *Herz,* ÖJBl. 76 (1954), S. 213, 215; *Scheucher,* ZfRV 1 (1960), S. 15, 23; *Vallindas,* RabelsZ 18 (1953), S. 1, 7.

den[382], kann aber bei der Weiterverweisung eingreifen[383]. Auf der anderen Seite des Spektrums hingegen vernimmt man die Ansicht, dem ausländischen ordre public sowohl bei Rück- als auch bei Weiterverweisung Folge zu leisten[384].

Die Stimmen, die den ausländischen ordre public im Hinblick auf eine Rück- oder Weiterverweisung beachten, sind in der deutlichen Mehrzahl. Für diese Haltung sprechen gute Gründe: Verweisen die deutschen Kollisionsnormen auf fremdes Recht, gilt gemäß Art. 4 I EGBGB der Grundsatz der Gesamtverweisung. Berufen ist damit der ausländische ordre public als Bestandteil des ausländischen IPR. Es ist unerheblich, ob man dem ordre public einen eigenständigen kollisionsrechtlichen Charakter[385] oder alleine eine ergänzende Hilfsnormfunktion zuspricht[386]. Denn unabhängig von dieser dogmatischen Einordnung des ordre public gehört er zum ausländischen IPR. Ferner macht es aus deutscher Sicht keinen Unterschied, aus welchen Gründen das ausländische Kollisionsrecht eine für uns nach Art. 4 I EGBGB zu beachtende Entscheidung trifft. Die Stimmen, die jede Beachtung des ausländischen Rechts ablehnen, sind mit dem Auftrag von Art. 4 I EGBGB nicht vereinbar. Zum ausländischen IPR gehört auch der ordre public. Greift der ausländische ordre public ein, hat der deutsche Richter auch hinsichtlich der Rechtsfolgen des ordre public-Verstoßes – Lückenschließung oder Ersatzrecht – das ausländische Recht so anzuwenden wie der ausländische Richter[387].

Die Anwendung eines ausländischen ordre public in Verbindung mit dem Renvoi wird zum Teil von einer „Binnenbeziehung“ des Sachverhalts zu der rück- oder weiterverweisenden Rechtsordnung abhängig gemacht[388]. Dieses zusätzliche Anwendungskriterium für den ausländischen ordre public kollidiert aber mit dem Interesse an internationaler Entscheidungsharmonie: Es ist allein Aufgabe des berufenen ausländischen Rechts festzulegen, wann und wie sein ordre public-Vorbehalt eingreift[389]. „Nur wer genauso entscheidet, wie im Ausland tatsächlich entschieden wird, macht mit der Anwendung ausländischen Rechts wirklich ernst“[390].

---

382 *Müller,* RabelsZ 36 (1972), S. 60, 68.

383 *Dölle,* IPR, § 18 V 1, S. 114; *Ferid,* IPR, Rdn. 3–40.

384 OLG Karlsruhe vom 2. 3. 1970–5 W 44/69, FamRZ 1970, S. 251, 253 = IPRspr. 1970 Nr. 83, S. 247, 251; OLG Frankfurt vom 24. 4. 1990–5 U 18/88, NJW 1990, S. 2204, 2205 = IPRax 1991, S. 403, 405 = IPRspr. 1990 Nr. 21, S. 37, 41; *Brüning,* S. 236 ff.; *Junker,* IPR, Rdn. 289; *Kegel/Schurig,* IPR, § 16 VII, S. 474; *Kropholler,* IPR, § 36 VII, S. 236; *Schurig,* Kollisionsnorm, S. 262; *Spickhoff,* S. 92 f.; MünchKomm-*Sonnenberger,* Art. 6 EGBGB Rdn. 73; grundsätzlich auch *Jagmetti,* S. 227 ff.

385 *Brüning,* S. 183–235; *Kegel/Schurig,* IPR, § 16 II, S. 457–460; *Schurig,* Kollisionsnorm, S. 248–263.

386 *Junker,* IPR, Rdn. 106; MünchKomm-*Sonnenberger,* Einl. IPR, Rdn. 430; *Neuhaus,* Grundbegriffe des IPR, § 11 I, S. 97; *Raape/Sturm,* IPR, § 5 IV, S. 96.

387 *Meise,* S. 27 f.; MünchKomm-*Sonnenberger,* Art. 6 EGBGB Rdn. 74.

388 *Jagmetti,* S. 236 f., 245.

389 *Brüning,* S. 240.

390 *Kegel/Schurig,* IPR, § 10 III 3, S. 344.

Zu prüfen bleibt aber, ob die ausländische ordre public-Klausel im Falle einer Rückverweisung auf das deutsche Recht anwendbar ist. Immerhin könnte man folgende Überlegungen anstellen: Für einen deutschen Richter sei es nicht angemessen, mitten in der Anwendung des deutschen materiellen Rechts die Frage nach dem ausländischen ordre public zu stellen[391]. Im Einzelfall könnte es auch nicht immer ganz einfach sein, den ausländischen ordre public zu ermitteln. Die Anwendung des ausländischen ordre public ist dem deutschen Richter aber durch das Gesetz aufgegeben und ist unumgänglich, wenn wir wirklich wie ein ausländischer Richter entscheiden wollen. Nur so können wir dem Gebot auf eine *reale Entscheidung* in größtmöglicher Weise gerecht werden.

Der ausländische ordre public unterliegt aber auch Schranken; schließlich betreiben wir keine Selbstaufopferung. So wie die Anwendung des ausländischen Rechts steht auch die des fremden ordre public unter dem Vorbehalt unseres eigenen ordre public. Verhindert der ausländische ordre public die Rückverweisung auf das deutsche Recht, kann das dann anwendbare fremde Sachrecht dem deutschen ordre public widersprechen[392]. Unsere eigene Vorbehaltsklausel greift also nicht schon ein, wenn die von uns berufene Rechtsordnung die Rückverweisung auf das deutsche Recht an ihrem ordre public scheitern läßt. Sie kommt erst dann zum Zuge, wenn das materiellrechtliche Endergebnis gegen unseren ordre public verstößt[393].

Nach alledem bleibt festzuhalten: Wird ein deutscher Richter beispielsweise durch Art. 40 II EGBGB zum Recht eines Vertragsstaates des Haager Straßenverkehrsübereinkommens geführt, hat er bei einer Rück- oder Weiterverweisung über die Vorbehaltsklausel in Art. 10 den betreffenden ausländischen ordre public zu beachten. Handelt es sich um einen deutsch-französischen Verkehrsunfall, müßte ein deutscher Richter zumindest in Gedanken die oben skizzierte französische Rechtsprechung zu Art. 10 des Haager Straßenverkehrsübereinkommens durchspielen. Ähnliche Überlegungen hätte er anzustellen, falls das Recht eines anderen Vertragsstaates maßgeblich ist.

4. Staatsvertraglicher ordre public und Grundrechte

Aus deutscher Sicht können die ordre public-Klauseln in kollisionsrechtlichen Staatsverträgen als „Einbruchstelle" der Grundrechte in das IPR verstanden werden. Schwerpunktmäßig wurde in den hier untersuchten kollisionsrechtlichen Kon-

391 *Müller,* RabelsZ 36 (1972), S. 60, 68.

392 *Brüning,* S. 274 f.; *Jagmetti,* S. 245; *Kegel/Schurig,* IPR § 16 VII, S. 474; *Meise,* S. 15; MünchKomm-*Sonnenberger,* Art. 6 EGBGB Rdn. 73; *Neuhaus,* Grundbegriffe des IPR, § 51 V, S. 388; *Schurig,* Kollisionsnorm, S. 262; *Spickhoff,* S. 94.

393 *Brüning,* S. 275; *Keller/Siehr,* IPR, § 42 V 2, S. 547; MünchKomm-*Sonnenberger,* Art. 6 EGBGB Rdn. 73; *Neuhaus,* Grundbegriffe des IPR, § 51 V, S. 388.

ventionen die Anwendung fremden Familienrechts am Maßstab der Grundrechte gemessen. Da von der Bundesrepublik ratifizierte Staatsverträge auf dem Gebiet des Internationalen Eheschließungs- und Scheidungsrechts kaum bestehen, spielen in diesem Bereich die Grundrechte via staatsvertraglicher ordre public-Klauseln fast keine Rolle. Die Grundrechte haben vor allem auf dem Gebiet des Internationalen Kindschaftsrechts Bedeutung erlangt. Dort prägt das Kindeswohl aus den Artt. 1 I, 2 I und Art. 6 II GG Inhalt und Reichweite des deutschen ordre public[394]. Das Kindeswohl überstrahlt dabei die Elterninteressen; das Gleichberechtigungsprinzip (Art. 3 II GG) ist hinter dem Primat des Kindeswohls ein nachgeordneter Gesichtspunkt. Ein deutsches Gericht muß daher bei Entscheidungen über die elterliche Sorge im Rahmen des Haager Minderjährigenschutzabkommens in jedem Fall das Kindeswohl berücksichtigen. Bei einer Entscheidung über die Rückgabe des Kindes nach dem Haager Kindesentführungsübereinkommen muß ein Gericht die Rückgabe ablehnen, wenn dadurch eine Grundrechtsposition des Kindes verletzt wird.

III. Ergebnis

Alle neueren kollisionsrechtlichen Staatsverträge verfügen über eine allgemeine ordre public-Klausel. Da jeder Vertragsstaat selbst bestimmt, was zum Bestandteil seiner öffentlichen Ordnung gehört, kehrt das betreffende nationale IPR über die „Notventile" der Abkommen zurück. Einzig die Formulierung „manifestement incompatible avec l'ordre public" erinnert die Vertragsstaaten daran, äußerst zurückhaltend von ihrem ordre public Gebrauch zu machen.

Die Bedeutung der Vorbehaltsklausel in den einzelnen Übereinkommen hängt davon ab, über welches kollisionsrechtliche Instrumentarium der betreffende Staatsvertrag verfügt. Kann zum Beispiel über alternative, subsidiäre Anknüpfungen oder die Parteiautonomie ein ordre public-widriges Ergebnis vermieden werden, hat der ordre public-Vorbehalt keine große Bedeutung mehr. Anders stellt sich die Situation dar, wenn solche Ausweichmöglichkeiten in Übereinkommen nicht existieren; die Reichweite der Vorbehaltsklausel ist dann größer.

---

394 *Spickhoff*, S. 289.

§ 20 Schlußbetrachtung

Am Ende dieser *tour d'horizon* durch das staatsvertragliche Kollisionsrecht lassen sich folgende Ergebnisse zusammenfassen.

I.

Wichtigste Organisation für das Internationale Privatrecht ist die Haager Konferenz. Allerdings zeichnet sich am Horizont ein Wechsel ab. Die Europäische Union zieht aufgrund Artt. 61 lit. c), 65 EGV zunehmend die Kompetenz für das Internationale Privatrecht an sich; die ersten Rechtsakte sind bereits in Kraft getreten. Indes werden als Mittel für die Kollisionsrechtsvereinheitlichung nicht mehr Staatsverträge, sondern sekundäres Gemeinschaftsrecht eingesetzt.

Heute sind die kollisionsrechtlichen Staatsverträge aber noch geltendes Recht und eine wichtige Quelle für unser nationales IPR. Hierarchisch stehen sie unter dem Grundgesetz, wenn sie innerstaatliches Recht geworden sind. Sie können daher ebenso wie nationale Kollisionsnormen an der Verfassung gemessen werden. Weisen staatsvertragliche und autonome Vorschriften denselben Regelungsbereich auf, gehen die staatsvertraglichen Vorschriften gemäß Art. 3 II 1 EGBGB vor.

II.

Im Regelfall handelt es sich bei staatsvertraglichen Kollisionsnormen um Sachnormverweisungen. Die vereinheitlichten Kollisionsnormen sollen gerade das autonome IPR der Vertragsstaaten verdrängen. Viele Haager Konventionen verweisen daher auf das jeweilige innerstaatliche Recht (*loi interne*); in neueren Übereinkommen wird der Ausschluß des Renvoi regelmäßig durch einen separaten Artikel ausdrücklich vorgeschrieben.

Verweisen staatsvertragliche Kollisionsnormen auf das Recht eines Nichtvertragsstaates, ist die Ablehnung des Renvoi problematisch: Schließlich ist das betreffende Recht des Nichtvertragsstaates berufen, über den Sachverhalt zu entscheiden. Neuere Konventionen erkennen daher die Verweisung eines Nichtvertragsstaates auf das Recht eines anderen Nichtvertragsstaates an, wenn das Recht dieses Staates die Verweisung annimmt. Diese Ausnahme vom Grundsatz der Sachnormverweisung ist zu begrüßen, da sie den internationalen Entscheidungseinklang fördert. Aus der Sicht des autonomen deutschen IPR ist die Übernahme einer derart begrenzten Weiterverweisung aber nicht zu empfehlen. Das Streben nach internationalem Entscheidungseinklang verleitet uns vielmehr dazu, im Falle der Weiterverweisung so zu entscheiden wie der erstmals weiterverweisende Staat.

Sprechen unsere Kollisionsnormen eine Gesamtverweisung (Art. 4 I 1 EGBGB) aus, können für einen deutschen Richter kollisionsrechtliche Staatsverträge innerstaatlich zur Anwendung kommen, denen die Bundesrepublik Deutschland nicht beigetreten ist. Gegen die Anwendung derartigen Konventionsrechts bestehen keine Bedenken. Musterbeispiel für die Anwendung kollisionsrechtlicher Staatsverträge ohne deutsche Beteiligung ist das Haager Übereinkommen über Straßenverkehrsunfälle von 1971.

III.

In zahlreichen Ländern ist das Privatrecht nicht vereinheitlicht, sondern räumlich oder personal gespalten. Im Falle der personalen Rechtsspaltung berufen die hier untersuchten kollisionsrechtlichen Staatsverträge einstimmig das jeweilige interpersonale Recht des betreffenden Mehrrechtsstaates. Nicht so eindeutig ist die Haltung der Konventionen bei der Verweisung auf eine räumlich gespaltene Rechtsordnung: Während übereinstimmend für die Anknüpfung an das Heimatrecht das Primat des interlokalen Rechts anerkannt wird, unterscheiden sich die Vorschriften bei der ortsbezogenen Anknüpfung. Beispielsweise lassen bei der Anknüpfung an den gewöhnlichen Aufenthalt einige Staatsverträge das betreffende interlokale Privatrecht zum Tragen kommen, andere Konventionen hingegen nicht. Sie verstehen die Anknüpfung an den gewöhnlichen Aufenthalt direkt als Verweisung auf die maßgebliche Teilrechtsordnung. Vorzugswürdig ist, auch bei der ortsbezogenen Anknüpfung das interlokale Recht des betreffenden Mehrrechtsstaates in erster Linie anzuwenden; schließlich ist es „vornehmste" Aufgabe des Mehrrechtsstaates, seine eigenen Gesetzeskollisionen zu lösen. Im Rahmen einer Reform des allgemeinen Teils unseres nationalen IPR sollte ebenfalls die vorrangige Anwendung des interlokalen Rechts auch bei ortsbezogener Anknüpfung festgeschrieben werden. Ferner ist wie in den Konventionen zwischen räumlicher und personaler Rechtsspaltung zu unterscheiden.

IV.

Nur wenige kollisionsrechtliche Staatsverträge enthalten eine dem Art. 3 III EGBGB entsprechende Vorschrift. Tauchen solche Vorschriften auf, erkennen sie den Vorrang des Belegenheitsstaates nur für bestimmte Ausnahmefälle an und zwar für solche materiellrechtlichen Sondervorschriften, die eigene gesellschafts- oder wirtschaftspolitische Zwecke verfolgen. Diese Vorschriften erfassen jedenfalls nicht die rein kollisionsrechtliche Vermögensspaltung in Nichtvertragsstaaten. Damit verfolgen diese Übereinkommen konsequent den Grundsatz der Vermögenseinheit. Es wäre zu wünschen, daß Art. 3 III EGBGB im Einklang mit dieser staatsvertraglichen Praxis ebenfalls allein auf die materiellrechtliche Vermögensspaltung beschränkt wird.

V.

Die Bedeutung einer ordre public-Klausel in einem Staatsvertrag hängt davon ab, über welche kollisionsrechtlichen Mechanismen der Staatsvertrag verfügt. Läßt sich schon über alternative oder subsidiäre Anknüpfungen ein ordre public-widriges Ergebnis vermeiden, bleiben für den ordre public nur Ausnahmefälle übrig.

Mittelbar kann über den Renvoi (Art. 4 I EGBGB) der ausländische ordre public durch staatsvertragliche Vorbehaltsklauseln in der Bundesrepublik Deutschland Geltung erlangen, obwohl das betreffende Übereinkommen im Inland nicht in Kraft getreten ist.

Nur schwer läßt sich der ordre public in kollisionsrechtlichen Staatsverträgen konkretisieren, da über die Vorbehaltsklausel nationale Rechtsvorstellungen in die Staatsverträge zurückkehren: Jeder Vertragsstaat bestimmt selbst, was zu seinem ordre public gehört.

Anhang

Die folgende Synopse gibt eine vergleichende Übersicht über Vorschriften der Allgemeinen Lehren des Internationalen Privatrechts in ausgewählten kollisionsrechtlichen Staatsverträgen.

Grundbegriffe der Allgemeinen Lehren in kollisionsrechtlichen Staatsverträgen

	Rück- und Weiterverweisung	Verweisung bei Rechtsspaltung	Einzel-und Gesamtstatut	Ordre public
Haager Eheschließungsabkommen von 1902				Artt. 2, 3
Haager Vormundschaftsabkommen von 1902			Art. 6 II	
Haager Unterhaltsabkommen von 1956				Art. 4
Haager Testamentsformabkommen von 1961		Art. 1 II		Art. 7
Haager Minderjährigenschutzabkommen von 1961		Art. 14		Art. 16
Haager Abkommen über Straßenverkehrsunfälle von 1971		Art. 12		Art. 10
Haager Produkthaftpflichtabkommen von 1973		Art. 12		Art. 10
Haager Unterhaltsübereinkommen von 1973		Art. 16		Art. 11
Haager Ehegüterrechtsübereinkommen von 1978		Artt. 16, 17, 19		Art. 14
Haager Eheschließungsübereinkommen von 1978		Artt. 17, 18, 20		Artt. 5, 14

	Rück- und Weiterverweisung	Verweisung bei Rechtsspaltung	Einzel-und Gesamtstatut	Ordre public
Europäisches Schuldvertragsübereinkommen von 1980	Art. 15	Art. 19 I		Art. 16
Europäisches Sorgerechtsübereinkommen von 1980		Art. 26		Art. 10 I lit. a)
Haager Kindesentführungsabkommen von 1980		Artt. 31, 32		Art. 20
Haager trust-Übereinkommen von 1985	Art. 17	Art. 23		Art. 18
Haager Erbrechtsübereinkommen von 1989	Artt. 4, 17	Artt. 19, 20	Art. 15	Art. 18
Haager Übereinkommen über den Schutz von Kindern und Zusammenarbeit bei internationaler Adoption von 1993		Artt. 36, 37		Art. 24
Haager Kinderschutzübereinkommen von 1996	Art. 21	Artt. 48, 49		Artt. 22, 23 II lit d)
Haager Erwachsenenschutzübereinkommen von 2000	Art. 19	Artt. 46, 47		Artt. 21, 22 II lit. c)

Haager Übereinkommen: Unterzeichnungen, Ratifikationen und Beitritte
Stand: 29. Juni 2001[1]

Übereinkommen	Haager Konferenz	Inkraft-treten	Belgien	Dänemark	Deutschland	Finnland	Frankreich
Eheschließungsabkommen vom 12.6.1902	I-IV	31.7.1904			R		
Ehescheidungsabkommen vom 12.6.1902	1893	31.7.1904					
Vormundschaftsabkommen vom 12.6.1902	1894	31.7.1904	R		R		
Ehewirkungsabkommen vom 17.7.1905	1900	23.8.1912					
Entmündigungsabkommen vom 17.7.1905	1904	23.8.1912					
Zivilprozeßabkommen vom 31.10.1951 (Neufassung des Zivilprozeßabkommens vom 17.7.1905)	VII 1951	1.1.1960*	R	R	R	R	R
Kaufrechtsabkommen vom 15.6.1955	VII 1951	1.9.1964	K	R		R	R
Renvoi-Abkommen vom 15.6.1955	VII 1951		R				U
Übereinkommen über die Anerkennung von ausländischen Gesellschaften vom 1.6.1956	VII 1951		R				R
Unterhaltsabkommen für Kinder vom 24.10.1956	VIII 1956	1.1.1962*	R		R		R
Unterhaltsvollsteckungsabkommen für Kindern vom 15.4.1958.	VIII 1956	1.1.1962*	R	R	R	R	R
Übereinkommen über das auf den Eigentumsübergang bei internationalen Käufen beweglicher Sachen anzuwendende Recht vom 15.4.1958	VII 1951 VIII 1956						
Übereinkommen über die Zuständigkeit des vertraglich vereinbarten Gerichts bei internationalen Käufen beweglicher Sachen vom 15.4.1958	VII 1951 VIII 1956		U		U		
Übereinkommen zur Befreiung ausländischer öffentlicher Urkunden von der Legalisation vom 5.10.1961	IX 1960	13.2.1966*	R		R	R	R
Testamentsformabkommen vom 5.10.1961	IX 1960	1.1.1966*	R	R	R	R	R
Minderjährigenschutzabkommen vom 5.10.1961	IX 1960	17.9.1971*			R		R
Adoptionsübereinkommen vom 15.11.1965	X 1964	23.10.1978					
Übereinkommen über die Zustellung gerichtlicher und außergerichtlicher Schriftstücke in Zivil- und Handelssachen vom 15.11.1965	X 1964	26.6.1979*	R	R	R	R	R
Übereinkommen über die Gerichtsstandsvereinbarungen vom 25.11.1965	X 1964						

[1] In den Staaten der Europäischen Union, Norwegen und Island

Genauere Informationen unter: http://www.hcch.net/e/status/index.html

Griechenland	Irland	Island	Italien	Luxemburg	Niederlande	Norwegen	Österreich	Portugal	Schweden	Spanien	Vereinigtes Königreich	**Vertragsstaaten weltweit**
			R					R				4
								R				2
			R	R				R		R		8
								R				2
			R					R				4
			R	R	R	R	R	R	R	R		42
			R	U	U	R			R	U		8
				U	R					U		2
				U	R					U		3
U			R	R	R	U	R	R		R		13
U			R	U	R	R	R	R	R	R		19
U			R									1
U							U					
R	R		R	R	R	R	R	R	R	R	R	71
R	B		U	R	R	R	R	U	R	R	R	36
			R	R	R		R	R		R		12
							R				R	3
R	R		R	R	R	R		R	R	R	R	47

* = Beginn der Geltung in der Bundesrepublik Deutschland

B = Beitritt; K = Kündigung; R = Ratifikation; U = Unterzeichnung

Haager Übereinkommen: Unterzeichnungen, Ratifikationen und Beitritte Stand: 29. Juni 2001[1]

Übereinkommen	Haager Konferenz	Inkraft-treten	Belgien	Dänemark	Deutschland	Finnland	Frankreich
Übereinkommen über die Beweisaufnahme im Ausland in Zivil- und Handelssachen vom 18.3.1970	XI 1968	26.6.1979*		R	R	R	R
Übereinkommen über die Anerkennung von Scheidungen und Trennungen von Tisch und Bett vom 1.6.1970	XI 1968	24.8.1975		R		R	
Übereinkommen über die Annerkennung und Vollstreckung ausländischer Urteile in Zivil- und Handelssachen vom 1.2.1971	1966	20.8.1979					
Übereinkommen über Straßenverkehrsunfälle vom 4.5.1971	XI 1968	3.6.1975	R				R
Übereinkommen über die internationale Nachlaßverwaltung vom 2.10.1973	XII 1972	1.1.1993					
Übereinkommen über die Produkthaftpflicht vom 2.10.1973	XII 1972	1.10.1977	U			R	R
Unterhaltsübereinkommen vom 2.10.1973	XII 1972	1.4.1987*	U		R		R
Unterhaltssvollstreckungsübereinkommen vom 2.10.1973	XII 1972	1.4.1987*	U	R	R	R	R
Ehegüterstandsübereinkommen vom 14.3.1978	XIII 1976	1.9.1992					R
Eheschließungsübereinkommen vom 14.3.1978	XIII 1976	1.5.1991				U	
Stellvertretungsübereinkommen vom 14.3.1978	XIII 1976	1.5.1992					R
Übereinkommen über Kindesentführung vom 25.10.1980	XIV 1980	1.12.1990*	R	R	R	R	R
Übereinkommen zur Erleichterung des internationalen Zugangs zu Gerichten vom 25.10.1980	XIV 1980	1.5.1988			U	R	R
Übereinkommen über den Trusts vom 1.7.1985	XV 1984	1.1.1992					U
Kaufrechtsübereinkommen vom 22.12.1986.	1985						
Erbrechtsübereinkommen vom 1.8.1989	XVI 1988						
Übereinkommen über den Schutz von Kindern und die Zusammenarbeit auf dem Gebiet der Adoption vom 29.5.1993	XVII 1993	1.5.1995	U	R	U	R	R
Übereinkommen über den Schutz von Kindern vom 19.10.1996	XVIII 1996						
Übereinkommen über den Schutz von Erwachsenen vom 13.1.2000	1999						

[1] In den Staaten der Europäischen Union, Norwegen und Island

Genauere Informationen unter: http://www.hcch.net/e/status/index.html

Griechenland	Irland	Island	Italien	Luxemburg	Niederlande	Norwegen	Österreich	Portugal	Schweden	Spanien	Vereinigtes Königreich	Vertragsstaaten weltweit
			R	R	R	R		R	R	R	R	37
			R	R	R	R		R	R		R	16
					R			R				3
				R	R		R	U		R		16
			U	U	U			R			U	3
			U	R	R	R		U		R		10
			R	R	R			R		R		11
			R	R	R	R		R	R	R	R	18
				R	R		U	U				3
				R	R			U				3
					R			R				4
R	R	B	R	R	R	R	R	R	R	R	R	67
U			U	U	R				R	R		18
			R	U	R						R	6
					U							2
				U	R							1
	U	B	R	U	R	R	R	U	R	R	U	41
					U							2
					U							

* = Beginn der Geltung in der Bundesrepublik Deutschland

B = Beitritt; R = Ratifikation; U = Unterzeichnung

Literaturverzeichnis

Bibliographische Hinweise: Mehrere Veröffentlichungen desselben Autors sind chronologisch geordnet. – Nicht in das Verzeichnis aufgenommen wurden die Berichte und Materialien zu den Übereinkommen. – Die Umlaute werden wie die Grundbuchstaben behandelt.

Abt, Franziska: Der Ordre public-Vorbehalt des Haager Übereinkommens über die zivilrechtlichen Aspekte internationaler Kindesentführungen, AJP / PJA 1997, S. 1079 – 1084.

Adomeit, Klaus / *Frühbeck,* Guillermo: Einführung in das spanische Recht, München 1993.

Allinger, Rainer: Das Haager Minderjährigenschutzabkommen, Probleme, Tendenzen und Perspektiven, Diss. Tübingen 1987.

Ancel, Bertrand / *Lequette,* Yves: Grands arrêts de la jurisprudence française de droit international privé, 3. Auflage, Paris 1998.

Anton, A. E.: The Hague Convention on International Child Abduction, Int. Comp. L. Q. 30 (1981), S. 537 – 567.

Arnold, Hans: Japan und die Haager Konferenz für Internationales Privatrecht, JZ 1971, S. 19 – 21.

Audit, Bernard: Droit internatioal privé, 2. Auflage, Paris 1997.

Baechler, W.: Fragen des internationalen Minderjährigenschutzes aus schweizerischer Sicht, ZVW 30 (1975), S. 1 – 15.

Baetge, Dietmar: Der gewöhnliche Aufenthalt im Internationalen Privatrecht, Tübingen 1994 (Diss. Hamburg 1993).

Baetge, Dietmar / *Papathoma-Baetge,* Anastasia: Haager Kindesentführungsübereinkommen – Rückführung widerrechtlich in Griechenland zurückgehaltener Kinder nach Schweden, IPRax 1996, S. 292 – 295.

Ballarino, Tito: Diritto internazionale privato, 3. Auflage, Padua 1999.

Bar, Christian von: Exklusivnormen und Ausländer unter deutschem Personalstatut, IPRax 1985, S. 272 – 273.

– Neues Verkehrshaftpflichtrecht in Frankreich, VersR 1986, S. 620 – 629.

– Internationales Privatrecht, Band 1, Allgemeine Lehren, München 1987; Band 2, Besonderer Teil, München 1991.

– Wertpapiere im deutschen Internationalen Privatrecht, in: Festschrift für W. Lorenz, Tübingen 1991, S. 273 – 295.

– Die eherechtlichen Konventionen der Haager Konferenz(en), RabelsZ 57 (1993), S. 63–123.

Bar, Christian von / *Ipsen,* Jörn: Die Durchsetzung des Gleichberechtigungsgrundsatzes im internationalen Ehegüterrecht, NJW 1985, S. 2849–2856.

Bar, Ludwig von: Theorie und Praxis des internationalen Privatrechts, Band I, 2. Auflage, Hannover 1889.

Basedow, Jürgen: Die Neuregelung des Internationalen Privat- und Prozeßrechts, NJW 1986, S. 2971–2979.

– Europäisches Internationales Privatrecht, NJW 1996, S. 1921–1929.

Batiffol, Henri: Das IPR im Entwurf eines neuen Code Civil, ZfRV 6 (1965), S. 11–18.

– La treizième session de la Conférence de la Haye de droit international privé, Rev. crit. 66 (1977), S. 451–484.

– Anmerkung zu Tribunal de grande instance de Paris vom 24. 4. 1980 (Valleé et autres c. consorts Jensen), Rev. crit. 71 (1982), S. 687–691.

Batiffol, Henri / *Lagarde,* Paul: Droit international privé, Band 1, 8. Auflage, Paris 1993; Band 1, 7. Auflage, Paris 1981; Band 2, 7. Auflage, Paris 1983.

Bauerreis, Jochen: Anmerkung zu Cour d'appel de Colmar vom 8. 7. 1997 (M. J.-P. Jost c. G.m.b.H. Torfwerk Neuhaus), Rev. crit. 88 (1999), S. 271–280.

Baumann, Bettina: Verfahren und anwendbares Recht bei Adoptionen mit Auslandsberührung, Bielefeld 1992 (Diss. Regensburg 1991).

Baumbach, Adolf / *Hefermehl,* Wolfgang: Wechselgesetz und Scheckgesetz, 21. Auflage, München 1999.

Baumbach, Adolf / *Lauterbach,* Wolfgang / *Albers,* Jan / *Hartmann,* Peter: Zivilprozeßordnung, 57. Auflage, München 1999.

Beitzke, Günther: Anmerkung zu KG vom 31. 7. 1959–1 W 1113/59, NJW 1960, S. 248–249.

– Les obligations délictuelles en droit international privé, Rec. des Cours 115 (1965 II), S. 63–141.

– Die 11. Haager Konferenz und das Kollisionsrecht der Straßenverkehrsunfälle, RabelsZ 33 (1969), S. 204–234.

– Die 13. Haager Konferenz und der Abkommensentwurf zum Ehelichen Güterrecht, RabelsZ 41 (1977), S. 457–478.

– Neues Österreichisches Kollisionsrecht, RabelsZ 43 (1979), S. 245–276.

Bentwich, Norman: The development of the Doctrine of Renvoi in England in cases of Succession, RabelsZ 4 (1930), S. 433–444.

Berenbrok, Marius: Internationale Nachlaßabwicklung, Berlin 1989 (Diss. Hamburg 1988).

Bergmann, Alexander / *Ferid,* Murad / *Henrich,* Dieter: Internationales Ehe- und Kindschaftsrecht mit Staatsangehörigkeitsrecht, 138. Lieferung, Stand: April 2000, Frankfurt a. M.

Bernstein, Herbert: Ein Kollisionsrecht für die Verfassung, NJW 1965, S. 2273–2276.

Binder, Heinz: Zur Auflockerung des Deliktsstatuts, RabelsZ 20 (1955), S. 401–499.

Bischoff, Jean Marc: Les Conventiones de La Haye en matière d'obligations alimentaires, Clunet 91 (1964), S. 759–788.

Boele-Woelki, Katharina: IPR-Gesetzgebung in den Niederlanden – Das Namenkollisions- und das Ehekollisonsgesetz, IPRax 1990, S. 337–342.

– Kodifikation des niederländischen Internationalen Privat- und Verfahrensrechts, IPRax 1995, S. 264–271.

– Art. 8 Haager Unterhaltsübereinkommen steht einer Rechtswahl nicht entgegen, IPRax 1998, S. 492–495.

– Unification and Harmonization of Private International Law in Europe, in: Private Law in the International Arena, Liber Amicorum für K. Siehr, The Hague 2000, S. 61–77.

de Boer, Thomas: Facultative Choice of Law – The Procedual Statutes of Choice-of-Law Rules and Foreign Law, Rec. des Cours 257 (1997), S. 223–448.

Boggiano, Antonio: The Contribution of the Hague Conference to the Development of Private International Law in Latin America, Rec. des Cours 233 (1992 II), S. 99–266.

Böhmer, Christof: Das neue Haager Übereinkommen über die Eheschließung und die Anerkennung von Ehen, StAZ 1977, S. 185–187.

– Die 14. Haager Konferenz über internationales Privatrecht 1980, RabelsZ 46 (1982), S. 643–663.

– Unterhaltsklage des ehelichen Kindes gegen seine iranischen Vater in Deutschland, IPRax 1986, S. 362–364.

Böhmer, Christof / *Siehr,* Kurt, Das gesamte Familienrecht – Das internationale Familienrecht, Band II, 19. Lieferung, Stand: Dezember 1998, Neuwied.

Boparai, Harinder: The Customary and Statutory Law of Marriage in Nigeria, RabelsZ 46 (1982), S. 530–557.

Boschiero, Nerina: Die Reform des italienischen IPR-Systems, ZfRV 37 (1996), S. 143–152.

Bourdelois, Béatrice: Anmerkung zu Cass. civ. vom 5. 11.1996 (Consorts Boureghda c. Mme L. Boureghda), Rev. crit. 87 (1998), S. 597–602.

Bourel, Pierre: Anmerkung zu Cass. civ. vom 6. 6. 1990 (L'Union et le Phénix espagnol et autres c. Mlle Beau), Rev. crit. 80 (1991), S. 356–365.

Brandi, Tim: Das Haager Abkommen von 1989 über das auf die Erbfolge anzuwendende Recht, Berlin 1996 (Diss. Freiburg 1995).

Brödermann, Eckart / *Iversen,* Holger: Europäisches Gemeinschaftsrecht und Internationales Privatrecht, Tübingen 1994 (Brödermann: Diss. Hamburg 1992/93; Iversen: Diss. Hamburg 1993/94).

Brüning, Sybille: Die Beachtlichkeit des fremden ordre public, Berlin 1997 (Diss. Passau 1996).

Brunn, Johann Heinrich von: Der europäische ordre public, NJW 1962, S. 985–989.

Bucher, Andreas: Referat zum Ehegüter- und Erbrecht, Lausanner Kolloquium über den deutschen und schweizerischen Gesetzentwurf zur Neuregelung des Internationalen Privatrechts, S. 115 – 151, Zürich 1984.

Bülow, Arthur: Besprechung von Erwin Riezler, Internationales Zivilprozeßrecht und prozessuales Fremdenrecht, Tübingen 1949, ZZP 64 (1951), S. 323 – 325.

Bungert, Hartwin: Ehescheidung in Deutschland wohnender US-Amerikaner aus verschiedenen Einzelstaaten, IPRax 1993, S. 10 – 16.

Caemmerer, Ernst von: Rechtsvereinheitlichung und internationales Privatrecht, Probleme des europäischen Rechts, in: Festschrift für W. Hallstein, Frankfurt a. M. 1966, S. 63 – 95.

Carter, P. B.: The Rôle of Public Policy in English Private International Law, Int. Comp. L. Q. 42 (1993), S. 1 – 10.

– The Private International Law (Miscellaneous Provisions) Act 1995, L. Q. R. 112 (1996), S. 190 – 194.

Chaussade-Klein, Bernadette: Die Ermittlung des Güterrechtsstatuts nach französischem IPR (zu Cass. civ. vom 9. 10. 1991, M. Diermeier c. Mme M. Rio autres), IPRax 1992, S. 406 – 408.

Chemaly, Richard: Conflits de lois en matière d'effets de commerce, Rec. des Cours 209 (1988 II), S. 347 – 452.

Cheshire, Geoffrey C. / *North,* Peter M. / *Fawcett,* James J.: Private International Law, 13. Auflage, London 1999.

Coester, Michael: Das Kindeswohl als Rechtsbegriff, Frankfurt a. M. 1983.

– Sorgerecht und Ehewohnung bei getrenntlebender iranischer Familie, IPRax 1991, S. 236 – 237.

Coester-Waltjen, Dagmar: Internationalprivatrechtliche Probleme der Ersatzmutterschaft – die französische Sicht (zu Cour d'appel de Paris vom 15. 6. 1990, Mme X...), IPRax 1992, S. 125 – 126.

– Anmerkung zu BVerfG vom 29. 10. 1998 – 2 BvR 1206 / 98, JZ 1999, S. 462 – 464.

Czermak, Peter: Der express trust im internationalen Privatrecht, Frankfurt a. M. 1986 (Diss. München 1986).

Demelis, Linda M.: Interstate Child Custody and The Parental Kidnapping Prevention Act: The Continuing Search for a National Standard, Hastings L.J. 45 (1994), S. 1329 – 1377.

Demetrios, Demetriou / *Gottwald,* Peter: Zur Intestaterbfolge nach griechischen Muslimen, IPRax 1995, S. 193.

Derruppé, Jean : Plaidoyer pour le renvoi, Trav. Com. fr. 1964 – 66, S. 181 – 199.

Dessauer, Johannes E.: Zum Renvoi im internationalen Deliktsrecht, ZVglRWiss 81 (1982), S. 215 – 249.

Deutsch, Erwin: Internationales Unfallrecht, in: Vorschläge und Gutachten zur Reform des deutschen internationalen Privatrechts der außervertraglichen Schuldverhältnisse (Hrsg. E. von Caemmerer), S. 202 – 231,Tübingen 1983.

Deville, Rainer: Der gewöhnliche Aufenthalt als ausschließliches Anknüpfungsmerkmal im internationalen Verkehrsunfallrecht, IPRax 1997, S. 409 – 411.

Dicey, Albert Venn / *Morris,* John Humphrey C.: The Conflict of Laws, Band 1 und 2, 12. Auflage, London 2000.

Dittmann, Julius: Die sechs Haager Abkommen über internationales Privatrecht und Zivilprozeßrecht, München 1914.

Doepffel, Peter (Hrsg.): Kindschaftsrecht im Wandel, Tübingen 1994.

Dölle, Hans: Internationales Privatrecht, 2. Auflage, Karlsruhe 1972.

Dörner, Heinrich: Zur Beerbung eines in der Bundesrepublik verstorbenen Iraners, IPRax 1994, S. 33 – 37.

– Nachlaßspaltung – und die Folgen, IPRax 1994, S. 362 – 366.

Drobnig, Ulrich: Produkthaftung, in: Vorschläge und Gutachten zur Reform des deutschen internationalen Privatrechts der außervertraglichen Schuldverhältnisse (Hrsg. E. von Caemmerer), S. 298 – 337, Tübingen 1983.

Droz, Georges A. L.: Les nouvelles règles de conflit françaises en matière de régime matrimoniaux, Rev. crit. 81 (1992), S. 631 – 680.

– La protection des mineurs en droit international privé français depuis l'entrée en vigueur de la Convention de La Haye du 5 octobre 1961, Clunet 100 (1973), S. 603 – 643.

Duchek, Alfred / *Schwind,* Fritz, Internationales Privatrecht: das IPR-Gesetz vom 15. 6. 1978 samt einschlägigen Rechtsvorschriften und zwischenstaatlichen Abkommen, Wien 1979.

Duintjer Tebbens, Harry: International Product Liability, Alphen aan den Rijn 1980.

Dutoit, Bernard: La Récente Convention de la Haye sur la loi applicable à la responsabilité du fait des produits, NTIR 20 (1973), S. 109 – 124.

Ebenroth, Carsten Thomas / *Eyles,* Uwe: Der Renvoi nach der Novellierung des deutschen Internationalen Privatrechts, IPRax 1989, S. 1 – 12.

Ebenroth, Carsten Thomas / *Kleiser,* Matthias: Das Internationale Erbrecht in Italien und seine Reform, RIW 1993, S. 353 – 365.

Edler, Rudolf: Zur jüngsten englischen Rechtsprechung über die Rückverweisung, RabelsZ 5 (1931), S. 64 – 67.

Elwan, Omaia / *Ost,* Hartmut: Die Scheidung deutsch-jordanischer Ehen vor deutschen Gerichten, unter besonderer Berücksichtigung des griechisch-orthodoxen Kirchenrechts, IPRax 1996, S. 389 – 397.

Enonchong, Nelson: Public Policy in the Conflict of Laws: A Chinese Wall around Little England, Int. Comp. L. Q. 42 (1993), S. 633 – 661.

Erman, Walter: Handkommentar zum Bürgerlichen Gesetzbuch, Band II, 10. Auflage, Münster 2000.

Eschelbach, Ralf: Deutsches Internationales Scheckrecht, Diss. Mainz 1990.

Ferid, Murad: Die 9. Haager Konferenz, RabelsZ 27 (1962/63), S. 411–455.

– Das Französische Zivilrecht, Band 1, Allgemeine Lehren – Recht der Schuldverhältnisse, 1. Auflage, Frankfurt a. M. 1971.

– Der Erbgang als autonome Größe im Kollisionsrecht, in: Liber Amicorum, Festschrift für E. J. Cohn, Heidelberg 1975, S. 31–41.

– Internationales Privatrecht, 3. Auflage, Frankfurt a. M. 1986.

Ferid, Murad / *Firsching,* Karl / *Lichtenberger,* Peter: Internationales Erbrecht, Quellensammlung mit systematischer Darstellung des materiellen Erbrechts sowie des Kollisionsrechts der wichtigsten Staaten, 42. Lieferung, Stand: Mai 2000, München.

Ferid, Murad / *Sonnenberger,* Hans Jürgen: Das Französische Zivilrecht, Band 1/1, Allgemeine Lehren des Französischen Zivilrechts: Einführung und Allgemeiner Teil des Zivilrechts, 2. Auflage, Heidelberg 1994; Band 2, Schuldrecht: Die einzelnen Schuldverhältnisse, Sachenrecht, 2. Auflage, Heidelberg 1986.

Firsching, Karl: Deutsch-Amerikanische Erbfälle, München 1965.

– Grundzüge des internationalprivatrechtlichen Familien- und Erbrechts einschließlich des internationalen Verfahrensrechts, Rpfleger 1971, S. 377–387.

– Die Erbfolge nach einem österreichischem Erblasser, der mit letztem Wohnsitz und Aufenthalt in der Bundesrepublik Deutschland nach dem 1. 1. 1979 verstorben ist – Abhandlung des Nachlasses, IPRax 1981, S. 86–89.

– Österreichische Nachlässe, IPRax 1983, S. 166–169.

Fischer, Gerfried: Die Entwicklung des Staatsangehörigkeitsprinzips in den Haager Übereinkommen, RabelsZ 57 (1993), S. 1–25.

Flessner, Axel: Interessenjurisprudenz im internationalen Privatrecht, Tübingen 1990.

Forde, Michael: The „ordre public" Exception and Adjudicative Jurisdiction Conventions, Int. Comp. L. Q. 29 (1980), S. 259–273.

Foyer, Jaques: Requiem pour le renvoi?, Trav. com. fr. 1980/81, S. 105–122.

Francescakis, Phocion: La théorie du renvoi et les conflits de systèmes en droit international privé, Paris 1958.

Frankenstein, Ernst: Internationales Privatrecht, Erster Band, Berlin 1926.

Freitag, Robert / *Leible,* Stefan: Das Bestimmungsrecht des Art. 40 I EGBGB im Gefüge der Parteiautonomie im internationalen Deliktsrecht, ZVglRWiss 99 (2000), S. 101–142.

Gaillard, Emmanuel / *Trautmann,* Donald T.: La Convention de La Haye du 1er juillet 1985 relative à la loi applicable au trust et à sa reconnaissance, Rev. crit. 75 (1986), S. 1–31.

Gamillscheg, Franz: Der Einfluß Dumoulins auf die Entwicklung des Kollisionsrechts, Berlin, Tübingen 1955.

Geiger, Rudolf: Grundgesetz und Völkerrecht, 2. Auflage, München 1994.

Göppinger, Horst / *Wax,* Peter: Unterhaltsrecht, 7. Auflage, Bielefeld 1999.

Gottheiner, Hans Georg: Anpassungs- und Umdeutungsprobleme bei deutsch-englischen Erbfällen, Diss. Tübingen 1955.

Graue, Eugen Dietrich: Der Trust im Internationalen Privat- und Steuerrecht, in: Konflikt und Ordnung, Festschrift für M. Ferid, München 1978, S. 151 – 182.

– Rück- und Weiterverweisung (renvoi) in den Haager Abkommen, RabelsZ 57 (1993), S. 26 – 62.

Grbin, Ivo: Zur Anwendung der interlokalen Bestimmungen des jugoslawischen Gesetzes über Schuldverhältnisse, IPRax 1981, S. 62 – 65.

Guedj, Thomas G.: The Theory of the Lois de Police. A Functional Trend in Continental Private International Law – A Comparative Analysis with Modern American Theories, Am. J. Comp. L. 39 (1991), S. 661 – 697.

Gülicher, Astrid: Internationale Kindesentführungen, Diss. Göttingen 1992.

Gutzwiller, Max: Geschichte des Internationalprivatrechts, Basel 1977.

– Das IPR der Haager Konferenzen, Vergangenheit und Zukunft, SchwJbIntR 2 (1945), S. 48 – 99.

Hahlen, Renate: Türkisches Ehegatten- und Geschiedenenunterhaltsrecht, Frankfurt a. M. 1996 (Diss. Freiburg 1994).

Hartwieg, Oskar / *Korkisch,* Friedrich: Die geheimen Materialien zur Kodifikation des deutschen Internationalen Privatrechts 1881 – 1896, Tübingen 1973.

Hausmann, Rainer: Der Unterhaltsbegriff in Staatsverträgen des internationalen Privat- und Verfahrensrechts, IPRax 1990, S. 382 – 389.

Hayton, David: The Hague Convention on the law applicable to trusts and on their recognition, Int. Comp. L. Q. 36 (1987), S. 260 – 282.

Hein, Jan von: Das Günstigkeitsprinzip im Internationalen Deliktsrecht, Tübingen 1999 (Diss. Hamburg 1998).

– Günstigkeitsprinzip oder Rosinentheorie? – Erwiderung auf Lorenz, NJW 1999, 2215, NJW 1999, S. 3174 – 3175.

Heini, Anton / *Keller,* Max / *Siehr,* Kurt / *Vischer,* Frank / *Volken,* Paul: Kommentar zum Bundesgesetz über das internationale Privatrecht vom 1. Januar 1989, Zürich 1993 (zitiert: IPRG-*Bearbeiter*).

Heldrich, Andreas: Zur Neubestimmung des Güterrechtsstatuts, IPRax 1984, S. 143 – 146.

Henrich, Dieter: Der Domizilbegriff im Englischen Internationalen Privatrecht, RabelsZ 25 (1960), S. 456 – 493.

– Zur Auslegung des Art. 220 III EGBGB, IPRax 1987, S. 93 – 95.

– Internationales Familienrecht, Frankfurt a. M. 1989.

– Kollisionsrechtliche Fragen zum Geschiedenenunterhalt, IPRax 1992, S. 84 – 86.

Herber, Rolf: Die Arbeiten des Ausschusses der Vereinten Nationen für internationales Handelsrecht (UNCITRAL), AWD / RIW 1974, S. 577 – 584.

Hernández-Bretón, Eugenio: Neues venezolanisches Gesetz über das Internationale Privatrecht, IPRax 1999, S. 194 – 196.

Herz, Wilhelm: Der Ordre Public, ÖJBl. 76 (1954), S. 213 – 218.

Heß, Burkhard, Die Zustellung von Schriftstücken im europäischen Justizraum, NJW 2001, S. 15 – 23.

Hilgenberg, Hartmut: Der Verletzungsort im internationalen Privatrecht, NJW 1963, S. 2198 – 2201.

Hiscock, Mary E. / *Allan,* David E.: Law Modernization in South-East Asia, RabelsZ 46 (1982), S. 509 – 529.

Hoffmann, Bernd von: Empfiehlt es sich, das EG-Übereinkommen über das auf vertragliche Schuldverhältnisse anzuwendende Recht in das deutsche IPR-Gesetz zu inkorporieren?, IPRax 1984, S. 10 – 13.

– Internationales Haftungsrecht im Referentenentwurf des Bundesjustizministeriums vom 1. 12. 1993, IPRax 1996, S. 1 – 8.

– Internationales Privatrecht, 6. Auflage, München 2000.

Honsell, Heinrich / *Vogt,* Nedim Peter / *Schnyder,* Anton K.: Kommentar zum Schweizerischen Privatrecht, Internationales Privatrecht, Basel 1996 (zitiert: *Honsell / Bearbeiter*).

Hoogstraten, M. H. van: The United Kingdom joins an uncommon market: The Hague Conference on Private International Law, Int. Comp. L. Q. 12 (1963 – 1), S. 148 – 167.

Hoyer, Hans: Der ordre public in Art. 4 des Haager Unterhaltsstatutabkommens, ÖJBl. 90 (1968), S. 609 – 616.

– Das österreichische Erbstatut, in: Festschrift für G. Beitzke, Berlin, 1979, S. 521 – 540.

– Anmerkung zu OGH vom 27. 8. 1980 – 1 Ob 681 / 80, ÖJBl. 103 (1981), S. 435 – 436.

– Deutsch-österreichische Erbfälle, IPRax 1986, S. 345 – 349.

Hübner, Ulrich / *Constantinesco,* Vlad: Einführung in das französische Recht, 3. Auflage, München 1994.

Hupka, Josef: Das einheitliche Wechselgesetz der Genfer Verträge, Wien 1934.

Hüßtege, Rainer: Der Uniform Child Custody Jurisdiction Act, Frankfurt a. M. 1982 (Diss. München 1981).

– Kindesentführungen ohne Ende?, IPRax 1992, S. 369 – 372.

– Internationales Privatrecht, 3. Auflage, München 1999.

Jacobi, Ernst: Wechsel- und Scheckrecht unter Berücksichtigung des ausländischen Rechts, Berlin 1955.

Jagmetti, Marco: Die Anwendung fremden Kollisionsrechtes durch den inländischen Richter, Zürich 1961.

Jametti Greiner, Monique: Überblick über einige laufende Arbeiten in internationalen Gremien betreffend Handelsrecht und verwandte Gebiete, SAG 1989, S. 107 – 109.

Jayme, Erik: Die Wiederanwendung der Haager Familienrechtsabkommen von 1902 und 1905, NJW 1965, S. 13 – 19.

– Zur „versteckten“ Rück- und Weiterverweisung im internationalen Privatrecht, ZfRV 11 (1970), S. 253 – 269.

– Zu Qualifikation und Inhalt der „Schutzmaßnahme" nach dem Haager Minderjährigenschutzabkommen, JR 1973, S. 177–185.

– Staatsverträge zum Internationalen Privatrecht, in: BerGesVR 16 (1975) (Hrsg. E. Jayme / M. Meessen), S. 7–48, Karlsruhe 1975.

– Rückverweisung durch im Ausland geltende Staatsverträge, in: Festschrift für G. Beitzke, Berlin 1979, S. 541–549.

– Zur Rückverweisung durch staatsvertragliche Kollisionsnormen, IPRax 1981, S. 17–18.

– Bericht zu LG Kempten vom 10. 8. 1982–4 T 557/82, IPRax 1983, S. 130–131.

– Grundfragen des internationalen Erbrechts – dargestellt an deutsch-österreichischen Nachlaßfällen, ZfRV 24 (1983), S. 162–179.

– Gesetzliches Sorgerecht und Haager Minderjährigenschutzabkommen, IPRax 1985, S. 23–24.

– Das neue IPR-Gesetz – Brennpunkte der Reform, IPRax 1986, S. 265–270.

– Neues Adoptionsrecht in Spanien, IPRax 1989, S. 123–124.

– Spanisches interregionales und deutsches internationales Privatrecht, IPRax 1989, S. 287–288.

– Türkisches Familienrecht und deutsche Praxis – Tagung in Heidelberg, IPRax 1989, S. 330–331.

– Methoden der Konkretisierung des ordre public im Internationalen Privatrecht, Heidelberg 1989.

– Italienischer Gesetzentwurf zur Reform des Internationalen Privatrechts, IPRax 1990, S. 196.

– Rechtsspaltung im spanischen Privatrecht und deutsche Praxis, RabelsZ 55 (1991), S. 303–331.

– Bericht zu AG Hamburg-Altona vom 11. 9. 1991–351 F 128/91, IPRax 1992, S. 390–391.

– Narrative Normen im Internationalen Privat- und Verfahrensrecht, Tübingen 1993.

– Entwurf eines EU-Übereinkommens über das auf außervertragliche Schuldverhältnisse anwendbare Recht, IPRax 1999, S. 298.

– Zum Jahrtausendwechsel: Das Kollisionsrecht zwischen Postmoderne und Futurismus, IPRax 2000, S. 165–171.

Jayme, Erik / *Geckler,* Alexander: Die italienische IPR-Reform, IPRax 1996, S. 370–372.

Jayme, Erik / *Hausmann,* Rainer: Internationales Privat- und Verfahrensrecht, Textausgabe, 10. Auflage 2000.

Jayme, Erik / *Kohler,* Christian: Europäisches Kollisionsrecht 1997 – Vergemeinschaftung durch „Säulenwechsel"?, IPRax 1997, S. 385–401.

– Europäisches Kollisionsrecht 1998: Kulturelle Unterschiede und Parallelaktionen, IPRax 1998, S. 417–429.

– Europäisches Kollisionsrecht 1999 – Die Abendstunde der Staatsverträge, IPRax 1999, S. 401–413.

– Europäisches Kollisionsrecht 2000: Interlokales Privatrecht oder universelles Gemeinschaftsrecht?, IPRax 2000, S. 454–465.

Jones, R. L.: Council of Europe Convention on Recognition and Enforcement of Decisions Relating to the Custody of Children, Int. Comp. L. Q. 30 (1981), S. 467–475.

Joppe, Ingrid: Het „Haags Trustverdrag" in werking, WPNR (1996) 6215, S. 181–188.

Jorzik, Manuela: Das neue zivilrechtliche Kindesentführungsrecht, Bielefeld 1995 (Diss. Heidelberg 1993/94).

Junker, Abbo: Die einheitliche europäische Auslegung nach dem EG-Schuldvertragsübereinkommen, RabelsZ 55 (1991), S. 674–696.

– Internationales Privatrecht, München 1998.

– Neuere Entwicklungen im Internationalen Privatrecht, RIW 1998, S. 741–750.

– Das Internationale Unfallrecht nach der IPR-Reform von 1999, JZ 2000, S. 477–486.

– Die IPR-Reform von 1999: Auswirkungen auf die Unternehmenspraxis, RIW 2000, S. 241–255.

– Empfiehlt es sich, Art. 7 EVÜ zu revidieren oder aufgrund der bisherigen Erfahrungen zu präzisieren?, IPRax 2000, S. 65–73.

Kadner, Thomas: Die Verantwortlichkeit des Zwischenhändlers für Schäden durch fehlerhafte Produkte (zu Cass. civ. vom 17. 1. 1995, SA Planet Wattohm c. CPAM du Morbihan), ZEuP 1997, S. 847–862.

Kahn, Franz: Abhandlungen zum internationalen Privatrecht, (Hrsg. O. Lenel und H. Lewald), Band 1 und 2, München 1928.

Kapellmann, Susanne: Der „rinvio" im italienischen Internationalen Privatrecht – Hintergründe und Auswirkungen, ZfRV 38 (1997), S. 177–183.

Kartzke, Ulrich: Renvoi und Sinn der Verweisung, IPRax 1988, S. 8–13.

– Abänderung von Unterhaltsentscheidungen und neues Internationales Unterhaltsrecht, NJW 1988, S. 104–108.

Kegel, Gerhard: Begriffs- und Interessenjurisprudenz im internationalen Privatrecht, in: Festschrift für H. Lewald, Basel 1953, S. 259–288.

– Internationales Privatrecht, 5. Auflage, München 1985; 7. Auflage, München 1995.

Kegel, Gerhard / *Schurig,* Klaus: Internationales Privatrecht, 8. Auflage, München 2000.

– Nachtrag zu Internationales Privatrecht, 8. Auflage 2000, München 2001.

Keller, Max / *Siehr,* Kurt: Allgemeine Lehren des Internationalen Privatrechts, 4. Auflage, Zürich 1986.

Kindler, Peter: Internationale Zuständigkeit und anwendbares Recht im italienischen IPR-Gesetz von 1995, RabelsZ 61 (1997), S. 227–284.

Klein, Eckart: Kindesentführung, Kindeswohl und Grundgesetz, IPRax 1997, S. 106–109.

Knoepfler, François: Anmerkung zu BG vom 27. 1. 1992, Rev. crit. 81 (1992), S. 488–495.

Knöpfel, Gottfried: Das Haager Vormundschaftsabkommen und das Sorgerecht der Eltern aus geschiedener Ehe, FamRZ 1959, S. 483–485.

Kohler, Christian: Interrogations sur les sources du droit international privé européen après le traité d'Amsterdam, Rev. crit. 88 (1999), S. 1–30.

– Internationales Verfahrensrecht für Ehesachen in der Europäischen Union: Die Verordnung „Brüssel II", NJW 2001, S. 10–15.

Kopp, Beate: Probleme der Nachlaßabwicklung bei kollisionsrechtlicher Nachlaßspaltung, Tübingen 1997 (Diss. München 1996).

Koppenol-Laforce, Margaretha / *Kottenhagen,* R.J.P.: The Institution of the Trust and Dutch Law, in: Netherlands Reports to the Fifteenth International Congress of Comparative Law: Bristol 1998, Antwerpen 1998 (Hrsg. E. H. Hondius), S. 137–153.

Kötz, Hein: Trust und Treuhand, Eine rechtsvergleichende Darstellung des anglo-amerikanischen trust und funktionsverwandter Institute des deutsche Rechts, Göttingen 1963 (Diss. Hamburg 1962).

– Die 15. Haager Konferenz und das Kollisionsrecht des trust, RabelsZ 50 (1986), S. 562–585.

Kreuzer, Karl Friedrich: Die Europäisierung des Internationalen Privatrechts – Vorgaben des Gemeinschaftsrechts –, in: Gemeinsames Privatrecht in der Europäischen Gemeinschaft (Hrsg. P.C. Müller-Graff), Baden-Baden 1993, S. 373–449.

Kropholler, Jan: Ein Anknüpfungssystem für das Deliktsstatut, RabelsZ 33 (1969), S. 601–653.

– Erste Erfahrungen mit dem Haager Minderjährigenschutzabkommen, NJW 1972, S. 371–373.

– Internationales Einheitsrecht, Tübingen 1975.

– Das Haager Abkommen über den Schutz Minderjähriger, 2. Auflage, Bielefeld 1977.

– Anmerkung zu OLG Düsseldorf vom 28. 4. 1978 – 4 U 241 / 77, NJW 1980, S. 534.

– Gedanken zur Reform des Haager Minderjährigenschutzabkommens, RabelsZ 58 (1994), S. 1–19.

– Das IPR der Kindschaftswirkungen im Lichte der europäischen Rechtsentwicklung, RabelsZ 59 (1995), S. 407–418.

– Stellungnahme des Max-Planck-Instituts für ausländisches und internationales Privatrecht, RabelsZ 60 (1996), S. 485–506.

– Internationales Privatrecht, 3. Auflage, Tübingen 1997.

– Das Haager Kinderschutzübereinkommen von 1996 – Wesentliche Verbesserungen im Minderjährigenschutz, in: Private Law in the International Arena, Liber Amicorum für K. Siehr, The Hague 2000, S. 379–390.

– Der Renvoi im vereinheitlichten Kollisionsrecht, in: Festschrift für D. Henrich, Bielefeld 2000, S. 392–402.

Krüger, Martin: Das Haager Übereinkommen über die zivilrechtlichen Aspekte internationaler Kindesentführung, MDR 1998, S. 694–697.

Kühne, Gunther: Choice of Law in Products Liability, Cal. L. Rev. 60 (1972), S. 1 – 38.

– Die Parteiautonomie im internationalen Erbrecht, Bielefeld 1973.

– IPR-Gesetz-Entwurf, Karlsruhe 1980.

– Der Anwendungsbereich des Renvoi im Lichte der Entwicklung des IPR, in: Festschrift für M. Ferid, Frankfurt a. M. 1988, S. 251 – 267.

Kullmann, Josef: Die Rechtsprechung des Bundesgerichtshofs zum Produkthaftpflichtrecht in den Jahren 1997 / 1998, NJW 1999, S. 96 – 102.

Kunz, Karl Heinz: Wandel oder Ruhe im deutschen internationalen Erbrecht?, ZRP 1990, S. 212 – 214.

Lagarde, Paul: Recherches sur l'ordre public en droit international privé, Paris 1959.

– Anmerkung zu Cour d'appel de Paris vom 30. 5. 1972 (Siesky c. Office de la jeunesse de Sarrelouis), Rev. crit. 61 (1972), S. 662 – 668.

– La nouvelle Convention de La Haye sur la loi applicable aux succession, Rev. crit. 78 (1989), S. 249 – 275.

– Observations sur l'articulation des questions de statut personnel et des questions alimentaires dans l'application des conventions de droit internationale privé, in: Festschrift für A. E von Overbeck, Fribourg 1990, S. 511 – 528.

– Anmerkung zu Cass. civ. vom 16. 12. 1997 (Soc. Alke Gas Infrarood c. Soc. Matavicole et autres), Rev. crit. 87 (1998), S. 301 – 305.

Lange, Heinrich / *Kuchinke,* Kurt: Lehrbuch des Erbrechts, 4. Auflage, München 1995.

Lass, Christiane: Der Flüchtling im deutschen Internationalen Privatrecht, München 1995 (Diss. München 1994).

Leal, H. Allan: Federal State Clauses and the Conventions of The Hague Conference of Private International Law, The Dalhousie Law Journal 8 (1984), S. 257 – 283.

Leflar, Robert A. / *McDougal III,* Luther L. / *Felix,* Robert L.: American Conflicts Law, 4. Auflage, Charlottesville, VA 1986.

Legier, Gérard: Anmerkung zu Tribunal de grande instance de Grenoble vom 18. 3. 1985 (M. R. M. B. c. Mme G. A. R.), Clunet 113 (1986), S. 1018 – 1025.

– Anmerkung zu Cass. civ. vom 4. 4. 1991 (Dubois c. Marchot et Caisse primaire d'assurance maladie de l'Essonne), Clunet 118 (1991), S. 983 – 993.

– Anmerkung zu Cass. civ. vom 15. 5. 1994 (Piccinelli c. Maxeiner, Cie d'assurances Landwirtschaftlicher Versicherungsverein), Clunet 122 (1995), S. 123 – 127.

Leonhard, Marc: Das neue französische Produkthaftungsrecht, ZVglRWiss 98 (1999), S. 101 – 130.

Lequette, Yves: Anmerkung zu Cour d'appel de Dijon vom 28. 9. 1988 (Mlle H. c. G.), Rev. crit. 78 (1989), S. 744 – 747.

Lewald, Hans: Das deutsche internationale Privatrecht auf Grundlage der Rechtsprechung dargestellt, Berlin 1931.

– Renvoi Revisited? Bemerkungen zur Entscheidung des New Yorker Surrogate's Court vom 10. April 1950 in re Schneider's Estate, in: Fragen des Verfahrens- und Kollisionsrechts, in: Festschrift für H. Fritsche, Zürich 1952, S. 165 – 180.

Lichtenberger, Peter: Zur Verfassungswidrigkeit der Bestimmung des Ehegüterrechtsstatuts nach dem Heimatrecht des Ehemanns, DNotZ 1983, S. 396 – 411.

Lipstein, Kurt: Trusts, Int. Enc. Comp. L., Volume III, Chapter 23, Tübingen 1994.

Lipstein, Kurt / *Szászy,* István: Interpersonal Conflict of Laws, Int. Enc. Comp. L., Volume III, Chapter 10, Tübingen 1985.

Loewe, Roland: Die Empfehlungen des Europarats zur Veröffentlichung der Rechtsbegriffe „Wohnsitz" und „Aufenthalt", ÖJZ 29 (1974), S. 144 – 151.

Looschelders, Dirk: Die Anpassung im Internationalen Privatrecht, Heidelberg 1995 (Diss. Mannheim 1995).

Lorenz, Stephan: Rückverweisung des italienischen internationalen Erbrechts auf die lex rei sitae bezüglich der Ausgestaltung der Erbengemeinschaft, IPRax 1990, S. 82 – 83.

– Nachlaßspaltung im geltenden österreichischen IPR?, IPRax 1990, S. 206.

– Islamisches Ehegattenerbrecht und deutscher ordre public: Vergleichsmaßstab für die Ergebniskontrolle, IPRax 1993, S. 148 – 151.

– Disharmonie im deutsch-schweizerischen internationalen Erbrecht – Koordinierungsmittel für die notarielle Praxis, DNotZ 1993, S. 148 – 157.

– Zivilprozessuale Konsequenzen der Neuregelung des Internationalen Deliktsrechts: Erste Hinweise für die anwaltliche Praxis, NJW 1999, S. 2215 – 2218.

Lorenz, Werner: Das internationale Privatrecht der Produkthaftpflicht, in: Festschrift für E. Wahl, Heidelberg 1973, S. 185 – 206.

– Der Haager Konventionsentwurf über das auf die Produktenhaftpflicht anwendbare Recht, RabelsZ 37 (1973), S. 317 – 356.

– Vom alten zum neuen internationalen Schuldvertragsrecht, IPRax 1987, S. 269 – 286.

– Das außervertragliche Haftungsrecht der Haager Konventionen, RabelsZ 57 (1993), S. 175 – 206.

Loussouarn, Yvon: La IX̄ Session de la Conférence de la Haye de Droit International Privé, Clunet 88 (1961), S. 654 – 693.

– La Convention de la Haye sur la loi applicable aux régimes matrimoniaux, Clunet 106 (1979), S. 1 – 20.

Loussouarn, Yvon / *Bourel,* Pierre: Droit internationale privé, 5. Auflage, Paris 1996.

Lowe, Nigel / *Perry,* Alison: Die Wirksamkeit des Haager und des Europäischen Übereinkommens zur internationalen Kindesentführung zwischen England und Deutschland, FamRZ 1998, S. 1073 – 1077.

– International Child Abduction – The English Experience, Int. Comp. L. Q. 48 (1999), S. 127 – 155.

Lüderitz, Alexander: Internationales Privatrecht, 2. Auflage, Neuwied 1992.

Maglio, Valentina / *Thorn,* Karsten: Neues Internationales Privatrecht in Italien, ZVglRWiss 96 (1997), S. 347–385.

Majoros, Ferenc: Zur Krise der internationalen Kodifikationspolitik, ZRP 1973, S. 65–73.

– Konflikte zwischen Staatsverträgen auf dem Gebiet des Privatrechts, RabelsZ 46 (1982), S. 84–117.

Makarov, Alexander N.: Quellen des Internationalen Privatrechts, Band I, Gesetzestexte, 2. Auflage, Berlin 1954.

– Die Haager internationalprivatrechtlichen Abkommen und die Vorbehaltsklausel, in: Ius et Lex, Festschrift für M. Gutzwiller, Basel 1959, S. 303–324.

– Institut de Droit International und die Haager internationalprivatrechtlichen Konventionen, in: Justita et Pace, Festschrift zum 100jährigen Bestehen des Institut de Droit International, Berlin 1974, S. 63–75.

Mancini, Pasquale Stanislao: Diritto internazionale Prelezione, Neapel 1873.

Mänhardt, Franz: Die Kodifikation des österreichischen Internationalen Privatrechts, Berlin 1978.

Mänhardt, Franz / *Posch,* Willibald: Internationales Privatrecht, Privatrechtsvergleichung, Einheitsprivatrecht, 2. Auflage, Wien 1999.

Mansel, Heinz-Peter: Zu Auslegungsproblemen des IPR-Reformgesetzes, StAZ 1986, S. 315-318.

– Kollisions- und zuständigkeitsrechtlicher Gleichlauf der vertraglichen und deliktischen Haftung, ZVglRWiss 86 (1987), S. 1–24.

– Neues Internationales Sorgerecht, NJW 1990, S. 2176–2179.

Marques, Claudia Lima: Das Subsidiaritätsprinzip in der Neuordnung des internationalen Adoptionsrechts, Frankfurt a. M. 1997 (Diss. Heidelberg 1996).

Martiny, Dieter: Gemeinschaftsrecht, ordre public, zwingende Bestimmungen und Exklusivnormen, in: Europäisches Gemeinschaftsrecht und Internationales Privatrecht (Hrsg. C. von Bar), Köln 1991, S. 211–242.

– Maintenance Obligations in the Conflict of Laws, Rec. des Cours 247 (1994 III), S. 131–290.

– Europäisches Familienrecht – Utopie oder Notwendigkeit?, RabelsZ 59 (1995), S. 419–453.

Marx, Ansgar: Zur Perspektive eines neuen Haager Übereinkommens über die internationale Zusammenarbeit und den Schutz von Kindern auf dem Gebiet grenzüberschreitender Adoptionen, StAZ 1993, S. 1–5.

– Das Haager Übereinkommen über internationale Adoptionen, StAZ 1995, S. 315–320.

Mäsch, Gerald: Der Renvoi – Plädoyer für die Begrenzung einer überflüssigen Rechtsfigur, RabelsZ 61 (1997), S. 286–312.

Maunz, Theodor / *Dürig,* Günter / *Herzog,* Roman: Grundgesetz Kommentar, Band III (Art. 38–87 GG), 36. Lieferung, Stand: Oktober 1999, München.

Maxl, Martin J.: Produkthaftung, Internationales Zivilprozeßrecht und Internationales Privatrecht, ÖJBl. 114 (1992), S. 156–169.

Mayer, Pierre: Droit international privé, 6. Auflage, Paris 1998.

Meili, Friedrich: Argentraeus und Molinaeus und ihre Bedeutung im internationalen Privat- und Strafrecht, ZIR 5 (1895), S. 363–380.

Meili, Friedrich / *Mamelok,* Arthur: Das internationale Privat- und Zivilprozessrecht auf Grund der Haager Konventionen, Zürich 1911.

Meise, Helmut: Zur Relativität der Vorbehaltsklausel im Internationalen und Interlokalen Privatrecht, Diss. Hamburg 1966.

Melchior, George: Die Grundlagen des deutschen internationalen Privatrechts, Berlin 1932.

de Meo, Francesco: Das französisches IPR-System im Vergleich mit der Neuregelung des deutschen Internationalen Privatrechts (unter Berücksichtigung französischer Kodifikationsentwürfe), ZfRV 28 (1987), S. 12–37.

– Reform des italienischen Internationalen Privatrechts, ZfRV 37 (1996), S. 46–48.

Meyer-Fabre, Nathalie : La Convention de La Haye du 29 mai 1993 sur la protection des enfants et la coopération en matière d'adoption internationale, Rev. crit. 83 (1994), S. 259–295.

Meyer-Sparenberg, Wolfgang: Staatsvertragliche Kollisionsnormen, Berlin 1990 (Diss. Münster 1989 / 90).

Mezger, Ernst: Das Personalstatut der Flüchtlinge seit dem 25. 12. 1953, JZ 1954, S. 663–665.

Michaels, Ralf: Der Abbruch der Weiterverweisung im geltenden Recht, RabelsZ 61 (1997), S. 685–713.

Morawitz, Gabriele: Das internationale Wechselrecht: Eine systematische Untersuchung der auf dem Gebiet des Wechselrechts auftretenden kollisionsrechtlichen Fragen, Tübingen 1991 (Diss. Köln 1990).

Morris, John Humphrey C.: The proper law of a tort, Harv. L. Rev. 64 (1950–51), S. 881–895.

Moser, Berthold, Die Europäische Menschenrechtskonvention als Quelle des internationalen Privatrechts, ÖJZ 29 (1974), S. 650–656.

Mottl, Ingeborg: Zulässigkeit und Umfang einer Besuchsrechtserweiterung nach dem Haager Minderjährigenschutzabkommen, IPRax 1993, S. 417–421.

Müller, Klaus: Deutsches Scheidungsurteil als prozessuale Vorfrage und fremder ordre public, RabelsZ 36 (1972), S. 60–72.

– Die nichteheliche Vaterschaft im internationalen Privatrecht, StAZ 1989, S. 301–308.

Müller-Freienfels, Wolfram: Zum räumlich-persönlichen Geltungsbereich der Haager IPR-Übereinkommen, insbesondere des Übereinkommens über das auf Unterhaltsverpflichtungen gegenüber Kindern anzuwendende Recht vom 24. 10. 1956, in: Festschrift für H. G. Ficker, Frankfurt a. M. 1967, S. 289 – 336.

– Die Verjährung englischer Wechsel vor deutschen Gerichten, in: Xenion, Festschrift für P. J. Zepos, Band II, Athen 1973, S. 491 – 534.

Münch, Ingo von / *Kunig,* Philip: Grundgesetz-Kommentar, Band 2 (Art. 21 – 69 GG), 3. Auflage, München 1995.

Münchener Kommentar zum Bürgerlichen Gesetzbuch (Hrsg. K. Rebmann, F. J.Säcker),

– Band 7: Einführungsgesetze, 1. Auflage, München 1983.

– Band 7: Einführungsgesetz, 2. Auflage, München 1990.

– Band 10: Einführungsgesetz, 3. Auflage, München 1998.

Nanz, Klaus-Peter: Zur Bestimmung des Deliktsstauts im englischen, französischen und italienischen internationalen Privatrecht, VersR 1981, S. 212 – 217.

Neuhaus, Paul Heinrich: Anmerkung zu Re Duke of Wellington (1947) Ch. 506, RabelsZ 15 (1949 / 50), S. 161 – 165.

– Die Behandlung der Testierfähigkeit im deutschen internationalen Privatrecht, RabelsZ 18 (1953), S. 651 – 658.

– Grundbegriffe des Internationalen Privatrechts, 2. Auflage, Tübingen 1976.

Nolte, Georg: Zur Technik der geplanten Einführung des EG-Schuldvertragsübereinkommens in das deutsche Recht aus völkerrechtlicher Sicht, IPRax 1985, S. 71 – 76.

Nordin, Michael: Umfang der kollisionsrechtlichen Verweisung, insbesondere Art. 13 IPRG, Anwendung fremden Rechts, einschließlich fremder Teilrechtsordnungen und fremden Wirtschafts- und Staatsvertragsrechts, Diss. St. Gallen 1996.

de Nova, Rodolfo: Historical and Comparative Introduction to Conflict of Laws, Rec. des Cours 118 (1966 II), S. 435 – 621.

– Das Haager Übereinkommen über das auf Straßenverkehrsunfälle anzuwendende Recht, in: Ius Privatum Gentium, Festschrift für M. Rheinstein Band I, Tübingen 1969, S. 399 – 409.

Nußbaum, Arthur: Deutsches Internationales Privatrecht, Tübingen 1932.

Oberloskamp, Helga: Haager Minderjährigenschutzabkommen, Köln 1983.

Otte, Karsten: Der kurze Arm des Vermächtnisnehmers – internationale Zuständigkeit deutscher Nachlaß- und Prozeßgerichte bei Ansprüchen auf Übertragung U.S.-amerikanischer Grundstücke?, IPRax 1993, S. 142 – 148.

Otto, Dirk: Zur Adoption eines christlichen indischen Kindes durch christliche Inder in Deutschland, IPRax 1992, S. 309 – 310.

– Die Bedeutung des Art. 4 III EGBGB bei Verweisung auf das Recht eines Mehrrechtsstaates, IPRax 1994, S. 1 – 3.

– Rechtsspaltung im indischen Erbrecht, Frankfurt a. M. 1997 (Diss. Heidelberg 1996).

Ötzan, Bilge: Buchbesprechung von Renate Hahlen, Türkisches Ehegatten- und Geschiedenenunterhaltsrecht, Frankfurt a. M. 1996, FamRZ 1997, S. 1330.

Overbeck, Alfred E. von: Vormundschaft und Kindesschutzmaßnahmen im Internationalen Privatrecht, ZfRV 2 (1961), S. 140–156.

– Les questions générales du droit international privé à la lumière des codifications et projets récents. Cours général de droit international privé, Rec. des Cours 176 (1982 III), S. 9–258.

– Referat zum Allgemeinen Teil des Internationalen Privatrechts, Lausanner Kolloquium über den deutschen und schweizerischen Gesetzentwurf zur Neuregelung des Internationalen Privatrechts, Zürich 1984, S. 35–47.

– Das neue schweizerische Bundesgesetz über das Internationale Privatrecht, IPRax 1988, S. 329–334.

– La contribution de la Conférence de La Haye au dévelopment de droit international privé, Rec. des Cours 233 (1992 II), S. 9–98.

Overbeck, Alfred E. von / *Volken,* Paul: Das Internationale Deliktsrecht im Vorentwurf der EWG, RabelsZ 38 (1974), S. 56–78.

Palandt, Otto: Bürgerliches Gesetzbuch, 59. Auflage, München 2000.

Pappenheim, Wilhelm: Ungültigkeitserklärung einer von Ausländern im Auslande geschlossenen Ehe wegen des Ehehindernisses der Religionsverschiedenheit, NiemZ 15 (1905), S. 11–19.

Patocchi, Paolo Michele / *Geisinger,* Elliott: Code de droit international privé suisse annoté, Lausanne 1995.

Paton, Andrew G. / *Grosso,* Rosanna: The Hague Convention on the Law Applicable to Trusts and on their Recognition: Implementation in Italy, Int. Comp. L. Q. 43 (1994), S. 654–661.

Pauli, Hans-Georg: Islamisches Familien- und Erbrecht und ordre public, Diss. München 1994.

Pearl, David: Interpersonal Conflict of Laws in India, Pakistan and Bangladesh, London 1981.

Pesce, Angelo: Die Reform des italienischen Internationalen Privat- und Verfahrensrechts, RIW 1995, S. 977–982.

Petersmann, Ernst-Ulrich: Stand der Arbeiten der International Law Association über eine neue Weltwirtschaftsordnung, ZVglRWiss 82 (1983), S. 265–292.

Pfeiffer, Thomas: Die Entwicklung des Internationalen Vertrags-, Schuld- und Sachenrechts 1997–1999, NJW 1999, S. 3674–3687.

Pfund, Peter H.: Contributing to progressive development of Private International Law: The international process and the United States approach, Rec. des Cours 249 (1994 V), S. 9–144.

Philip, Allan: Hague Draft Convention on Matrimonial Property, Am. J. Comp. L. 24 (1976), S. 307–318.

Pillet, Antoine: Contre la Doctrine du Renvoi, Rev. dr. int. pr. 9 (1913), S. 1–14.

Pirrung, Jörg: Internationales Privat- und Verfahrensrecht nach dem Inkraftreten der Neuregelung des IPR, München 1987.

– Die XV. Tagung der Haager Konferenz für Internationales Privatrecht – Trustübereinkommen vom 1. Juli 1985, IPRax 1987, S. 52–55.

– Die Einführung des EG-Schuldvertragsübereinkommens in die nationalen Rechte, in: Europäisches Gemeinschaftsrecht und Internationales Privatrecht (Hrsg. C. von Bar), Köln 1991, S. 21–70.

– Sorgerechts- und Adoptionsübereinkommen der Haager Konferenz und des Europarats, RabelsZ 57 (1993), S. 124–154.

– Wiederherstellung des Sorgeverhältnisses, IPRax 1997, S. 182–186.

– Das Haager Kinderschutzübereinkommen vom 19. Oktober 1996, in: Festschrift für W. Rolland, Köln 1999, S. 277–290.

Pocar, Fausto: Das neue italienische Internationale Privatrecht, IPRax 1997, S. 145–161.

Poisson-Drocourt, Elisabeth: L'entrée en viguer de la Convention de La Haye du 29 mai 1993 sur la protection des enfants et la coopération en matière d'adoption internationale, Clunet 126 (1999), S. 707–730.

Pons, Bernard: Un aspect de la réforme du droit international privé en République fédéral d'Allemagne: la loi du 25 juillet 1986 et la filiation naturelle après trois années d'application, Rev. crit. 79 (1990), S. 251–299.

Posch, Willibald: Das Internationale Privatrecht der Produkthaftung im Schrifttum, ZfRV 38 (1997), S. 92–95.

– Neue Produkthaftungsgesetze in Frankreich und der Tschechischen Republik, ZfRV 39 (1998), S. 238–246.

Puszkajler, Karl Peter: Das internationale Scheidungs- und Sorgerecht nach Inkrafttreten der Brüssel II-Verordnung, IPRax 2001, S. 81–84.

Raape, Leo: Internationales Privatrecht, 5. Auflage, Berlin 1961.

Raape, Leo / *Sturm,* Fritz: Internationales Privatrecht, Band I, Allgemeine Lehren, 6. Auflage, München 1977.

Rabel, Ernst: The Conflict of Laws – A Comparative Study, Band I, Chicago 1945.

Rauscher, Thomas: Die Ausschaltung fremden interlokalen Rechts durch Art. 4 III Satz 1 EGBGB, IPRax 1987, S. 206–209.

– Art. 220 III verfassungswidrig?, NJW 1987, S. 531–536.

– Neues internationales Kindschaftsrecht – Schwerpunkte der Reform, StAZ 1987, S. 121–134.

– Sachnormverweisungen aus dem Sinn der Verweisung, NJW 1988, S. 2151–2154.

Reese, Willis L. M.: The Thirteenth Session of the Hague Conference, Am. J. Comp. L. 25 (1977), S. 393–404.

Reichart, Peter Andreas: Der Renvoi im schweizerischen IPR, Zürich 1996 (Diss. Zürich 1995).

Reichelt, Gerte: „Europäischer“ ordre public im autonomen Kollisionsrecht?, ZfRV 16 (1975), S. 217–226.

– Gesamtstatut und Einzelstatut im IPR, Wien 1985.

Riering, Wolfgang: IPR-Gesetze in Europa, München 1997.

Rigaux, François: Bericht über die 69. Session des Institut de Droit International in Berlin vom 17.-25. August 1999, RabelsZ 64 (2000), S. 350–352.

Robinson, Nehemiah: Convention Relating to the Status of Refugees, New York 1953.

van Rooij, René / *Polak,* Maurice V.: Private international law in the Netherlands, Deventer 1987.

Roth, Marianne / *Döring,* Verena: Das Haager Abkommen über den Schutz von Kindern, ÖJBl. 121 (1999), S. 758–772.

Roth, Wulf-Hennig: Der Einfluß des Europäischen Gemeinschaftsrechts auf das Internationale Privatrecht, RabelsZ 55 (1991), S. 623–673.

– Angleichung des IPR durch sekundäres Gemeinschaftsrecht, IPRax 1994, S. 165–174.

Rudisch, Bernhard: Der Beitritt Österreichs zum Römer Schuldvertragsübereinkommen, RabelsZ 63 (1999), S. 70–106.

Rudolf, Walter: Völkerrecht und deutsches Recht, Tübingen 1967.

Rummel, Peter: Kommentar zum Allgemeinen Bürgerlichen Gesetzbuch, Band 2, §§ 1175–1502 ABGB, Nebengesetze, 2. Auflage, Wien 1992.

Rumpf, Christian: Unterhaltsleistungen zwischen Ehegatten nach Türkischem Recht, RabelsZ 47 (1983), S. 348–361.

– Zur „Fortbildung“ des türkischen Unterhaltsrechts durch deutsche Gerichte – Prozeßkostenvorschußpflicht unter türkischen Ehegatten, IPRax 1983, S. 114–116.

von Sachsen-Gessaphe, Prinz Karl August: Neues IPR in Mexiko, IPRax 1989, S. 111–119.

Sack, Rolf: Das IPR der Produktenhaftung und die „par coniditio concurrentium“, in: Festschrift für E. Ulmer, Köln 1973, S. 495–507.

Samtleben, Jürgen: Internationales Privatrecht in Lateinamerika, Band 1: Allgemeiner Teil, Tübingen 1979 (Diss. Hamburg 1977/78).

Samuel, Adam: The New Swiss Private International Law Act, Int. Comp. L. Q. 37 (1988), S. 681–695.

Sauveplanne, J. Georges: Renvoi, Int. Enc. Comp. L., Volume III, Chapter 6, Tübingen 1990.

Savigny, Friedrich Carl von: System des heutigen Römischen Rechts, Band VIII, Berlin 1849.

Schack, Haimo: Hundert Jahre Haager Konferenz für IPR – Ihre Bedeutung für die Vereinheitlichung des Internationalen Zivilverfahrensrechts, RabelsZ 57 (1993), S. 224–262.

– Internationales Zivilverfahrensrecht, 2. Auflage, München 1996.

Schack, Wilfried von: Neue Kollisionsnormen für die Form von Testamenten – Das Haager Übereinkommen über das auf die Verfügungen anzuwendende Recht, DNotZ 1966, S. 131–146.

Scheucher, Leo: Der ordre public im österreichischem Recht, ZfRV 1 (1960), S. 15–39.

– Das Haager Unterhaltsstatutabkommen, ZfRV 4 (1963), S. 82–105.

– Das Haager Testamentsformabkommen, ZfRV 5 (1964), S. 216–223 und ZfRV 6 (1965), S. 85–98.

Schlemmer, Hansjörg: Vormundschaft über nichteheliche Kinder im deutsch-östereichischen Rechtsverkehr, IPRax 1986, S. 252–254.

Schmellenkamp, Cornelia: Änderungen des Internationalen Erbrechts im Verhältnis zwischen Deutschland und den Niederlanden aufgrund des Haager Erbrechtsübereinkommens vom 1. August 1989, MittRhNotK 1997, S. 245–282.

Schmidt-Bleibtreu, Bruno / *Klein,* Franz: Kommentar zum Grundgesetz, 9. Auflage, Neuwied 1999.

Schmidt-Salzer, Joachim: Produkthaftung im französischen, belgischen, deutschen, schweizerischen, englischen, kanadischen und US-amerikanischen Recht sowie in rechtspolitischer Hinsicht, Berlin 1975.

Schnitzer, Adolf F.: Handbuch des internationalen Privatrechts, Band I, 4. Auflage, Basel 1957.

Schnyder, Anton K.: Das neue IPR-Gesetz, 2. Auflage, Zürich 1990.

Schömmer, Hans-Peter / *Faßold,* Heidemarie / *Bauer,* Klaus: Internationales Erbrecht Italien, München 1997.

Schönenbeger, W.: Schweizerisches Zivilgesetzbuch, Textausgabe, 35. Auflage, Zürich 1983

Schröder, Jochen: Vom Sinn der Verweisung im internationalen Schuldvertragsrecht, IPRax 1987, S. 90–92.

Schulze, Götz: Bedürfnis und Leistungsfähigkeit im internationalen Unterhaltsrecht, Diss. Heidelberg 1998.

– Ordre public bei Versagung nachehelichen Unterhalts wegen Ehebruchs nach österreichischem Recht, IPRax 1998, S. 350–352.

Schurig, Klaus: Das Dilemma der Anerkennung gesetzlicher Gewaltverhältnisse nach Art. 3 des Haager Minderjährigenschutzabkommens, FamRZ 1975, S. 459–463.

– Kollisionsnorm und Sachrecht, Berlin 1981.

– Keine Rechtssicherheit für ausländische Adoptivkinder, IPRax 1984, S. 25–27.

– Aktuelle Kernfragen der Anerkennung ausländischer Adoptionen, IPRax 1986, S. 221–225.

– Die Struktur des kollisionsrechtlichen Vorfrageproblems, in: Festschrift für G. Kegel, Berlin 1987, S. 549–598.

– Erbstatut, Güterrechtsstatut, gespaltenes Vermögen und ein Pyrrhussieg, IPRax 1990, S. 389–393.

– Interessenjurisprudenz contra Interessenjurisprudenz im IPR, RabelsZ 59 (1995), S. 229–244.

– Ein ungünstiges Günstigkeitsprinzip – Anmerkungen zu einer mißlungenen gesetzlichen Regelung des internationalen Deliktsrechts –, in: Gedächtnisschrift für A. Lüderitz, München 2000, S. 699–711.

Schwander, Ivo: Einführung in das internationale Privatrecht, Erster Band: Allgemeiner Teil, 2. Auflage, St. Gallen 1990.

– Anmerkung zu BG vom 27. 1. 1992, AJP/PJA 1992, S. 1179–1181.

Schwartz, Ivo: Übereinkommen zwischen den EG-Staaten: Völkerrecht oder Gemeinschaftsrecht, in: Im Dienste Deutschlands und des Rechtes, Festschrift für W. G. Grewe, Baden-Baden 1981, S. 551–607.

Schweitzer, Michael: Staatsrecht III – Staatsrecht, Völkerrecht, Europarecht, 6. Auflage, Heidelberg 1997.

Schwimann, Michael: Das Haager Minderjährigenschutzabkommen und seine Anwendung in Österreich, ÖJBl. 98 (1976), S. 233–247.

– Internationales Zivilverfahrensrecht, Wien 1979.

– Das neue internationale Eherecht Österreichs, ÖJBl. 101 (1979), S. 341–353.

– Anmerkung zu OGH vom 11. 11. 1980–2 Ob 539/80, ÖJBl. 103 (1981), S. 602.

– Grundriß des internationalen Privatrechts, Wien 1982.

Schwind, Fritz: Entwurf eines Bundesgesetzes über das internationale Privat- und Prozeßrecht, ZfRV 12 (1971), S. 161–248.

– Prinzipien des neuen österreichischen IPR-Gesetzes, StAZ 1979, S. 109–113.

– Internationales Privatrecht, Wien 1990.

– Das Österreichische IPR-Gesetz im deutschsprachigen Rechtskreis, RabelsZ 54 (1990), S. 251–268.

– System- und Funktionsbegriffe im Erbrecht: Kein double renvoi im österreichischen IPR, IPRax 1994, S. 196–199.

Schwung, Siegfried: Die Rechtsfolgen aus der Anwendung der ordre public-Klausel im Internationalen Privatrecht, Diss. Mainz 1983.

Scoles, Eugene F.: Choice of Law in Family Property Transactions, Rec. des Cours 209 (1988 II), S. 9–94.

– The Hague Convention on Succession, Am. J. Comp. L. 42 (1994), S. 85–123.

Scoles, Eugene F./*Hay,* Peter/*Borchers,* Patrick/*Symeonides,* Symeon C.: Conflict of Laws, 3. Auflage, St. Paul, Minn. 2000.

Seidl-Hohenveldern, Ignaz: Spaltungstheorie und Bundesverfassungsgericht, JZ 1975, S. 80–83.

Seidl-Hohenveldern, Ignaz/*Loibl,* Gerhard: Das Recht der Internationalen Organisationen einschließlich der Supranationalen Gemeinschaften, 6. Auflage, Köln 1996.

Shapira, Amos: Private International Law – Aspects of Child Custody and Child Kidnapping Cases, Rec. des Cours 214 (1989 II), S. 127–250.

Siehr, Kurt: Produktenhaftung und Internationales Privatrecht. Zum Entwurf für ein Haager Kollisionsrechtsübereinkommen, AWD / RIW 1972, S. 373 – 389.

– Das Haager Minderjährigenschutzabkommen und seine Anwendung in der neueren Praxis, IPRax 1982, S. 85 – 90.

– Multilaterale Staatsverträge erga omnes und deren Inkorporation in nationale IPR-Kodifikationen – Vor- und Nachteile einer solchen Rezeption, in: BerGesVR 27 (1986) (Hrsg. F. Matscher / K. Siehr / J. Delbrück), Karlsruhe 1986, S. 45 – 145.

– Das internationale Erbrecht nach dem Gesetz zur Neuregelung des IPR, IPRax 1987, S. 4–8.

– Die gemischt-nationale Ehe im internationalen Privatrecht, in: Festschrift für M. Ferid, Frankfurt a. M. 1988, S. 433 – 446.

– Die Beerbung von Schweizer Bürgern mit letztem Wohnsitz in der Bundesrepublik Deutschland, in: Festschrift für P. Piotet, Bern 1990, S. 531 – 550.

– Die Rechtslage der Minderjährigen im internationalen Recht und die Entwicklung in diesem Bereich, FamRZ 1996, S. 1047 – 1052.

– Das neue Haager Übereinkommen von 1996 über den Schutz von Kindern, RabelsZ 62 (1998), S. 464 – 501.

– Das Haager Übereinkommen über den internationalen Schutz Erwachsener, RabelsZ 64 (2000), S. 715 – 751.

Silberman, Linda: The 1996 Convention on Jurisdiction, Applicable Law, Recognition, Enforcement and Co-operation in Respect of Parental Responsibility and Measures for the Protection of Children: A Perspective from the United States, in: Private Law in the International Arena, Liber Amicorum für K. Siehr, The Hague 2000, S. 703 – 727.

Simitis, Spiros: Die Internationale Kommission für Zivilstandswesen (C.I.E.C), RabelsZ 33 (1969), S. 30 – 72.

Sipp-Mercier, Béatrice: Die Abwicklung deutsch-französischer Erbfälle in der Bundesrepublik Deutschland und in Frankreich, Bielefeld 1985 (Diss. Regensburg 1982).

Soergel, Hans Theodor / *Siebert,* Wolfgang: Bürgerliches Gesetzbuch,

– Band 8: Einführungsgesetz, 11. Auflage, Stuttgart 1984.

– Band 10: Einführungsgesetz, 12. Auflage, Stuttgart 1996.

Sohbi, Said H.: Familien- und Erbrecht in der arabischen Republik Jemen, StAZ 1975, S. 124 – 127.

Solomon, Dennis: Der Anwendungsbereich des Art. 3 Abs. 3 EGBGB – dargestellt am Beispiel des internationalen Erbrechts, IPRax 1997, S. 81 – 87.

Spickhoff, Andreas: Zur Reform des deutschen internationalen Deliktsrechts, VersR 1985, S. 124 – 125.

– Der ordre public im internationalen Privatrecht, Neuwied 1989 (Diss. Göttingen 1988 / 89).

– Die engste Verbindung im interlokalen und internationalen Familienrecht, JZ 1993, S. 336 – 344.

– Die Restkodifikation des Internationalen Privatrechtes: Außervertragliches Schuld- und Sachenrecht, NJW 1999, S. 2209 – 2215.

– Die Tatortregel im neuen Deliktskollisionsrecht, IPRax 2000, S. 1 – 8.

Staudinger, Ansgar: Art. 29 a EGBGB des Referentenentwurfs zum Fernabsatzgesetz, IPRax 1999, S. 414 – 420.

– Die neuen Karlsruher Leitlinien zum Haager Kindesentführungsübereinkommen, IPRax 2000, S. 194 – 202.

Staudinger, Julius von: Kommentar zum Bürgerlichen Gesetzbuch,

– EGBGB, Art. 7 – 31, 9. Auflage, Berlin 1931.

– EGBGB, Internationales Eherecht (Art. 13 – 17), Internationales Verfahrensrecht in Ehesachen (§§ 606 – 606 b, 328 ZPO), 10 / 11. Auflage, Berlin 1973.

– EGBGB, Artt. 24 – 28 a.F.; 5, 6 nF, 12. Auflage, Berlin 1991.

– EGBGB, Internationales Eherecht (Art. 13 – 17), Internationales Verfahrensrecht in Ehesachen (§§ 606, 606 a, 621, 328 ZPO; Art. 7 § 1 FamRÄndG), 12. Auflage, Berlin 1992.

– EGBGB, Art. 18 und 19, 12. Auflage, Berlin 1979.

– EGBGB, Art. 27 – 37 (Internationales Vertragsrecht), Art. 10 (Internationales Namensrecht), 12. Auflage, Berlin 1998.

– EGBGB / IPR, Einleitung zum IPR, Art. 3 – 6, 13. Bearbeitung, Berlin 1996.

– EGBGB / IPR, Art. 13 – 18, 13. Bearbeitung, Berlin 1996.

– EGBGB / IPR, Art. 19, 13. Bearbeitung, Berlin 1994.

– EGBGB / IPR, Art. 20 – 24, 13. Bearbeitung, Berlin 1996.

– EGBGB / IPR, Art. 25, 26, 13. Bearbeitung, Berlin 1995.

– EGBGB / IPR, Art. 38, 13. Bearbeitung, Berlin 1998.

– EGBGB / IPR, Internationales Sachenrecht, 13. Bearbeitung, Berlin 1996.

Steenhoff, Gert: Asser et la fondation de la Conférence de La Haye de droit international privé, Rev. crit. 83 (1994), S. 297 – 315.

von Steiger, Werner: La protection des mineurs en droit international privé, Rec. des Cours 112 (1964 II), S. 469 – 524.

Steindorff, Ernst: Europäisches Gemeinschaftsrecht und deutsches Internationales Privatrecht, EuR 1981, S. 426 – 441.

Stern, Klaus: Das Staatsrecht der Bundesrepublik Deutschland, Band I, Grundbegriffe und Grundlagen des Staatsrechts, Strukturprinzipien der Verfassung, 2. Auflage, München 1984.

Stöcker, Hans A.: Die UNO-Kinderkonvention und das deutsche Familienrecht, FamRZ 1992, S. 245 – 252.

Stoll, Hans: Anknüpfungsgrundsätze bei der Haftung für Straßenverkehrsunfälle und der Produkthaftung nach der neueren Entwicklung des internationalen Deliktsrechts, in: Festschrift für G. Kegel, Frankfurt a. M. 1977, S. 113 – 140.

– Bemerkungen zu den Vorschriften über den „Allgemeinen Teil" im Gesetzentwurf der Bundesregierung zur Neureglung des IPR, IPRax 1984, S. 1–5.

– Kollisionsrechtliche Fragen bei räumlicher Spaltung des anwendbaren Rechts, in: Festschrift für M. Keller, Zürich 1989, S. 511–527.

Stoll, Veit: Rechtswahl im Namens-, Ehe- und Erbrecht, München 1991 (Diss. München 1990).

Stranz, Martin: Wechselgesetz, Kommentar, 14. Auflage, Berlin 1952.

Strikwerda, Luc: Inleiding tot het Nederlandse Internationaal Privaatrecht, 5. Auflage, Groningen 1997.

Strunk, Alfred: Ein gesamtdeutsch / europäisches, übergeleitetes Quasi-Familienrechtsverhältnis?, FamRZ 1991, S. 653–656.

Strupp, Karl / *Schlochauer,* Hans Jürgen: Wörterbuch des Völkerrechts

– Band 1, 2. Auflage, Berlin 1960.

– Band 2, 2. Auflage, Berlin 1961.

Sturm, Fritz: De alimentorum statuti vi attractiva, JZ 1974, S. 201–212.

– Savigny und das internationale Privatrecht seiner Zeit, in: Ius Commune VIII (Hrsg. H. Coing), Frankfurt a. M. 1979, S. 92–109.

– Neue Abkommen zum Schutz entführter Kinder, in: Beiträge zum internationalen Verfahrensrecht und zur Schiedsgerichtsbarkeit, Festschrift für H. Nagel, Münster 1987, S. 457–473.

– Das neue internationale Kindschaftsrecht: Was bleibt von der Rechtsprechung des Bundesgerichtshofs, IPRax 1987, S. 1–4.

– Stellungnahme zum Vorentwurf eines Übereinkommens über den Schutz von Kindern, IPRax 1997, S. 10–14.

Sumampouw, Mathilde: The Hague Conventions in the Dutch Courts – The Hague Convention Concerning the Jurisdiction and the Law Applicable in Respect of the Protection of Minors 5 October 1961, NILR 26 (1979), S. 60–77.

Sumampouw, Mathilde: Parental Responsibility under Brussels II, in: Private Law in the International Arena, Liber Amicorum für K. Siehr, The Hague 2000, S. 729–745.

Taylor, Simon: The Harmonisation of European Product Liability Rules: French and English Law, Int. Comp. L. Q. 48 (1999), S. 419–430.

Terré, François / *Simler,* Philippe / *Lequette,* Yves: Droit civil – Les obligations, 6. Auflage, Paris 1996.

Thoms, Cordula: Einzelstatut bricht Gesamtstatut, Tübingen 1996 (Diss. Freiburg 1993 / 94).

Tiedemann, Andrea: Internationales Erbrecht in Deutschland und Lateinamerika, Tübingen 1993 (Diss. Hamburg 1992).

van Tuyll van Serooskerken, Lucille A.C.: Ratificatie Haags Adoptieverdrag op 1 juli 1998 en feit!, FJR 1998, S. 136–140.

Vallindas, Petros: Der Vorbehalt des ordre public im internationalen Privatrecht, RabelsZ 18 (1953), S. 1 – 11.

Vischer, Frank / *von Planta,* Andreas: Internationales Privatrecht, 2. Auflage, Basel 1982.

Vischer, Frank / *Volken,* Paul: Begleitbericht zum Gesetzentwurf der Expertenkommission zum Bundesgesetz über das internationale Privatrecht, Zürich 1978.

Vitta, Edoardo: Interlocal Conflict of Laws, Int. Enc. Comp. L., Volume III, Chapter 9, Tübingen 1985.

– Diritto internazionale privato, Band 1 Parte Generale, Torino 1972.

Vlas, Paul: Neue Entwicklungen im niederländischen IPR, insbesondere in der Rechtsprechung, IPRax 1995, S. 194 – 195.

Volken, Paul: Konventionskonflikte im internationalen Privatrecht, Diss. Zürich 1977.

Volkmar, Erich: Die Ergebnisse der fünften Haager internationalen Privatrechtskonferenz, JW 1926, S. 307 – 313.

– Die prozeßrechtlichen Beschlüsse der 6. Haager Konferenz für internationales Privatrecht, JW 1928, S. 689 – 693.

Vonken, A.P.M.J.: Het internationale huwelijksrecht deel 1, HPS Nr. 7 / 8 1992, S. 3 – 8.

– Het internationale huwelijksrecht deel 2, HPS Nr. 10 1992, S. 3 – 8.

Wagner, Rolf: Die geplante Reform des Brüsseler und des Lugano-Übereinkomens, IPRax 1998, S. 241 – 244.

– Der Regierungsentwurf eines Gesetzes zum Internationalen Privatrecht für außervertragliche Schuldverhältnisse und für Sachen, IPRax 1998, S. 429 – 438.

– Zum Inkrafttreten des Gesetzes zum Internationalen Privatrecht für außervertragliche Schuldverhältnisse und für Sachen, IPRax 1999, S. 210 – 212.

– Zusammenführung verbraucherschützender Kollisionsnormen aufgrund EG-Richtlinie in einem neuen Art. 29a EGBGB, IPRax 2000, S. 249 – 258.

– Die Anerkennung und Vollstreckung von Entscheidungen nach der Brüssel II-Verordnung, IPRax 2001, S. 73 – 81.

Wähler, Klaus: Interreligöses Kollisionsrecht im Bereich privatrechtlicher Beziehungen, Köln 1978.

Walker, Gustav: Internationales Privatrecht, 5. Auflage, Wien 1934.

Wandt, Manfred: Internationale Produkthaftung, Heidelberg 1995.

Wanner-Laufer, Ulrich: Inhalt und Bedeutung von Art. 3 Haager Minderjährigenschutzabkommen, Frankfurt a. M. 1992 (Diss. Mainz 1992).

Watt, Horatia Muir: Anmerkung zu Cass. civ. vom 15. 1. 1991 (Soc. Krupp et autre c. soc. Trailigaz et autre), Rev. crit. 82 (1993), S. 47 – 54.

Weber, Wolfgang: Internationales Erbrecht in den Niederlanden, IPRax 2000, S. 41.

Weintraub, Russell J.: Commentary on the Conflict of Laws, 3. Auflage, New York 1986.

Wengler, Wilhelm: Anmerkung zu BGH vom 29. 4. 1964 – IV ZR 93/63, JZ 1965, S. 100–103.

– Einführung, in: Justitia et Pace, Festschrift zum 100jährigen Bestehen des Institut de Droit International, Berlin 1974, S. 7–10.

– Die Stellungnahme von Aufenthaltsstaat und Heimatstaat zur elterlichen Sorgegewalt unter dem Haager Minderjährigenschutzabkommen, IPRax 1984, S. 177–179.

Wesch, Susanne: Die Produzentenhaftung im internationalen Rechtsvergleich: Eine rechtsvergleichende Untersuchung ihrer Strukturen in den Ländern Deutschland, England, Frankreich und den Vereinigten Staaten von Amerika, Tübingen 1994.

Wienke, Torger W.: Zur Anknüpfung der Vorfrage bei internationalprivatrechtlichen Staatsverträgen, Frankfurt a. M. 1977 (Diss. Münster 1976).

Wieser, Eberhard: Zur Feststellung der nichtehelichen Vaterschaft nach neuem Recht, NJW 1998, S. 2023–2025.

Witthun, Georg: Das internationale Privatrecht des trust, Frankfurt a. M. 1987 (Diss. Hamburg 1987).

Wittmaack, H.: Die Aufhebung des Verbotes der Ehe zwischen einem Witwer und der Schwester der verstorbenen Ehefrau in England, NiemZ 18 (1908), S. 328–333.

Wochner, Manfred: Gesamtstatut und Einzelstatut – Zur Auslegung des Art. 28 EGBGB unter besonderer Berücksichtigung seiner Entstehungsgeschichte, in: Festschrift für E. Wahl, Heidelberg 1973, S. 161–184.

Wolf, Ulrike: „Gesetzliche Gewaltverhältnisse“, ordre public und Kindeswohl im internationalen Privatrecht, FamRZ 1993, S. 874–877.

Wolff, Martin: Private International Law, 2. Auflage, Oxford 1950.

– Das Internationale Privatrecht Deutschlands, 3. Auflage, Berlin 1954.

Wuppermann, Michael: Zum Haager Minderjährigenschutzabkommen. Einige Grundprobleme aus der Sicht der Rechtsentwicklung, FamRZ 1974, S. 414–421.

Young, J.R.: The Hague Convention on Child Abuction in the Courts of England and Wales, IPRax 1996, S. 221–224.

Zemen, Herbert: Zum Statut der gesetzlichen Erbfolge nach dem Österreichischen IPR-Gesetz, ZfRV 24 (1983), S. 67–77.

Zitelmann, Ernst: Internationales Privatrecht, Erster Band, Leipzig 1897; Zweiter Band, München und Leipzig 1912.

– Sondergut nach deutschem Internationalprivatrecht (E.G. Art. 28), in: Festschrift für O. Gierke, Weimar 1911, S. 255–284.

Zöllner, Wolfgang: Wertpapierrecht, 14. Auflage, München 1987.

Zweigert, Konrad / *Kötz,* Hein: Einführung in die Rechtsvergleichung, 3. Auflage, Tübingen 1996.

Sachverzeichnis